Damaskus – Aleppo

5000 Jahre Stadtentwicklung in Syrien

Beiheft der Archäologischen Mitteilungen aus Nordwestdeutschland Nr. 28

Herausgegeben von Mamoun Fansa, Heinz Gaube, Jens Windelberg
Staatliches Museum für Naturkunde und Vorgeschichte Oldenburg
Damm 38-44, 26135 Oldenburg

DAMASKUS – ALEPPO

5000 Jahre Stadtentwicklung in Syrien

VERLAG PHILIPP VON ZABERN · MAINZ AM RHEIN

Begleitschrift zur Sonderausstellung „Damaskus – Aleppo. 5000 Jahre Stadtentwicklung in Syrien"
vom 04. Juni bis 22. Oktober 2000 im Staatlichen Museum für Naturkunde und Vorgeschichte Oldenburg.

Die Ausstellung wurde durch Mittel des Landes Niedersachsen, des Bundesministeriums für wirtschaftliche Zusammenarbeit und Technik (BMZ), der Gesellschaft für Technische Zusammenarbeit (GTZ), der Energieversorgung Weser-Ems, der Stiftung der Oldenburgischen Landesbank sowie der GSG-Bau- und Wohngesellschaft, Oldenburg finanziert.

Redaktion: Beate Bollmann, Oldenburg
Übersetzung: Emil Wiese, Jutta Schienerl, Oldenburg; Abdellatif Allatif und Edward Badeen, Tübingen
Satz: Ute Eckstein
Bildbearbeitung und Layout: Jantje Meiners, Marion Martens
Layoutentwurf: Mamoun Fansa
Umschlaggestaltung: Mamoun Fansa, Dieter Schimkus

Ausstellungsidee: Mamoun Fansa
Wissenschaftlicher Beirat: Heinz Gaube, Anette Gangler, Jens Windelberg
Ausstellungsarchitektur und Gestaltung: Büro Weiss, Nürnberg, in Zusammenarbeit mit Hartmaier und Mangold
Grafische Gestaltung: Marion Martens, Jantje Meiners
Ausstellungsmodelle: Stefanie Kappelhoff, Djamal Djaber, Klaus Oberreuther, Chaldun Fansa
Multimedia und EDV in der Ausstellung: Logiplan, Harpstedt
Ausstellungstechnik: Heiko Nienstermann, Wolfgang Knust, Henry Schmitt, Andreas Becker, Holger Reichelt
Leihgeber: Vorderasiatisches Museum Berlin, Museum für Islamische Kunst Berlin, Antikensammlung Berlin (sämtlich SMPK), Linden-Museum Stuttgart

Die Ausstellung ist in Zusammenarbeit mit der Generaldirektion für Altertümer und Museen in Damaskus/Aleppo sowie der Stadtverwaltung von Aleppo erstellt.

Die Deutsche Bibliothek - CIP-Einheitsaufnahme

Ein Titeldatensatz für diese Publikation ist bei
Der Deutschen Bibliothek erhältlich

ISBN 3-8053-2694-7

© Staatliches Museum für Naturkunde und Vorgeschichte Oldenburg
  Verlag Philipp von Zabern, Mainz am Rhein. Alle Rechte vorbehalten.
Gedruckt bei Isensee Oldenburg 2000

Inhaltsverzeichnis

Vorwort 11
Mamoun Fansa

Grußwort . . . . ¯4
Sultan Muhaysin

Damaskus – Aleppo. Zwei Aspekte – eine Kultur: eine Einleitung . . . . ¯6
Heinz Gaube – Jens Windelberg

Historischer Überblick

Damaskus und Aleppo in prähistorischer Zeit 23
Sultan Muhaysin

Der Alte Vordere Orient 27
Hartmut Kühne

Die Geschichte Syriens in der hellenistischen und römischen Zeit 36
Bashir Zuhdy

Syrien und Byzanz 45
Tilo Ulbert

Damaskus und Aleppo während der islamischen Epoche 51
Nadja Khammash

Grundzüge der Wirtschaftsgeschichte Syriens (9000 v.Chr.-2000 n.Chr.) 55
Rüdiger Klein

Stadtentwicklung

Die Entstehung der Stadt 72
Hans J. Nissen

Die Stadt im Alten Orient 76
Ali Abu Assaf

Die Topografie der historischen Stadt Damaskus 83
Dorothée Sack

Die Topografie von Aleppo 87
Anette Gangler

Damaskus in der hellenistischen und römischen Epoche 94
Jean-Marie Dentzer

Aleppo zwischen Alexander dem Großen und der Arabischen Eroberung 101
Heinz Gaube

Von den Umayyaden zu den Mamluken: Aspekte städtischer Entwicklung in Damaskus 108
Sarab Atasi

Aleppo – von der islamischen Eroberung bis zum Beginn der osmanischen Zeit 124
Anne-Marie Eddé

Damaskus in osmanischer Zeit	135
Jean-Paul Pascual	
Aleppo in der Osmanenzeit	148
Heinz Gaube	
Die städtebauliche Entwicklung von Damaskus in der Zeit der Arabischen Republik Syrien	157
Anton Escher	
Die architektonische Entwicklung der Stadt Damaskus	165
Djamal al-Ahmar	
Die Stadtentwicklung Aleppos von der spätosmanischen Zeit bis heute	169
Anette Gangler	

Stadtbausteine

Verteidigungsbauten

Stadttore und Stadtmauer von Damaskus	180
Michael Braune – Himam al-Zaym	
Stadtmauern und Tore von Aleppo	188
Marlin Asad	
Die Zitadelle von Damaskus und ihre Restaurierung	195
M. Lina Qutaifan	
Die Zitadelle von Aleppo	199
Julia Gonnella – Wahid Khayata – Kay Kohlmeyer	

Sakralbauten

Das Heiligtum des Jupiter Damaszenus – ein städtischer Kultbau lokaler Prägung	212
Klaus S. Freyberger	
Die Große Moschee von Damaskus	218
Claus-Peter Haase	
Die große umayyadische Freitagsmoschee in Aleppo	228
Schauqi Schath	
Die Madrasa ar-Rukniyya in Damaskus	236
Jamil Massouh	
Die Madrasa al-Firdaus in Aleppo	240
Lorenz Korn	
Der islamische Grabbau und das Mausoleum des Salah ad-Din in Damaskus	246
Heinz Gaube	

Die Heiligenverehrung in Aleppo 250
Julia Gonnella

Die Mankali Bugha Moschee in Aleppo 259
Omar Abdulaziz Hallaj

Die Chosro Bascha Moschee in Aleppo 266
Omar Abdulaziz Hallaj

Die Takiyya von Damaskus 271
Jean-Paul Pascual

Der Wallfahrtsort Sayyida Zaynab in der östlichen Ghuta von Damaskus 277
Muhammad Bashir Zuhdy

Die ostsyrische Kirche in Aleppo 282
Abdallah Hadjdjar

Öffentliche Bauten

Die Suqs von Damaskus 290
Jean-Paul Pascual

Der Suq des Bab-Tuma-Quartiers in der Altstadt von Damaskus und seine Entwicklung 298
Salam Al-Abdulla

Die Suqs der Stadt Aleppo 304
Mahmoud Hretani

Stiftungen in Damaskus 310
Dad Al-Hakim

Waqf in Aleppo 316
Heinz Gaube

Der Bimaristan in Damaskus 320
Zuhour Sachini

Der Bimaristan Arghun Al-Kamili in Aleppo 325
Omar Abdulaziz Hallaj

Hammamat in Damaskus – Kultur und Tradition 331
Munir Kayyal

Die Wasserversorgung und das Entwässerungssystem der Altstadt von Damaskus 335
Dorethée Sack

Die traditionelle Wasserversorgung von Aleppo 341
Heinz Gaube

Wohnbauten

Das Damaszener Haus 348
Ali Rida Fauzi al-Nahawi

Die alten Aleppiner Häuser 353
Chaldun Fansa
Das Inventar städtischer syrischer Haushalte 358
Johannes Kalter
Damaszener, Beiruter, die alte Stadt und die traditionelle Architektur 362
Bassam Sabour

Planung zwischen Denkmalschutz und dynamischer Entwicklung

Ansichten und Einsichten

Kulturelles Erbe und Aleppo – der Start des Rehabilitierungsprozesses 370
Adli Qudsi
Kulturelles Erbe und Stadtentwicklung – eine Aufgabe der Entwicklungszusammenarbeit? 378
Ursula Eigel
Kulturelles Erbe und Stadtplanung – zentrale Fragen für Aleppo und Damaskus ... 384
Jens Windelberg
Kulturelles Erbe und Rehabilitierung – eine besondere Herausforderung für Entwicklungsländer 390
Camal Bitar

Entwicklungsplanung in Damaskus

Gesamtstadt und Altstadt – Planungsansätze in Damaskus 396
Sonja Nebel
Action Area Planning in Dakkakin 406
Lubna Al Jabi
Renovierung und Restaurierung: Haus Nizam 411
Ali Reza Nahawi

Entwicklungsplanung in Aleppo

Stadtstrukturelle Grundlagen – das Hofhaus 418
Anette Gangler
Planungsgrundlagen – der Rahmenplan (D-Plan) 427
Kurt Stürzbecher
Planungsstrategien – Rahmenplanung und Action Area Planning 431
Tawifik Kelzieh – Ulf Schulte

Action Area Planning 436
Omar Abdulaziz Hallaj
Action Area Planning in Jdeideh 442
Anette Gangler

Fachplanung für historische Stadtstrukturen

Technische Infrastruktur-Erneuerung 454
Faisal Rifai
Verkehrsplanung 458
Georg-Dietrich Jansen
Urbane Ökonomie und Haushaltsplanung 467
Eckhardt Spreen
Urbane Ökologie 475
Maan Chibli
Restaurierung 482
Achim Krekeler
GIS und Computer-Nutzung 487
Mahmoud Ramadan

Akteure in historischen Stadtstrukturen

Die religiösen Stiftungen – „Waqf" – heute 492
Omar Abdulaziz Hallaj
Die Einwohner 496
Chaldun Fansa – Razan Wahab
Die Einwohner außerhalb 501
Björn Luley
Die private Wirtschaft 504
Waiel Sadauoi – Jens Windelberg
Erfahrungen und Perspektiven 510
Jens Windelberg

Zeittafel 1 – die hellenistische, römische und byzantinische Periode 513
Zeittafel 2 – die islamischen Dynastien und Herrscher in Damaskus und Aleppo ... 515
Glossar 516
Literaturverzeichnis 525
Verzeichnis der Autoren 531
Abbildungsnachweis 533

Vorwort

Mamoun Fansa

Die bisherigen großen Syrien-Ausstellungen, wie „Land des Baal" 1982/1983 in Deutschland und „Syrie – Mémoire et Civilisation" 1993 im Institut du Monde Arabe in Paris, waren auf das syrische, d.h. nördliche Mesopotamien konzentrierte Unternehmungen. „L'Eufrate e il tempo" präsentierte dagegen archäologisch-historische Streifzüge vom Neolithikum bis in die islamische Zeit mit künstlerischen bzw. kunsthandwerklichen Spitzenobjekten. Ausschließlich dem christlichen Kulturerbe „Von den Aposteln zu den Kalifen" war 1993/1994 eine Ausstellung in Österreich gewidmet. Andere Schritte ging schon die große Syrien-Ausstellung „Syrien. Mosaik eines Kulturraumes" (1991) im Linden-Museum Stuttgart, welche die Vor-Moderne, Zeugnisse der traditionellen nomadischen, bäuerlichen und städtischen Kultur, thematisierte.

Die Idee zu der gänzlich anders ausgerichteten Ausstellung „Damaskus – Aleppo. 5000 Jahre Stadtentwicklung in Syrien" wurde geboren in einer Phase erneuter Bemühungen um die Rettung der Altstadtsubstanz angesichts der akuten Bedrohung durch das explosionsartige Anwachsen der Bevölkerung mit allen daraus resultierenden Problemen.

Aleppo und Damaskus sind die ältesten durchgehend besiedelten Städte der Welt. Sie werden in ihrer historischen Entwicklung und ihrer heutigen Gestalt vorgestellt. Die Ausstellung soll zum Verständnis der arabisch-islamischen Kultur, zum Dialog zwischen Europa und dem Orient beitragen. So soll denn auch ein besonderer Schwerpunkt der Ausstellung auf der Wohnkultur liegen, deren Niveau dem europäischen in den vergangenen Jahrhunderten um nichts nachstand.

Mit einem breiten Publikumsinteresse an der Ausstellung wird gerechnet, da Syrien seit einigen Jahren zu den bevorzugten Destinationen des Studienreise-Tourismus gehört und gerade die Namen Aleppo und Damaskus mit ihren vielfältigen Orient-Assoziationen ihre eigene Magnetwirkung entfalten dürften.

Mehr als 5000 Jahre Geschichte und einzigartige historische Bauwerke bewogen die UNESCO, die beiden syrischen Städte Aleppo und Damaskus in die Liste der Weltkulturdenkmäler aufzunehmen. In den Häusern der Altstadt mit ihren typischen arabischen Innenhöfen leben in Aleppo z.B. etwa 340.000 Menschen. Die historische Bausubstanz ist jedoch vom Verfall bedroht.

Die meisten wohlhabenden Einwohner sind in den vergangenen Jahrzehnten in die Wohnviertel der modernen neuen Stadt gezogen. Der Grund für den Umzug in die neueren Stadtviertel sind bessere

Lebens- und Arbeitsbedingungen im Kontrast zur Enge der verwinkelten Altstadt mit ihrer veralteten Infrastruktur und der starken sozialen Kontrolle in der traditionellen Familie. Wer es sich leisten kann, der geht in die Neubaugebiete. Den Menschen, die heute in der Altstadt leben, fehlen die Mittel, um die Häuser instand zu setzen oder zu renovieren. Mit legalen Erweiterungsbauten versuchen die verarmten Großfamilien ihren wachsenden Bedarf an Wohnbereich zu decken. So aber tragen sie nur umso mehr zur Zerstörung der traditionellen Architektur in einer der ältesten Städte der Welt bei. Der wachsende Flächenbedarf des Bazars und die expandierenden Geschäftsviertel engen den Lebensraum der Altstadtbewohner zusätzlich ein. Auch die gewerblichen Umbauten von Wohnhäusern zerstören wertvolle Bausubstanz. Die Stadtverwaltungen von Aleppo und Damaskus versuchen bereits seit geraumer Zeit, die historische Struktur der Altstadt vor weiterer Zerstörung zu bewahren. Hier fehlt allerdings nicht nur das Geld, sondern auch das Personal und das nötige Know-how, um einen umfassenden Prozess der Erneuerung einleiten zu können. Ein Konzept, das von der GTZ und der Stadtverwaltung von Aleppo zur sozialen und wirtschaftlichen Neubelebung der historischen Altstadt entwickelt wurde, soll die Stadtverwaltung in ihren Bemühungen unterstützen. Über die Zusammenarbeit mit der Gesellschaft für Technische Zusammenarbeit (GTZ) und dem Altstadtkomitee von Aleppo wird im zweiten Teil der hier vorliegenden Ausstellungspublikation berichtet.

Nach dem Konzept der Entwicklungsfachleute soll unter Mitarbeit der Stadtverwaltung von Aleppo in einem ersten Schritt eine Strategie für die Altstadtsanierung erarbeitet werden. Ausgewählte Beispiele der angestrebten Zusammenarbeit zwischen den Behörden und den Bewohnern sollen Schule machen. Dabei sollen zwei Ziele verfolgt werden: die Erhaltung der wertvollen historischen Bausubstanz und die Erhaltung der Altstadt als preiswertes Wohngebiet. Die Altstadt soll ihre Funktion als Wohngebiet, Handelsplatz und touristische Attraktion behalten. Zu diesem Zweck müssen Konzepte entwickelt werden, die die Interessen aller Beteiligten wahren und die Stadtsanierung zu einem lohnenden Ziel für alle machen – für die einfachen Familien ebenso wie für den Geschäftsmann im Bazar. Die Fachleute der GTZ werden die Beratung der Behörden in den Mittelpunkt ihrer Tätigkeiten stellen. Die Stadtverwaltung selbst soll langfristig im Stande sein, eigenständige Sanierungslösungen zu entwickeln, umzusetzen und ihre Finanzierung sicherzustellen.

Läuft alles nach Plan, wird das Projekt zu einer deutlichen Verbesserung der Lebensbedingungen in der Altstadt beitragen. Insbesondere die hygienischen Verhältnisse und der Zustand der Häuser sollen bei tragbaren Modernisierungs- und Renovierungskosten verbessert werden. Am Ende soll die Mischung von Wohnen, Handel und Gewerbe, die für die soziale Struktur in der Altstadt typisch ist, wieder ausgewogen und stabil sein.

Die Ausstellung präsentiert die Stadtentwicklung in chronologischer Ordnung und zeigt am Schluss besonders die aktuelle Situation. Es sollen als Ergebnis die vorausgegangenen Entwicklungsstationen der Stadt in ihrer heutigen Gestalt mit ihren charakteristischen Zügen und ihren gemeinsamen und ureigenen Problemen vor den Augen und im Kopfe des Besuchers vorgeführt werden.

Die Stadtentwicklung wird über die altorientalische Zeit, die Antike, Byzanz und die islamische Zeit bis zur Gegenwart verfolgt und an einigen Exponaten verdeutlicht, insbesondere an Stadt- und Hausmodellen, Architekturteilen, Innenarchitektur bzw. -dekoration, Einrichtungsgegenständen, Beispielen der Produkte und Luxusgüter, auf denen ein Teil der Wirtschaftskraft basierte, etc. Begleitend sind auch zweidimensionale Objekte mit einer ausführlichen Dokumentation in

Grafiken, Plänen, Luftbildaufnahmen und anderen Fotografien vorgesehen. Es werden aus Aleppo der Altstadt-Komplex und Bilder der Stadt multimedial bearbeitet und gezeigt.

Für die Ausstellung wird die Wirklichkeit aus der Stadt Aleppo originalgetreu an der Leinwand in Szene gesetzt, wobei wir uns moderner 3-D-Effekte (Virtual Reality) bedienen. Dieses Konzept ermöglicht die freie Bewegung in den Originalräumen am Bildschirm. Beispielsweise werden Gebäude in ihrem authentischen Zustand in Aleppo am Bildschirm in Deutschland begehbar gemacht.

Große Bedeutung ist dem Katalog zuzurechnen, dem das deutsch-französisch-syrische Wissenschaftlerteam Handbuchcharakter gegeben hat. Auch hier ist die Ausrichtung nicht historisch-kunstgeschichtlich, wie bei allen bisherigen Syrienausstellungen, sondern dezidiert kulturgeschichtlich mit besonderem Gewicht im wirtschaftsgeschichtlichen sowie urban-architekturgeschichtlichen Bereich.

Ausstellung und Begleitschrift sind gemeinsam mit dem GTZ-Projekt Aleppo unter der Leitung von Prof. Dr. Jens Windelberg koordiniert und finanziert worden. Hierfür herzlichen Dank an die Gesellschaft und einen besonderen Dank an Herrn Prof. Dr. Windelberg.

Im wissenschaftlichen Bereich haben uns Prof. Dr. Heinz Gaube, Universität Tübingen und Frau Dr. Anette Gangler, Universität Stuttgart beraten und tatkräftig mitgearbeitet. Auch hier meinen besonderen Dank.

Ohne finanzielle Unterstützung wäre dieses Projekt nicht in dieser Ausführlichkeit zu Stande gekommen. Deshalb danke ich an dieser Stelle dem Bundesministerium für wirtschaftliche Zusammenarbeit, der Energieversorgung Weser-Ems in Oldenburg, der Oldenburgischen Landesbank in Oldenburg und der GSG – Bau- und Wohngesellschaft mbH in Oldenburg. Für die technische Unterstützung sei der Firma CeWe Color, Oldenburg gedankt.

Mein Dank gilt auch allen Autoren. Insbesondere den syrischen Kollegen für ihre Bereitschaft, Beiträge für die Begleitschrift zu schreiben. Für die redaktionelle Betreuung danke ich Frau Dr. Beate Bollmann.

Auch den Museen, wie dem Museum für Islamische Kunst, dem Vorderasiatischen Museum und der Antikensammlung (sämtlich SMPK, Berlin) sowie dem Linden-Museum in Stuttgart, für die Bereitstellung der Objekte meinen herzlichen Dank.

Mein besonderer Dank geht auch an die Firma Logiplan, Harpstedt für die gute Zusammenarbeit bei der Erstellung der Multimedia-Präsentation.

Grußwort

Sultan Muhaysin

Gleichwohl wieviel wir über Damaskus und Aleppo wissen, diese beiden Städte bleiben eine nie versiegende Quelle von Wissen und Information, für Studien und Interpretation. Dies ist nicht nur auf die glanzvolle Geschichte dieser Städte zurückzuführen, sondern auch darauf, dass sie ununterbrochen besiedelt und lebendig waren, als Zentren politischer und wirtschaftlicher Macht weit ausstrahlten sowie im kulturellen Leben des Vorderen Orients herausragende Stellungen einnahmen.

Der Zauber dieser zwei unterschiedlichen und doch so ähnlichen Städte hat trotz des wiederholten Wechsels zwischen Aufstieg und Niedergang nie an Glanz verloren. Ganz im Gegenteil: Ihre ereignisreiche Geschichte hat diese beiden Städte bereichert und ihre Attraktivität, auch für Forscher, erhöht. Diese Ausstellung, die von der syrischen „Generaldirektion für Altertümer und Museen" in Zusammenarbeit mit ihren deutschen Partnern organisiert wurde, zeugt davon.

Die Ausstellung gliedert sich in zwei sich ergänzende Teile: Der erste Teil befasst sich mit der alten Geschichte aus archäologischer, künstlerisch-architektonischer und historischer Sicht, während der zweite Teil von der aktuellen Situation handelt, also dem momentanen Zustand dieser Städte und den unternommenen Anstrengungen, sie weiterhin als lebendige Zentren von Kultur, Tradition und Zivilisation zu erhalten.

Wenn es unsere Pflicht ist, die reiche Geschichte unserer Vorfahren zu studieren und zu vermitteln, so können wir unsere Pflicht gegenüber unseren Landsleuten nicht übersehen, die in diesen Städten noch heute leben. Wir müssen ihnen ein zeitgemäßes Leben ermöglichen. Dies muss durch einen wohl geplanten und sensiblen Prozess vor sich gehen, der die Vergangenheit mit der Gegenwart verbindet. Wir müssen versuchen, die Originalität, die Tradition und die Geschichte zu respektieren und zu bewahren und gleichzeitig den Bewohnern die zeitgemäßen, modernen Dienstleistungen in den verschiedenen Lebensbereichen nicht zu verwehren. Projekte, welche die Wiederbelebung und Modernisierung von historischen Altstadtvierteln zum Ziel haben, sind von großer Bedeutung und mit erheblichem Aufwand verbunden, was eine vielseitige und vielschichtige Zusammenarbeit erfordert.

So wird das Projekt „Rehabilitation der Altstadt von Aleppo" von nationalen syrischen Institutionen, wie der „Generaldirektion für Altertümer und Museen" und den „Gremien zum Schutz alter Städte", getragen sowie von internationaler Organisationen und Institutionen, an deren Spitze das in Aleppo durch die „Gesellschaft für Technische Zusammenarbeit" (GTZ) vertretene „Ministerium für wirtschaftliche Zusammenarbeit" der Bundesrepublik Deutschland steht.

Wir sind glücklich zu sehen, dass dieses und andere Projekte, die vor Jahren in Angriff genommen wurden, spürbare Ergebnisse liefern. Es ist dringend notwendig, diese Projekte fortzuführen und unsere Anstrengungen zu steigern, um weitere Projekte ins Leben zu rufen. In dieser Hinsicht handeln wir gemäß den Anweisungen unseres Präsidenten Hafez al-Asad, unsere Tradition zu schützen und zu bewahren.

Wir möchten hier die beispiellose Unterstützung und Motivierung durch unsere Ministerin für Kultur, Frau Dr. Nadja al-Attar, erwähnen. Wir würdigen die Arbeit des „Gremium zum Schutz der Altstadt von Aleppo", vertreten durch die Bürgermeister von Damaskus und Aleppo.

Wir dürfen die immensen Anstrengungen und die Unterstützung unserer Freunde und Landsleute in Deutschland nicht vergessen, allen voran von Herrn Prof. Dr. Mamoun Fansa, Herrn Prof. Dr. Jens Windelberg, Repräsentant der GTZ im „Projekt zur Wiederbelebung der Altstadt von Aleppo", und Herrn Prof. Dr. Heinz Gaube.

An sie alle und an alle diejenigen, die an der Vorbereitung dieser Ausstellung beteiligt waren, gehen mein Dank und meine Anerkennung. Sie haben sich darum verdient gemacht, unsere städtische und zivilisatorische Tradition zu beleben, herauszustellen und zu bewahren, damit sie für alle Zeiten unser und der ganzen Menschheit Kulturerbe bleibt.

Damaskus – Aleppo. Zwei Aspekte – eine Kultur: eine Einleitung

Heinz Gaube – Jens Windelberg

Dieses Motto lässt sich den hier versammelten Texten voranstellen. Beide Städte liegen weit genug voneinander entfernt, um kulturelle Eigenständigkeit zu entwickeln. Sie sind in ein jeweils unterschiedliches Umland eingebunden, waren über Abschnitte ihrer Geschichte politisch und kulturell in verschiedene Richtungen orientiert bzw. aus verschiedenen Richtungen politisch dominiert, sind aber vereint und nachhaltig geprägt in der Kultur des Raumes, den die mittelalterlichen arabischen Geografen „Bilad asch-Scham", „Die Länder Syriens" nannten, das historische Syrien, also das Gebiet zwischen Euphrat und Sinai, Mittelmeer und Arabischer Halbinsel. Sich ergänzend und kontrastierend vermitteln die einzelnen Beiträge dieses Bandes erstmals ein Bild der syrischen Stadt aus Damaszener und Aleppiner Sicht. Vertreter verschiedenster Fachrichtungen trugen dazu bei, dass aus einzelnen Bausteinen ein Gesamtbild entstand, das sonst nicht hätte entstehen können und in seiner Form ein Novum darstellt.

Thematisch ist der Band in vier Hauptteile gegliedert, die von historischen Überblicken über die Stadtentwicklung zu den einzelnen Bausteinen der Stadt und schliesslich zu Überlegungen zur gegenwärtigen Planung führen.

Im ersten Teil wird der allgemeine historische Rahmen skizziert: die prähistorische Periode, der alte Vordere Orient, die hellenistisch-römische und byzantinische Periode und schliesslich die islamische Zeit, deren Darstellung sich ein Abschnitt anschließt, der geografische, archäologische und historische Betrachtungsweisen zur Wirtschaftsgeschichte Syriens seit der Frühzeit vereint und in gewisser Weise die vorangegangenen Betrachtungen umschließt und verbindet.

Im umfangreicheren zweiten Teil geht es einleitend um die Frage der Stadtentstehung, die historischen und sozio-ökonomischen Voraussetzungen für das Phänomen Stadt, die erst in neuester Zeit erarbeitet wurden und in ihrer kulturellen Ausprägung einen der aufregendsten Abschnitte der Menschheitsgeschichte darstellen. Der Ausformung der Stadt zwischen dem 3. und dem 1. vorchristlichen Jahrtausend, und hier schon schwerpunktsmäßig auf den syrischen Raum bezogen, wird im darauf folgenden Beitrag nachgegangen, während an diesen anschließend, geografisch auf die beiden Städte fokussiert, ihre Topografie, die natürliche wie die menschengeschaffene, umrissen sind. Vor diesem Hintergrund entsteht sodann in den folgenden Abschnitten ein Bild der Entwicklung beider Städte bis an die Schwelle der Neuzeit. Verbindendes und Eigenes werden deutlich: In Aleppo hat sich noch der Grundriss der antiken Stadt im Plan der Altstadt deutlich erhalten, während antike Bauwerke oder Teile von ihnen fehlen. Das Umgekehrte treffen wir in Damaskus an; ganzen antiken Tempelteilen und Resten von Straßenarkaden steht ein im Vergleich zu Aleppo gestörter antiker Grundriss in der Altstadt gegenüber, was in erster Linie im unterschiedlichen Baumaterial begründet ist, das in beiden Städten Verwendung fand. Sind die Aleppiner Häuser aus langlebigem Kalkstein gebaut, so bestehen die von Damaskus zum großen Teil aus kurzlebigen, luftgetrockneten Lehmziegeln. Auch die verschiedene wirtschaftliche Ausrichtung und naturgegebene Einbettung beider Städte führten zu einer unterschiedlichen Ausformung in islamischer Zeit. Aleppo wuchs mehr in Ringen um den antiken Kern, während sich Damaskus in Nord-Süd-Richtung ausweitete.

Merkliche Einschnitte waren in beiden Städten die Maßnahmen hellenistisch-römischer Herrscher, welche Teile der vorhellenistischen Siedlungen mit regelmäßigen Straßenzügen überplanten, die aber als kulturfremde Elemente in der nachrömischen Zeit, schon unter byzantinischer Herrschaft beginnend, langsam „re-orientalisierten". Breite Straßen, die für den Transport auf Rädern ausgelegt waren, wichen schmaleren Straßen und Gassen, die besseren Wetterschutz gewährten, dem lokalen Lasttiertransport mit Kamel und Esel genügten und eine Verdichtung des Stadtgefüges ermöglichten. Hier aber von Planlosigkeit zu sprechen wäre falsch. Die Ratio der orientalischen Stadt ist eben nicht die der hellenistisch-römischen, und dass man auch in islamischer Zeit geplant bei der Erschließung neuer Stadtteile vorging, zeigen mehrere Beiträge auf. Das ausgehende 19. Jahrhundert bedeutete eine weitere wichtige Zäsur. Außerhalb der Altstädte entstanden nach westlichen Mustern geplante Neustädte mit breiten Straßen und einer Architektur, die mit der Introvertiertheit der herkömmlichen Architektur brach. Statt zum Hof mit seinen teils prächtigen Fassaden hin wendeten sich die Häuser nunmehr nach außen zur Straße. Lokale Lebensform wurde aber in den Grundrissen der meisten der damals entstandenen Mehrfamilienhäuser gewahrt, indem die einzelnen Wohnungen von einer zentralen Halle her erschlossen waren.

Der dritte Teil des Buches gilt den Hauptelementen der Stadt, den Einzelbausteinen, welche den Altstädten von Damaskus und Aleppo ihr Gepräge geben: den Verteidigungsanlagen (Stadtmauer und Zitadelle), den Sakralbauten, den öffentlichen Bauten und Einrichtungen – von Handelsbauten über soziale Einrichtungen bis hin zur Wasserleitung – und schließlich den Wohnhäusern.

Hier wird Verbindendes und Eigenes sehr deutlich. Das beginnt schon mit der völlig unterschiedlichen Gestalt und Lage der jeweiligen Zitadelle. Während die von Aleppo mitten in der Altstadt, hoch über dieser auf einem Hügel liegt, findet sich die von Damaskus am Rand der Altstadt auf gleichem Niveau. Und die Stadtmauer von Damaskus hat mehr oder weniger den Umriss der vorislamischen Mauer, wohingegen die von Aleppo um die Wende vom 15. zum 16. Jh. wesentlich erweitert und prachtvoll restauriert wurde.

In Damaskus ist es möglich, eine recht klare Vorstellung vom römischen Tempel der Stadt zu gewinnen, weil sich noch Teile seiner Umfassungsmauer als Teile der Umfassungsmauer der Großen Moschee erhalten haben. Auch das Umfeld des römischen Tempels lässt sich anhand erhaltener Reste gut rekonstruieren. In Aleppo hat sich von der antiken Stadt nichts über dem Boden erhalten, doch treffen wir hier auf Reste der byzantinischen Kathedrale oder eines mit ihr in Verbindung gestandenen Gebäudes. Dasselbe gilt für die Großen Moscheen beider Orte. Die um 710 gebaute Große Moschee von Damaskus ist als eines der beeindruckendsten Bauwerke der islamischen Welt bis heute weitestgehend erhalten, während die von Aleppo mehrfach verändert und wieder aufgebaut wurde.

Genauso unterscheiden sich beide Städte was den Stil der Bauwerke der späteren islamischen Perioden angeht. Charakteristische Bauwerke verschiedener Perioden finden sich beschrieben: eine überdachte „Madrasa" in Damaskus und eine Hof-Madrasa in Aleppo, zwei Moscheen im klaren, aus seinen baulichen Einzelelementen und ihrer sparsamen Dekoration lebenden Aleppiner Stil, der uns schon in der davor beschriebenen Madrasa al-Firdaus vollendet entgegen tritt, daneben die „Takiyya" in Damaskus, in der sich osmanischer und Damaszener Stil vermischen. Kleinere Bauten, Ziele von Besuchen Gläubiger, die sich vom Charisma der mit diesen Bauten in Verbindung gebrachten Heiligen Erfolg, Gesundheit, Kindersegen oder anderes versprechen, sind am Beispiel Aleppos vor dem Hintergrund des Volksglaubens dargestellt, während am Beispiel eines zentralen schiitischen Heiligtums in der Peripherie von Damaskus, zu dem täglich Pilger bis aus Iran kommen, dasselbe Phänomen mit überregionaler Ausstrahlung beschrieben wird. Einer der Kirchen Aleppos ist der abschließende Beitrag im Abschnitt über Sakralbauten gewidmet. Anhand dieser Kirche gibt der Autor einen Einblick in das kulturelle und geistige Leben einer der über zehn in der Stadt lebenden christlichen Gruppen.

Dem „Suq" oder „Bazar", dem „central business district" der orientalisch-islamischen Stadt, eine der genuinen Schöpfungen der islamischen Kultur, sind die einleitenden Kapitel im Abschnitt über die öffentlichen Bauten gewidmet. In Damaskus wird die Entwicklung und funktionale Umschichtung des Suqs über die Jahrhunderte verfolgt; und ein weiteres Beispiel aus Damaskus behandelt die Entstehung eines Stadtteil-Suqs in der neueren Zeit, während funktionale und ökonomisch übergreifende Fragen anhand des Suqs von Aleppo angeschnitten sind.

Materielle Grundlage des regen religiösen und geistigen Lebens in der traditionellen islamischen Stadt waren religiöse Stiftungen (*waqf*, pl. *auqaf*). Durch solche Stiftungen vermachten Privatpersonen, vorrangig Herrscher, hohe Beamte oder reiche Kaufleute, Immobilien, die theoretisch als unveräußerlich galten, frommen oder wohltätigen Zwecken. Aus ihren Renditen (Mieten, Pacht) finanzierte man Geistliche und Gelehrte, unterhielt Krankenhäuser, legte Brunnen an und unterhielt sie, bewahrte den Baubestand von Moscheen und Madrasas oder speiste Arme. Als regelmäßige Renten abwerfende Investitionen für solche Stiftungen boten sich, neben Feldern und Gärten auf dem Land oder im Umland der Städte, besonders Handelsbauten, also Karawansereien (*chan*, pl. *chanat*), Läden und Werkstätten an. Damit hatten große Stiftungen, und Stiftungen überhaupt, großen Einfluss auf die Gestalt, den Zustand und die Entwicklung bzw. Stagnation in den zentralen Bereichen der Städte, denn große Teile der Suqs und ihnen benachbarter Bereiche lagen nicht in privaten Händen, sondern in denen von Stiftungsverwaltern.

Wie solche Stiftungen getätigt wurden, welche Bedingungen an sie geknüpft waren und was allein eine Person gestiftet hat, zeigt ein Beitrag über Waqf in Damaskus. Während ein anderer Autor aufzeigt, welche räumliche Dimension im 18. Jh. religiöse Stiftungen nur weniger Personen innerhalb Aleppos besaßen. Nutznießer solcher Stiftungen, neben den schon erwähnten Moscheen und Madrasas, waren es Krankenhäuser, Bäder oder das Wasserleitungssystem, werden sodann behandelt. Neben der baulichen Form des Krankenhauses (*bimaristan* oder *maristan*) wird auf seine soziale, wissenschaftliche und öffentliche Funktion eingegangen. Die Krankenhäuser dienten nämlich auch der ärztlichen Ausbildung, und im Fall von Aleppo spielte eines der Krankenhäuser der Stadt darüber hinaus eine politisch-repräsentative Rolle. Das islamische Bad (*hammam*), als „türkisches" Bad von Europa erst in der Neuzeit entdeckt, war aus der traditionellen orientalisch-islamischen Stadt nicht wegzudenken und führte im Mittelalter die antike Badekultur fort. Sein Bautyp spiegelt das wider. Auch in seiner Funktion und Organisation erhielten sich antike Praktiken.

Unterirdische Wasserleitungssysteme gehörten nicht zur Ausstattung vieler mittelalterlicher Städte des islamischen Orients. Die meisten Städte erhielten damals ihr Wasser aus Brunnen oder aus Flüssen, von denen Wasserträger das Wasser in die Häuser brachten. So überrascht es nicht, dass die Wasserleitungen von Damaskus und Aleppo schon mittelalterliche Besucher beider Städte bewunderten. Lokale Historiker hinterließen ausführliche Beschreibungen der komplizierten Kanal- und Röhrensysteme, durch die das Trinkwasser „fast bis zu jedem Haus", wie ein Aleppiner Historiker schrieb, von fernher gelangte. Hier, wie beim Bad, lebten antike Traditionen fort und fanden eine Weiterentwicklung; denn sowohl die Wasserleitung von Aleppo wie die von Damaskus reichen in ihrem Ursprung in die vorislamische Zeit zurück, erfuhren jedoch unter islamischen Herrschern wesentliche Erweiterungen und Verdichtungen.

Wohnhäuser nehmen, wie überall in der Welt, den größten Teil der Fläche beider Altstädte ein. Ihre Räume ordnen sich um einen zentralen Innenhof, zu dem sich teils prachtvolle Fassaden öffnen. Zur Straße oder Gasse hin erscheinen die Häuser abweisend und schmucklos. Neben einer typologischen Gleichheit treffen wir bei den Wohnhäusern von Damaskus und jenen von Aleppo auf stilistische und technische Unterschiede. Die Häuser von Aleppo bestehen vom Keller bis zur Dachkante aus Stein, während die oberen Partien der Häuser von Damaskus in der Regel in mit Lehmziegeln ausgefülltem Fachwerk errichtet sind. In Aleppo bestimmt der lokale Kalkstein das Erscheinungsbild der Häuser. In Damaskus hingegen treffen wir auf Hoffassaden, die in wechselnden horizontalen Schichten aus Basalt und Kalkstein aufgeführt sind. Auch ist der Dekor der Häuser von Aleppo eher streng und sparsam. Jener der Damaszener Häuser wirkt verspielt bis schwülstig-überladen und durch Farbpasteneinlagen zusätzlich überhöht. Ähnliches ist zum Inventar der Häuser zu sagen. In beiden Städten gleiche Grundformen finden sich in Damaskus reich verziert, während in Aleppo größere Zurückhaltung im Schmuck der Gefäße und Möbel und strengere Formen zu beobachten sind.

Einen Übergang zum vierten Teil bildet ein Beitrag über das Verhältnis der Damaszener und Beiruter zur traditionellen Architektur. Hier stoßen widersprüchliche Vorstellungen aufeinander. Nahezu völliger Ablehnung gegenüber dem traditionellen Wohnhaus, das mit einer überkommenen und hinderlichen Familienstruktur gleichgesetzt wird („von außen hat es rote Steine und im Innern macht es dich kaputt", sagt man in einer angesehenen Damaszener Familie über das Altstadthaus), steht eine romantische Verklärung gegenüber. Vor diesem Dilemma steht der heutige Planer: Ein Weg zwischen dem Bewahren des Erhaltenswerten und den Ansprüchen der Gegenwart muss gefunden werden, soll nicht eines der Extreme – Abreißen oder romantischer, denkmalschützerischer Übereifer, für den aber auch das Geld fehlt – obsiegen.

Die am Rehabilitationsprozess der Altstädte von Damaskus und Aleppo beteiligten Planer, Architekten, Denkmalschützer und Ökonomen zeigen in den dieses Buch abschließenden Beiträgen die mit der Altstadtsanierung zusammenhängenden Probleme auf, analysieren die Hintergründe und eröffnen Perspektiven. Hier kann natürlich nicht eine Gradlinigkeit und ein inneres Zusammengehen und Aufeinanderbeziehen der Einzelbeiträge wie in den vorangehenden Teilen erwartet werden, die Vergangenes und empirisch Erfassbares zum Gegenstand haben. Die Zukunft lässt sich schließlich nicht übersehen. So stehen Strategien neben Fragen, klare Ansätze im Detail neben Zweifeln am ökonomisch Machbaren. Auch wird hier ein Unterschied zwischen Aleppo und Damaskus eher unterstrichen, denn zusammengeführt. Und dieser Unterschied liegt auch – jedoch nicht allein – darin, dass Aleppo seit 1992 versucht, über eine syrisch-deutsche Zusammenarbeit (Stadtverwaltung Aleppo/BMZ/GTZ) Ansätze einer sanften und behutsamen Stadterneuerungsstrategie zu entwickeln. Dieser Ansatz fehlt in Damaskus noch weitgehend.

Folgerichtig wird der vierte Teil mit der Vorgeschichte des Rehabilitationsprojekts in Aleppo eingeleitet. Dem Autor kommt der Verdienst zu, jahrelang unermüdlich im Vorfeld für das Zustandekommen des Projektes gekämpft zu haben. Eine weit über den geografischen und gesellschaftlichen Rahmen Syriens hinausgehende Sicht der Probleme und Chancen von Altstadtsanierung in nicht industrialisierten Ländern und die Frage „Warum Sanierung?" folgen. Eine Darstellung der Keimzelle beider Städte und des flächenmäßig größten Problems, des Hofhauses, leitet zu Beiträgen über, welche generelle Planungsfragen einleitend und spezielle Lösungsansätze daran anschließend behandeln. Es gilt nicht nur, das Alte zu bewahren und zu wiederholen, sondern Neues im Alten herbeizuführen und damit die Geschichte lebendig werden zu lassen und fortzuführen. In den Beiträgen wird der lange Weg von empirischen Vorarbeiten zu umfassenden Entwicklungsplänen und hin zu modellhaften Realisierungsansätzen deutlich.

Zunächst mussten allgemeine Daten zur Altstadt erhoben werden, um Leitbilder zur Entwicklung des historischen Zentrums im Gefüge der Gesamtstadt zu formulieren. Für Aleppo wurde ein Entwicklungsplan für die Altstadt als Grundlage für weitere Planungsschritte erarbeitet. Zum Gegenstand differenzierter städtebaulicher Analysen wählte man einzelne Teilgebiete („Action Areas") aus, die sich durch ihre Lage, ihre Funktion, ihren baulichen Zustand und ihre Bewohner voneinander unterscheiden, um Strategien und Maßnahmen zur Erneuerung dieser Quartiere zu erproben und in ihrer Wechselwirkung auf die gesamte Altstadt zu überprüfen.

Das ist natürlich nicht allein planerisch betrachtbar. Auch die Realisierbarkeit einer funktionierenden Infrastruktur (Verkehr, Wasser, Abwasser, Elektrizität etc.) wird vor allem in den Action Areas vorbereitet und erprobt. Es galt deshalb auch grundsätzlich, Fragen der Infrastruktur in den Griff zu bekommen und die ökonomischen wie ökologischen Grundlagen eines solchen Vorhabens zu ergründen sowie über mögliche Optionen nachzudenken. Weiter hatten Aspekte des Denkmalschutzes und des Einsatzes moderner technischer Mittel im Rahmen eines solchen Vorhabens erörtert zu werden.

Grundsätzlich stellt sich bei allen Versuchen, riesige Organismen wie die Altstädte von Damaskus und Aleppo (mehrfach wird als Vergleich darauf hingewiesen, dass die Altstadt von Aleppo die mehrfache Größe der Innenstadt von Hannover aufweist) überlebensfähig zu machen, die Frage, wie weit solche Prozesse von oben und wie weit sie von unten gesteuert und getragen werden sollen.

Die Verwaltungsstruktur in Syrien scheint zunächst der Variante „von oben" Vorrang einzuräumen. Jedoch ist ohne die Akteure in der Stadt selbst eine dauerhafte Revitalisierung nicht möglich. Deshalb schließen diesen Band Beiträge ab, welche indirekt eine „Partizipation" zum Gegenstand haben.

Die Zusammenfassung der Erfahrungen und Perspektiven im vierten Teil unterstreicht dann nochmals, dass sich heute, trotz vielerlei Gemeinsamkeiten, die beiden Städte eher auseinander denn aufeinander zu bewegen. Angesichts einer so langjährigen und farbigen Geschichte dieser beiden Städte hat dieser Tatbestand aber wohl doch eher den Charakter einer Momentaufnahme, die zu einer fruchtbaren Diskussion und hoffentlich vielen weiteren „professionellen" Besuchen führen wird. So kann ein auch für unsere sich wandelnde Auffassung von „Urbanität" spannender Erfahrungsaustausch eingeleitet und langfristig fortgesetzt werden. Dafür sollen die Beiträge in diesem Buch eine Basis schaffen.

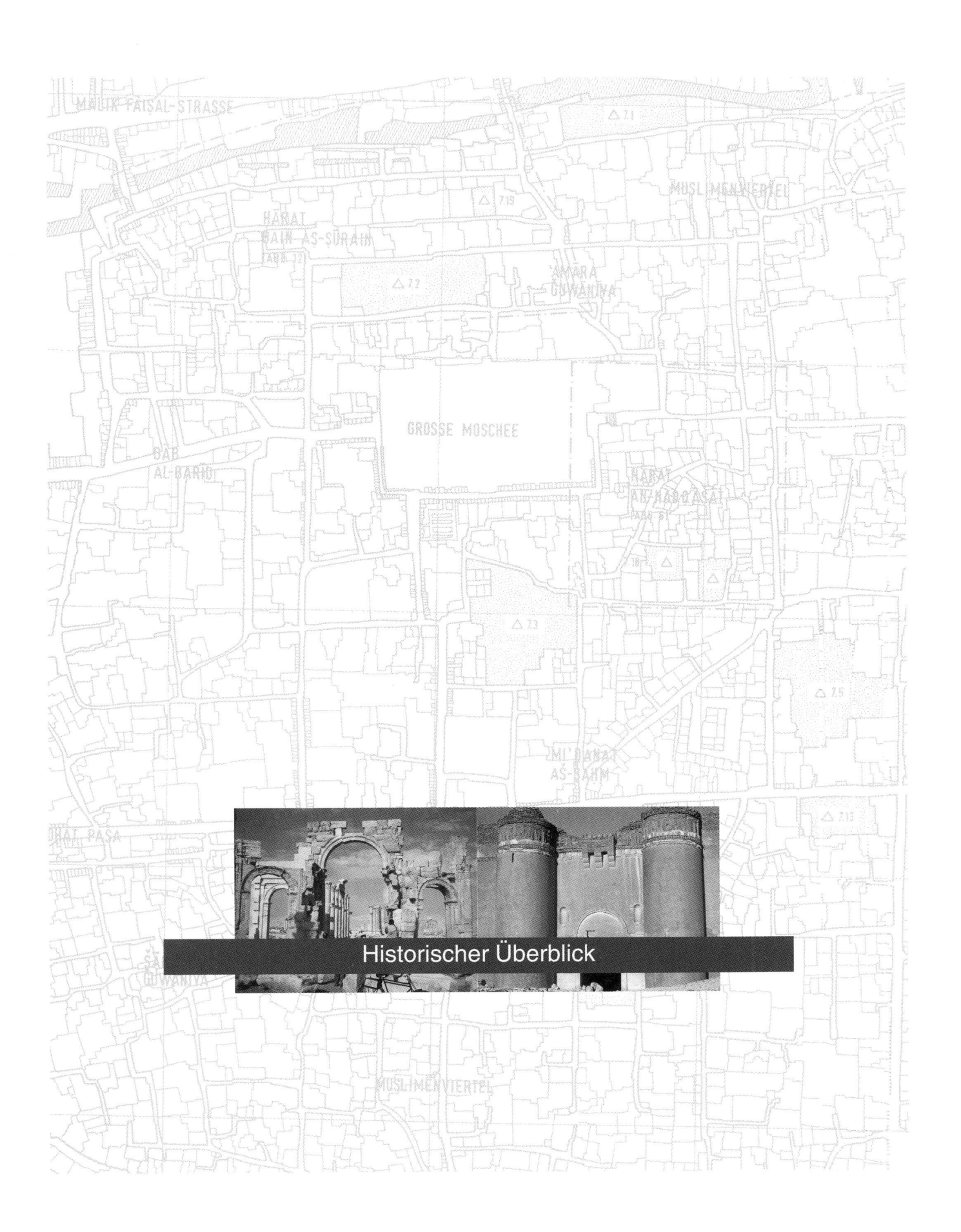

Historischer Überblick

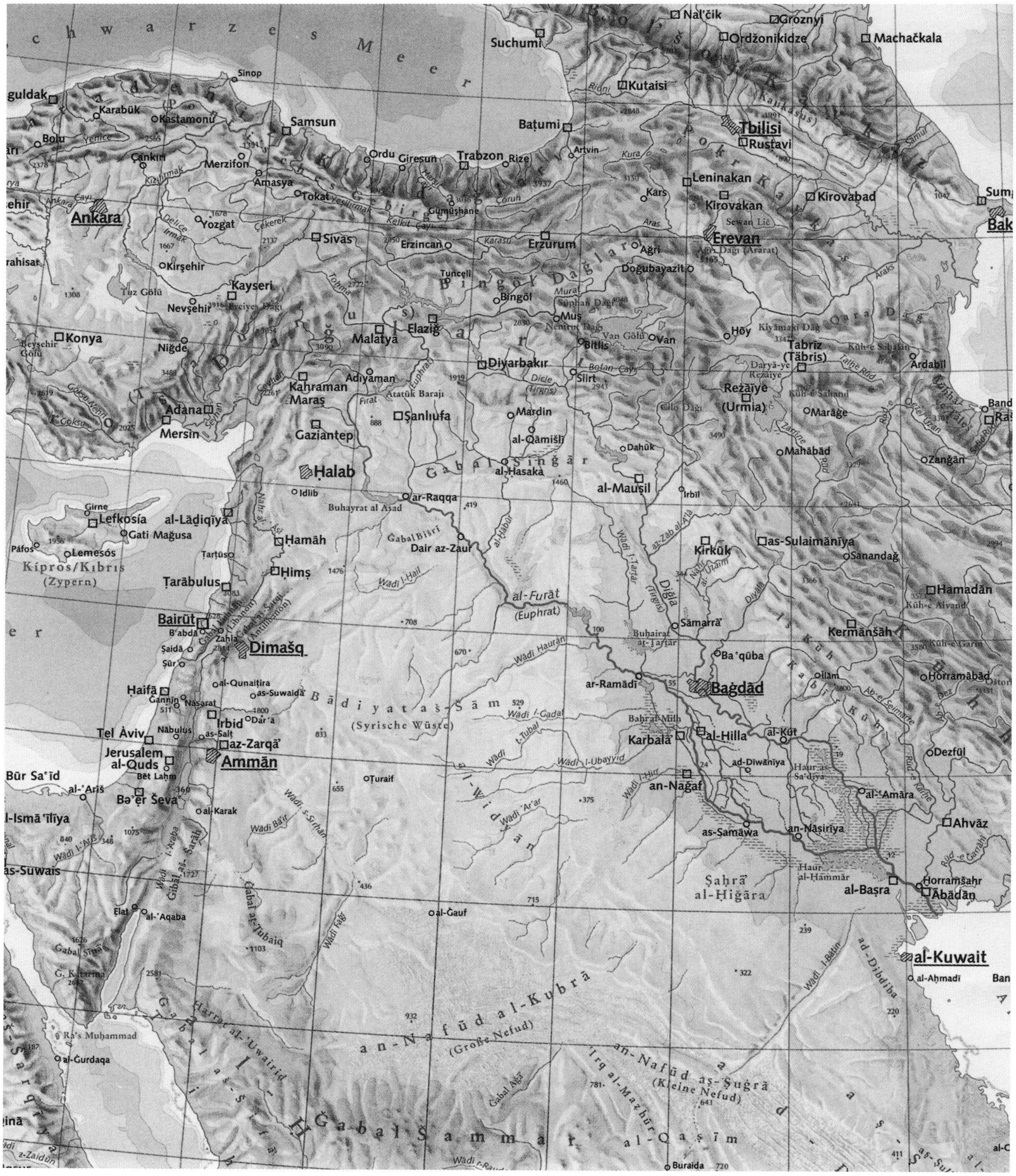
Schwarzes Meer
Nal'čik
Groznyj
Suchumi
Ordžonikidze
Machačkala
Kutaisi
Sinop
Zonguldak
Karabük
Kastamonu
Samsun
Bațumi
Tbilisi
Rustavi
Bolu
Çankırı
Merzifon
Ordu
Giresun
Trabzon
Rize
Artvin
Leninakan
Amasya
Tokat
Kars
Kirovakan
Kirovabad
Ankara
Yozgat
Gümüşhane
Erevan
Sivas
Erzincan
Erzurum
Ağri
Ağrı Dağı (Ararat)
Kırşehir
Doğubayazit
Tunceli
Kayseri
Bingöl
Nevşehir
Muş
Malatya
Elazığ
Konya
Niğde
Van Gölü
Van
Hoy
Tabriz (Täbris)
Ardabil
Bitlis
Diyarbakır
Siirt
Adıyaman
Kahraman Maraş
Rezaiye (Urmia)
Atatürk Barajı
Şanlıurfa
Marāġe
Adana
Mersin
Mardin
Gaziantep
al-Qāmišlī
Dahūk
Mahābād
Zanǧān
Ḥalab
al-Ḥasaka
al-Mauṣil
Idlib
ar-Raqqa
Irbīl
Buhayrat al Asad
Girne
Lefkosía
al-Lāḏiqīya
Gati Mağusa
Ḥamāh
Dair az-Zaur
Kirkūk
as-Sulaimānīya
Sanandaǧ
Páfos
Lemesós
Kípros/Kıbrıs (Zypern)
Tartūs
Ḥimṣ
Ṭarābulus
al-Furāt (Euphrat)
Diǧla
Hamadān
Bairūt
Dimašq
Sāmarrā'
Kermānšāh
Ṣaidā
Ṣūr
Ba'qūba
Ḥaifā
al-Qunaiṭira
as-Suwaidā'
ar-Ramādī
Baġdād
Irbid
Dar'ā
Bādiyat aš-Šām (Syrische Wüste)
Ḫorramābād
Tel Aviv
Nābulus
as-Salṭ
az-Zarqā'
Karbalā'
al-Ḥilla
al-Kūt
Jerusalem al-Quds
'Ammān
Būr Sa'īd
Dezfūl
Bēt Laḥm
al-'Arīš
Ṭuraif
an-Naǧaf
ad-Dīwānīya
Be'ēr Ševa
al-Karak
al-'Amāra
al-Isma'īlīya
as-Samāwa
an-Nāṣirīya
Ahvāz
as-Suwais
Ṣaḥrā' al-Ḥiǧāra
al-Baṣra
Ḫorramšahr
Ābādān
Elat
al-'Aqaba
al-Ǧauf
al-Kuwait
al-Aḥmadī
Ra's Muḥammad
al-Ġurdaqa
an-Nafūd al-Kubrā (Große Nefud)
an-Nafūd aš-Šuġrā (Kleine Nefud)
Ǧabal Šammar
al-Qaṣīm
Buraida

Damaskus und Aleppo in prähistorischer Zeit

Sultan Muhaysin

Während wir über Damaskus in den historischen Epochen vergleichsweise gut informiert sind, wissen wir aus der prähistorischen Zeit vor dem Auftauchen und der Verbreitung der Schrift nur wenig über diese Stadt. Heute ist zumindest bekannt, dass die Gegend von Damaskus bereits seit Hunderttausenden von Jahren bewohnt wird, doch sind nur wenige Spuren jener Zeitalter erhalten geblieben. In der frühesten Phase menschlicher Besiedlung, in der Altsteinzeit, lebten die Menschen als Nomaden auf der ständigen Suche nach Jagdbeute, Pflanzen und Wasser zum Überleben. Erst viel später, in der Jungsteinzeit, wurden sie sesshaft und lernten, Ackerbau und Viehzucht zu nutzen.

Obwohl bis jetzt keine ausreichenden Studien für die Region von Damaskus vorliegen, wissen wir doch, dass es in dieser Gegend zu Beginn des vierten geologischen Zeitalters einen großen See gab, der sich von der Dumayr-Region im Osten bis nach al-Kiswa im Westen erstreckte. Die beiden gegenwärtigen Seen al-Hadjdjana und al-Utayba sind die Überreste jenes alten Sees, den insbesondere die beiden Flüsse Barada und al-Awadj speisten. Mit ihrer Kapazität an Wasser, fruchtbarem Boden und Granit-Steinbrüchen stellte die Region von Damaskus einen Lebensraum dar, der die Menschen in den verschiedenen Epochen der Steinzeit anzog. Im Verlauf dieser Zeit lassen sich die folgenden Besiedlungsphasen erkennen:

In der Stadt Damaskus selbst ist man nicht auf Überreste aus prähistorischer Zeit gestoßen und zwar aus einem klaren und einfachen Grund, nämlich der Schwierigkeit, in dieser bewohnten Stadt Untersuchungen oder Grabungen durchzuführen. Derartige Überreste befinden sich, sofern sie existieren, unter den verschiedenen Gebäuden der Stadt. Wir haben jedoch viele verschiedene Hinweise aus der Region von Damaskus. Zahlreiche „Hobby-Archäologen" fanden in den Gebieten des Wadi Barada und der Serke von Damaskus Werkzeuge aus Stein. Die bedeutendsten davon sind Handbeile, die in das Aschuli-Zeitalter zurückreichen, die älteste Altsteinzeit, die ca. eine Million Jahre her ist, die Epoche des *homo erectus*. Ebenso wurden Pfeilspitzen, Lanzenspitzen u.a. gefunden, die aus der Epoche der mittleren Altsteinzeit datieren, der Epoche des Neandertalers, d.h. aus der Zeit vor ca. 100.000 Jahren. Sie kamen insbesondere aus der Region der Wüstenebene und aus dem Wadi Barada. Ebenso stieß man auf – wenn auch geringfügige – Hinweise auf Steinwerkzeuge, die in die jüngste Altsteinzeit vor ca. 30.000 Jahren zurückreichen.

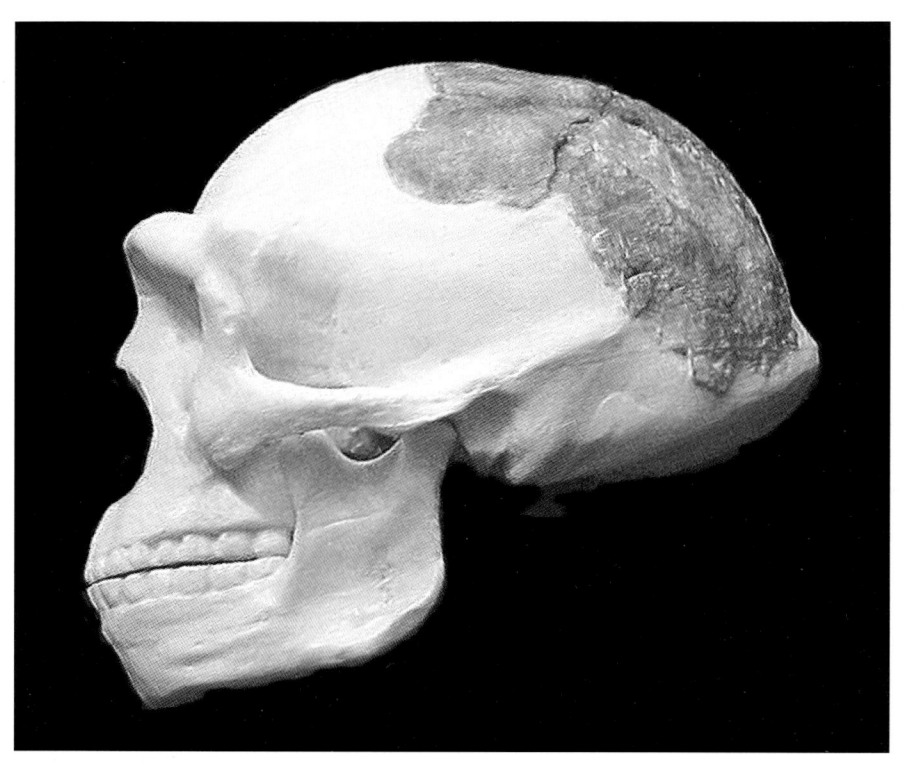

Schädel des *homo erectus*, gefunden in Nadaouiyeh Ain Askar nördlich von Palmira, der bisher älteste menschliche Überrest aus dem Vorderen Orient, ca. 450.000 Jahre alt (Rekonstruktion von Peter Schmid)

Die bedeutendste dichte menschliche Besiedlung erfolgte in der Region von Damaskus in der Jungsteinzeit, d.h. um ca. 10.000 v.Chr., in der neolithischen Epoche. Sie ist die Phase der Sesshaftwerdung des Menschen und in ihr tauchten die ersten Dörfer auf, in denen Ackerbau und Viehzucht praktiziert sowie die ersten Tongefäße hergestellt wurden. Durch diese und andere Veränderungen kam es zu einem grundlegenden Wandel, der mit der Bezeichnung „landwirtschaftliche Revolution" bzw. „neolithische Revolution" umschrieben wird. Die Untersuchungen, die insbesondere Henri de Contenson durchgeführt hatte, ergaben, dass die Senke von Damaskus zu den frühesten landwirtschaftlichen Zentren in der Region und in der Welt zählt, welche diesen großen Wandel vollzogen, der sich über zwei aufeinanderfolgende Phasen erstreckte:

Die erste Phase umfasst die frühe Zeit zwischen dem Ende des 10. Jahrtausends und dem Beginn des 7. Jahrtausends v.Chr. Ihre Spuren fand man an der Stelle des Tell Aswad im Osten der Stadt Damaskus zwischen den beiden Seen al-Utayba und al-Hadjdjana, wo man auf kleine, aus Lehm und Stroh errichtete Bauten stieß sowie auf verschiedenartige Steinwerkzeuge und insbesondere Sicheln und Pfeilspitzen. Das Wichtigste aber war der Fund großer Mengen von verkohlten Weizen- und Gerstenkörnern, Kichererbsen und Linsen. Dies ist der erste und der in seiner Art in der Welt bis jetzt älteste Hinweis auf die Ausübung von Ackerbau. Es gibt jedoch Entdeckungen an einer anderen Stelle, nämlich in Tell al-Ghurayfa nördlich von Tell Aswad, wo Spuren einer Siedlung gefunden wurden, die höher entwickelt war als Tell Aswad. Dies gilt sowohl für ihre Bauart als auch für ihre Steinwerkzeuge und anderes.

Die zweite Phase ist weiterentwickelt und datiert in die Zeit zwischen dem 7. und 5. Jahrtausend. In ihr breitete sich die Besiedlung in der Senke von Damaskus aus und es entstanden neue Dörfer, die größer und bedeutender waren als die Dörfer der ersten Phase. Eine wichtige Siedlung ist diejenige der zweiten Phase in Tell al-Ghurayfa, aber die wichtigste Siedlung dieser Phase ist diejenige von Tell ar-Ramad. Es zeigte sich, dass sich diese Siedlung im Verlaufe dreier aufeinanderfolgender Zeitabschnitte entwickelte und ihren Höhepunkt insbesondere in dem zweiten Zeitabschnitt (Tell ar-Ramad 2) erreichte, als ihre Fläche ca. drei Hektar betrug. An dieser Stelle stieß man neben verschiedenen Bauten auf große Mengen an Geräten aus Granit, Basalt und Kalkstein, wie Sicheln, Pfeilspitzen, Mörser, Mahlsteine, Stampfer, Äxte und andere landwirtschaftliche Geräte. Die Bewohner dort kannten außerdem Tongefäße und weiße, aus Kalkstein hergestellte Gefäße. Nachdem Tell ar-Ramad aufgegeben worden war, entstand in Tell al-Chuzama nördlich von Tell Aswad eine neue Siedlung. Diese Siedlung bestand in der letzten Phase der Jungsteinzeit.

Die landwirtschaftlichen Siedlungen in der Senke von Damaskus zeichneten sich zusätzlich zu dem oben Erwähnten durch ein hochentwickeltes künstlerisches und geistiges Niveau ihrer Bewohner aus. Diese gingen in ihren täglichen Bemühungen offenbar weit über die bloße Sicherstellung ihrer materiellen Bedürfnisse hinaus und wandten sich auch künstlerischen und geistigen Belangen zu. Darauf deuten der Schmuck, die Puppen, die Skulpturen und andere Entdeckungen hin, welche bestätigen, dass bestimmte Glaubensüberzeugungen vorhanden waren, denen die Menschen anhingen. Die Wichtigsten davon sind der Glaube an einen „heiligen Stier" und eine „Muttergottheit" sowie die Verehrung der Toten. All dies sind Glaubensüberzeugungen, auf die Skulpturen und einbalsamierte Schädel hinweisen, welche in den bezeichneten Ansiedlungen sowohl in den Wohnhäusern als auch in den Gräbern gefunden wurden. Auch Zeugnisse eines gewissen Luxus sind belegt, denn man fand an verschiedenen Stellen Schmuckreifen, Ohrringe, Armbänder, Halsketten und andere Schmuckgegenstände, welche aus wertvollen und seltenen Steinen hergestellt waren.

Auch in der Stadt Aleppo stieß man wahrscheinlich aus denselben Gründen, die wir in Bezug auf Damaskus vorbrachten, auf keinerlei Hinweise aus den Steinzeiten, denn auch Aleppo ist zur Zeit eine dicht besiedelte Stadt und es ist unmöglich, dort irgendwelche Ausgrabungen oder Untersuchungen durchzuführen. Falls derartige Überreste vorhanden wären, befänden sie sich unter den Bauten der jetzigen Stadt. Die Untersuchungen aber, die in der Umgebung von Aleppo durchgeführt wurden, zeigen, dass diese Gegend seit frühester Zeit bewohnt war.

Der archäologische Survey, der zwischen 1977 und 1979 vom Archäologischen Institut der Universität London in der Gegend des Quwayq-Flusses durchgeführt wurde, belegt eine Besiedlung der Region seit der jüngsten Altsteinzeit. Man fand auf den Plateaus, welche über diesem Fluss liegen, Steinwerkzeuge aus der Aschuli-Zeit, zu denen Steinäxte, Spitzhacken und Solitter gehörten. Dies war insbesondere in den Gegenden von Tell Schayr und Tell Hawarta der Fall. Die Überreste lassen sich in die Zeit vor ca. einer halben Million Jahren datieren. Dadurch sind sie mit dem *homo erectus* in Verbindung zu bringen. Vor ca. 100.000 Jahren, im Zeitalter des Erscheinens des Neandertalers, d.h. zur Zeit der mittleren Altsteinzeit, wurde die Besiedlung der Gegend von Aleppo dichter. Für diese Zeit lassen sich Dutzende von Fundorten mit Steinwerkzeugen ausmachen. Es ist darauf hinzuweisen, dass die Besiedlung dieses Gebietes im besagten Zeitalter geringer war als in den übrigen syrischen Gebieten. Noch weniger Siedlungsreste gibt es allerdings für das folgende Zeitalter, die jüngste Altsteinzeit, welche vor ca. 40.000 Jahren begann und sich in fast allen Gebieten aus Gründen, die bis jetzt unbekannt sind, durch die Seltenheit ihrer Spuren auszeichnet. Wir hoffen, dass die laufenden Untersuchungen uns zufriedenstellende Antworten auf diese Frage geben werden.

Mit dem Ende der Altsteinzeit und dem Beginn der Jungsteinzeit etwa im 10. Jahrtausend v.Chr. trat die Gegend von Aleppo wieder as wichtige Bühne menschlichen Agierens in Erscheinung, die sich insbe-

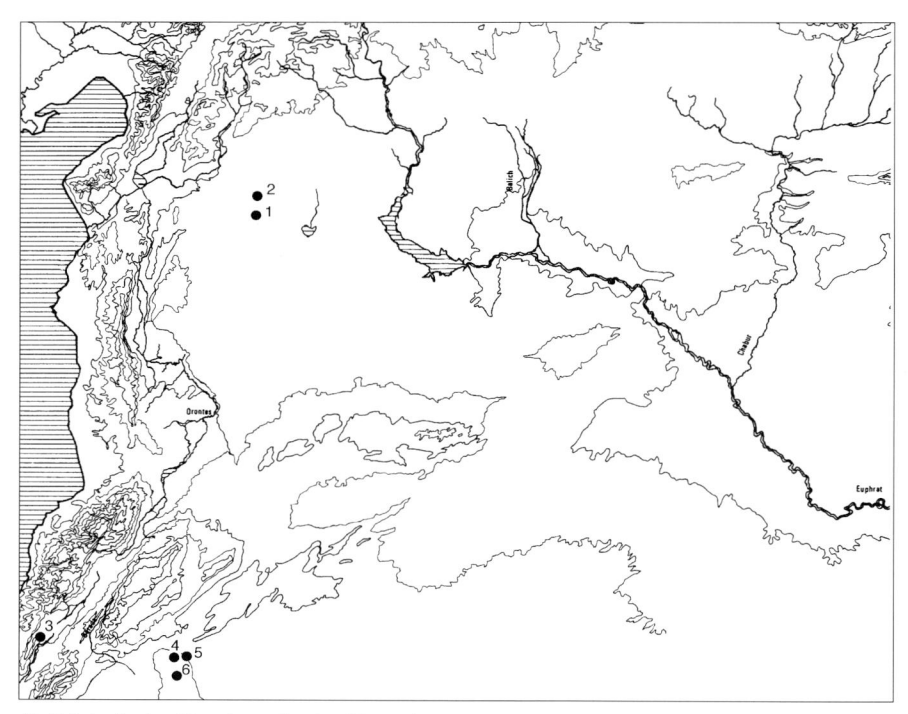

Prähistorische Fundorte in der Umgebung von Damaskus und Aleppo

1 = Aleppo
2 = Qaramil
3 = Tell ar-Ramad
4 = Tell al-Ghurayfa
5 = Tell al-Chuzama
6 = Tell Aswad

sondere durch den Übergang des Menschen von der Lebensform des Jagens und des Sammelns zur Sesshaftigkeit, dem Anbau von Getreide und der Viehzucht auszeichnete. Der Ort Qaramil im Flussbecken des Quwayq-Flusses nördlich von Aleppo ist das wichtigste Zeugnis für diese Phase. Man stieß dort auf verschiedene Steinwerkzeuge, wie Pfeilspitzen, Sicheln und spitze Werkzeuge, die auf die neolithische Zeit vor dem Keramikzeitalter A zurückgehen.

Auf diese Epoche folgte eine Phase, aus der uns keinerlei bedeutende Überreste vorliegen.

Etwa in der Mitte des 7. Jahrtausends v.Chr. aber, d.h. am Ende des sogenannten Neolithikums und noch vor dem Keramikzeitalter B, kehrte die menschliche Besiedlung in die Gegend von Aleppo zum Quwayq-Fluss zurück. Es erschienen nun Ackerbaugesellschaften, die auch die Herstellung verschiedener Arten von Tongefäßen kannten, insbesondere von dunklen und glänzenden Tongefäßen, die der Phase zugeordnet werden, welche Schicht A und Schicht B genannt werden. Im Verlaufe der folgenden Epochen im 6., 5. und 4. Jahrtausend bestand die Besiedlung im Gebiet von Aleppo fort. Nun blühten die Kulturen des Halaf- und des Ubaid-Zeitalters sowie der Warka-Epoche auf, die wiederum die letzte Phase der prähistorischen Zeitalter darstellt. Danach begann für Syrien zu Beginn des 3. Jahrtausends v.Chr. die historische Zeit.

Literatur

Zu Damaskus: de Contenson 1969, 1978. van Liere 1960/61. Zu Aleppo: Matthers 1981.

Der Alte Vordere Orient

Hartmut Kühne

Geschichte beginnt nicht erst mit der schriftlichen Überlieferung, sondern streng genommen bereits mit der biologischen Herausbildung des Menschen, spätestens jedoch in dem Moment, in dem der Mensch beginnt, für die Bewältigung seines Daseins Artefakte herzustellen. Die damit einhergehende Auseinandersetzung des Menschen mit seiner physischen Umwelt ist gleichzeitig der Anfang der Kulturgeschichte. Zwischen der Kulturgeschichte und der Geschichte der Umwelt besteht daher eine systemische Verknüpfung. Denn der technologische Fortschritt des Menschen bedeutet immer zugleich eine Veränderung seiner natürlichen Umwelt.

Die Geschichte kann daher in zwei große Abschnitte untergliedert werden: den der schriftlosen Kulturen und den der schriftlichen Überlieferung. Der Abschnitt der schriftlosen Epochen kann nur mit den Methoden und Materialien der Archäologie erschlossen werden, die Epochen der schriftlichen Überlieferung beschäftigen den Historiker, den Philologen und den Archäologen.

Die Geschichte (Wirtschafts-, Sozial- und Kulturgeschichte) des Alten Vorderen Orients ist die Grundlage der mittelmeerischen und mitteleuropäischen Kulturen der Gegenwart. Wichtige, ja entscheidende Erfindungen und Errungenschaften, wie zum Beispiel die Einführung des Ackerbaus und der Viehzucht, der Siedlungsgemeinschaften, der Verwaltung, der Schrift, der Städte und des Staatswesens, aber auch der Technologie, Wissenschaft und Kunst, sind dort vollzogen worden.

Der Vordere Orient (siehe Abb.) erstreckt sich geografisch vom Bosporus bis zum Indus und vom Kaukasus bis zum Sinai und schließt die gesamte arabische Halbinsel mit ein. Die Kulturgeschichte dieses riesigen Gebietes beginnt mit dem Paläolithikum, ein unendlich lang sich erstreckender Zeitraum zwischen 800.000 und 17.000 vor heute, in dem der Mensch ein Spielball der Natur und der sich austobender Elemente war und zum *homo sapiens sapiens* mutierte.

Vorboten einer Veränderung waren die Sesshaftwerdung und die Vorratshaltung des Menschen im Epipaläolithikum und im Protoneolithikum. Im „Vorkeramischen Neolithikum" (ca. 10.000-6.000 v.Chr.), häufig nach G. Childe die „Neolithische Revolution" genannt, gelingt es ihm, Wildgetreide zu kultivieren und Wildtiere (zunächst Ziege, Schaf und Hund) zu domestizieren. Diese bahnbrechenden Erfolge verändern seine bisherige Lebensweise radikal und werden die Grundlagen der agrarischen Wirtschafts- und Lebensform bis heute.

Der Mensch wird endgültig sesshaft und betreibt nun systematische Vorratshaltung. Dennoch wird die Speisekarte noch über einen langen Zeitraum von gesammelten und gejagten Lebensmitteln ergänzt. Um Ackerbau betreiben zu können, muss er Äcker schaffen, muss er seine artenreiche natürliche Umwelt verändern – der erste Fall von Umweltzerstörung. Um seine Herden zu schützen, muss er Pferche bauen und die wilden Tiere bekämpfen. Kann zunächst noch in der häuslichen Gemeinschaft der Sippe alles Notwendige von allen Mitgliedern gleichermaßen bewältigt werden, so werden schon im Verlauf des Vorkeramischen Neolithikums gemeinschaftliche Strukturen entwickelt. Diese ersten Siedlungen, wie Jericho und Cayönü, bestehen bereits aus diszipliniert angeordneten Gebäuden, und am Ende dieser Epoche entsteht in Buqras am Mittleren Euphrat ein Ort mit größeren, mehrräumigen Häusern ähnlichen Grundrisses, die systematisch angelegt zu sein scheinen.

War man bisher der Meinung, dass die Gesellschaftsform dieser Menschen und Siedlungen nicht weiter strukturiert, vor allem nicht hierarchisiert war, so ist durch jüngste Ausgrabungen am türkischen Euphrat in dem Ort Nevala Cori bewiesen worden, dass dort bereits in der älteren Phase des Vorkeramischen Neolithikums ein Tempel existiert hat, der sogar mit überlebensgroßen Steinskulpturen ausgestattet war. Dieses Gebäude ist von den anderen Bauten der Siedlung abgesetzt, so dass rein physisch eine Betonung und damit eine Hierarchisierung zu erkennen ist.

Im folgenden keramischen Neolithikum (ca. 6000-4300 v.Chr.) wird Gefäßkeramik als täglicher Gebrauchsgegenstand eingeführt. Dahinter verbirgt sich eine kleine technologische Revolution, denn die Herstellung von Gefäßkeramik bedeutet, dass man gelernt hatte, den Werkstoff Ton und die dazu notwendige Brenntechnologie zu beherrschen. Die Gefäße sind von einer erstaunlichen Qualität und Schönheit; sie sind dünnwandig und mit geometrischen oder figürlichen Mustern polychrom bemalt. Gesellschaftliche Veränderungen sind vordergründig nicht zu beobachten. Die Menschen haben ihre Siedlungsplätze in Gegenden verlagert, die mehr Niederschlag erhalten. Es entstehen wohlhabende Bauernkulturen, die nach ihren markanten Fundplätzen benannt werden (Hassuna, Samarra, Halaf in Nordmesopotamien, Catal Hüyük und Hacilar in Zentral-Anatolien). Im südlichen Tiefland wird das reichlich vorhandene Wasser mit einer technischen Neuerung gebändigt, die weitreichende Folgen hat: die Einführung der Schwerkraft-Bewässerung (in Coga Mami). Siedlungsmuster und damit zentrale Orte sind nicht erkennbar, obwohl der Fernhandel mit Obsidian blüht und Stempelsiegel und ihre Abdrücke die Schlussfolgerung auf Eigentumskennzeichnung zulassen. Der hier erkennbaren wirtschaftlichen „Hierarchisierung" scheint in der nächsten Epoche die gesellschaftliche gefolgt zu sein.

Im Chalcolithikum (ca. 4300-3000 v.Chr.) treten Geräte aus Kupfer auf, ohne aber eine allgemeine Verbreitung als tägliche Gebrauchsgegenstände zu finden und die bisher üblichen Steingeräte zu verdrängen. Die diese Zeit bestimmende Ubaid-Kultur hat ihren Ausgangspunkt im südlichen Mesopotamien (Ubaid, Eridu), und erstmalig ist ein größerer von ihr ausgehender Akkulturationsprozess zu beobachten. Er äußert sich in Niederlassungen, die weit den Euphrat aufwärts bis in die heutige Türkei hinein angelegt werden. Dreh- und Angelpunkt der nördlichen Ubaid-Kultur ist Tepe Gaura bei Mosul, dessen Schicht 13 die ältesten Großbauten (Tempel) erkennen lässt, die rechtwinklig um einen freien Platz angeordnet waren. Aus ihrer Existenz ist zu schließen, dass es nunmehr eine gesellschaftliche Hierarchisierung gibt. Wir nennen den im Verlauf der Ubaid-Zeit stattfindenden Prozess der Ballung der wirtschaftlichen

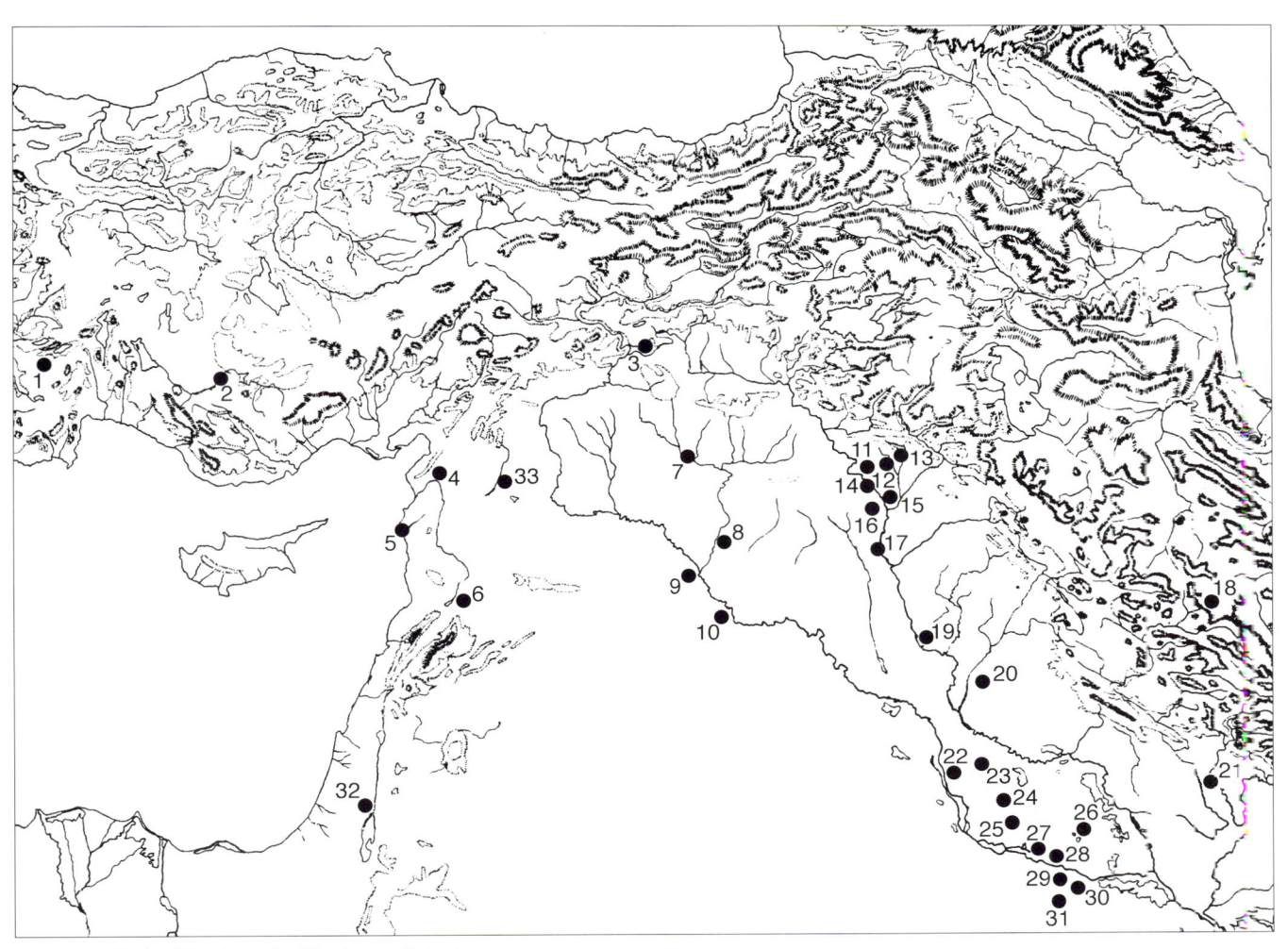

Altorientalische Fundorte im Vorderen Orient

1 = Hacilar
2 = Çatal Hüyük
3 = Çayönü
4 = Alalach
5 = Ugarit
6 = Qadesch
7 = Halaf
8 = Tell Schech-Hamad (Dur Katlimmu)
9 = Buqras
10 = Mari
11 = Tepe Gaura
12 = Chorsabad
13 = Gaugamela
14 = Ninive
15 = Nimrud
16 = Hassuna
17 = Assur
18 = Ekbatana
19 = Samarra
20 = Eschnunna
21 = Susa
22 = Babylon
23 = Kisch
24 = Nippur
25 = Isin
26 = Girsu
27 = Uruk
28 = Larsa
29 = Ubaid (Tell Obed)
30 = Ur

und gesellschaftlichen Kräfte „Urbanisierung".

Am Ende dieser Epoche und am Beginn der Frühen Bronzezeit (um 3100 v.Chr.) lassen sich dann die bahnbrechenden Entwicklungen fassen, die den Eintritt des Alten Vorderen Orients in die historische Zeit markieren: die Einführung der Schrift, die Einführung des in den alten Kulturen der Welt einmaligen Phänomens des Rollsiegels in Verbindung mit einer systematisch betriebenen, weil staatlichen Kunst und die ersten staatlichen Organi-

"Geierstele" aus Girsu/Tello, in Paris (Louvre), 3. Jahrtausend v.Chr.

sationsformen, die zunächst nur Städte (Zentrale Orte) und ihr Hinterland umfassen. Kristallisationspunkt dieser Entwicklung ist der südmesopotamische Ort Uruk. Erstmalig kann nun ein Bevölkerungselement als Träger dieser Kultur benannt werden: die Sumerer. Aus den Bildwerken der Späten Uruk-Zeit wird eine Herrschaftsidee sichtbar, die den EN, den Herrscher, in einer strengen Unterwerfung zu seinem Stadtgott widerspiegeln. Parallel zu der Hierarchisierung der menschlichen Gesellschaft ist offenbar die Hierarchisierung der Götterwelt erfolgt, die nunmehr in einem geordneten Pantheon den menschlichen Lebensformen und Verhaltensweisen voransteht. Zentrum der Götterhierarchie wird die Stadt Nippur mit dem Heiligtum des Hauptgottes Enlil, Zentrum der weltlichen Hierarchie die Stadt Kisch.

Im Verlauf der nächsten Jahrhunderte während des 3. Jahrtausends v.Chr. entstehen Stadtstaaten, die in Konkurrenz um die Vorherrschaft, um das Königtum von Kisch, treten. Das erste Monument, das uns in Bild und Schrift eine Auseinandersetzung zwischen zwei Stadtstaaten – vordergründig geht es um einige Felder, aber im Hintergrund um Macht und Einfluss – schildern, ist die sogenannte Geierstele (siehe Abb.) aus Girsu (um 2500 v.Chr.), die heute im Louvre aufbewahrt wird.

Die im Süden Mesopotamiens einst reichen natürlichen Wasservorkommen werden im Verlauf des 3. Jahrtausends v.Chr. aus geomorphologischen und klimatischen Gründen immer spärlicher, so dass der Kampf um die Vorherrschaft nicht ausschließlich durch das Streben nach Macht und schierer Größe motiviert ist, sondern mindestens zu gleichen Anteilen aus Existenzsorgen. Der König der nördlich gelegenen Stadt Kisch hatte ein gewichtiges Wort bei der Verteilung des nach Süden fließenden Wassers mitzureden. Aus dieser zentral wichtigen, aber auch zentralisiert anzugehenden Aufgabe erwächst das Bedürfnis nach einer entsprechenden Organisationsform, deren Realisierung den Sumerern aber nicht mehr gelingt. Die im mittleren Mesopotamien angesiedelten Akkader usurpieren mit ihrem Herrscher Sargon den virtuellen Thron von Kisch und errichten um 2350 v.Chr. den ersten zentralistischen Territorialstaat auf mesopotamischem Boden.

Die einer Revolution gleichkommenden politischen und administrativen Veränderungen werden von einem geistigen Wandel begleitet. Die Herrschaftsideologie ändert sich und findet ihren sinnfälligen

Ausdruck darin, dass der König sich vergöttlichen lässt. Der Herrscher ist nun nicht mehr der verlängerte Arm des Gottes auf Erden, sondern nimmt selbst göttliche Züge und wohl auch Funktionen an. Der neue Geist manifestiert sich in einem einzigartigen Denkmal, der Stele des Königs Naram Sin (um 2250 v.Chr.) (siehe Abb.), die von elamischen Herrschern geraubt und in die Hauptstadt Susa verschleppt worden war, wo sie von französischen Archäologen wiedergefunden wurde. Die akkadische Reichsideologie führte zu kriegerischen Expansionen über die Auseinandersetzung mit und Eroberung von syrischen Stadtstaaten bis zur Sicherung der Rohstoffzentren im Libanon (Holz) und in Anatolien (Silber, Kupfer).

Der Kollaps des Reiches um 2200 v.Chr. verursacht ein Vakuum, in dem sich zunächst die sumerischen Stadtstaaten wieder regenerieren können. Dann entsteht unter der sogenannten III. Dynastie von Ur ein neuer Zentralstaat. Dieser entwickelt zunächst einen gewissen Wohlstand, hat sich aber schon bald der Migration einer westsemitischen Bevölkerungsgruppe, den Ammuritern, zu erwehren. Er tut dies mit dem Bau einer Mauer, die das Land gegen Westen abschirmen soll, jedoch sind alle Bemühungen erfolglos. In Verbindung mit Trockenjahren und daraus folgenden Missernten und Hungersnöten, die schon den Akkadern zu schaffen gemacht haben, bricht dieser Staat unter dem Ansturm des politischen Erzfeindes, den Elamern, um 2000 v.Chr. zusammen.

Stele des Naram Sin aus Susa, in Paris (Louvre), 3. Jahrtausend v.Chr.

Das politische Erbe in Mesopotamien wird von den Stadtstaaten Isin

Stele mit dem Kodex Hammurabi aus Susa, in Paris (Louvre)

und Larsa aufgegriffen, die nach dem alten Strickmuster in Konkurrenz treten und ihre Kräfte darin verschleißen. Im nördlich gelegenen Assyrien hatte sich inzwischen ein prosperierender Handel mit Zentralanatolien etabliert, der über die nächsten zwei Jahrhunderte Zinn aus Afghanistan zu den Kupferminen nach Anatolien bringt. Beteiligt an dieser Zinnstraße sind Susa, mehrere südmesopotamische Städte und Mari am mittleren Euphrat im heutigen Syrien.

Der lachende Dritte in der Auseinandersetzung zwischen Isin und Larsa ist schließlich der aus einem ammuritischen Familienclan hervorgegangene Hammurabi, der Herrscher des bis dahin eher bedeutungslosen Stadtstaates von Babylon war. Ihm gelingt es in relativ kurzer Zeit, die einzelnen Stadtstaaten und Königreiche, wie Larsa, Eschnunna, Assur, Elam und schließlich auch Mari, auszuschalten und ein neues mesopotamisches Territorialreich zu errichten, das altbabylonische Reich (1792-1595 v.Chr.). In den 42 Regierungsjahren Hammurabis (1792-1750 v.Chr.) stabilisiert sich das Reich. Frieden und Wohlstand kehren ein. Ausdruck der neuen Rechtssicherheit ist sein berühmter Kodex (siehe Abb.) mit 280 Gesetzesparagrafen, der auf einer Stele erhalten ist, in deren Rund Hammurabi selbst in betender Haltung vor dem Sonnengott Schamasch dargestellt ist. Seine Nachfolger haben Mühe, das Reich zu halten, weil schon bald ein neuer Feind auftaucht, die in den Bergen des Zagros lebenden Kassiten.

Um die Mitte des 2. Jahrtausends v.Chr. wird der ganze Alte Vordere Orient von einer beispiellosen Veränderung erfasst, die sich mindestens zweihundert Jahre vorher bereits angekündigt hatte. In Zentralanatolien haben die indogermanischen Hethiter ein Reich gegründet, dessen Expansionsziel der nordsyrische Raum ist. Von dort aus, von Aleppo, dem Stadtstaat Iamhad, unternimmt der hethitische Großkönig Murschili I. einen „Blitzkrieg" gegen das marode altbabylonische Reich und erobert Babylon. Helfend mitgewirkt haben die Kassiten, die in das in Babylon entstehende Machtvakuum einrücken und von nun an über vierhundert Jahre den babylonischen Thron besetzen. Murschili wird auf seinem Rückzug arg gebeutelt: Nicht nur wird ihm die Beute wieder abgejagt, sondern er bringt sogar noch die Pest mit nach Hause. Sie und innenpolitische Auseinandersetzungen schalten die Hethiter als Großmacht für die nächsten 150 Jahre erst einmal aus.

Etwa gleichzeitig mit dem Zug des Murschili nach Babylon etablieren die zugewanderten Mitanni auf dem Bevölkerungssubstrat der Churriter in Nordmesopotamien ein Reich, das sich schnell im Osten über Assyrien und im Westen über Nordsyrien bis in die Südtürkei nach Kilikien ausbreiten kann. Seine Hauptstadt ist zwar namentlich bekannt, Waschukanni, aber noch nicht wiederentdeckt. Erst als die Hethiter im 14. Jahrhundert wieder erstarken, kommt es zu einer Entscheidungsschlacht am türkischen Euphrat, die die Mitanni verlieren. Die Hethiter können wieder nach Nordsyrien eindringen. Im Osten bleibt ein mitannischer Klientelstaat übrig, der Hanigalbat genannt wird. Noch weiter im Osten nutzt Assyrien die Gunst der Stunde und befreit sich von der mitannischen Oberherrschaft.

Am Ende des 14. und im 13. Jahrhundert rückt die Staatenwelt Vorderasiens zusammen. Unter den Großmächten dieser Zeit ist Vorderasien aufgeteilt. Ägypten besetzt traditionell den palästinensischen Raum und wird im weiteren Vordringen nach Norden, nach Syrien, in der Schlacht von Qadesch (um 1285 v.Chr.) gestoppt. Die Hethiter beherrschen fast ganz Kleinasien und kontrollieren Nordsyrien bis zum Euphrat. Der Vasallenstaat Hanigalbat wird von Assyrien aufgerieben, so dass sich das mittelassyrische Reich über ganz Nordmesopotamien erstreckt. Babylonien wird von den Kassiten beherrscht, die ein sehr gutes diplomatisches und wirtschaftliches Verhältnis zu Ägypten haben. Elam im heutigen Iran erlebt eine Blütezeit.

Diese „pax orientalis" bricht um 1200 v.Chr. zusammen. Bis 900/800 v.Chr. werden die schriftlichen Quellen Vorderasiens sehr spärlich oder versiegen völlig. Interner Auslöser für wirtschaftliche Schwierigkeiten sind eine Reihe von Trockenjahren, entsprechende Missernten und Hungersnöte. Äußerlich entsteht im östlichen Mittelmeergebiet eine neue politische Situation durch Stämme aus dem Balkan, die die gesamte südtürkische und ostmittelmeerische Küste überfallen und brandschatzen (die sogenannten Seevölker). In diesen Wirren bricht das hethitische Reich zusammen. Berühmte Städte, wie Alalach und Ugarit, werden völlig zerstört und nicht wieder besiedelt. Das mittelassyrische Reich versinkt in eine Schwächeperiode; seine Besitzungen zwischen Euphrat und Chabur fallen den Aramäern in die Hände. Die Wanderung dieser Stämme nach Norden, Osten und Westen aus dem zentralsyrischen Steppengebiet heraus wird durch die Trockenjahre ausgelöst. Die kassitische Dynastie kommt um 1150 durch die einfallenden Elamer zu Fall. Diese ziehen plündernd und brandschatzend durch Babylonien und werden erst durch Nebukadnezar I. (um 1120 v.Chr.) in ihre Schranken verwiesen.

Das mittelassyrische Reich erfährt um 1100 v.Chr. mit seinem König Tiglat-Pilesar I. seine letzte Machtentfaltung. An sie kann erst wieder der König Assurnasirpal II. im 9. Jahrhundert v.Chr. anknüpfen. Unter seinen Vorgängern im 10. Jahrhundert v.Chr. war die Trockenheit überwunden worden, und der wirtschaftliche Aufschwung ließ

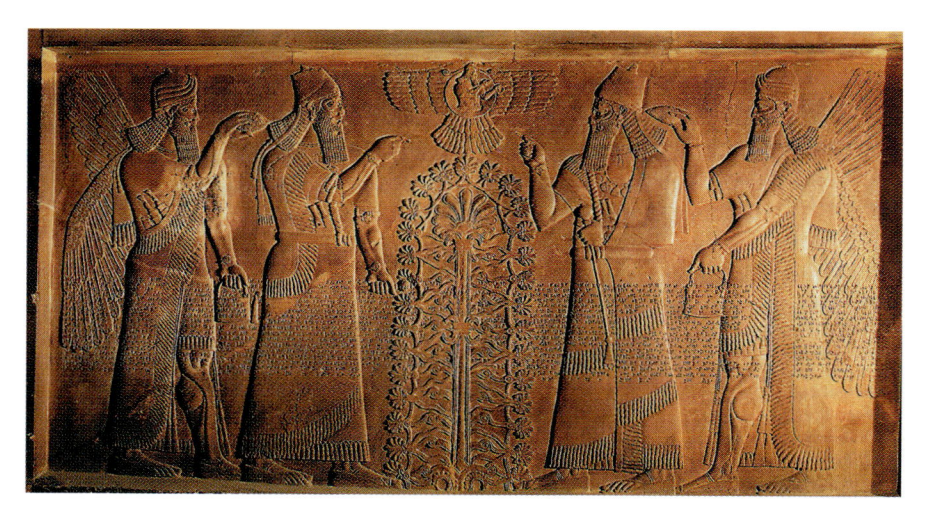

Nimrud, Wandrelief aus dem Palast des Assurnasirpal, in London (Britisches Museum), 9. Jh. v.Chr.

die expansive assyrische Herrschaftsideologie wieder aufleben. Sie wurzelt in den Vorstellungen der mittelassyrischen Zeit, und Assurnasirpal II. gibt ihr eine ganz eigene Richtung, der er in seinem eindrucksvollen neuen Palast in seiner neu gegründeten Hauptstadt Nimrud bildlich Ausdruck verleiht (siehe Abb.). Indem er die Wände des repräsentativen Teils des Palastes vollkommen mit reliefierten Platten ausschmücken lässt, die ursprünglich bemalt waren, setzt er einen neuen Standard, der das Reich der Assyrer überdauern sollte.

Die Assyrer errichten im Verlauf der nächsten beiden Jahrhunderte ein Weltreich, das erste der Geschichte. Sie beherrschen fast den gesamten Vorderen Orient, vom westlichen Iran bis Zentralanatolien, vom Kaukasus bis Ägypten. Sie waren dazu nicht nur wegen ihrer fortschrittlichen Kriegstechnologie und ihrer gut organisierten Armee in der Lage, sondern es stand ihnen ein straff geführter Verwaltungsapparat und eine gesellschaftliche Struktur zur Seite, die eine entsprechende Behandlung der eroberten Länder sofort ermöglichte. Entsprechend prachtvoll werden die Hauptstädte Assur, Nimrud, Chorsabad und Ninive ausgestattet. Wegen innenpolitischer Streitigkeiten bricht die Dynastie unter dem gemeinsamen Ansturm der Meder und Babylonier zusammen (614 v.Chr. Eroberung von Assur, 612 Eroberung von Ninive, 609 Eroberung von Harran), aber die Verwaltung und ihre höheren Dienstchargen fungierten weiter. In der Ausgrabung von Tell Schaych Hamad, dem assyrischen Provinzzentrum Dur-Katlimmu am Chabur (Syrien), konnte der Nachweis geführt werden, dass die assyrische Beamtenoligarchie nunmehr dem neuen Souverän, dem babylonischen König, diente!

Die folgenden Reiche der Meder und Babylonier – die einen hatten den nördlichen, die anderen den südlichen Teil des ehemaligen Weltreiches übernommen – waren kurzlebig. Beide entwickelten Prunk und Pracht in ihren Hauptstädten Ekbatana und Babylon. Das Ischtar-Tor und die Prozessionsstraße von Babylon wurden ausgegraben, die „hängenden Gärten" galten in der Antike als Weltwunder, können aber bisher nicht einwandfrei identifiziert werden. Der religiöse Einzelgänger Nabonid, König von Babylon, und das Menetekel seines Sohnes Belsazar markieren den Untergang des kaum 80 Jahre bestehenden Reiches, als im Jahre 539 v.Chr. der Perserkönig Kyros II. kampflos in Babylon einmarschiert.

In dem folgenden Jahrtausend verlagern sich die Zentren der Macht nach Osten und nach Westen, Mesopotamien wird zur Provinz. Das Reich der persischen Achämeniden ist der eigentliche Nachfolger des assyrischen Weltreiches. Es überflügelt dieses bei weitem in seiner geografischen Ausdehnung, seiner Organisationsform, seiner militärischen

Macht und seinem Prunk. Dareios I. baut sich einen prachtvollen Palast in der alten elamischen Hauptstadt Susa. Gleichzeitig gründet er eine neue Königsstadt, Persepolis (siehe Abb.), im Herzen der Provinz Persis (modern: Fars) gelegen, an der auch noch sein Sohn und sein Enkel weiterbauen sollten. Zur Errichtung beider Komplexe führt er Materialien und Handwerker aus dem ganzen Reich zusammen.

Schon dem Expansionsdrang des Dareios I. nach Westen setzen die Griechen in berühmten Schlachten ein Ende. Aber erst 150 Jahre später tritt der Makedonenkönig Alexander seinen Siegeszug nach Osten an und erobert nach der Schlacht von Gaugamela 331 v.Chr. die persischen Hauptstädte. Sein früher Tod – 323 v.Chr. in Babylon – lässt keine Konsolidierung des Reiches zu. Unter seinen Nachfolgern, Diadochen genannt, zerfällt es in drei Reiche. Der Prozess der Hellenisierung des Vorderen Orients setzt ein. Aber schon ab 238 v.Chr. müssen sich die Seleukiden der iranischen Parther erwehren, die unter Arsakes ein neues Herrschergeschlecht gründen: die Arsakiden. Die Parther erobern 140 v.Chr. Mesopotamien. Die Seleukidendynastie erlischt um 130, und die Parther können unter Mithridates II. (124-87 v.Chr.) ihre größte Macht und Ausdehnung – bis nach Zentral-Anatolien – erreichen. Die Auseinandersetzung mit den Römern verläuft wechselhaft, jedoch bleiben die Parther die beherrschende Macht in Mesopotamien. Um 225 n.Chr. werden die Parther von ihren iranischen Nachfolgern, den Sasaniden, besiegt. Diese beherrschen Mesopotamien und den östlichen Teil Vorderasiens bis zur arabisch-islamischen Eroberung 640 n.Chr.

Persepolis, Türlaibung mit thronendem Großkönig, 5. Jh. v.Chr.

Die Geschichte Syriens in der hellenistischen und römischen Zeit

Bashir Zuhdy

In der Zeit der klassischen Antike spielte Syrien eine bedeutende Rolle, die sich in der Entstehung regionaler Königreiche, in Kaisern und Herrschern syrischer Herkunft sowie im Auftreten namhafter syrischer Baumeister, Architekten und Künstler äußerte.

Syrien in der hellenistischen Zeit

Die Zeit des Hellenismus beginnt mit der Herrschaft des Makedonenkönigs Alexander dem Großen (reg. 336-323 v.Chr.) und seinem Feldzug gegen das Perserreich unter Dareios III. (reg. 336-330 v.Chr.). Nach der Schlacht von Issos (333 v.Chr.) zwischen Alexander und dem Perserkönig zog sich Dareios nach Osten über den Euphrat zurück, während Alexander seine Feldzüge fortsetzte und Syrien und Ägypten eroberte. Mit Hilfe seines Feldherrn Parmenion eroberte er dabei auch Damaskus, wo sich eine wichtige Führungszentrale der Perser befand.

Im Jahre 331 v.Chr. kehrte Alexander aus Ägypten nach Syrien zurück und zog mit seinem Heer weiter in Richtung des heutigen Iraq. Dort konnte er Dareios in der Schlacht von Gaugamela vernichtend schlagen. Danach setzte der makedonische König seinen Feldzug in Richtung Osten fort, wobei er bis nach Indien gelangte. Die Motivation seiner Soldaten und ihr Glaube an den Sinn weiterer Eroberungen schwand jedoch zusehends, bis es schließlich zu einer Meuterei unter den Kriegern kam. Alexander kehrte daraufhin mit seinem Heer nach Babylon zurück, wo er kurze Zeit später im Juni 323 v.Chr. im Alter von nur 32 Jahren starb.

Mit Alexander begann eine neue Epoche in der Geschichte des Orients, deren Hauptmerkmal die Vermischung der Kulturen des Alten Orients mit der griechischen Zivilisation war. Die Idee, die griechische und die orientalische Welt durch Heiraten und gemeinsame Nachkommenschaft zu vereinigen, wird Alexander zugeschrieben. Er setzte sie selbst durch seine Heirat mit der iranischen Prinzessin Roxane in die Tat um. Diesem Beispiel folgten auch seine Offiziere, so etwa Seleukos, der sich mit der Orientalin Apama vermählte.

Die Herrschaft der Seleukiden

Nach dem Tod Alexanders zerfiel sein Reich durch die Kämpfe seiner Feldherren um die Nachfolge. Die blutigen Kriege führten dazu, dass Antigonos Herrscher über Griechenland wurde und Ptolemaios über Ägypten, während Seleukos den östlichen Teil des Reiches und schließlich auch Syrien unter seine

Herrschaft brachte. Die Seleukiden-Herrschaft über Syrien begann nach der Schlacht von Ipsos im Jahre 301 v.Chr. und endete mit der römischen Eroberung 64 v.Chr. Die Einbeziehung Syriens verlegte den politischen Schwerpunkt des Reiches in den Westen, weshalb die Residenz nach Antiochia am Orontes verlegt wurde.

Unter seinem ersten Herrscher Seleukos I. Nikator, dessen Regierungszeit schon ab 312/11 v.Chr. gezählt wurde und bis ins Jahr 281 v.Chr. reichte, erlebte das seleukidische Reich eine Epoche der Stärke. Doch schon zur Zeit von Seleukos II. (reg. 246-226/5 v.Chr.) begann seine Macht zu schwinden, so dass der ägyptische König Ptolemaios III. Euergetes einen Feldzug nach Syrien unternehmen, Antiochia erobern und bis zum Euphrat weiterziehen konnte. Durch Aufstände im eigenen Land bedrängt, konnte er die eroberten Gebiete jedoch nicht lange halten.

Weiter im Osten gründeten die iranischen Parther im 3. Jh. v.Chr. ein neues Reich. Sie nutzten die Schwäche der Seleukiden aus und konnten ihre Herrschaft auf weite Teile Kleinasiens ausdehnen. Der junge Seleukiden-König Antiochos III. (223-187 v.Chr.) versuchte jedoch, noch einmal an die großen Zeiten des seleukidischen Reiches anzuknüpfen. Ihm gelang es, die verlorenen Gebiete im Osten und in Kleinasien zurückzuerobern. Auch im Süden erzielte er gegenüber den ptolemäischen Herrschern Erfolge.

Währenddessen nahmen im Westen des Mittelmeerraumes die Macht und militärische Stärke der Römer stetig zu und stellten eine neue Bedrohung für die hellenistischen Herrscher dar. Als Antiochos in die Auseinandersetzung zwischen Rom und den Griechen eingriff, um Letzteren zu Hilfe zu kommen, musste er in der Schlacht an den Thermopylen (191 v.Chr.) und später in Magnesia (190 v.Chr.) große Niederlagen hinnehmen. 188 v.Chr. war er sogar gezwungen, auf die seleukidischen Gebiete in Kleinasien nördlich des Taurus-Gebirges zu verzichten, wodurch wichtige Handelswege für Syrien verloren gingen.

König Antiochos IV. (reg. 175-164 v.Chr.) griff das ptolemäische Königreich in Ägypten über den Landweg und zu See an und eroberte im Jahre 168 v.Chr. große Teile des Landes mit Ausnahme der Hauptstadt Alexandria, die er belagerte. Rom beobachtete schon längere Zeit die seleukidischen Aktivitäten im östlichen Mittelmeer. Nun schickte der römische Senat Popillius Laenas als Botschafter mit der Forderung zu Antiochos, den Krieg unverzüglich zu beenden und Ägypten zu räumen. Als Antiochos Bedenkzeit erbat, zog Popillius

Syrische Goldohrringe der hellenistschen Zeit, 3. Jh. v.Chr.

Statue der Aphrodite, Damaskus (Nationalmuseum)

Apameia, römische Säulenstraße

mit seinem Stock einen Kreis um den König und forderte ihn zur Entscheidung auf, bevor er den Kreis verlasse. Antiochos musste schließlich den römischen Forderungen nachgeben. Diese Niederlage gegenüber Rom bezeichnet den Anfang des allmählichen, noch ein Jahrhundert währenden Untergangs des seleukidischen Reiches.

In der ersten Regierungszeit von Demetrios II. Nikator (146-140 v. Chr.) gingen die östlichen Gebiete des Reiches an die Parther verloren und konnten auch später nicht wieder zurückerobert werden. Auch die Gründung arabischer Kleinreiche kennzeichnete den weiteren Machtverlust der Seleukiden. In Raha im Norden Syriens trat eine arabisch-aramäische Herrscherfamilie in Erscheinung, deren acht Dynasten über einen Zeitraum von ca. 350 Jahren regierten (132 v.Chr. bis 216 n.Chr.). Ein anderer arabischer Stamm ließ sich in Emesa, dem heutigen Homs, nieder, wo die Stammesfürsten fast wie über einen unabhängigen Staat herrschten. Der berühmteste unter ihnen war Samsikeramos, der im 1. Jh. v.Chr. regierte.

Die Ituräer, die arabischer Herkunft waren und Aramäisch sprachen, machten die Stadt Chalkis, beim heutigen Andjar im Libanongebiet nördlich von Damaskus, zur Hauptstadt ihres lokalen Königreiches.

Die Schwäche des Seleukidenreiches nutzten außerdem die Nabatäer zur Expansion. Sie waren

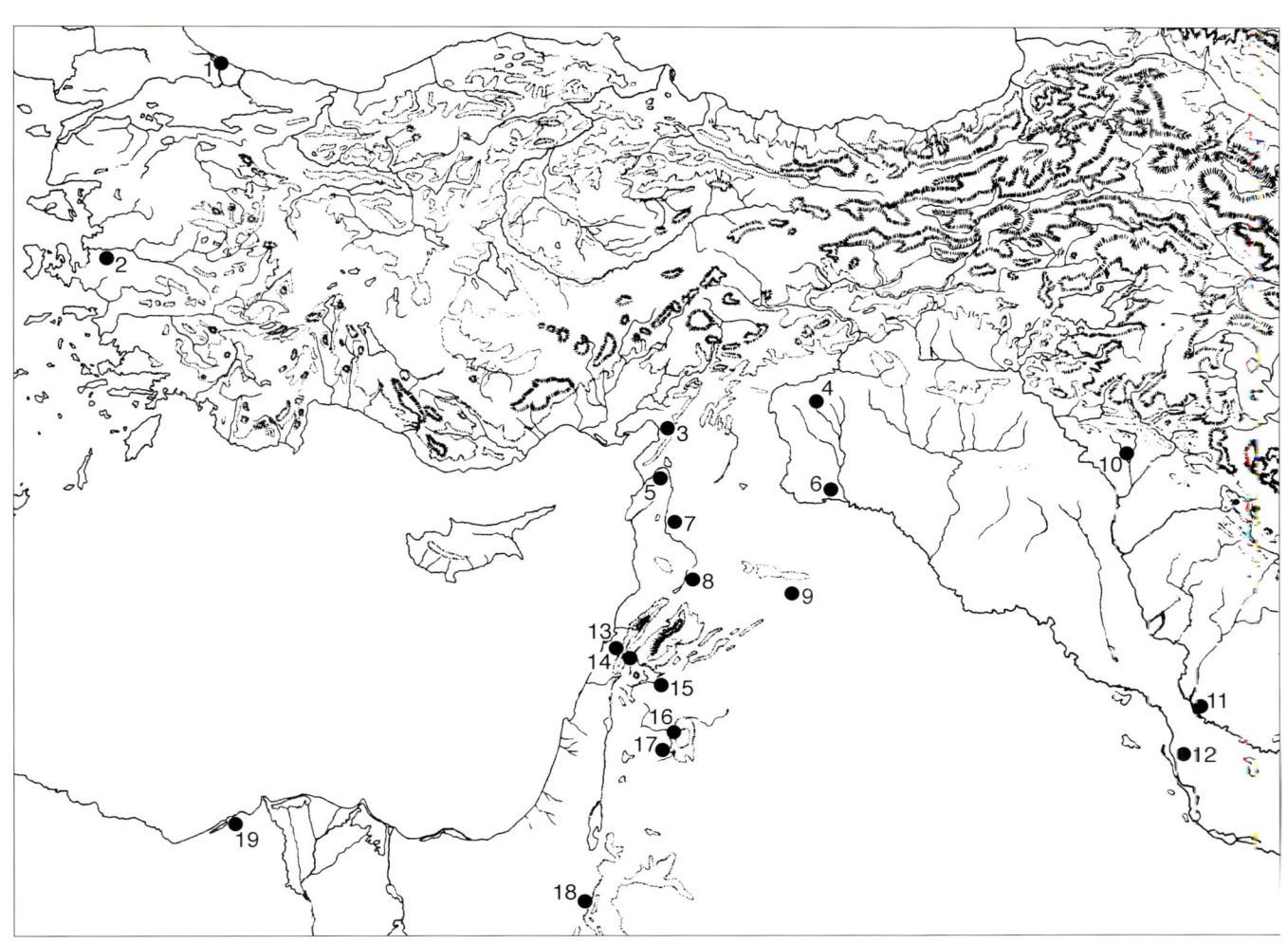

Hellenistische und römische Fundorte im Vorderen Orient

1 = Konstantinopel	6 = Raha (Raqqa)	11 = Ktesiphon	16 = Suweida
2 = Magnesia	7 = Apameia	12 = Babylon	17 = Bostra (Bosra)
3 = Issos	8 = Emesa (Homs)	13 = Beirut	18 = Petra
4 = Edessa	9 = Palmyra	14 = Chalkis	19 = Alexandria
5 = Antiochia	10 = Gaugamela	15 = Damaskus	

ein ursprünglich im zentralen Negev beheimateter arabischer Nomadenstamm. Ihre militärische Macht, Handelsaktivitäten und politischer Einfluss nahmen soweit zu, dass ihr Herrscher Arethas III. (reg. 87-62 v.Chr.) Damaskus im Jahre 85 v.Chr. zu der nördlichen Hauptstadt seines Königreiches machte. Etwa gleichzeitig begann der Ausbau von Petra im heutigen Jordanien als südliche Hauptstadt. Im Jahre 72/1 v.Chr. verloren die Nabatäer die Herrschaft über Damaskus wieder.

Thronstreitigkeiten zwischen den verschiedenen Zweigen der seleukidischen Dynastie schwächten das Reich weiter. Im Zuge der Kämpfe wurde Damaskus zeitweilig zur Hauptstadt des Reiches. Die Herrschaft des letzten seleukidischen Königs Antiochos XIII. (reg. 69-64 v.Chr.) endete schließlich 64 v.Chr. mit der Eroberung Syriens durch den römischen Feldherrn Pompeius (107-49 v.Chr.). Damit ging das Seleukidenreich zugrunde, das sich zeitweilig vom östlichen Mittelmeer und der Ägäis über Mesopotamien bis nach Indien erstreckt hatte.

Syrien war dabei das Rückgrat des Reiches gewesen mit Antiochia als politischem und kulturellem Mittelpunkt, während Apameia die militärische Basis und Suweida im Hauran das ökonomische Zentrum bildeten. In dieser Epoche erlebte Syrien den Bau neuer Städte und den urbanen Ausbau der alten Siedlungen. Bildhauerei und Architektur, Wandmalerei und Mosaiken gewannen dadurch an Bedeutung. Außerdem erlebten die verschiedenen Arten der angewandten Künste und des Kunsthandwerks eine bedeutende Entwicklung, so z.B. die Herstellung und Verarbeitung von Glas und Ton, Elfenbein und Holz, Textilien und Metall. Dazu zählen in erster Linie der Schmuck aus Gold, Silber und Bronze sowie die seleukidischen Silbermünzen, die als historische Dokumente und Kunstschätze zugleich anzusehen sind.

Eine große Zahl von syrischen Wissenschaftlern, Philosophen, Denkern und Dichtern, haben sich in dieser Epoche einen Namen gemacht. Als Beispiele sind folgende zu erwähnen: Der Wissenschaftler Seleukos, der im 2. Jahrhundert v.Chr. gelebt hat und arabisch-aramäischer Herkunft war. Er bezeichnete die Sonne als Zentrum des Universums und versuchte, dies mit Beweisen zu untermauern. Ferner beobachtete er Ebbe und Flut und erklärte die Gezeiten durch die Mondbewegung. Der Phönizier Zenon (322-264 v.Chr.) war einer der berühmtesten Philosophen der hellenistischen Zeit. Er begründete die Philosophenschule der „Stoa" und bezeichnete die Philosophie als die Wissenschaft von den göttlichen und menschlichen Wesen. Dichtung und Poesie hat sich im Syrien jener Zeit durch ihre Vielfalt, Phantasie und das Interesse für die Schönheit der Natur ausgezeichnet. Die syrischen Dichter waren bekannt für ihr Improvisationstalent und ihre Kreativität.

Syrien in römischer Zeit

Die Römer erkannten die Bedeutung Syriens, und der römische Feldherr und Eroberer Pompeius erhob Syrien schon zu einer Provinz des Römischen Reiches mit Sonderstatus. Antiochia wurde die Hauptstadt der Provinz Syria. Die Herrscher der regionalen Königreiche und Fürstentümer in Syrien behielten ihre relative Eigenständigkeit. Dazu gehörten das Raha-Königreich im Norden, die Ituräer in Chalkis und die Herrscherfamilie des Samsikeramos in Emesa, die Nabatäer im Süden und das Fürstentum von Palmyra in der syrischen Steppe.

Der Hauptgegner der Römer im Osten waren die Parther, gegen die sie mehrere Kriege führten. Die Provinz Syria spielte dabei eine wichtige Rolle als militärische Basis und war daher einem Proconsul als Statthalter unterstellt, der weitreichende Befugnisse genoss. Diese Stellung war derart wichtig und angesehen, dass nur die größten Politiker Roms für diesen Posten in Frage kamen. Dem Statthalter von Syrien war eine schlagkräftige militärische Truppe von vier Legionen unterstellt. Im Jahre 53 v.Chr. und erneut 41 v.Chr. mussten die Römer jedoch schwere Niederlagen gegen die Parther hinnehmen. Erst Augustus, der Rom seit 31 v.Chr. allein regierte, gelang 19 v.Chr. der Ausgleich mit den Parthern, der bis ins 2. Jh. n.Chr. andauerte.

Im Jahre 106 n.Chr. annektierten die Römer das Reich der arabischen Nabatäer und gründeten die neue Provinz Arabia. Bostra, das heutige Bosra, wurde zur Hauptstadt gemacht. Weitere Städte, die

Bosra, das römische Theater

bis dahin zur „Decapolis", einem Bund von zehn griechisch-hellenistischen Städten westlich und östlich des Jordans, gehört hatten, wurden der Provinz zugeschlagen. Die Grenze nach Osten sicherten die Römer durch zahlreiche Kastelle. Außerdem bauten sie Straßen in Ost-West-Richtung sowie als Verbindung von Damaskus mit der arabischen Halbinsel.

193 n.Chr. bestieg Septimius Severus, der selbst libyscher Herkunft war, den römischen Kaiserthron. Er war mit Julia Domna, einer attraktiven, gebildeten Frau aus dem syrischen Emesa verheiratet. Mit ihrem starken Willen und ihrem Scharfsinn nahm die Kaiserin großen Einfluss auf ihren Mann und die Verwaltung des Reiches. Die Regierungszeit des Septimius Severus (193-211 n.Chr.) war daher für Syrien von besonderer Bedeutung und prägte diesen Teil des Reiches in besonderer Weise. So setzten auch Einwanderungswellen von Syrern nach Rom ein, die ihre Künste, Bräuche, Sitten und Rituale mitbrachten.

Die Dynastie der Severer regierte fast ohne Unterbrechung bis 235 n.Chr. in Rom. Die Frauen der Familie, allen voran Julia Domna, spielten dabei sowohl in der Familie als auch in der Politik eine bedeutende Rolle.

Als der beste unter den severischen Kaisern gilt unter den Historikern Severus Alexander (reg. 222-235 n.Chr.). Er führte viele Reformen durch, setzte der Ver-

Römische Brücke bei Aleppo

schwendungssucht im kaiserlichen Palast Grenzen und unterstützte Wissenschaft und Kultur. In seiner Ära erlebte das Römische Reich die erste, noch siegreiche Auseinandersetzung mit den persischen Sasaniden. Diese hatten 227 n.Chr. die Parther verdrängt, Iran und den heutigen Iraq mit den Flussmündungen von Euphrat und Tigris erobert. Damit hatten sie die Handelswege zwischen Palmyra und dem Golf abgeschnitten. Bis 651 n.Chr. herrschten sie nun über das iranische Gebiet. Mit dem Tod des Severus Alexander im Jahre 235 n.Chr., der einer Intrige zum Opfer fiel, endete die severische Dynastie.

Nach dem Tod des Imperators Gordian III. (reg. 238-244 n.Chr.) riefen seine Soldaten den Führer der kaiserlichen Garde, Philippus Arabs (reg. 244-249 n.Chr.), zum ersten Kaiser arabischer Herkunft aus. Der Senat in Rom stimmte dieser Wahl zu. Philippus setzte dem Kriegszustand mit den Persern ein Ende und unternahm Feldzüge gegen die Donau-Stämme. Er starb 249 bei der Konfrontation mit einer rebellierenden römischen Einheit. Der Kaiser Philippus Arabs gab dem Senat in Rom seine Würde und seine Bedeutung zurück, auch verlieh er dem Christentum Auftrieb, das als ein neues Phänomen östlichen Denkens und östlicher Religiösität galt und allmählich in Rom an Gewicht gewann.

Im Osten des Römischen Reiches nahm die Gefahr durch die Sasaniden beständig zu. Schon kurz nach seiner Thronbesteigung übernahm der Kaiser Valerian (reg. 253-260 n.Chr.) die Kriegsführung im Osten. Er zog nach Antiochia und befreite die Stadt von der Belagerung durch den sasanidischen König Schapur. Bei einem weiteren Zusammenstoß mit den Sasaniden bei Edessa 260 n.Chr. geriet Valerian in persische Gefangenschaft. Die Arroganz Schapurs war so maßlos, dass er den gefangenen Valerian angekettet und mit den kaiserlichen Kleidern dem Publikum vorführte als Symbol eines untergegangenen Imperiums. Der Kaiser nahm ein unwürdiges Ende in der Gefangenschaft.

Palmyra

Auch die Oasenstadt Palmyra, ein wichtiger Umschlagplatz von Luxusgütern aus China, Indien und Arabien, spürte diese Gefahr. Nach der Gründung eines eigenen palmyrenischen Staates in der zweiten Hälfte des 3. Jh. n.Chr. beschloss Odaenathus, der Herrscher von Palmyra, den Sasaniden die Stirn zu bieten. Er zog gegen Schapur zu Felde und besiegte dessen Armee in einer dramatischen Schlacht, woraufhin sich Schapur über den Euphrat flüchten musste. Odaenathus verfolgte ihn bis zu seiner Hauptstadt Ktesiphon. Im Jahre 265 oder 266 unternahm Odaenathus einen weiteren Feldzug gegen

Schapur. Rom war erfreut über die Siege des Odaenathus über Schapur. Der römische Senat verlieh ihm daher verschiedene Ehrentitel. Odaenathus selbst nannte sich jedoch König. Nach seinem siegreichen Feldzug gegen die Goten in Kleinasien kehrte Odaenathus 267 n.Chr. mit seinem Sohn nach Emesa zurück, wo er, auf dem Höhepunkt seiner militärischen und politischen Macht, ermordet wurde.

Auf dem Thron folgte ihm seine Frau Zenobia, die im Namen ihres minderjährigen Sohnes Vaballathus regierte. Der Historiker Edward Gibon beschrieb Zenobia folgendermaßen: „... *sie ist die einzige Frau, die mit ihrer Intelligenz und Genialität die Schleier des unterwürfigen Phlegmas, das das Klima Asiens und dessen Verhaltenskodices ihrem Geschlecht oktroiert haben, abstreifen konnte...*". Sie war gebildet, sprach neben der arabisch-syrischen Sprache auch Griechisch und Latein und verfasste eigenhändig ihre „Geschichte des Orients". Von ihrem Minister, dem großen Philosophen Longinos (etwa 210-273 n.Chr.), unterstützt und beraten, verglich sie die Epen des griechischen Dichters Homer (8. Jh v.Chr.) mit den Werken Platons (409-347 v.Chr.). Zenobia verachtete den römischen Kaiser und den Senat und dehnte das palmyrenische Herrschaftsgebiet mit ihrer Entschiedenheit und ihrem Mut weiter aus. Während sich das Königreich unter Odaenathus vom Euphrat bis zum Taurus-Gebirge erstreckte, so umfasste es nun ganz Syrien, Teile von Kleinasien und die arabische Halbinsel. Im Jahre 270 zog ihr Feldherr Zabda mit 70.000 Kriegern gegen Ägypten, setzte den dortigen Statthalter ab und stationierte eine Protektionsmacht in Alexandria. Palmyras Macht reichte jetzt bis zur Grenze Libyens.

Der römische Kaiser Claudius II. Gothicus (reg. 268-270 n.Chr.), der mit seinen Kriegen gegen die Goten in Europa beschäftigt war, erkannte die Position Zenobias. Ihre Herrschaft erschien als Stütze und Verteidigung des Römischen Reiches im Osten. Zenobia ließ neue palmyrenische Münzen in Antiochia und Alexandria prägen. Auf der einen Seite war der neue römische Kaiser Aurelian (reg. 270-275 n.Chr.) zu sehen, auf der anderen Seite ihr Sohn Vaballathus. Kurz danach im Jahre 271 ersetzte sie diese durch Münzen, auf denen nur sie selbst und ihr Sohn zu sehen waren mit den Titeln „Augusta" und „Augustus". Zenobia proklamierte damit die Selbständigkeit ihres Reiches.

Kaiser Aurelian erklärte ihr daraufhin den Krieg und zog 272 nach Kleinasien und Syrien. Nachdem er die palmyrenische Armee be Antiochia und Emesa besiegt hatte belagerte er Palmyra. Diese Belagerung erwies sich jedoch als weitaus schwieriger, als die Römer angenommen hatten. Kaiser Aurelian,

Palmyra, monumentaler Bogen an der Säulenstraße

der persönlich den Oberbefehl führte, wurde von einem Pfeil getroffen. Als er zu Boden fiel, soll er Folgendes gesagt haben: *„Das römische Volk redet mit Ironie und Geringschätzung über einen Krieg, den ich nur gegen eine Frau führe. Sie kennen jedoch nicht den Charakter Zenobias und ihre Stärke. Ihre Kriegsgeräte sind vielfältig und unzählig...".*

Die Ankunft zusätzlicher Truppen aus Ägypten ermöglichte dem römischen Kaiser schließlich die Einnahme der Hauptstadt. Zenobia versuchte, zu den Persern zu fliehen, wurde aber am Ufer des Euphrat von den Römern eingeholt und gefangen genommen. Ihr Sohn Vaballathus war bei der Verteidigung der Stadt gefallen. Die Berater und Heerführer der Zenobia gerieten ebenfalls in Gefangenschaft und wurden von den Römern mit dem Tode bestraft, allen voran der größte ihrer Minister, der Philosoph Longinos. Zenobia selbst wurde nach Rom gebracht, wo sie auf einem Landgut in der Nähe von Rom gestorben sein soll. Aurelian stationierte in Palmyra eine römische Schutztruppe. Die Stadt verlor nun ihre Bedeutung für den Fernhandel.

Syrien in der Spätantike

Kaiser Diokletian (reg. 284-305 n.Chr.) organisierte die syrischen Provinzen neu. Er schenkte auch Palmyra wieder mehr Aufmerksamkeit und baute die Stadt als Grenzkastell zur östlichen Wüste hin aus. Dies gehörte zu Diokletians Plan, im Osten die Grenzen des Reiches zu sichern. In derselben Zeit war sein Mitkaiser Maximianus (reg. 285-310 n.Chr.) mit der Verteidigung der Westgrenzen beschäftigt. Wichtige Veränderungen für das Römische Reich fallen in die Zeit des Kaisers Konstantin d.Gr. (reg. 306-337 n.Chr.). Er verlegte die Hauptstadt des Reiches nach Byzanz, das nun den Namen Konstantinopel erhielt. Der politische Schwerpunkt des Reiches hatte sich auf seinen östlichen Teil verlagert. Ebenso bedeutend war das Ende der Christenverfolgungen und Konstantins allmähliche Hinwendung zum Christentum.

Kaiser Theodosius (reg. 379-395 n.Chr.) gilt als der letzte Kaiser eines noch vereinten Römischen Reiches. Mit seinem Tod war die Entzweiung des Reiches besiegelt. Sein Sohn Honorius (reg. 393-423 n.Chr.) übernahm die Thronfolge im westlichen Teil, während sein anderer Sohn Arkadius (reg. 383-408) den östlichen byzantinischen Teil als Kaiser regierte.

In der römischen Zeit erlebte Syrien einen organisierten Ausbau der Städte, die Errichtung großer Tempel, Theater, Bäder, Plätze und Gärten, die Entwicklung der Künste und des Handwerks. Theologische und philosophische Schulen entstanden, so die philosophische Schule in Apameia und die juristische in Beirut. Syrische Gelehrte aus den Gebieten der Philosophie, Geschichte, Literatur und Theologie waren berühmt und anerkannt. Die Syrer nahmen in der römischen Zeit regen Anteil am politischen, wirtschaftlichen und kulturellen Leben des Römischen Reiches und bereicherten es durch wichtige Impulse.

Syrien und Byzanz

Thilo Ulbert

In der Spätantike galt es für Rom in verstärktem Maße, die Außengrenzen des Reiches, im Besonderen die Ostgrenze zu sichern. Kaiser Diokletian (284-305 n.Chr.) hielt sich daher wiederholt in Syrien auf, um sarazenische Einfälle zurückzuweisen. Er ließ die Ostgrenze, die schon seit trajanischer Zeit vom Roten Meer bis nördlich über den Euphrat hinausführte, mit einer Kette von neuen Kastellen befestigen. Im Abschnitt zwischen Palmyra und dem Euphrat trägt dieser Teil des Limes als *strata diocletiana* den Namen des Kaisers. Selbstverständlich war mit dieser Grenzbefestigung auch eine vermehrte Truppenpräsenz verbunden, wobei ein großer Teil des Heeres von einheimischen (Kamel-)Reitereinheiten gestellt wurde.

Im Zusammenhang mit den militärischen Aktivitäten dieser Zeit sind auch Waffenfabriken zu sehen, welche für die im Hinterland liegenden Städte Antiochia, Damaskus und Edessa bezeugt sind. Archäologisch sind diese allerdings nicht mehr nachweisbar, wohl aber eine ganze Reihe von Kastellen, die durch neuere Ausgrabungen sowohl im Südteil des Limes als auch im Bereich der *strata diocletiana* dokumentiert worden sind. Von den Bauten, die zur Repräsentation eines militärischen Kommandanten dieser Epoche dienten, zeugen die Ausgrabungen im sogenannten Lager des Diokletian in Palmyra (siehe Abb.).

Auch die im 4. Jh. n.Chr. auf Diokletian folgenden byzantinischen Kaiser Konstantin (324-337 n.Chr.), Constantius (337-361 n.Chr.) und Julianus (361-363 n.Chr.) mussten große Anstrengungen für die Sicherung der Ostgrenze des Reiches aufbringen und waren als Oberbefehlshaber zum Teil zu wiederholten Malen an der Spitze von großen Heeren in der Region tätig. Auf Diokletian geht auch die Verwaltungseinteilung zurück, welche für das Gebiet die Aufteilung in verschiedene Provinzen festlegt. Nach mehreren, bis zu Beginn des 5. Jh. n.Chr. durchgeführten Modifikationen gilt für die fortgeschrittene byzantinische Zeit für Syrien folgende Provinzgliederung: Der Süden (Hauran mit Bosra) gehörte zur Provinz Arabia, Syria Phoenice und Phoenice Libanensis (den Mittelteil und den größten Teil der Küste umfassend), im Norden lagen Syria Secunda mit Apamea und Syria Prima mit der Zentrale Antiochia. Am Euphrat und nach Norden in die heutige Südost-Türkei ausgreifend folgen die Provinzen Syria Euphratensis und Osrhoene.

Während nahezu das ganze 4. Jh. von kriegerischen Auseinandersetzungen zwischen byzantinischen und persischen Heeren gekennzeichnet war, verschaffte das folgende 5. Jh. dem Land eine

Palmyra, Reste des Fahnenheiligtums im diokletianischen Lager, im Hintergrund die zerfallene Befestigungsmauer

verhältnismäßig dauerhafte Friedensphase. Die politische und militärische Beruhigung dieser Zeit brachte sowohl für die ganze Region als auch ganz besonders für ihre altehrwürdigen Städte einen neuen und letzten Aufschwung. Grundlage dafür war die jetzt wieder mögliche Entfaltung von Wirtschaft und Handel, die auch in Syrien immer eine bedeutende Rolle gespielt hatten, in Epochen politischer Unsicherheit jedoch zwangsläufig stark beeinträchtigt waren.

Trotz des beträchtlichen Anteils wüsten- und steppenartigen Geländes war (und ist auch heute noch) die agrarische Produktion in den Küstenregionen, im Haurangebiet, in der Kalksteinlandschaft des Nordens und entlang der großen Flüsse bedeutend. Besonders das qualitativ hochwertige Olivenöl aus Syriens Nordwesten war zur byzantinischen Zeit ein ausgesprochen geschätzter Exportartikel, der in weiten Teilen des Reiches Verbreitung fand. Amphorenfunde sind dafür ein guter archäologischer Beleg.

Durch seine geographische Lage am westlichen Rand der Tiefen Innerarabiens und Mesopotamiens war Syrien mit seinen bedeutenden Mittelmeerhäfen immer für Fern- und Zwischenhandel prädestiniert. So lassen sich auch in den hier zu betrachtenden Epochen vielerorts im Mittelmeergebiet syrische Familien lokalisieren, die wohl vorzugsweise als Händler den Verkauf ihrer Produkte betreiben. In diesem Sinne dürfen etwa in jüngerer Zeit unter dem Fußboden des Domes im norditalienischen Trient aufgefundene Grabplatten interpretiert werden. Auf einer für die späte Zeit und noch mehr für den westlichen geografischen Raum völlig ungewöhnlich in griechischer Schrift verfassten Grabinschrift (siehe Abb.) wird dabei ein Händler aus der Gegend von Antiochia genannt, der hier in Trient *„ohne Schulden hinterlassen zu haben"* verstorben war.

In Syrien enden an den Häfen des Mittelmeeres die uralten Handelswege, auf denen Gewürze und Seide aus dem fernen Osten in das Abendland transportiert wurden. Ein feinmaschiges Netz von Straßen ermöglichte seit vorgeschichtlicher und römischer Zeit auch unter der Herrschaft von Byzanz die Verbindung unter den einzelnen Städten des Landes.

In den letzten Regierungsjahren Diokletians kam es auch in Syrien noch zu Christenverfolgungen. Davon betroffen waren auch Angehörige des Heeres. So erlitten etwa Sergius und Bacchus den Märtyrertod. Sergius, ein Offizier der Palastgarde, wurde in dem kleinen Grenzkastell Rosapha hingerichtet, das durch dieses Ereignis im Laufe der folgenden Jahrhunderte als Resafa-Sergiupolis zu einer der bedeutendsten Pilgerstätten des Landes wurde.

Bezeichnenderweise entwickelte sich der für relativ kurze Zeit spektakulärste Heiligenkult Syriens, der der Styliten, ebenfalls im Laufe des 5. Jh. In dieser Epoche entfaltete sich das syrische Christentum zu großer Blüte, wobei auch dem Mönchtum eine tragende Rolle zu-

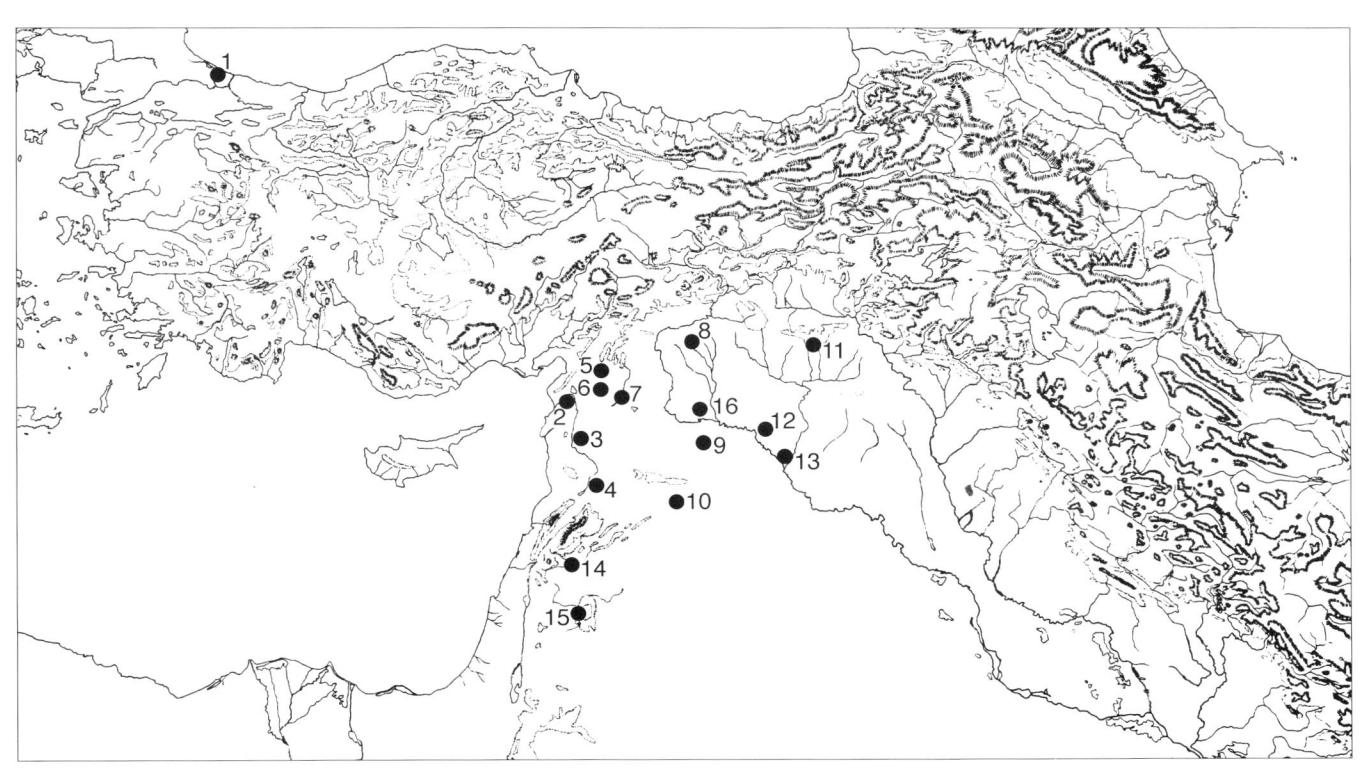

Byzanz im Vorderen Orient, ausgewählte Städte

1 = Konstantinopel	5 = Cyrrus	9 = Rosapha (Resafa Sergiupolis)	13 = Kirkesion
2 = Antiochia	6 = Qalat Seman	10 = Palmyra	14 = Damaskus
3 = Apameia	7 = Aleppo	11 = Dara	15 = Bosra
4 = Homs	8 = Edessa	12 = Zenobia Halebiye	16 = Sura

kam. Als Resultat dieser Entwicklungen ist die rege Bautätigkeit zu sehen, die sich jetzt über das ganze Land hin erstreckte und allenthalben eine Fülle von christlichen Kultbauten entstehen ließ. Als Höhepunkt und glanzvollstes Beispiel dafür gilt bis heute noch das unter kaiserlichem Einfluss entstandene Wallfahrtsheiligtum des Simeon Stylites, Qalat Seman, im nördlichen Kalksteingebiet (siehe Abb.).

Die Hauptstädte der Provinzen deckten sich mit den Sitzen der kirchlichen Metropolien, und dem Episkopat kam in zunehmendem Maße entscheidender Einfluss auch auf kommunale Belange zu. In den Städten wurden in dieser Zeit viele neue Kathedralen errichtet. Zusammen mit unzähligen anderen, verschiedenen Heiligen geweihten Kirchen bilden sich hochinteressante architektonische und architekturplastische Stilströmungen heraus, die Hauptstädtisches (Konstantinopel) teilweise aufnehmend zu Eigenem und Neuem gestalten. Wegen des relativ guten Erhaltungszustandes seien nur als Beispiele die Denkmäler Bosras und Apameias genannt. In anderen Metropolen haben Zerstörung bzw. kontinuierliche Überbauung dafür gesorgt, dass heute von diesen frühen kaiserlichen, bischöflichen oder privaten Stiftungen kaum noch Spuren erhalten sind. Dies ist etwa in Antiochia, der Hauptstadt Syriens selbst, der Fall, aber auch in Damaskus und Aleppo, wo wir zwar aus schriftlichen Quellen die gro-

Grabinschrift eines syrischen Kaufmanns aus dem Dom von Trient in Oberitalien

ßen christlichen Kathedralen sehr gut kennen, diese jedoch durch kontinuierliche Überbauung bzw. durch den Übergang vom christlichen in den islamischen Kult heute bis auf wenige Reste verschwunden sind.

Mit dem Beginn des 6. Jh. endete die ruhige Zeit in Syrien. Es begannen neue Perserkriege, welche die Regierungszeiten der byzantinischen Kaiser Anastasios (491-518 n.Chr.), Justin (518-527 n.Chr.) und Justinian (527-565 n.Chr.) entscheidend prägten. Da die alten Grenzkastelle seit langem nicht mehr gebraucht wurden, waren sie teilweise verfallen und nicht mehr benutzbar. Daher war es für persische und mit ihnen zum Teil verbündete arabische Heere leicht, die alte Grenzlinie zu überwinden und in byzantinisches Territorium einzudringen. Besonders der Nordteil des Limes und die Euphratregion waren jetzt gefährdet.

Als Folge der ersten verlustreichen Auseinandersetzungen wurde noch unter Anastasios gleich zu Beginn des 6. Jh. mit der Neubefestigung der Grenze begonnen, d.h. es wurden am Platz der alten Kastelle Fortifikationen errichtet, welche an Widerstandskraft die alten Anlagen weit übertrafen. Planung und Ausführung lagen dabei weitgehend in der Hand von Militäringenieuren und Einheiten des byzantinischen Heeres. Es entstanden auf diese Weise so gewaltige turmbewehrte Befestigungen wie Dara in der heutigen Osttürkei oder in Syrien Zenobia-Halebiye, Kirkesion und Sura am Euphrat. Entlang der alten *strata diocletiana* erhielten Resafa-Sergiupolis und Palmyra eindrucksvolle Verteidigungsmauern. Darüber hinaus wurden auch Städte des Hinterlandes befestigt, so etwa Damaskus und Aleppo.

Kaiser Justinian handelte mit den Persern zwar einen „ewigen Frieden" aus, der jedoch nicht lange anhielt. Unter Mitwirkung arabischer Nomadenstämme kam es im Jahre 540 n.Chr. zu einer gewaltigen persischen Invasion unter Leitung von Chosroes I. (531-579 n.Chr.). Zahlreiche Euphratfestungen hielten diesem Angriff, der weit ins Landesinnere vorgetragen wurde, nicht stand. Manche Städte konnten sich durch hohe Tributzahlungen vor einer Eroberung bewahren. Zerstört wurden jedoch etwa Aleppo und schließlich auch die Hauptstadt Antiochia, die bereits kurz zuvor (in den Jahren 526 und 528 n.Chr.) durch Erdbeben stark in Mitleidenschaft gezogen worden war. Die Bewohner Antiochias wurden nach Persien verschleppt und dort in „Chosroes-Antiochia" neu angesiedelt. Das Heer stoppte vor Apameia und kehrte von dort nach Persien zurück. Ein im Jahre 562 n.Chr. zwischen Byzanz und Persien geschlossener „50jähriger Friede" konnte erfahrungs- und erwartungsgemäß nicht von langer Dauer sein.

Bereits zehn Jahre später kam es zu einem neuen persischen Einfall und zu entsprechenden Verwüstungen. Es folgten bis zum Ende des 6. Jh. punktuelle Verheerungen syrisch-byzantinischer Gebiete durch die arabischen Nomadenstämme der Lahmiden und der Ghassaniden und schließlich zu Beginn des 7. Jh. wieder durch eine persische Zerstörungswelle unter Chosroes II., dem die Städte Aleppo und Antiochia ca. 608 n.Chr. erneut, um 611 n.Chr. Apameia und Homs und schließlich 613 n.Chr. Damaskus zum Opfer fielen. Erst mit dem Waffenstillstand des Jahres 628 n.Chr. als Konsequenz der erfolgreichen byzantinischen Gegenoffensive unter Kaiser Heraclius (610-641 n.Chr.) wurde der Herrschaft der Perser in Syrien ein Ende gesetzt, ein Friedensvertrag zwischen Byzanz und Persien folgte im Jahre 630 n.Chr. Dieser Friede dauerte allerdings für das Land ganze vier Jahre, denn nun drangen die Araber in das byzantinische Syrien ein. Mit der Schlacht am Yarmuk am 20. August 636 n.Chr. war die byzantinische Epoche in Syrien zu Ende.

Es bleibt nach wie vor erstaunlich, dass trotz dieser äußeren, alles andere als günstigen Umstände auch während des 6. Jh. vielerorts in Syrien noch ganz bedeutende christliche Bauwerke entstanden. Und dies umso mehr als die christliche Gemeinschaft durch die Auseinandersetzung zwischen Orthodoxie und Monophysitismus gespalten war, wobei gerade in diesen Fragen das Eingreifen des kaiserlichen Hofes in Konstantinopel für die Geschlossenheit der syrischen Christenheit nicht immer unproblematisch war.

Qalat Seman, oktogonale Pilgerkirche mit dem Rest der Säule des Hl.Simeon

Über Procopius von Caesarea, den Chronisten der Ereignisse während der 1. Hälfte des 6. Jh., sind wir über die einzelnen Kriegsphasen in seinem Buch „Die Perserkriege" gut unterrichtet. Nicht minder wertvoll ist sein Werk über die „Bauten", welche in Syrien während dieser Zeit entstanden waren. Er hatte dieses Buch verfasst, um Kaiser Justinians Fürsorge für die Sicherung der Reichsgrenzen einerseits, andererseits um seine Bautätigkeit im Rahmen religiöser und sozialer Aufgaben zu verherrlichen. Man mag ihm verzeihen, wenn er diesem Kaiser dabei manches zugeschrieben hat, was bereits auf die Initiative der unmittelbar vorhergehenden Herrscher zurückging. Im Ganzen erhalten wir doch ein sehr eindrucksvolles Bild von den entsprechenden Aktivitäten innerhalb dieser Epoche. So erfahren wir auch beispielsweise, dass Antiochia wiederaufgebaut und neu ausgestattet wurde, wenn auch in einem bescheideneren Umfang als dies für die Zeit vor der persischen Zerstörung der Fall gewesen sein musste.

Für die Errichtung zahlreicher christlicher Kultbauten in den Städten war ebenfalls das Kaiserhaus verantwortlich, so etwa für die Memorialbasilika der Ärztemärtyrer Cosmas und Damianus in ihrer Heimatstadt Cyrrus im Nordwesten des Landes. Für die andere große Märtyrerstadt Syriens, Resafa-Sergiupolis, ist die Stiftung eines kostbaren Goldkreuzes durch das Kaiserpaar Justinian und Theodora überliefert. Die aufwendigen Kirchenbauten (siehe Abb.) dieser Stadt dagegen konnte der Episkopat selbst in Auftrag geben und aus den Mitteln finanzieren, welche als Votivgeschenke an das Grab des Hl. Sergius gestiftet worden waren. Als Stiftung Justinians ist für Damaskus in diesem Zusammenhang lediglich eine Kirche des Hl. Leontius zu verzeichnen, welche jedoch bis heute nicht lokalisiert werden konnte.

Zwangsläufig reduzierte sich die Entfaltung christlichen Lebens zumindest nach außen hin in Syrien mit der Übernahme der Macht durch die arabischen Herrscher. Doch bedeuteten die neuen Verhältnisse keinesfalls einen radikalen Einschnitt oder gar ein Ende für das byzantinisch geprägte Christentum des Landes. Die meisten Gemeinden – vor allen Dingen in den großen Städten – lebten auch weiterhin unter Benutzung christlicher Kultgebäude fort. Ein gutes Beispiel dafür ist Sergiupolis, das erst im Zusammenhang mit der Eroberungswelle durch die Mongolen in der Mitte des 13. Jh. zerstört wurde, womit sowohl der Sergiuskult, die Wallfahrt an das Heiligengrab als auch die christliche Gemeinde ihr Ende fanden. Kurz davor wurde im Hof der dortigen Kathedrale ein Ensemble aus liturgischen Gefäßen versteckt, das bis zu den Ausgrabungen des Deutschen Archäologischen Instituts im Jahre 1982 im Boden verborgen geblieben war.

Eines der silbervergoldeten und nielloverzierten Stücke, ein großer Eucharistiekelch (siehe Abb.), vereinigt in sich die wesentlichen Kunstströmungen, welche das Syrien um 1200 n.Chr. kennzeichnen: Die westliche Romanik vermittelt sich in der äußeren Form wohl über die Kreuzfahrer. Arabisch-islamische Einflüsse spiegeln sich in der Palmettendekoration wider. Die Ikonographie (Pantokrator-Medaillons und der Marienthron im Kelchinneren mit entsprechenden griechischen Bildunterschriften) ist der byzantinische Beitrag. Und schließlich manifestiert sich in der umlaufenden Dedikationsinschrift das kontinuierlich fortlebende alt-syrische Element.

Das heutige Christentum in Syrien hat seine Wurzeln in der frühchristlich-byzantinischen Epoche und die Traditionen werden vielerorts weiter gepflegt. In großen Städten, wie Damaskus und Aleppo, gehören die verschiedenen christlichen Religionsgemeinschaften auch innerhalb der im Wesentlichen arabisch-islamisch geprägten Gesellschaft zum festen Bestandteil kommunalen Lebens.

Literatur

Dentzer - Orthmann 1989. Honigmann 1932. Rupprechtsberger 1993. Shahid 1995. Ulbert 1986, 1990.

Resafa-Sergiupolis, das Innere der Großen Basilika

Eucharistiekelch aus dem Resafa-Schatz, um 1200 n.Chr.

Damaskus und Aleppo während der islamischen Epoche

Nadja Khammash

Die im Jahre 19 Hidjra/640 n.Chr. erfolgte Eroberung von „Bilad asch-Scham" war ein Ereignis von unüberschaubarer Wichtigkeit, weil sie die byzantinische Vorherrschaft und damit die beinahe tausendjährige Vormacht des Westens beendete. Während der orthodoxen Kalifate (11-40 H./632-660 n.Chr.) wurde Damaskus zum Zentrum des „Djund" Dimaschq, der größten Provinz Syriens, während Aleppo dem Djund von Homs angegliedert wurde.

Als Muawiyya im Jahre 41 H./661 n.Chr. Kalif wurde, verlegte er seine Residenz nach Damaskus. Die Umayyaden brachten den Reichtum der neuen Hauptstadt auf den wohl höchsten Stand in ihrer Geschichte. Für ein Jahrhundert war Damaskus das städtische Zentrum der Metropolitanprovinz des Kalifats und das Herz eines der größten Reiche, welche die Welt je gesehen hat.

Aleppo spielte keine administrative oder politische Rolle während dieser Periode und wurde dem Djund Qinnasrin angeschlossen. Aber Kalif Sulayman ibn Abd al-Malik (96-99 H./714-717 n.Chr.) war verantwortlich für den Bau einer großen Moschee, die bis in moderne Zeiten die Hauptandachtsstätte in Aleppo geblieben ist.

Es war jedoch der Kalif Walid ibn Abd al-Malik (86-96 H./705-714 n. Chr.), dem wir das erste und eines der eindrucksvollsten Meisterwerke der islamischen Architektur, die Große Moschee der Umayyaden, verdanken, die schon seit Jahrhunderten die menschliche Phantasie beeindruckt. Als muslimische Arbeit in ihrer Konzeption und ihrer Funktion sollte sie das Symbol der politischen Vormacht und des moralischen Prestiges des Islams sein.

Im Jahre 132 H./750 n.Chr. stürzten die Abbasiden die Dynastie der Umayyaden und für die Stadt Damaskus begann eine düstere Periode. Das Kalifat verlegte seine Hauptstadt in den heutigen Iraq nach Baghdad. Die Bedeutung von Aleppo wuchs dagegen allmählich, und eine Anzahl Gouverneure des Djund Qinnasrin residierten entweder in Aleppo oder in der Nähe.

Zwischen den Jahren 264-468 H./877-1075 n.Chr. wurde Damaskus zuerst von den Tuluniden beherrscht, dann von den Ichschiden (Gouverneure von Ägypten), danach wurde es vom Fatimiden-Kalifat annektiert, dessen Hauptstadt Kairo war. Die Ichschiden versuchten auch, ihre Herrschaft auf Aleppo auszudehnen, aber im Jahre 333 H./944 n.Chr. etablierte sich der berühmte Hamdaniden-Prinz Sayf ad-Daula in Aleppo. Aleppo wurde die Hauptstadt seines Staates und seine Residenz. Sayf ad-Daula erlangte große Berühmtheit durch seine militärischen Erfolge gegen Byzanz und die bril-

Qasr al-Hair asch-Scharqi, Portal des umayyadischen „Chan"

lante literarische Aktivität, die sich um seinen Palast konzentrierte, den er außerhalb der Stadt hatte bauen lassen.

Auch nach dem Fall der Hamdaniden-Dynastie blieb Aleppo die Residenz eines Herrschers. Im Jahre 414 H./1023 n.Chr. fiel Aleppo an das Oberhaupt des Kilabi Stamms Salih ibn Mirdas. Dessen Nachkommen, die Mirdasiden, besaßen Aleppo etwas über fünfzig Jahre. Während der Mirdasiden-Periode begannen die Türken, mit isolierten Banden in Syrien einzudringen. Die Mirdasiden-Prinzen nahmen diese oft in ihre Dienste. Zum Ende des 5./11. Jahrhunderts gelangte Aleppo unter die Herrschaft türkischer Dynastien.

Im Jahre 471 H./1079 n.Chr. kam Tutusch, ein Bruder von Malik-Schah, dem Seldjuken-Sultan, in Damaskus an die Macht. Er führte wieder Ordnung ein und vertrieb Atsiz ibn Auk al-Chwarizmi, der Damaskus im Jahre 468 H./1075 n.Chr. besetzt hatte, und beendete damit auch die Fatimiden-Herrschaft. Als Tutusch im Jahre 488 H./1095 n.Chr. starb, teilten seine Söhne das Reich. Ridwan etablierte sich in Halab und Duqaq in Damaskus. Letzterer gab die Leitung seiner Angelegenheiten in die Hände seines Atabek, dem Türken Zahir ad-Din Tughtakin, der nach dem Tode Duqaqs der alleinige Herrscher von Damaskus wurde.

Portal des umayyadischen Palastes am Djabal Usays, Blick vom Hof

Seine Dynastie, die Buriden, blieben dort bis zur Ankunft von Nur ad-Din Zangi im Jahr 549 H./1154 n.Chr.

Nur ad-Din war der Sohn des berühmten Atabek Imad ad-Din, der Aleppo im Jahr 526 H./1129 n.Chr. offiziell erhalten hatte. Imad ad-Din hatte Aleppo von der Gefahr der Kreuzzüge befreit. Nach seinem Tod führte sein Sohn Nur ad-Din mit steigendem Erfolg seine Arbeit der Rückeroberung fort und führte Aleppo zu seiner früheren Bedeutung zurück. Er baute die Stadtmauer wieder auf, die Zitadelle, die große Moschee und die „Suqs", reparierte die Kanäle und war verantwortlich für die Gründung der ersten „Madrasa" (Schulen).

Als Nur ad-Din 549 H./1154 n.Chr. in Damaskus ankam, begann eine neue Epoche für die Stadt. Es wurde wieder die Hauptstadt eines großen Moslem-Staates und ein bedeutendes Zentrum der muslimischen Orthodoxie. Neue religiöse Gebäude, Moscheen und Madrasa, wurden gebaut, und Damaskus erhielt zu dieser Zeit sowohl seine militärische Bedeutung als auch sein religiöses Prestige zurück. Nur ad-Din verdanken wir auch den „Maristan" an-Nuri (Krankenhaus), eines der wichtigsten Denkmale in der Geschichte der Moslem-Architektur.

569 H./1173 n.Chr. starb Nur ad-Din. Der frühere kurdische Vasall

Nur ad-Dins, Salah ad-Din („Saladin"), übernahm die Führung im heiligen Krieg gegen die Franken. Er machte sich selbst zum Herrscher über Damaskus. Im Jahre 571 H./1176 n.Chr. marschierte er gegen Aleppo, aber konnte es erst 578 H./1182 n.Chr. einnehmen.

Die Ayyubiden blieben bis zur Mongoleninvasion 658 H./1259 n.Chr. Herrscher in Damaskus und Aleppo. Diese Invasion wurde in Ayn Djalut aufgehalten, als die Mamluken unter dem Kommando der Emire Kutuz und Baybars die Mongolen in die Flucht schlugen.

Das 7./13. Jahrhundert war eine der blühendsten Epochen in der Geschichte von Damaskus. Es war wieder ein politisches, kommerzielles, industrielles, strategisches, intellektuelles und religiöses Zentrum geworden. Die meisten Denkmale, die heute noch die Stadt schmücken, stammen aus dieser Periode.

Während der Mamluken-Periode (658-922 H./1260-1516 n.Chr.) war Damaskus die wichtigste Stadt der syrischen Provinz und die zweite Stadt des Reichs nach Kairo. Der Posten des Gouverneurs der Provinz Damaskus wurde an angesehene Mamluken vergeben.

Aleppo wurde von den Mamluken zur Hauptstadt einer weiteren Provinz gemacht und stand in der Hierarchie der Provinzen gleich hinter Damaskus. Mausoleen und Grabmoscheen vermehrten sich während der Mamluken-Periode, aber nur wenige Madrasa wurden gebaut.

Nach der Schlacht von Mardj Dabik im Jahr 1516 n.Chr. besetzten die Osmanen Aleppo kampflos und am 28. September 1516 zog der Sultan Selim I. in Damaskus ein. Die Ankunft der Osmanen schien für die syrische Bevölkerung nur ein lokales Ereignis zu sein. Für sie war es lediglich ein Wechsel der Herrscher. Unter der Regierung Sulayman al-Kanunis wurde Syrien in drei Provinzen geteilt: Damaskus, Aleppo und Tripoli. Weil der osmanische Sultan der Beschützer der heiligen Städte geworden war, zeigte er besonderes Interesse an der Wallfahrt nach Mekka. Dies wurde eine der Haupteinnahmequellen von Damaskus. Die Stadt war der jährliche Treffpunkt von zehntausenden Pilgern aus dem Norden des Reiches. Dies brachte eine enorme Handelsaktivität mit sich und förderte den Aufstieg von Damaskus zur bedeutendsten Stadt Syriens, die es über das Ende der Osmanenherrschaft hinaus blieb.

Grundzüge der Wirtschaftsgeschichte Syriens (9000 v.Chr.-2000 n.Chr.)

Rüdiger Klein

Natur, Mensch und Geschichte

Wirtschaftsgeschichte sucht historischen Wandel im Umgang mit knappen Gütern zu verstehen. Wo die Knappheit der ihm zugänglichen Güter den menschlichen Erfindergeist immer wieder herausfordert, ist es vielleicht Teil der *conditio humana*, dass der Mensch nach der Sicherung des schieren Überlebens mit den ihm zu Gebote stehenden Hilfsmitteln eine weitere materielle Verbesserung seines Loses anstrebt. Diese Grundbefindlichkeit vermittelt jedenfalls eindrucksvoll die im syrischen Kulturraum entstandene alttestamentarische Erzählung von der Vertreibung aus dem Paradies und die sich daran anschließende Arbeitsgeschichte der Menschheit. Nach dem Triumphzug der Technik in Orient und Okzident neigt der Mensch immer wieder gerne dazu, vergessen zu wollen, dass sein Schicksal aufs engste mit den Kräften der Natur verbunden ist. Ein Überblick über fast zehntausend Jahre Wirtschaftsgeschichte Syriens macht hingegen deutlich, in welchem Maße die naturräumliche Gliederung eines Landes – ob Segen, ob Fluch – bis heute seine wirtschaftliche Identität mitbestimmt. Die unterschiedlichen Bedingungen für die agrarische Nutzung – Bodengüte, Niederschlag, soziale Organisationsformen etc. – sind die Basis der syrischen Zivilisationen.

Kulturgeografen kennzeichnen Syrien gerne als einen *„Überschneidungsbereich außenbürtiger Kräfte"*[1]. Solch eine Beurteilung spiegelt unter anderem den west-östlichen Formenwandel wider, der Topografie und Klima ebenso wie Demografie unter anderem umfasst. Im Westen liegen der mediterran geprägte, feuchte Küstenstreifen und die rasch ansteigenden Gebirgszüge, die sich beide südlich in den Libanon hinein fortsetzen, der hier – modernen Staatsgrenzen folgend – nicht behandelt wird. Östlich der Berge liegen die innersyrischen Ebenen und Tafelländer, auf deren Regenfeldfluren Getreide und in Gebirgsnähe – ebenfalls unbewässert – Sommerfrüchte gedeihen. Hier wuchsen im fruchtbaren Tal des Orontes (al-Asi) wichtige Städte, wie Hama, Homs (das antike Emesa) und Antiochia (Antakiya). Die Flüsschen Barada und Quwayq bewässern, bevor sie in der Wüstensteppe versickern, die Gärten und Felder im Umland der beiden Metropolen Damaskus und Aleppo. Auf dieses Altsiedelland folgt das Jungsiedelland, das die vorderste Frontlinie im Konflikt der Lebensformen Ackerbauer und Nomade bildet. Erst im Laufe des letzten Jahrhunderts wurde hier Ackerland durch künstliche Bewässerung fruchtbar ge-

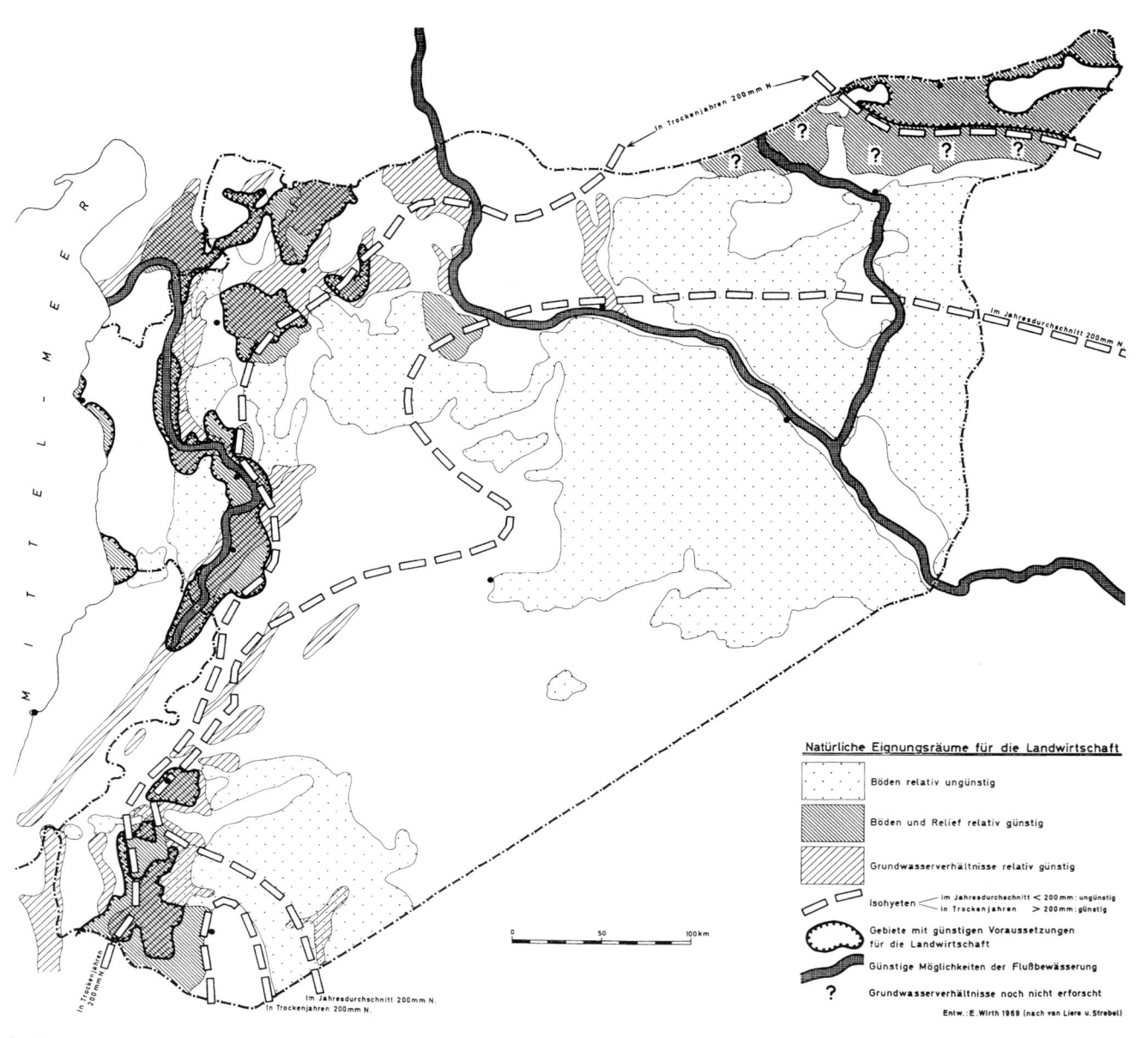

Syrien, natürliche Eignungsräume für die Landwirtschaft

macht. Die flache Wüstensteppe, auf die etwa die Hälfte der syrischen Staatsfläche entfällt, ist bis heute allenfalls als Weideland nutzbar – wenn man von den Bodenschätzen Phosphat, Pottasche und Erdöl absieht. In den Vulkangebieten Südsyriens entstanden je nach Verwitterungsgrad der Lavagesteine ganz eigene Kulturkleinstlandschaften: in der Mitte die fruchtbare Kornkammer Hauran, westlich davon der von sesshaft gewordenen arabischen Nomaden und von kaukasischen Tscherkessen als Wehrbauern besiedelte Djaulan (Golan) und im Osten das Drusengebirge (heute offiziell: Djabal al-Arab), in welchem ab dem 18. Jh. die Drusen, vor einem Bruderkrieg innerhalb der Sekte im heutigen Libanon fliehend, dem Basalt blühende Gärten, reiche Reben und kleine Felder abtrotzten. Im Nordosten nehmen die Flusslandschaften des Euphrat und Chabur eine Sonderstellung ein. Zahllose Tells bezeugen die Jahrtausende alte, intensive Nutzung der Wasserressourcen. Doch erst der Einsatz von Pumpenbewässerung und der Bau von Staudämmen bietet seit den 1950er Jahren einer rasch wachsenden Bevölkerung eine Nahrungsgrundlage. Heute beginnen mit jedem Jahr die ökologischen Probleme offensichtlicher zu werden, während gleichzeitig die groß angelegten türkischen Staudammprojekte am Oberlauf des Euphrat Syrien das Wasser abgraben. Darunter leiden auch die Ackerebenen in der Djazira im Nordosten, wo seit altersher reichliche Winterregen umfangreichen Getreideanbau ermöglichen, bevor seit der staatlichen Unabhängigkeit Syriens erst privates, dann staatliches Kapital auch riesige Flächen dem Baumwollanbau erschlossen.

Ähnlich wie für die Geografen Syrien ein Land des Übergangs ist, situiert auch jene Historiografie, die sich an Herrscherketten orientiert, Syrien oft am Rande des Stroms der Geschichte. Tatsächlich war Syrien im Laufe der letzten zweitausend Jahre nur während zweier kurzer welthistorischer Umbruchphasen das Zentrum sich über die Region hinaus erstreckender, großer Reiche, nämlich unter den Seleukiden, den Nachfolgern Alexanders des Großen, und unter den Umayyaden, der ersten islamischen Kalifendynastie. Die kulturgeschichtlich reiche Ernte dieser Episoden konnte jedoch erst längerfristig für die Wirtschaftsgeschichte wirkungsmächtig werden, indem neue Normensysteme den zwischenmenschlichen Umgang und den Umgang des Menschen mit seiner Umwelt veränderten. Fragile Gleichgewichte setzten hier einerseits enge Grenzen, andererseits bot die Vielgestaltigkeit Syriens auch immer wieder Rückzugsgebiete in Gebirgen und Wüstensteppen, in denen angestrebte Veränderungen nicht, anders als beabsichtigt oder verspätet zum Tragen kamen. Ein ökologisch ausbalanciertes System der Ausbeutung von Ressourcen nutzbringend zu beeinflussen, bedurfte eben mehr als Herrscherwillen. Erst während der letzten dreißig Jahre wurde Syrien zu einer integrierten Volkswirtschaft geschmiedet, ein Verdienst des Damaszener Zentralismus, der den Aufbau einer modernen Infrastruktur vorantrieb.

Nahöstliche Wirtschaftsgeschichte orientiert sich gerne an der typologischen Lebensform-Triade „Nomade-Bauer-Städter". Deren Zusammenspiel hatten schon islamische Gelehrte des Mittelalters, wie Ibn Chaldun, in den Mittelpunkt der Geschichte gestellt. Andererseits müssen wir uns immer vergegenwärtigen, dass die Welten von Weide, Acker und Gewerbe gerade bei fortschreitender Spezialisierung miteinander in engen und für alle Seiten nutzbringenden Austauschbeziehungen stehen. Je komplexer diese werden, desto wichtiger wird als Mittler eine Händlerschaft, die ihren Gewinn wiederum aus den unterschiedlichen Kräftekonstellationen und Nachfragebedingungen schöpft. Die Verkehrsgunst ihrer Heimat ausnutzend verhalfen Händler Syrien zu einer wichtigen Rolle als Mittler zwischen Ost und West. Man denke nur an Ugarit, Geburtsstätte des Alphabets, an die Phönizier, die die Küsten bis jenseits der Säulen des Herkules anliefen und kolonisierten, an Palmyra, sagenumwobene Drehscheibe des Karawanenhandels zwischen Mittelmeer und Orient. Diese Mittlerfunktion war wichtig, für Syrien wie für seine Nachbarn – doch gründete sie auf den agrarischen Strukturen des Landes selbst. Um diese soll es auf den folgenden Seiten gehen.

Der Beginn der Landwirtschaft

In syrischen Ausgrabungsstätten wie Umm At-Tilal (Umm el-Tlel), gelegen zwischen Palmyra und dem

Ein Dorf mit typischen „Bienenkorbhäusern" südöstlich von Aleppo

arbeit war jetzt anders organisiert – Arbeiterkolonnen statt Kleinbauern. Schließlich waren laut einer Schätzung 80% der Bewohner Südmesopotamiens stadtsässig.

Syrien war also nicht die Geburtsstätte der städtischen Zivilisation. Doch haben die letzten 30 Jahre der syrischen Archäologie gezeigt, dass sich um die Mitte des 4. Jahrtausends in der nordöstlichen Euphrat- und Chabur-Gegend blühende Stadtlandschaften entwickelt haben. Neben dem schon früh von Agatha Christies Ehemann Sir Max Mallowan beschriebenen, gewaltigen Tell Brak nahe al-Hassaka im Nordosten ist das von der deutschen Archäologin Eva Strommenger ausgegrabene Habuba Kabira mit Ausmaßen von 18 ha eines der beeindruckendsten Beispiele (zum Vergleich aber Uruk mit 400 ha). Stadtmauer, Handwerker- und Wohnviertel, Tempel und Verwaltungsgebäude, klar erkennbare Haupt- und Nebenstraßen, Wasserversorgung und Abwasserkanalisation zeugen davon, dass hier ein schon hochentwickeltes Modell nachgebaut wurde. Keramik von der Töpferscheibe, frühe Rollsiegel mit Szenen, etwa aus der Kleintierhaltung, sogar das plötzliche Auftreten von Schrift und den dazugehörigen Utensilien – alles deutet darauf hin, dass es sich hier, wie bei anderen Städten der Region, offenbar um Kolonien Südmesopotamiens handelte, aufgereiht wohl entlang der Handelsachse des schiffbaren Euphrat.

Diese Annahme würde erlauben, die Kette solcher Gründungen bis nach Arslantepe in Ostanatolien fortzuführen. Die – wie man sie zu nennen pflegte – „frühen Hochkulturen" im Südiraq waren für die Versorgung mit Kupfer oder Lapislazuli oder selbst mit Leder auf entfernte Produktionsstätten angewiesen. Doch können wir kaum mehr als spekulieren. Die große Menge gefundener *calculi*, *bullae* etc. zeigen nur sehr selten Behältnisse. Auch scheint es, als habe diese syrische Städtelandschaft nur gerade einmal 100-150 Jahre bestanden – über die Gründe für ihr Ende sind unsere Nachrichten noch ungewiss.

Um die Mitte des 3. Jahrtausends v.Chr. jedoch erfahren wir von zwei neuen, dieses Mal unabhängigen syrischen Stadtstaaten: Mari am mittleren Euphrat und Ebla südlich von Aleppo, gleichrangig mit den babylonischen Königen in Kisch. Mari ist im Wesentlichen eine Tochter des Euphrat. Bewässerungswirtschaft und Besteuerung des Bootsverkehrs nahe der heutigen syro-iraqischen Grenze waren sichere Einnahmequellen. Ebla hingegen, ebenso wie viele andere, kleinere stadtähnliche Siedlungen im Nordosten (wie Tell Lailan), weist sich als Produkt der Regenfeldbauregionen aus. Die Palastzentriertheit der eblaitischen Stadtkultur – anders als in Mesopotamien gab es hier offenbar keinen ausgedehnten Tempelbesitz – ließ den „Wezir" die Zulieferungen aus dem gesamten Herrschaftsgebiet kontrollieren, das sich im Norden von der Orontesebene bis Karkemisch und im Süden bis Hama erstreckte. Dies entspricht dem nördlichen Teil der oben beschriebenen Großlandschaft, welcher nach dem Untergang von Ebla bis heute von Aleppo dominiert werden sollte. Die Keilschriftarchive von Ebla beleuchten unter anderem die Außenbeziehungen syrischer Stadtstaaten. Ebla und Mari rivalisierten miteinander (auch wenn beide letztlich äußeren Feinden zum Opfer fallen sollten); doch versicherten sie sich auch regelmäßig ihrer friedvollen Absichten mit überreichen Geschenkkarawanen. Wie schon die überragende Bedeutung der Palastversorgung machen auch diese Karawanen deutlich, dass vieles, was wie Handel aussieht, politisch gesteuerte Warenströme waren.

In den Keilschriftarchiven Eblas lesen wir, wie neben Flachs und Roggen auch Ölbäume und Weinreben, von der Natur in Nordsyrien besonders begünstigt, zu den Anbauprodukten gehörten. Daneben blieb die Tierhaltung wichtig. Die Schafherden des Königs allein konnten 100.000 Kopf zählen. 13.000 davon wurden Jahr für Jahr für den Palastbedarf – sowohl Mahlzeiten als auch Opfertiere – geschlachtet. Tausende von Schrifttäfelchen erschließen uns viele Aspekte der Palastverwaltung, darunter Monats- und Jahresabrechnungen und Angaben über die Versorgung des Palastes aus der Region und die Außenbeziehungen. Unter dem 4.000 Kopf starken Palastpersonal waren 800 Köchinnen und Weberinnen, die wohl auch die vielen in den Dokumenten aufgelisteten zeremoniellen Gastroben fertigten, 20 Köche, 60 Wagenführer, 160-260 Schreiner, 500 Schmiede etc.

Eblas wirtschaftliche Bedeutung wuchs mit seiner Kontrolle über die Transportwege für anatolische Metalle. So nimmt es nicht Wunder, wenn Jahr für Jahr die Palastrechnungen von tausenden Pfunden Silber berichten, die eingenommen wurden. Doch war Ebla wohl eine geldlose Gesellschaft, in der Palastbedienstete mit Getreide, Öl und anderen Agrarprodukten der königlichen Domänen bezahlt wurden. Die Residenzen selbst waren, vielleicht mit Ausnahme der hier genannten größten, Zentren von autarken landwirtschaftlichen Kleinstregionen. Dabei spielte auch eine Rolle, dass das Kamel als ideales Langstreckenlasttier erst Ende des 2. Jahrtausends weitere Verbreitung in Syrien fand.

Wo die Verkehrsverhältnisse günstiger lagen, entwickelte sich die städtische Dienstleistungsfunktion „Handel" in vollem Maße, wie im 2. Jahrtausend in der Mittelmeerstadt Ugarit, nahe dem heutigen Lattakiya. Zwar ist auch hier die Bedeutung des landwirtschaftlichen Mehrprodukts der Umgebung nicht zu unterschätzen. Bemerkenswerter ist aber, wie der Ort zum Treffpunkt für Kauffahrer aus Ägypten, dem syrischen Binnenland und Mesopotamien, Zypern und den mykenischen Gebieten wurde. Denn einerseits stellte sich Ugarit gut mit den königlichen Händlern der Hethiter im Norden wie mit den Mittelsmännern des Pharao im libanesischen Byblos – zwei Regionen, die es im Küstenhandel verband. Andererseits verhalfen seinen eigenen Untertanen Privilegien des örtlichen Herrschers zu Immunität bei Handelsfahrten nach außen.

Nach innen spiegelt sich die komplexe soziale Schichtung innerhalb der Stadtbewohner in unterschiedlichen Dienstverhältnissen zur Staatsführung. So nahm auch hier wiederum der Herrschaftsapparat Einfluss auf den Handel, ohne ihn jedoch gänzlich zu lenken. Laut einer hethitischen Quelle befehligte Ugarit 150 Schiffe auf dem Mittelmeer, eine kaufmännische Koordinationsleistung, die nur noch durch den gewaltigen Effizienzgewinn mithilfe der Einführung des ersten Alphabets nach 1500 v.Chr. übertroffen wurde.

Ugarit wie auch viele Zentren im syrischen Binnenland wurden am Ende der Bronzezeit um 1200 v.Chr. zerstört. Aber die phönizischen Handelsstädte verbanden auch in den folgenden Jahrhunderten den mediterranen Westen mit den Hochkulturen im Orient. Wir werden nicht im Einzelnen die weitere Zersplitterung der ökonomischen Austauscheinheiten Syriens in immer kleinere Königreiche, von Aramäern unter anderem, verfolgen. Faszinierende archäologische Spuren bezeugen diese Epoche, wie das nordsyrische Ayn Dara oder die jüngsten syrisch-deutschen Tempelausgrabungen auf der Zitadelle in Aleppo deutlich machen. Die langjährigen deutschen Kampagnen in der assyrischen Stadt Dur Katlimmu (Tell Schaych Hamad) im Chabur-Tal zeigen, wie weit auch in Syrien durch ausgeklügelte Bewässerungssysteme der den Fluss säumenden Steppe Agrarland abgerungen wurde. Angesichts solcher Parallelen und Abhängigkeiten vom Zweistromland lässt sich fragen, ob zumindest hier im Osten jene für Mesopotamien entwickelten historischen Modelle, laut derer sich Grundbesitzstrukturen weg von freiem Kleinbauerntum hin zu königlicher Allmacht bewegen, auch für Syrien Gültigkeit haben.

Persische, hellenistische, römische Imperien

Während die um phönizische Hafenstädte gewachsenen syrischen Kleinstaaten sich oft erst Alexander d.Gr. beugten, wie etwa das Inselchen Arwad, hatten der Norden und die Mitte des Landes vom 9.-6.Jh. v.Chr. unter den gewaltsamen Umsiedlungen durch die Hegemonialmächte Assur und Babylon zu leiden. Erstaunlich gering sind danach unsere Kenntnisse über die wirtschaftliche Entwicklung des syrischen Binnenlandes als persisch-achämenidische Satrapie „Abr Nahra" (Transeuphrat-Provinz). Es scheint, als seien die Zwangsumsiedlungen der babylonischen Zeit rückgängig gemacht worden, was vielleicht den Wiederaufstieg der syrischen Städtelandschaft begünstigte. Denn schließlich setzte sich von Syrien her Reichsaramäisch als Verwaltungssprache durch.

Als sich Alexander d.Gr. in der 2. Hälfte des 4. Jh., die Schwäche der persischen Verwaltung ausnutzend, die Levante untertan machte, war dies ein Wendepunkt, da nun westliche Einflüsse in Syrien und zugleich die Rolle Syriens in der mittelmeerischen Geschichte wichtiger wurden. Zwar betont die jüngere Forschung, wie wenig hellenisiert Syrien lange blieb (sicher auch ein Versuch, alten historiografischen Mythen abzuschwören), doch trotz aller Kriege zeichnete sich die seleukidische Diadochendynastie durch die forcierte Wiederbelebung der urbanen Strukturen Syriens aus. Der Historiker Appian schreibt Seleukos I. Nikator allein die Gründung von 70 Städten zu, darunter die „Tetrapolis" mit der neuen Reichshauptstadt Antiochia – künftig eines der wirtschaftlichen und geistigen Zentren der Antike –,

Olivenhain zwischen Aleppo und Idlib

Seleukia (Suwaydiya), Laodikeia (Lattakiya) und Apameia (nahe Hama), allesamt monumentale Variationen über das griechische Modell. Syrien sollte ein „verpflanztes Makedonien" werden. Angemerkt sei, dass die meisten heutigen antiken Ruinenfelder Syriens den Stand der römischen Epoche wiedergeben, was die Wirkungsmächtigkeit der seleukidischen Gründungen verdeutlicht. Vor allem aber legen die nordsyrischen Gründungen nahe, dass sich Seleukos der Handelsströme zwischen Mesopotamien und Mittelmeer versichern wollte.

Bis zur Zeitenwende wurde Syrien so sehr Teil der hellenistisch-römischen Mittelmeerwelt, dass ein Syrer, Poseidonios von Apameia, die besten ethnografischen Beschreibungen der westlich an Rom grenzenden keltischen Länder lieferte und so zum wichtigsten Gewährsmann für Cäsar und Tacitus wurde. Und noch vor 250 n.Chr. sollten Emesa (Homs) und Schahba (dann: Philippopolis) drei römische Kaiser hervorbringen. Auf die Hellenisierung des Orients folgte so die Orientalisierung Roms. In diesen Zusammenhang gehört auch die Eroberung des Römischen Reiches durch das Christentum.

Schwieriger ist im wirtschaftlichen Bereich zu bestimmen, wo konkret Hellenisierung Wandel bedeutete, weil die ökonomischen Verhältnisse der prähellenistischen Epoche Syriens außerordentlich schlecht bezeugt sind. Es muss nicht der Kolonialcharakter der syrischen Städte hellenistischer Kultur sein, der aus ihren Beziehungen

Das Bergland um die Kreuzritterburg Krak de Chevalier westlich von Homs zwischen Aleppo und Damaskus

zum agrarischen Umland spricht. Die oft konzentrisch um die Stadt gelegenen Gärten, Haine und Felder bearbeiteten nicht freie Bauern, sondern Pächter im Dienste stadtsässiger Grundbesitzer, welche in Nordsyrien tatsächlich oft griechischen Ursprungs sein konnten. Die Rolle westlicher Kolonisten ist noch nicht vollständig geklärt. Die Funktion der Städte, dem Militär- und Staatsapparat die Kontrolle über tributpflichtige Landstriche zu gewährleisten, hatte sich auch durch hellenistische und römische Beherrschung hindurch nicht verändert. Doch gab es unzweideutig positive Effekte der dichteren Besiedelung: die weitgehende Einführung der Zweifelderwirtschaft (je nach Niederschlag Wintergetreide-Brache bzw. Sommerluzerne), die Erschließung bis dahin nicht bebauter Flächen durch Bewässerungswerke sowie, unter dem Schutz der römischen Armee und ihres gewaltigen Wüstenlimes, das Vorschieben der Siedlungsgrenze nach Osten wie bis ins 20. Jahrhundert nicht mehr.

Aus logistischen Gründen wurde ein dichtes Straßennetz gebaut, das aber auch Binnen- und interregionalen Handel kräftig antrieb. Die wachsende Prosperität Syriens zog ungekannte Mengen Konsumgüter an und beförderte auch lokale Industrien, etwa die Seidenweberei und Glasherstellung, Letztere bis heute eine Spezialität von Damaskus. Der zivilisatorische Fortschritt zeigte jedoch damals schon erste Kehrseiten. Man nimmt an, dass ein Grund der Abholzung syrischer Wälder in der Römerzeit das gewaltige Ausmaß der Keramikproduktion, nun auch für Dachziegel, war.

Dieser Prosperität steht, bis heute nicht vollständig erklärt, die nahöstliche Krisenphase des 3. Jh. n.Chr. gegenüber, mit ihrem beängstigenden Phänomen der verlassenen Felder (agri deserti). Dennoch erlebte die Mobilität unter der ausklingenden pax romana der Spätantike eine neue Dimension. Unter den hellenistisch-semitischen Heiligtümern zogen nun besonders die christlichen, wie etwa Sergiupolis/Resafa und das berühmte St. Simeon/Qalat Seman des Säulenheiligen, Jahr für Jahr zehntausende Pilger an, ein nicht unwesentlicher Wirtschaftsfaktor.

Im nordsyrischen Kalksteinmassiv konstatieren wir die Erschließung der Roterdegebiete durch reiche Stadtbewohner wohl vor allem aus Antiochia. Mancherorts scheinen auch die Ackerbauern selber tätig geworden und später selbst zu kleinen Grundbesitzern geworden zu sein. Die langfristige Investitionen verlangende Ölbaum-Monokultur brachte eine einzigartige Kulturlandschaft hervor. Denn anders als Getreide, das zu transportieren sich nur über Entfernungen unter 100 km lohnte, fanden Oliven, Olivenöl und Seife Abnehmer in weiterem Umkreis, doch tat auch die Nähe zur bevölkerungsreichen Metropole Antiochia – zeitweise Hauptstadt eines der oströmischen Teilreiche – das Ihre. Reste hunderter, oft mehrgeschossiger Wirtschafts-, Wohn- und Kultbauten, Ölpressen und Zisternen sind bis heute beredte Zeugnisse des Unternehmergeistes. Dieser freilich benötigte stabile politische Verhältnisse. Mit dem Niedergang oströmischer Autorität, mit den Kriegen gegen die Sasaniden Irans und deren Einfällen 603-630, schließlich mit den byzantinischen Scharmützeln gegen die muslimischen Eroberer war diese Grundbedingung nicht mehr gegeben. Erdbeben taten das Ihre. Heute finden sich noch rund 700 verlassene spätantike Dörfer im Kalksteinmassiv der Regierungsbezirke Idlib und Aleppo.

Nomaden-Bauern-Städter

In der bisherigen Darstellung waren die Nomaden kaum berücksichtigt worden. Das legendenumwobene Palmyra ist das vielleicht beste Beispiel für das Zusammenspiel von interurbanem Handel und Nomadentum. Palmyra macht deutlich, dass die Lebensform-Triade nicht als konfliktgeladene anthropologische Konstante, sondern als Symbiose verstanden werden muss. Denn natürlich versorgten die Bewohner der Wüstensteppe bei ihren jährlichen Wanderungen zwischen Winter- und Sommerweide Städte und Dörfer in der Umgebung ihrer Triften mit den Produkten ihrer Tiere (Wolle, Kamelhaar, Milch- und Lederprodukte etc.), so wie sie sich umgekehrt auf den dortigen Märkten versorgten. Dennoch konnte ihr Erscheinen nahe der Siedlungen besonders in Dürreperioden zu gefährlichen Kämpfen um knappe Ressourcen führen. Solche Zusammenstöße mit dem arabischen Nomadentum sind bereits in assyrischen Texten erwähnt.

Andererseits führten Nomadenstämme seit jeher Handelskarawanen durch menschenleere Steppen und Wüsten, versprachen gegen Schutzgeld, das oft durch langfristige Verträge festgelegt wurde, Sicherheit oder waren selber als Karawanenunternehmer tätig. Sie waren es, die die Transportmittel und Ortskenntnis hatten, auf der die Verbindung vom Indischen Ozean zum Mittelmeer basierte. Aber wo immer möglich, griffen sie auf Ressourcen sesshaften Lebens zurück. So wurde eine Oase wie Palmyra von arabischen Stämmen Mittelsyriens, die teilweise sesshaft geworden waren, zu einem internationalen Handelszentrum aufgebaut. In Palmyra fanden Archäologen chinesische Seiden ebenso wie ägyptische Baumwollstoffe.

Dem Aufstieg der Stadt kam die Rivalität zwischen Rom und den Sasaniden Persiens im 3. Jh.

n.Chr. zustatten. Der Versuch unter anderem der Königin Zenobia, die selber aus einer arabischen Familie der Kaufmannsoligarchie stammte, diese Rivalität in Unabhängigkeit umzusetzen, brachte jedoch Verderben über sie und über die ganze Stadt: Der römische Kaiser Aurelian schlug das stolze Aufbegehren brutal nieder. Die sich neu organisierenden Großreiche der Römer und Sasaniden duldeten keine Pufferstaaten mehr. Mit der Rebeduinisierung der Wüstensteppe von Süden her kehrten binnen kurzem auch die Bewohner Palmyras zu ihrer vormaligen Lebensform zurück. Vor allem aber wurde das syrische Euphratland zur Grenzmark nach Osten und verlor für Jahrhunderte seine Funktion als Brücke in die persische Welt.

In der jüngsten Zeit ist von der Lebensweise der Nomaden wenig geblieben. Zentral verwaltete Staaten streben nach vollständiger Kontrolle ihres Territoriums – rivalisierende Ansprüche werden selten geduldet. In sogenannten Befriedungskampagnen versuchten schon die Osmanen, Nomaden entlang des Euphrats sesshaft zu machen. Einen weiteren Anreiz, sich niederzulassen, schuf für die Schammar-Stämme im Nordosten Syriens ab den 1930er Jahren die französische Mandatsverwaltung. Sie stellte den Stammesführern im Zuge der Katastererstellung den Erwerb von Besitzrechten über 150.000 ha fruchtbaren Regenfeldbaulandes in Aussicht, genug, um die Ansprüche ihrer Klientel zu befriedigen und so ihrer Stellung nicht verlustig zu gehen. Sie wurden so zu reichen Landbesitzern, die früh einen europäisch anmutenden Lebensstil entwickelten. Oft ließen sie ihre Ländereien als „absentee landlords" durch Angehörige der religiösen Minderheiten (Christen) verwalten. Heute konzentrieren sich die verbliebenen Hirtennomaden ganz auf die lukrative Aufzucht von Schafen, weniger Ziegen: Die gewaltigsten und modernsten syrischen Lkw-Karawanen exportieren heute die Tiere (besonders aus dem Norden) nach Saudi-Arabien.

Islam und Christentum in Syrien

Nachdem auf die Vertreibung der Perser die Eroberung Syriens durch die Muslime erfolgte, etablierte sich allmählich eine neue Rechtsordnung, die sich seit fast anderthalb Jahrtausenden bis heute fortentwickeln sollte. Die Gefolgsleute des Propheten Muhammad waren mit der immensen Bedeutung von Handel aus ihrer arabischen Heimat vertraut. Es galt nun, auch in der reichen neuen Provinz rasch eine funktionierende Verwaltung zu schaffen. Manches wurde übernommen. Die Geldwirtschaft bediente sich weiterhin byzantinischer Dinare und sasanidischer Dirhams, ließ diese allerdings arabisch überprägen. Die mehrheitlich christlichen und jüdischen Bewohner Syriens genossen im Prinzip als Schutzbefohlene (*dhimmis*) Religionsfreiheit und Rechtssicherheit, und es sollte noch 300 Jahre dauern, bis die Bevölkerungsmehrheit die islamische Religion angenommen hatte. Ein eigentlich sehr einfaches Steuersystem, bestehend aus einer Kopfsteuer für die Dhimmis, einer Landsteuer und dem Zehnten als Almosensteuer (*zakat*) für die Muslime, hätte eine Erleichterung gegenüber der Willkür der letzten byzantinischen Jahre sein können, doch ist es für jede Regierung, die sich auf ein Eroberungsheer stützen muss, schwer, ein gerecht funktionierendes Gemeinwesen aufrecht zu erhalten. Andererseits bauten im Laufe der Zeit die fest im Leben stehenden islamischen Gelehrten ein komplexes Gesetzeswerk, das alle nur denkbaren Aspekte von Handel und Wandel berücksichtigte. Hierzu gehörte die Entwicklung einer allgemeinen Wirtschaftsethik, die durch den *muhtasib*, oft verkürzend als Marktaufseher übersetzt, mitkontrolliert wurde.

Damaskus wurde unter den umayyadischen Kalifen in wenigen Jahrzehnten zur strahlenden Me-

Damaskus, Blick in ein Geschäft im Suq

tropole eines Weltreiches. Die Große Moschee, deren Mosaikschmuck aus dem frühen 8. Jh. der westlichen Kunstproduktion in nichts nachsteht, ist das monumentalste Triumphzeichen dafür. Als sich aber das Zentrum des Kalifats nach Baghdad verschob, geriet Syrien wieder an die Peripherie eines Imperiums. Damaskus war nurmehr, wie seit Jahrtausenden, Zentrum der fruchtbaren Oase Ghuta sowie der bergigen Umgebung und damit Spielball in der Hand derjenigen, die das agrarische Umland kontrollierten. Auch in der Folgezeit sollte sich städtische Autonomie in rechtlichem Sinne nicht entwickeln.

Der städtische Markt (*suq*) ist das sozioökonomische und urbanistische Kernstück der islamischen Stadt. Denn auch in Syrien überdauerten Handelsbeziehungen regionaler und internationaler Art den Abzug des Kalifenhofes. Dutzende großer Münzfunde in Russland und Skandinavien bezeugen den umfangreichen Handel mit dem Norden; und auch im Mittelmeer, das der belgische Historiker H. Pirenne durch die islamischen Eroberungen in zwei separate Kulturräume gespalten sah, blieb, wenngleich in unterschiedlichem Umfang, der Fernhandel lebendig. Die Handelsbeziehungen syrischer Städte zu Italien überdauerten sowohl die grausamen Wirren der Kreuzfahrerinvasion als auch die Wiedervereinigung der syrischen Länder durch den kurdischen Prinzen Saladin.

In Aleppo gediehen Handwerk und Handel. In diesem westlichen Endpunkt der Seidenstraße entstanden eine Vielzahl neuer „Chane" (Warenlager und Bettstatt für reisende Kaufleute), als die byzantinischen Grenzkriege in Anatolien allmählich die Warenströme aus der iranischen Welt nach hier umleiteten. Aber auch aus Anatolien wurden Güter, wie Holz, über lange Strecken, z.T. entlang der Flüsse, transportiert. Das Bauwesen der wachsenden Städte und die dort wieder blühende Glas- und Keramikindustrie waren die Abnehmer. Damaskus, durch den Zustrom von vor den Kreuzrittern geflohenen palästinensischen Gelehrten wieder ein kulturelles Zentrum des sunnitischen Islam, sollte alljährlich zum Ausgangspunkt der gewaltigen Pilgerkarawanen nach Mekka werden, ein ganz wesentlicher Wirtschaftsfaktor bis ins 19. Jh.

Während wir über die städtische Wirtschaft recht gut unterrichtet sind, gibt es nicht annähernd so detaillierte Nachrichten über die landwirtschaftliche Entwicklung Syriens im Mittelalter. Die Kleinstaaterei mag dem System der Vergabe von Militärlehen an Söldner weniger Vorschub geleistet haben als dies in Iraq, Iran und später Anatolien der Fall war. Dort wurde das Netzwerk mittelfristig kalkulierender städtischer Märkte abgelöst von kurzfristig disponierenden Subsistenzeinheiten, bei denen Ortsfremde als Lehensnehmer die Ressourcen plünderten.

Wenn auch der Mongolensturm syrische Wirtschaftszentren, wie Balis (Keramikindustrie) und Raqqa (eine der Reichshauptstädte unter Harun ar-Raschid), in Schutt und Asche hinterließ, litt Syrien insgesamt weniger als Iraq und Iran, und selbst von den Verwüstungen unter Timur erholte sich das Land überraschend schnell. Für manche Gegenden Syriens wird angenommen, das bis ins 19. Jh. bestehende „Muschaasystem" der rotierenden Verteilung langgestreckter Flurstreifen in der traditionellen Dorfgemeinschaft könne ein Ergebnis der mamlukischen Neuverteilung von Ackerland im Altsiedelland gewesen sein, vielleicht um die mongolischen Verwüstungen zumindest teilweise rückgängig zu machen. Auch der Fernhandel erholte sich rasch, da die innerasiatischen Überlandrouten seit dem Ende der kurzen *pax mongolica* nur noch geringe Attraktivität besaßen. Neben reexportierten asiatischen Gewürzen und Textilien wurden jetzt wieder syrische Brokate, Färbemittel und Glaswaren ausgeführt, ebenso Getreide, Baumwolle und Trockenfrüchte.

Unter den Osmanen überflügelte Aleppo ab dem 16. Jh. die Küstenstädte und auch Damaskus als Drehscheibe des Welthandels. Hunderte europäischer Kaufleute betrieben hier zur Hochzeit seiner internationalen Bedeutung ihre Geschäfte. Ihnen stand dort eine Kaufmannschaft gegenüber, die sich ebenso moderner Kreditinstrumente bediente wie ihr Gegenüber in Florenz oder Augsburg, London oder Amsterdam. Die syrischen Handwerker waren in Gilden organisiert, die für den sozialen Zusammenhalt der Gemeinschaft ebenso wichtig waren wie für Qualitäts- und Preiskontrollen der Waren.

So reich manche der Kaufleute auch wurden – die Grundlage für wirkliche Macht lag wie seit altersher außerhalb der Städte im Landbesitz. Hier wuchsen Dynastien heran, die vor Ort der osmanischen Zentralverwaltung die Kontrolle streitig machten, seien es im 17. Jh. die Fachr ad-Dins, die Libanon und Zentralsyrien bis Palmyra beherrschten, sei es im 18. Jh. die Familie der Azm, die sich von ihren Ländereien um Hama aus ganz Mittel- und Südsyrien untertan machten. Besonders ab der zweiten Hälfte des 18. Jh. wurden die großen Städte von dauernden Kleinkriegen heimgesucht: Die Kontrolle über Grundnahrungsmittel zu Spekulationszwecken trieb die sich befehdenden Faktionen. Lukrative Positionen, wie die des Steuerpächters, wurden verschachert; hier ließen sich private Vermögen scheffeln, während auf dem Lande Unzählige ins Elend getrieben, zahllose Dörfer verlassen wurden. In den 1830er Jahren versuchten die ägyptischen Modernisierer des Feldherrn Muhammad Ali, diese Spirale aufzuhalten. Sie begannen eine Politik der inneren Kolonisation, die von den Osmanen fortgesetzt wurde. Ansiedlungen von Wehrbauern schoben die Grenze zu den Weidebereichen der Nomaden wieder nach Osten vor.

Noch bis zur osmanischen Reformgesetzgebung der Tanzimat (2. Hälfte 19. Jh.) hatte Grundbesitz auf der Fiktion lehensähnlicher Besitztitel beruht oder war aus Schuldabhängigkeiten erwachsen. Erst als privater Grundbesitz rechtmäßig erworben und garantiert wurde, schuf städtisches Kapital eine neue besitzende Klasse, die Interesse an Investitionen auf dem Lande hatte. Umgekehrt waren es auch im 19. Jh. noch, wie schon seit dem Mittelalter, vor allem reiche Grundbesitzer, die über die Errichtung großer, immunitätsgeschützter frommer Stiftungen (*waqf*, Pl.: *auqaf*) Privateigentum zu Zwecken der öffentlichen Wohlfahrt dem Zugriff des Fiskus entzogen. Schulen und soziale Einrichtungen entstanden, die Pflege Bedürftiger wie auch der heiligen Stätten war so gewährleistet – und zwar von Muslimen und Christen gleichermaßen.

Die Einbindung der Levante in den Weltmarkt und verbesserte Transportwege (Dampfschiff, Eisenbahn) schufen gewaltige Marktpotentiale: für den Obstbau in den Oasen und im regenreichen Westen, für die Getreideregionen in Hauran, in Mittelsyrien und im Nordosten, für die Wollwirtschaft im Grenzland zur Steppe. Der Preis, den die osmanischen Provinzen in Syrien für die Eingliederung in die Weltwirtschaft zahlten, war hoch. Die mechanisierte europäische Konkurrenz zerstörte das lokale Handwerk. Von den Traditionsbranchen hat sich nur die Textilindustrie bis heute gehalten. An eine Gesundung des einheimischen Bauernstandes war nicht zu denken. Schließlich bedeutete die Zerstückelung des Osmanischen Reiches infolge des verlorenen Ersten Weltkrieges und die französische Besetzung Syriens das Ende der eingespielten Handelskontakte. Aleppo verlor sein Hinterland im türkischen Kilikien, wo ohnehin die wirtschaftlich dynamische Gruppe der Armenier von den türkischen Nationalisten hingemetzelt worden war, und im englisch besetzten Nordiraq. Schließlich bewirkte die französische Mandatsmacht noch in den 1930er Jahren die Abtretung von Aleppos Haupthafen Iskenderun/Alexandrette an die Türkei. Damaskus büßte Nordpalästina und Transjordanien ein. Eng eingebunden in die Weltwirtschaft wie es war, bedeutete die Weltwirtschaftskrise für ganz Syrien eine besonders harte Zeit.

Die unabhängige arabische Republik Syrien

Die unabhängige Republik suchte mit verschiedenen Ansätzen den Aufbau einer modernen Volkswirtschaft zu befördern. Verschiedene autoritäre und sich in ra-

Aleppo, Blick von der Zitadelle auf die Altstadt

schem Wechsel ablösende Regierungen setzten einmal auf die Modernisierung bürgerlicher Herrschaft (private Industrialisierung und Agrarkapitalismus), einmal auf sozialreformerische oder sozialrevolutionäre Modelle (Bildungs- und Infrastrukturoffensiven und Landreformen). Die letzten dreißig Jahre erlebten das Zusammenwachsen einer integrierten Volkswirtschaft, ein Verdienst des Damaszener Zentralismus und des Aufbaus einer modernen Infrastruktur. Dabei orientierte sich die landwirtschaftliche Produktion nun an den Bedürfnissen des Binnenmarktes, in vielen auch komplexeren Industrien versuchte Syrien eigenständig zu werden (Pharmabereich).

Die planvolle Entwicklung wurde jedoch unterminiert durch die Kosten, die die Frontstellung zu Israel dem Land aufbürdete, sowie durch Verzerrungen, die die beginnende erfolgreiche Erdölförderung verursachte. Seit der Osmanenzeit machten Überweisungen von Emigranten – vor allem aus Amerika – einen wichtigen Teil der syrischen Handelsbilanz aus. In jüngster Zeit sind qualifizierte Fachkräfte oft in die Erdölstaaten oder in die EU abgewandert, Handwerker auch nach dem Ende des Bürgerkriegs in den Libanon. Auf den Zusammenbruch der Allianz mit der Sowjetunion reagierte die syrische Führung in den 1990er Jahren mit einer behutsamen Öffnung: Schon das Agrargesetz Nr. 10 von 1986, dann besonders das Investitionsgesetz Nr. 10 von 1991 zielten auf eine allmähliche Beteiligung privaten, vor allem ausländischen (besonders arabischen und auslandssyrischen) Kapitals an der syrischen Wirtschaft. Der Transportsektor wurde auf diese Weise revolutioniert. Für das produzierende Gewerbe, die Landwirtschaft und den Dienstleistungssektor (Banken) arbeitet Syrien jetzt daran, sich auf die neue Herausforderung der Assoziierung mit der Europäischen Union vorzubereiten.

Anmerkungen

1   Wirth 1971.

Stadtentwicklung

Die Entstehung der Stadt

Hans J. Nissen

Der Titel des Beitrags könnte suggerieren, dass es sich bei der Stadt um eine fest definierte Größe handelt, deren allmähliche Entstehung man verfolgen kann. Stadt ist aber ein Gebilde, das aus verschiedenen Wurzeln entstanden sein kann, das entsprechend unterschiedlich aussehen kann und sich höchst unterschiedlich weiterentwickeln kann. Es ist deshalb nicht nur schwer, von der Stadt zu sprechen, sondern auch einen allgemeinen Weg aufzuzeigen. Nicht zuletzt ist die Stadt auch Teil des Umgangs mit und eine Antwort auf die Probleme eines speziellen Lebensraumes. Jenseits von einigen allgemeinen Überlegungen versteht sich daher dieser Beitrag als Einleitung zu der speziellen Form von Stadt, die sich vor mehr als 5.000 Jahren im Vorderen Orient ausgebildet hat.

Im Laufe der Zeit sind zahlreiche Kriterien formuliert worden, woran eine Stadt zu messen sei. Dazu können Äußerlichkeiten gehören, wie dass eine Siedlung eine bestimmte Größe und Bevölkerungszahl aufweisen muss, um als Stadt zu gelten, oder dass sie von einer Mauer umgeben sein sollte. Andere gehen auf die Beziehung ein, die eine solche Siedlung mit den benachbarten Siedlungen unterhält, von denen sie sich durch das Vorhandensein „zentraler Funktionen", wie zentraler religiöser Einrichtungen, übergeordneter Verwaltungsstellen oder wirtschaftlicher/politischer Führungen, als „Zentralort" abhebt. Und wieder andere Kriterien gehen auf die wirtschaftliche und soziale Gliederung der Bewohner ein, indem von sozialer Differenzierung gesprochen wird oder davon, dass ein größerer Teil der Bevölkerung nicht in der Nahrungserzeugung, sondern in Handwerk, Militär oder Verwaltung tätig sein sollte.

Das Problem für die Erforschung der Entstehung städtischer Lebensformen ist, dass alle diese genannten und andere hier nicht genannte Phänomene sich in einer Zeit herausbildeten, die zum Teil lange vor der Zeit der ersten schriftlichen Aufzeichnungen liegt, und dass wir daher einzig auf die Interpretation archäologischer Nachrichten angewiesen sind. Deren geringer Auflösungsgrad bedingt jedoch, dass wir die Existenz solcher Phänomene archäologisch erst einigermaßen sicher nachweisen können, wenn sie bereits voll ausgebildet sind. Anfänge sind daher aus systematischen Gründen nicht auszumachen.

Das gilt insgesamt für das Phänomen Stadt. Dies wird für uns daran sichtbar, dass wir zum einen für die letzten Jahrhunderte des 4. vorchristlichen Jahrtausends für den südlichen Teil des alten Mesopotamien eine hochentwickelte städtische Kultur beschreiben können, die allen oben genannten Kriterien genügt. – Sie wird wegen des in unserer Wahrnehmung plötzlichen Auftretens auch als „Frühe Hochkultur" bezeichnet. – Zum anderen sind wir aber kaum in der Lage, auch nur für eines der genannten Phänomene ältere Zustände oder einen Anfang zu definieren oder gar zeitlich festzulegen. Auch diesen hochentwickelten Zustand selbst können wir von unserem beschränkten Material her nur an einem Beispiel festmachen: der alten Stadt Uruk im heutigen südlichen Iraq. Von keiner anderen Siedlung der Frühzeit kennen wir so viel an ausgegrabener Fläche und eine solche Fülle verschiedenartiger Informationen, einschließlich der Dokumente der in dieser Zeit erfundenen Schrift. Neben Architektur und den Schriftdokumenten stehen uns eine große Zahl von Beispielen der Kleinkunst, die sogenannten Rollsiegel, Reste von Statuen und Reliefs, aber auch von Gebrauchsgegenständen aller Art zur Verfügung.

Es ist vor allem die kurze Zeitspanne um 3200 v.Chr. in Uruk, die uns in verschwenderischer Fülle Informationen an die Hand gibt. Danach war die Stadt mindestens 2,5 Quadratkilometer groß und hatte zwischen 20.000 und 40.000 Einwohner, die wahrscheinlich innerhalb einer Stadtmauer wohnten. Zwei baulich und vermutlich von den Funktionen her verschiedene öffentliche Bereiche nahmen das Zentrum der Stadt ein. Von diesen hatte eines, das spätere Hauptheiligtum der Stadt Uruk Eanna, eine Fläche von sicher 60.000 qm, vermutlich von 90.000 qm. Durch eine eigene Mauer von der übrigen Stadt abgetrennt, stand hier eine Vielzahl zum Teil sehr großer Gebäude nebeneinander. Ihre Unterschiede in Größe und Plan machen deutlich, dass hier eine große Zahl von dezidiert verschiedenen Abläufen ihre architektonische Entsprechung gefunden hatte. Da diese Bauten alle gezielt abgebrochen und nicht zerstört worden waren, fanden sich nicht die geringsten Dinge oder Spuren, die auf die jeweilige tatsächliche Funktion hinführen könnten.

Die etwa 1.500 Tontafeln dieser Zeit tragen zu 99 % schriftliche Aufzeichnungen einer Wirtschaftsverwaltung, die Nahrungsmittel sowie Rohstoffe aller Art zentral einlagerte und dann wieder verteilte. Leider waren die Verwalter offenbar nur an der Abgleichung zwischen Ein- und Ausgang interessiert. Daher erfahren wir weder etwas über die Herkunft der Güter – was im Falle von Metallen, die alle importiert werden mussten, besonders interessant wäre – noch über die endgültige Verbrauchsstelle. Nur soviel wird deutlich, dass es sich um ein ausgeklügeltes System zentralisierter Redistributionswirtschaft handelt, wobei zum Beispiel größere Mengen Getreide an höhere Beamte gingen, die sie vermutlich an die Angehörigen ihrer Verwaltungsabteilung weiterverteilten; aber das liegt schon außerhalb des Interesses der Texte. Immerhin ist daraus auf unterschiedliche Ränge und Machtpositionen zu schließen, die sicher Unterschieden in der Sozialstruktur entsprachen.

Unter den wenigen nicht-wirtschaftlichen Texten findet sich der Anfang einer später gut bekannten Liste von Beamten- und Berufsnamen. Sie beginnt mit einem Titel, der in späterer Zeit mit dem Wort für „König" übersetzt wird, und ist im weiteren Verlauf eindeutig nach Rangstufen angeordnet. Dabei interessieren besonders die ersten 10 Eintragungen, die nach dem „König" Entsprechungen zu Leitern verschiedener Verwaltungsabteilungen nennen. Mit dem „Leiter des Rechts", dem „Leiter der Stadt", dem „Leiter der Gersten- (Nahrungs-) Versorgung" oder dem „Leiter der Arbeitskräfte" werden Funktionen angesprochen, die Teile einer differenzierten Verwaltung gewesen sein müssen.

Hinzu kommt einmal, dass nach Aussagen eines Werkstattbereiches im Stadtgebiet von Uruk und der aus den Keramikerzeugnissen ablesbaren Produktionsweise ein hoher Grad von Arbeitsteiligkeit herrschte. Außerdem muss nach Aussage der großen Bandbreite unterscheidbarer Siegelbilder die Zahl derer groß gewesen sein, die mit einem individualisierbaren Siegel eigene Verantwortung im Wirtschaftsgeschehen trugen. Auf der anderen Seite steht, dass einzig der Herrscher in der größeren Kunst verherrlicht wird. Daraus ergibt sich insgesamt das Bild von einem wohlverwalteten und politisch geführten Gemeinwesen, dessen sozial gegliederte Bevölkerung zu einem großen Teil nicht in der Nahrungserzeugung, sondern in Handwerk und Verwaltung tätig war.

Den Nachrichten aus der Stadt treten Informationen über das Umland zur Seite, aus denen hervorgeht, dass dieses Umland so dicht mit Siedlungen der verschiedensten Größen überzogen war, dass sich aus der Verteilung ein mehrschichtiges Zentralortsystem mit Uruk an der Spitze ablesen lässt.

Damit dass sich Uruk so eindeutig als der zentrale Bezugspunkt einer größeren Region erweist, ist auch das letzte der oben genannten Kriterien erfüllt. Leider ist jedoch zu dieser Zeit bereits alles so verfestigt, dass in keinem Fall noch anfängliche Unsicherheiten eine Nähe zur Entstehungszeit signalisieren würden. Und leider lässt es die Material- und Forschungslage nicht zu, diese Informationen von irgendeiner anderen Stelle zu beziehen.

Da zudem aus früherer Zeit weder schriftliche Nachrichten noch Rollsiegel oder größere Kunst und wenig an größeren Architekturensemblen zur Verfügung stehen, ist es schwer, über die Beurteilung der inneren Struktur einer Siedlung zu Aussagen über die Organisationsform zu kommen. Was bleibt und sich auf Material berufen kann, ist die Beobachtung des Verhältnisses zwischen einer Siedlung und ihrem besiedelten Umland, denn eine Reihe von archäologischen Oberflächenuntersuchungen erlaubt uns, gewisse Schlüsse zu ziehen.

Daraus geht hervor, dass im Bereich des heutigen Westiran-Südiraq eine Korrelation zwischen der Höhe der Organisationsform von Siedlungssystemen und dem zeitlichen Ablauf besteht. Die frühesten Orte des Neolithikums des 7. Jahrtausends v.Chr. liegen weit voneinander entfernt in den engen Tälern und bisweilen in den kleinen Ebenen des westiranischen Gebirges. Der große umgebende Bereich ist nötig, weil sie im Fall von Fehlschlägen in der noch ungesicherten Nahrungsproduktion in der Lage sein müssen, auf die raumextensive Nahrungssicherung durch Aneignung auszuweichen.

Die zunehmende Sicherheit in der Nahrungsproduktion ermöglicht vom 6. Jahrtausend v.Chr. an das allmähliche Verlassen solcher hoch diversifizierten Sicherheitsräume und die Ansiedlung in weniger diversifizierten Räumen, wie sie kleinere und dann größere Ebenen darstellen. Das Entfallen der Sicherheitsräume ermöglicht das Aneinanderrücken bzw. die Parallelausbildung von Siedlungen, wozu die Ebenen ohnehin einladen. An dieser Stelle entstehen die Ansätze zur Bildung von systematischen Beziehungen zwischen den Siedlungen und zur Ausbildung von zentralen Funktionen bzw. von Zentren.

Bei der Inbesitznahme noch größerer Ebenen wiederholen sich die Vorgänge. Es kommt zur Ausbildung mehrschichtiger Systeme und größerer Zentren. Der letzte Besiedlungsschub im 4. Jahrtausend v.Chr. gilt der größten dieser Ebenen, der südmesopotamischen, die gleichzeitig auch das größte Potential für die Ausbildung mehrschichtiger und damit komplexer Systeme bietet.

Aus Gründen, die uns weitgehend unbekannt sind, die vermutlich mit der größeren Fruchtbarkeit von Schwemmebenen und mit den höheren zu erreichenden Erträgen zu tun haben mögen, geht ganz eindeutig der Trend dahin, immer größere Ebenen in Besitz zu nehmen. Diesem Wunsch werden offensichtlich die Schwierigkeiten untergeordnet, die dadurch entstehen. Langfristig ist eine Linie darin zu erkennen, wie man mit den Problemen umgeht, und es ist diese Linie, die nun den Hintergrund abgibt für die „Urbanisierung" in Südmesopotamien in der zweiten Hälfte des 4. Jahrtausends.

Von einer frühen Zeit an scheint die Hauptrichtung dieser Entwicklung in der Zentralisierung zu liegen, die zugleich auch eine Schichtung der Gesellschaft bedeutete. Wenn wir auch die Einzelheiten der Vorspiele für die Urbanisierung nicht dingfest machen können, so sehen wir doch, dass diese selbst, aber auch die Einzelheiten in einer längeren Tradition liegen.

Für den Alten Orient, insbesondere das alte Mesopotamien, hat die Entwicklung zu Gemeinwesen, die wir von einem bestimmten Punkt an Stadt nennen, bereits sehr früh begonnen. Wann genau auf diesem Wege bis hin zu Uruk wir diese Bezeichnung verwenden, ist im Lichte dieser langen Tradition eigentlich beliebig und damit auch belanglos. Die Ausbildung der altorientalischen Stadt als Prototyp ist spätestens in der 2. Hälfte des 4. Jahrtausends v.Chr. abgeschlossen. Von hier nimmt die Entwicklung der altorientalischen Kultur ihren Ausgang, die trotz vieler Varianten in ihren Kernbereichen immer eine städtische Kultur war.

Literatur

Nissen 1999.

Die Stadt im Alten Orient

Ali Abu Assaf

Unter dem Alten Orient versteht man den heutigen Iraq, die Türkei und den Großraum Syrien (*Bilad asch-Scham*). Zeitlich reicht diese Epoche vom 10. Jahrtausend bis zur Mitte des 1. Jahrtausends v.Chr., als die Königreiche der Region ihre Unabhängigkeit an die Achämeniden verloren. Im Laufe dieser Zeit entstanden und vergingen in dieser Region zahlreiche Königreiche, die Städteruinen hinterließen, durch die wir die Struktur der altorientalischen Stadt kennenlernen können.

Die frühen Städte des 4. und 3. Jahrtausends v.Chr. unterscheiden sich von denen der folgenden Epochen, z.B. in der Fläche, der Aufteilung in Stadtviertel, den vorhandenen Institutionen und Einrichtungen. Auch in ein und derselben Epoche zeigen die Städte Unterschiede in ihrer Größe, in der Bedeutung und Anzahl ihrer Institutionen und öffentlichen Einrichtungen oder in der Existenz von Befestigungen. Vor allem aber haben Sie sehr unterschiedliche Funktionen als Hauptstadt, geistig-religiöses Zentrum oder als Mittelpunkt der Administration.

In der folgenden Darstellung beschränken wir uns auf die Hauptstädte und die Administrationszentren. Denn diese sind, nach einhelliger Meinung der Forschung, Städte im eigentlichen Sinne, weil sie zum einen die Zentren der Macht sind und zum anderen gemeinsame Merkmale haben, wie Schutzmauern, öffentliche und private Einrichtungen, organisierte Stadtviertel, Dienstleistungen etc. Hier lebten die Herrscher mit ihrem Hofstaat sowie die Handwerker, Händler, Bauern und Grundbesitzer. Von besonderer Bedeutung sind dabei solche Städte, die als Hauptstadt eines Reiches oder als dessen religiöses Zentrum dienten.

In der jüngeren Steinzeit (12.000 bis 6000 v.Chr.) gab der Mensch das Herumziehen auf der Suche nach Nahrung allmählich auf, ließ sich an Flussufern und in der Nähe von Quellen nieder und gründete Wohnsiedlungen. Er betrieb Landwirtschaft, um seine Ernährung zu sichern, baute sich Unterkünfte und entfaltete handwerkliche Aktivitäten, wie beispielsweise die Herstellung von Werkzeugen, die für seine Arbeit notwendig waren.

Ein Beispiel für diese frühen Siedlungen ist der Ort al-Djurf al-Ahmar („Das rote Ufer") am linken Euphratufer zwischen Aaruda und Djarablus. Dort stießen die Archäologen auf Wohnhäuser aus dem 10. Jahrtausend v.Chr., in denen sich Stein- und andere Werkzeuge fanden, die für die Jagd von Tieren, das Ernten von Pflanzen (z.B. wilde Pistazien) und die Durchführung von religiösen und anderen Zeremonien bestimmt waren.

Die von den Menschen der Steinzeit errichteten Siedlungen unterscheiden sich in ihrer Ausdehnung, der Größe ihrer Häuser und öffentlichen Einrichtungen voneinander. Um 8500 v.Chr. entstand die Siedlung Abu Hurayra auf einer Fläche von ca. 4-5 Hektar, während die Siedlungen von Schaych Hassan und al-Muraybid in der Zeit von 8000 bis 7600 v.Chr. nur jeweils eine Fläche von ca. 2-3 Hektar einnahmen. Die Siedlung Halula erstreckte sich zwischen 8700 und 6700 v.Chr., d.h. über ca. 2000 Jahre, auf einem Gebiet von 1,5 Hektar.

Die Bewohner all dieser Siedlungen vollbrachten verschiedene zivilisatorische Leistungen, wie z.B. die Entwicklung vom Ein- zum Mehrraum-Haus, um den wachsenden Bedürfnissen nach Lagerräumen gerecht zu werden, das Domestizieren von Tieren, Kanalisation, Bearbeitung von Stein und Knochen und schließlich die Herstellung von Keramik, die vielfältigen Einsatz fand. Damit gelang ihnen der Übergang von einem Leben als Jäger und Sammler zur Landwirtschaft und Viehzucht. In Halula wurde außerdem um das Dorf eine Schutzmauer errichtet, die als die erste in der Geschichte der Menschheit gilt. Diese Siedlung existierte zeitgleich mit der bekannten Siedlung von Jericho.

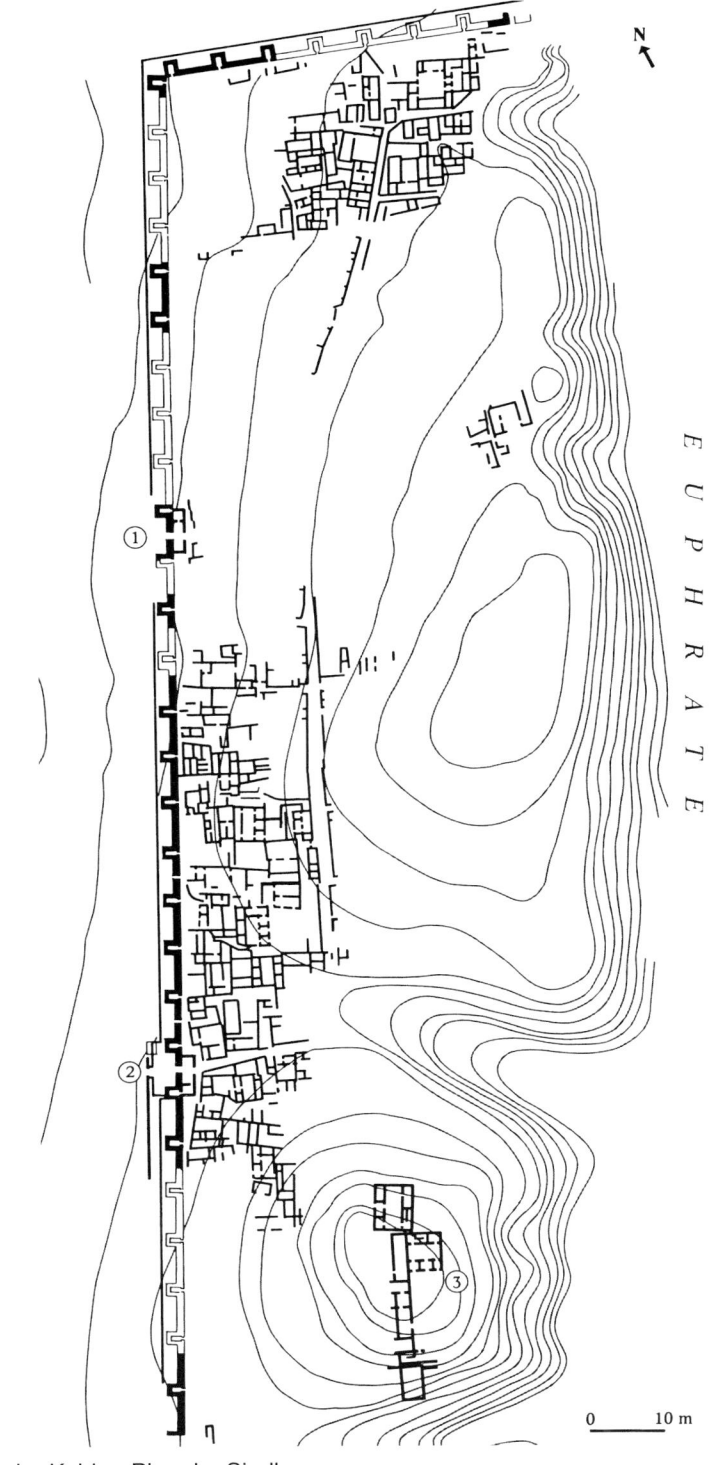

Habuba Kabira, Plan der Siedlung

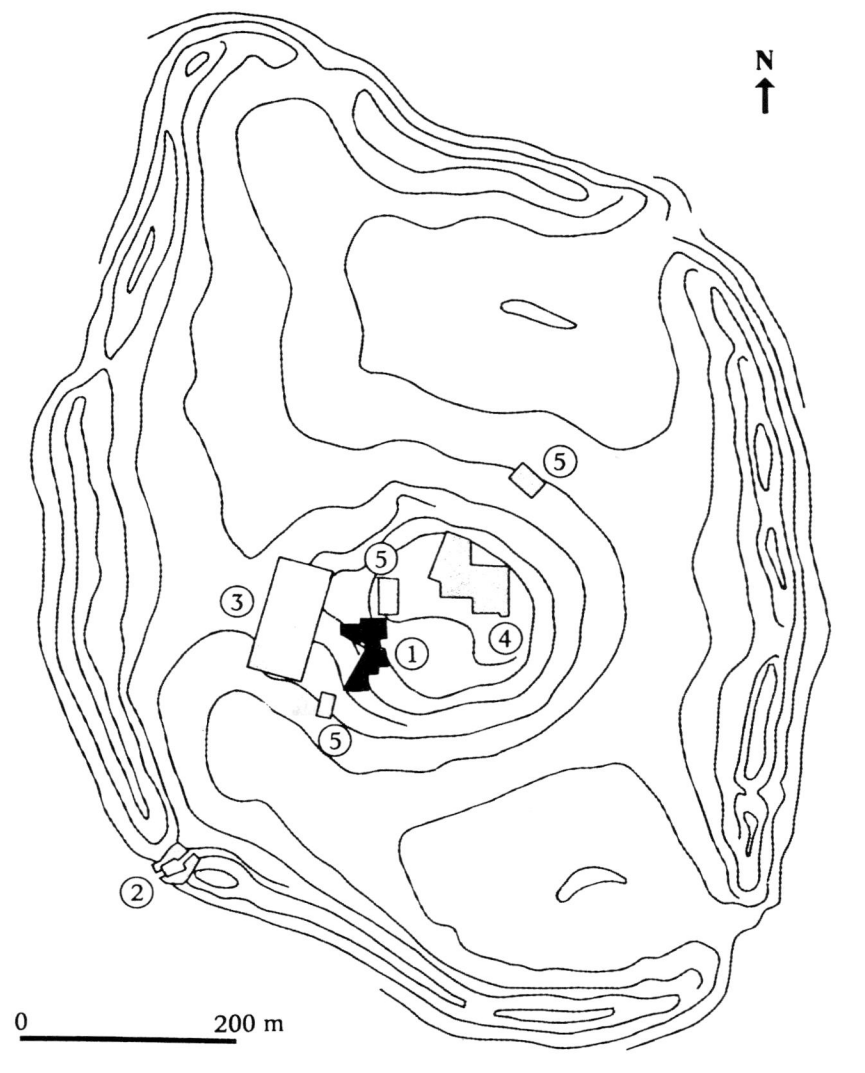

Ebla, Stadtmauer mit Tor (2) und Oberstadt mit Palast (Mitte)

Im 5. Jahrtausend v.Chr. nahm diese Entwicklung neue Dimensionen an. Die Entstehung von verschiedenen Berufen im Handel und Handwerk, in der Landwirtschaft und der Verteidigung führte zu einer grundsätzlichen Veränderung der Gesellschaft. Dies spiegelt sich in der Struktur der Städte wider. Die Wohnsiedlungen, die in der jüngeren Steinzeit entstanden waren, umfassten eine Fläche von maximal 5 Hektar (Abu Hurayra). In der nachfolgenden Stein-Kupfer-Zeit, d.h. im 4. Jahrtausend v.Chr., vergrößerte sich die Fläche auf bis zu ca. 18 Hektar, wie etwa in Habuba Kabira Djanubiyya. Neben der Größe der besiedelten Fläche ist das Vorhandensein eines starken Schutzwalls eine weitere Eigenschaft der Städte dieser Epoche.

In Habuba ist die Stadtmauer 3 m dick und weist offene und geschlossene Türme sowie zwei Tore auf. Beim Bau der Befestigung wurde die geografische Lage des Ortes genau in Betracht gezogen (siehe Abb.). Sie wurde im Norden, Westen und Süden errichtet, während im Osten der Euphrat als natürliche Verteidigungslinie fungierte.

Neben der Stadtmauer bildet das Straßennetz einen weiteren wichtigen Bestandteil der Stadt. Dieses bestand in Habuba aus einer mit Flussgestein gepflasterten Hauptstraße, die von Norden nach Süden verlief, während die Häuser zu ihren Seiten durch Gassen oder Sackgassen getrennt wurden. Der Häuserbau begann im Osten der Siedlung und breitete sich nach Westen in Richtung Mauer aus. Der organisierte Bau auf einer so begrenzten Fläche deutet auf eine planmäßige Vorgehensweise hin.

Auch die Kanalisation war ein wichtiger Punkt bei der Stadtplanung: In einem Netz von offenen Kanälen wurde das Ab- und Regenwasser abgeleitet. Die Neigung des Kanalnetzes entsprach dabei der natürlichen Neigung des Ortes, so dass das Wasser problemlos ablaufen konnte. Habuba liegt am

Ebla, Oberstadt mit ausgegrabenen Gebäuden

rechten Ufer des Euphrats, direkt am Wasser, das wahrscheinlich mit Gefäßen aus Ton und Leder in die Stadt transportiert wurde. In vielen Häusern kamen Tongefäße zutage, die eine eigenartige Form haben, die an Lederschläuche erinnert.

In allen Städten finden sich die religiösen und administrativen Bauten an den zentralen und besonders schönen Stellen der Siedlung. Sie wurden in der Regel auf dem höchsten und schönsten Punkt errichtet und von der Umgebung durch Mauern getrennt, wie z.B. in Habuba. Solche heiligen Stätten stellten ein wichtiges Element in der Struktur der orientalischen Stadt dar.

Die in den Häusern von Habuba gefundenen Gerätschaften und Werkzeuge deuten auf eine Verbreitung und Entwicklung der handwerklichen Berufe hin, wie etwa die Herstellung von Tongefäßen mit der Töpferscheibe, Weberei von Wolle und Tierhaaren, das Flechten von Rohrpflanzen und Stängeln zu Teppichen und anderen Gegenständen. Für solche Arbeiten waren im Haus oder außerhalb besondere Bereiche reserviert.

Habuba existierte zu einer Zeit, als der Handel bereits von großer Bedeutung war. Das Warenangebot war vielfältig: Rohstoffe, Textilien, Metallwaren, Lebensmittel etc. wurden zwischen Kleinasien, Iran, Afghanistan, Iraq und dem syrischen Raum transportiert. An den Handelswegen lagen die Städte, wo die Karawanen sich niederlassen konnten und der Austausch von Waren stattfand. Da die Städte auf die eigene Sicherheit bedacht waren und darauf, dass die Karawanen eine angenehme Handelsatmosphäre vorfanden, errichteten sie dafür eigens Plätze außerhalb der Stadtmauern. So entstand der „Suq" (auf Akkadisch *rabd*). Der Rabd ist ein wichtiges Merkmal der altorientalischen Stadt, das seine

Ugarit, Blick auf die ausgegrabenen Teile der Stadt

Form und Funktion im Laufe der Zeit allmählich entwickelt hat.

Zusammengefasst sind die wichtigsten Elemente einer altorientalischen Stadt des 4. Jahrtausends v.Chr. folgende: eine große Besiedlungsfläche, eine Befestigung mit Toren und Türmen, ein Straßennetz, vielfältige Wohnhäuser, Gebetsräume, Bauten der Administration, ein Handwerkerviertel (wie in Buqrus), ein Handelsplatz (Suq bzw. Rabd) außerhalb der Stadt sowie ein Kanalisationssystem.

Diese Elemente der Stadt im 4. Jahrtausend v.Chr. bestanden auch in den folgenden Epochen weiter. Die weitere gesellschaftliche, ökonomische und politische Entwicklung im arabischen Orient schlug sich dabei positiv auf die Entstehung von Städten nieder. Als Beispiele für das 3. und 2. Jahrtausend v.Chr. können die Städte Ebla und Mari angeführt werden. Die Ausgrabungen in beiden Orten dauern jedoch bis heute an, so dass sich unser Wissen über diese Siedlungen ständig erweitert.

Das Euphrattal und andere Flusstäler in Syrien und im Iraq boten geeignete Voraussetzungen für die Entstehung von Städten. Im 3. Jahrtausend v.Chr. wählten die Menschen daher zur Besiedlung die Ebenen zwischen den Flüssen und jenseits davon. So entstanden Städte in den Ebenen zwischen der Syrischen Steppe und dem Orontes und in den Küstenebenen zwischen den Bergketten und östlich davon. Die wichtigste Siedlung dieser Zeit ist Ebla (siehe Abb.).

Ebla liegt in einer weiten, fruchtbaren Ebene 55 km südöstlich von Aleppo. Seine Ruinen verdeutlichen noch heute die Bedeutung, Größe und Stärke, den Zivilisa-

- Palastkomplex
- Heiligtümer
- „Wohnquartiere"

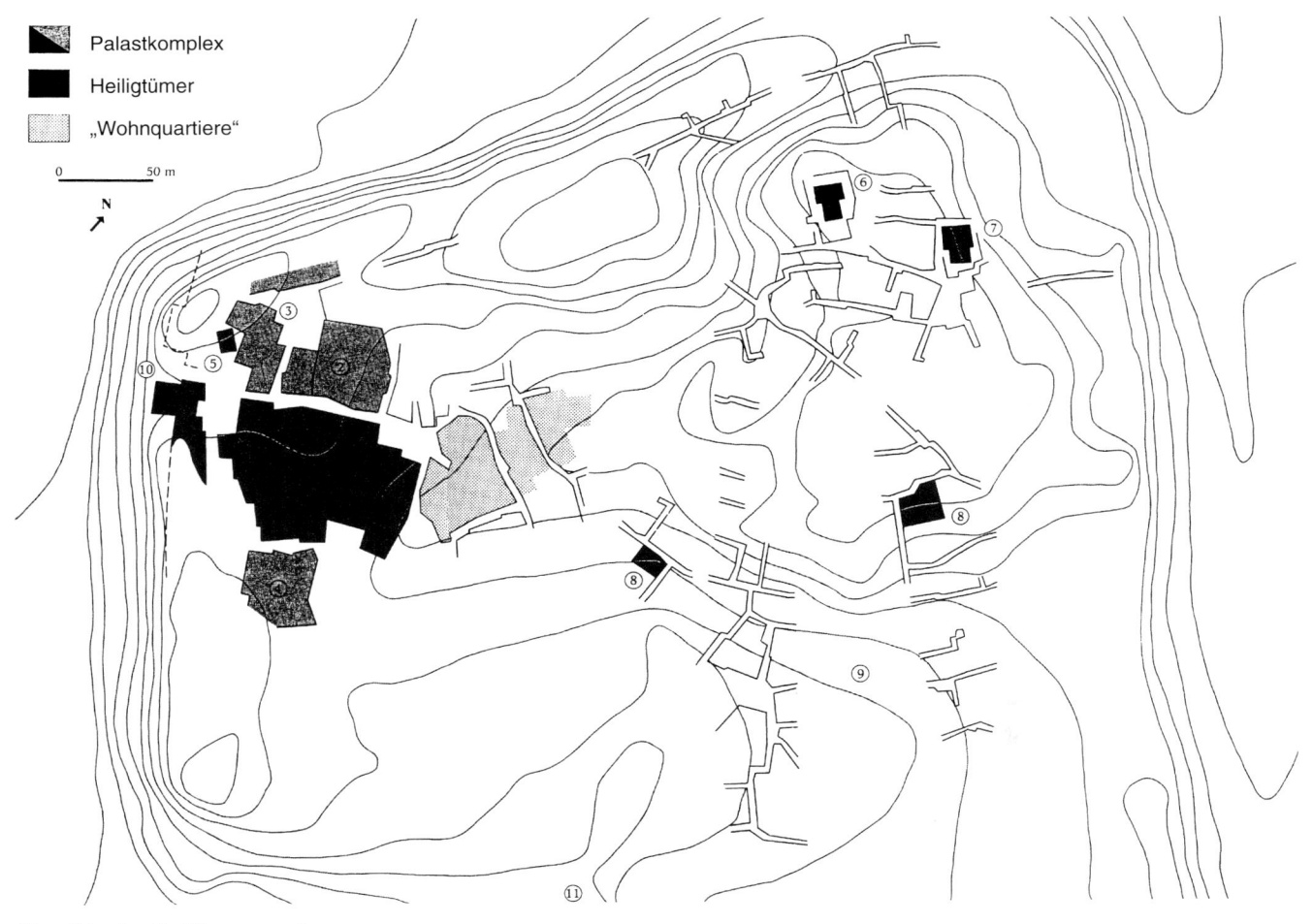

Ugarit in der Spätbronzezeit

tionsstandard und die Prosperität des Königreiches, dessen Hauptstadt es war. Die Bewohner hatten den Ort mit einer hohen Mauer umringt, die nur schwer einzunehmen war. Diese Mauer bestand aus Lehm und nicht aus Ziegeln wie die Befestigungen der älteren Siedlungen. Solche Mauern finden sich auch in einigen kleineren Orten, z.B. in al-Mischrafa/Qatana.

Neben dieser einmaligen und wichtigen Neuerung in der Mauerbautechnik lässt sich in Ebla eine weitere Veränderung erkennen: Der Königspalast diente hier zugleich als administratives Zentrum. Außer der Residenz des Königs umfasste er nun auch Amtsstuben, Archive zur Aufbewahrung von Urkunden und Räume für Feierlichkeiten. Die Häuser der Götter wurden an einem besonderen Ort der Stadt erbaut, allerdings ohne Ummauerung. Die Tempel bestanden jeweils aus einem Saal, der auf einem breiten Unterbau errichtet wurde. Ein Vorraum war reserviert für eine Statue der Göttin bzw. des Gottes. Im Laufe der Zeit änderte sich die Form der Tempel. Ihre Außenmauern wurden nach innen versetzt, so dass ein großer Vorhof entstand, in dem die Rituale und religiösen Zeremonien, wie das Schlachten von Opfertieren, zelebriert wurden. Um den Saal herum war auf dem Unterbau ausreichend Platz, damit die Gläubigen während ihrer Gebetszeremonien um den Tempel laufen konnten.

Weitere Neuerungen in Ebla waren die Bauten auf der Stadtmauer. Dem militärischen Aussehen nach könnten sie, wie in der Festung aus akkadischer Zeit in Tell Barak/Nakara, als Festung für die Soldaten gedient haben oder als Räume für die Wachposten.

Neben diesem Merkmal, das die Stärke Eblas widerspiegelt, zeigt die Stadt weitere Besonderheiten. Die Handwerksbetriebe konzentrierten sich um das Heiligtum der Göttin Astarte. Die Gräber der bedeutenden Persönlichkeiten lagen unter dem Boden der Paläste. Die Stadttore, vor allem das südwestliche, hatten mehrere Tore hintereinander, die mit Holzbrettern verschlossen werden konnten. Außerdem fanden sich in der Stadt – wie auch in Mischrafa/Qatana – unbebaute Flächen, die vielleicht als Gärten, Parks oder als Anbauflächen für Notzeiten gedient haben.

Ebla behielt somit die Grundelemente der altorientalischen Stadt bei, hat diese aber weiterentwickelt und schöner gestaltet. Seine Gebäude waren groß und elegant, vor allem der Königspalast, der auf politischem, wirtschaftlichem und sozialem Sektor als Zentrum der Aktivitäten im Königreich diente. Ebla vereinte also das Alte mit dem Neuen wie die meisten Städte dieser Zeit oder auch des nachfolgenden 2. Jahrtausends v.Chr., wie Mari am Euphrat oder Ugarit am Mittelmeer.

Mari wurde von der Flusslandschaft, in der es entstand, geprägt. Seine Bewohner nutzten den Euphrat und den Chabur für die Schifffahrt und errichteten einen einfachen Hafen am Euphrat, wo sich die Wasser- und Landkarawanen treffen konnten. Neben der Schifffahrt diente der Euphrat auch der Wasserversorgung der Stadt. Dafür wurde ein Kanal zwischen der Stadt und dem Fluss gegraben. In der Siedlung bildete der Königspalast eine Stadt für sich und bezeugt die Größe und den Reichtum des Königreiches, seine Stärke und Prosperität. Er umfasst eine Fläche von 2,5 Hektar und mehr als 300 Baueinheiten, zu denen Zimmer, Räume, Schulen, Säle, Lagerräume, Küchen, Bäder, Quartiere für Wachposten, Gärten etc. gehörten.

Bemerkenswert ist außerdem, dass die herrschende Schicht zu Anfang des 2. Jahrtausends v.Chr. versucht hat, den Untergrund der Stadt zu verstärken, um eine Gefährdung der Häuser durch das Grundwassers abzuwenden. Das Zentrum der Stadt wurde planiert, ein aus einer Schicht von zusammengepressten Steinen bestehender künstlicher Untergrund geschaffen und darauf ein Tempel gebaut.

Eine solche Abweichung von den Bauprinzipien der altorientalischen Stadt ist in Ugarit nicht zu beobachten. Vielmehr findet sich hier eine Verbesserung und Weiterentwicklung beim Bau des Palastes, der Tempel, des Hafens und der Verteidigungsanlagen. Die Bewohner von Ugarit schenkten außerdem der Bildung besondere Aufmerksamkeit. Wie in Mari und anderen Städten gab es in Ugarit eine Schule, in der Lesen und Schreiben unterrichtet wurden. Im „Haus des Dafano" wurden Geschichten und Mythen erzählt und vorgelesen sowie religiöse Vorträge gehalten. Daneben bestand eine Werkstatt für die Herstellung von Waffen, eine andere für Kunstwerke und Antiquitäten. Die Häuser „Raschf Abu" und „Ortino" beherbergten jeweils eine Art Kontor, in dem Handelsdokumente und politische Korrespondenz abgefasst und aufbewahrt wurden.

Auch in der aramäischen Epoche (1200-533 v.Chr.) behielt die altorientalische Stadt die genannten Merkmale bei, verfeinerte sie und passte sie veränderten Bedingungen an. Einige dieser Strukturen lassen sich bis heute in den Städten des Orients wiederfinden.

Die Topografie der historischen Stadt Damaskus

Dorothée Sack

Die Oase und der Barada

Damaskus, die größte Stadt Syriens, liegt 691 m über dem Meeresspiegel bei 36°18' östlicher Länge und 33°30' nördlicher Breite. Die Stadt ist in eine fruchtbare Bergrandoase (Ghuta) eingebettet, die im Nordwesten vom Qasyun-Berg, einem Ausläufer des Antilibanon-Gebirges, begrenzt wird. Im Süden trennt eine 700-900 m hohe Bergkette vulkanischen Ursprungs mit den al-Aswad- und al-Mani-Bergen die Hochebene von Hauran, der Kornkammer Syriens. Im Osten geht sie ohne natürliche Grenze in die sogenannte „Syrische Wüste" – eine Wüstensteppe – über. Die sieben Flussarme des im Antilibanon entspringenden Barada-Flüsschens und der Awadj, dessen Quelle im al-Aswad-Berg liegt, bescheren der Damaszener Ghuta einen außerordentlichen Wasserreichtum. Noch Mitte des 19. Jh. endeten die Flüsse in zwei Binnenseen: der Barada im Utaiba-See und der Awadj im Hidjana-See; beide sind heute, bis auf ganz kurze Zeit in den regenreichen Wintermonaten, trocken.

Die Oase lässt sich in zwei verschiedene Bereiche unterteilen: in die stadtnahe Gemüseanbauzone, die fast baumlos die Stadt umgibt und deren Fruchtbarkeit einst so groß war, dass jährlich bis zu drei Ernten eingebracht werden konnten, und in ein weites, im Südosten gelegenes Baumhaingebiet, in dem Obstbäume, hauptsächlich Nuss-, Aprikosen- und Olivenbäume, wachsen. Beide Zonen werden von Kleingärtnern (*bustani*) bestellt, während die stadtfernen Dauerkulturen im Nordosten und die Bereiche der sogenannten Sumpfwiesen (*mardj*), einer Zone aus weißem Binnensediment, von Bauern (*fallah*) bewirtschaftet werden[1].

Von den beiden Flüssen, die die Oase bewässern, versorgt der nördliche, der Barada, auch die Stadt. Seine Quelle, mit einer Schüttung von durchschnittlich 10 m^3/s, liegt im Gebirge oberhalb von Ain al-Fidja, nordwestlich der Stadt[2]. Die großen Wassermengen, die die Stadt und das Umland ständig durchfließen, machten Damaskus zu einer der wasserreichsten Städte des Orients und bewirkten ein sehr ausgewogenes Kleinklima. Erst nach dem Ersten Weltkrieg begann, von der Salihiyya-Straße ausgehend, die Erschließung einiger neuer Wohnquartiere und damit die Besiedlung der nördlichen Gartenbauzone. Die Entwicklung stand am Anfang der systematischen Zersiedlung der Oase und brachte eine Störung des ökologischen Gleichgewichts im Großraum Damaskus mit sich. Die Zunahme der Bevölkerung von 800.000 auf etwa 2 Millionen Mitte der achtziger Jahre und die ständige Ausweitung der be-

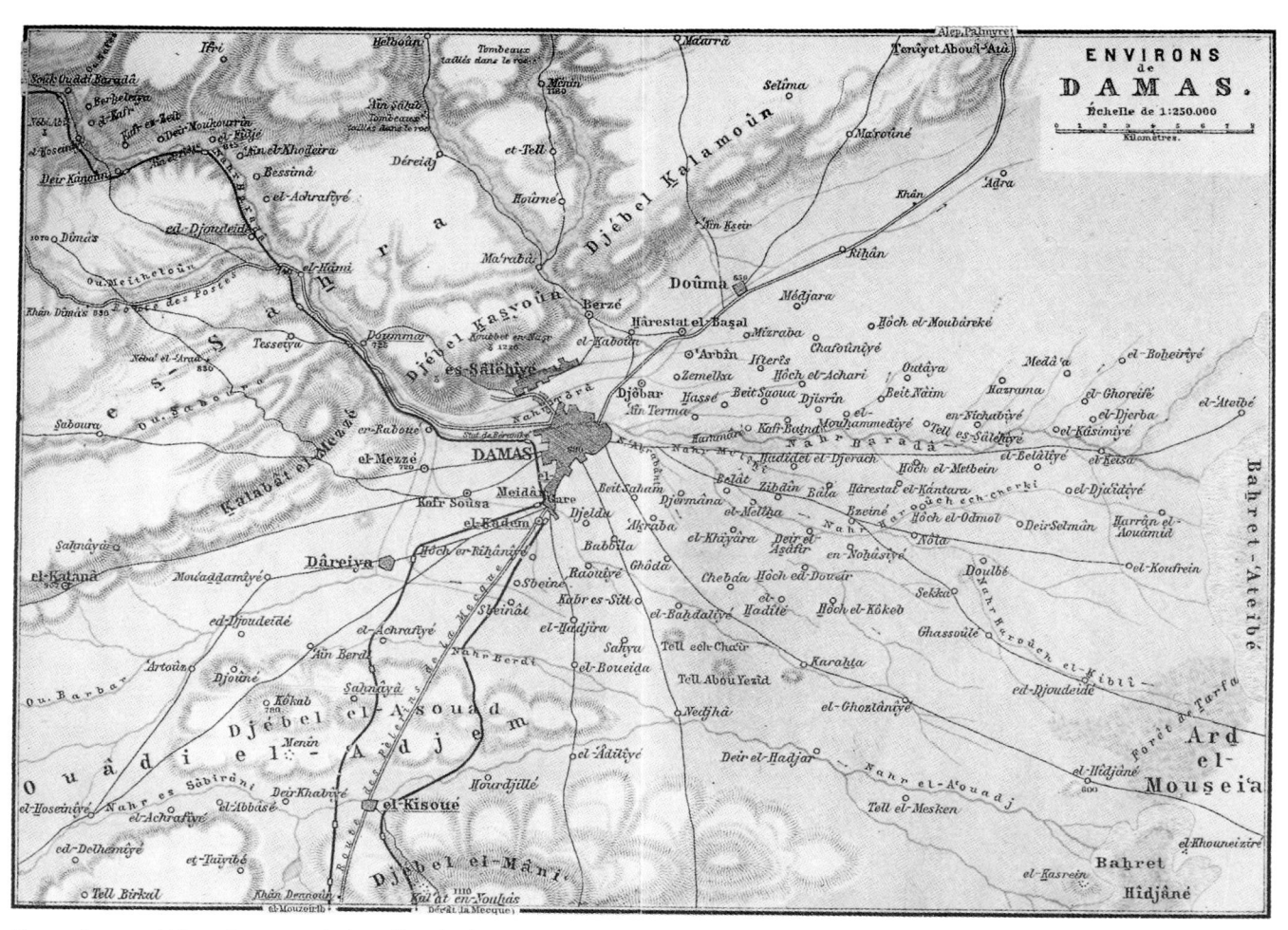

Damaskus und Umgebung nach dem Baedecker-Plan von 1912

bauten Flächen führte 1979 erstmalig zur Rationierung des Wassers. Von dieser Maßnahme sind die neuen Wohnquartiere bis heute weit mehr betroffen als die in der historischen Stadt gelegenen. Nun soll nach einem neuen land- und forstwirtschaftlichen Konzept durch die Begrünung des Qasyun-Berges dem Wassermangel entgegen gewirkt werden[3].

Damaskus hat ein trocken-heißes Wüstensteppenklima mit Sommermaxima um 35°C. Während der Jahreszeitenwechsel, vor allem im Frühjahr, tritt häufig ein heißer Staubsturm (*chamsin*) auf, der bei steigenden Temperaturen die Stadt in nebelähnliche Staubschleier hüllt und sie nahezu lahm legt[4]. In den Hochsommermonaten entstehen allabendlich um die Zeit des Sonnenunterganges an den Abhängen des Qasyun-Berges Fallwinde, die selbst in den heißesten Tagen die Stadt mit frischer Luft versorgen. Die Wintermonate sind kalt und regnerisch, gelegentlich schneit es im Januar oder Februar sogar[5].

Die Lage der Stadt und die Fernhandelsstraßen

Die Städtereihe der vier größten Städte Syriens, Damaskus, Homs,

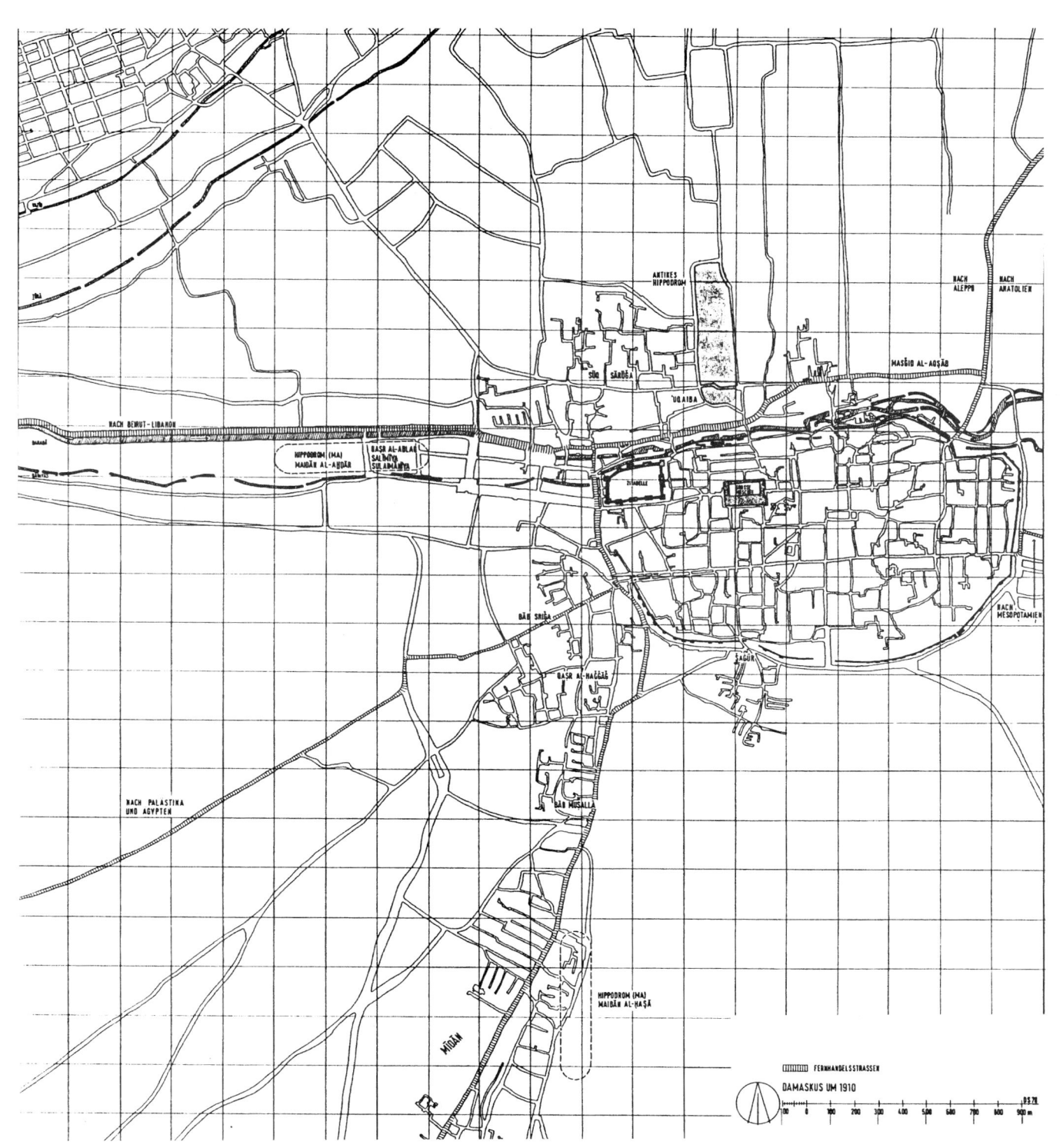

Damaskus, Gesamtplan der mittelalterlichen und osmanischen Stadt mit Salihiyya, Midan und den Fernhandelsstraßen

Hama und Aleppo, bildet gleichsam das Rückgrat des Landes. Die sie verbindenden neuzeitlichen Fernstraßen verlaufen im Bereich der antiken und mittelalterlichen Fernhandelsstraßen. An den Knotenpunkten der Karawanenstraßen entwickelte sich früh ein reger Handelsaustausch mit Ägypten, Hedschas, Persien und Mesopotamien[6]. In den Binnenlandstädten wurden – vor dem Weitertransport zu den Seehafenstädten an der Levanteküste – die Waren von Kamel- auf kleinere, wendigere Esel- und Maultierkarawanen umgeladen. Die syrischen Städte stellten somit die Nahtstelle im Handelsverkehr zwischen den fernöstlichen und den mediterranen Märkten dar. Die Umschlagplätze in Syrien wurden aus dem Osten über die Seidenstraße mit Gütern aus China, Indien und Südrussland und aus dem Süden über die Weihrauchstraße mit Waren von der arabischen Halbinsel und aus Ägypten versorgt. Handelsgüter, die nicht für Europa bestimmt waren, wurden zwischengelagert, um auf dem Landweg nach Konstantinopel transportiert zu werden; die für Europa bestimmten Waren wurden von Tyrus, Beirut, Tripoli, Antiochia oder Alexandrette aus verschifft[7]. Der Fernhandel verlor erst nach den Veränderungen, die die Weltkriege mit sich brachten, für Damaskus an Bedeutung. Schon 1939 wurde Alexandrette (Iskenderun), der traditionelle Mittelmeerhafen Aleppos, türkisch, und seit der Auflösung der Zollunion zwischen dem Libanon und Syrien im Jahr 1950 sind Damaskus und Mittelsyrien von ihrem Hafen in Beirut getrennt[8].

Der historische Stadtkern von Damaskus war von verschiedenen Seiten in das Wegenetz der Karawanen eingebunden. Die von Mesopotamien kommende Handelsstraße führte von Osten, die von Aleppo und Anatolien von Nordosten auf die Stadt zu. So erreichten die für den Markt von Damaskus bestimmten Waren durch die Tore Bab Tuma und Bab Scharqi die innerstädtischen Haupterschließungsstraßen und die an ihnen aufgereihten Großhandelshäuser im Bazar. Von Süden nahm die Karawanenstraße aus Hedschas den Weg durch den Midan. Sie vereinigte sich am Bab al-Djabiya mit der aus dem Libanon den Barada-Lauf entlang geführten und der aus Palästina und Ägypten kommenden, die durch die Bab as-Sridja-Straße auf die Stadt zuführte. Von dort aus erreichten die Waren ebenfalls über die „Via Recta" den Markt. Da nur die für den Verkauf in Damaskus bestimmten Waren in die Stadt transportiert wurden, bestand eine zweite, weit wichtigere Verbindung des Karawanennetzes außerhalb der Mauern. Die von Osten und Nordosten kommenden Handelsstraßen führten auf der Nordseite der Stadtmauer am Barada entlang und trafen an der Nordwestseite der Zitadelle mit den westlich an der Stadt vorbei geführten Straßen aus dem Süden und Südosten zusammen[9].

Anmerkungen

1 Wirth 1971, 403-408, Karte 14.
2 Zur Quellschüttung des Barada siehe Wirth 1971, 111.
3 Zur Entwicklung der Stadt und der Einwohnerzahlen nach 1920 siehe A. M. Bianquis in: A. Raymond (Hrsg.), La Syrie d'aujourd'hui 1980, 364-367, Abb. 4; neuere Angaben zur Zunahme der Bevölkerung nach mündlichen Informationen des Statistischen Amtes in Damaskus und D. Sack, The Historic Fabric of Damascus and its Changes in the 19th and at the Beginning of the 20th Century. In: Thomas Philipp, Birgit Schaebler (Hrsg.), The Syrian Land. Processes of Integration and Fragmentation in Bilad al-Sham from the 18th to the 20th Century. Berliner Islamstudien 6. 1998, 185ff.
4 W. v. Bezold, Ein Beitrag zur Klimatologie von Damaskus. Metrologische Rundschau 10.1.1957, 20-30.
5 Siehe dazu J. P. Pasual, Une neige à Damas, BetOR 28, 1975 (1977), 57-81.
6 Wirth 1971, 288-296, Abb. 34.
7 Zum Handel, hier Aleppo, siehe auch E. Wirth, Aleppo im 19. Jh. Ein Beispiel für Stabilität und Dynamik spätosmanischer Wirtschaft. In: H. G. Majer (Hrsg.), Osmanische Studien zur Wirtschafts- und Sozialgeschichte. Wiesbaden 1986, berichtigter Neudruck Erlangen 1986, 3-24.
8 Wirth 1971, 352f.
9 Siehe auch L. Schatkowski-Schilcher, Families in Politics. Damascene Factions and Estates of the 18th and 19th Centuries. 1985, 9-12, Abb. 3.

Die Topografie von Aleppo

Anette Gangler

Aleppo ist eine orientalisch-islamische Stadt, die ihre Wurzeln in den frühen Hochkulturen des Alten Orient und der klassisch-antiken Mittelmeerwelt hat. Seine Geschichte ist durch die politische Grenzsituation zwischen den Machtansprüchen der jeweiligen Großmächte Ägyptens, Kleinasiens und Mesopotamiens gekennzeichnet. Durch die Lage zwischen Abendland und Morgenland sowie zwischen Mittelmeer und Euphrat wurde der Handel zum bestimmenden Wirtschaftsfaktor. Im Netz internationaler Handelswege und am Rand eines fruchtbaren Hinterlandes gelegen, ist Aleppo seit mehr als 5.000 Jahren kontinuierlich besiedelt.

Es müssen komplexe geografische, historische, politische und religiöse wie psychologische Zusammenhänge sein, die einer Stadt wie Aleppo über Jahrtausende Siedlungskontinuität mit langen Perioden politischer und wirtschaftlicher Bedeutung gewähren. Zeitweise stieg die Stadt sogar zu überregionaler, internationaler Bedeutung auf, was anderen Städten der Region mit ähnlichen Voraussetzungen nicht oder nur kurzfristig gelang. Dank der groß- und kleinräumigen Lage in Kombination mit schwerer fassbaren Faktoren, wie Stadtgröße, Bevölkerung und langfristigen historischen Voraussetzungen, hat die Stadt z.B. das etwas südlicher gelegene Qinnasrin, das Aleppo in der römisch-byzantinischen Periode zeitweise überstrahlte, und das westlicher gelegene antike Antiochia (Antakiya), von dem Aleppo über Jahrhunderte als Provinzstadt abhing, überdauert.

Großräumig liegt Aleppo an der Nahtstelle zwischen Großsyrien mit der sich südlich anschließenden Arabischen Halbinsel, Kleinasien und Mesopotamien. Handelswegen von der Arabischen Halbinsel, aus Mesopotamien, Kleinasien und Iran diente die Stadt als Drehscheibe zwischen Ost und West, zwischen Wüste und Mittelmeer. Am Grenzsaum zwischen den mediterranen Bergländern der Levante und dem syrischen Tafelland gelegen, kann Aleppo, wie Damaskus, als „Wüstenhafen" bezeichnet werden, als Umschlagplatz für die Verladung der Waren der Kamelkarawanen auf Esels- und Maultierkolonnen, welche diese zu den schwer zugänglicheren Häfen westlich des Gebirges brachten.

So kann man die legendenumwobene Weihrauchstraße, die ja nie eine Straße im eigentlichen Sinne gewesen war, sondern einfach eine jeweilig zu bestimmten Zeiten benutzte und verschiedenen Trassen folgende Verbindung zwischen dem Süden der Arabischen Halbinsel und dem Mittelmeerraum, genauso mit Aleppo in Verbindung bringen

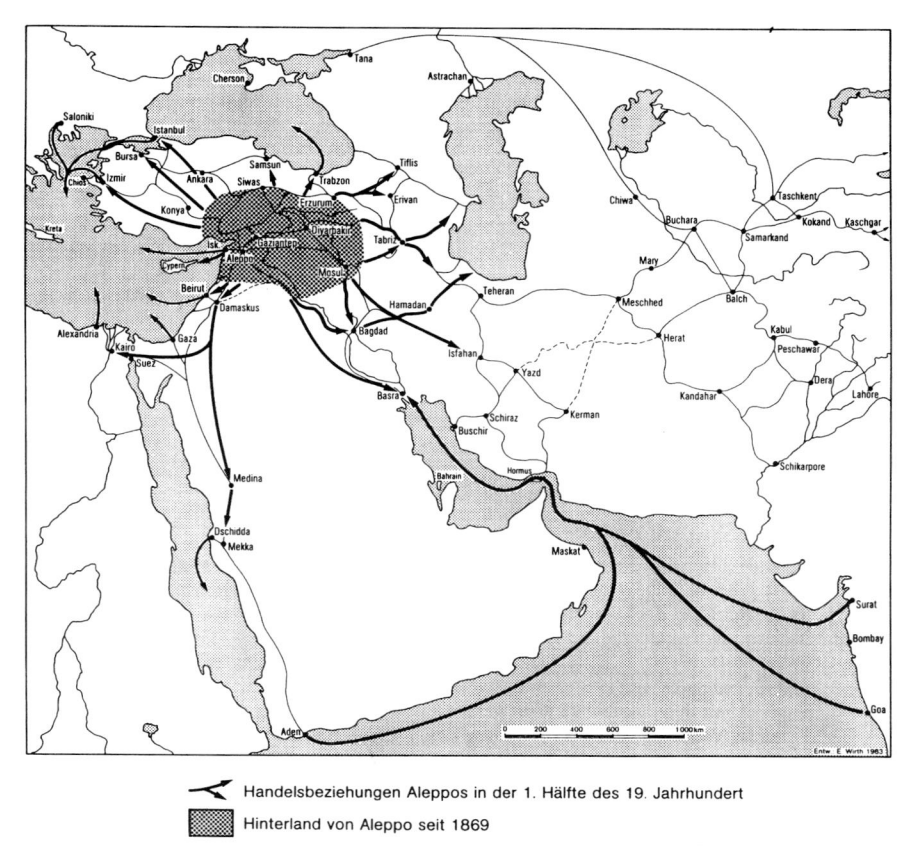

Aleppos Handelsbeziehungen im 19. Jh.

— Handelsbeziehungen Aleppos in der 1. Hälfte des 19. Jahrhundert
▒ Hinterland von Aleppo seit 1869

wie die nicht weniger berühmte Seidenstraße, auf der über Iran und Kleinasien bzw. Mesopotamien Güter aus dem Fernen Osten in den Mittelmeerraum gelangten. Viele andere Fernstraßen konnten unter bestimmten historischen und politischen Voraussetzungen ebenfalls Aleppo als Drehscheibe, Ziel, Umschlag- oder Postplatz einschließen. So die Straße von Basra im südlichen Iraq, über die Seehandelsgüter aus Indien nach Europa gelangten, die Trasse der Seidenstraße, die über Hamadan in Iran nach Baghdad zum Mittelmeer führte, wie Verbindungen von Zentralasien oder auch von Ägypten her, um nur einige zu nennen. Inwieweit Handelswege Orte allerdings erst zu blühenden Städten werden lassen bzw. Städte Handelswege hervorbringen oder umleiten, kann hier nicht erörtert werden. Fest steht aber, die Gunst der Lage Aleppos bedingte schon sehr früh beide Faktoren.

Etwas weniger großräumig betrachtet, spielten für Aleppo seine Verbindungen nach Norden, nach Konya und Gaziantep, nach Mosul im Osten und Damaskus im Süden eine wichtige Rolle, wie seine Nähe zum Euphrat und den Mittelmeerhäfen, von denen es durch einen Gebirgszug getrennt ist. So führte ein langer Landweg über Hama und Homs zum mittelalterlichen Hafen Tripoli und ein beschwerlicher Weg über die Höhe des Amanos zum späteren Hafen Aleppos, Alexandrette (Iskenderun). Der Gebirgszug war aber nicht nur Hindernis, sondern auch Schutz gegen Westen im Gegensatz zur „offenen" Ostseite. Hier im Osten verlief der Übergang von Regenfeldbau zu den ariden Wüstenzonen, zwischen Alt- und Jungsiedlungsland, zwischen Bauernland und Nomadenland fließend.

Bedingt durch Aleppos geografische Lage und seine politische wie wirtschaftliche Bedeutung trafen im Laufe der Zeit in der Stadt die verschiedensten Kulturen aufeinander, deren Vielfalt das Zusammenleben der Menschen prägte. Die Bevölkerung Aleppos setzte sich um die Jahrhundertwende aus drei religiösen Hauptgruppen, Muslime, Christen und Juden, sowie fünf Ethnien, Arabern, Türken/Turkmenen, Kurden, Armeniern und Syrern, zusammen. Angehörige der drei großen monotheistischen Weltreligionen bildeten und bilden die Bevölkerung Aleppos, deren ethnische Wurzeln in der Levante (Sy-

Aleppos Lage zum Mittelmeer

rer, arabisierte Syrer, Juden), der Arabischen Halbinsel (Araber), in Zentralasien (Türken/Turkmenen), den westlichen Randgebieten Irans (Kurden) und im Kaukasus (Armenier) liegen.

Im eher kleinräumlichen Kontext liegt die Stadt in einer Ebene. Nach Norden führen Kalkberge und landwirtschaftlich genutzte Ebenen und Täler nach Kleinasien. Nach Westen grenzen die Kalkberge des Djabal Simaan das Gebiet von Aleppo zum Afrintal und der Ebene von Antakiya ab, zwischen die und das Mittelmeer sich der Amanos als Riegel schiebt. Im Süden und Südwesten liegen die ausgedehnten

Das Umland von Aleppo

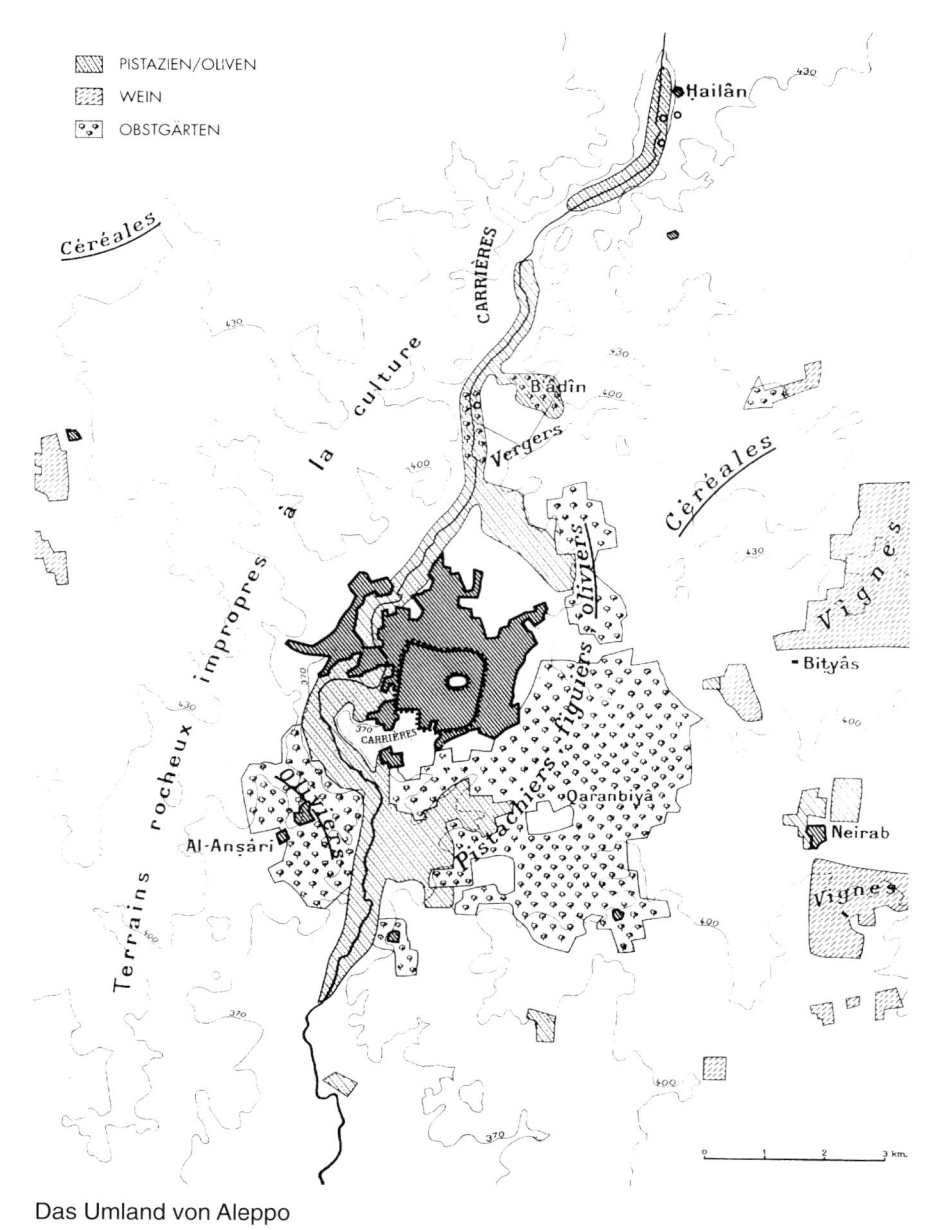

Oliven-, Wein- und Obstanbaugebiete von Idlib nicht weit entfernt, und im Südosten und Osten liegen ausgedehnte Regenfeldfluren mit guten bis mittleren Erträgen. Aleppo hat also ein Umland, in dem Bauern und – weiter zur Steppe hin – Nomaden leben, denen die Stadt als zentraler Ort dient. Hier werden die ländlichen Produkte, die der städtischen Wirtschaft als Rohstoffe dienen und die der Bevölkerung der Stadt die notwendigen Lebensmittel bieten, gegen städtische Güter – Geräte, Werkzeuge, Kleidung und im begrenzten Maße Luxusgüter, wie Kaffee, Tee und Schmuck, um nur einige aufzuführen – gehandelt. Nicht nur die großräumige Lage begünstigte also die Entwicklung der Stadt, auch seine kleinräumliche Lage als zentraler Ort eines ausgedehnten, landwirtschaftlich nutzbaren Gebietes trug zur Entwicklung bei und ließ Aleppo in Krisenzeiten, solange die landwirtschaftliche Produktion nicht gravierend gestört war, überleben.

Die Stadt selbst liegt an einem Fluss, dem Qwayq, der in einiger Entfernung von ihr im Osten von der einzigarten „Landmarke" Aleppos, dem Zitadellenhügel, überragt wird. Die Flussaue wurde intensiv durch Garten- und Obstbaumkulturen genutzt, und am Südrand der Stadt, wo das Flusswasser nicht mehr ausreichte und das Terrain ansteigt, fanden sich bis vor einigen Jahrzehnten Olivenhaine. Auch im Süden, Südosten und Osten grenzten Pistazien-, Feigen- und Olivenplantagen die Stadt ein, die aber heute meist Neubaugebieten gewichen sind.

Schon seit dem 3. Jahrtausend v.Chr. findet sich Aleppo in akkadischen, ägyptischen und hethitischen Quellen schriftlich belegt. Der Siedlungsschwerpunkt dieser

Schwarzplan von Aleppo

altorientalischen Stadt hat wahrscheinlich im Westen der heutigen Stadt *intra muros* unterhalb der Zitadelle gelegen. Unter den Seleukiden wurde Aleppo im 3. Jh. v.Chr. durch eine hellenistische Neustadt erweitert und erhielt den Namen „Beroia". Interpretieren wir den gegenwärtigen Plan der Altstadt richtig, so legte sich diese Neustadt im Westen, Südwesten und Süden an die altorientalische Stadt. Die West-Ost verlaufende Hauptachse des „Suqs" zwischen dem Bab Antakiya und dem Fuß des Zitadellenhügels ist als die zentrale antike Kolonnadenstraße anzusehen, auf die sich das rechtwinklige, heute noch weitestgehend in seiner Struktur erhaltene Straßensystem hellenistischen Ursprungs nördlich und südlich davon mit seinen ca. 47 m x 124 m großen *insulae* bezieht. Der antike Tempel und andere öffentliche Gebäude der hellenistisch-römischen Zeit lagen an der Stelle oder im Umkreis der heutigen Großen Moschee nördlich dieser Hauptachse; und die christliche Kathedrale der byzantinischen Zeit wurde wohl auch an der Stelle des antiken Tempels errichtet. Es liegt nahe, hier eine ähnliche Stabilität in der Lage des zentralen Heiligtums wie in Damaskus zu vermuten, wo der Tempel, die Kathedrale und die Große Moschee einander im selben Areal folgten.

540 n.Chr. wird das byzantinische Aleppo durch den persischen Sasanidenkönig Chosroes I. zerstört und niedergebrannt, was den Schluss nahelegt, dass wesentliche Teile der Stadt – wie noch im 12. Jahrhundert der Suq – aus Holz errichtet waren. Ihren Wiederaufbau erfährt die Stadt im Frieden zwischen Persien und Byzanz unter Justinian (527-565), der auch eine Stadtmauer aus Steinquadern errichten ließ. Durch die Religions- und Militärpolitik Justinians wurde vor allem die Grenze zur Wüstensteppe (*badiya*) hin, also die Grenze zwischen Nomaden- und Bauernland, befriedet. Die landwirtschaftlichen Flächen im Osten konnten ausgedehnt werden und mehr Land wurde bewirtschaftet. Wahrscheinlich sind in dieser Zeit auch größere Vororte im Osten außerhalb der justinianischen Mauer der Stadt entstanden. Hinweis darauf sind byzantinische Reste im Osten und im Südosten der Stadt *extra muros* sowie ein Bericht des Aleppiner Historikers Ibn asch-Schihna (15. Jahrhundert) über das frühere Läuten von Kirchenglocken an der Stelle einer späteren Freitagsmoschee im Vorort ar-Ramada, der im Südosten der Stadt gelegen hat. Diese Textstelle lässt vermuten, dass es sich bei der Bevölkerung dieser Vorstadtquartiere vielleicht um sesshaft gewordene, christianisierte ehemalige Nomaden handelte, welche die Stadt im Notfall auch gegen eindringende nichtsesshafte Stämme verteidigten.

Diese Form der Grenzsicherung unter Justinian gegen einfallende Nomaden ist aus „Grenzstädten" dieser Zeit, wie z.B. Umm al-Djimmal im Norden des heutigen Jordanien, belegt. Die hier vorgefundenen verstreuten Agglomerationen von vorwiegend einfachen, ländlichen Hofhäusern innerhalb einer Stadtmauer spiegeln vielleicht die Entwicklungsstufe wider, auf der die byzantinische Besiedlung des Ostens von Aleppo entstanden ist, die sich in der Folgezeit zu verdichteten Vorstädten entwickelte.

Die Bevölkerung Aleppos unterscheidet sich jedoch nicht nur in ihrer Religionszugehörigkeit und ihren Ethnien, sondern auch in ihren sozialen Schichten, politischen Funktionen und politischen Fraktionen. Es gab Herrschende und Beherrschte, die sich in wechselnden Machtgruppen alliierten. Die herrschende Elite definierte sich aus ihrer Nähe zur staatlichen Macht, aus der Verkörperung religiöser Werte und durch Reichtum sowie Herkunft. Dem stand das „gemeine" Volk gegenüber, das arbeitete. Die Zuordnung des Einzelnen zur einen oder anderen Gruppe hing auch von den Werten einer jeweiligen Zeit ab. Die einzelnen Altstadtviertel bildeten wichtige politische Einheiten im Gesamtgefüge der Stadt – und somit auch des Staates. Aber auch räumlich und sozial spielten die Stadtviertel mit ihren einzelnen Quartieren in der Organisation und Struktur der Stadt eine wesentliche Rolle. Die Quartiere definierten sich als selbstbestimmte Einheiten unterschiedlichster Größe und Anzahl, Bevölkerungszusammensetzung und Ausstattung sowie durch verschiedene funktionale und ökonomische Aufgaben.

Diese ein Einzelquartier (*hara, mahalla*) kennzeichnenden Merkmale können mehreren Quartieren gemeinsam sein, sie unterscheiden

und sich im Lauf der Zeit wandeln. Waren die östlichen Vororte im 13. Jahrhundert große Einheiten mit übergeordneter rechtlicher Bedeutung, so änderte sich dies in den folgenden Jahrhunderten zu Gunsten der nördlich entstehenden Viertel außerhalb der Stadtmauer. Im 15. Jh. besaß die Stadt 39 Innenstadtbereiche und 19 Einheiten außerhalb der Mauer, während der Aleppiner Gelehrte Ghazzi um 1900 von 99 Einzelquartieren spricht, wovon 27 innerhalb der Stadtmauer lagen. Aus den genauen Beschreibungen Ghazzis lassen sich auch die Bevölkerungsverteilung, die Wohn- bzw. die Bevölkerungsdichte, bezogen auf die Größe der Quartiere um die Jahrhundertwende, rekonstruieren.

Es zeigt sich, dass die Größe der Quartiere in Relation zu ihrem Alter steht (je älter, desto größer) und dass die größten Quartiere innerhalb der ayyubidischen Stadtmauer oder an der äußersten Peripherie der Stadt lagen. Die Bewohnerzahl im Quartier schwankte zwischen rund 200 und 4.000 Einwohnern, wobei die Durchschnittszahl bei 500-1.500 Einwohnern pro Quartier lag. In der Regel waren die am dichtesten bewohnten Quartiere die kleinsten; und die jüdischen und christlichen Viertel besaßen die höchste Belegungs- und Bebauungsdichte.

Diese Quartiere scheinen sich wie einige Altstadtquartiere *intra muros* (z.B. al-Djallum im Südwesten) immer mehr nach innen verdichtet zu haben, während der Prozess der Verdichtung in den Vororten noch nicht abgeschlossen war.

Wie die Dichte kann auch die Ausstattung der Quartiere sehr unterschiedlich sein. Es gab und gibt Viertel einfachster Ausstattungsstufe mit nur einer Quartiersmoschee und sonst nur Wohnhäusern sowie solche im zentralen innerstädtischen Bereich mit acht Moscheen, zwei Madrasas, zwei Zawiyas, einer Schule, acht Brunnen und einem Hammam, aber ohne Wohnhäuser. Das heißt, es gibt Quartiere mit höherer oder minderer wirtschaftlicher bzw. öffentlicher oder privater Funktion.

Die Sozialstruktur der Quartiere war durch deren innere Solidarität sehr stabil und wurde durch die sozialen und administrativen Aufgaben, die sich der Hara als Ganzes stellten, gestärkt. Wie bei den Zünften und Gilden war einer der führenden Notablen Oberhaupt der Hara, ihr Wortführer und Verwalter, d.h. ihr Vertreter gegenüber der Obrigkeit und der Wahrnehmer von deren Interessen im Quartier. Die Eigenständigkeit der Viertel und Quartiere drückte sich auch in Zeiten von Krieg und Bürgerkrieg aus. Die Viertel übernahmen die Verantwortung für ihre eigene Verteidigung. Mit schweren eisernen Toren konnten einzelne Quartiere und die kleineren Haras abgeschlossen und mit Hilfe einer Bürgerwehr verteidigt werden. Die Hara bekam temporär einen defensiven Charakter, der in der späteren Osmanenzeit zu einem Dauerzustand wurde. Hervorgerufen wurden diese Auseinandersetzungen wohl auch durch die unterschiedliche soziale Prägung der einzelnen Quartiere, die durch ethnisch und religiös abgegrenzte Bevölkerungsgruppen, durch andersartige wirtschaftliche, politische und religiöse Funktionen und durch eine bessere bzw. schlechtere Infrastruktur entstanden war. In den Quartieren selbst gab es um 1900 jedoch eine Gemeinschaft von Arm und Reich, in der es Aufgabe der Wohlhabenden war, für weniger Besitzende Verantwortung zu übernehmen. Dies geschah vor allem innerhalb der Familienverbände, die im Quartier zusammenlebten und den Haras auch oft ihren Namen gaben.

Literatur

Gangler 1993. Gaube - Wirth 1984. Sauvaget 1941.

Damaskus, römischer Bogen in der Altstadt

und Sidon aus; dieser Tatbestand zeigt, wie ausgedehnt die Herrschaftsbereiche beider Städte waren.

Damaskus wurde von Hadrian mit dem Titel „Metropolis" geehrt, musste diesen Titel jedoch im 2. Jh. n.Chr. an Emesa (Homs) abgeben. Nach 222 erhielt die Stadt von Alexander Severus den Status einer Kolonie. Damaskus spielte eine entscheidende Rolle bei der strategischen Organisation der „Strata Diocletiana"; das zeigt sich auch daran, dass in dieselbe Periode die Entwicklung der Damaszener Waffenfabrikation fällt. Nach nur schwachem Widerstand gelangte Damaskus 636 unter die Herrschaft der islamischen Eroberer.

Die Lage der Stadt und die Oase

Die Oase von Damaskus ist am Rand der Wüste gelegen und erhält ihr Lebenselement von dem reichlich Wasser führenden Chrysorhoas (*wadi Barada*), dessen verschiedene Arme durch die Stadt fließen und ihrem fruchtbaren Boden eine artenreiche Vegetation und reiche

Damaskus, Heiligtum des Jupiter Damaszenus, Westpropylon

Ernten sicherten. Ein kunstreich angelegtes Netz von Bewässerungskanälen, die zum ersten Mal im 1. Jh. v.Chr.[12] erwähnt werden, sicherlich jedoch als älter gelten können, erlaubte es, die große Anbaufläche der Gärten und Felder mit Wasser zu versorgen. Seit der achämenidischen Epoche ist in der griechischen Literatur eine intensive Ackerbaukultur in der Region von Damaskus bezeugt, mit Anbau von Wein, Pflaumen, Aprikosen und der Nutzung von Hölzern und den Früchten der Terpentinakazien[13].

Der Wasserreichtum trug zu den Annehmlichkeiten der antiken Stadt bei. Der Lauf des Chrysorhoas folgte den nördlichen Festungsmauern der Stadt. Dieser Bezirk genoss besondere Vorzüge durch Wasserreserven, die das Heiligtum des Jupiter Damaszenus und die „Agora"[14] versorgten. Auf dem Südufer des Barada vervollständigten die Kanäle Baniyas und Qanawat, die abgedeckt waren und häufig unter Häusern durchgeführt wurden, die Wasserversorgung der Stadt zu römischer Zeit[15].

Die wirtschaftliche Rolle von Damaskus

Der Reichtum der Stadt, der durch die Lobpreisungen von Reisenden aller Epochen überliefert ist[16], hatte seinen Ursprung nicht allein in den landwirtschaftlichen Erzeugnissen der Flussoase und den Ressourcen der Region, wie etwa dem Alabaster[17] und verschiedenen Handwerksprodukten, Waffen und Textilien, sondern auch im großen internationalen Handel. Man hat im Stadtplan des 19. Jh. östlich der

Umayyaden-Moschee Spuren eines großen, rechteckigen Platzes gefunden, der Agora. Andere Märkte waren um den Jupitertempel angelegt, und Straßen mit Kolonnaden beherbergten einzelne Sparten des Kleinhandels.

Damaskus war einer der Zielpunkte der nabatäischen Karawanenstraße. Man weiß, dass es ein nabatäisches Viertel im Osten der Stadt gab. Im Straßennetz, das Plinius erwähnt, erscheint Damaskus in direkter Verbindung mit Palmyra[18]. In Damaskus trafen also die Weihrauchstraße und die Seidenstraße zusammen, wie noch im 6. Jh. n.Chr. Procopius sagt, für den die Stadt ein internationales Handelszentrum zwischen Zentralasien und dem „Glücklichen Arabien" war[19]. Von Damaskus aus wurden die Produkte zur Küste transportiert, vor allem nach Sidon und Tyros, durch die Schluchten und über die Pässe des Libanon und des Antilibanon. Um diese Strecke zu bewältigen, wurden die Waren, die auf Lastkamelen anlangten, zunächst in den Chanen zwischengelagert, und sie wechselten vermutlich den Besitzer, bevor sie auf Esel und Maultiere umgeladen wurden.

Die Organisation der Stadt

Die hellenistische Stadt war von einer Festungsmauer umgeben, das zeigt die Textstelle, die von dem Herauslösen der Stadt des Philippos aus dem Machtbereich der seleukidischen Garnison spricht, die von Milesios befehligt wurde. Der zweite Brief des Paulus an die Korinther berichtet von der Flucht des Apostels, der in einem Korb die Stadtmauer[21] heruntergelassen wurde. Die jetzt noch erhaltene Befestigung der Stadt ist mittelalterlich, aber in dem Abschnitt zwischen Bab as-Salam und Bab Tuma erkennt man römische Blöcke in Wiederverwendung oder noch am ursprünglichen Ort. Das römische Tor des Bab Scharqi am östlichen Ende der „Via Recta" ist restauriert worden.

Im Plan von Damaskus aus der Zeit vor der industriellen Ära hat man schon seit langem im Gewirr der Gässchen der traditionellen orientalischen Stadt Spuren einer rechtwinkligen Anlage gefunden, von der man annimmt, dass sie auf die Antike zurückgeht. Die Elemente der Quadrierung, wie sie Wulzinger und Watzinger vorschlagen und die Sauvaget ebenfalls stützt, müssen sorgfältig nachgeprüft werden. Bestimmte Verbindungslinien, besonders im Osten der Stadt, müssen außer Acht gelassen werden. Dennoch bleibt das umfassende Schema klar, es schließt z.B. Einheiten wie die Umayyaden-Moschee ein, die auf dem großen „Temenos" des Jupiter Damaszenus angelegt ist. Die Einbeziehung des Hippodroms in diesen Plan würde ein Argument dafür liefern, den Beginn dieser Planung in die hellenistische Phase der Stadt zu legen. Damaskus hat in der Folgezeit zweifellos die klassische Entwicklung römischer Städte im Vorderen Orient durchlaufen, die durch Kolonnadenstraßen strukturiert und in beeindruckender Weise gestaltet wurden.

Das Prinzip der Rechtwinkligkeit bei der Anlage der Stadt scheint sich auch auf einen Teil ihrer Peripherie zu erstrecken, wo zwei Arten von Ausschnitten identifiziert worden sind. Der erste im Norden ist wohl auf rechteckigen Maßen von 96 x 144 Metern angelegt worden, der zweite auf quadratischen Maßen von 70,8 Metern. Der zweite Komplex ist deutlich jünger als der erste; man kann vermuten, dass der erste aus der hellenistischen Epoche stammt, während der zweite in römische Zeit zu datieren ist[22]. An einem Ort, der eine lange städtische Geschichte hinter sich hat, gestatten die Quellen weder die Umstände einer tatsächlichen hellenistischen Gründung noch des Wiederaufbaus in römischer Epoche zu bestimmen. Die chaotischen Ereignisse gegen Ende der seleukidischen Dynastie scheinen nicht günstig für Neubauten oder Wiederaufbauten im großen Stil gewesen zu sein. Der Zusatz eines neuen Namens („Demetrias"?) könnte das Zeichen für eine ehrgeizige städtebauliche Aktion gewesen sein.

Wie in anderen Städten des Nahen Orients war die ehemalige Hauptstraße die lebendige Verkehrsachse von Damaskus. Diese Kolonnadenstraße in der Mitte der Stadt ist durch die Berichte vom Aufenthalt des Paulus bekannt, der im Haus des Judas wohnte, wo er nach seiner Bekehrung von Ananias[23] aufgesucht wurde. Diese Hauptverkehrsstraße ist zweifellos die Leitlinie gewesen, an der sich, wie in anderen Städten des Nahen Ostens, die städtische Entwicklung orientiert hat.

Die Bauwerke

Den Textzeugnissen, deren Aussagen gar nicht unergiebig sind[24], können einige wenige archäologische Spuren zur Seite gestellt werden, die uns Kenntnis von einer Anzahl von Bauwerken des antiken Damaskus geben, die diese Stadt in den Rang anderer großer römischer Städte erhebt, von denen man vergleichbare Beispiele im Nahen Orient findet.

Der persische Palast, Baris genannt, konnte an der Stelle der „Maqsallat al-Baris" lokalisiert werden, nahe bei der Kreuzung der Via Recta mit einer quer verlaufenden Straße, die zum Großen Heiligtum führte. Fast möchte man an die Stelle, wo die mittelalterliche Zitadelle (al-Qala) gelegen hat, die hellenistische Akra mit ihrer Garnison legen. Man hat auch daran gedacht, dort in der diokletianischen Epoche ein „Castellum" zu lokalisieren, das sowohl Malalas als auch die „Notitia Dignitatum" mit Werkstätten von Waffenherstellern in Verbindung bringen[25].

Das wichtigste Denkmal der Stadt ist das Große Heiligtum, das wahrscheinlich an der Stelle eines älteren Monuments um die Zeitenwende errichtet wurde. Es ist besonders während der severischen Epoche erneuert und letztmalig ergänzt worden. Der Temenos ist auch das Zentrum eines weitläufigen Komplexes von miteinander verbundenen Märkten, wie das häufig in dieser Region bei Heiligtümern der Fall ist, bei denen Festlichkeiten stattfanden und zu denen Pilger herbeiströmten, denn solche Orte dienten auch dem Handel und boten Gelegenheit zum Geldverdienen.

Unter den Bauwerken, in denen Wettkämpfe und Schauspiele stattfanden, ist ein Hippodrom aus hellenistischer Zeit zu erwähnen, das außerhalb der Mauern im Norden der Stadt lag. Es ist während der römischen Zeit in Gebrauch gewesen und vielleicht erneuert worden. Dorthin gelangte man durch eine Straße, die vom nördlichen Stadttor (Bab al-Faradis) ausgeht und an der entlang sich die römische und byzantinische Totenstadt erstreckte[26]. Eine Anzahl von Gräbern, die zufällig entdeckt wurden, erlaubt es, Damaskus mit anderen Städten in der Region zu vergleichen[27].

Eine Textstelle bei Flavius Josephus weist auf ein Theater hin, das der Stadt zusammen mit einem „Gymnasium"[28] von Herodes dem Großen geschenkt wurde. Gebogene Straßenverläufe im Grundriss der antiken Stadt auf der Südseite der Via Recta sind als Spuren zweier Theater gedeutet worden; in anderen römischen Städten der Gegend findet man gleichfalls zwei Theater.

Das Gymnasium als symbolisches Gebäude der Hellenisierung war zugleich auch Sitz eines Gerichtes[29]. In diesem Bauwerk wurde 66 n.Chr. die jüdische Bevölkerung (zwischen 10.500 und 18.000 Personen) vor dem Massaker gefangen gehalten[30]. Die große Zahl der Gefangenen lässt ein Gebäude von beträchtlichen Maßen vermuten. Sein Standort ist noch immer unbekannt.

Die aus Texten bekannt gewordenen Bauzeugnisse sind durch wenige archäologische Spuren belegt und erlauben es, sich die Stadt nach dem Vorbild besser erhaltener Orte des Nahen Ostens vorzustellen. Die Bauqualität und der archi-

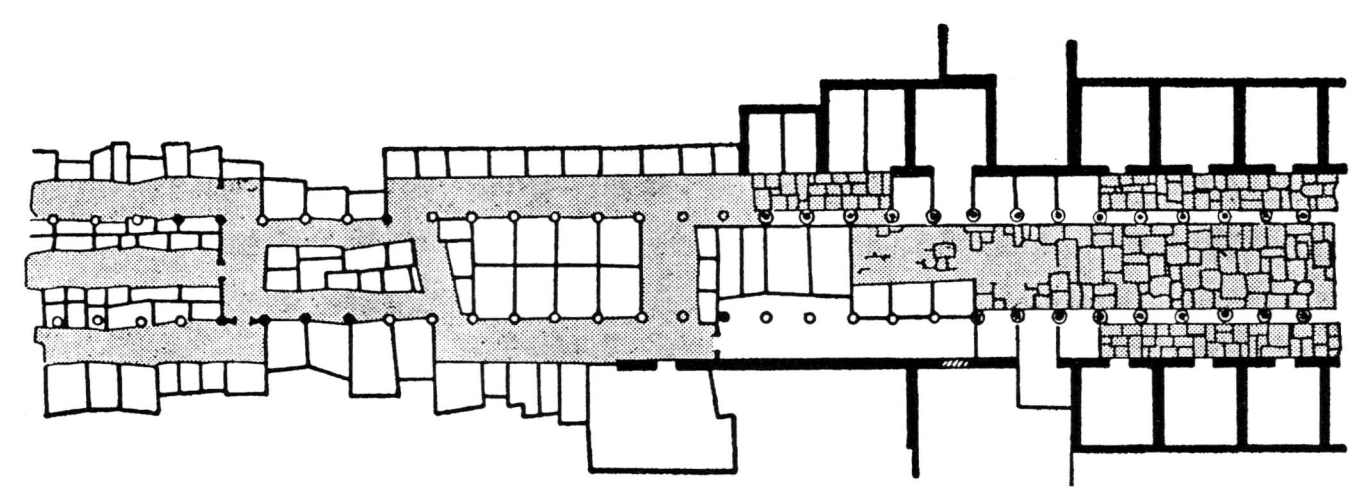

Damaskus, schematische Darstellung der Umwandlung der Kolonnadenstraße in einen Suq

tektonische Dekor, der mit dem der Heiligtümer von Baalbek vergleichbar ist, sichert Damaskus in der römischen Epoche einen Platz unter den großen Zentren des Nahen Ostens.

Literatur

Dentzer - Orthmann 1989. Freyberger 1989. Leblanc - Villeneuve - Dodinet Leblanc - Vallat 1990. Sack 1989. Sartre in: Sauvaget 1949. Watzinger - Wulzinger 1921. Weber 1993. Will 1994. Wulzinger -Watzinger 1924.

Anmerkungen

1. Watzinger, Wulzinger 1921; 1924. Sauvaget 1949, 314-358. Sack 1989. Freyberger 1989, 61-85. Leblanc, Villeneuve, Dodinet Leblanc, Vallat 1990, 339-355. Weber 1993, 135-176. Will 1994, 1-44.
2. Ez. 27, 18. Strabon, 16, 2, 20. Dentzer, Orthmann 1989, 9-18, 31-44.
3. Strabon 16, 2, 20. Diodor 17, 32, 3. Arrian, Anabasis 2, 11, 15. Plutarch, Alexander 24. Dentzer, Orthmann 1989, 9, 11.
4. Eusebios, Chronicon 1, 260. E. Will, Histoire politique du monde hellénistique (323-30 av. J.-C.). Nancy 1967, 127-129, 230, 375, 378, 382.
5. Flavius Josephus, Antiquitates Iudaicae 13, 387 ff. (420 VII LCL ed. R. Marcus [1933]).
6. Sack 1989, 13, Abb. 4; Beilage 2, 16/17-R/S.
7. E. Will, Histoire politique du monde hellénistique (323-30 av. J.-C.). Nancy 1967, 384-385.
8. Flavius Josephus, Antiquitates Iudaicae 14, 27 ff.; Bellum Iudaicum 1, 127, 131.
9. Plinius, Naturalis Historia 5, 47.
10. Strabon 5, 14-22.
11. Dentzer 1986, 391.
12. Strabon 16, 2, 16.
13. Th. Weber, Zeitschrift des Deutschen Palästina-Vereins 105, 1989, 162 ff.; 1993, 170.
14. Watzinger, Wulzinger 1924, 29. Sack 1989, 51. Weber 1993, 141.
15. M. Meinecke, Damaszener Mitteilungen 1, 1983, 191 ff. Sack 1989, 49. Weber 1993, 141.
16. Vgl. auch das rhetorische Lobgedicht „Brief an Serapion", das Julian Apostata zugeschrieben wird (C-D 272, LCL III éd. W.C. Wright 1961) zitiert durch Weber 1993, 136-137.
17. Plinius, Naturalis Historia 37, 143.
18. Plinius, Naturalis Historia 5, 25.
19. SS Cyrii et Johannis Miracula LIV (PG LXXXVII 3621) zitiert durch Weber 1993, 150, 154.
21. 2. Korinth. 11, 32; Acta Apostolorum 9, 10-12
22. Leblanc, Villeneuve, Dodinet Leblanc, Vallat 1990, 345-347.
23. Acta Apostolorum 9, 10-12.
24. Kürzlich sehr sorgfältig durch Th. Weber zusammengestellt.
25. Iohannes Malalas 12, 132 (307 ff. ed. L. Dindorf). Notitia Dignitatum 11, 20 (32 ed. Seeck).
26. Nach Forschungen von Ibn Asækir. Sack 1989, 22 und Weber 1993, 145.
27. Hypogäen: N. Salibi, Archéologie au Levant: recueil à la mémoire de R. Saidah coll. Maison de l'Orient Méditerranéen XII, série archéologique IX, 1982, 305 ff.; Felsgräber: Q. Tuèr, AAAS (Les Annales Archéologiques Arabes Syriennes 20, 1970, 61 ff.
28. Flavius Josephus, Bellum Iudaicum 1, 422.
29. Wenn man einen Vergleich zu Alexandria und Cyrene zieht: F. Burkhalter, Bulletin de Correspondance Hellénique, 116, 1992, 345, zitiert durch Weber 1993, 163.
30. Flavius Josephus, Bellum Iudaicum 2, 20, 2 und 7, 368.

Aleppo zwischen Alexander dem Großen und der Arabischen Eroberung

Heinz Gaube

Seleukiden

Die weit über Griechenland und den Mittelmeerraum hinausreichenden kulturellen Folgen des Alexanderzugs, der 333 v.Chr. mit der Schlacht von Issos, nur ca. 150 km nordwestlich von Aleppo gelegen, im ersten Sieg Alexanders gegen die damalige Großmacht der persischen Achämeniden seinen ersten entscheidenden Höhepunkt fand und mit dem zehn Jahre späteren Tod Alexanders in Babylon endete, sind nicht hoch genug einzuschätzen. Hatten die Perser vor ihm das erste und ca. 250 Jahre währende „Welt"-Reich geschaffen, so zerfiel Alexanders Reich zwar so schnell, wie es entstanden war, kulturell wirkten aber Alexanders Eroberungen weit mehr über seine Zeit hinaus als jede militärische Aktion vor ihm. Es entstand eine Welt hellenistischer Ideen und Formen, die bis nach Indien und Zentralasien im Osten wirkte und von dort bis nach China. Es entstanden Staaten in Asien und im Mittelmeerraum, die von einer übergreifenden Kultur des Hellenismus geprägt waren. So verwundert es nicht, dass sich griechische Inschriften in Gebieten östlich und nördlich Irans gefunden haben und dass die griechische Schrift in der Zeit nach Alexander auch zur Aufzeichnung anderer Sprachen, ostiranischer (z.B. der parthischen und baktrischen) und indischer Sprachen, in diesen Gebieten gedient hat.

Mit am stärksten, wenn nicht gar am stärksten, ließ aber die Hellenisierung ihre Spuren in Syrien zurück. Hier sollte für mehr als tausend Jahre das Griechische zur Kultursprache schlechthin werden. Fast endlos scheint die Reihe von Namen, die an berühmten Geistern aufgeführt werden können, welche das Denken der Zeit zwischen 300 v.Chr. und 650 n.Chr. nachhaltig prägten. Am Anfang stand Zenon von Citium (333-261 v.Chr.), der Gründer der „Stoa", über den ein anlässlich seines Todes abgefasstes Epigramm überliefert ist, dessen Anfang *„Und mag Dein Geburtsland Phönizien gewesen sein, / wie kann man Dich geringschätzen, kam doch auch Kadmos von dort, / der den Griechen ihre Bücher und ihre Schreibkunst gab?"* lautet, war ein Schüler des Sidonensers Zeno. Ihm folgte noch so mancher bedeutende Philosoph, dessen Abstammung syrisch oder dessen Heimat Syrien war; und der Dichter Meleager von Gadara (140-70 v.Chr.), dem heutigen Umm Qais, südlich der heutigen syrisch-jordanischen Grenze gelegen, schrieb: *„Bin ich ein Syrer, was wundert es? / Fremder, wir leben in einem Land, der Welt. / Ein Chaos gebar alle Sterblichen."*

Diese offene Haltung finden wir in den Werken von Syrern in allen

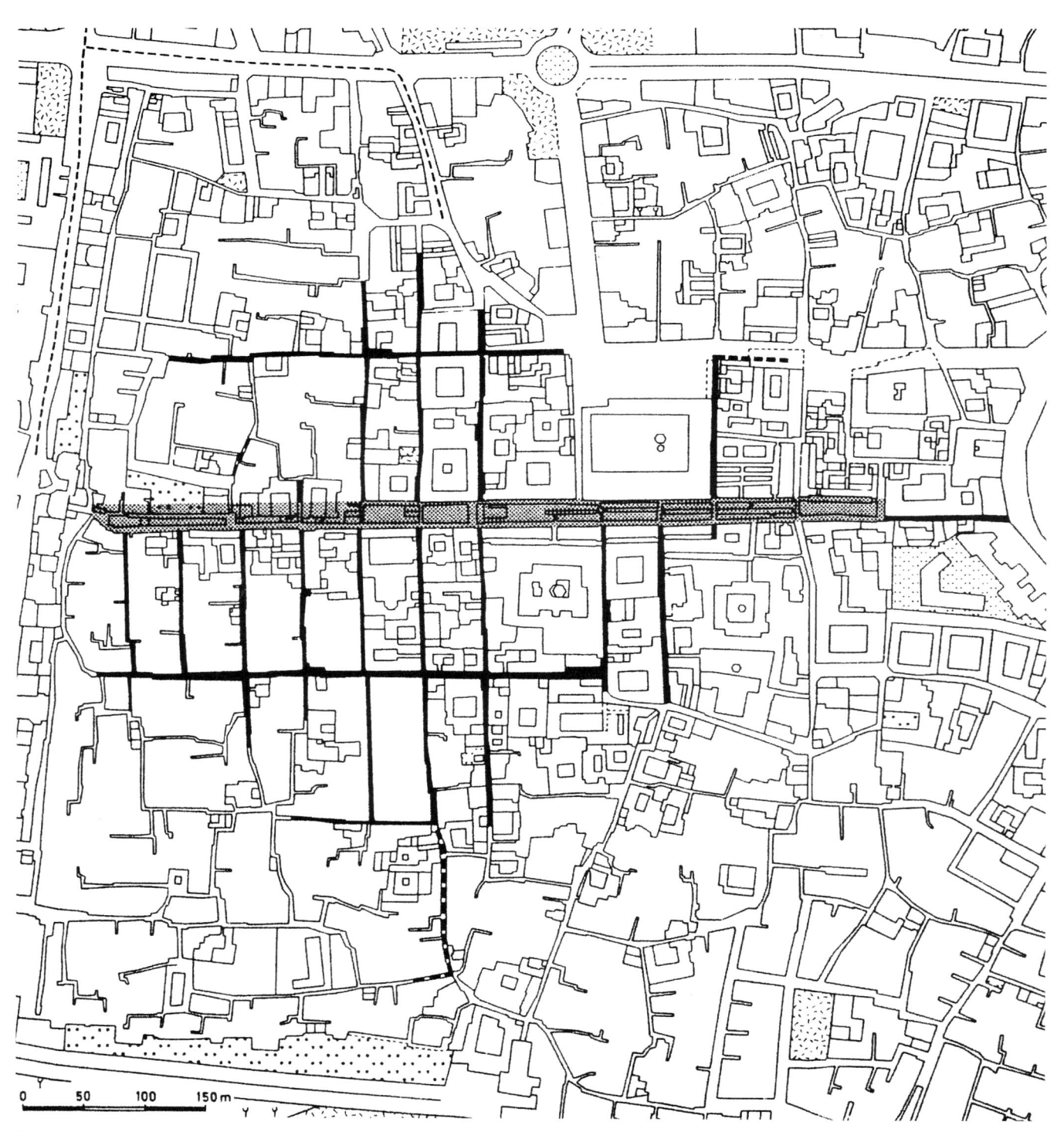

Das heutige Aleppo und das Raster des antiken Straßenverlaufs

geistigen Disziplinen. Später prägten sie maßgeblich die christliche Dogmatik; und die heutigen Historiker wären ärmer, stünden ihnen nicht die Werke von Historikern wie Eusebius von Caesarea oder Ammianus Marcellinus aus Antiochia zur Verfügung, die aus dem hellenisierten Syrien stammten.

Das alles kam natürlich nicht aus einem historisch oder ökonomisch leeren Raum. Grundlagen hierfür waren zum einen die dem Hellenismus vorangegangenen Hochkulturen Syriens – nicht ohne Grund spielt der oben erwähnte Kadmos, legendärer Sohn des Königs von Tyros, eine so wichtige Rolle in der griechischen Mythologie –, zum anderen die aktive Wirtschaftspolitik der Seleukiden, die neben ihrer Hauptstadt Antiochia noch eine Reihe anderer Städte in Syrien gründeten – Seleukia bei Antiochia, Laodikeia (Lattakiya), Apameia (Afamiya), Tripoli, Gerasa (Djarasch), Arethusa (Rastan), Dura Europos (Ruinen am Euphrat) und in der nächsten Umgebung von Aleppo Cyrrhus (Ruinen nördlich von Aleppo) sowie Chalkis (Qinnasrin, südlich von Aleppo) seien nur genannt –, die heute zum Teil noch bestehen. Aber die Seleukiden beließen es nicht bei neuen Stadtgründungen, auch bestehenden Städten drückten sie durch Erweiterungen und Erneuerungen ihren Stempel auf. Insgesamt sind nicht weniger als 33 seleukidische Stadtgründungen oder Stadterweiterungen allein in Nordsyrien belegt[1].

Das beste in einer noch lebenden Stadt zu findende Beispiel für eine seleukidische Stadterweiterung ist Aleppo. In weiten Teilen seiner Altstadt *intra muros* sind bis heute die Straßenmuster des seleukidischen „Beroia", so nannte Seleukos Nikator (312-281 v.Chr.) seine Erweiterung Aleppos, erhalten (siehe Abb.). Vom heutigen West-Tor der Altstadt, dem Bab Antakiya, führt eine gerade Achse, die heutige Hauptachse des „Suqs", über 700 m zum Fuß der Zitadelle. Obgleich noch konkrete archäologische Beweise fehlen, die leicht erbracht werden könnten, steht es außer Frage, dass wir in dieser Achse die hellenistische Hauptstraße der Stadt zu sehen haben. Von ihr zweigen noch heute neun gerade Gassen im rechten Winkel nach Süden ab, die auf eine 124 m südlicher gelegene Parallelachse zur Hauptachse stoßen und sich südlich von ihr noch teilweise zu einer weiteren west-östlich verlaufenden Achse hin, die wieder 124 m weiter im Süden liegt, verfolgen lassen. Auch nördlich der Hauptachse ist eine ebenfalls in ein klares Rastermuster einbindbare, west-östlich verlaufende Achse zu erkennen, auf die heute noch vier im rechten Winkel von der Hauptachse abzweigende Gassen stoßen.

Im Umfeld dieses klaren Rasters und wohl mindestens drei 124 m tiefe und 47,2 m breite *insulae* tief können wir das seleukidische Beroia ausmachen. Das bedeutet, dass der seleukidische Teil von Aleppo eine Mindestausdehnung von ca. 550 m in West-Ost-Richtung und 780 m in Nord-Süd-Richtung besaß. Vielleicht war die Stadt quadratisch, worauf manches weist, und reichte im Osten bis an den Fuß der Zitadelle. Dann hätte sie mit größter Wahrscheinlichkeit Teile der vorseleukidischen Stadt eingeschlossen, wofür besonders zwei Beobachtungen sprechen: Einerseits scheint sich das hellenistische Straßenmuster im Osten, also im Bereich der Zitadelle, mit einem anderen Straßenmuster zu überschneiden, und andererseits scheint die seleukidische Planung nicht den Stadtteil al-Aqaba („der Hügel") nördlich des Nordwest-Bereichs der Hauptachse erfasst zu haben, sondern vielmehr um ihn herum zu laufen. Beides kann nur als Hinweis darauf gewertet werden, dass sich in diesen Bereichen vorseleukidische Siedlungen befanden. Mit dem seleukidischen Beroia füllten seine Erbauer also Fläche auf, schlossen zwei vormals getrennt bestehende Siedlungsbereiche zusammen und schufen damit ein neues Ganzes, das mit großer Wahrscheinlichkeit wie andere seleukidische Städte, z.B. Laodikeia, Dura Europos, Apameia, Antiochia, von einer Mauer umgeben war.

Archäologische Rest des seleukidischen Teils von Aleppo sind heute über dem Boden nicht mehr erhalten. Wir gehen aber wohl kaum fehl, vermuten wir im Bereich der heutigen Großen Moschee ein wichtiges religiöses Gebäude, einen Tempel der Seleukidenzeit, welchem Gott auch immer er geweiht gewesen sein mag, und ein anderes öffentliches Zentrum der Stadt, die „Agora". Bei Kanalarbeiten in unmittelbarer Nähe der Westmauer der Großen Moschee traten in über 2 m Tiefe antike Säulenbasen zutage (sie wurden wieder zugeschüttet), und im Zuge der Stabilisierung der Großen Moschee gelangte man bei Ausschachtungsarbeiten erst unter ca. 8 m Kulturschutt auf gewachsenen Boden. Hier reichen die Schichtenabfolgen bis in die Bronzezeit zurück (3. Jahrtausend v.Chr.) und seleukidisch-römische Schichten liegen unter dem gegenwärtigen Fußboden der Moschee auf dem gleichen Niveau wie die Säulenbasen außerhalb[2]. Somit wissen wir nicht nur, dass im Umfeld der Großen Moschee größere seleukidisch-römische Anlagen standen, sondern auch, dass in diesem Bereich schon für das 3. Jahrtausend v.Chr. Aktivitäten, welcher Art auch immer, nachzuweisen sind.

Erlauben wir uns, analog zu den Veränderungen, welche um die Große Moschee von Damaskus zwischen der Seleukidenzeit und der frühen islamischen Zeit stattgefunden haben, zu schließen, so scheint es nicht unwahrscheinlich, hier einen alten heiligen Ort zu vermuten, an dessen Stelle in seleukidisch-römischer Zeit ein Tempel und später eine Kirche errichtet wurde, von der sich, wie noch zu berichten ist, Spuren erhalten haben.

Wie die Zitadelle (dazu S. 199-210), von der wir auch wissen, dass sie seit der Bronzezeit bebaut war und ohne Frage auch in seleukidischer Zeit eine nicht unwichtige Funktion im Stadtgefüge eingenommen haben dürfte, mit der Stadt verbunden war, lässt sich allenfalls wieder durch Analogie erschließen oder zumindest vermuten. Manches spricht dafür, dass die Zitadelle schon damals in die Stadtmauer eingebunden war. Für eine solche Vermutung bieten sich ähnliche Situationen in Laodikeia und Apameia an[3].

Römer

Welche Veränderungen, Erweiterungen, Umbauten oder Schrumpfungen die Stadt in der römischen Periode, also zwischen dem ersten vorchristlichen und dem vierten nachchristlichen Jahrhundert, erfahren haben mag, entzieht sich weitestgehend unserer Kenntnis. Fraglos stand die Stadt, wie unter den Seleukiden, im Schatten Antiochias, das neben Rom und Alexandria zu den glanzvollsten Städten des Römischen Reichs zählte. Von der allgemeinen Prosperität der Römerzeit scheint die Stadt, wenn auch nicht als eines der überregionalen Zentren, gleich vielen anderen Städten der Region, die alle durch die Römer wesentliche Veränderungen und Verschönerungen erfuhren, profitiert zu haben. Deshalb gilt es nicht zuletzt auch zu erwägen, ob die für das Mittelalter belegte Wasserleitung der Stadt[4] nicht schon römischen oder gar seleukidischen (unwahrscheinlicher) Ursprungs ist.

Große Ereignisse werden mit dem Aleppo der Römerzeit nicht verbunden. Jedoch ist mit großer Sicherheit zu vermuten, dass sich spätestens in der Römerzeit im Osten außerhalb der Stadtmauer ein Vorort oder mehrere Vororte befanden. Aleppo scheint also zumindest innerhalb der durch die Seleukiden geschaffenen Parameter weiterbestanden zu haben. Wie weit es damals, oder gar schon unter den Seleukiden, im etwas südlicher gelegenen Chalkis (Qinnasrin) einen Konkurrenten hatte, ist schwer zu bestimmen.

Chalkis, wie Beroia eine seleukidische Erweiterung des vorseleukidischen Qeneschrin (und wie Aleppo trug es spätestens in der frühen islamischen Zeit wieder seinen vorseleukidischen Namen), spielte offenbar auch schon unter den Seleukiden eine nicht gerade unwichtige strategische Rolle zur Steppe hin, denn 145/144 v.Chr. hatte sich dort der seleukidische Usurpator Tryphon festgesetzt. Unter den Römern besaß Chalkis auf jeden Fall große strategische Bedeutung. Spätestens im 3. Jh. n.Chr. war es Zentrum des nordsyrischen Limes, der nach ihm „Limes von Chalkis" in den den Zug des Sasanidenkönigs Schapur I. nach Antiochia (256 n.Chr.) schildernden Quellen genannt wurde[5]. Betrachtet man die Reste des vormodernen Qinnasrin, die ein hoher, von einer Mauer umschlossener Tell dominiert, so scheint es naheliegend, zwischen beiden Städten eine Funktionsteilung bis in die frühe islamische Zeit, in der Qinnasrin nochmals zum Hauptort eines „Djund" (Militär-Provinz) Syriens aufgestiegen war, anzunehmen. Aleppo/Beroia war das zivile Zentrum der Region und Chalkis das militärische. Dafür spricht auch, dass sowohl der Sasanidenkönig Kawad, der 531 in Syrien eingefallen war, wie auch sein Sohn Chosroes I., der auf seinem Feldzug nach Syrien im Jahre 540 sogar Antiochia eingenommen hatte,

Aleppo, Reste der byzantinischen Kathedrale

Chalkis nicht eroberten, sondern wegen seiner Stärke umgingen.

Im Zusammenhang mit dem Feldzug Chosroes I. nach Syrien erhalten wir erste Hinweise auf die Gestalt Aleppos in vorislamischer Zeit, dessen Belagerung und Verwüstung der Augenzeuge Procopius in seiner „Geschichte des Perserkriegs" schildert[6]:

„Nachdem Chosroes das Lösegeld [von Hierapolis] erhalten hatte, zog er gegen Beroia. Diese Stadt liegt zwischen Antiochia und Hierapolis. ... Die Perser kamen zur Vorstadt von Beroia. Chosroes sandte den Paulus in die Stadt und forderte Lösegeld, aber nicht so viel, wie er von den Hierapolitanern erhalten hatte, sondern die doppelte Summe, da er sah, dass die Stadtmauer [von Beroia] an vielen Stellen schwach war. Die Beroianer versprachen, die gewünschte Summe zu zahlen, da sie in keiner Weise ihrer Stadtmauer vertrauen konnten. Aber nachdem sie 2000 Pfund Silber gezahlt hatten, sagten sie, sie wären nicht imstande, den Rest aufzubringen. Da aber Chosroes die volle Summe forderte, flohen alle [Beroianer] in die Zitadelle, die sich auf der Akropolis befindet. Ihnen schlossen sich die Soldaten an, welche die Stadt schützen sollten. Am folgenden Tag wurden Männer von Chosroes in die Stadt geschickt, um das Geld entgegenzunehmen. Aber als sie in die Nähe der Stadtmauer kamen, fanden sie alle Tore verschlossen, und da sie niemanden antrafen, erstatteten

sie dem König [Chosroes] Bericht. Er befahl ihnen darauf, Leitern an die Mauer zu lehnen und zu versuchen, sie zu besteigen. Sie taten, was ihnen befohlen war. Dann, als niemand ihnen Widerstand leistete, gingen sie in die Stadt, öffneten die Tore und ließen die ganze Armee und den König selbst in die Stadt. Der König wurde darob sehr ärgerlich und ließ nahezu die gesamte Stadt niederbrennen. Er stieg dann auf die Akropolis und entschied, die Zitadelle zu stürmen. Den römischen Soldaten gelang es, in verzweifelter Abwehr einige Feinde zu töten. Aber Chosroes war ob der Unbedachtsamkeit der Belagerten im Vorteil, denn sie waren nicht allein geflohen, sondern hatten ihre Pferde und anderen Tiere mit sich genommen. Durch diese unüberlegte Handlung hatten sie sich in Nachteil gebracht und gerieten in Gefahr; denn dort gab es nur eine Wasserstelle und die Pferde und Maultiere und anderen Tiere tranken von ihr, was sie nicht hätten tun sollen; und so geschah es, dass das Wasser ausging. Nach langen Verhandlungen verschonte Chosroes die Belagerten und erließ ihnen den Rest des Lösegelds."

Mangels anderer wie marginal auch immer auf die Topografie Aleppos Hinweise enthaltender Quellen aus der vorislamischen Zeit müssen wir uns mit diesen Informationen zur Stadt vor 530 begnügen. Wir erfahren, dass Aleppo eine Vorstadt (oder Vororte) hatte, dass es über eine, wenn auch nicht gerade den Feind abschreckende Mauer verfügte, auf der „Akropolis" lag eine Zitadelle, und in ihr gab es nur eine Wasserstelle. Weiter wird berichtet, dass Chosroes die Stadt niederbrennen ließ. Das kann als Hinweis darauf gewertet werden, dass die Stadt des 6. Jh. wohl nicht die steinerne Stadt unserer Tage war. Damals muss in den Bauten der Stadt weitaus mehr Holz verwendet worden sein, als das nach 1290 der Fall war, wo nach einem verheerenden Brand die hölzernen Dächer des Suqs und der Großen Moschee durch Gewölbe ersetzt wurden. Wir gehen wohl auch nicht fehl, vermuten wir, dass ein Großteil der Häuser der Stadt des 6. Jh. (und wohl auch früherer Jahrhunderte) sowie andere Bauten nicht wie heute bis unter das Dach aus Stein errichtet waren, sondern aus Lehm. Dasselbe gilt für die Stadtmauer, die wohl zur Zeit der sasanidischen Eroberung gleichfalls aus Lehmziegeln oder Lehmblöcken errichtet gewesen ist. So ist am ehesten ihr schäbiger Zustand zur Zeit der sasanidischen Eroberung zu verstehen, und so ist wohl auch eine Stelle bei einem Aleppiner Historiker des Mittelalters zu verstehen, der berichtet, dass Chosroes die Mauer nach der Zerstörung durch ihn mit Lehmziegeln hätte reparieren lassen, die er, nämlich Ibn Schaddad, um 1200 noch gesehen habe[7].

Diese zugegeben spärlichen Informationen lassen sich mit den weiter oben aus der Analyse des Stadtgrundrisses gewonnenen kombinieren und um eine materielle Evidenz bereichern: die Reste der Kathedrale oder eines einst mit ihr funktional in Verbindung stehenden Gebäudes. Sie sind in die direkt westlich, nur durch eine Gasse getrennt neben der Großen Moschee liegende Madrasa al-Halawiyya integriert. Erhalten sind eine apsisartige, von byzantinischen Säulen mit Kapitellen des 6. Jh. umlaufene „Exedra" und ein quadratischer, heute überkuppelter Raum von ca. 11 x 11 m, dessen Ecken je zwei, den in der Exedra ähnliche Säulen mit Kapitellen markieren. Da die Exedra nach Westen weist, kann es sich nicht um die Apsis der Kathedrale gehandelt haben. Vor uns haben wir somit entweder die Reste eines Zentralbaus (Martyrion oder Baptisterium) oder eines Baus wie der kleinen Kirche in Mudjleya im Kalkmassiv westlich von Aleppo[8] oder einen Teil der Vierung der Kathedrale, wofür meines Wissens in Syrien aber keine vergleichbaren Bauten belegt sind. Dieser Frage kann hier aber nicht nachgegangen werden. Fest steht, dass in unmittelbarer Nähe der Großen Moschee, dort, wo wir schon hypothetisch ein wichtiges öffentliches Zentrum der vorbyzantinischen Stadt lokalisiert haben, ein Bauwerk stand, dessen erhaltenen Teile ob ihrer hohen Qualität ihre Zugehörigkeit zu einem wichtigen christlichen Bauwerk, das dann auch an einer zentralen Stelle der byzantinischen Stadt gelegen haben sollte, bezeugen. Diese Reste weisen auch auf Bautätigkeiten in der Zeit nach der Zerstörung durch Chosroes hin, die sich sicher nicht allein auf die Kathedrale oder ein anderes Gebäude in der Nähe der Großen Moschee beschränkt haben dürften. Vielmehr können wir wohl davon ausgehen, dass nach der Zerstörung durch die Sasaniden der byzantinische Kaiser Justinian ausgedehnte Wiederaufbauarbeiten veranlasst haben dürfte, die sicher auch die Stadtmauer eingeschlossen haben. Im Hauptwerk zur Bautätigkeit des Kaisers Justinian (527-565), dem wir bedeutende Bautätigkeit in Syrien zuschreiben können, in Procopius' „Peri ktismaton", finden sich aber keine Hinweise auf Aleppo.

Zitadelle, Stadtmauer und Reste eines Kultbaus hoher Qualität sind uns aus der byzantinischen Zeit sicher belegt. Die Stadtmauer hatte wohl den Verlauf, den sie auch schon in der vorbyzantinischen Zeit hatte. Von der Zitadelle wissen wir, dass sie nur über eine Wasserstelle verfügte. Hinter ihr können wir ohne Zweifel die große Zisterne auf der Zitadelle vermuten, die bis in unsere Tage erhalten ist[9]. Damals hatte die Zitadelle offenbar noch keine geheime Verbindung zum Wasserleitungssystem der Stadt. Das wirft die Frage auf, ob das durch mittelalterliche Quellen gut belegte Wasserleitungssystem Aleppos damals schon bestand. Von diesem Hinweis her könnte diese Frage mit Nein beantwortet werden. Er allein kann aber nicht als Beweis dafür benutzt werden, dass Aleppo in vorislamischer Zeit über kein Wasserleitungsnetz verfügte. Weiter erfahren wir, dass Chosroes wohl in der östlichen Vorstadt sein Lager aufgeschlagen hatte, denn er kam von Osten. Materielle Hinweise auf eine römische und eine byzantinische Bebauung der Bereiche östlich außerhalb der Stadtmauer sind Kapitelle aus diesen Perioden, die in den Häusern der östlichen Vororte, in Moscheen und in Gassen zu finden sind und sicher nicht sekundär an diese Stellen aus der Innenstadt verbracht wurden. Neben den östlichen Vororten können aber in der vorislamischen Zeit auch Vororte im Süden bzw. Südwesten *extra muros* bestanden haben, denn dort sind Vororte für die frühislamische Zeit belegt. Fraglich ist letztlich, wie genau die Stadtmauer im Norden, genauer im Nordwesten, verlief und ob das alte Judenviertel, dessen Name „Bahsita" aramäischen und nicht arabischen Ursprungs ist, innerhalb der Stadtmauer lag oder sich an diese im Nordwesten anschloss.

Literatur

Gaube - Wirth 1984. Sauvaget 1934. Sauvaget 1941. Tchalenko 1953.

Anmerkungen

1 Sauvaget 1941, 36.
2 Dass hier nicht wie außerhalb der Moschee die Gruben einfach zugeschüttet wurden, sondern dokumentiert werden konnte, was sich an archäologischem Material im Aushub fand, und Profile gezeichnet wurden, ist dem Einsatz von Julia Gonnella und Kay Kohlmeyer zu verdanken. Damit wurde erstmals getan, was an anderen Stellen der Altstadt von Aleppo hätte längst getan werden sollen: jede Art von Tiefbautätigkeit in der Altstadt auszunutzen, um wenigstens eine minimale archäologische Dokumentation vorzunehmen. Vielleicht bricht dieser Einsatz das Eis und provoziert Nachamung.
3 Was die Insula-Größe, den Hauptachsen-Verlauf und die Zitadellenlage angeht, verweise ich auf den Aufsatz von Sauvaget 1934, 81-114.
4 Gaube-Wirth 1984, 178-191.
5 Zu Chalkis: R. Mouterde, A. Poidebard, Le Limes de Chalkis. Paris 1945.
6 Procopius, Geschichte des Perserkriegs II, VIII, 2-13.
7 Gaube-Wirth 1984, 165.
8 G. Tchalenko, Villages antiques de la Syrie du nord. Bd. 2. Paris 1953, Taf. 12, 6.
9 Gaube-Wirth 1984, 169.

Von den Umayyaden zu den Mamluken: Aspekte städtischer Entwicklung in Damaskus

Sarab Atasi

Seit ihrer Gründung besitzt die Stadt Damaskus eine enge Verbindung zu ihrer natürlichen Umgebung. Sie hat sich harmonisch zwischen den Bergen und der Steppe in einer Ebene entwickelt, in die sich der Barada aus den Schluchten von al-Rabwa – einem engen Tal des Antilibanon – ergießt. So hat sich die Stadt sehr früh am Fuß des Qasyun-Berges entwickelt. Der Barada und seine Nebenflüsse haben sie mit Wasser versorgt und dazu beigetragen, dass sich eine blühende Oase, die Ghuta, entwickeln konnte, die die Stadt Damaskus mit reicher Vegetation umgibt.

Der Qasyun, der Barada und die Ghuta haben dazu beigetragen, den Standort von Damaskus zu bestimmen. Die Stadt hat sich um ein sehr altes Zentrum des 2. Jahrtausends v.Chr. entwickelt. Im 10. Jh. v.Chr., als Hauptstadt des Landes Aram, hatte Damaskus schon große Bedeutung, die sie auch in späteren Zeiten behielt.

Der Eroberungszug Alexanders d.Gr. im Jahr 333 v.Chr. steht am Beginn einer bedeutenden Epoche der Stadtentwicklung: Eine griechische Gründung entstand nach einem regelmäßigen Plan neben der aramäischen Siedlung. In römischer Zeit wurden nach neuen städteplanerischen Ideen beide Städte in einer rechteckigen Umfassungsmauer vereinigt. Diese Mauer besaß sieben Tore und erhielt vermutlich durch ein *castrum* in ihrer nordwestlichen Ecke Schutz. Eine breite Säulenstraße führte durch die gesamte Stadt und verband das West- mit dem Osttor. Der aramäische Tempel, der dem Gott Hadad geweiht war, wurde zum Jupitertempel, und in byzantinischer Zeit wandelte man ihn in eine Kirche um, die dem Heiligen Johannes dem Täufer geweiht war.

Im Jahr 635 n.Chr. wurde Damaskus von den muslimischen Truppen unter der Führung von Chalid Ibn al-Walid erobert. Die Araber, die aus Wüstengebieten kamen, waren von der Schönheit der Stadt und dem Reichtum ihrer Oase begeistert. Sie richteten sich in der von den Byzantinern verlassenen Siedlung ein und teilten sich ein belebtes städtisches Terrain mit den Bewohnern. Bei diesen handelte es sich zum größten Teil um monophysitische Christen, die die Eroberer ohne Rückhalt empfangen hatten, denn sie waren ebenfalls Semiten und ihnen in Sprache und Traditionen ähnlich. Um ihre Religion praktizieren zu können, übernahmen die Muslime einen Teil der Umfassungsmauer, die den christlichen Kultort umgab; vermutlich haben sie den südöstlichen Teil dieser Fläche genutzt.

Insgesamt stellt die arabisch-muslimische Periode einen wesentlichen Abschnitt in der städtischen Entwicklung von Damaskus dar. So

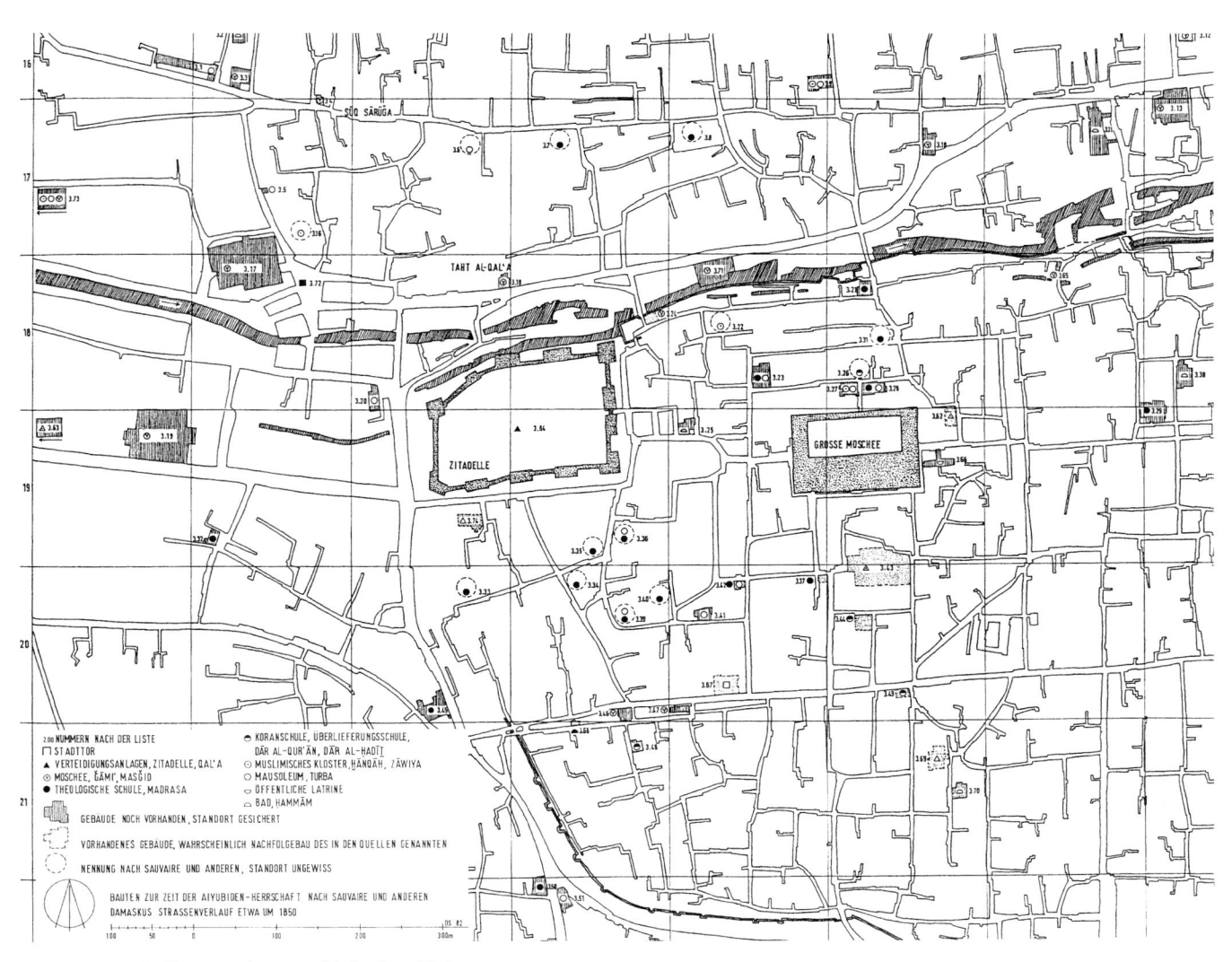

Damaskus, die Bauten der ayyubidischen Zeit

ist die arabische Stadt auf Grundlagen entstanden, die sich in der römischen Epoche entwickelt haben, als sich die endgültige Gestalt der Stadt *intra muros* herausbildete, von der wir heute noch großartige Spuren im Bereich der Großen Moschee und in anderen Vierteln bewundern können.

Aus der ruhmreichen Zeit der Umayyaden ist nur die Große Moschee erhalten geblieben. Trotz der Umwandlungen, die man an ihr vorgenommen hat, und trotz der Brände, die sie verwüstet haben, hat man sie immer wieder aufgebaut und restauriert und bis in unsere Zeit ist sie das bedeutendste Bauwerk Syriens geblieben. Aus zangidischer, ayyubidischer und mamlukischer Zeit gibt es in Damaskus eine ansehnliche Zahl von bedeutenden religiösen und offiziellen Bauten. Es existieren jedoch aus diesen Epochen keine Beispiele für den privaten Hausbau. Dieses Faktum findet seine Erklärung wohl darin, dass Bausteine ein so seltenes und teueres Material waren, dass man sie nur für religiöse und offizielle Gebäude verwendet hat. Die Damaszener Wohnhäuser waren dagegen leicht gebaut, aus Lehmziegeln in einem Fachwerk aus Pappelstämmen. Dieses bescheidene Material wurde in der Folgezeit mit den verschiedensten Elementen der Innendekoration verbunden, die den Reichtum der Häuser ausmachten. In vielen Häusern aus dem 19. Jh., die bis in unsere Zeit den wesentlichen alten Baubestand der Stadt darstellen, ist es möglich, Spuren zu finden, die auf die mamlukische Epoche zurückgehen. Diese Zeugnisse belegen Kontinuität und Erneuerung im traditionellen Hausbau.

Die Zeit der Umayyaden

Muawiya wurde im Jahr 661 als Kalif anerkannt, und Damaskus erhielt unter der umayyadischen Dynastie nach Medina und Kufa den Status als erste institutionelle Hauptstadt des muslimischen Reiches – bis 750 blieb ihr dieser Rang erhalten.

Damaskus stand so an der Spitze eines riesigen Reiches, das sich von Indien bis nach Spanien erstreckte und auf diese Weise zum ersten Mal in der Geschichte zwei alte Kulturbereiche, den mittelmeerischen und den asiatischen, umfasste, die einander bis dahin feindlich gegenübergestanden hatten.

Dennoch blieb Damaskus eine Stadt mittlerer Größe, trotz des Reichtums ihrer Umgebung, der Oase, und trotz der Nähe fruchtbarer Ebenen, der Bekaa und des Hauran. Die Stadt besaß nur begrenzte Wasserressourcen, und es gab keine regelmäßigen Transportmittel, die den Bedürfnissen einer großen Bevölkerungszahl angemessen gewesen wären. Damaskus fehlte – verglichen mit Baghdad und Kairo – ein großer Fluss und ein ausgedehntes, fruchtbares Umland.

Als Hauptstadt eines riesigen Reiches erlebte Damaskus nun eine Zeit des Glanzes und des Ruhms. Man legte einen neuen Kanal am Fuß des Qasyun an, um die Bewässerung in den nördlichen Bereichen der Oase zu verbessern. Er erhielt den Namen Yazid, zu Ehren des Kalifen, auf dessen Initiative hin er gebaut wurde. Aber von den Bauwerken dieser Epoche hat sich nur die Große Moschee erhalten, die der Kalif al-Walid an der Stelle der Kirche errichten ließ, die Johannes dem Täufer geweiht gewesen war. Im Jahr 708 brach al-Walid die bei der islamischen Eroberung getroffenen Vereinbarungen, indem er die Kirche aufgrund ihres symbolischen Platzes im Zentrum der Stadt beschlagnahmte und dort den Bau der Großen Umayyaden-Moschee anordnete. Von dem ehemaligen römischen Tempel blieben nur die Umfassungsmauer, innerhalb der auch die christliche Kirche gestanden hatte, und die viereckigen Türme erhalten. Der Moscheebau, der 715 vollendet wurde, ist eines der ersten Meisterwerke islamischer Baukunst und wurde sehr schnell zum Archetypus der klassischen Moschee.

Die Umayyaden-Moschee liegt im Herzen der Altstadt von Damaskus. Sie setzt sich aus einem rechteckigen Ensemble mit weitem Säulenhof und einem großen Gebetsaal zusammen. Die Architektur der Moschee, die Struktur ihrer Flächen, ihre goldglänzenden Mosaiken, die imaginäre Landschaften mit Bäumen, Gärten und Wäldern darstellen, ihre Verzierungen aus Holz, Marmor und Stuck zeugen von den damals bestehenden Einflüssen. Sie kommen hier in einem monumentalen Bauwerk zusammen, das der arabisch-muslimischen Architektur seinen Stempel aufdrückte.

Während seiner ganzen langen Geschichte stand dieser Bau immer im Zentrum des religiösen, politischen, sozialen und intellektuellen Lebens von Damaskus, und in seiner Nachbarschaft richtete man die ersten „Madrasa" ein. Vor den Toren der Moschee siedelten sich Handwerker mit den kostbarsten Produkten an: Goldschmiede, Buchbinder, Schreiber, Waffenschmiede und Parfümhersteller.

Damaskus, Madrasa des Nur ad-Din

Die prachtvollsten Häuser wurden in der nächsten Umgebung gebaut. Bei der Erweiterung der Stadt über ihre Mauern hinaus, in ayyubidischer und mamlukischer Zeit, blieb der Bereich um die Moschee ein bevorzugter Platz, der Gründungen und Stiftungen von Gouverneuren und Emiren vorbehalten war.

Erinnerungen an andere Bauwerke aus der Umayyadenzeit sind uns nur durch Ortsbezeichnungen erhalten: So weist z.B. im Südosten der Großen Moschee die Gasse al-Hadra auf den Palast des Muawiya hin, der auch al-Hadra genannt wurde und der an der Stelle der Residenz der byzantinischen Gouverneure gebaut worden war. Ein großer Marstall (*dar al-hayl*) befand sich ebenfalls in diesem Viertel. Zwei neue Friedhöfe wurden in dieser Zeit angelegt. Im Osten, außerhalb des Bab Tuma, entstand der erste muslimische Friedhof, und im Süden der Stadt fanden auf dem Friedhof von Bab Saghir eine Reihe von Gefährten des Propheten ihre letzte Ruhe.

Eine unruhige Epoche: Die Zeit der Abbasiden und Fatimiden

Als die Abbasiden im Jahr 750 an die Macht kamen, waren die glänzenden Zeiten von Damaskus vorbei. In der Stadt wurden überall Einschränkungen und Rückschritte deutlich, die auf das Konto der abbasidischen Regierung gingen, und so erlebte Damaskus bis zum Ende der Fatimidenherrschaft über die Stadt (1075) eine sehr unruhige Epoche. Die Stadt war von abbasidischen Truppen besetzt, die Mitglieder der umayyadischen Herrscherfamilie hatte man getötet. Die Festungsmauer wurde geschliffen, einige große Gebäude zerstört. Den Palast des Muawiya wandelte man in ein Gefängnis um, und man versuchte, Grabstätten bedeutender Persönlichkeiten auf den Friedhöfen zu beseitigen. Damaskus wurde während der gesamten Abbasidenzeit in den Rang einer zweitklassigen Stadt an den Grenzen des Reiches herabgewürdigt, denn das Kalifat hatte seinen Sitz im Iraq. Die Stadt befand sich in einem Zustand latenten Aufruhrs; sie wurde bis 868 vom Iraq aus regiert, von wo aus nach den großen Aufständen auch Strafexpeditionen ausgesandt wurden.

Danach gelangte Damaskus unter die Herrschaft ägyptischer Gouverneure, der Tuluniden und später der Ichschiden, die nominell als Vasallen des Kalifats von Baghdad galten. Die letzten Jahre der ichschidischen Herrschaft waren von inneren Kämpfen geprägt, aber auch von Einmischungen fremder Mächte. 986 eroberten die Fatimiden aus Ifriqiyya Ägypten und errichteten in Kairo ein schiitisches Kalifat, das in deutlicher Gegnerschaft zu Baghdad stand. Sie nahmen Damaskus im Jahr 970 ein. Die Damaszener Bevölkerung fügte sich nur widerwillig unter die fatimidische Gewalt, und so hatte die Stadt ein Jahr lang unter Aufständen, Revolten, Plünderungen und Bränden zu leiden.

Der erste fatimidische Gouverneur von Damaskus hatte seinen Sitz nicht im Palast (*qasr* oder *dar al-imara*). Dieses Bauwerk stand vermutlich auf einem Teil des Zitadellengeländes – man weiß kaum etwas darüber. Bedroht von Volkserhebungen ließ der Gouverneur sich einen befestigten Palast auf den Anhöhen zwischen dem Yazid und dem Thawra bauen. Die Häuser und die „Suqs" der Maghrebiner der fatimidischen Armee wurden in ad-Dikka errichtet, dem Viertel unterhalb des Palastes. Auf diese Weise brauchten die Bewohner nicht die Stadt zu betreten. Der Palast und vermutlich auch die Gebäude, die von den Soldaten auf tiefer gelegenem Gelände errichtet wurden, hatten nicht lange Bestand. Der Palast wurde 971 bei der Eroberung von Damaskus durch die Qarmaten zerstört, die die Fatimiden nach Ägypten zurücktrieben. Diese kehrten jedoch 974 mit neuer Kraft nach Damaskus zurück.

Im Westen oder – genauer gesagt – im Nordwesten des Qasr oder Dar al-Imara, dem Sitz der Macht, hat man an einem der Ufer des Barada den „Maydan" lokalisiert – einen weitläufigen, freien Platz, vielleicht eingezäunt, den man für die Übungen der Kavallerie und für Truppenparaden nutzte. Die Stadt *intra muros* lebte nur auf sich selbst bezogen. Außerhalb der wenigen Viertel *extra muros*, deren Ausdehnung man schlecht abschätzen kann, betrat man das Labyrinth der Ghuta mit Gärten, Obstplantagen und ihren Kanälen, die von Nussbäumen und Pappeln gesäumt waren.

Am Ende der Fatimidenzeit, die ein Jahrhundert währte (bis 1075), war Damaskus völlig herabgewirtschaftet. Ständige Unruhen und Konflikte in der Stadt und ihrer unmittelbaren Umgebung und eine lange Belagerung durch die Türken hatten die Oase ruiniert, man hatte die Bäume gefällt, und die Dörfer waren entvölkert. Die Umayyaden-Moschee war fast völlig durch ein Feuer im Jahr 1069 zerstört worden.

Seldjuken, Zangiden, Ayyubiden: Vom Wiederaufbau zur stetigen Stadtentwicklung

Die Seldjuken (1076–1104), türkische Sunniten, deren Reichshauptstadt Isfahan im Iran lag, besiegten die Fatimiden und eroberten die

Stadt. Ihnen folgten die Buriden (1104–1154). Aber erst die Zangiden (1154–1174) und die Ayyubiden gingen daran, das Land zwischen Euphrat und Nil in einem unabhängigen politischen Zusammenschluss zu vereinigen. Diese Entwicklung wurde dadurch begünstigt und bestimmt, dass sich in Syrien-Palästina Kreuzfahrer niedergelassen hatten, die von der Zerrissenheit des Landes in viele kleine Herrschaftsbereiche profitierten. Diese Kleinfürstentümer lagen zwischen den beiden großen rivalisierenden Mächten, den Seldjuken und den Fatimiden. Die Seldjuken- und Buridenherrscher in Damaskus waren zu schwach, um gegen die fränkische Eroberung Widerstand zu leisten. Erst unter Zangi, nach der Vereinigung der Gebiete von Mossul und Aleppo, wurde eine Reaktion möglich, und in deren Folge gewann man Edessa von den Franken zurück (1144).

Nach diesem Überraschungssieg, der in der muslimischen Welt großen Eindruck machte und den zweiten Kreuzzug heraufbeschwor, dehnte sich das zangidische Emirat weiter nach Süden aus. Damaskus, das durch den Druck der Kreuzfahrer bedroht war, öffnete 1154 Nur ad-Din seine Tore, der die Politik seines Vaters Zangi weiterverfolgte. Salah ad-Din, ein ehemaliger kurdischer Vasall von Nur ad-Din, zog 1173 in Damaskus ein. Dieses Ereignis spielte sich zur Zeit des dritten Kreuzzuges ab, der durch den Sieg von Hittin und die Wiedereroberung von Jerusalem (1187) gekennzeichnet war.

Während der seldjukischen und später buridischen Herrschaft begann der Wiederaufbau von Damaskus. Dieser Ansatz zeitigte noch keine großen Erfolge, setzte aber eine Bewegung in Gang, die sich in der folgenden Periode fortsetzte und ausdehnte. Die Zeit der Zangiden (1154-1176) und mehr noch die der Ayyubiden (1176-1260) war dann durch einen deutlichen Aufschwung der Stadt charakterisiert. Diese Entwicklung wurde häufig mit dem wirtschaftlichen Aufblühen, das sich in dieser Epoche zeigte, in Verbindung gebracht, das wiederum den Truppenansammlungen und den Finanzmitteln zur Bekämpfung der Kreuzfahrer zu verdanken war. Auch verhinderte der Kriegszustand nicht den Warenaustausch von westlichen und muslimischen Kaufleuten an der syrisch-palästinensischen Küste. Verbindungen wurden vor allem zu den Venezianern geknüpft, die von diesem Zeitpunkt an regelmäßig nach Damaskus kamen.

Die Verteilung der wichtigsten Ressourcen unter den Emiren, die Einkünfte aus Steuern und nicht aus Bodenerträgen erhielten und die unter den Ayyubiden nur einen Waffendienst zu leisten hatten, veranlasste diese Männer, Investitionen in Unternehmungen der Stadt zu tätigen. Dieses Verhalten trug wesentlich zum Aufschwung von Damaskus bei. Einrichtungen der türkischen Militärmacht verhalfen dazu, das Gesicht der Stadt so zu formen, wie wir es heute noch in ähnlicher Weise vor Augen haben. Neue Bauwerke wurden auf Veranlassung von Fürsten und Emiren errichtet, aber ebenfalls im Auftrag ihrer Gattinnen, Töchter und Schwestern und auch auf Befehl des Militärs, der „Ulama" (Religionsgelehrten) und wohlhabender Kaufleute. Sie ließen Bauten errichten, deren Typus aus dem seldjukischen Bereich stammte, in erster Linie die Madrasa, die in Damaskus seit dem Ende des 11. Jh. gebaut wurde. Eine Strömung dieser Art setzte sich auch unter den Buriden und Zangiden fort und nahm seit dem Herrschaftsantritt von Salah ad-Din eine grandiose Entwicklung.

Insgesamt gesehen versuchte man – wie im seldjukischen Herrschaftsbereich – die Unterstützung der Ulama zu erhalten, indem man sie um ihre Dienste bat und sie in die Verwaltung und das politische Leben integrierte. Aber die einheimische geistige Elite war zahlenmäßig zu gering, um all die Stellen zu besetzen, die durch die neu eingerichteten Madrasas geschaffen

Damaskus, Bethaus der Hanabila-Moschee in Salihiyya

wurden. Die Lehrenden kamen also von Osten und Westen, von Obermesopotamien, dem Iran und Spanien, denn sie wurden von den Vergünstigungen angelockt, die man ihnen bot. Sie formierten sich zu einer kosmopolitischen intellektuellen Elite, die sowohl den Wissensaustausch pflegte als auch eine neue Homogenität in ihr geistiges Schaffen einführte. Es entwickelte sich eine Kultur, die das Siegel der Orthodoxie trug.

Die Zitadelle wurde auf Initiative der ersten seldjukischen Fürsten gebaut. Es war ein sehr einfaches Bauwerk und fungierte als Wohnstätte der Regierenden, die im Inneren der Umfassungsmauern Paläste (*dar al-masarra*, *dar Ridwan*), einige Betplätze und ein „Hammam" erbauten. Die Zitadelle diente der Stadt selten zur Verteidigung, sondern mehr als Festung, um den Fürsten und seine Untergebenen zu schützen. Sie wurde von den Ayyubiden vollständig umgebaut und stellte weiterhin die Residenz des Herrschers dar; in ihr befanden sich die meisten staatlichen Institutionen.

Die Stadtmauer wurde unter Nur ad-Din in einigen Abschnitten verstärkt; die Tore wurden ausgebessert und durch Schießscharten geschützt. Im Norden wurde die Befestigung bis an das Ufer des Barada ausgeweitet, und man errichtete zwei neue Tore: das Bab al-

Faradj und das Bab as-Salam. Außerdem erbaute man noch ein drittes Tor vor dem ehemaligen al-Faradis-Tor. Das Tor Bab al-Djinniq befindet sich seit dieser Zeit im Inneren der Stadtmauer, in einem Viertel, das seitdem Bayn as-Surayn („zwischen den beiden Mauern") genannt wird. Im Westen, nämlich südlich der Zitadelle, ließ Salah ad-Din das Bab al-Djinan (Gartentor) wieder öffnen. Es wird seitdem Bab an-Nasr (Siegestor) genannt.

Unter den Seldjuken und den Buriden wurden – außer dem Bimaristan ad-Duqaqi, der südwestlich der Umayyaden-Moschee durch den Seldjukenfürsten Duqaq (gest. im Jahr 1104) errichtet wurde – 26 Moscheen und elf Madrasas von politischen Befehlshabern und Amtsträgern erbaut oder restauriert. Die Mehrzahl der Madrasas und die Hälfte der Moscheen lagen innerhalb der Stadtmauern, etwa zehn Moscheen, einschließlich der Madrasa al-Mudjahidiyya, befanden sich im Norden der Stadt in einem fest umgrenzten Bereich: in der Umgebung des Friedhofs von Bab al-Faradis, in al-Uqayba („der kleine Abhang") und weiter im Westen nördlich der Zitadelle. Die Gründe für diese Ortswahl sind schwer einzuschätzen. Ohne Zweifel muss man die Nähe der Zitadelle in Betracht ziehen und die Tatsache, dass die meisten der Stifter nördlich der Großen Moschee, *intra muros*, nicht weit von diesem Viertel wohnten. Aber auch der äußere Rahmen, die schattigen Ufer des Barada und seiner Seitenarme, hat wohl einen Anlass gegeben.

Die Bauwerke dieser Zeit sind kaum bekannt. In der Mehrzahl waren sie vermutlich von bescheidenen Ausmaßen, wie etwa die Sadiriyya, die erste im Jahr 1098 in der Nähe der Umayyaden-Moschee gegründete Madrasa, von der man 1983 fast keine Spuren mehr finden konnte, weiterhin der Chanqah al-Tawaris und das daran angrenzende Mausoleum, die 1104 in Saraf al-Ala von der Prinzessin Safwat al-Mulk erbaut wurden, oder die Moschee al-Mazdaqani, von der eine Inschrift an der Straßenkreuzung des Suq Sarudja und des Djauzat al-Hadba erhalten geblieben ist und vielleicht auf den ehemaligen Standort hindeutet.

Unter den Zangiden und Ayyubiden entwickelt sich in Damaskus wieder ein Sicherheitsgefühl, das die Bewohner dazu ermutigte, Gründungen und Entwicklungen von Wohnvierteln außerhalb der Stadtmauern vor den Toren vorzunehmen. Diese Stadterweiterung geschah im 12. Jh. um einige Siedlungskerne herum in Uqayba, Qasr Hadjdjadj und Schaghur Barrani. Die Madrasas und Moscheen, die zu dieser Zeit innerhalb und außerhalb der Stadtmauern gebaut wurden, zeigen eine elegante, nüchterne Architektur maßvoller Art. Die Fassaden bestehen aus Quadersteinen, und die mit *muqarnas* („Stalaktiten") verzierten Portale öffnen sich auf weite Höfe mit einem *iwan*; in ihnen befindet sich häufig das kuppelgeschmückte Mausoleum des Stifters.

Am Abhang des Qasyun, der drei Kilometer nördlich von Damaskus aufragt, wurde seit der Mitte des 12. Jh. ein neuer Wohnbezirk gegründet: as-Salihiyya. Er verdankt seinen Namen der Umsiedlung hanbalitischer Flüchtlinge aus Palästina, die zunächst Unterkunft in der Abu Salih-Moschee, außerhalb des Bab Scharqi, gefunden hatten. Der neue Bezirk entwickelte sich am Yazid, dem südlichsten Arm des Barada, und behielt lange Zeit einen eigenständigen Charakter – aufgrund seiner Stadtferne, seiner Bevölkerung und einer gewissen geheiligten Atmosphäre, die von den zahlreichen religiösen Bauten und Begräbnisstätten herrührte (*zawiya*, *turba*, Friedhöfe), die man dort errichtete. As-Salihiyya blieb also lange Zeit ein selbständiges städtisches Zentrum mit seinen religiösen Gebäuden und Gräbern, aber auch mit seinen Suqs, seinen *mahalla* und seinem *muhtasib*.

Ibn Asakir nennt in seiner Beschreibung von Damaskus unter der Herrschaft Nur ad-Dins 248 Moscheen, 40 Bäder und 6 *chan-*

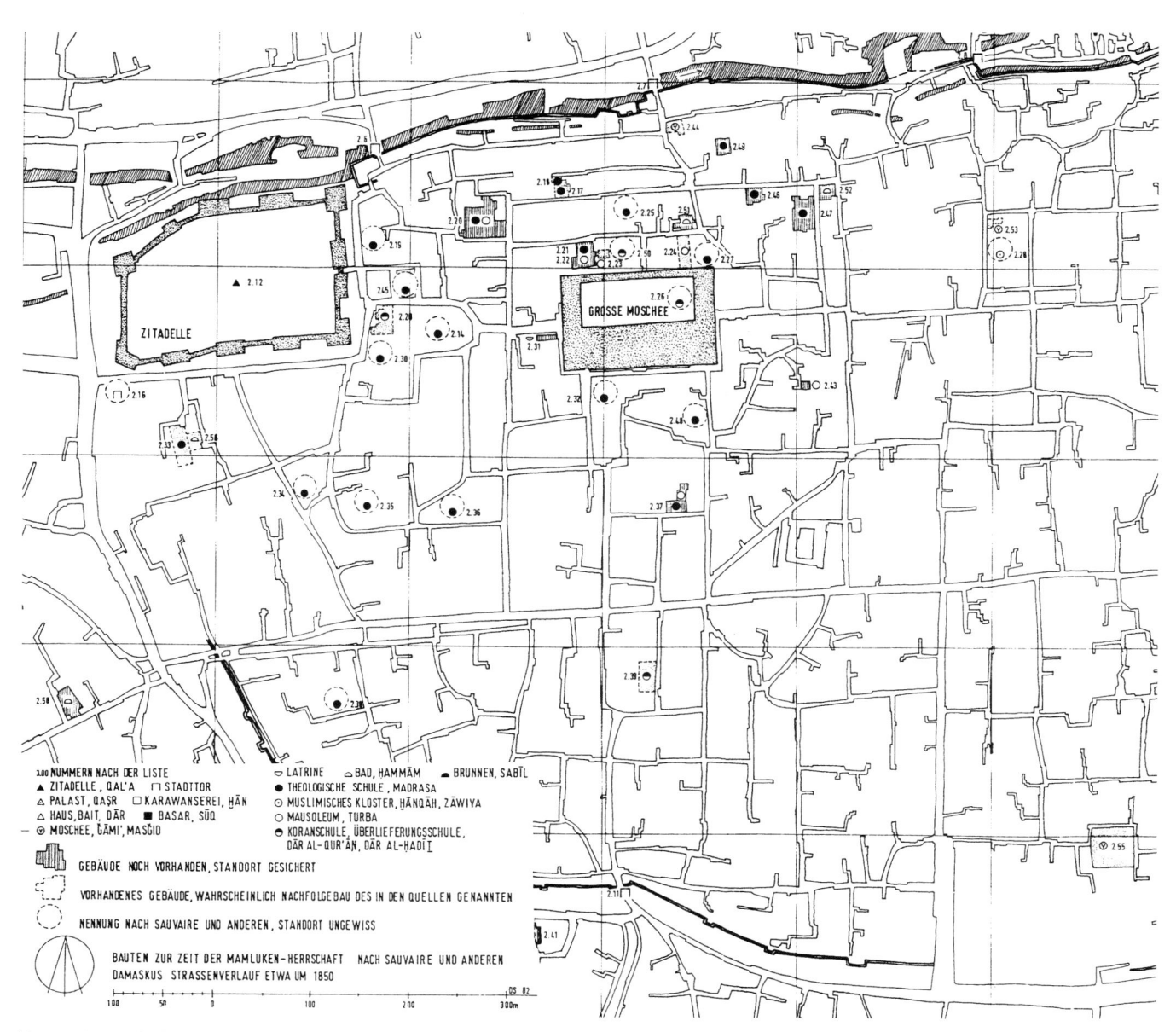

Damaskus, die Bauten der mamlukischen Zeit

qah. Gewiss stammten einige der Gebäude aus vorangegangenen Epochen, aber während der zwanzigjährigen Regierungszeit des Zangidenfürsten gewannen die Bauaktivitäten an Umfang. Zwölf neue Madrasas wurden gegründet, davon waren sechs seine eigenen Stiftungen. Seine wichtigsten Bauvorhaben wurden *intra muros* ausgeführt. Sein „Bimaristan" (Krankenhaus), der 1154 errichtet wurde, war eines der wichtigsten Gebäude der Stadt. Seine große Madrasa wurde 1168 erbaut, und das „Dar al-hadith", die erste Einrichtung, die darauf spezialisiert ist, die *hadith* zu lehren, wurde 1171 gegründet. Im

Süden der Zitadelle ließ Nur ad-Din das „Dar al-Adl" bauen, einen Hohen Gerichtshof, dem er persönlich vorsaß. Als Salah ad-Din daran ging, das Bab an-Nasr wieder zu öffnen, ließ er das Dar al-Adl restaurieren; es heißt seitdem „Dar as-Saada". Baybars veranlasste, dass das Gebäude nochmals umgebaut wurde, und machte daraus eine offizielle Residenz.

Die ayyubidische Zeit hatte große Bedeutung für die Stadtentwicklung von Damaskus. Die Bauaktivitäten intensivierten sich auf beeindruckende Weise. Während der 67 Regierungsjahre der Dynastie wurden 63 Bildungsinstitutionen gegründet, das heißt ungefähr jährlich eine. Diese Entwicklung galt für die gesamte Stadt, innerhalb und außerhalb der Festungsmauern, ebenso wie für die Siedlung in Salihiyya. Letztere erlebte ihr „goldenes Zeitalter". Etwa 20 Madrasas und vier Dar al-hadith wurden dort gegründet. Außerdem wurden der Bimaristan al-Qaymari und berühmte Madrasas, wie etwa die Umariyya, al-Diyaiyya und die al-Sahiba, errichtet. Am Ende der Ayyubidenzeit besaß Damaskus 83 Madrasas und elf Dar al-hadith.

Um die Mitte des 13. Jh. gab es etwa 50 Mausoleen. Die meisten von ihnen lagen in Salihiyya und in den Gärten, die sich jenseits der städtischen Grenzen erstreckten, im Norden der Festungsmauer.

Bis zu dieser Zeit besaß Damaskus – gemäß der Tradition – nur eine einzige „Chutba"-Moschee, eine Moschee, in der der Freitagsgottesdienst abgehalten wurde, die Djami al-Umawi, die Große Moschee. Mit dieser Tradition wurde jedoch ab 1209-10 zum ersten Mal gebrochen, als die hanbalitische Moschee al-Muzaffari in Salihiyya fertiggestellt und mit dem Amt des „Chatib" (Freitagsprediger) ausgestattet wurde. Im Süden der Stadt, beim Musalla al-Idayn, dem weitläufigen Platz, auf dem man die Gebete an den beiden großen Festen verrichtete, ließ der Ayyubide al-Malik al-Adil Sayf ad-Din seinen Wesir Safi ad-Din ibn Schukr im Jahr 1210 eine Moschee errichten. Der Platz wurde mit vier Mauern eingefasst, und im Süden erbaute man einen „Mihrab" und einen steinernen „Minbar". Später wurden zwei Emporen im Südabschnitt der Musalla gebaut.

Die großen Moscheen at-Tauba und al-Djarrah, die nördlich und südlich vor den Toren der Stadt erbaut wurden, sind Manifestationen des glühenden Glaubenseifers, den der ayyubidische Herrscher Malik al-Aschraf zeigte. Die Moschee al-Djarrah, 1233 neben dem Friedhof von Bab Saghir errichtet, diente als Begräbnismoschee, und diese Funktion gab keinen Anlass zu einem Urbanisationsprozess. Dagegen verlieh die at-Tauba-Moschee (Moschee des Bereuens), die beim Chan az-Zindjari, einem ehemaligen Vergnügungsviertel, erbaut worden war, dem Vorort Uqayba deutlich einen städtischen Charakter.

Die Weiterentwicklung der Stadt wurde auch durch den Bau neuer Karawansereien deutlich, die ein Zeichen für den wirtschaftlichen Aufschwung und den Handel waren. Man weiß, dass es in zangidischer Zeit 22 solcher Gebäude gab, die alle innerhalb der Stadt lagen. Diese Aktivitäten sind auch für die ayyubidische Epoche festzustellen, allerdings in abgeschwächter Form: 23 Karawansereien sind für einen längeren Zeitraum bekannt – vermutlich war die Stadt bereits gut mit solchen Einrichtungen ausgestattet. Als neues Faktum ist zu erwähnen, dass fünf von diesen Karawansereien in der nördlichen Vorstadt gebaut wurden, darunter das Dar al-Tum, das am Ende der Ayyubidenzeit von seinem ersten Standort im Westen der Zitadelle auf einen neuen Platz östlich von Uqayba verlegt wurde.

Durch solche Vorgänge wird deutlich, dass die Stadt über ihre Mauern hinauswuchs. Damaskus hat keine Spuren der zahlreichen „Chane" oder „Qaysariyyas" bewahrt, die in den Quellen erwähnt sind. Außer den beiden Chanen ad-Dikka und Djaqmaq, die aus mamlukischer Zeit stammen, sind alle bis heute bekannten Gebäude osmanische Gründungen, die in den Suq-Vierteln und an den Hauptverkehrsstraßen die zahlreichen Karawansereien und Qaysariyyas der zangidischen und ayyubidischen Epoche ersetzten.

Die Mamlukenzeit – Zeit der Stadterweiterung

Während mehr als zweieinhalb Jahrhunderten setzte sich die herrschende Schicht des mamlukischen Sultanats aus nicht-einheimischen Führungspersönlichkeiten – häufig türkischen Ursprungs – zusammen. Sie wurden kulturell und militärisch erst im Palast des Sultans und den Häusern der großen Emire geformt. Es handelte sich also um einen Militäradel, der sich immer wieder erneuerte und keine Position im Erbgang weitergeben konnte. Diese Männer lebten von der „Iqta", einer Zahlung aus Steuereinkommen, und nicht durch Bodenerträge. An die Iqta waren Macht und Besitz gebunden. Der Reichtum legte dieser Militäraristokratie jedoch Verpflichtungen auf. Die Sultane, und nach ihrem Beispiel die Emire, zeigten sich als unermüdliche Stifter und Gründer von Bauwerken.

Die Städte genossen das ganz besondere Interesse der Sultane und der großen Emire, die ihre Gelder in städtische Zentren investierten und damit zur Stadtentwicklung beitrugen. So wählten die Emire auch ihre Wohnsitze in den Städten. Sie ließen dort ihre Residenzen bauen und ihre Gräber, Moscheen, Madrasas und die dazugehörenden Gebäude (Bäder, Märkte, Werkstätten und Mietwohnungen) errichten. Außerdem gaben sie häufig die Anregung dazu, neue Stadtteile zu schaffen, und übernahmen die Finanzierung von Arbeiten, die dem öffentlichen Wohl dienten. Ihren Besitz wandelten sie in unveräußerliches Allgemeingut (*waqf*) um. Die zu den religiösen Institutionen gehörenden Bauwerke und Ländereien bestimmten sie dazu, die religiösen Stiftungen zu erhalten und zu unterstützen. Diese Gründungen dienten wohltätigen Zwecken oder der religiösen Lehre, und die Nachkommen der Stifter wurden zu Verwaltern dieser Einrichtungen bestimmt.

Die Hauptstadt des Reiches, Kairo, dehnte sich stark aus. Damaskus war dagegen der Sitz einer der sechs „Niyaba" des „Bilad asch-Scham" und die zweitgrößte und daher zweitwichtigste Stadt des Sultanats. Ihr Gouverneur hatte eine im Reich hochbegehrte Funktion inne. Er repräsentierte die Macht des Sultans und war von einem Hof umgeben, der dem in der Hauptstadt ähnelte und an dem Emire, Zivilbeamte und einheimische Würdenträger versammelt waren. Ihre bedeutende Anzahl, ihr Reichtum, die Pracht und der Luxus, mit denen sie sich umgaben, bedeuteten für Damaskus einen starken Entwicklungsimpuls.

Die erste mamlukische Epoche war durch die häufige Anwesenheit des Sultans Baybars in der Region gekennzeichnet. Außerdem waren in dieser Zeit die Truppenansammlungen von Bedeutung, die für die militärischen Operationen gegen die Kreuzfahrer gebraucht wurden. Der Sultan ließ einen prachtvollen Palast, das Qasr al-Ablaq, im Westen der Stadt auf dem rechten Barada-Ufer errichten. Die Anwesenheit zahlreicher Heeresverbände, die auf den großen Pferderennbahnen im Westen und Süden der Stadt ihre Lager aufgeschlagen hatten, nahm direkten Einfluss auf die Lage der Suqs. Deutlich ist eine Differenzierung der Märkte im Hinblick auf ihre Kundschaft zu erkennen, die zweifellos schon gegen Ende der Ayyubidenzeit begonnen hatte. Unterhalb der Zitadelle (*sahat taht al-qala*) bildete sich ein weitläufiges Handelszentrum mit verschiedenen Suqs heraus, in denen die Soldaten alle erforderlichen Waren und Geräte fanden.

Der Mongolenangriff unter Ghazan, dem Enkel von Hulagu, der 1299 in die Stadt eindrang, hemmte für einige Zeit diese Entwicklung. Die Militäraktion hinterließ schwere

Damaskus, Mausoleum des Mamlukensultans al-Malik az-Zahir Baybars

Schäden in den Vierteln um die Zitadelle. Die Festung selbst wurde jedoch dank des Mutes und der Kühnheit ihrer Verteidiger nicht eingenommen. Viele Gebäude verbrannten, Güter wurden beschlagnahmt, und hohe Steuern ließen die Bevölkerung verarmen. Der Vorort al-Uqayba wurde verwüstet und die at-Tauba-Moschee ging in Flammen auf. Auch der Vorort Salihiyya wurde geplündert und gebrandschatzt. Aus den Madrasas des Viertels wurden Manuskripte geraubt und verkauft.

Nach dem Rückzug der Mongolen stellten die ersten Jahrzehnte des 14. Jh. eine Zeit des Wohlstands und der Sicherheit dar. Die lange Regierungszeit des Sultans al-Malik an-Nasir Muhammad ließ politische Stabilität und wirtschaftlichen Reichtum entstehen, die es erlaubten, Investitionen in verschiedene städtische Projekte zu tätigen. In der Provinz Damaskus war der Initiator für diese Entwicklung der „Naib" Tankiz, dessen Amtszeit von 29 Jahren mit der seines Sultans zusammenfällt. Man schreibt Tankiz auch die Urbanisation Jerusalems zu. In Damaskus war jedoch seine Tatkraft noch beeindruckender.

Es ist bekannt, welche Gebäude Tankiz persönlich gegründet hat. *Intra muros* waren es sein großer Palast (*dar adh-dhahab*), der an der Stelle des heutigen Azm-Palastes gestanden hat, ein Dar Quran und Hadith, ein Mausoleum und Kloster für seine Gemahlin, at-Turba al-Kawkabaiyya. *Extra muros* errichtete er eine große Moschee in Hikr as-Summaq und in ihrer Nähe einen prächtigen Wohnsitz und ein Hammam. Weniger bekannt sind seine zahlreichen Maßnahmen, um das Stadtbild von Grund auf zu verändern, besonders in den Vierteln *extra muros*. Seine Unternehmungen zur Urbanisation zeigten große Sorgfalt beim Anlegen der Hauptverkehrsstraßen, in Fragen der Hygiene und der öffentlichen Moral. Er ließ daher in Stadtgebieten mit großer Handelsdichte die Straßen oder Brücken erweitern, die zu eng geworden waren, weil Bauwerke auf die öffentlichen Wege hinausragten. Weiterhin verbessert er den Zugang zu den Wasserläufen und ließ das Abwassernetz sanieren.

Die große Begräbnismoschee von Tankiz wurde 1317 in Hikr as-Summaq errichtet, westlich der Festungsmauer und des Bab an-Nasr. Es ist eine prächtige Anlage auf einer Fläche von über 6.000 Quadratmetern, deren Stil deutlich den Einfluss der Umayyaden-Moschee zeigt. Diese Moschee verdeutlichte die Macht ihres Stifters und seinen Willen, die Viertel *extra muros* mit Bauwerken städtischen Formats auszustatten. 1347-48 gründete der Emir Sayf ad-Din Yalbugha nach dem Vorbild von Tankiz eine prachtvolle Moschee, gleichfalls im klassischen Stil. Zusammen mit der Umayyaden-Moschee sind diese beiden Bauwerke in Damaskus als die größten Moscheen ihrer Zeit anzusehen. Sie wurden westlich der Stadt in der Nähe der Zitadelle errichtet, die erste in einem Gartengelände, in dem später religiöse Bauwerke und gut ausgestattete Wohnsitze der Emire gebaut wurden, und die zweite am Rand der Suqs und wahrscheinlich am Eingang der Pferderennbahnen (*maydan*), die sich bis zum Qasr al-Ablaq erstreckten.

Am Anfang des 14. Jh. wurden Vorstädte oder „städtische Keimzellen" gegründet oder entwickelten sich *extra muros* im Zusammenhang mit der Errichtung privater oder religiöser Gebäude. Aufgrund eines Kanalbaus, des Nahr al-Karimi, wurde im Süden die Karim ad-Din-Moschee gebaut. Zwei Jahre später erhielt sie eine „Suwayqa" und ein großes Bassin, was die Menschen dazu anregte, das Dorf al-Qubaybat an der Pilgerstraße zu gründen. Diese kleine Ansiedlung verschmolz im Laufe der Zeit mit Midan und der Stadt, denn schon weiter nördlich, vom Maydan al-Hasa bis zur Zitadelle, säumten die Häuser beide Seiten der Straße. Sie wurden von den Einwohnern der Stadt Damaskus gemietet, als sie dem Schauspiel der Ankunft des Sultans al-Malik an-Nasir aus Ägypten (1309-10) zusahen. Nördlich der Zitadelle, nahe bei Tankiz, wird ein Markt eingerichtet, den man Suwayqat Sarudja nennt – nach dem Namen seines Gründers, des Emirs Sarim ad-Din Sarudja. Dieses Viertel wurde zusammen mit der Umgebung der Tankiz-Moschee (*hikr as-summaq*) sehr bald zu einem Ort aristokratischen Wohnens, wo die Emire mit Vorliebe ihre prächtigen Paläste bauten.

Vom Jahr 1388 an gab es aufgrund interner Streitigkeiten der Mamluken in der städtebaulichen Dynamik einen kräftigen Bruch, der durch die Invasion Tamerlans noch verstärkt wurde. Der damals einsetzende Bürgerkrieg bildete den Beginn einer langen Periode des Niedergangs. Die Kämpfe, die in Damaskus entbrannten, betrafen im Wesentlichen die Viertel *extra muros*, und zwar im Norden und Westen der Stadtmauer, wo Brände und Zerstörungen immer wieder aufeinander folgten, wie es Ibn Sasra, ein Augenzeuge dieser Ereignisse, in allen Einzelheiten berichtet.

Einige Jahre später, kurz vor der Invasion Tamerlans, entbrannte ein weiterer Aufstand gegen die Zentralgewalt, und damit verlängerte sich diese Zeit der Unruhen. Die Stadt war also verwüstet, fast ausgeblutet und in einer tiefen wirtschaftlichen Krise, als Tamerlan sie 1401 besetzte. Nur mit dem Blick auf das vorangegangene Jahrzehnt der Konflikte und Unruhen, das die Stadt verheert hatte, kann man die Konsequenzen seiner Invasion betrachten.

Tamerlan und seine Truppen erreichten die Gegend von Damaskus im Dezember 1400. Aber erst im Januar 1401 drangen sie nach dem Rückzug des Mamlukensultans nach Kairo in die Stadt ein. Tamerlan bezog Quartier in Qasr al-Ablaq und begann in dem berühmten Palast des Sultans Baybars Unterhandlungen mit den hohen lokalen Würdenträgern, unter denen sich Ibn Chaldun befunden haben soll, um die Stadt zu schonen und den Preis für ihre Sicherheit festzusetzen.

Nachdem er den Widerstand der Zitadelle gebrochen hatte, Steuerzahlungen erzwingen und Güter konfiszieren konnte, erlaubte Tamerlan den Soldaten vor seinem Rückzug, die Stadt auszuplündern. Es erfolgte nun eine totale Beraubung. Alle Güter der Mamluken, ihre Waffen und Wertgegenstände wurden konfisziert. Handwerker – Glaser, Waffenschmiede, Mosaikleger, Graveure, Maler – und ihre Kinder wurden nach Samarkand mitgenommen. Diese Deportation versetzte dem lokalen Handwerk einen schweren Schlag, von dem es sich nur langsam erholte.

Damaskus, Portal der ayyubidischen Madrasa al-Adiliyya

Nach dem Raub und der Plünderung wurden zahlreiche Brände gelegt, die unter anderem die Umgebung der Großen Moschee und das Bauwerk selbst verwüsteten. Dieser Sektor der Stadt mit seinen Chanen, Suqs und Moscheen lag für mehrere Jahre in Trümmern und blieb verlassen. Das Qasr al-Ablaq teilte dasselbe Schicksal, denn Tamerlan hatte befohlen, es in Brand zu setzen, bevor er Damaskus verließ. Die Tamarlan-Episode hinterließ deutliche Zeichen in der Geschichte der Stadt – selbst wenn man Übertreibungen vermeidet und den Zustand von Damaskus vor der Belagerung in Rechnung zieht.

Zehn Jahre nach der Invasion des Tamerlan begann man mit der Restaurierung und dem Wiederaufbau. Beschreibungen vom Ende der Mamlukenzeit, die ein Inventar von religiösen Bauwerken und Grabbauten geben, erwähnen von den Jahren 1410-11 an die Gründung von Moscheen, von Madrasas und Mausoleen. Zwei lange Regierungszeiten, die des Sultans Barsbay (1422-38) und besonders diejenige des Sultans Qaytbay (1468-95), brachten für Damaskus eine Zeit der Sicherheit und Ruhe. Der Sultan Qaytbay kam im Jahr 1477 zu einem Besuch in die Stadt. Diese Reise nahm er zum Anlass, Bauarbeiten anzuordnen, wie etwa die Wiedererrichtung des südwestlichen Minaretts der Großen Umayyaden-Moschee, das niedergebrannt war, oder den teilweisen Wiederaufbau des Hammam al-Hamawi, das zum Hammam as-Sultan wurde, wie eine Inschrift an der Fassade des Gebäudes zeigt.

So kann man davon ausgehen, dass die Stadt sich trotz aller Schwierigkeiten bis zum Ende der Mamlukenzeit weiterentwickelte. Neue Viertel wurden *intra muros* und *extra muros* gegründet. An den großen Verkehrsadern der Stadt erhoben sich prächtige Moscheen, Madrasas und Turba mit ihren „Ablaq"-Fassaden in ihren abwechselnden Farbtönen, die mit Schriftbändern, Wappenschilden, Medaillons und gelegentlichen geometrischen Motiven aus Fayence geschmückt sind.

Innerhalb der Stadtmauern im Südwesten der Altstadt, hinter dem Bab al-Djabiya, zog die Gründung des Suq Djaqmaq (vor 1420) und seine Spezialisierung auf den Textilhandel es nach sich, dass der Verkauf von Lebensmitteln sich künftig vor dem Bab al-Djabiya abspielte. Daher entwickelte sich rund um diesen Kern im 15. Jh. ein aktiver und dichter Handelsbezirk. Im Jahr 1473-74 wurde das Dar al-Quran al-Haydariyya im al-Qassarin-Viertel gegründet, während die Madrasa Djaqmaqiyya als Gründung des Gouverneurs den ehrenvollen Platz im Norden der Umayyaden-Moschee erhielt.

Außerhalb der Stadtbefestigung entwickelte sich im südwestlichen Gebiet ein neues Viertel um die Moschee und das Hammam at-Taurizi. Dieser Baukomplex war in der ersten Hälfte des 15. Jh. durch den Oberkämmerer von Damaskus gegründet worden und umfasste auch ein Mausoleum und ein Minarett. Interessanterweise scheint dieses Viertel insgesamt in der Mamlukenzeit entstanden zu sein. Es liegt in der Nähe einer wichtigen Verkehrsachse der Stadt, dem Tariq al-Bahr (Meerstraße), die nach Südwesten und zur palästinensischen Küste führt (daher ihr Name) und bis in unsere Zeit hinein eine traditionsreiche, sehr lebendige Handelsstraße geblieben ist: der Suq Bab Saridja.

Neben diesem Viertel, das sich in der Nachbarschaft von Qabr Atika entwickelte, entstanden in der gleichen Zeit bedeutende Gebäudekomplexe, die das Stadtbild prägten. Sie liegen in der Umgebung der beiden großen Straßen, die dem Raum von Damaskus seine Struktur geben: dem Tariq as-Sultani, der nach Nordosten führt und parallel zur nördlichen Befestigungsmauer der Altstadt verläuft, und dem Tariq al-Uzma (Pilgerstraße), der sich nach Süden wendet. Beide Straßen treffen in Sahat Taht al-Qala zusammen, dem weitläufigen Platz und betriebsamen Stadtzentrum.

Im Suq Sarudja wurde die große Moschee des Barsbay in den Jahren 1426-27 gegründet. Ebenfalls zu Beginn des 15. Jh. baute man in Uqayba die al-Djauza-Moschee wieder auf und vergrößerte sie. Auch wurde dort eine Chutba eingerichtet. In geringer Entfernung in derselben Straße und zur selben Zeit ließ der Emir Mandjak die al-Qasab-Moschee vollständig wieder aufbauen, woraufhin sie den Namen ihres Stifters erhielt.

Zu Beginn des 16. Jh. errichtete der Emir Bardbak im al-Amara-Viertel eine große Moschee. Dieses bedeutende, erhöht stehende Bauwerk – es trägt aus diesem Grund den Namen „al-Muallak" – hat eine zweifarbige Fassade, die zur heutigen Fayzal-Straße gewandt ist. Die Madrasa as-Sibaiyya, die auch als Moschee erwähnt wird, ist die letzte große mamlukische Gründung. Der Emir Sibay, Gouverneur von Damaskus, ließ Baumaterial von anderen Gebäuden zusammenbringen, um den Bau vollenden zu können. Er steht ebenfalls erhöht und in seiner Substruktion befinden sich eine Reihe von Läden, die zum Waqf erklärt wurden und durch ihre Einkünfte zum Profit der frommen Stiftung beitrugen.

Die vorangehende Aufzählung unterstreicht, wie stark sich in dieser Epoche die großen Moscheen mit Chutba, also Freitagsmoschee-Status, vermehrt haben. Ihr Vorkommen in den Vierteln *extra muros* steht mit der Ausdehnung der Stadt in mamlukischer Zeit in Verbindung. Ein Inventar, das Handelszentren mit nicht spezialisiertem Warenangebot (*suwayqa*) nennt und das von Ibn Abd al-Hadi gegen Ende der mamlukischen Zeit aufgestellt wurde, zeigt für das Ende des 15. Jh. die enge Beziehung zwischen diesen Moscheen, den Suwayqa und den Bädern.

So wird für den Beginn des 16. Jh. die Bedeutung der Siedlungen, die sich rund um die Festungsmauern gebildet haben – im Norden, Westen und im geringen Ausmaß im Süden – offensichtlich. Wenn auch die ersten Schritte für diese Stadterweiterung in den Epochen vor der Ankunft der Mamluken getan wurden, so bleibt doch festzustellen, dass unter ihrer Herrschaft die Gestaltung der Viertel *extra muros* deutlicher wurde. Damaskus hatte schon seit langem seine Tore geöffnet, und kleine Märkte (*suwayqa*) hatten sich um diese Tore gebildet. Die Mauer scheint von einem bestimmten Zeitpunkt an nicht mehr als Grenze oder Trennungslinie betrachtet worden zu sein; so sieht man in den Grenzbereichen mancher Viertel eine Art zweite Mauer, die durch die Rückwände der Häuser gebildet wird, die sich aneinander anlehnen. Am Rand der bebauten Fläche gab es Türen, die auf die großen Straßen führten und so den Zugang zur Innenstadt erlaubten.

Aleppo – von der islamischen Eroberung bis zum Beginn der osmanischen Zeit

Anne-Marie Eddé

Im Jahr 637 geriet Aleppo unter islamische Herrschaft, und seine Bewohner erhielten von den Eroberern Abu Ubayda und Chalid ibn al-Walid einen Vertrag, der ihnen gegen die Zahlung einer Steuer den Bestand ihrer Religion und den Erhalt ihrer Kirchen und Häuser zusicherte.

Das erste islamische Bauwerk, das in der Stadt errichtet wurde, war die kleine Moschee, die in den gewaltigen antiken Bogen eingefügt wurde, der sich nahe des Antiochia-Tores an der westlichen Begrenzung der Säulenstraße erhob. Die Öffnungen des Bogens wurden vermauert, und das Bauwerk erhielt den Namen al-Ghadayri Moschee. Es wurde später in Schuayb-Moschee umbenannt.

Aleppo war zunächst dem militärischen Bezirk (*djund*) von Homs zugeordnet, später gehörte es in den Bereich von Qinnasrin. Unter den Umayyaden spielte die Stadt weder in verwaltungstechnischer noch in politischer Hinsicht eine wesentliche Rolle, weil Damaskus die Hauptstadt des Reiches war. Die meisten Bewohner bekannten sich weiterhin zum Christentum, doch kam es nach und nach zu immer mehr Bekehrungen, und das machte den Bau einer großen Moschee erforderlich. Man errichtete sie auf dem Vorplatz der byzantinischen Kathedrale, das heißt an der Stelle der antiken „Agora". Die Bauarbeiten begannen zweifelsohne während der Regierungszeit von al-Walid (705-715) und wurden durch seinen Bruder Sulayman (715-717) beendet.

Der Bau dieses neuen Gebäudes machte eine Verlegung der Lebensmittelmärkte in das nordwestliche Viertel der Stadt erforderlich, wo sie in einem Gebäude mit dem Namen „Dar Kura" angesiedelt wurden. Diese Obst- und Gemüsehalle wurde in die Nähe des „Gartentores" verlegt, das den Weg zu den Gärten Aleppos öffnete, und an eben dieser Stelle befindet sich auch heute noch das Handelszentrum für derartige Nahrungsmittel.

Diese erste Periode islamischer Geschichte in Aleppo veränderte die Topografie und das Leben in der Stadt nicht wesentlich. Das Grundschema des Straßenverlaufs, die großen Märkte und die Befestigungsanlagen blieben erhalten. Die Christen behielten ihre Kirchen und die Juden ihre Synagogen. Einzig die Moschee und höchstwahrscheinlich eine „Musalla" am Fuß der Zitadelle zeugten von der Anwesenheit der Muslime. Die Gouverneure zogen es meistens vor, in den Palästen zu wohnen, die in unmittelbarer Nähe außerhalb der Stadt gebaut worden waren.

In abbasidischer Zeit lag Syrien am Rand des Machtbereichs, der seinen Mittelpunkt in Baghdad hatte. Der Djund von Qinnasrin,

Aleppo, Luftbild mit der Zitadelle im Vordergrund

zu dem Aleppo gehörte, wurde zeitweilig selbstständig verwaltet, zeitweilig war er aber auch an den Rest Syriens angeschlossen oder bisweilen an Obermesopotamien. Unter den Gouverneuren des nördlichen Syrien erwarben sich mehrere Mitglieder der Kalifenfamilie Verdienste. Das ist besonders der Fall bei dem Onkel des Kalifen al-Mansur (754-775), Salih ibn Ali, der 769 in Aleppo weilte und dessen Nachkommen wiederholt zu Gouverneuren dieser Region ernannt wurden. Sie ließen die Stadtmauern restaurieren und neue Paläste in der Umgebung errichten. In dieser Zeit war in Nordsyrien der jüdische und christliche Bevölkerungsanteil noch hoch, aber die Islamisierung nahm zu, wie es z.B. die Zahl der Konversionen unter al-Mahdi (775-785) bezeugt.

Am Ende des 9. Jahrhunderts kam Aleppo unter die Herrschaft der Tuluniden Ägyptens, geriet dann wieder unter die Kontrolle der abbasidischen Kalifen und musste sich in den ersten Jahren des 10. Jahrhunderts den Angriffen der Qarmaten entgegenstellen. Zwischen 936 und 940 wurde die Stadt von den ägyptischen Ichschiden erobert, die als Gouverneur ein Oberhaupt des Kilabitenstammes ernannten und auf diese Weise einen Zustrom von kilabitischen Arabern nach Nordsyrien in Gang setzten. Danach wurde Aleppo zu einem Zankapfel zwischen Abbasiden und den Ichschiden bis zu seiner Eroberung und Besetzung

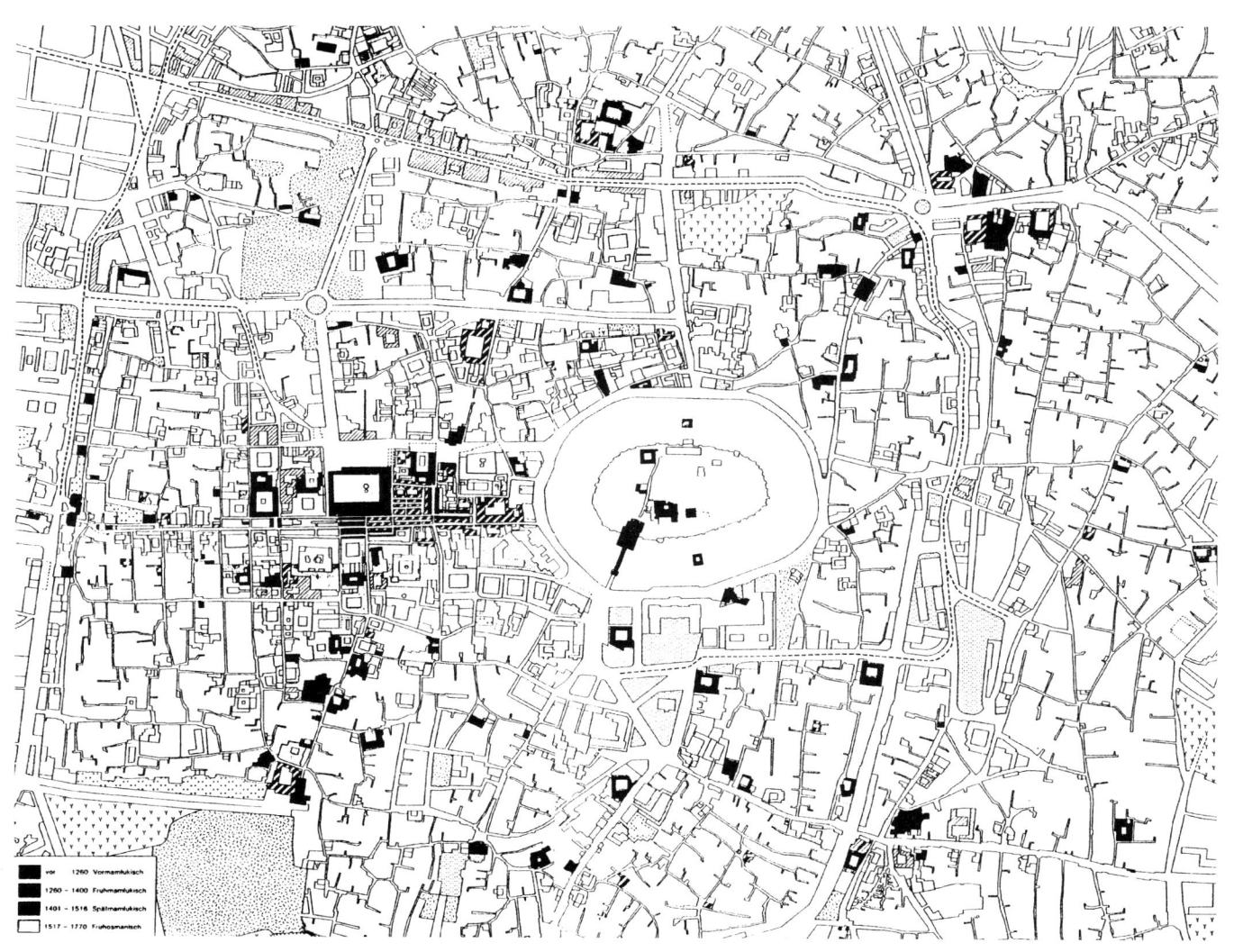

Aleppo, historische Abfolge des Baubestands

durch den Hamdaniden Sayf ad-Daula im Jahr 944. Damit wurde Aleppo zum ersten Mal Hauptstadt eines muslimischen Staates.

Sayf ad-Daula (944-967) machte sie zum Ausgangspunkt seiner Eroberungszüge gegen die Byzantiner, und der neue Schwung, den er dem „Djihad", dem „Heiligen Krieg", verlieh, gereichte ihm zum Ruhm.

Aleppo wurde zu dieser Zeit auch Treffpunkt eines brillanten literarischen Kreises mit so berühmten Dichtern wie Abu Firas al-Hamdani, Abu l-Tayyib al-Mutanabbi oder dem Philosophen Abu-Nasr Muhammad al-Farabi. Sayf ad-Daula ließ sich einen riesigen Palast westlich von Aleppo bauen, durch den ein Abzweigkanal des Quwayq

hindurchfloss. In der Nähe wurde ein „Hippodrom" angelegt, und am Abhang des Djabal Djauschan ließ er ein schiitisches Heiligtum erbauen, das Maschhad ad-Dakka oder Maschhad al-Siqt (Heiligtum des Krüppels) genannt wurde, in Erinnerung an einen Sohn des Husayn ibn Ali, der dort begraben sein soll. Dieses Bauwerk wurde später

Aleppo, Modell der Altstadt und der Zitadelle, Blick nach Osten

sowohl von Schiiten als von Sunniten verehrt.

Die Herrschaft von Sayf ad-Daula endete für Aleppo jedoch auf tragische Weise. Die Stadt hatte in wirtschaftlicher Hinsicht bereits unter zahlreichen Kriegen und steigender Steuerlast leiden müssen. In einem Gewaltangriff wurde sie 962 von dem byzantinischen Kaiser Nikephorus Phokas stark zerstört und ein Großteil der Bevölkerung getötet oder als Gefangene verschleppt.

Der Wiederaufbau der wichtigsten Bauwerke Aleppos, besonders der Verteidigungsanlagen und der Großen Moschee, nahm die folgenden Jahre in Anspruch, aber diese Arbeiten wurden doch nur in einem begrenzten Rahmen vollendet. Eine wichtige Veränderung jedoch war die Verlegung der Herrscherresidenz in die Zitadelle, die von diesem Zeitpunkt an ständig ausgebaut und erweitert wurde.

Im 11. Jahrhundert tobte der Streit um Aleppo zwischen den Byzantinern, den ägyptischen Fatimiden und den Mirdasiden, einer Herrscherfamilie der Kalb-Araber. Letztere eroberten die Stadt 1023 und behielten sie etwa 50 Jahre. Danach kam Aleppo zum Hoheitsbereich der Seldjuken, zunächst – ab 1071 – nur als Lehen, später übernahmen sie völlig die Herrschaft. Dennoch hatten die Seldjuken um ihre Autorität zu kämpfen. Der Machteinfluss ortsansässiger Notabler blieb groß und stieß sich manchmal an der seldjukischen Autorität. Dies zeigt das Beispiel

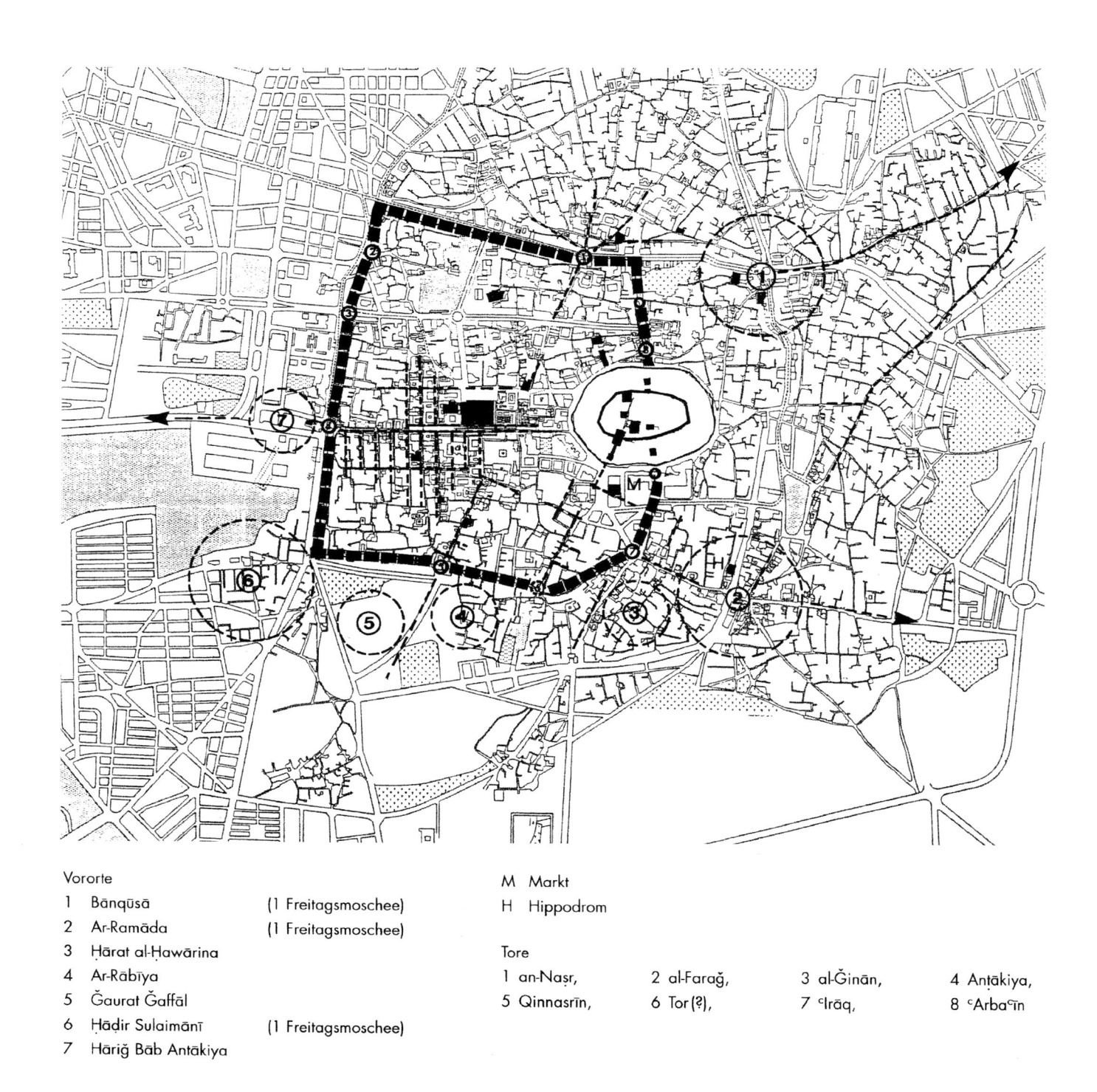

Vororte
1 Bānqūsā (1 Freitagsmoschee)
2 Ar-Ramāda (1 Freitagsmoschee)
3 Hārat al-Hawārina
4 Ar-Rābīya
5 Ǧaurat Ǧaffāl
6 Hādir Sulaimānī (1 Freitagsmoschee)
7 Hāriǧ Bāb Antākiya

M Markt
H Hippodrom

Tore
1 an-Naṣr, 2 al-Faraǧ, 3 al-Ǧinān, 4 Antākiya,
5 Qinnasrīn, 6 Tor (?), 7 ʿIrāq, 8 ʿArbaʿīn

Aleppo in ayyubidischer Zeit

Vororte

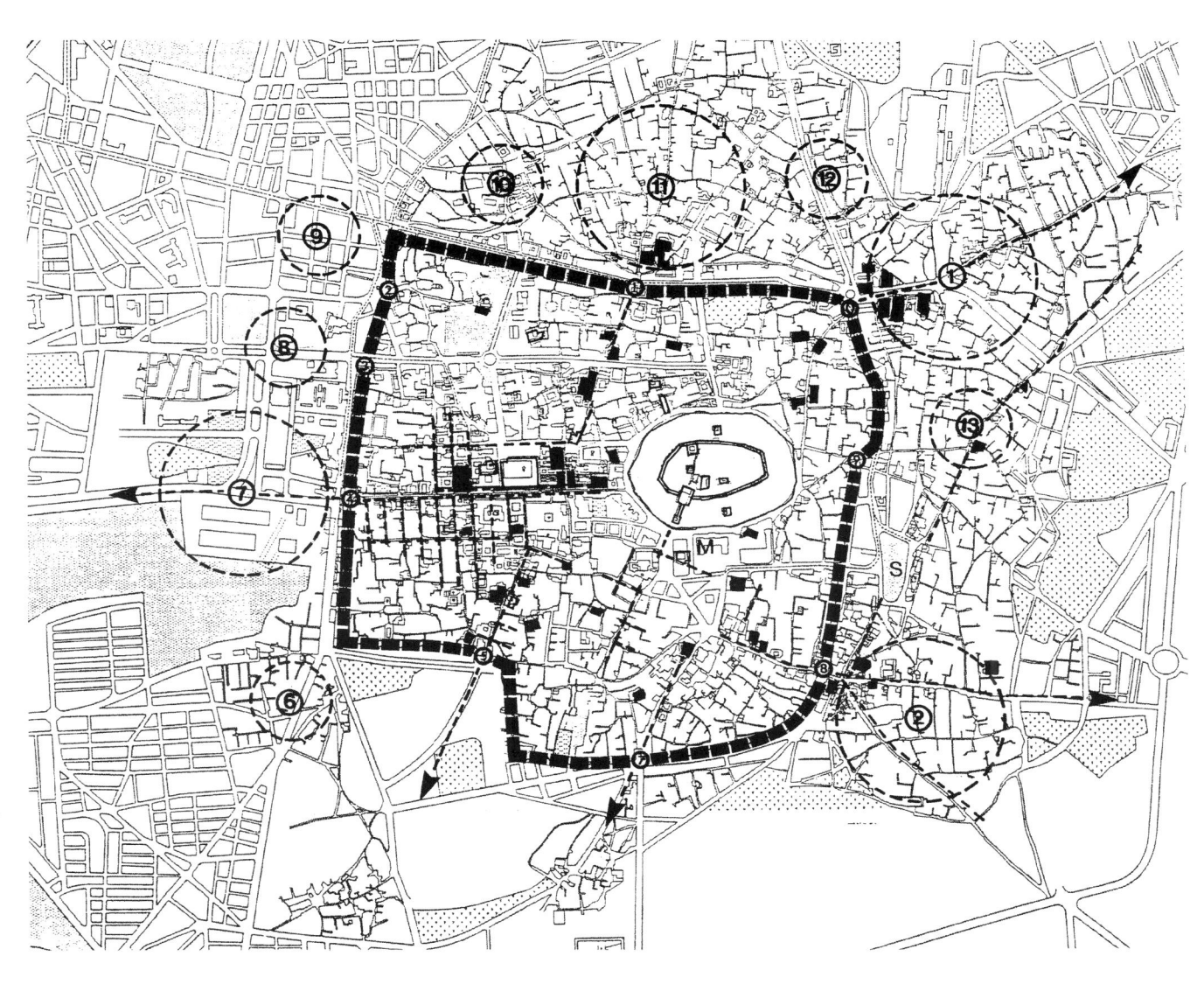

1 Bānqūsā (4 Freitagsmoscheen)
2 Ar-Ramāda (2 Freitagsmoscheen)
6 Al-Kallāsa (2 Freitagsmoscheen)
7 As-Sāsa (3 Freitagsmoscheen)
8 Al-Mašāriqa (2 Freitagsmoscheen)
9 Az-Zaǧǧāǧīn
10 Al-Ǧudaida
11 Ḥāriǧ Bāb an-Naṣr / Al-Hazzāza / Al-Ḥaǧǧāǧ
12 Ibn Ǧāǧā
13 Al-Akrād

M Markt
S Schlachthof

Tore
1 an-Naṣr,   2 al-Faraǧ,   3 al-Ǧinān,   4 Anṭākiya,
5 Qinnasrīn, 7 al-Maqām,   8 an-Nairab,   9 al-Aḥmar,   10 al-Ḥadīd

Aleppo in mamlukischer Zeit

des Chefs der städtischen Milizen, des Scharifen al-Hutayti, der sich 1085 im Süden der Stadt eine Festung bauen ließ, die seinen Namen bekam (Zitadelle des Scharifen).

Wenn es auch dem türkischen Gouverneur Aqsunqur (1086 ernannt) gelang, sich aufgrund seiner guten administrativen Fähigkeiten Anerkennung zu verschaffen, so war die Herrschaft von Ridwan (1095-1113), des Neffen von Malikschah, bei den Aleppinern nicht sehr geschätzt. Sie warfen ihm vor, nur mit wenig Energie die Franken zu bekämpfen, die sich seit 1098 in der Region niedergelassen hatten. Außerdem hatte er die extreme schiitische Sekte der Batiniten (oder Assassinen) unterstützt. So war das gesamte erste Viertel des 11. Jahrhunderts in Nordsyrien durch die fränkische Expansion von sehr schwierigen politischen und militärischen Bedingungen und ihren verheerenden wirtschaftlichen Folgen geprägt.

Erst 1128 gelang es dem Emir Zangi (1128-1144), die Region aus dem fränkischen Würgegriff zu lösen, und so konnte sich Aleppo wirtschaftlich und politisch wieder erholen. Aber es ist besonders sein Sohn und Nachfolger Nur ad-Din (1146-1174), der Aleppo sein Siegel aufdrückte – selbst noch, nachdem er Damaskus 1154 erobert und seinen Regierungssitz dorthin verlegt hatte. Aleppo wurde vollständig wieder aufgebaut, besonders nach dem großen Erdbeben von 1157. Die Festungsanlagen und ihre Vorwerke wurden wiedererrichtet, während die Zitadelle mit ihrem Palast, ihrem Hippodrom und der Großen Moschee vollständig instand gesetzt wurde. Ihre Doppelfunktion als Festung und Herrschersitz wurde damit erneut sichtbar.

Nur ad-Din ließ auch in den Vorstädten von Aleppo mehrere andere Hippodrome wieder aufbauen oder anlegen, denn er liebte das Polospiel. Die Hippodrome waren jedoch auch für die Pferderennen und die Reiterübungen vorgesehen, die für eine Reiterarmee unerlässlich sind.

Das kulturelle und religiöse Werk dieses Fürsten war nicht weniger bedeutend. Die Große Moschee im Stadtzentrum, die 1169 bei einem Brand schwer beschädigt worden war, wurde vollständig wiederhergestellt. Bei dieser Gelegenheit verlegte man die Geschäfte des Bazars (*suq*), die sich im Südosten der Moschee befunden hatten, um dem wichtigsten religiösen Bauwerk der Stadt eine regelmäßige rechteckige Form zu geben. Weiterhin ließ Nur ad-Din ein neues Krankenhaus bauen.

Besonders bemühte sich Nur ad-Din darum, der sunnitischen Glaubensrichtung mehr Gewicht in Aleppo zu verschaffen. Denn seit der Regierungszeit von Sayf ad-Daula war Aleppo größtenteils schiitisch geblieben. Der Bau der ersten „Madrasa" (1121-1123) war auf die offene Feindseligkeit der Schiiten gestoßen, die in der Nacht zerstörten, was die Sunniten am Tag aufbauten. Nur ad-Din selbst gründete eine Schule der Überlieferung (*dar al-hadith*), vier Madrasas und mehrere „Zawiyas" in der Großen Moschee, die dazu bestimmt waren, religiöse Wissenschaften und das sunnitische Recht zu lehren. Seinem Beispiel folgte eine Reihe seiner Verwandten und seiner Emire. Auch die Einrichtungen für „Sufis" (*chanqah* und *ribat*) fanden Förderung und hatten großen Zulauf. Die erste Einrichtung dieser Art, die in Aleppo von 1115-1116 gebaut worden war, hatte zwar das Misstrauen der Aleppiner erregt, aber Nur ad-Din und seine Emire gründeten mindestens sieben derartige Einrichtungen, darunter auch eine für Frauen. Außerdem schuf Nur ad-Din in Aleppo ebenso wie in Damaskus einen Justizpalast (*dar al-adl*), um dort in eigener Person Recht zu sprechen, wenn er sich in der Stadt aufhielt.

Das Gesamtwerk Nur ad-Dins war also beträchtlich. Es waren nicht nur die Bauwerke, die in den vorangegangenen Jahrzehnten gelitten hatten, wieder hergestellt worden, sondern es wurden auch zahlreiche andere gegründet, die Aleppo zu einer religiös und kulturell hoch angesehenen Stadt werden ließen, in der große Wissenschaftler aus dem Iraq und Obermesopotamien zusammenkamen.

Die ayyubidischen Herrscher verfolgten und verstärkten diese Art der Politik. Aleppo war eine der letzten Städte in Syrien, die 1183 in die Hände Saladins fiel, der von den meisten Aleppinern als Gegner und Verräter der zangidischen Dynastie angesehen wurde. Aber der neue Herrscher über die Stadt wusste sehr schnell die Notablen zu versöhnen, und eine seiner ersten Maßnahmen war es, Schafiten statt Hanafiten an die Spitze der religiösen Würdenträger zu setzen.

Saladin selbst blieb nicht lange in dieser Stadt, sondern übergab sie an Verwandte. Sein Bruder al-Adil regierte von 1183 bis 1186 in Aleppo, bevor er dem Sohn Saladins, az-Zahir Ghazi (1186-1216) das Amt überließ. Von diesem wiederum ging die Herrschaft auf den Sohn und danach auf seinen Enkel über. Aleppo blieb auf diese Weise ein unabhängiger Herrschaftsbereich, der zumeist die Oberhoheit des ayyubidischen ägyptischen Herrschers anerkannte, bis die Mamluken im Jahr 1250 in Kairo die Macht übernahmen.

Die erste Hälfte des 13. Jahrhunderts war in Nordsyrien durch politische Stabilität und entspannte Beziehungen zu den Kreuzfahrerstaaten gekennzeichnet. Aufgrund dieser Entwicklung lebte der Handel auf. In diesem Bereich kam es zu der großen Neuerung, dass Italiener und besonders Venezianer in Aleppo tätig wurden, die zwischen 1207-1254 mehrere Male Handelsverträge mit Aleppiner Bevollmäch-

Aleppo, Madrasa asch-Schuaybiyya

tigten schlossen und erneuerten. Durch diese Abkommen erhielten sie wichtige Privilegien im juristischen Bereich, bei Zollangelegenheiten und im Geldwesen, ebenso bekamen sie das Recht, in den Vorstädten Aleppos eine Handelsniederlassung (fondaco), ein Bad und eine Kirche zu besitzen.

Die ayyubidischen Herrscher liebten es außerdem, sich mit Vertretern der Kunst, der Wissenschaft und der Religion zu umgeben. Diese kamen in großer Zahl aus dem Iran, dem Iraq, aus Obermesopotamien, dem syrisch-palästinensischen Raum und aus Ägypten. Sie hielten sich einige Zeit in Aleppo auf oder sie siedelten sich für immer dort an.

Alle diese politischen, wirtschaftlichen und sozialen Faktoren hatten wesentliche Auswirkungen auf die Entwicklung Aleppos. Der Unabhängigkeitswille der Aleppiner Herrscher, der gegenüber ihren Onkeln und Cousins in Ägypten deutlich wurde, zeigte sich auch gegenüber Eindringlingen, die aus dem Norden und Osten kamen (Rumseldjuken, Choresmier und später den Mongolen). Es war dieser starke Wille, der die sehr ehrgeizige Politik bestimmte und die Verteidigungsbauten schuf. Die Festungsmauern wurden wieder hergestellt, die Zitadelle instand gesetzt und durch al-Zahir Ghazi mit einem monumentalen Eingangstor ausgestattet, das durch zwei mächtige Türme geschützt wurde. Im Inneren der Zitadelle wurden der Palast und die Große Moschee wieder aufgebaut.

Auf religiösem und kulturellem Gebiet zeigte die sunnitische Politik der Herrscher das Bestreben, sich eine Führungselite zu schaffen, auf die sich ihre Macht stützen konnte. Als ebenso wichtig empfanden sie das Heranströmen zahlreicher Wissenschaftler und Studenten als Fortentwicklung bei der Gründung von Madrasas und anderen Unterrichtsstätten. Aleppo hatte beim Regierungsantritt der Ayyubiden neun Madrasas, 1260 hatte sich diese Zahl verfünffacht.

In der ersten Hälfte des 13. Jahrhunderts entstanden außerdem eine Reihe neuer Betstätten (masdjid) und die sogenannten Zawiyas. Diese Bauten hatten häufig nur eine geringe Größe, und manchmal handelte es sich nur um einen besonderen Raum in einem größeren Bauwerk. Die Masdjid, die über die gesamte Stadt verteilt waren, dienten als kleine Stadtteilmoscheen, aber sie konnten auch – wie die Zawiya – einem Asketen, der betend zurückgezogen von der Welt lebte, als Bleibe dienen. Asketische Lebensformen und mystische Anschauungen entfalteten sich stark in dieser Epoche, und es wurden weitere Einrichtungen für Sufis geschaffen – wie schon zur Zeit Nur ad-Dins.

Die meisten dieser Gründungen lagen innerhalb der Festungsmauern, was auf den Willen der Sufis hinweist, sich in die städtische Gesellschaft zu integrieren und sich nicht von ihr abzusondern. Die Lage dieser Einrichtungen in der Nähe der Zitadelle oder in den Regierungsvierteln findet häufig eine Erklärung in der Herkunft ihres Stifters. Die Herrscher und ihre Familie ließen solche Gründungen nahe bei der Zitadelle anlegen, wo sie selbst wohnten, während andere begüterte Stifter ihr eigenes Haus nach ihrem Tod in einen Changah umwandeln ließen, besonders dann, wenn sie keine Erben hatten.

Der wirtschaftliche Wohlstand zeigte sich in der städtischen Entwicklung durch den Aufbau von Märkten, die man erweiterte und – falls sie niederbrannten – restaurierte. Etwa 15 Karawansereien (funduq oder chan), die hauptsächlich in den südlichen und westlichen Vorstädten Aleppos konzentriert waren, nahmen fremde Kaufleute auf und dienten als Warenumschlagplätze. Die Expansion der Vorstädte war eines der Charakteristika dieser Epoche, und zwar in einem solchen Maße, dass ihre Bevölkerungszahl – nach dem Historiker Ibn al-Adim – die der Wohnviertel innerhalb der Stadtmauer übertraf. Die Wasserversorgung, die Aleppo mit Wasser aus der Quelle von Haylan – etwa ein Dutzend Kilometer nördlich der Stadt – versorgte, wurde völlig erneuert und ausgebaut.

In der Mitte des 13. Jahrhunderts gab es drei große Moscheen in den Vorstädten. Die älteste befand sich in der südlichen Vorstadt al-Hadir, sie wurde im 12. Jahrhundert erbaut. Ihr folgten im 13. Jahrhundert die Moscheen der nördlichen und nordöstlichen Vorstädte (al-Ramada und al-Banqusa). Auch die große Anzahl von Gebetsstätten (ungefähr 476 außerhalb der Mauern, gegenüber 208 im Innern) ebenso wie die Bedeutung der Bäder bezeugen in diesen Vierteln ein starkes Bevölkerungswachstum. In dieser Zeit fühlten sich die Einwohner nicht mehr ständig bedroht und deshalb nicht gezwungen, sich im Schutz der Stadtmauer niederzulassen.

Der Mongolensturm von 1260 war eine Katastrophe für Aleppo. Innerhalb weniger Tage wurde die Stadt verwüstet und die Bevölkerung zum großen Teil getötet. Die Flucht nach Ägypten rettete einigen das Leben, aber die intellektuelle Elite der Stadt war ausgelöscht.

Unter den Mamluken

Gegen Ende desselben Jahres wurde Aleppo von den Mamluken zurückerobert, die Stadt und die gesamte nordsyrische Region blieben während mehrerer Jahrzehnte eine Grenzzone zwischen Mamluken und Mongolen, zeitweilig den Streifzügen der Letzteren ausgesetzt und durch zahlreiche politische Aufstände erschüttert. Zu diesen schwierigen Bedingungen kam hinzu, dass sich die Handelswege zwischen Europa und Asien nach Norden verschoben, was den Armeniern in Klein-Armenien und dem genuesischen Handel am Schwarzen Meer zugute kam. Auch die große Pest von 1348 gehörte zu den Faktoren, derentwegen sich der Wiederaufbau der Stadt verzögerte.

Von der zweiten Hälfte des 14. Jahrhunderts an kam jedoch die Bautätigkeit in Aleppo wieder in Gang – das war ein Zeichen für eine grundlegende Erneuerung. Tamerlan verwüstete zwar die Stadt im Jahr 1400, aber der wirtschaftliche Aufschwung, der sich im 15. Jahrhundert entwickelte – dank der Rückverlegung der Handelsrouten in den Süden –, erlaubte es Aleppo, wieder eine international wichtige Rolle zu spielen. So ermutigten die osmanische Eroberung Anatoliens und das Verschwinden des christlichen Königreichs von Klein-Armenien (1375) die Europäer, wieder südliche Handelswege, die durch Aleppo und Damaskus führten, zu nutzen. Aleppo verkaufte den Europäern (und besonders den Vene-

Aleppo, Chanqah fil-Farafra, Mihrab

Aleppo, Chanqah fil-Farafra, Portal

zianern) seine Baumwolle, seine Pistazien und seine Seife ebenso wie orientalische Waren, z.B. Gewürze, medizinische Produkte und iranische Seide.

Im städtischen Bereich wurde die Umfassungsmauer, die 1260 von den Mongolen zerstört worden war, erst in den letzten Jahren des 15. Jh. vollständig wiedererrichtet. Sie umfasste nun auch die neuen Viertel, die sich im Osten der Zitadelle entwickelt hatten, und erhob sich an der Stelle des Erdwalls, der von den ayyubidischen Sultanen erbaut worden war, dort wo sich der alte „Römer-Graben" befunden hatte. Die Zitadelle, nunmehr im Mittelpunkt der Stadt, verlor ihren Verteidigungscharakter, aber sie wurde vollständig restauriert, um als Sitz der politischen und militärischen Macht zu dienen. Die Zahl der Freitagsmoscheen erhöhte sich beträchtlich – von 5 in der ayyubidischen Zeit auf mehr als 40 in der zweiten Hälfte des 15. Jahrhunderts. Die Madrasas, die Traditionsschulen (*dar al-hadith*) und die Gebäude der Sufis entwickelten sich ebenso, aber in einem geringeren Maße.

Die südlichen Vorstädte, die in ayyubidischer Zeit stark bevölkert gewesen waren, wurden nach und nach zu Gunsten der nördlichen und östlichen Viertel aufgegeben. Besonders zu erwähnen ist die Gründung eines neuen christlichen Viertels, al-Djudayda, im Nordwesten der Stadt, wo sich viele Einwanderer ansiedelten, die durch die wirtschaftliche Entwicklung Aleppos angezogen wurden. Die Wirtschaftstopografie Aleppos zeigte keine großen Änderungen, selbst wenn man, im Vergleich mit der vorangehenden Periode, die Verlegung einiger Handwerkszweige erwähnt. Mehrere neue Märkte wurden eingerichtet, so etwa der Pferdemarkt am Fuß der Zitadelle. Aber die wichtigste Änderung war im 15. Jahrhundert der Bau von Karawansereien von bisweilen riesigen Ausmaßen mitten in der Stadt. So war Aleppo, als die Osmanen es 1516 eroberten und in ihr Reich einfügten, eine Stadt, die auf einen seit einem halben Jahrhundert währenden Wohlstand zurückblicken konnte.

Damaskus in osmanischer Zeit

Jean-Paul Pascual

In Mardj Dabiq nördlich von Aleppo kündigte sich bereits im August 1516 durch die Niederlage der Truppen des Mamlukensultans al-Ghuri gegen die osmanischen Armeen der Zusammenbruch des Regimes in Kairo (Januar 1517) an. Nun brauchte die osmanische Macht nur noch einige Jahrzehnte, um alle arabischen Länder – mit Ausnahme Marokkos – unter ihre Autorität zu zwingen. Damals, im 16. Jh., wurde der Staatsapparat nicht unwesentlich durch profitable kriegerische Unternehmungen finanziert, eine staatliche Einnahmequelle, die mit dem langsameren Vorankommen der osmanischen Macht geringer wurde.

Wesentliche Finanzquelle des Imperiums waren jedoch die wirtschaftlichen Aktivitäten, unter denen die landwirtschaftliche Produktion an erster Stelle stand. Der größte Teil der Agrarerzeugnisse diente der Versorgung der Städte, und der Transport dieser Güter führte zu einem intensiven Karawanen- und Schiffsverkehr, der sich dem Zugriff Landesfremder entzog. Diese Wirtschaftsform behielt ihren traditionellen Charakter bei, aber ihre Möglichkeiten lagen in der Menge und Vielfalt der Ressourcen, die in diesem „Weltreich" zur Verfügung standen. Sie gründete aber auch in der politischen Stabilität und Sicherheit, die das osmanische Ordnungsprinzip garantierte.

Die Wirtschaft war eine gelenkte Wirtschaft, in der sich die Intervention des Staates auf vielfältige Weise zeigte. Diese Wirtschaftsform war zwar weltoffen und ganz besonders an Europa angeschlossen, dennoch bewahrte sie die Autonomie in ihrem Bereich vor der ausländischen Konkurrenz und regulierte den Warenverkehr nach den eigenen Erfordernissen.

Die osmanische Eroberung hatte die arabischen Länder zu einer großen Einheit zusammengefasst. Die Größe dieses Reiches schaffte einen ausgedehnten Binnenmarkt, auf dem sowohl die Produkte der verschiedenen Regionen ausgetauscht wurden als auch Waren auftauchten, die im Transit durch diese Gegenden befördert wurden: Kaffee, Gewürze, Stoffe des Orients, die über Damaskus, Aleppo und Kairo herankamen; außerdem Produkte, die aus Innerafrika über die Maghrebstaaten und Kairo kamen, sowie ägyptische und syrische Stoffe. Händler aus Westeuropa, Venezianer, Franzosen, Engländer und Holländer, versuchten, Handelsniederlassungen in Istanbul und in anderen Häfen der Levante einzurichten. Das Innere des Reiches war ihnen jedoch verschlossen, und dieser Zustand blieb bis zum 19. Jh. erhalten. Der Karawanentransport befand sich also weiterhin in den Händen der Einheimischen.

In den Jahrzehnten nach dem Tod des großen Sultan Sulayman (1566) begannen Unordnung und Veränderungen um sich zu greifen. Die Krise, in die das Osmanische Reich geriet, hatte zahlreiche Gründe. Die militärischen Unternehmungen des ausgehenden Jahrhunderts gegen Iran und Österreich waren nicht mehr wie früher Quelle unermesslicher Beute, sondern gerieten zu einer immer stärker drückenden Belastung für den Staat. Diese militärische Krise zog finanzielle Schwierigkeiten nach sich. In der zweiten Hälfte des 16. Jh. kam es zudem zu starken Unregelmässigkeiten im Münzwesen durch das massive Einfließen von Münzen, die in Spanien oder Zentraleuropa geprägt wurden, sowie durch Silber aus Amerika.

Am Ende des 16. Jh. ist die institutionelle und soziale Ordnung zerrüttet. Die Geldentwertung verringert die festen Einkommen, führt zu Meuterei im Janitscharen-Korps und begünstigt die Entwicklung von Korruption bei den Führungskräften des Staates. Das schwerfällig gewordene Finanzsystem und Geldeintreibungen tragen zur Landflucht und damit zur Entvölkerung ländlicher Regionen bei. Die flüchtenden Bauern vergrößern die Scharen der Beschäftigungslosen in den Städten oder werden in die neuen Truppenverbände eingezogen, die der Staat zu seinen schwierigen Kriegszügen in dieser zweiten Hälfte des Jahrhunderts braucht. Nach den Kriegen entlassen, bilden diese Männer Banden, die Straßenraub in Anatolien und Nordsyrien betreiben und selbst bis nach Damaskus gelangen. Die ländlichen Gebiete entvölkern sich durch solches Treiben immer mehr.

Damaskus

Damaskus, die zweite bedeutende Stadt im mamlukischen Sultanat, wurde nach der osmanischen Eroberung die Hauptstadt eines kleinen Paschalik, das sich in ein viel größeres Reich eingliederte. Insgesamt gesehen ruhte die Verwaltung der Provinzen – in Syrien wie anderswo – auf drei wesentlichen Säulen: dem Gouverneur, dem Richter und den Truppen. Die Befugnisse des Gouverneurs (*wali*) waren weitreichend und berührten den zivilen und den militärischen Bereich. Er war beauftragt, Ordnung und öffentliche Sicherheit aufrecht zu halten, er hatte Steuern einzutreiben und die Verwaltung insgesamt zu führen. Er musste jedoch auch an den kriegerischen Unternehmungen des Imperiums teilnehmen. Dennoch war seine Autorität sowohl durch den Rahmen seiner Aufgaben eingeschränkt als auch durch Kontrollen, die das Zentralregime eingeführt hatte, um einer zu exzessiven Machtausübung gegenzusteuern. Aus diesem Grund wurde auch die Dauer der Amtszeit, die im 16. Jh. selten drei Jahre überstieg, im folgenden Jahrhundert weiter reduziert; und die Amtsträger wechselten einander immer rascher ab.

Rechtsangelegenheiten erforderten die Autorität eines Obersten Richters, der jedoch ebenfalls von der Regierungshauptstadt abhängig war und mit ihr direkte Kontakte unterhielt. Als „Hanafit" hatte er die Oberhoheit über alle anderen Richter, und seine Kompetenzen waren weitreichend. Er übte Einfluss auf das wirtschaftliche und soziale Leben aus, und im politischen Bereich bildete er das Gegengewicht zur Macht des Gouverneurs. Die übliche Amtszeit des Richters betrug ein Jahr, aber einige Richter blieben länger auf ihrem Posten, so etwa vier von ihnen im 16. und 17. Jh.

Die Streitkräfte, Janitscharen (Fußtruppen), deren Standort in der Stadt war, oder die Kavallerie (*sipahi*), standen unter der Befehlsgewalt des Gouverneurs, waren aber Offizieren zugeordnet, die ihrerseits von der Zentralregierung ernannt wurden. Die Zahl der Kavalleristen, die das Gros der Truppen des Sultans ausmachten, nahm während des 17. Jh. in der Provinz Damaskus beträchtlich ab. Die Fußtruppen dagegen spielten eine

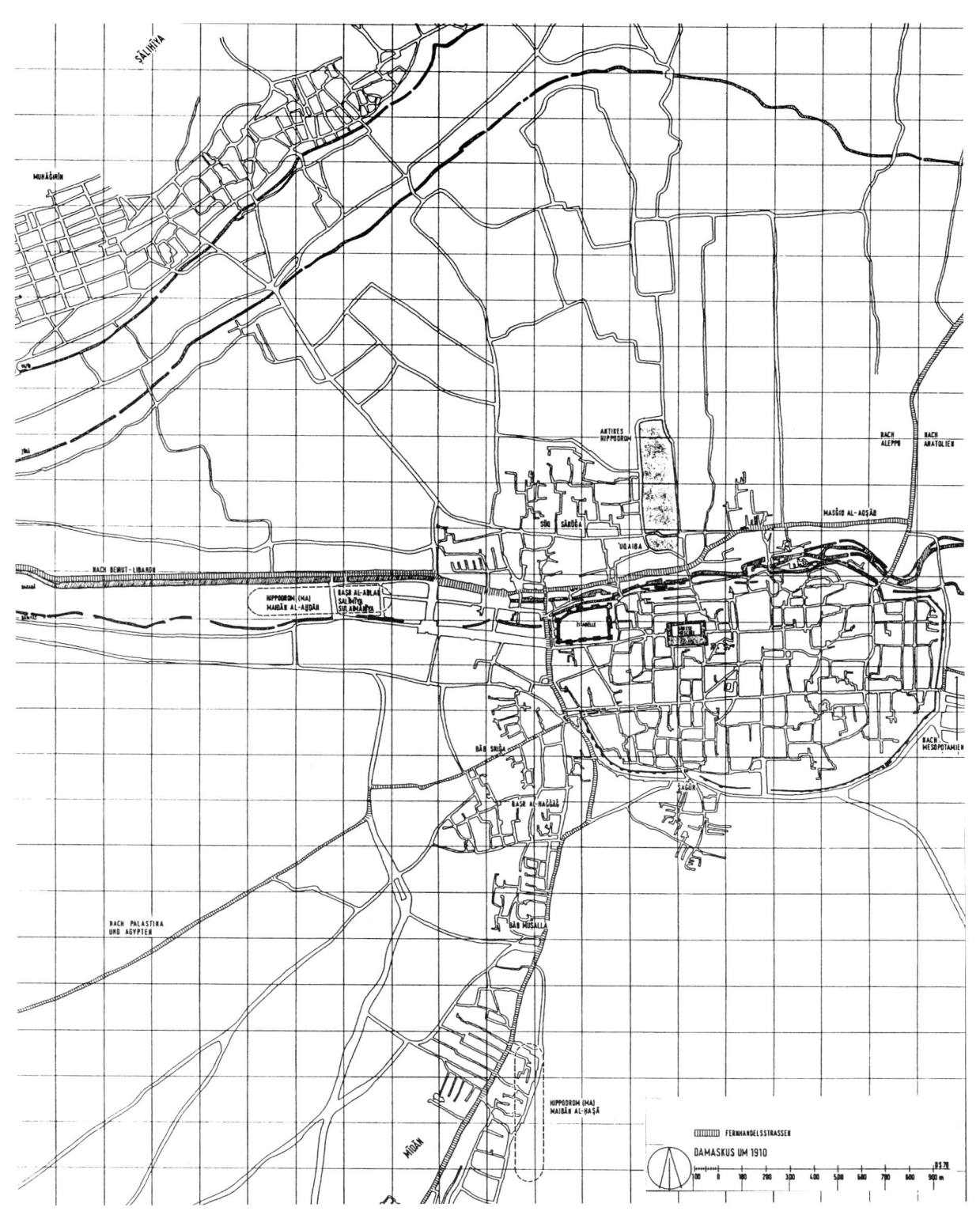

Damaskus, Gesamtplan der mittelalterlichen und osmanischen Stadt mit Salihiyya, Midan und den Fernhandelsstraßen

Der Barada in Damaskus

immer entscheidendere Rolle in der Lokalpolitik. Seit 1660 gab es in Damaskus zwei Janitscharen-Korps: Reichstruppen und lokale Truppenverbände. Die Stadt war von diesem Zeitpunkt an von der Gegnerschaft der beiden Gruppen gekennzeichnet und von deren Kampf um Macht und Profite.

Damaskus, von der Bevölkerungszahl die wichtigste Stadt im mittleren und südlichen Syrien – ungefähr 55.000 Einwohner am Ende des 16. Jh. und 140.000 gegen Ende des 19. Jh. –, war Handwerkszentrum und Mittelpunkt eines aktiven regionalen Handels, der die täglichen Bedürfnisse der Einwohner deckte. Die Stadt lag im Schnittpunkt von Überlandstraßen und von überregionalen und internationalen Handelsbeziehungen, die jedoch weniger intensiv waren als diejenigen, die den Ruf der Konkurrenzstadt im Norden, Aleppo, ausmachten. Die Handelskontakte zum Osten liefen über Aleppo und außerdem über Mekka und Medina; der Südhandel nahm seinen Weg über Ägypten.

Der Orienthandel der Stadt war eng mit der Pilgerkarawane zu den Heiligen Städten verbunden. In jedem Mondjahr zog diese Karawane Tausende von Pilgern in die Stadt. Sie kamen aus den Reichsprovinzen Anatoliens und des Balkans und aus Persien. Diese Pilger blieben bis zu ihrem Aufbruch etwa einen Monat in Damaskus, sie wohnten in Zelten, in Karawansereien oder bei Bürgern der Stadt. Sie vervollstandigten hier ihre Einkäufe (besonders ihren Proviant), um die schwierige Reise zu den Heiligen Städten zu bewältigen, und sie trugen damit nicht unwesentlich dazu bei, die wirtschaftlichen Aktivitäten der Stadt zu beleben.

Durch diese Karawane erhielt Damaskus über Mekka und Medina Waren aus Arabien, Afrika und Indien: Schmuck und Edelsteine, Seiden- und Baumwollstoffe, Drogen, Gewürze, Ingwer, Indigo, Gummiarabikum, Kampfer, Kaffee, abessinische und sudanesische Sklaven. Damaskus schickte in diese Städte und Länder insbesondere Getreide, Olivenöl, Textilien und Waffen. Nach Ägypten und Kairo wurden Stoffe, Seife, Olivenöl, Galläpfel, getrocknete Früchte und Aprikosenpaste ausgeführt, und man erhielt im Austausch Reis, Bohnen, Linsen, Leinwand, Zucker und manchmal Getreide, um Hungersnöte aufgrund von Missernten zu überstehen.

Damaskus war mit Europa durch die Häfen an der syrischen Küste verbunden: Akko, Saida und Tripoli, wo sich „fränkische" Kaufleute niedergelassen hatten. Letztere hatten diese Städte jedoch um die Mitte des 16. Jh. wegen mangelnder Profite verlassen. Die Palette der importierten und exportierten Waren war sehr groß, aber es gibt keine verlässlichen Zahlen über Umfang und Wert dieses Warenaustauschs. Marseille importierte Pottasche, die aus alkalihaltigen verbrannten Pflanzen gewonnen wurde, für die Seifen- und Glasherstellung. Ganz allgemein herrschte in Europa eine Nachfrage nach Trockenfrüchten, nach Seidengarn und Seidenstoffen, die den Ruf der Stadt ausmachten, aber auch nach Produkten aus Baumwolle und Wolle und nach einigen Waren, die aus dem Orient über Damaskus weitergehandelt wurden: persische und indische Seide, Gewürze, Farbstoffe. Europa seinerseits, und zwar besonders England, Frankreich und Venedig, boten dem Damaszener Markt eine Vielfalt von Produkten an: Pelze, Zucker, Reis, Papier und verschiedene Metalle (Kupfer und Eisen) in roher und bearbeiteter Form.

Große Bauwerke des 16. Jahrhunderts

Dank seiner Integration in das Osmanische Reich erlebte Damaskus im 16. Jh. große Aktivitäten im Bauwesen. Innerhalb der Stadtmauern erstreckten sich die baulichen Veränderungen auf den zentralen Geschäftsbereich, der eine deutliche Ausdehnung und Verdichtung erfuhr. Den Gouverneuren lag daran, Gebäude errichten zu lassen, die Handelszwecken dienten. Diese Bauwerke ersetzten ehemalige mamlukische Bauten oder Wohnhäuser. Außer denen, die sich an der „Via Recta" befinden, stammen die etwa zwanzig Karawansereien, die man heute kennt, aus dieser Zeit – darunter die bedeutendsten: Chan al-Djuhiyya im Suq al-Hayyatin, al-Harir oder Darwis Bascha, al-Djumruk und ein Markt für wertvolle Stoffe, der ehemalige „Bedestan". Sie wurden häufig durch den Bau von „Suqs" ergänzt, die sich an fromme oder wohltätige Stiftungen anschlossen, die von einflussreichen Gouverneuren errichtet wurden.

Diese hohen Persönlichkeiten vernachlässigten jedoch keineswegs die Gebiete außerhalb der Stadtmauern, die seit mamlukischer Zeit bereits mit Wirtschafts- und Handelseinrichtungen wohl versehen waren. Ein Gouverneur, der mehrere Male das Amt des Großwesirs bekleidete, Sinan Bascha, ließ seinen überdachten Suq, der etwa siebzig Läden umfasste, außerhalb des Bab al-Djabiya bauen, und Mustafa Lala Bascha, Gouverneur und ebenfalls Großwesir, legte seine ausgedehnte Karawanserei auf einer Fläche von mehr als 5.000 qm an, in deren Mittelpunkt erhöht eine Moschee stand. Dieser Gebäudekomplex lag nördlich der Zitadelle, wo in der französischen Mandatszeit der Suq al-Hal entstand.

Religiöse Bauten in den Vierteln

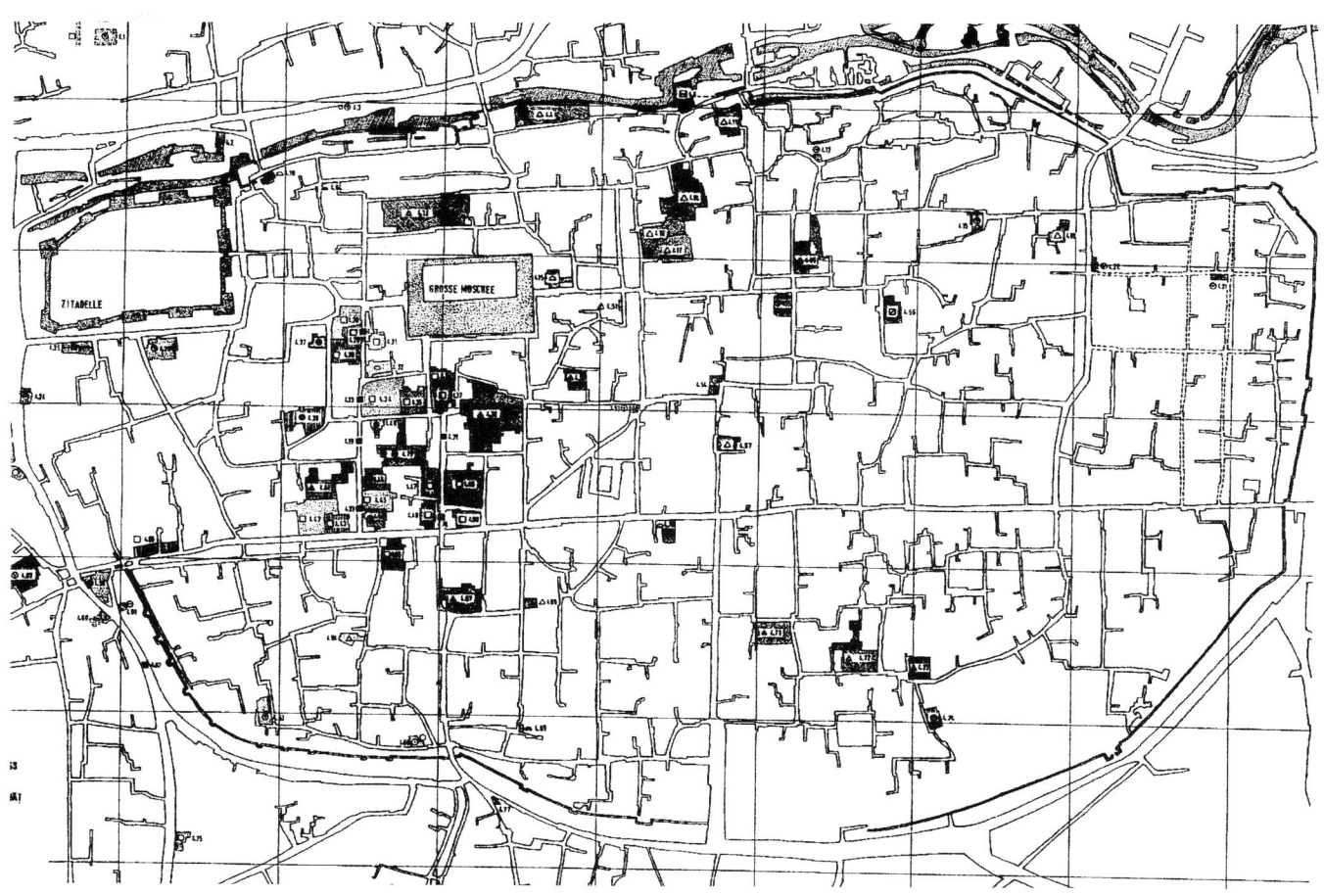

Damaskus, Innenstadt mit wichtigen Bauten des 16.-18. Jh.

innerhalb der Stadtmauern stammen im Wesentlichen aus vorangegangenen Perioden. Im 16. Jh. wurden nur drei bedeutende Moscheen oder „Madrasas" errichtet: die Ahmadiyya am Eingang des heutigen Suq Hamidiyya, die Siyadjusiyya in Saghur Djuwwani, die von einem Großwesir gegründet wurde, und die Zawiya as-Samadiyya. Weiterhin ließ Darwis Bascha dort ein Bad erbauen, wo sich heute der Suq al-Qisani im Geschäftsviertel befindet. Platzmangel innerhalb der Grenzen der Stadt war ohne Zweifel einer der Gründe, warum Erweiterungsbauten außerhalb der Umfassungsmauer ausgeführt wurden. Diese Mauer hatte längst ihre Verteidigungsfunktion verloren. Deshalb wurden außerhalb der Mauern die Moschee und die Takiyya Salimiyya in Salihiyya (1517-18) und die Takiyya Sulaymaniyya (1554-60) im Westen des verstädterten Gebietes nahe dem „Grünen Hippodrom" erbaut. Diese Gebäude nach osmanischer Konzeption bezeugen den Willen zweier großer Sultane des 16. Jh., der Stadt ein herrscherliches Gepräge zu geben.

Dem Bauwillen dieser Sultane folgten hohe Persönlichkeiten des Staates, Gouverneure, die ihren Sitz in Damaskus hatten, und hohe militärische Würdenträger. Man kann die Errichtung von Gebäuden außerhalb der Mauern als eines der Zeichen des Wachstums der Stadt

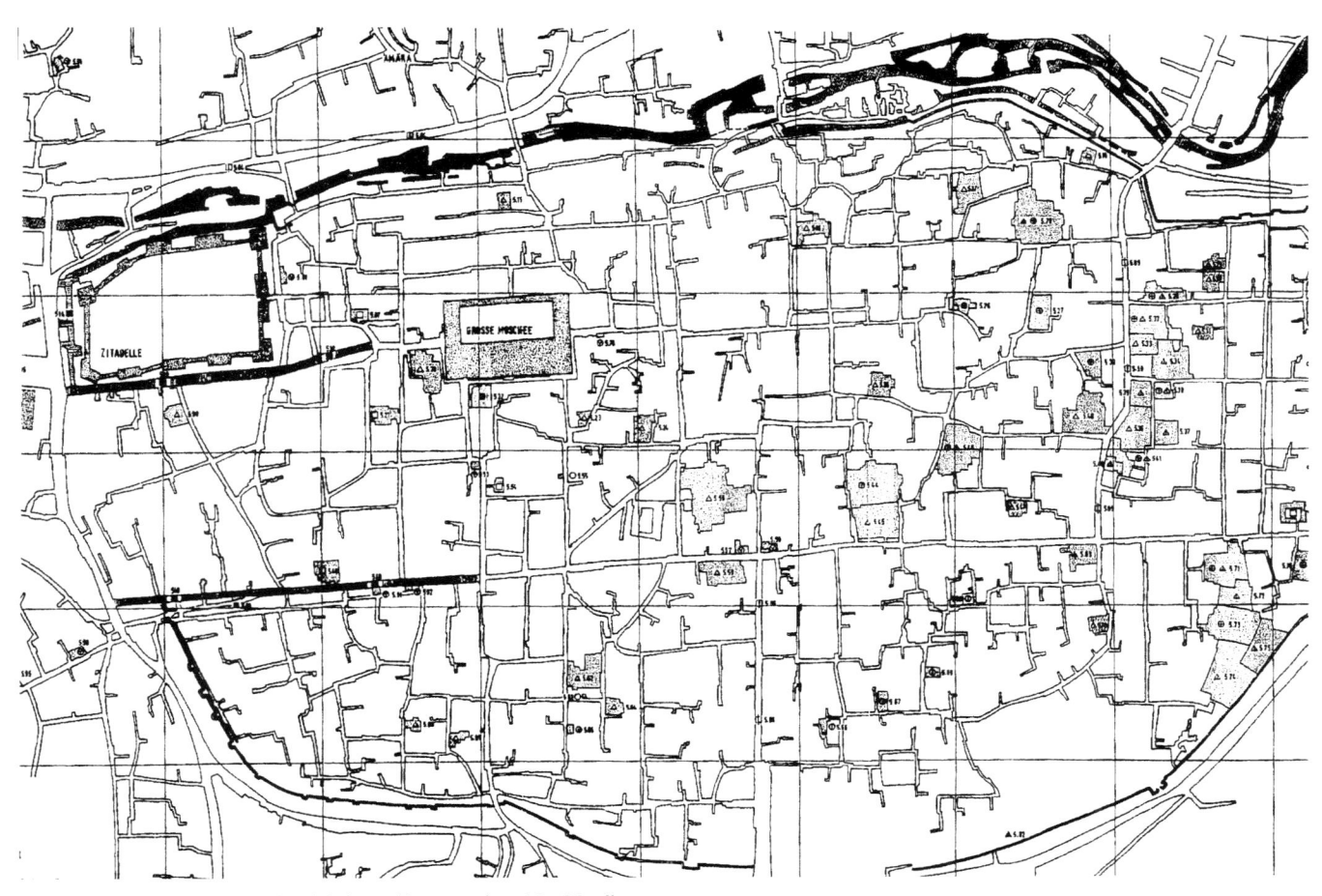

Damaskus, Innenstadt mit wichtigen Bauten des 19.-20. Jh.

in osmanischer Zeit werten. Am Ende des 16. Jh. ließen die Repräsentanten der Zentralmacht den Sitz des Gouverneurs, das mamlukische Dar al-Saada im Süden der Zitadelle, auf und richten sich außerhalb der Mauern in einem neuen „Serail" ein, das an der Stelle des heutigen Justizpalastes stand. Hauptsächlich jedoch bauten die Gouverneure Moscheen und Madrasa, dazu häufig ein Mausoleum, das die sterblichen Überreste des Stifters schützte, und eine Schule. Diese Bauwerke befinden sich an der großen Straße, die von der Zitadelle aus in südlicher Richtung auf Midan zuläuft: Isa Bascha, um 1543 gebaut, eine Gebetsstätte, die heute gegenüber dem Eingang des Suq al-Hamidiyya liegt und die teilweise während des Ersten Weltkriegs von Djemal Bascha zerstört wurde, als er die Straße verbreitern ließ. Jede der folgenden Moscheen hat den Namen ihres Stifters erhalten: Darwis Bascha (1571-1574), Sinan Bascha (1587-1589) und Murad Bascha (1594-1596). Wie zur mamlukischen Zeit trugen solche Bauwerke dazu bei, der Hauptverkehrsader, die von der Pilgerkarawane genutzt wurde, architektonischen Reiz zu verleihen.

Hohe Persönlichkeiten des Staates, die ihren Amtssitz in Damaskus hatten, bemühten sich darum, Bauwerke vorangegangener Epochen, die aufgrund von Naturkatastrophen beschädigt waren, wieder aufzubauen und instand setzen zu lassen. Nach den vorliegenden Quellen kann man jedoch schlecht einschätzen, wie groß diese Schäden und wie effektiv die Reparaturen gewesen sind. Ibn al-Furfur, ehemaliger Oberster Richter von Damaskus, übernahm die Restaurierung der Kuppel von Schaych Arslan (1527-28), des Stadtheiligen, und er ließ ganz in der Nähe sein eigenes Mausoleum errichten. Ein gewisser Sinan Agha baute zwischen 1564-65 eine Gebetsstätte außerhalb des Bab al-Faradj[1], und er ließ eine Brücke westlich der Takiyya Sulaymaniyya errichten. 1585 restaurierte Uthman Agha al-Tawaschi, der für die Timar zuständige „Daftardar", die Turba Balabaniyya im Suq Sarudja, deren Fassadensteine der letzte mamlukische Gouverneur Sibay für seine Madrasa benutzt hatte, und errichtete neben der „Turba" eine Gebetsstätte und eine Schule.

Aber man beschränkte sich nicht nur darauf, traditionelle religiöse oder wirtschaftlich genutzte Bauwerke zu errichten oder zu erneuern, sondern mit der Einführung und der raschen Verbreitung des Getränks Kaffee um die Mitte der 30er Jahre des 16. Jh. taucht ein neuer gesellschaftlicher Treffpunkt im städtischen Leben auf: das Kaffeehaus. Die Gründung solcher Kaffeehäuser entfachte zwar lebhafte religiöse Auseinandersetzungen, die Zahl dieser Einrichtungen vergrößerte sich jedoch rasch. Waren es zu Beginn vermutlich nur einfache Ausschankstellen oder Geschäfte, die man für diesen Zweck herrichtete, so ließen bald hohe Staatsträger Kaffeehäuser in ihre Stiftungen integrieren. Diese Orte der Geselligkeit bieten seitdem neue Treffpunkte in der Stadt.

Das wenig erforschte 17. Jahrhundert: Zeit des Niedergangs

Das 17. Jh. stellt eine sehr viel weniger ruhmreiche Epoche dar, und die Schwächung des Osmanischen Reiches zeigt sich immer deutlicher. Es ist charakteristisch, wie die Macht durch die Entwicklung von Klientelwirtschaft in die Hände von Sultansmüttern oder Würdenträgern des Harems gleitet. Diese Schwächung tritt noch klarer durch finanzielle Schwierigkeiten hervor, ebenso durch den Bauernaufstand in Anatolien und Unruhen in den Provinzen – besonders in den arabischen Provinzen, z.B. in Damaskus, wo sich der Einfluss ortsansässiger Janitscharen deutlich geltend macht. Das alles führt zu Autonomiebestrebungen, ohne dass jedoch durch all diese Tendenzen die Einheit des Osmanischen Reiches in Gefahr gerät. Am Ende des Jahrhunderts sind die Niederlage vor Wien und der bittere Vertragsabschluss von Carlowitz (1699) den Osmanen äußerst abträglich. So ist die osmanische Macht in Europa seitdem in der Defensive. In der Folgezeit werden die Grenzen des Reiches unter dem Druck der europäischen Mächte immer weiter zurückgedrängt.

Nach dem so aktiven 16. Jh. erscheint das 17. Jh. also düster und niederdrückend – in einem Reich, das auch kein glänzendes Bild mehr bietet. Dieses 17 Jh. bedeutet also eine dunkle Epoche, was die Kenntnis vom Wachstum der Stadt Damaskus angeht. Wenige beachtenswerte religiöse und zivile Bauwerke oder Erweiterungs- und Aufbauarbeiten werden in den Quellen erwähnt, die zugegebenermaßen kaum aufschlussreiche Informationen enthalten. Das Interesse richtet sich eher auf die Hauptverkehrsadern, die „Sultansstraßen" der Stadt.

Im ersten Jahrzehnt des 17. Jh. pflasterte man die Straße von Salihiyya, und 1638-39 ließ der Gouverneur Ahmad Kücük Bascha das Pflaster der Hauptverkehrsstraße erneuern, die von der Pilgerkarawane benutzt wurde und von der Sinaniyya-Moschee zum Bab Allah führte. Man restaurierte auch einige Bauwerke. So erneuerte man die Tinkiz-Moschee und 1648 das Minarett der al-Muallaq-Moschee, die an der heutigen Faysal-Straße liegt. Nur wenig neue Gebäude wurden errichtet. 1646 errichtete Bahram Agha den Chan al-Bahramiyya innerhalb des Bab al-Djabya. Von diesem Chan existiert nur noch das mächtige Portal, das übrige Gebäude ist im Laufe von Umgestaltungen des Stadtviertels, die gegen Ende des 19. Jh. Midhat Bascha vornahm, zerstört worden. Auch der Kuppelbau von Qadam am Südende der Stadt wurde in diesem Jahrhundert unter dem Gouverneur Ahmad Kücük Bascha erbaut. Er ersetzt ein ehemaliges mamlukisches Bauwerk und ist mit dem Pilgerwesen verbunden.

Damaskus, Gasse

Damaskus, Gasse

Das 18. Jahrhundert: Eine wesentlich aktivere Epoche

Zu Beginn des 18. Jh. zeigt sich die Zentralmacht deutlich geschwächt. Zwar liegt die Provinz Damaskus geografisch im Randbereich, sie bleibt dennoch im Zentrum der Bemühungen Istanbuls. Sie stellt nämlich – angesichts des Vorrückens von Nomaden – eine Bastion dar, und sie ist fest mit den Pilgerfahrten zu den Heiligen Städten verbunden. Istanbul unternimmt einen Versuch, die Macht wieder aufzurichten und die Provinz neu zu organisieren. Seine Politik wird künftig darauf hinauslaufen, die Wanderungen der Beduinen einzuschränken, indem man ihnen Anreize zum Sesshaftwerden bietet oder sich der Hilfe bestimmter Nomadenstämme versichert. Istanbul versucht auch, ein gutes Einvernehmen mit lokalen Unruhestiftern herzustellen, mit den Notablen, indem man ihnen Posten, Rangerhöhungen und besondere Zahlungen gewährt, und den untergeordneten Militärs, indem man sie mit Gewalt zügelt. Auch verstärkt Istanbul die Autorität des Gouverneurs. Von 1707 an ist der Bascha von Damaskus nicht mehr dazu verpflichtet, an den Feldzügen des Reiches teilzunehmen, und kann so seine militärische und finanzielle Kraft der Organisation, der Führung und dem Schutz der Pilgerkarawane angedeihen lassen. Beide Aufgabenbereiche sind so bis zum Ende der osmanischen Zeit in denselben Händen vereinigt.

Im Rahmen dieser Politik bildete sich in Damaskus eine „lokale Dynastie von Baschas" aus den Mitgliedern der Familie Azm. Zwischen 1725 und 1783 übten die Azm die Macht während 47 Jahren aus. Die lange Gouverneurszeit von Asad Bascha (1743-1757) bezeugt die Macht dieser Familie. Andere Azm standen während derselben Zeit an der Spitze von angrenzenden Provinzen (Saida, Tripoli, zeitweilig Aleppo); und ein letzter Azm, Muhammad, wurde dreimal um die Jahrhundertwende Bascha von Damaskus. Obwohl sie eine gewisse Autonomie genossen, die auf ihrer lokalen Herkunft gegründet war, vermieden es die Azm jedoch, mit Istanbul zu brechen. Sie führten eine gut funktionierende Verwaltung ein, versuchten, die in der Stadt herrschende Anarchie einzudämmen, und zeigten sich als Förderer von Kunst und Kultur.

Zahlreiche Bauwerke, die für die Architekturgeschichte von Damaskus wichtig sind, stammen aus dieser Zeit. Die verschiedenen Gouverneure aus der Familie Azm richteten ihre Anstrengungen auf die Stadt innerhalb der Festungsmauern. Ab 1728 ließ der erste Azm, Ismail, eine Madrasa im Suq al-Hayyatin errichten. Sulayman erbaute einen Chan an der heutigen Midhat Bascha Straße, der unter dem Namen Hamasina bekannt war, weil die Einwohner von Homs dort Quartier nahmen. Asad, der Berühmteste der Familie, ließ gegen 1750 eine Karawanserei und seinen prächtigen Palast (das heutige Museum für Volkskunst und Kultur) im Suq al-Buzuriyya errichten. 1781 baute Muhammad Bascha nicht nur einen Suq im Süden der Zitadelle – im westlichen Teil des Suq al-Hamidiyya –, sondern auch seinen Wohnsitz in der Nähe. Um die Reihe abzuschließen, ließ Abdallah Bascha, der Sohn Muhammads, seine Madrasa in der Straße erbauen, die zum Palast der Azm führt.

Andere Persönlichkeiten errichteten ebenfalls innerhalb der Stadtmauern Bauwerke. Fathi al-Falaqansi, Finanzminister der Provinz und direkter Konkurrent von Asad Bascha in Damaskus, baute seine kleine Madrasa in der Qaymariyya Straße, westlich der Umayyaden-Moschee, und der Großkaufmann Umar al-Safardjalani ließ seine Moschee in Midanat as-Sahm errichten – um nur die Bedeutendsten zu nennen.

Man baute ebenso, wenn auch in geringerem Umfang, außerhalb der Mauern. Aus der Familie Azm war es nur Muhammad Bascha, dessen Bauaktivitäten über die Stadtmauer hinausgingen. Bevor er 1781 seinen Suq im Süden der Zitadelle errichtete, ließ er das Serail, das an der Stelle des heutigen Justizpalastes lag, vergrößern. Fathi, der schon erwähnte Konkurrent von Asad Bascha, baute ein Bad in Midan, setzt die Straße von Salihiyya instand und ließ die beiden Minarette der Takiyya Sulaymaniyya restaurieren, die bei einem Erdbeben zerstört worden waren. Bereits zu Beginn des Jahrhunderts hatte ein bedeutender Würdenträger aus Damaskus eine wichtige städtebauliche Maßnahme an der Grenze des urbanisierten Bereichs, im Suq Sarudja, durchführen lassen: Murad al-Muradi baute eine Moschee, sein Grab und in der Nähe seinen großen, schönen Palast, der heute verschwunden ist.

Eine Stadtentwicklung, deren Geschichte noch zu schreiben ist

Über große Bauwerke finden sich Hinweise in den Quellen. Es gibt jedoch zahlreiche kleine Baudenkmäler, die man nicht datieren kann, von denen man aber annimmt, dass sie aus osmanischer Zeit stammen. Sie befinden sich in den Vierteln außerhalb der Stadtmauer. Diese Viertel wurden zwischen dem 16. und 18. Jh. ausgebaut und erweitert. Die bebaute Fläche der Vorstädte von Damaskus, für die man ungefähr 60 Hektar am Ende der Mamlukenzeit annehmen kann, wuchs auf 185 Hektar in der Mitte des 19. Jh. an. „Neue Viertel" (mahalla djadida) werden in den Quellen genannt, die auch am Ende des 16. Jh. das Entstehen eines christlichen Quartiers am Bab Musalla erwähnen.

Das städtische Wachstum kann auch anhand der Parzellierungen durch eine genaue Untersuchung der Katasterpläne erschlossen werden. Es gibt im Süden von Midan, in Haqla, nördlich des Friedhofs, eine Parzelle aus dem 17. oder vielleicht sogar vom Ende des 16. Jh., denn sie gehört in die Entstehungszeit dieses Turkomanenviertels. Im Norden, in Bahsa, erkennt man sehr deutlich die Spuren einer heute verschwundenen Parzelle östlich der Yunusiyya. Sie wurde höchstwahrscheinlich vor der Mitte des 17. Jh.

ausgewiesen, zur gleichen Zeit wie die Moschee Fadl Allah al-Busnawi. Wie es scheint, lebten auf dieser Parzelle Menschen, die ursprünglich aus Anatolien und Rumelien (Makedonien und Thrakien) gekommen waren. In Midan, nördlich der Mandjak-Moschee, lässt sich eine Parzelle von fünf Hektar, die aus fünf parallelen Straßen besteht, auf die Mitte des 18. Jh. datieren.

Im 18. Jh. beginnt die Offensive der europäischen Großmächte sowohl in militärischer und diplomatischer Hinsicht als auch im wirtschaftlichen, technischen und kulturellen Bereich. Die osmanische Welt ist von verschiedenen Seiten her bedroht. Im Norden drängen Russen und Österreicher die Grenzen des Osmanischen Reiches zurück, während in wirtschaftlicher Hinsicht Franzosen, Engländer und Holländer, die schon seit dem 16. Jh. aktiv sind, aufgrund von Staatsverträgen ihren Einflussbereich erweitern können. Sie bedienen sich eines bisher unbekannten Druckmittels, indem sie religiöse und ethnische Minderheiten begünstigen und politisch unterstützen.

Im 19. Jh. greifen die europäischen Mächte diplomatisch und militärisch immer stärker in das staatliche Leben ein, und der Staat weicht zusehends zurück. In Syrien zeigen die ersten europäischen Militärinterventionen, die der Russen im Jahr 1722 und der gescheiterte Feldzug Bonapartes von 1799, das wiederaufkeimende Interesse, das Europa auf diese Region richtet. Ganz deutlich intensiviert sich der politische, wirtschaftliche und kulturelle Einfluss Europas seit der Besetzung Syriens durch Ägypten (1831-1840). England zwingt den Herrscher Ägyptens, Muhammad Ali, aus Syrien abzuziehen, und erhält dafür vom Osmanischen Reich den Handelsvertrag von 1838. Dieser wird später auf alle Machtbereiche ausgedehnt und bleibt das wichtigste Instrument, einen umfassenden Einfluss auf Syrien auszuüben. Dieses Abkommen bestätigt die in den Staatsverträgen zugesicherten Privilegien, es schränkt die Monopole ein und erlaubt es jedem Kaufmann, alle Produkte im gesamten Staatsgebiet zu kaufen.

Der Warenaustausch bringt den Europäern immer größere Profite. Das begünstigt in der Jahrhundertmitte zusätzlich die Entwicklung der Dampfschifffahrt, die zur Reduktion von Transportzeit und Frachtkosten führt. Dasselbe gilt bald auch für die binnenländischen Verkehrswege. 1863 wird die Straße Beirut-Damaskus eingeweiht und die Kapazität auf dieser Strecke durch die Inbetriebnahme der Eisenbahnlinie im Jahre 1895 verdoppelt.

Die Zeit der Reformen

Europäische Kaufleute hatten ihre Niederlassungen in Damaskus seit der Mitte des 16. Jh. aufgegeben. Aber die Stadt öffnete sich unter der ägyptischen Besetzung erneut für Europa, und ausländische Konsularagenten ließen sich dort nieder. Nach dem Rückzug der ägyptischen Truppen wurde ein „ziviles" Reformprogramm für ganz Syrien erarbeitet, in dem sich die Zentralgewalt um die „Rettung des Staates" bemühte. Das Programm zielte im Kern darauf ab, eine direkte Kontrolle der Region durch eine modernisierte Zentralverwaltung einzurichten. Die wirtschaftlichen und sozialen Bedingungen der osmanischen Untertanen sollten verbessert werden, und man wollte die Gleichheit aller schaffen, indem man die Schranken aufhob, die die Gesellschaft in konfessionelle Gruppen spaltete. Die wirtschaftlichen und sozialen Strukturen Syriens wurden zutiefst durch diese Reformpolitik erschüttert. Es strömten europäische Produkte auf die Märkte, Edelmetalle wurden aus dem Land abgezogen, und die Preise stiegen beträchtlich. Die Reaktionen der Bevölkerung waren heftig, und schwere Aufstände brachen 1850 in Aleppo aus und noch stärker 1860 in Damaskus, wo die muslimischen Einwohner die christlichen Viertel angriffen.

Als die Ruhe wieder hergestellt war, wurden die Reformen weitergeführt.

Im Zuge der Reformen legte sich die Stadt nach und nach ein neues Gesicht zu. Schon zu Beginn des 19. Jh., als Vorspiel zu noch deutlicheren späteren Veränderungen, ließ der Gouverneur der Stadt seinen Wohnsitz dort erbauen, wo heute der große Block des Abid steht. Unter der ägyptischen Besatzung ließ man jenseits des Serails Kasernen bauen. Die Yalbuga-Moschee wurde in eine Gebäckfabrik für das Militär umgewandelt und die Tankiz-Moschee in eine Militärakademie (was sie bis 1932 blieb). Aber erst kurz vor den Ereignissen von 1860 folgten moderne städtebauliche Veränderungen: die Kanalisation und teilweise Überdeckung des Barada 1866 und die Anlage des Mardja-Platzes.

Um diesen Platz herum oder in seiner Nähe entstanden die neuen Verwaltungsgebäude, die, wie überall im Reich, Stein gewordenes Sinnbild der Reformen waren: 1878 das Gericht, 1882 das Post- und Telegrafengebäude. Die Bronzesäule, die die Verbindung zwischen Istanbul und Mekka ins Gedächtnis ruft, wurde jedoch erst 1905 aufgestellt. Bis zum Ende des Jahrhunderts dauerte es, bis die Stadtverwaltung gebaut wurde (1896-98) und, daran angeschlossen, das medizinische Zentrum (*tibabat al-markaz*), während das Neue Serail (das heutige Innenministerium) im Jahr 1900 entstand. Ein moderner Typ von Markt, der Suq Ali Bascha, fand 1874 in diesem Viertel seinen Platz, ebenso der Wohnkomplex Abid (Sekretär des Sultans Abd al-Hamid), der 1910 fertig gestellt wurde. Der Hidjaz-Bahnhof (1908-1913) und die Hamidiyya-Kaserne westlich davon (Sitz der künftigen Universität) bildeten weitere neue Akzente im Stadtbild.

Diese Bauwerke sind unter praktischen Gesichtspunkten errichtet worden. Einige ähneln in allen Details Gebäuden, die in der Hauptstadt und anderen Städten des Osmanischen Reiches gebaut wurden. Die Architekten, die hier am Werk waren, kamen häufig als Experten aus Europa und vertraten einen eigenen Stil, der als Synthese des byzantinischen und turko-islamischen Erbes des Osmanischen Reiches bezeichnet werden kann. Das ist z.B. der Fall bei dem Hofarchitekten, zu dessen Schöpfungen die Säule auf dem Mardja-Platz gehört, oder bei dem spanischen Architekten, der das Abid-Gebäude entwarf und der zusammen mit einem deutschen Kollegen den Hidjaz-Bahnhof in einem neo-orientalischen Stil erbaute. Mit ihren ausladenden Dimensionen, der majestätischen Linienführung und einer gewissen Fülle an dekorativen Elementen zeugen diese neuen Bauwerke der Stadt von der Macht des Staates und in ihrer gemäßigten Modernität von dem Respekt vor den islamischen Traditionen.

Im Rahmen der Erneuerungen wurden einige wichtige Hauptverkehrsstraßen, und zwar zunächst die Zugangsverbindungen zur Stadt, erweitert und nach „neuer Methode gepflastert", um den mit Rädern versehenen Fahrzeugen die Durchfahrt zu ermöglichen, den Kaleschen, die viel Aufsehen in dieser Zeit der Reformen erregten. Zunächst, von 1863-64, wurden die Straße zur al-Sadat-Moschee und fünf Jahre später die Darwisiyya-Straße und ihre Verlängerung, der Midan, ausgebaut.

Im und um den Suq wurden vom Jahr 1860 an die Sitzbänke (*mastaba*) vor den Geschäften, die bis in die Fahrbahn hineinreichten, beseitigt. Diese Maßnahme geschah aus Sicherheitsgründen, um den Verkehr in diesen Geschäftsstraßen zu erleichtern. Zwei große Baumaßnahmen veränderten jedoch das Aussehen der Suqs entscheidend. Midhat Bascha (1879-80) ließ alle Geschäftslokale, die den westlichen Teil der Via Recta versperrten, abreißen und die Straße verbreitern und damit für Fahrzeuge passierbar machen. Weiter im Norden legte man mit

Damaskus, die „Via Recta"

Hilfe von Durchbrüchen in den Jahren 1884-85 in der Richtung des Suq al-Djadid oder Al-Arwam nach Osten eine breite Straße an, die direkt auf das westliche Portal der Umayyaden-Moschee zuführt. Der neue Suq erhielt zu Ehren des Sultans den Namen „Suq al-Hamidiyya".

Die Stadt vergrößerte sich auch durch den Zuzug von Flüchtlingen. Unter Nazim Bascha (1897-1909) wurde ein neuer Stadtteil (Muhadjirin) im Schachbrettmuster geplant, das nichts mehr mit der Struktur der alten Viertel gemeinsam hat. In diesem Stadtteil siedelten sich muslimische Flüchtlinge aus den Balkanländern und aus Kreta an. Nazim Bascha setzte 1906-1907 große Arbeiten an, die der Wasserversorgung dienten. Die Fidja-Quelle wurde gefasst und versorgte etwa 400 öffentliche Brunnen, die über alle Stadtviertel verteilt waren und so das traditionelle Wassersystem ergänzten. Der Bau des Staudamms von Takiyya, 30 km von Damaskus entfernt flussaufwärts am Barada, erlaubte im folgenden Jahr, dank der durch ihn gewonnenen Elektrizität, die Einrichtung eines neuen Verkehrsmittels in der Stadt: die Straßenbahn. Sie verband Mardja mit dem Südende von Midan. 1913 wurde sie in Richtung Norden nach Salihiyya fertiggestellt und 1914-15 in Richtung des Bab Tuma.

Literatur

Bakhit 1982. Ibish 1967. Lapidus 1967. Mantran - Sauvaget 1948. Rafeq 1966. Raymond 1985. Sack 1989. Sauvaget 1934.

Anmerkungen

1 Gaube 1978, 88 Nr. 169. Sack 1989, 107.

Aleppo in der Osmanenzeit

Heinz Gaube

Gegen Ende der Mamlukenzeit, also Ende des 15. Jh., hatte das Flächenwachstum Aleppos in fast allen Bereichen *extra muros* die Grenzen erreicht, welche die Grenzen der Stadt bis Ende des 19. Jh. ausmachten. Die Quartiere außerhalb der Stadtmauer waren bebaut und erschlossen, wenn auch ihre Architektur größtenteils wohl eher ländlichen Charakter hatte. Die Osmanenzeit kennzeichnet somit ein Verdichtungs- und Aufwertungsprozess der städtischen Fläche. Die Infrastruktur wurde verbessert, schlichte eingeschossige Häuser wichen größeren, mehrgeschossigen Bauten, Grundstücke wurden zusammengelegt und Moscheen sowie andere öffentliche Bauten entstanden. Dieser Prozess vollzog sich in Phasen, deren bedeutendsten die frühe und die späte Zeit der Osmanenherrschaft über die Stadt waren.

Nach der teilweisen Zerstörung der Stadt durch Timur (Tamarlan) um 1400 hatten die mamlukischen Herrscher große Anstrengungen unternommen, nicht nur die Schäden zu beheben. Die Stadt wurde ausgebaut und ihre Infrastruktur zukunftsweisend verbessert. Wie weit die Stadt vor der osmanischen Eroberung 1517 gewachsen war, zeigt die Lage spätmamlukischer Moscheen und anderer Bauwerke dieser Periode, die damals in der Peripherie der außerhalb der Stadtmauer gelegenen Quartiere entstanden. Noch besser legt aber davon die Erweiterung des Wasserleitungssystems Zeugnis ab (dazu genauer S. 341-346), an das gegen Ende der Mamlukenzeit weite Teile der Altstadt *extra muros* angeschlossen waren und das ohne nennenswerte Veränderungen die Stadt bis in dieses Jahrhundert mit Frischwasser versorgte.

Die Hauptphasen struktureller und qualitativer Veränderungen lassen sich an einem kurzen Überblick zur Bautätigkeit in Aleppo zwischen 1450 und 1920 ablesen, wie er sich aus den sicher datierten öffentlichen Gebäuden, mögen sie religiöse Gebäude, Wirtschaftsgebäude oder Verwaltungsgebäude sein, herleiten lässt. Darin spiegelt sich die Geschichte Aleppos im hier interessierenden Zeitraum wider: das Auf und Ab an Bauaktivitäten, welches die Glanzzeiten und die Schattenseiten der städtischen Entwicklung mit einer gewissen Objektivität aufzeigt und die Gewichtung der folgenden Betrachtungen bestimmt.

Mit der osmanischen Eroberung Aleppos setzte sich in höherem Maße eine rege Bautätigkeit fort, die um 1450 begonnen hatte, nach einer Schwächeperiode 1470-1490 wieder anstieg, um zwischen 1530 und 1570 auf Höhen zu kommen, die erst wieder in der Zeit ab 1850 erreicht wurden. Kleinere Zwischen-

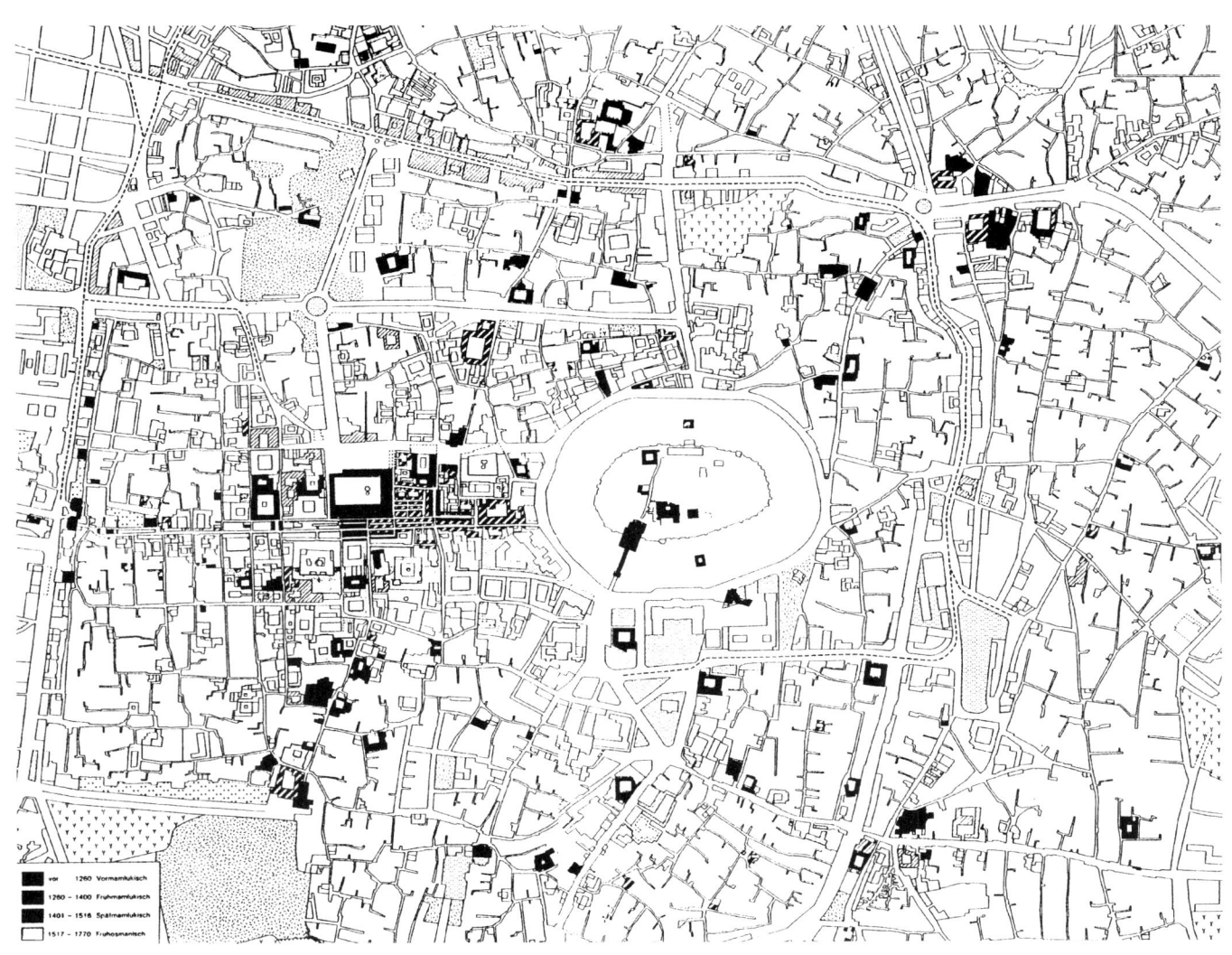

Aleppo, historische Abfolge des Baubestands

aufschwünge liegen um 1650 und um 1760. In den übrigen Zeiten entstanden, schließen wir vom heuten Denkmalsbestand her, kaum oder wenige öffentliche Bauten; und wir gehen wohl kaum fehl, nehmen wir an, dass in Zeiten geringer Investitionen in öffentliche Bauten auch in private Bauten, also Wohnhäuser, weniger investiert wurde. Wie sind diese Perioden in der Geschichte der Stadt und des Reiches, zu dem sie gehörte, einzuordnen?

Über 250 Jahre hatten die Mamluken von Kairo aus Syrien und Aleppo beherrscht. Einer der Höhepunkte der wirtschaftlichen Prosperität der Stadt fällt in die letzten Jahrzehnte dieser Periode. Damals hatte sich die politische Großlage zu Gunsten der Stadt verändert. Die Wunden der Belagerung, Eroberung und teilweisen Zerstörung der Stadt durch Timur im Jahre 1400 waren verheilt. Kleinasien aber hatte unter den Auseinandersetzungen zwischen den aufstrebenden Osmanen und Timur gelitten. In dieser unruhigen Zeit hatten sich die Handelswege zwischen

Aleppo, Kaffeehaus Ibschir Bascha, Fassade

dem Mittelmeer, Iran und den östlich und nordöstlich von ihm gelegenen Gebieten von der über Kleinasien führenden Route nach Süden hin verlagert. Am Ende dieser Route lag unumstritten Aleppo. Sein Handel und mit ihm der Reichtum der Stadt blühten. Die Bautätigkeit in der Stadt nahm zu. In diese Boom-Phase der Wirtschaft Aleppos fiel die osmanische Eroberung.

Nach der Bedrohung durch Timur, der die Osmanen in der Schlacht bei Ankara im Jahre 1402 vernichtend geschlagen und den Sultan Bayazid gefangen genommen hatte, was den jungen Osmanenstaat an den Rand des Abgrunds brachte, folgte eine Rekonsolidierung der osmanischen Macht. Nach militärischen Erfolgen auf dem Balkan gelang es 1453, Konstantinopel einzunehmen, das als Istanbul für die folgenden Jahrhunderte die Reichshauptstadt wurde. Die Regierungszeit Selims I., des „Grausamen" (1512-1520), bedeutete eine weitere Expansionsphase des Reichs. Die Perser wurden entscheidend besiegt, und Teile Ostanatoliens kamen zum Osmanenreich. 1517 gelang es ihm, die Mamluken vernichtend in der Nähe von Aleppo, in Mardj Dabiq, zu schlagen und mit diesem Sieg Syrien, Ägypten und die Heiligen Stätten des Islam, Mekka und Medina, unter osmanische Kontrolle zu bringen.

Für Aleppo brachte die osmanische Eroberung nichts als Vorteile.

Der Stadt, deren Handel sie in den Jahrzehnten vor der osmanischen Eroberung zum wichtigsten Handelsplatz im östlichen Mittelmeerraum gemacht hatte, brachten die durch die osmanische Eroberung geschaffenen neuen großräumigen politischen Verhältnisse nur Vorteile. Aleppo lag nicht mehr nahe der Grenze zwischen zwei mächtigen Reichen, dem der Mamluken und dem der Osmanen, eine Lage, die dem Fernhandel der Stadt abträglich war. Plötzlich lag es zentral in einem großen Wirtschaftsraum, der sich auf der einen Seite bis über Ägypten hinaus nach Westen erstreckte, auf der anderen Seite bis zum Schwarzen Meer sowie an die Westgrenze Irans und schließlich im Norden bis in den Balkan reichte.

Betrachtet man die Bautätigkeit in der Stadt seit ca. der Mitte des 15. Jh., so spiegelt diese die wirtschaftliche Aufwärtsentwicklung nur zu deutlich wider. In den letzten Jahrzehnten der Mamlukenherrschaft war die Stadtmauer erneuert und erweitert worden, und im „Suq", dem wirtschaftlichen Herz der Stadt, waren neue Handelsanlagen, „Chane" und mit ihnen verbundene Ladenzeilen, entstanden. Diese Komplexe waren ein Novum, denn vorher hatten vergleichbar große, dem Fern- und Großhandel vorbehaltene Anlagen im Herzen des Suqs, der „Madina", nicht be-

Aleppo, Kaffeehaus Ibschir Bascha, im Innern

standen. Hatte sich die Entwicklung unter den letzten Mamluken in die Bereiche nördlich der Zentralachse des Suqs gerichtet, bis zum über 500 m von der Hauptachse ent-

fernten Chan Qurd-Bak, so flossen seit Mitte des 16. Jh. riesige Investitionen in das Gebiet unmittelbar südlich der Hauptachse des Suqs, wo Chane und Ladenzeilen ent-

Aleppo, Haus Djumblat

standen. Sie werden im Abschnitt über das „Waqf" (S. 316-319) ausführlich behandelt.

Eine dermaßen, geradezu explosive Entwicklung kann nur vor dem Hintergrund weiser und erfolgreicher Herrschaft in der Hauptstadt verstanden werden. Die Grundlage hierzu legte die lange und erfolgreiche Herrschaft des Sultans Sulayman I. (des „Großen"), der von 1520 bis 1566 regierte. Umgeben von fähigen Beamten und Generälen, die zeitweilig auch Syrien verwalteten, schuf er durch seine Reformen die Grundlagen für ein Großreich, das bis in das 20. Jh. bestehen sollte. Er eroberte, um nur einige Ereignisse aufzuzählen, 1522 Rhodos, 1526 Ungarn und stand 1529 vor Wien. Seine Schiffe beherrschten das Mittelmeer, und gegen Ende seiner Regierungszeit erstreckte sich das von den Osmanen kontrollierte Gebiet von Oberägypten bis an die Donau und vom Euphrat bis in die Nähe des Atlantik.

Aleppo blieb unter den Osmanen Hauptstadt einer großen Provinz, und seine wirtschaftliche Blütezeit, die im 15. Jh. begonnen hatte, reichte bis in die Mitte des 17. Jh. Um diese Zeit hörten die großen Investitionen auf. Das kann natürlich auch als eine Sättigung interpretiert werden. Es bestand kein wachsender Bedarf an neuen wirtschaftlich nutzbaren Flächen (Chane, Läden, Lagerräume, Werkstätten). Aber Stagnation ist meist ein Indikator für ins Negative weisende Veränderungen. Diese waren durch großräumige Kräfteverschiebungen genauso wie durch die allgemeinen Entwicklungen im Reich vorgegeben.

Das mächtige Reich der Safawiden in Iran war 1722 unter dem Ansturm der Afghanen zusammengebrochen. In Iran setzt danach eine zweihundertjährige Periode von Instabilität und Niedergang ein, was Aleppo schwer traf, denn der für Aleppo wichtige Seidenhandel mit und über Iran kam zum Erliegen, und im Osmanenreich bestiegen nach der Expansions- und Konsolidierungsphase des 16. Jh. nur noch selten Sultane von annähernd dem Format eines Selim I. oder Sulayman I. in den folgenden Jahrhunderten den Thron. Schon als Murad IV. (1623-1640) auf den Thron kam, fand er eine leere Staatskasse vor, worauf er gesagt haben soll: *„Ich werde diesen Staatsschatz fünfzigfach mit den Schätzen derjenigen vermehren, die ihn ausgeplündert haben"*, was er auch tat. Murad IV. war es auch, der dem zunehmenden Machtmissbrauch und der wachsenden Ineffizienz der Janitscharen durch das Schaffen neuer Truppeneinheiten Einhalt zu gebieten versuchte und wieder Ordnung in die Verwaltung brachte.

Dennoch schufen langfristig Amtsmissbrauch zur persönlichen Bereicherung, das Ausquetschen von Provinzen, deren Verwaltung einem anvertraut wurde, die Willkür der Zentrale hinsichtlich Gunsterweisung und Gunstentzug bis hin zu Hinrichtung und Konfiszierung der Habe eine Atmosphäre, in der der Blick auf das Ganze verloren ging, die Zentrale mehr reagierte als agierte und lokale Herrscher oder Familien Teile des Reichs unter ihre Kontrolle brachten. Im größeren Syrien war das erst der Maan-Emir Fachr ad-Din des Libanon-Gebirges, der 1633 offen vom Reich abfiel, aber schon 1635 dafür mit seinem Kopf zahlen musste. Weniger als hundert Jahre später gelang es der Azm-Familie, in Damaskus quasi unabhängig zu herrschen. Und obgleich in Aleppo solche Extravaganzen so früh nicht verzeichenbar sind, glitt die Stadt unter ständig und schnell wechselnden Gouverneuren in innere Streitigkeiten, die sich im Gegensatz zwischen zwei Fraktionen manifestierten: den Aschraf, jenen, die ihre Abkunft auf den Propheten zurückführten, also die alteingesessene Oberschicht, und den Janitscharen, ursprünglich Elitesoldaten, die sich aber schon längst mit bestimmten Segmenten der städtischen Mittel- und Unterschicht verschwägert hatten und eine schlagkräftige und schlagwillige Größe im Kräftespiel und Verteilungskampf innerhalb der Stadt darstellten.

Schon ein Blick auf die Abfolge der Gouverneure zwischen der Mitte und dem Ende des 17. Jh. bezeugt die teils chaotischen Verhältnisse vor Ort und die Ratlosigkeit der Zentrale oder gar ihre Unfähigkeit und ihren Unwillen, mit ihnen umzugehen. So wechselten z.B. 1058, 1060, 1061, 1064, 1066, 1068, 1070, 1071, 1072 Hidjra, also zwischen 1648 und 1661 n.Chr. neunmal die Gouverneure. Zwischen 1081 und 1089 H. (1670-1677 n.Chr.) waren es fünf Gouverneure und zwischen 1101 und 1112 H. (1690-1700 n.Chr.) zählen wir acht Gouverneure.

Als Vergleich sei hier Damaskus aufgeführt, wo ähnliche Verhältnisse herrschten und in den ersten 184 Jahren der Osmanenherrschaft, also zwischen 1517 und 1700, nicht weniger als 133 Gouverneure belegt sind, von denen es nur 33 auf eine zweijährige Amtszeit brachten. Dass unter so schnell wechselnden Gouverneuren die Entwicklung in der Stadt nicht aufwärts, sondern nur abwärts gehen musste, versteht sich von selbst. Zieht man dazu in Betracht, dass seit der ersten Hälfte des 18. Jh. der Seidenhandel Aleppos als Folge des Zusammenbruchs des Safawidenstaates in Iran zum Erliegen gekommen war, so überrascht es nicht, dass die Bevölkerung selbst, repräsentiert durch die Fraktionen der Aschraf und Janitscharen, ihre Geschicke mit sich und unter sich ausmachen musste. Unter den ständig wechselnden nominellen Machthabern, den Gouverneuren, entwickelte sich eine Art „Selbstverwaltung", wie wir ihr in

Aleppo, Gasse

ähnlichen Situation auch schon in früheren Zeiten begegnen, z.B. gegen Ende der Seldjukenzeit. Wie die Azm in Damaskus ab 1724 für eine lange Periode als weitestgehend unabhängige Herrscher jene Stadt kontrollierten, gewannen auch in Aleppo lokale Notabeln oder lokale Parvenüs mehr und mehr Gewicht in der Stadt, und manche von ihnen brachten es gar zum Gouverneur.

Ein gutes Beispiel dafür sind Muhammad Effendi Tschalabi und sein Protegé Ibrahim Bascha Qattar Aghasi, die in der zweiten Hälfte des 18. Jh. und zu Beginn des 19. Jh. außerordentliche Macht und ungeheuren Reichtum an sich gebracht hatten. Tschalabi Effendi kam aus einer Aschraf-Familie, sein Vater war „Qadi" und so vermögend, dass er eine große „Madrasa" in bester Lage südlich der Hauptachse des Suqs stiften konnte. Tschalabi Effendis Aufstieg ist nur über eines der Grundübel der späteren osmanischen Verwaltung zu verstehen, die Steuerpacht. Die ständig leere Kasse des Hofes veranlasste diesen, die Steuereinnahmen einer Stadt oder eines Gebietes im Vorhinein an den Höchstbietenden zu „verpachten". Der zahlte eine feste Summe und trieb dann die Steuern nach seinem Gutdünken und mit erheblichem Gewinn für sich ein. Tschalabi Effendi brachte es zum General-Steuerpächter der Stadt. Er bestach die Gouverneure, und seine Schmiergelder verschafften ihm sogar Einfluss am Hof in Istanbul. Auf dem Höhepunkt seiner Macht geschah kaum etwas in der Stadt, das er nicht billigte. Wie die Gouverneure und andere ortsfremde Beamte seiner über die Aschraf ausgeübten physischen Macht und seinem Geld nicht widerstehen konnten, vermochte das auch die Bevölkerung nicht, der er „Schutzgeld" abpresste. Aber man brauchte in jenen Zeiten Glück, Nerven und politischen Instinkt, um seinen Einfluss zu erhalten und nicht abzustürzen oder gar hingerichtet zu werden. So war auch die Karriere Tschalabi Effendis von Jahren im Exil unterbrochen, nach denen er allerdings schnell seine lokale Machtbasis wiederherzustellen vermochte.

Ähnlich sein Protegé Ibrahim Bascha. Er begann seine Karriere als Bediensteter im Hause des Tschalabi Effendi, der schnell die der damaligen Zeit gemäße Kaltblütigkeit, Gerissenheit und Skrupellosigkeit von Ibrahim erkannte und ihn in für sich nützliche Aktivitäten einschaltete. Erste Posten bekleidete Ibrahim, der Zeit seines Lebens nie Lesen und Schreiben gelernt hatte, noch zu Lebzeiten des Tschalabi Effendi, der ihm auch schon zu nützlichen Verbindungen am Hof in Istanbul verholfen hatte. Bald nach Tschalibis Tod im Jahre 1786 wurde Ibrahim Steuerpächter von Aleppo. In dieser Stellung zeigte er eine selbst für damalige Verhältnisse außerordentliche Brutalität und Skrupellosigkeit. Seine Machtposition in der Stadt untermauerte er zudem durch geschicktes Manövrieren zwischen den Aschraf und den Janitscharen. Da er über seine Machenschaften die Bauernschaft vieler Dörfer im Umland von Aleppo unter seine Kontrolle oder in seinen faktischen Besitz gebracht hatte, 1794 sollen 48 der fruchtbarsten Dörfer in der Umgebung von Aleppo in seiner Hand gewesen sein, schuf er durch Horten der Ernten künstliche Getreideverknappungen, um dann mit den von ihm hoch getriebenen Preisen riesige Ge-

Aleppo, die Chandaqstraße mit spätosmanischer Bebauung im Norden der Altstadt

winne zu machen. 1796 besaß Ibrahim 110 Dörfer und dazu das Steuermonopol für Tabak, Kaffee und Gebührenmarken. Die Zahl von 110 Dörfern muss vor dem Hintergrund des wirtschaftlichen Niedergangs der ländlichen Bereiche der ganzen Region gesehen werden. Hierzu haben wir aus dem Jahr 1785 aufschlussreiche Zahlen. Von den zu Beginn der Osmanenherrschaft über Syrien 3.200 steuerlich erfassten Dörfern in der Provinz Aleppo existierten damals nur noch 400. Ibrahim gehörte also, sollte diese Information richtig sein, mehr als ein Viertel der Dörfer der Provinz Aleppo.

Statt für seine Unregelmäßigkeiten und Ungerechtigkeiten bestraft zu werden, erhielt Ibrahim 1798 das Amt des Gouverneurs von Damaskus und 1799 das des Gouverneurs von Aleppo. 1802 wurde sein Sohn Muhammad Steuerpächter von Aleppo. 1804 scheint Ibrahim den Bogen aber überspannt zu haben. In diesem Jahr machte er sich mit Gewalt zum Gouverneur von Damaskus, während sein Sohn Muhammad an seiner Stelle in Aleppo waltete. Das scheint selbst für die damalige Zeit etwas zuviel gewesen zu sein. Ibrahim und Muhammad wurden degradiert und auf kleinere Gouverneursposten in Tripolis und Diyarbakir versetzt, was den Abstieg der Familie einleitete, der in der Hinrichtung zweier

Söhne des Ibrahim und der Konfiszierung all ihrer Habe im Jahre 1829 seinen Höhepunkt hatte.

Aufstieg und Niedergang der Familie des Ibrahim Bascha stehen beispielhaft für viele ähnliche Schicksale im Osmanenreich des 18. und frühen 19. Jh., einer Periode in der Geschichte des Osmanischen Reichs, in der nur Reformen sein Überleben gewährleisten konnten. Und solche Reformen wurden von weitblickenden Sultanen, von Selim III. (1789-1807), Mahmud II. (1808-1839) und Abdalmadjid (1839-61) eingeleitet. Sie betrafen verschiedene Bereiche des öffentlichen Lebens und der Verwaltung, blieben aber weitestgehend Tinte auf dem Papier, auf das sie geschrieben waren, denn um ihre Privilegien bangende Beamte, Geistliche und Andere verstanden es, die Umsetzung dieser Reformen zu verhindern oder so abzumildern, dass nicht viel, allenfalls ein kaum funktionierender Torso, übrig blieb. Die Reformer standen letztlich vor einer unlösbaren Aufgabe. Zudem wurde der wirtschaftliche und politische Druck Europas auf das Osmanenreich, den „kranken Mann am Bosporus", zusehends stärker, und nur Reformen, die auch in das Kalkül der europäischen Mächte passten, hatten Chancen, realisiert zu werden. Diese Reformen beschränkten sich, soweit das hier von Interesse ist, auf den wirtschaftlichen Bereich, auf den Handel und die Landwirtschaft. Sie erst führten zu einem Wiedererblühen der Stadt.

Bis Reformen aber zum Tragen kamen, musste die osmanische Herrschaft über Syrien tief erschüttert werden. Das geschah durch die ägyptische Besetzung Syriens zwischen 1831 und 1840. In Ägypten hatte sich der osmanische Gouverneur Muhammad Ali 1805 de facto von der osmanischen Oberherrschaft gelöst und eine entschiedene Modernisierungspolitik eingeleitet, die es ihm erlaubte, mit der Besetzung Syriens im Jahre 1831 eine ernste Bedrohung des Osmanenreichs zu werden. Ein nach europäischem Vorbild modernisierter ägyptischer Staat stand aber im krassen Gegensatz zu den europäischen Wirtschafts- und Hegemonialinteressen im Nahen Osten, und den europäischen Mächten gelang es 1880 endgültig, Ägypten in Abhängigkeit zurück zu zwingen. 1831 sah dies aber noch völlig anders aus. Ibrahim Bascha, Sohn Muhammad Alis, leitete die Besetzung Syriens, und unter diesem fähigen und aufgeschlossenen Regenten erlebte Syrien grundlegende Veränderungen in fast allen Bereichen, vom Rechtssystem zur Verwaltung, vom Militär zum Bildungswesen und von der Landwirtschaft zu Handel und Handwerk.

Ohne die ägyptische Besetzung Syriens, von der heute noch in Aleppo eine Reihe von Bauwerken zeugt, wären die Reformen im Wirtschaftsleben Syriens wohl kaum zustande gekommen. Die so geschaffene größere Rechtssicherheit führte, neben einer Reihe anderer Faktoren, zu einem drastischen Aufschwung des Handels; und das Landgesetz von 1858, das die Eigentumsverhältnisse über Grund und Boden neu definierte, führte zur Herausbildung einer neuen, städtischen Landbesitzerklasse, die, flankiert von staatlichen Maßnahmen, durch die eine bessere Kontrolle der Nomaden gewährleistet wurde, eine Expansion der landwirtschaftlich genutzten Fläche Syriens einleitete, die nur mit der des 6. Jh. und der des 13./14. Jh. vergleichbar ist. Gewinne aus der erhöhten und modernisierten landwirtschaftlichen Produktion flossen auch in städtische Investitionen. Handel und Handwerk blühten auf, und seit ca. 1850 beobachten wir eine rege Bautätigkeit in der Stadt, deren Zeugnisse heute noch weite Bereiche der Altstadt und der seit Ende des 19. Jh. entstandenen neuen Viertel im Nordwesten der Stadt prägen.

Literatur

Gangler 1993. Gaube - Wirth 1984. Marcus 1989. Masters 1988. Raymond 1984, 1998.

Die städtebauliche Entwicklung von Damaskus in der Zeit der Arabischen Republik Syrien

Anton Escher

"Pour Damas, favorisant l'introduction intensive de „modernité", le mandat allait être à l'origine d'une évolution enrupture complète avec le passé"[1]. Die Konsequenzen der „Moderne" wurden für die Stadt Damaskus nicht erst am 28.09.1941 mit der Proklamation Syriens als unabhängigen und souveränen Nationalstaat spürbar. Der Umfang der Auswirkungen für die Stadt zeigten sich jedoch erst nach dem Abzug der letzten französischen Truppen im Jahr 1947. In Syrien etablierte sich ein zunächst labiles, aber seit den sechziger Jahren sehr stabiles zentralistisches Staatssystem mit dem Mittelpunkt Damaskus. Damit wurde eine neue Epoche für die viertausendjährige Stadt eingeleitet. Damaskus stieg zur politischen, geistigen und administrativen Hauptstadt sowie zu einem ökonomischen Anziehungspunkt des jungen Landes auf und entwickelte sich zum attraktiven Entscheidungs- und Verwaltungszentrum der Arabischen Republik Syrien.

Die Folge dieser Ereignisse war ein dramatischer Anstieg der Wachstumsraten der Stadtbevölkerung von Damaskus. Während die Bevölkerungszunahme zwischen 1920 und 1930 noch unter einem Prozent lag, sind in den fünfziger und sechziger Jahren jährlich über fünf Prozent zu verzeichnen. In den folgenden Jahren steigt die Rate weiter, um auf dem sehr hohen Niveau von 4,5 Prozent zu stagnieren. So erhöhte sich die Einwohnerzahl von Damaskus von 296.000 zum Zeitpunkt der Unabhängigkeit auf 423.000 im Jahr 1955 und verdoppelte sich fast auf 836.000 bis zum Jahr 1970[2]. Die Millionengrenze wurde im Jahr 1976 überschritten und für das Jahr 1981 werden im Rahmen der Bevölkerungszählung über 1,1 Millionen angegeben. Die offiziellen Statistiken listen für das Jahr 1994 zwar lediglich 1,4 Millionen für das administrative Stadtgebiet Damaskus auf, inoffizielle Schätzungen der zuständigen Behörden gingen aber bereits Mitte der achtziger Jahre von nahezu drei Millionen Einwohnern in Damaskus aus[3].

Das hohe Bevölkerungswachstum lässt sich auf mehrere Faktoren zurückführen: Der natürliche Geburtenüberschuss ist seit Jahrzehnten mit über drei Prozent in Syrien und in Damaskus sehr hoch. Die Stadt erzielt aufgrund ihrer ökonomischen Attraktivität gegenüber dem ländlichen Raum massive Wanderungsgewinne aus der näheren und weiteren Umgebung. Hinzu kamen weitere innenpolitisch motivierte Wanderungsgewinne durch den Zuzug von Minderheiten, wie Alawiten, Drusen und Kurden, in bestimmte Gebiete der Stadt sowie die umfangreichen mehrfachen Flüchtlingswellen der

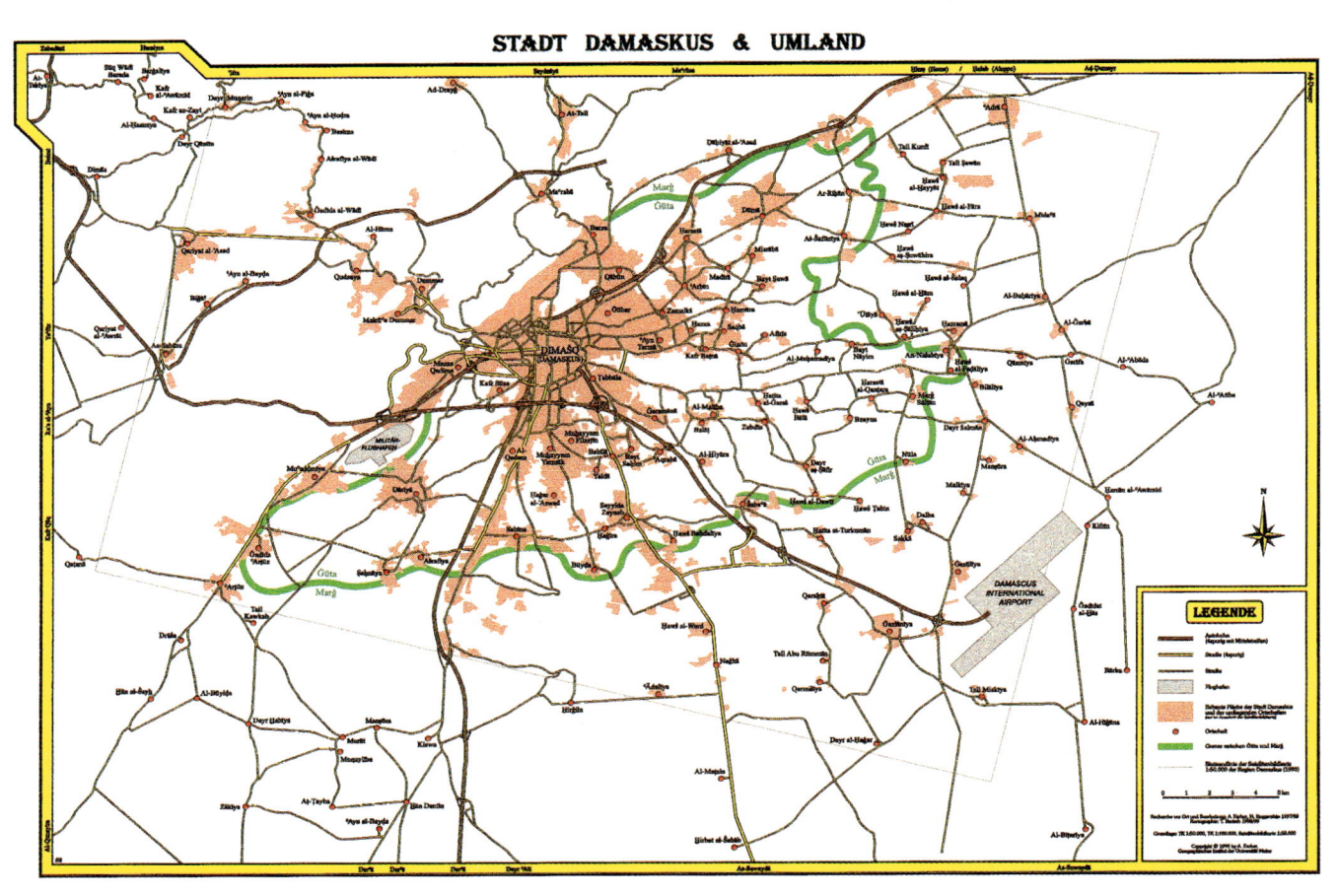

Stadt Damaskus und Umland Mitte der 90er Jahre des 20. Jh.

Palästinenser. Schließlich ist die ausländische Bevölkerung anzuführen, die bei Botschaften, globalen Unternehmen und internationalen Institutionen beschäftigt ist. Ein solch sprunghaftes Bevölkerungswachstum sprengt den Rahmen einer geordneten und zielgerichteten Stadtplanung. In jüngster Zeit kommen als verstärkende Faktoren für die städtebauliche Dynamik an den Stadträndern die wirtschaftliche Liberalisierung[4] und die zunehmende Mobilität der Bewohner des Ballungsraumes hinzu. Der öffentliche Personennahverkehr ist inzwischen bis in die Peripherie gut entwickelt[5]. Die Stadtentwicklung von Damaskus muss heute als Gesamtprozess des Ballungsraumes betrachtet werden, denn große Teile der ehemaligen Bewässerungsoase (Ghuta), das Tal des Barada und viele andere Gebiete im Umland von Damaskus sind heute urbane oder suburbane Räume (siehe Abb.). Dies spiegelt sich unter anderem auch in den – auch von Behördenvertretern als zu niedrig eingeschätzten – offiziellen Statistiken wider, die eine hohe Bevölkerungskonzentration in und um die Stadt Damaskus sowie in unmittelbarer Umgebung der heutigen administrativen Stadtgrenze angeben (siehe Abb.).

Die strukturelle und bauliche Entwicklung von Damaskus lässt sich in der zweiten Hälfte des 20. Jh. grob in drei Abschnitte gliedern: die Verdichtung der Stadtfläche von Damaskus vom Ende des Protekto-

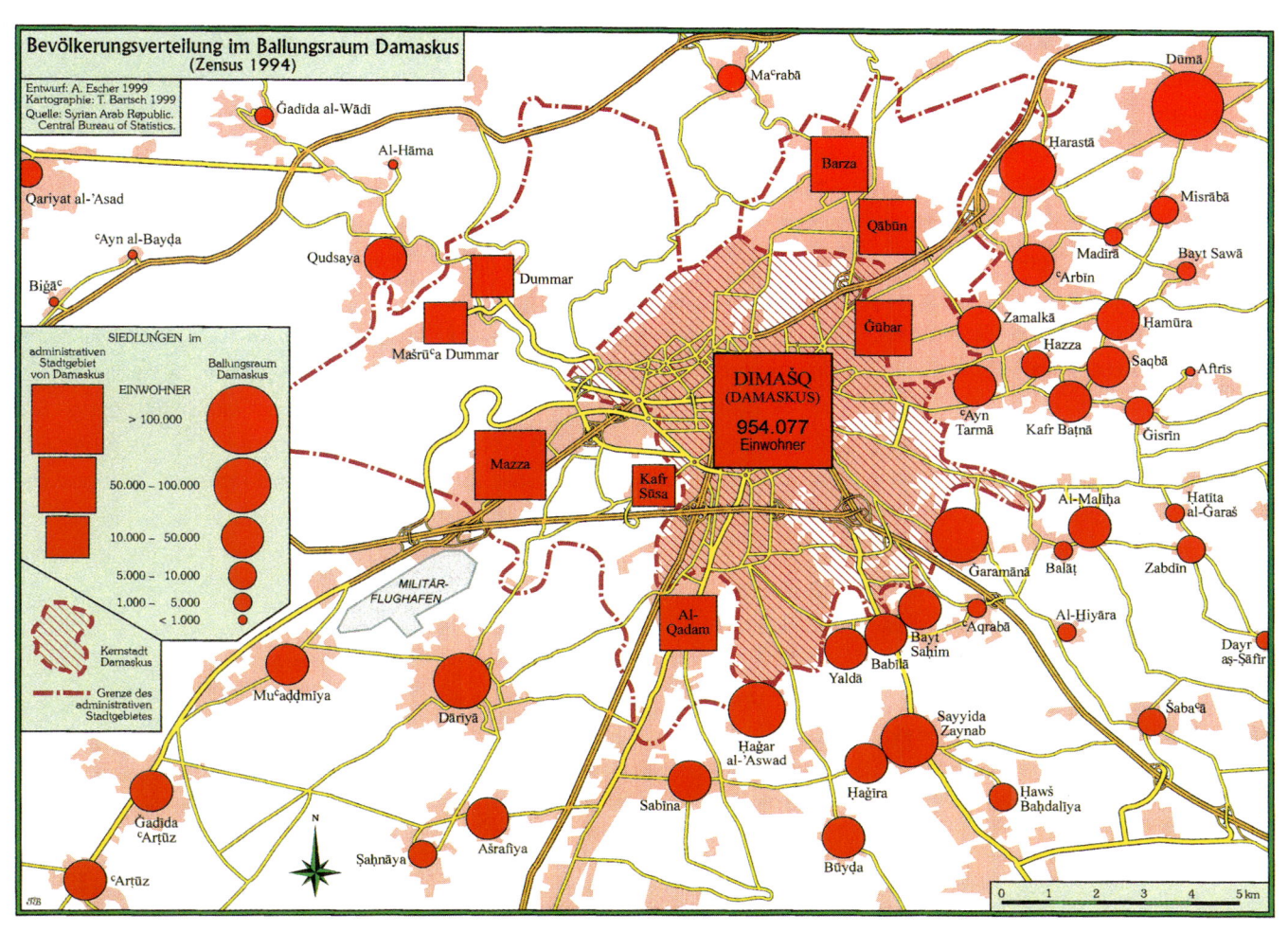

Bevölkerungsverteilung im Ballungsraum Damaskus, Zensus 1994

rats bis zu Beginn der 60er Jahre, die dynamische Entstehung des Ballungsraumes Damaskus in den 60er Jahren bis Mitte der 80er Jahre und die städtische Explosion des Ballungsraumes Damaskus Ende der 80er Jahre bis heute.

Die Ausarbeitung des eigentlichen Stadtentwicklungsplanes lag wie in anderen levantinischen Städten in den Händen der französischen Stadtbaumeister Danger Frères et Fils. M. Ecochard, dessen Name mit der städtebaulichen Entwicklung von Damaskus in der zweiten Hälfte des 20. Jh. untrennbar verbunden ist, arbeitete bereits als Assistent am ersten modernen Entwicklungsplan für Damaskus mit[6]. Mitte der dreißiger Jahre wurden Richtlinien und Grundstrukturen entwickelt, denen das Stadtwachstum zumindest im heutigen zentralen Bereich folgen sollte. Der Entwicklungsplan griff die bereits vorhandenen groben Leitlinien der Stadtentwicklung außerhalb der Ausdehnung der osmanischen Stadt (wie z.B. Baghdad-Boulevard) auf und legte die inneren Strukturen von Damaskus mit der Anlage der Boulevards, Verbindungs- und Nebenstraßen sowie der Straßendurchbrüche fest. Die großen Ausfallstraßen nach Beirut, Al-Qunaytra und Aleppo sowie die südliche Umgehungsstraße der Innenstadt wurden projektiert. Die Ghuta sollte durch halbkreisförmige Ringstraßen systematisch erschlossen werden. Die städtebauliche Erweiterung wird insbesondere im nordöstlichen Bereich der Altstadt projektiert[7]. Zusätzlich wurden großzügig Flächen für öffentliche Parks und Grünanlagen sowie Sportplätze und eine räumliche Konzentration der Industrie vorgesehen. Die wichtigen Straßenführungen der französischen Neustadt sowie die Ausbauten der fünfziger und teilweise der sechziger Jahre findet man in diesem Generalplan vorgezeichnet (siehe Abb.).

Die ersten Erweiterungen nach 1945 schlossen an die bis dato bebaute Fläche an und vergrößerten die Stadt in Richtung Norden um die Wohnviertel Mazraa für mittlere Einkommensschichten sowie um die Erweiterung des Viertels Qassa. Hinzu kam im Nordwesten das Gebiet Abu Rumane. Mit dem Beginn der fünfziger Jahre richteten sich in Abu Rumane, in direkter Nachbarschaft zur Oberschicht, zunehmend Botschaften ein; es entstanden repräsentative Ministerial- und Präsidialgebäude. Auch westlich des ehemaligen Dorfkernes Salihiyya wurde Wohnraum für höhere soziale Gruppen geschaffen, auch dort unter Umwandlung von Gärten der Oase. Zugleich erfolgte die Industrialisierung der Stadt entlang der wichtigen Ausfallstraßen nach Dara und Aleppo sowie entlang der Hauptstraße in die Bewässerungsoase und südlich der Altstadt. Der Geschäftsbezirk der boomenden Stadt dehnte sich expansiv vom „Suq" der Altstadt über die „französische City" in Richtung Oberschichtviertel nordwestlich des historischen Zentrums aus. Angebot und Kunden unterscheiden sich in dieser Zeit in beiden Gebieten signifikant voneinander. Die zunehmende Verbreitung von motorisierten Fahrzeugen schlägt sich in der Anlage breiter Boulevards nieder. Während der Dekade ab 1950 erfolgte eine ununterbrochene Vergrößerung des administrativen Viertels entlang der Straße nach Beirut: Bau und Ausbau von Krankenhäusern, der Universität und dem Nationalmuseum. Die ursprünglich vorgesehenen Grünflächen wurden nachträglich für die Implementierung des Messegeländes sowie die Umwandlung in Kasernen und Militäranlagen aufgegeben. In unmittelbarer Nähe zum administrativen Viertel eröffneten die Luxushotels Meridien und Sheraton. Das Viertel Malki füllte eine größere Baulücke mit Wohnraum für die politischen und wirtschaftlichen Eliten des Landes. Die Projekte lassen den Schwerpunkt der Stadterweiterung auf repräsentative Funktions- und Oberschichtviertel erkennen. Mit dem Bau von Neu-Mazza seit 1958 beidseitig der Autobahn nach Beirut sollte dieser einseitigen Entwicklung abgeholfen werden. Zu diesem Wohnungsprojekt vermerkt Dettmann[8]: Bei dieser *„Form des staatlich subventionierten Wohnungsbaues ... entscheiden ... die Höhe des Einkommens, die Kinderzahl u.ä., also ungewohnte, soziale Kriterien, ... über die Zuteilung einer Wohnung. Die verantwortlichen Damaszener Behörden zeigen großen Mut und bewundernswerte Experimentierfreudigkeit".* Es wurden dreistöckige Häuser für gehobenere Ansprüche errichtet, aber auch sechs- bzw. bis zu zwölfstöckige Gebäude. Trotz der vielfältigen Aktivitäten hielt schon damals die Bautätigkeit nicht mit dem Bevölkerungszuwachs mit. So kann man zu Beginn der 60er Jahre, als sich die rurale Zuwanderung aufgrund schlechter Ernten extrem verstärkt[9], von einer ernsten Wohnungskrise in Damaskus sprechen. Die verantwortlichen Politiker versuchten, der Krise zu begegnen. Man verwarf die Planung des Bulgaren Morozov aus dem Jahr 1957 und beauftragte die Architekten Echochard und Banshoya mit der Erstellung eines neuen Flächennutzungsplanes für den Großraum Damaskus.

Der ab 1963 ausgearbeitete und 1968 vorgelegte Generalplan für Damaskus sah sich dem Grundgedanken der „Charta von Athen" verpflichtet. Er beachtete eine Trennung der Funktionsflächen innerhalb der Stadt und ging für die strukturelle und flächenbezogene Nutzung von drei grundlegenden Prinzipien aus:

1. Die Ghuta, die Bewässerungsoase von Damaskus, muss so gut wie möglich geschützt und erhalten werden. Die Wasserversorgung der Stadt und der Oase soll durch die Errichtung eines Barada-Stausees abgesichert werden.
2. Die potentiellen Erweiterungsflächen für die Stadt Damaskus werden vor allem außerhalb der Oasenbereiche gesehen. Dazu sind die Fußflächen der angrenzenden Berge südöstlich der Stadt Richtung Al-Qunaytra und nordwestlich in Richtung Aleppo heranzuziehen. Zusätzlich weist man die unfruchtbaren Flächen nördlich von Kiswa als Bauflächen aus.
3. Der zunehmende Autoverkehr ist durch eine östliche Umgehungsstraße an der Stadt vorbeizuführen. An diese Autobahn schließen die Ausfallrouten nach Beirut, Al-Qunaytra, Dara, Aleppo sowie die Verbindung zum Internationalen Flughafen an (siehe Abb.).

Die Umsetzung des Generalplanes für die großräumige Entwicklung von Damaskus wurde nur zögerlich verwirklicht. Die Planungs-

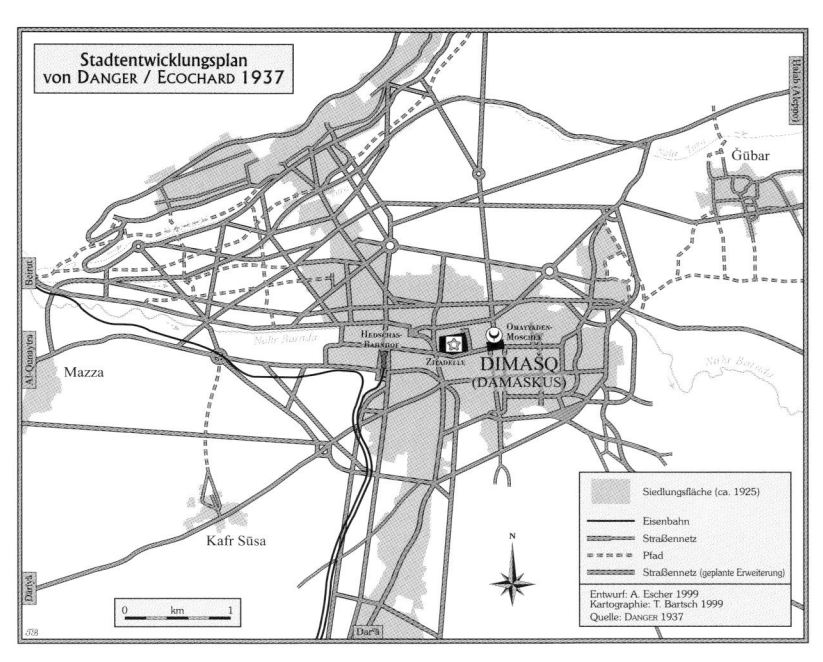

Damaskus, Stadtentwicklungsplan von Danger/Ecochard 1937

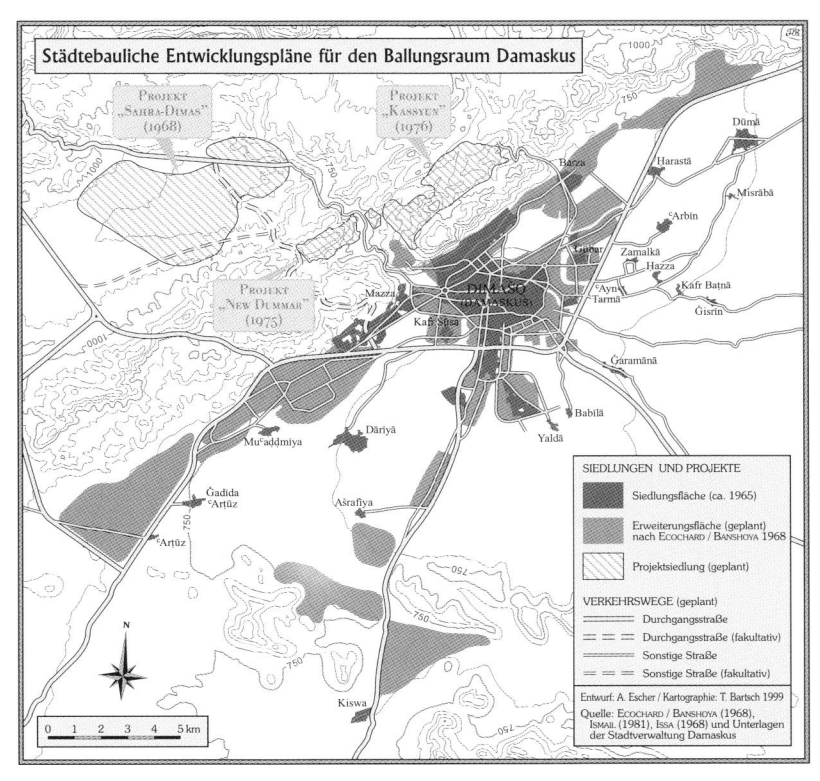

Städtebauliche Entwicklungspläne für den Ballungsraum Damaskus

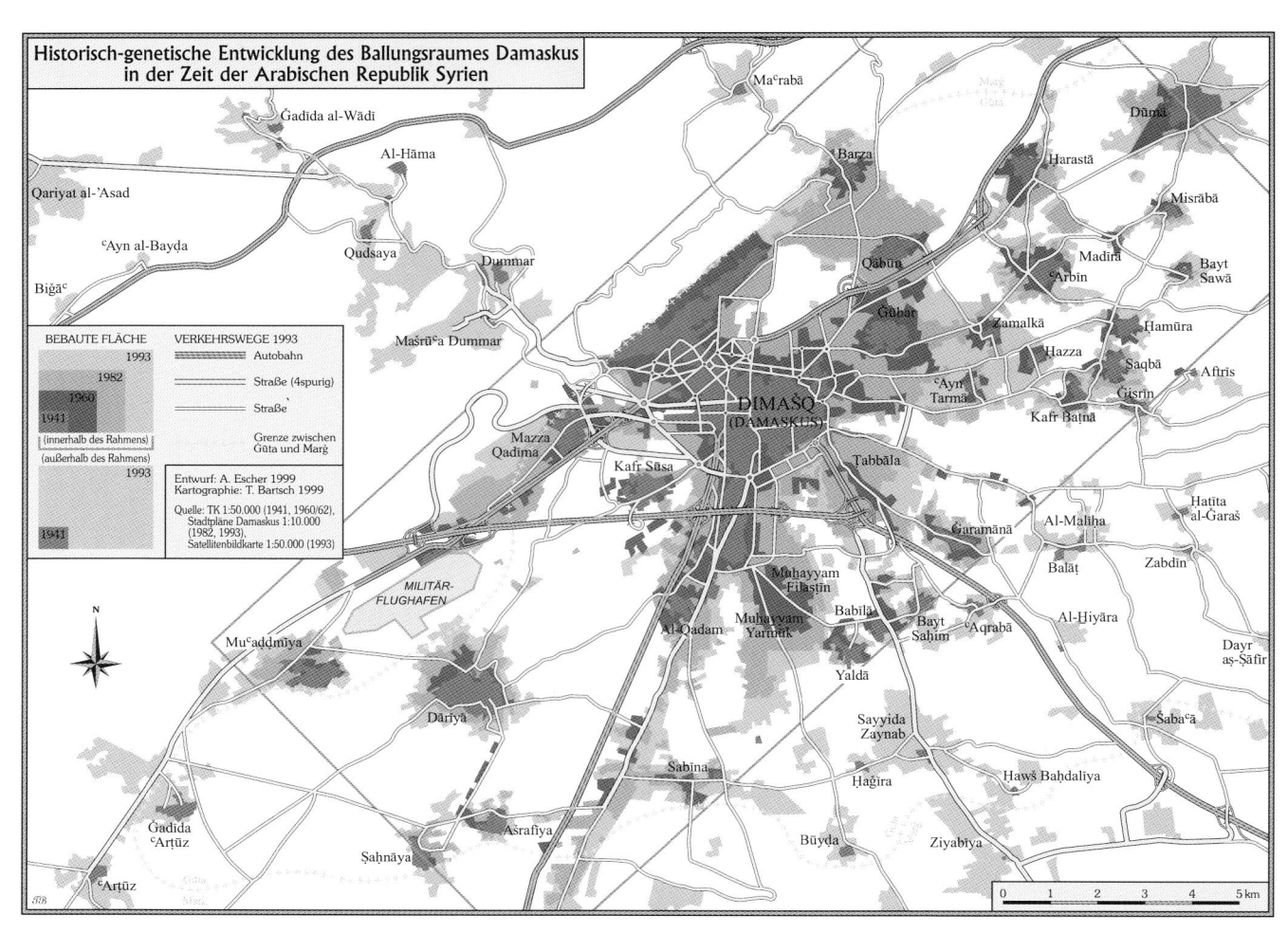

Historisch-genetische Entwicklung des Ballungsraumes Damaskus

skizzen werden teilweise bis heute als Planungsgrundlage benutzt, aber die Umsetzung gelingt – abgesehen vom zentralen Stadtgebiet – immer nur in modifizierter Form. Der wichtige östliche Teil des Autobahnringes um die Stadt Damaskus ist bis heute noch nicht fertig gestellt. Die vorgesehenen Siedlungsflächen an der Ausfallstraße nach Al-Qunaytra und die Flächen nördlich von Kiswa wurden nicht verwirklicht (siehe Abb.). Dazu mag das Bedürfnis zur militärischen Absicherung der Stadt in Richtung Al-Qunaytra in Form zahlreicher Kasernen und eindrucksvoller Militärlager beigetragen haben, die sich im südlichen und südöstlichen Bereich von Damaskus befinden. Auch der Militärflughafen an der Straße nach Al-Qunaytra wurde nicht zu Gunsten von Wohnbebauung aufgegeben. Das von Ecochard/Banshoya diskutierte und von einer italienischen Planungsfirma entworfene Projekt „Sahra-Dimas" wurde damals aufgrund der großen Distanz zur Stadt Damaskus verworfen (siehe Abb.).

Der zunehmende rurale Exodus und eine neue palästinensische Flüchtlingswelle im Jahr 1967 nach Besetzung der Golanhöhen durch Israel verschärfte die Krise auf dem Wohnungsmarkt dramatisch. Die

Preise für Mietwohnungen kletterten in ungeahnte Höhen. Zu Beginn der 70er Jahre musste ein Angestellter sein gesamtes Monatsgehalt aufbringen, um die Miete einer Zweizimmerwohnung bezahlen zu können[10]. Die staatliche Planung reagierte auf diesen Missstand. Während bis zu Beginn der 60er Jahre die Bautätigkeit privatwirtschaftlich organisiert war, ging man – wie das Beispiel Neu-Mazza belegt – dazu über, den Wohnungsbau mit Hilfe staatlicher Subventionen und genossenschaftlicher Organisationen zu verwirklichen.

Es entstanden Stadtviertel im sozialistischen Plattenbaustil als Eigentumswohnungen in den Stadtvierteln Midan im Süden und Barza im Nordosten der Stadt. Die Krise konnte damit aber nicht behoben werden. Abseits von staatlicher Planung entstanden als Entlastung neue urbane Zonen. Notunterkünfte, Zeltlager oder einfachste Konstruktionen im Süden und Südosten von Damaskus wurden in ständige Unterkünfte umgewandelt. In diesen Vierteln verfügen die Haushalte zwar über Strom, aber Wasserversorgung und Abwasserentsorgung sowie Müllbeseitigung existieren nicht. Schon längst werden diese Siedlungen von weiteren Neubausiedlungen und expandierenden Industrieflächen umschlossen. Der Staat billigte diese einfallslos und kostengünstig errichteten Betonbauten, die von ärmeren Schichten bewohnt werden. Diese Viertel lindern den sozialen Druck und dienen heute oftmals als Wohnraum insbesondere für junge Paare[11].

Erweiterungsflächen nördlich des Qasyun-Rückens, wie sie bei Ismail (1981) als „bereits terrassierte Erweiterungsgelände" bzw. „Kassioun Erweiterungsprojekt (1976) 2" verzeichnet sind, wurden offensichtlich auch aus Sicherheitsgründen nicht realisiert[12].

Anfang der 70er Jahre gelingt es innovativen Architekten mit staatlicher Unterstützung, die Satellitenstadt „New Dummar" zu initiieren. Nach dem Muster genossenschaftlicher Organisation wird das Modellprojekt zu Wege gebracht. Obwohl viele Gründe aus topografischer, funktionaler und ökonomischer Sicht gegen den Standort sprechen[13], wird das Viertel realisiert[14]. Die hochgesteckten Ziele werden zunächst verfehlt, denn Syrien gerät Mitte der siebziger Jahre in eine ernst zu nehmende ökonomische Krise. Alle Wohnungsbauprojekte verzögerten sich aufgrund des Mangels an Baustoffen. Ende der 80er und in den 90er Jahren explodieren mit der Überwindung der ökonomischen Probleme und der wirtschaftlichen Liberalisierung die Bauprojekte in Damaskus. Nicht nur die Regierung kann ihre Prestigeprojekte, wie z.B. den Präsidentenpalast, fertig stellen, sondern auch im gesamten Stadtgebiet kommt es zur Siedlungsverdichtung und zur Sanierung von Häusern bzw. zu Neubauten in der Innenstadt.

Die Bewässerungsoase, noch im Jahr 1977 durch ein Bebauungsverbot auf Bewässerungsland geschützt[15], wird der städtischen Planung geopfert. Ein neues Messegelände von gigantischem Ausmaß mit neuen Hotelkomplexen entsteht zwischen der Straße nach as-Suwayda und der Flughafenautobahn. Die Oasensiedlungen wachsen über sich hinaus und werden zu Klein- und Großstädten[16]. In der gesamten Ghuta entstehen Wohnbauten. Aber nicht nur die unteren und mittleren Schichten der Bevölkerung besiedeln die ehemals landwirtschaftlich genutzten Flächen. Es entstehen „Villensiedlungen" in der Nähe des Flughafens und an der Ausfallstraße nach Al-Qunaytra südlich von Muddmiya. Nicht nur die Oase wird zum Baugebiet, auch die nordwestliche Hochfläche wird besiedelt. Neue Siedlungen z.T. auf genossenschaftlicher oder staatlich subventionierter Basis entstehen und breiten sich dynamisch aus. Die ursprüngliche Fläche des Projektes „New Dummar", heute als „Neu Damaskus" bezeichnet, wird in westlicher und nordwestlicher Richtung ausgeweitet[17]. Die anschließenden Siedlungen bilden bald ein Siedlungsband von der neuen nördlichen Autobahnumgehung bis nach Damaskus. Hinzu kommen die Entlastungsstädte, wie Dahiya al-Asad oder Basil al-Asad (nordöstlich am Rand des Beckens von Damaskus an der Autobahn nach Aleppo). Yafur und Qariya al-Asad bilden den heutigen Siedlungsschwerpunkt für die Top-Society von Damaskus im Westen bzw. Nordwesten der Stadt. Aber nicht nur außerhalb der administrativen Stadtgrenze wird gebaut, auch innerhalb wird luxussaniert bzw. entstehen Luxushochhäuser, wie z.B. an der Straße nördlich von Kafr Susa. Schließlich sind noch die ausgedehnten Industrieansiedlungen nördlich von Kiswa bei Adra und in der Ghuta zu nennen.

Trotz der intensiven flächenmäßigen Expansion der Stadt kann bis heute eine hohe soziale Homogenität der Wohnviertel in Damaskus verzeichnet werden, die einerseits durch Planungsvorgaben bedingt ist[18], anderseits durch das innerstädtische Umzugsverhalten der Damaszener Bevölkerung stabilisiert wird.

Die Karte der historisch-genetischen Entwicklung der bebauten Fläche für den Ballungsraum Damaskus zeigt eindrucksvoll die städtebauliche Erweiterung und die potentiellen Verdichtungsflächen der Stadt (siehe Abb.). Damaskus widerfährt eine städtebauliche Explosion, die sich als Schwund von Freiflächen innerhalb der Stadtviertel, als Verdichtung und Ausweitung der Oasensiedlungen und Bergdörfer sowie als Bebauung von Agrarflächen und Besiedlung entlang der Ausfallstraßen niederschlägt. Flächenansprüche von Industrie und Investoren im Freizeitsektor kommen hinzu. Kurz gesagt tritt Damaskus in das nächste Jahrtausend als dynamischer, ungezähmter metropolitaner Ballungsraum.

Literatur

Abdulac 1982. Ad-Din 1996. Akili - Frank - Sack 1986. Bianca 1980. Bianquis 1980. Bianquis 1989. Bianquis 1995. Bianquis 1984. Danger 1937. Degeorge 1994. Dettmann 1969. Ecochard - Banshoya 1968. El-Badwan 1968. Hopfinger - Khadour 1998. Ismail 1981. Issa 1968. Khoury 1984. Labeyrie - Roumi 1982, 44-51. Labeyrie - Roumi 1982, 140-149. Mathéy - Peterek 1995. Mouhanna 1987. Naito 1988, 61-63. Naito 1990. Sack 1985. Shoura 1989. Wirth 1966.

Anmerkungen

1 Degeorge 1994, 175.
2 Bianquis 1980, 366.
3 Vgl. Bianquis 1980, 1995; Abdulac 1982 und Naito 1990.
4 Vgl. Wils 1997 und Hopfinger, Khadour 1998.
5 Vgl. Bianquis 1995.
6 Vgl. Dettmann 1969.
7 Danger 1937.
8 Dettmann 1969, 269.
9 Vgl. Wirth 1973, 92.
10 Vgl. Bianquis 1980.
11 Vgl. El-Badwan 1986.
12 Vgl. auch Mouhanna 1987.
13 Vgl. Issa 1968.
14 Labeyrie, Roumi 1982.
15 Naito 1990, 40.
16 Vgl. Bianquis 1984.
17 Vgl. Ad-Din 1996.
18 Vgl. Dettmann 1969 und Ismail 1981.

Die architektonische Entwicklung der Stadt Damaskus in der Neuzeit

Djamal al-Ahmar

Damaskus, die Stadt am Fuße des Berges Qasyun, vom Fluss Barada durchquert und von der Ghuta mit ihren Plantagen und Feldern umrankt, bestand am Anfang des 20. Jh. nur aus der Altstadt innerhalb der Stadtmauer und einigen Vierteln außerhalb der Stadtmauer.

Die Stadt war in acht Teile aufgeteilt, getrennt davon einige Ortsteile am Hang des Qasyun und auf dem Weg nach Salihiyya. Die Stadtkarte der Polizei vom Ende der osmanischen Zeit gibt die räumliche Ordnung und Aufteilung der Stadt sowie den organisierten Weiterbau außerhalb der Stadtmauern an.

Die Stadt innerhalb der Mauern blieb bis zum Ende des Ersten Weltkrieges der demografisch und kommerziell wichtigste Teil, und dies obwohl die Stadt über die Mauern hinausgewachsen war und wichtige öffentliche Einrichtungen entstanden waren, so z.B. das Rathaus, die Stadtwerke, die Polizei, die Post und das Gerichtsgebäude. Der berühmte Mardja-Platz wurde zur Erinnerung an die Gründung der Hidjaz-Eisenbahn errichtet. Wichtige große Straßen und Alleen wurden gebaut, die Poliklinik und das Militärkrankenhaus, die Universität und die Hamidiyya-Kaserne, der Hidjaz-Bahnhof, das „karitative Ambulanz-Zentrum", die Lehrerbildungsanstalt, das Ziwar-Bascha-Schloss und das Nazim-Bascha-Schloss. Ferner wurden zwei Straßenbahn-Linie errichtet, die die weit entfernten Viertel, wie Muhadjirin und Midan, verbanden.

Der europäische Einfluss auf den Baustil wurde seit dem Beginn der Mandatszeit der Franzosen 1920 deutlich. Die französische Administration führte mitgebrachte Gesetze und Regeln ein. Vielen europäischen Forschern bot diese Zeit eine passende Gelegenheit, auf diesem mit Geschichte und alten Kulturen beladenen Boden ihre Neugier und Abenteuer auszuleben. Erwähnenswert ist Jean Sauvaget, der sich leidenschaftlich für die Geschichte, Baukunst und Architektur in Damaskus und Aleppo interessierte.

Die Mandatsmacht Frankreich errichtete ein eigenes Verwaltungszentrum nordwestlich des Mardja-Platzes. In der Zeit von 1921 bis 1924 wurde ein Stadtplan ausgearbeitet, der sich allerdings nicht so stark vom vorigen unterschieden hat. Er berücksichtigte aber den Ausbau und das langsame Wachstum der Stadt außerhalb ihrer Mauern.

Als Reaktion auf die Revolution von 1925 bombardierte die Mandatsmacht am 18.10.1925 mehrere Stadtteile. Dadurch sind mehrere wertvolle historische Stätten und Wohnstrukturen verloren gegangen. Aus Sicherheitsgründen hat die französische Stadtverwaltung die Baghdad-Straße im Norden der Stadt errichten lassen. Sie trennte die Stadt von ihren Gärten und Plantagen, erleichterte die Versorgung der französischen Streitkräfte und die Verbindung von der Ghuta zum Militärkrankenhaus.

Der Bau dieser Straße hatte einen großen Einfluss auf die weitere Stadtplanung. Sie wurde später in Richtung Westen verlängert, wo wichtige städtische Einrichtungen entstanden, so z.B. Kloster, Kirche und Schule der Franziskaner. In diese Gegend zogen französische Einwanderer und wohlhabende Einheimische, darunter Christen, die unter der französischen Herrschaft zu Reichtum und Wohlstand gelangt waren.

Die Bezirke zwischen der historischen Altstadt und Salihiyya wurden in einer Zeitspanne von weniger als zehn Jahren ausgebaut, so z.B. die Gebiete „Weiße Brücke", Märtyrer-Platz und Arnus-Platz. Weitere große, gerade Straßen wurden gebaut, wichtige Institutionen, wie Verwaltungszentren, Banken, Krankenhäuser, Hotels und Handelsplätze, entstanden. Eine neue Stadt entstand neben der alten, die zusehends an Bedeutung verlor.

Die „Direktion für Altertümer" hatte im Jahre 1932 den jungen Architekten Michele Ecochard engagiert und ihn mit einigen Projekten beauftragt. So hat er viele historische Bauwerke renoviert und im Azm-Palast zwei neue Bauwerke errichtet, die allerdings mit dem Originalstil des Palastes nicht harmonierten. Zu seinen Werken gehört auch das Nationalmuseum, von dem der erste Teil 1936 fertig gebaut wurde. Hier zeigt sich, dass Ecochard von der syrischen Architektur beeinflusst war und deren Elemente immer mehr verstand.

Diese Phase war zeitgleich mit der Ausbreitung des modernen Baustils in Europa unter dem Einfluss der „Bauhaus-Bewegung" und der „Charta von Athen".

Nach der Entstehung der „Gesellschaft für öffentliche Werke" wurde Ecochard 1934 mit der Gründung eines Amtes für architektonische Planung beauftragt. Daraufhin hat er einen Entwicklungsplan für die Stadt angefertigt, in dem er dem Stadteingang in Richtung Beiruter Straße besondere Aufmerksamkeit schenkte und in groben Umrissen große Alleen, Kreuzungen, große Plätze, öffentliche Parkanlagen und mehrstöckige Gebäude festlegte. Diese Plan erforderte die Durchführung von wichtigen statistischen Erhebungen über die Stadt Damaskus.

Ecochard wurde beim Ausbruch des 2. Weltkrieges nach Frankreich zurückberufen, kehrte aber später nach Damaskus zurück, wo er bis 1945 blieb. Der von ihm favorisierte moderne Baustil stand nicht im Einklang mit dem „klassischen" Stil Damaszener Bauten. Jedoch war der Kontrast zum Baustil der späten Osmanenzeit nicht so stark.

In der französischen Mandatszeit hat die Bau- und Landschaftsarchitektur einige Änderungen erfahren. So entstanden am Anfang Viertel aus Steinhäusern. Die Häuser „klebten" aneinander und hatten zwei bis drei Stockwerke. Das Erdgeschoss war separat und hatte einen eigenen Eingang an der Fassadenseite. Es lag drei bis fünf Treppenstufen höher als der Bürgersteig, damit die Passanten keinen Einblick in das Haus haben konnten. Manchmal besaß das Erdgeschoss einen Innenhof, dessen Bedeutung und Rolle sich geändert hatten. Direkt am Haupteingang führten Treppen zu den höheren Stockwerken, was mit den französischen Baunormen übereinstimmte. Zur Straße hin öffnen sich Fenster und in den oberen Stockwerken fanden sich schmale Balkone. Das Mauerwerk war aus Stein oder Backstein, das Dach aus Beton.

Später wurden die Häuser nicht mehr aneinandergebaut, sondern durch Gärten getrennt. Die Balkone vergrößerten sich, und Beton fand mehr Verwendung. Die erste Zementfabrik nahm 1934 ihre Produktion auf. In der Innenarchitektur gab es ein neues Element, die sogenannte „Suffa". Diese war im Prinzip ein überdachter Innenhof, der als Verteiler für die einzelnen Zimmer diente. In beiden erwähnten Baumustern weisen die Fassaden einen traditionell-regionalen Stil auf.

Nach der Unabhängigkeit von Frankreich 1945/46 erlebte Damaskus eine Ausweitung des Wohnungsbaus. Dies war unter anderem eine Folge der Emigration vieler Palästinenser nach Syrien im Laufe von Unruhen und dem Krieg mit Israel 1947/48. Viele neue Straßen entstanden, wie die al Djala-Straße und Abu Rummana, ein Viertel, das von der bürgerlichen Schicht bewohnt wird und wo die meisten Botschaften und diplomatischen Vertretungen sich niedergelassen haben. Auch andere neue Viertel, wie asch-Schalaan, Qassa und Muhadjirin, entwickelten sich. Außerdem wurden öffentliche Parkanlagen in den neuen Vierteln gebaut, wie as-Sabki und al-Mazraa.

Nach europäischem Stil baute man neue Viertel, die aus kleinen Wohnblocks (150 bis 300 qm) bestanden. Diese standen voneinander getrennt, hatten keinen Innenhof und waren 3-4 Stockwerke hoch. Sie waren von Gärten umgeben und in den oberen Etagen fanden sich große Balkone und Terrassen. Beton wurde großzügig eingesetzt, auch für den Verputz. Dieser Baustil gilt als erfolgreich, da er der Umwelt und der Umgebung angepasst ist, und er berücksichtigt ökonomische und soziale Wandlungen, die die Stadt und ihre Bewohner durchgemacht haben. Und obwohl die Gestaltung keine besonderen architektonischen Merkmale aufweist, so hat sie doch den neu entstandenen Vierteln ein einheitliches Baumuster aufgedrückt und der Stadt ein homogenes Erscheinungsbild verliehen.

In dieser Phase wurde auch die Hariqa-Gegend nach europäischem Muster geplant. Es sollte ein Hauptplatz entstehen, von dem gerade Straßen ausgehen. An diesen Straßen sind Gebäude entstanden, in denen diverse Handelsaktivitäten beheimatet sind. Dieses neue Zentrum hatte natürlich Verbindungen zu den „Suqs" innerhalb der Stadtmauern. Diese und andere neue Wirtschaftsviertel führten jedoch zu Disharmonie mit der Struktur der benachbarten Altstadt. Die „Landflucht" der Bewohner der Altstadt in neue Viertel nahm zu.

Ende der 50er Jahre, nach der Gründung der Vereinigten Arabischen Republik zwischen Syrien und Ägypten, wurde in der al-Mazza-Gegend das al-Wahda-Viertel für „volkstümliches Wohnen" mit einer zugehörigen gleichnamigen Parkanlage gegründet. Das Viertel besteht aus „Gruppen". Jede Gruppe besteht aus fünf bis sechs Häusern, die einen Binnenraum, auch „kommunaler Lebensraum" genannt, umgeben. Korridore für Fußgänger verlaufen zwischen den Häusern. Ein Haus hatte vier Stockwerke und kleine (70 bis 120 qm), spartanisch gebaute Wohnungen. Die Binnenräume haben ihren Zweck jedoch nicht erfüllt, sie wurden vernachlässigt und kahl gelassen und waren für die Anwohner eher eine Quelle der Ruhestörung.

Die Stadtbevölkerung nahm zu und erreichte 1963 die 630.000-Marke. Zur Zeit der Erstellung der ersten Stadtplanung 1936 waren es nur 250.000! Die Flächen, welche für einen geordneten und koordinierten Ausbau vorgesehen waren, reichten nicht mehr aus. Willkürliches und planloses Bauen war die Folge. Die Stadt Damaskus lud Ecochard ein und beauftragte ihn mit der Anfertigung eines neuen Bebauungsplans, der den wachsenden Anforderungen gerecht werden sollte. Ecochard führte ein Arbeitsteam an, dem auch die zwei Japaner Banshoya und Goto angehörten. Der Plan wurde 1968 fertig gestellt.

Die wichtigsten Empfehlungen des Planes waren:
1. der Schutz der „Ghuta", der Existenzgrund und die Existenzgrundlage der Stadt,
2. dazu sollte ein Damm am Barada-Fluss in al-Hama errichtet werden,
3. der wohnbedingte Weiterbau sollte begrenzt werden,

4. ebenso die Bautätigkeit in al-Mazza,
5. al-Mazza selbst sollte zu einer Satellitenstadt ausgebaut werden,
6. der al-Mazza-Flughafen sollte verlegt werden und seine Startbahn zum Rückgrat eines neuen Viertels werden,
7. der Durchgangsverkehr durch die Stadt, vor allem für schwere Transporter, sollte begrenzt werden,
8. dafür sollte eine neue Umgehungsstraße gebaut und mit der neuen Beiruter-Straße verbunden werden.

Was die Altstadt betrifft, so hat der Plan den Schutz der alten Bauwerke angemahnt. Sie sollten nicht als gewöhnliche Wohnstrukturen behandelt werden. Diese Denkrichtung war damals in Europa aktuell, wie z.B. das „Venedig-Protokoll" von 1964 zeigt. Ferner hat der Plan angeregt, die Gegend um die Umayyaden-Moschee und die Zitadelle zu „räumen", damit diese historischen Bauwerke zur Geltung kämen. Weiterhin wurde der Ausbau der Straßen gefordert, damit auch die Altstadt „autofreundlich" wird. Dies sollte den Handel beleben und Besucher und Touristen in die Altstadt ziehen. Andere historische Stadtviertel außerhalb der Stadtmauer, wie al-Midan, Qanawat und Sarudscha, wurden vom Plan vernachlässigt.

Der heutige Zustand der Stadt unterscheidet sich stark von dem Plan und seinen Prognosen. Die Stadt wuchs Ende der 60er Jahre sehr stark, die Ghuta wurde immer kleiner, dort wurden Fabriken und Sonstiges gebaut, auch illegal und ohne Baugenehmigung. Dies beeinflusste die Umwelt negativ. Im Gegenzug wurde der Versuch unternommen, die kahlen Hänge des Qasyun-Berges wieder aufzuforsten.

Die Empfehlung, das Gelände des al-Mazza-Flughafens zur neuen Baugegend zu machen, wurde nicht befolgt. Stattdessen entstanden neue Viertel mit Hochhäusern von 6 bis zu 12 Etagen, wie in al-Mazza, Barza, Adawi und al-Malki.

Der Schutz der Altstadt wurde missachtet, breite Straßen (z.B. die al-Thaura-Straße) wurden mitten durch alte Bauviertel geschlagen. An diesen Straßen sind große Gebäude entstanden, die nicht ins Stadtbild passen: Hochhäuser, die Ämter, Büros, Hotels und sonstige Aktivitäten beherbergen. Manche Gebäude haben eine das Stadtbild dominierende Höhe, so das Meridian-Hotel oder das al-Scham-Hotel mit seinem Turm.

1982-83 wurde die Umgebung der Umayyaden-Moschee etwas freigelegt und vor dem West-Eingang ein großer Platz errichtet. Der Suq al-Chudja wurde geräumt, um die Westmauer der Zitadelle in Richtung Nasr-Straße sichtbar zu machen.

Auch wenn der zweite Schritt, die Beseitigung des Suq al-Chudja, kontrovers diskutiert wird, so ist der erste, die Räumung vor dem Westeingang der Umayyaden-Moschee, als negativer Eingriff in die eingewachsene Struktur der Altstadt zu bewerten.

Diese im „Zeitraffer" dargestellte Entwicklung der Stadt Damaskus seit Anfang des Jahrhunderts bis in die 80er Jahre hinein kann man folgendermaßen zusammenfassen: Die Stadt war und ist manchmal unverantwortlichen und negativen Eingriffen ausgesetzt, welche die Identität, die Originalität und den historischen Wert der Altstadt gefährden. Die natürlichen, „gottgegebenen" Ressourcen der Stadt werden dadurch unwiderruflich zerstört. Dabei handelt es sich um den Ghuta-Wald, den Barada-Fluss und den Qasyun-Berg. Auf diesen Grundlagen ist die Stadt überhaupt entstanden und gewachsen. Große Hindernisse und ständige Änderungen und Wechselbäder machen jedoch alle Stadtplanungsprojekte uneffektiv und nutzlos. Sie sind nicht mehr als vage Prognosen und Prophezeiungen, die bestenfalls als gut gemeinte Ratschläge dienen können. Aber vielleicht ist dies der Zustand der meisten Metropolen in den Entwicklungsländern!

Die Stadtentwicklung Aleppos von der spätosmanischen Zeit bis heute

Anette Gangler

"Viele Zeugnisse sprechen dafür, dass die Gasse zu den Kostbarkeiten vergangener Jahrhunderte gehörte und in der Geschichte der Stadt ein Denkmal ist – und zwar ein wertvolles. Obwohl die Gasse fast gänzlich ausgeschlossen vom Getriebe der Welt lebte, war sie doch vom Lärm ihres eigenen Lebens erfüllt, einem Leben, das in tiefstem Innern unlösbar im ganzen, vollen Sein verwurzelt war und noch die Geheimnisse der alten vergangenen Welt in sich barg und bewahrte."

Seit Jahrhunderten und bis heute sind die Gassen Kairos, die Nagib Mahfuz hier beschreibt, aber auch die Gassen Aleppos Zeugnisse vergangener Zeiten. Ihre Entstehung, ihre Veränderungen und ihre Zerstörung haben die heutigen Stadtstrukturen, in denen sich die historische Entwicklung der Stadt teilweise widerspiegelt, geprägt.

Bis heute lassen sich im Stadtgrundriss der Altstadt von Aleppo eine altorientalische Erschließungsstruktur südlich der Zitadelle rekonstruieren und die antike Kolonnadenstraße im heutigen „Suq"-Bereich nachweisen. Auf dieser Basis entstanden die bis heute sichtbaren mittelalterlichen Verteidigungsanlagen und die damit verbundene Festlegung der Grenzen der Stadt *intra muros* und *extra muros*. Im Zuge dieser frühen Siedlungen haben sich auch die Standorte für Kultstätten, Handel und Wohnen herausgebildet.

Während des wirtschaftlichen Aufschwungs unter ayyubidischer und mamlukischer Herrschaft begannen neue Vororte entlang den Ausfallstraßen nach Nordosten und Südosten ins fruchtbare Hinterland zu wachsen. Die Infrastruktur der Stadt wurde ausgebaut und soziale und religiöse Bauten sowie auch die Wirtschaftsbauten wurden zu einem integralen Baustein der islamisch-orientalischen Stadt. Im 16./17. Jh. mehrte sich der Reichtum der Stadt durch den Seidenhandel, und die großen religiösen Stiftungen osmanischer Gouverneure und reicher Kaufleute – die damals gegründeten Gebäudekomplexe (*waqf*) mit Moscheen, „Madrasas", Handels- und Gewerbeeinrichtungen – bestimmen bis heute das Stadtbild.

Unter osmanischer Herrschaft hatte die Stadt eine Ausdehnung von über 400 ha und eine Einwohnerzahl von rund 100.000 Einwohnern erreicht, die sich bis Ende des 19. Jh. kaum veränderte und sich deutlich im Stadtbild, in den Quartiersstrukturen der Altstadt, abzeichnet. Im Lauf der Zeit hatten sich die einzelnen Wohnquartiere der Stadt zu einem komplexen Raumgefüge, einer sozialräumlichen Einheit, die von außen von durchlaufenden Gassen und durch Sackgassen von innen erschlossen wurde, geformt.

PLAN 13
QUARTIER ĞUBB QARMĀN
ZEITSTUFEN

PERIODE 1
PERIODE 2
PERIODE 3

Aleppo, Quartier Djubb Qarman

Wichtigstes Element der Bebauung ist das nach innen orientierte Hofhaus. Durch Teilung von Häusern, durch Zerfall, Abbruch oder Neubau waren die Quartiere und ihre Gassensysteme zwar ständigen Wandlungsprozessen unterworfen, die hohe Anpassungsfähigkeit des Hofhauses an die jeweiligen sozialen und ökonomischen Verhältnisse der Familie gewährleisteten jedoch eine hohe Flexibilität, und durch die Geschlossenheit der Gebäude fügten sie sich zu einer additiven, homogenen Struktur, die sich über Jahrhunderte immer wieder überlagert hat. Das Haus selbst war oft aus Gebäudeteilen unterschiedlichster Epochen zusammengesetzt und war keinen einheitlichen gestalterischen Regeln unterworfen (siehe Abb.).

Im Quartier, in der „Hara", waren jedoch einfache, klare Baugesetze zwischen Bauherr und Baumeister oder den Nachbarn durch das islamische Recht gesichert. Die Einhaltung der Bauhöhen oder der Straßenbreiten wurde vom „Muhtasib" (Marktaufseher, Polizeichef) überwacht. Die Breite einer Durchgangsstraße musste z.B. für zwei beladene Kamele ausreichen und umfasste 7 *cubits* (Ellen: in Breite und Höhe rund 3,50 m), während

A PLAN of the CITY of ALEPPO.

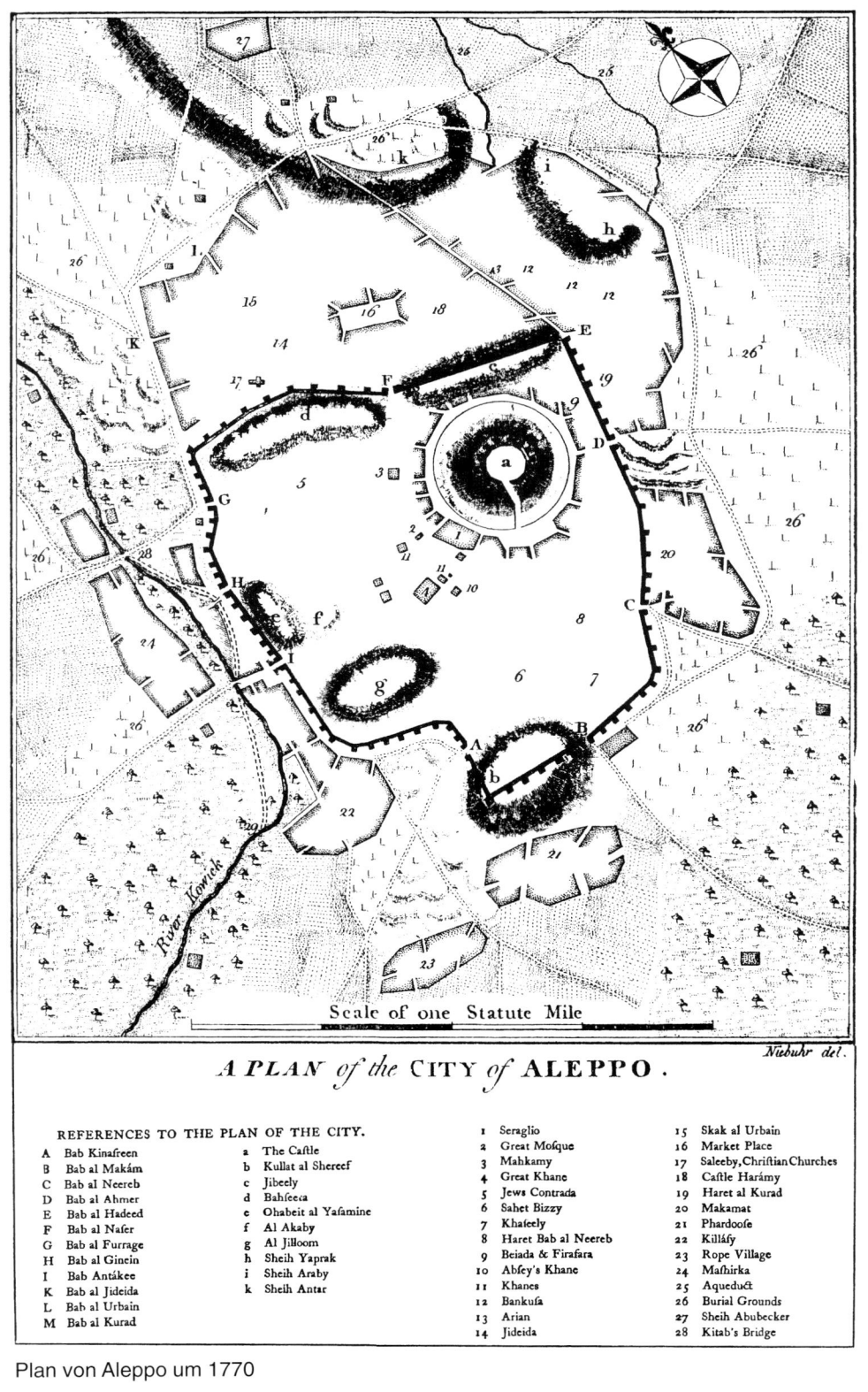

Niebuhr del.

REFERENCES TO THE PLAN OF THE CITY.

A	Bab Kinafreen	a	The Castle	1	Seraglio
B	Bab al Makám	b	Kullat al Shereef	2	Great Mosque
C	Bab al Neereb	c	Jibeely	3	Mahkamy
D	Bab al Ahmer	d	Bahseeta	4	Great Khane
E	Bab al Hadeed	e	Ohabeit al Yasamine	5	Jews Contrada
F	Bab al Naser	f	Al Akaby	6	Sahet Bizzy
G	Bab al Furrage	g	Al Jilloom	7	Khaseely
H	Bab al Gincin	h	Sheih Yaprak	8	Haret Bab al Neereb
I	Bab Antákee	i	Sheih Araby	9	Beiada & Firafara
K	Bab al Jideida	k	Sheih Antar	10	Absey's Khane
L	Bab al Urbain			11	Khanes
M	Bab al Kurad			12	Bankusa
				13	Arian
				14	Jideida
15	Skak al Urbain				
16	Market Place				
17	Saleeby, Christian Churches				
18	Castle Harámy				
19	Haret al Kurad				
20	Makamat				
21	Phardoose				
22	Killásy				
23	Rope Village				
24	Mashirka				
25	Aqueduct				
26	Burial Grounds				
27	Sheih Abubecker				
28	Kitab's Bridge				

Plan von Aleppo um 1770

die Breite einer Sackgasse mit 4 *cubits* (Ellen: in Breite und Höhe etwas weniger als 2,00 m) festgelegt war.

Mit der Modernisierung des Staates und dem beginnenden Wachstum der Städte Mitte des 19. Jh. erließ auch die osmanische Zentralregierung in Istanbul neue Regeln bezüglich der Verwaltung des Reiches. Eine Reihe neuer Gesetze (1858/1860/1867/1874) sicherte den Verkauf und Besitz von Grundeigentum. Mit der Schaffung einer eigenen Stadtverwaltung (1877) erhielt Aleppo 1883 auch eine staatliche Bauordnung und 1884 ein Gesetz bezüglich historischer Monumente. Besondere Aufmerksamkeit galt dem Ausbau des Erschließungsnetzes, denn die eher in einer Art Selbstbildungsprozess entstandene traditionelle Quartiersstruktur wird fast schlagartig von einer geplanten, nach außen gerichteten Bebauungsstruktur abgelöst. Die Privatheit der Quartiersgasse mit introvertierten Hofhäusern wird durch den öffentlichen Raum der Straße, mit repräsentativen, nach außen gerichteten Fassaden, ersetzt. Die aufgrund klimatischer und kultureller Bedingungen entstandene Einheit zwischen Lebensform und gebauter Umwelt wurde von einem Veränderungsprozess erfasst, der die historischen Quartiere zu zerstören begann.

Phase I: 1860-1920 (Spätosmanische Zeit)

Dieser Wandlungsprozess beginnt 1868 in Aziziye. Eine reiche Oberschicht baut sich entlang linear ausgerichteter Straßenachsen die ersten großen Häuser im Westen der Stadt im bewässerten Gartenland des „Qwayq". In einem vom Gouverneur von Aleppo in Auftrag gegebenen Stadtentwicklungsplan von 1899 (Rayf Pacha Plan) sind diese neuen Parzellenstrukturen sichtbar. Vor allem aber die 1882 im Westen der Stadt ausgewiesenen Entwicklungsgebiete des deutschen Architekten Jung sind hier deutlich zu erkennen. 1883 wird Djamiliye mit Parzellengrößen von 400-600 qm geplant und gebaut. 1887 folgt der Ausbau des ostwest-ausgerichteten Stadtviertels Hamidiye und weiterer Viertel, wie Djabriye (1907) und Salibe al-Sughra. In dieser spätosmanischen Phase, in der Zeit von 1870-1920, entwickelte sich auf der neuen Siedlungsstruktur eine neue Bautypologie, wobei Bauform und Dekor in der langen Tradition der Aleppiner Architektur stehen. Der Transformationsprozess vom introvertierten Hofhaus zum extrovertierten Stadthaus bringt eine typische und eigenständige Aleppiner Bauweise hervor, deren frühe Beispiele die herrschaftlichen Konsulwohnungen in den großen Karawansereien *intra muros* darstellen und die z.B. in Djamiliye in den vornehmen Villen städtischer Notabeln und osmanischer Funktionäre ihren Höhepunkt erreichte. Zeitgleich entstehen in Aziziye bereits 1870 Häuser mit einer zentralen Diele, während hier auch nach 1900 noch Häuser mit Hof gebaut werden, wobei für beide Bauformen die traditionelle Bauweise in Stein beibehalten wird.

Das Problem der Verbindung oder Trennung beider Siedlungsformen, die der Altstadt und die der spätosmanischen Erweiterungen, scheint in den ersten Stadtentwicklungsplänen kaum von Bedeutung gewesen zu sein. Weder die isolierte „Ville nouvelle", die wir als Modell für die Städte Nordafrikas kennen, noch die Ausbildung eines repräsentativen „grünen Gürtels", wie er für viele mittelalterliche Städte Europas charakteristisch ist, wurden hier zum Leitbild.

Die neuen Stadterweiterungen entwickelten sich einfach fort, und vor allem im Nordwesten wurden die ehemaligen Altstadtgrenzen (Talal und Chandaq) zu wichtigen innerstädtischen Straßen, die Altstadt und Neustadt verknüpfen. Ab 1857 wurde der frühere Graben zwischen Altstadt *extra muros* und *intra muros* aufgefüllt und eine 14 Meter breite Straße angelegt. Diese für Karren leicht zugängliche Chandaqstraße (Grabenstraße)

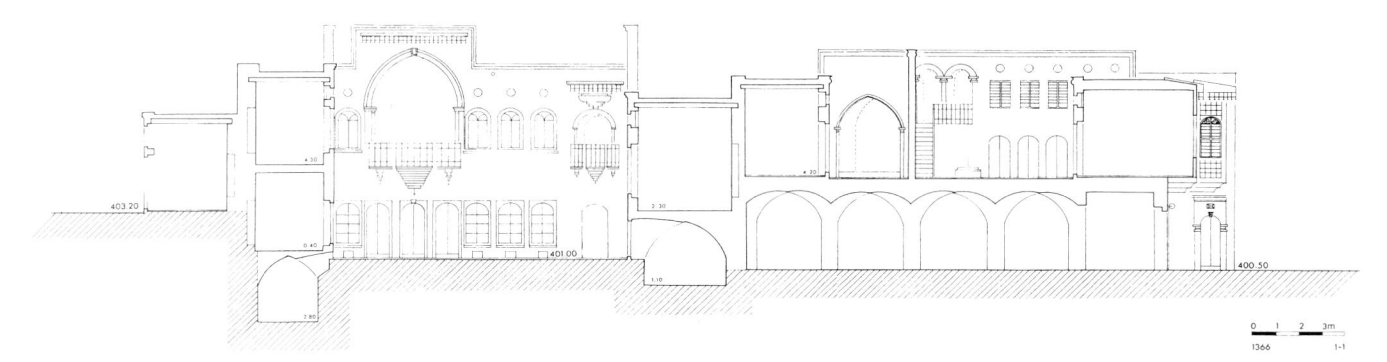

Aleppo, Gebäude Chandaqstrasse, Katasternummer 1366 – Schnitt 1-1

wurde zu einer bevorzugten Lage für Handelsbauten und Handwerksbetriebe.

Die flächige, klare funktionale Trennung zwischen kommerziellem Suq und den einzelnen Wohnquartieren wurde hier zu Gunsten einer vertikalen Gliederung aufgegeben. Ein eigenständiger Gebäudetyp in der Tradition der aleppinischen Architektur entstand, mit großen Lagergebäuden im Erdgeschoss, die sich zur Straße hin öffnen. Darüber befinden sich Wohngeschosse mit Grundrisstypen, die wie in den neuen Vorstadtvierteln vom traditionellen Hofhaus bis zur osmanischen Villa mit zentraler Diele reichen (siehe Abb.).

In der frühen Phase sind die Fassaden von hölzernen „Kischks" geprägt, die später von steinernen dreigeschossigen Fassaden abgelöst werden. Die mit Vor- und Rücksprüngen gegliederten Fassaden mit eingearbeiteten Holzerkern oder mit Bogenfenstern in feinem Steindekor und filigranen schmiedeeisernen Gittern vor den Lagertoren und Ladentüren ließen die Ringstraße zu einem vornehmen „Boulevard" werden, auf dem ab 1929 sogar eine Straßenbahn fuhr.

Diese Straßenbahn verband über die heutige Kowatlystraße die alte Stadt mit den Erweiterungsgebieten und dem 1906 gebauten Damaskusbahnhof sowie dem 1912 gebauten Baghdadbahnhof. Mit dem Bau der Bahnhöfe hatte sich die einstige Planung, die mit den vornehmen Vierteln Aziziye, Djamiliye und Hamadiye begann und im Plan von 1899 sichtbar ist, verändert. Die Nordwestentwicklung der Stadt war nicht mehr aufzuhalten. Das Bab al-Faradj mit dem 1898 gebauten Uhrenturm bildete die neue Mitte zwischen Altstadt-Suq und den neuen Stadterweiterungen. Im Tal des Qwayq, wo einst einige Kaffeehäuser unter schattigen Bäumen der Erholung dienten, wurde der erste große öffentliche Park errichtet, andere Grünanlagen und die Gestaltung von Straßen mit baumbestandenen Alleen folgten (as-Sabil).

Die „Schönheit" der Stadt war zum Leitbild geworden und entsprach dem europäischen Stadtmodell, das von Parkanlagen und repräsentativen Straßen- und Platzräumen mit Fassaden in reichem Dekor geprägt war.

Phase II: 1920-1946 (Mandatszeit)

Neben diesen neuen „öffentlichen Räumen" wurde auch die Errichtung neuer „öffentlicher Einrichtungen" notwendig. Schon 1893 und 1898 waren die ersten öffentlichen Schulen in Djamiliye gebaut worden. In den „gründerzeitlichen" Stadterweiterungen der Mandatszeit im Norden und Nordwesten folgten an öffentlichen Plätzen der Bau der Hauptpost und des Telegrafenamtes sowie der Bau von

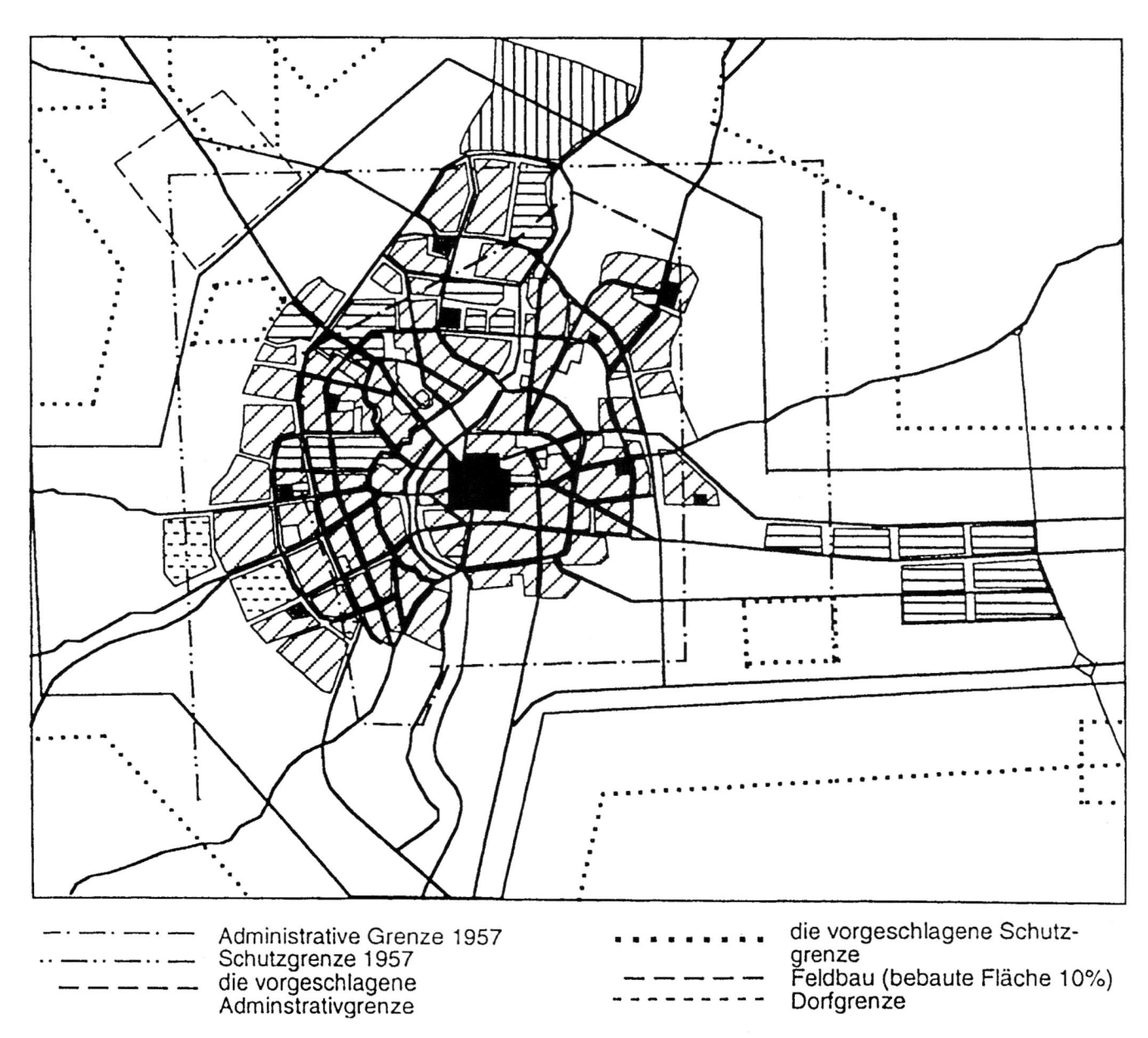

| — · — · — · — | Administrative Grenze 1957
| ·· — ·· — ·· — | Schutzgrenze 1957
| — — — — — | die vorgeschlagene Adminstrativgrenze
| · · · · · · · · | die vorgeschlagene Schutzgrenze
| — — — — — | Feldbau (bebaute Fläche 10%)
| - - - - - - - - | Dorfgrenze

Aleppo, Project Plan von G. Banshoya, 1974

Hospital, Straßenbahndepot, Elektrizitätswerk und Wasserwerk.

Die Einführung neuer Bautechniken begann mit der Mandatszeit. Blechdachverkleidungen dienten zur Überdachung von Loggien und Balkonen, den neuen Elementen in der Aleppiner Architektur, und 1927 wurde die Konstruktion des neuen „Serail", dem Sitz des Gouverneurs, von Etienne Chenille, einem französischen Architekten, in Beton ausgeführt.

Neben diesen technischen Neuerungen wirkten sich der Bau der Ei-

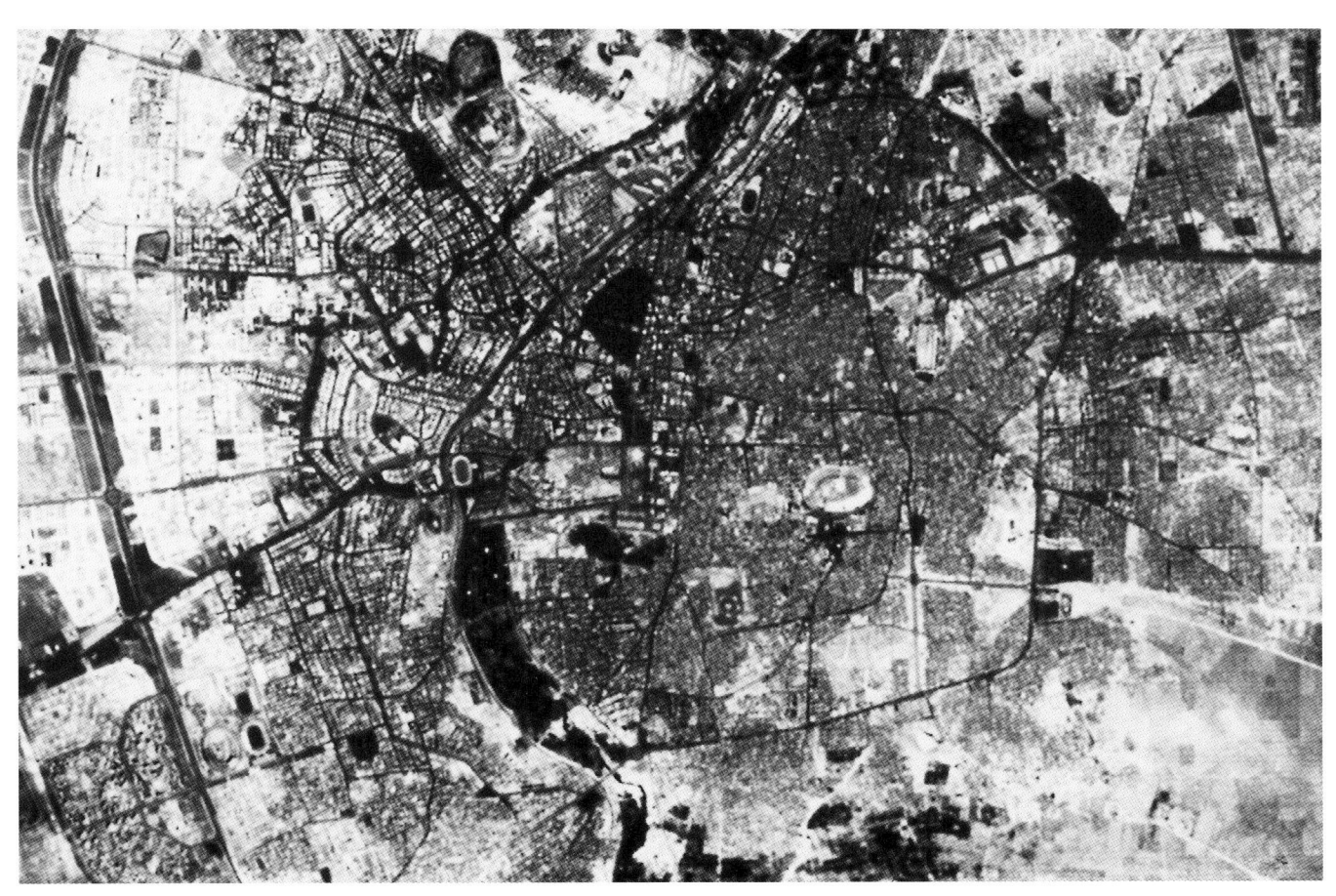

Aleppo, Luftbild von 1994

senbahn, die Einführung des Autos und das immer stärker einsetzende Stadtwachstum auf die Entwicklung der Stadt aus. Die französischen Planer Danger und Ecochard entwickelten jeweils Masterpläne: 1932 einen „Plan d'Aménagement" und 1938 „Projets d'Urbanisme". Weite, begrünte Entwicklungsachsen, die „Licht und Luft" gewährleisten sollten, verbanden die Altstadtquartiere mit den Neubauvierteln vor allem im Norden und Nordosten. Beide Pläne wurden nicht realisiert. Dagegen stellt die Vermessung der Stadt, die Erstellung genauester Katasterpläne in der Zeit von 1929-1936, bis heute die Grundlage aller Bebauungspläne im Altstadtbereich dar. Die detaillierten Kartierungen sowie die neuen Entwicklungspläne dienten dazu, eine effiziente Stadtverwaltung auf der Zielvorstellung „hygienischer" Stadtplanung aufzubauen.

Phase III: 1946-1980 (Zeit nach der Unabhängigkeit)

Aufgrund der industriellen und ökonomischen Entwicklung stieg die Bevölkerung in Syrien von 4,6 Mill. Einwohnern um 1954 auf rund 12 Mill. Einwohner um 1980. Durch den Zuzug vom Lande beschleunigte sich das Wachstum der Städte. Die Gesamtstadt Aleppo, die bis in die 60er Jahre aus der Altstadt und den spätosmanischen und mandatszeitlichen Stadterweiterungen bestand, wurde zu einem kleinen Teil der Kernstadt, die immer schneller wachsende Agglomerationen zu umgeben begannen. Die Nachfrage nach mehr Wohnfläche stieg nicht nur durch das rapide Bevölkerungswachstum, sondern auch durch den starken Veränderungsdruck im Innern der Familien – von der Großfamilie zur Kleinfamilie. Schon vor, aber besonders während der Mandatszeit hatten viele reiche Familien die Altstadtquartiere verlassen. Nun aber wuchs der Anspruch einer mittleren und unteren Einkommensschicht auf Wohnungen in den Neubaugebieten am Stadtrand.

Mit dem Ziel, preisgünstige Kleinstwohnungen zu schaffen, wurde gemäß den Leitbildern der „Moderne" und unter dem Einfluss sozialistischer Großprojekte 1954 der soziale Wohnungsbau in Syrien eingeführt. 1958 folgte die Bodenreform, die Großgrundbesitzer enteignete. Da die Schaffung von Wohnraum, von Eigentum, bisher jedoch eine ausschließlich privatwirtschaftliche Angelegenheit war und die Kommunen durch die Enteignungen finanziell stark belastet wurden, waren diese Modelle nur von begrenztem Erfolg. Eine Entlastung der staatlichen Bauprogramme bildete daher die Schaffung von Wohngenossenschaften, d.h. staatlichen und privaten Kooperativen, die zinsgünstige Darlehen vom Staat erhielten. Für eine mittlere Einkommensschicht entwickelte sich damit in den 70er und 80er Jahren wiederum eine typische Wohnform. In Skelettbauweise entstand ein 3- bis 6-geschossiger, mit Balkonen und Fenstern nach außen gerichteter Bautyp, der durch die Verkleidung mit dem ortsüblichen Kalksandstein auch hier eine Aleppiner Architektur repräsentiert, die von der Ober- und Mittelschicht bevorzugt wird.

Vor allem die attraktiven höher gelegenen Stadtrandlagen im Westen werden von Wohnvierteln der Ober- und Mittelschicht besetzt, z.B. al-Hamdaniye, Sayfa ad-Daule, Schahba, während die einkommensschwachen Schichten auf die Altstadtquartiere angewiesen sind und sich ins agrarische Hinterland im Osten der Stadt ausdehnen. Im Gegensatz zur historischen Entwicklung der Altstadtquartiere, wo die Bevölkerung sich eher nach religiöser oder ethnischer Zugehörigkeit zusammenfügte, findet nun unabhängig von Religion oder Nationalität eine räumliche Segregation nach sozialem und ökonomischem Status statt. Die historische Mitte wurde einerseits zum Wohnstandort einer unteren Einkommensschicht. Andererseits wurde die Wohnnutzung durch kommerzielle Nutzungen verdrängt. Das Handelszentrum war nicht mehr allein der Suq, sondern erfasste einen Großteil der gesamten Altstadt und der frühen Stadterweiterungen im Nordwesten. Standorte für wichtige städtische Funktionen, wie Verwaltungseinrichtungen, Universität, Hotels, Sportanlagen, Parks, entwickelten sich nicht im Zentrum, sondern in nordwestlicher Richtung in den reicheren Teilen der Stadt.

Dieser funktionale und strukturelle Wandel beschleunigte sich durch den ständigen Anstieg des Kraftfahrzeugverkehrs. Die den beladenen Kamelen vorbehaltenen radialen Haupterschließungsachsen, die über die Stadttore direkt ins Zentrum der Stadt führten, waren überlastet und entsprachen nicht moderner motorisierter Verkehrsführung. Entsprechend den Hausmannschen Ideen für Paris und den hundert Jahre später entstandenen europäischen Nachkriegskonzepten einer autogerechten Stadt entwickelte Andre Gutton 1954 einen Gesamtplan für Aleppo. Achsen von 22 Meter Breite sollten die Erschließung der Altstadt gewährleisten, während mit dem Bau zweier Ringstraßen das Stadtwachstum gelenkt werden sollte.

Für die Altstadt erfolgt die Umsetzung dieser Ideen erst in den 70er Jahren. Breite Durchbruchstraßen wurden geplant, die in den nördlichen Altstadtquartieren *intra muros* auch realisiert wurden. Der Umbauprozess von der flächigen traditionellen Bebauungsstruktur in eine 6-geschossige Blockrandbebauung setzte ein. Die Folgen dieser damaligen Maßnahmen, der hohe Verdichtungsgrad und die damit völlig überlastete und veraltete Infrastruktur sowie der Verlust der Freiflächen in Form der privaten Innenhöfe, sind heute ein Teil der Probleme, die durch neue Planungskonzepte bewältigt werden müssen.

Nicht nur in der Altstadt wurden diese Probleme sichtbar. Bis 1958 hatte sich auch das zentrale Stadtgebiet mit den zahlreichen zerstreuten neuen Vierteln verdichtet und die Stadtfläche Aleppos hatte sich auf über 2.000 ha ausgedehnt. Der von Gutton geplante „Äußere Ring" entlang der Eisenbahnlinie und dem Flusslauf des Qwayq hatte zunächst eine Barriere für das Stadtwachstum nach Westen gebildet, die jedoch in den 60er Jahren übersprungen wurde. Bis 1981 hatte sich die Stadtfläche auf mehr als 5.000 ha verdoppelt.

Bestehende Planungen mussten überarbeitet werden und 1972-74 stellte der Japaner G. Banshoya einen Masterplan auf, der von einem Bevölkerungswachstum von 4 % ausging und für eine Bevölkerung von 1,5 Mill. Einwohner ausgelegt war. D.h. die Grenzen des Großraumes Aleppo wurden durch diesen Plan erweitert, großräumliche Ringstraßen wurden festgesetzt und durch den Bau des Flughafens und die Ausweisung neuer Wohn- und Gewerbegebiete die Erweiterung des Stadtgebietes nach Norden und Osten forciert (siehe Abb.).

Informelle Siedlungsflächen der letzten 40 Jahre in Aleppo

Aleppo 1958
Gesamtfläche: 2200 ha
Formelle Siedlungsfläche: 1.800 ha
Informelle Siedlungsfläche: 400 ha

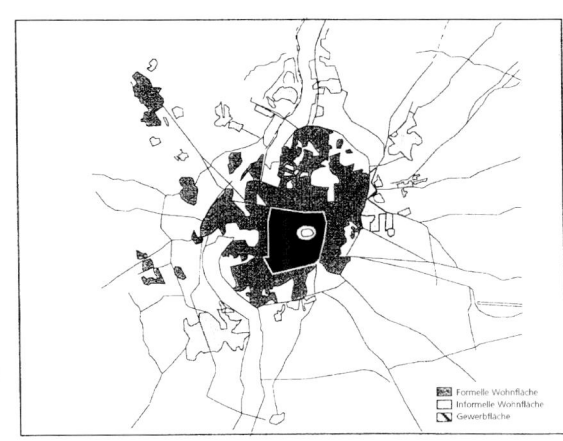

Aleppo 1981
Gesamtfläche: 4900 ha
Formelle Siedlungsfläche: 3.500 ha
Informelle Siedlungsfläche: 1.400 ha

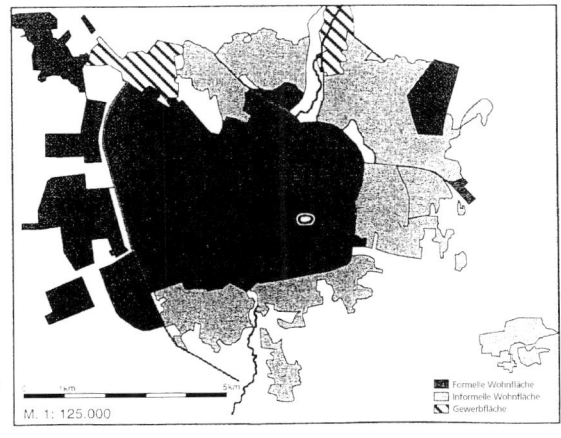

Aleppo 1994
Gesamtfläche: 7.300 ha
Formelle Siedlungsfläche: 5.200 ha
Informelle Siedlungsfläche: 2.100 ha

Aleppo, Stadtwachstum 1958-1994, formelle und informelle Siedlungen

Bis heute hat dieser Masterplan Gültigkeit, obwohl das stärkste Flächenwachstum Ende der 80er Jahre einsetzte und das Stadtgebiet 1994 eine Fläche von 7.500 ha umfasste. Die Einwohnerzahl war in diesem Zeitraum von 680.000 Einwohner im Jahr 1970 auf 1,6 Mill. Einwohner im Jahr 1994 angewachsen.

Phase IV: 1980-2000

Im Vergleich zu städtischen Agglomerationen in den Industrienationen des Nordens ist die Flächenausdehnung einer Stadt wie Aleppo, deren Einwohnerzahl im Jahr 2005 auf 2,3 Mill. prognostiziert wird, jedoch sehr gering. D.h. die Besiedlungsdichte ist sehr hoch. 1994 betrug die durchschnittliche Dichte 274 Einwohner/ha (siehe Abb.). Dieses Phänomen der hohen Dichte kennzeichnet viele Städte des Südens, die erst am Beginn des hohen Flächenverbrauchs stehen.

Bevölkerungs- und Stadtwachstum und der damit verbundene Verbrauch von Ressourcen und die Umweltbelastung waren Thema vieler internationaler Konferenzen. Die Umsetzung der Agenda 21, deren Ziel die nachhaltige Entwicklung ist, dringt jedoch erst langsam ins Bewusstsein der für die Stadt Verantwortlichen, denn allein die Schaffung von Wohnraum ist eines der größten Probleme von Städten, deren Bevölkerung zu über 50 % unter 16 Jahren ist und die sich in den nächsten 15 Jahren verdoppeln wird.

Das Problem ist nicht allein mit staatlicher Unterstützung zu lösen. Die ärmeren Bevölkerungsschichten und die vom Land zuziehenden Bewohner sind längst dazu übergegangen, sich den notwendigen Wohnraum selbst zu schaffen. Seit den 60er Jahren trifft man auf die Entstehung „illegaler Siedlungen", die sich bis heute zu einem peripheren Kreis im Norden, Osten und Süden der Stadt geschlossen haben, in dem über 50 % der Stadtbevölkerung wohnen (siehe Abb.).

Überraschende Parallelen zu den mittelalterlichen Stadterweiterungen und Verdichtungsprozessen sind erkennbar, denn der Baustein dieser „spontanen, selbst gebildeten" Siedlungen ist das Hofhaus, das mit seiner Anpassungsfähigkeit an sich verändernde soziale und wirtschaftliche Bedingungen der Familien eine adäquate Wohnform im Entstehungsprozess und der Konsolidierungsphase dieser schnellen Stadterweiterungen ist. Mit den politischen Veränderungen zu Beginn der 90er Jahre hat sich daher auch die Einstellung gegenüber diesen „informellen" Siedlungen geändert. Der Bau dieser Siedlungen ist längst nicht mehr spontan, sondern spielt eine wichtige Rolle in der Entwicklung der Stadt, denn viele dieser Wohngebiete bauen sich nach der Legalisierungsphase in dichte innerstädtische Wohnblocks um, was jedoch wie der Umbau der Altstadtviertel städtebauliche Probleme nach sich zieht.

Dennoch könnten die Vorteile des Hofhauses und der damit verbundenen Quartierstrukturen, die Schutz vor den klimatischen Bedingungen dieser Region bieten und in ihrem historischen und kulturellen Kontext eine Einheit zwischen Lebensform und Umwelt bilden, ein Modell für neue Siedlungsformen darstellen. 1984 wurde der Wert nicht nur der unzähligen historischen Monumente der Stadt Aleppo unter Denkmalschutz gestellt, sondern die gesamte Altstadt von der UNESCO zum Weltkulturerbe erklärt. Das Projekt „Rehabilitation of the Old City of Aleppo" leistet seinen Beitrag zur Erhaltung dieser einzigartigen Altstadt und zur Entwicklung einer dynamischen Metropole.

Literatur

Dahman 1999. David - Baker 1995. Gangler 1991. Gangler - Ribbeck 1994. Gaube - Wirth 1984.

Stadtbausteine: Verteidigungsbauten

Stadttore und Stadtmauer von Damaskus[1]

Michael Braune – Himam al-Zaym

Der Mauerring von Damaskus, der die Altstadt *intra muros* einschließt, hat unter Einbeziehung der Zitadelle eine Länge von ca. 4,4 km. Er ist allerdings im Osten auf einer Länge von 300 m, im Süden auf 220 m und durch einige weitere kleine Breschen unterbrochen.

Weder archäologisch noch epigrafisch konnte nachgewiesen werden, ob Damaskus vor der Eingliederung in das Römische Reich (63 v.Chr.) bereits von einer Ringmauer umzogen war. Zwar sind bis heute drei römische Stadttore nachweisbar, aber der Verlauf der römischen Mauer ist wohl kaum mit dem Verlauf der heutigen Mauer identisch, wie zumindest im Süden durch eine Ausgrabung im Herbst 1999 zu belegen war. In den Schlachten um Damaskus in fatimidischer Zeit (986-1076 n.Chr.) sind Stadtmauern von Historiografen des 12. Jahrhunderts erwähnt. Als der Zangide Nur ad-Din Mahmud 1154 die Stadt eroberte, brach für Damaskus in den zwanzig Jahren bis zu seinem Tode 1174 eine Blütezeit an, die sich auch in der Erneuerung der Stadtmauer niederschlug. Zahlreiche Inschriften belegen, dass er für die Stadt halbrunde Mauertürme und Stadttore mit Vortoranlagen errichten ließ und die Stadtmauer durch einen Graben, den man durch den Fluss Barada fluten konnte, sicherer machte.

Sein Nachfolger, der Ayyubide Salah ad-Din Yusuf („Saladin"), verfügte nicht nur den Neubau der Zitadelle, sondern nahm während seiner knapp zwanzigjährigen Herrschaft umfangreiche Wiederherstellungs- und Modernisierungsarbeiten an Mauern und Stadttoren vor.

Es ist nachgewiesen, dass bereits vor der Mitte des 12. Jh. die Steinschleuder (*triboc*) als Belagerungsmaschine gegen Damaskus eingesetzt worden ist, und einige Jahre später benutzten auch die Verteidiger die neue Waffe, was Veränderungen an den Stadtmauern nötig machte: Zum Aufstellen der Tribocs brauchte man wegen des Schleuderarmes große Wehrplattformen mit massiver, gewölbeunterstützter Decke, um die Munition in Form von zentnerschweren Steinblöcken zu lagern.

Zur Mitte des 13.Jh. gab es die nahezu einzige topografische Veränderung des Mauerringes: Er wurde nach Norden direkt bis an den Fluss erweitert. Die nachfolgenden Veränderungen beschränkten sich – jedenfalls soweit am heutigen Bestand ablesbar – auf Modernisierungen der Stadttore. Auch in der osmanischen Zeit hat es noch die eine oder andere Belagerung gegeben, nach denen Reparaturen und Ausflickungen an den Mauern nötig waren.

Im 19. Jh. und weiterhin im 20.

Jh. wurden die nun nutzlosen Vortoranlagen geschleift, die Stadtgräben verfüllt, um Ringstraßen zu bauen, und Straßendurchbrüche veranlasst, weil die historischen Stadttore, von denen acht bis heute (z.T. in stark entstellter Form) erhalten sind, für den Verkehr einer sich entwickelnden Großstadt nicht mehr ausreichten.

Geht man von der westlichen Neustadt kommend auf die Zitadelle zu und lässt diese linker Hand liegen, so steht man vor dem Eingang in den Suq al-Hamidiyya, der das 1863 abgebrochene Tor Bab an-Nasr ersetzt. Schwenkt man weiter nach Süden, so gelangt man in jenen Bereich, in dem die Stadtmauer auf gut 300 m fehlt. Das erste Stadttor nach dieser Bresche ist das Bab al-Djabiya. Es ist eines der drei Tore, in denen römisches Mauerwerk steckt: Von der römischen Drei-Tor-Anlage wurde für die islamische Toranlage (inschriftlich auf 1193 datiert) nur der südliche Durchgang benutzt.

Da die islamische Toranlage recht gut erhalten ist, werden wir an diesem Beispiel Details abhandeln, so dass wir bei den fortlaufend zu behandelnden Toren auf das hier bereits Beschriebene zurückgreifen können.

Die Toröffnung misst licht ca. 3 m und konnte durch zwei hölzerne Türflügel geschlossen werden. Seit ältester Zeit schlagen im Befesti-

Damaskus, Halbrundturm auf der Ostmauer aus Basaltfindlingen

gungswesen die Tore nach innen auf, denn die Flügel haben einen festeren Halt in der oben und an den Seiten rahmenden Mauer, die Türangeln oder – wie in diesem Falle – die Drehspillen liegen geschützt, die Türflügel sind mittels Querbalken leicht zu verriegeln, außerdem kann durch im Notfall aufgeworfenes Material (Erde, Steine) ein Aufdrücken erschwert oder verhindert werden.

Die noch heute erhaltenen hölzernen Türflügel sind auf der Feldseite mit 20-25 cm breiten Eisenbändern von ca. 3 mm Stärke beschlagen, die quer auf die Flügel, sich schuppenartig überlappend, genagelt wurden und um Drehspillen und den Mittelfalz umgeschlagen sind. Wie man feldseits sieht, ist die Öffnung von einem Architrav überspannt, der durch zwei Entlastungsbogen abgefangen ist: Der untere bildet an der Innenseite einen flachen Segmentbogen aus, an der Außenseite ist er scheitrecht, der obere ist scheitrecht und innen

Damaskus, Turm mit Wehrplattform, Mitte des 13. Jh.

Damaskus, Stadttor Bab Tuma von 1333

mit einem flachen Entlastungsschlitz versehen. Auf einer *tabula ansata* trägt er die Bauinschrift aus dem Todesjahr Salah ad-Dins (1193). Über der Türöffnung befinden sich Reste einer Reihe von dreieckigen Kragkonsolen, die einen Kastenerker getragen haben, von dem (durch die sich zwischen den vier Kragkonsolen ergebenden Gussöffnungen) die Toröffnung auf ihrer gesamten Breite wirkungsvoll gesichert werden konnte, zumal die Torflügel sehr knapp an der Außenhaut der Toranlage sitzen. Von innen betrachtet, erkennt man, dass der Architrav (und das ist kein Einzelfall) aus einem antiken Säulenschaft gearbeitet ist, der die Angellöcher für die Drehspillen aufnimmt. Die Torhalle ist rundgewölbt mit kaum bemerkbarer Spitze im Scheitel. Von dieser Torhalle gehen jeweils drei Torkammern ab (heute kleine Läden).

Setzt man seinen Rundgang gegen den Uhrzeigersinn fort, so kann man auf der Feldseite die Stadtmauer nicht weiter verfolgen, denn sie ist überbaut, aber auf einem Innenhof gelangt man zu einem großen Halbrundturm mit einer Wandstärke von mehr als drei Metern (Mauerdurchbruch rezent). Sein Grundgeschoss ist gewölbt und der Zugang nach oben erfolgte durch eine achteckige Öffnung im Gewölbe. Die untere Schießschartenreihe lag in den Gewölbezwick-

Damaskus, Bab Scharqi, Stahlstich aus dem Reisebericht von Lortet (1875-1880)

eln. Eine dreizeilige Bauinschrift gibt das Datum von 1174, eine deutliche Aufstockung (nach einer Zerstörung?) wird durch ein Inschriftband für 1300 belegt. Die ursprüngliche Höhe ist unbekannt (heute knapp 10 m).

Der weitere Mauerverlauf zeigt sich auf den Innenhöfen und führt uns zu dem südöstlichen Tor, dem Bab as-Saghir („Kleines Tor"). Die äußere Mauerschale auf der Feldseite zeigt mit seinem großen Quaderwerk den römischen Ursprung der Toranlage. Die Mauerstärke liegt bei 1,60 m. Die Torflügel sind nach innen versetzt und können durch ein quadratisches Gießloch im Bogenscheitel verteidigt werden. Die islamische Wiederherstellung ist ablesbar: Reparatur des Mauerwerkes und Errichtung eines Gusserkers auf vier – durch rezente Restaurierungen sehr entstellten – Dreiecks-Kragsteinen. Die Beschädigungen beidseitig in den Türlaibungen ermöglichten den hochrädrigen Wagen mit breitem Achsmaß die Zufahrt in die Stadt.

Vom Bab as-Saghir verläuft die Mauer weiterhin in südöstlicher Richtung, von der Straße durch eine Häuserzeile abgetrennt, so dass die Stadtmauerreste nun auf den Gewerbehöfen sichtbar werden: Die unteren drei bis vier Steinlagen über dem heutigen Bodenniveau bestehen aus großem römischen Quaderwerk, auf diesem liegt Mauerwerk aus kopfgroßen Basaltfindlingen. Da solche Basaltfindlinge 25-30 km südlich von Damaskus ohne Schwierigkeiten in großer Zahl gesammelt werden konnten, stellt dieses nur mit viel Mörtel zu verarbeitende Raumauerwerk den Hauptanteil im südöstlichen Abschnitt der Stadtmauer dar.

Aus diesem Material kann man auf dem Innenhof eines Baustofflagers drei Halbrundtürme sehen, von denen zwei augenfällig nicht auf rechteckigen Vorgängerfundamenten stehen.

Im Anschluss folgt dort, wo die Stadtmauer in ost-westlicher Richtung verlaufen ist, eine ca. 200 m lange Bresche, nach der die Mauer hinter Gemüsemarkt und kommunalen Höfen mit ihrem aus Basaltfindlingen bestehenden Mauerwerk wieder erscheint. In dem folgenden Abschnitt, im Besitz einer kommunalen Gärtnerei, treten wieder die großen Quader im Erdbereich auf, die üblicherweise für römisch gehalten werden. Da hier feldseits die Gärtnerei und stadtseits ein Gemüsefeld liegt, bot sich einzig hier die Möglichkeit, die Stadtmauer auf beiden Seiten archäologisch zu untersuchen. Dank der Grabungsgenehmigung der Syrischen Antikenverwaltung und der Förderung durch die Gerda Henkel Stiftung konnte im Herbst 1999 in einer vierwöchigen Grabung nachgewiesen werden, dass römische Steine verwendet worden waren, um eine bereits vorhandene islamische Mauer durch eine Aufdoppelung zu verstärken. Während wir für die Mauerverstärkung als Zeitstellung die Zeit um 1200 annehmen müssen, weil seit dieser Zeit den Belagerern große Steinschleudern als mauerbrechende Waffe zur Verfügung standen, ist man für die ältere Vorgängermauer auf das Gelingen einer ^{14}C-Datierung angewiesen.

Das südliche Tor im Stadtmauerring ist das Bab Kaysan bzw. Bab al-Kabir („Großes Tor"). Für die Christen heißt es „Paulus-Tor", weil der Hl. Paulus hier, in einem Korb abgeseilt, entkommen konnte (39 n.Chr.). Das Tor war bereits seit Jahrhunderten vermauert, weil es ruinös war, und wurde 1939 von der französischen Mandatsmacht nach Gutdünken im Geschmack der Zeit in eine Kapelle umgestaltet, von der allenfalls das innere Gewölbe noch ein historisches Bauteil ist. Das Baumaterial für die Kapelle stammt (wohl überwiegend?) aus dem Abbruch eines großen Turmes, der durch ein Foto von 1906 belegt ist, bevor dieser 1917 zusammenbrach. Dieser Turm, der sich an das Tor anlehnte, war 22 m lang und 9 m breit und wohl gegen Ende des 12. Jh. zur Aufstellung von Tribocs errichtet worden.

Die Stadtmauer verläuft nun auf den folgenden dreihundert Metern nach Nordost, knickt dann nach Norden um und erreicht nach 120 m das Bab asch-Scharqi. Am Bab asch-Scharqi („Osttor") ist heute nach den Freilegungen und Restaurierungen von 1975 der Bestand der römischen Drei-Tor-Anlage wieder abzulesen. Da durch die mittlere Öffnung Straßenverkehr fließt, hat man sich offensichtlich nicht entschließen können, die 1,50 m starke Niveauaufhöhung zu entfernen, was dem Tor seine originalen Proportionen wiedergegeben hätte. Es ist wohl unter Augustus (reg. 30 v. bis 14 n.Chr.) erbaut worden. Ähnlich wie bereits für das Bab al-Djabiya erwähnt, wurde auch hier in islamischer Zeit nur der nördliche Durchgang unvermauert gelassen, der durch einen kleinen Kastenerker mit zwei Gussöffnungen gesichert war.

Vom Bab asch-Scharqi verläuft die Mauer aus gleichmäßigen Schichten von Basaltfindlingen auf 370 m nach Norden, knickt dann nach Nordwesten um und führt zu einem großen, rechteckigen Turm, der als Eckbefestigung diente. In dem glattflächigen Mauerwerk von Quadern gleichmäßiger Schichthöhe befindet sich eine *tabula an-*

sata von dem Erbauer as-Salih Ayyub von 1242 bzw. 1248. Der Turm konnte wegen seiner Größe auf seiner Wehrplattform die damals neue Bewaffnung, die Tribocs, tragen. Anhand der viertelrunden Doppelkonsolen, auch auf den Ecken unterstützt, lässt sich ein auf den drei Feldseiten umlaufender Gusserker rekonstruieren.

Das nun folgende Tor ist das Bab Tuma („Thomas-Tor"). Es steht heute aus verkehrstechnischen Gründen isoliert von der Stadtmauer. Es war das Nordtor der römischen Stadt. Doch aus dieser Zeit gibt es außer einigen Bossenquadern mit deutlichem Randschlag in den unteren Steinlagen und im Fundament keine Spuren. Die islamische Anlage wurde laut Bauinschrift 1228 errichtet, doch der gegenwärtige Zustand zeigt eine erneuerte Form. Feldseits ist das Tor durch einen mittig über dem Portal befindlichen, ca. 30 cm schmalen Fallschlitz gesichert. Dadurch sitzen die Türflügel gegenüber der Außenhaut des Tores um 60 cm weiter innen. Zur weiteren Sicherung des Tores dienen drei mittig angeordnete Schießscharten und außen jeweils ein kleiner Kastenerker, der sich feldseits auf der rechten Seite über die Ecke zieht. Die vorzügliche Steinbearbeitungstechnik mit verzahnten Architraven, Entlastungsschlitzen sowie die Schmuckformen werden durch die Inschrift auf dem Türsturz auf 1333 datiert.

Vom Bab Tuma bis zum Anschluss an die Zitadelle, also im gesamten Nordbereich, verläuft die Stadtmauer entlang dem Barada-Fluss oder seinen Nebenarmen. Doch gibt es einige Unklarheiten: Ist der Verlauf der islamischen Mauer mit dem Verlauf der antiken Mauer identisch, oder zog sich die antike Mauer weiter südlich auf einer Linie vom Bab Tuma bis zum inneren Bab al-Faradis entlang? Nur ad-Din Mahmud soll die Mauer zwischen 1154 und 1174 aus Sicherheitsgründen bis an den Fluss ausgedehnt haben, doch wahrscheinlicher ist, dass diese Erweiterung erst im 13. Jh. entstanden ist, denn der zwei Jahre nach Nur ad-Din verstorbene Historiograf Ibn Asakir beschreibt die Lage einzelner dort gelegener Bauten noch als *extra muros*.

Vom Bab Tuma führt die Mauer auf knapp 200 m nach Nordwesten und erreicht nach weiteren 300 m, den Nebenarm des Barada flankierend, das Bab as-Salam („Friedenstor"). Es ist eines der drei Nordtore der Stadt. Der Zugang erfolgt feldseits über eine Brücke, zu der das Tor um 90° gedreht ist. Es mag von Nur ad-Din Mahmud (1172) erbaut worden sein, doch der gegenwärtige Bestand gehört nach der Bauinschrift (1243) in die ayyubidische Zeit. Die typologische

Damaskus, Bab as-Saghir

Ähnlichkeit mit dem Bab Tuma ist offensichtlich: zurückgesetzte Torflügel, durch einen Fallschlitz gesichert, und ein Kastenerker, der sich um die Ecke zieht.

Die Stadtmauer verläuft westlich am Barada-Fluss, und nach etwa 60 m ragt ein stattliches Gebäude weit in den Fluss hinein. Drei (heute fast zugespülte) spitzbogige Durchflussöffnungen weisen das Bauwerk zwar als Wassermühle aus, doch ist ihre Rolle für die Verteidigung durch die Schießscharten offensichtlich. Starke Pfeiler im Inneren, Spitztonnen mit quadratischen Öffnungen zum nächsthöheren Geschoss und eine abschließende Wölbung weisen den Bau als geeigneten Standort für Tribocs aus,

Damaskus, Nordturm der Großen Moschee

um das Bab as-Salam und die westliche Kurtine zu sichern.

Das nun nach knapp 300 m folgende Tor Bab al-Faradis hat feldseits ein Tor und nach einigen Metern im Inneren ein weiteres Tor, so dass ein abgeschlossener Torweg entsteht. Das äußere Tor verfügte über einen Kastenerker auf der gesamten Breite und eine Torkammer. Die Datierung der Anlage schwankt zwischen 1232, 1242 und 1245. Eine Restaurierung der fünfziger Jahre hat alle Konsolen (bis auf eine) erneuert.

Auch der folgende Mauerabschnitt ist durch eine in den Fluss hineinragende „Wehrmühle" gesichert.

Die Stadtmauer endet im Norden vor der Zitadelle. Begreiflicherweise liegt die Schwachstelle der Nordbefestigung an ihrem Anschluss zur Zitadelle, von der sie durch einen Wassergraben getrennt war. Alle Überlegungen des Anschlusses bleiben spekulativ und der heute verbliebene Mauerrest zeigt nur die Laibung einer Schießscharte. Da diese Schwachstelle offensichtlich war, hat man der Zitadelle eine starke Eckbefestigung der Stadtmauer gegenübergesetzt, die zum Teil vom Barada-Fluss durchströmt wird, so dass sich wiederum die Nutzung als „Wehrmühle" anbot. Mit ihren drei Schießscharten nach Norden und fünf nach Westen und einem oberen (allerdings stark ergänzten, ehemals wohl gewölbten und als Wehrplattform ausgebildeten) Abschlussgeschoss zeigt sich der Bau als Wehrbau, ohne jedoch – was die Binnenstruktur betrifft – an die Massivität der bereits beschriebenen „Wehrmühle" nahe des Bab as-Salam heranzureichen.

In dieser Eckbefestigung befinden sich zwei Toranlagen: Das innere Tor ist das Bab al-Chandaq („Grabentor") mit einer Wiederherstellungsinschrift von 1242 und einem Kastenerker, der von Konsolen mit „Muqarnas"-Dekor getragen wird. Das äußere Tor Bab al-Faradj dürfte nach der Erweiterung der Nordmauer erforderlich geworden sein, also nach der Mitte des 13. Jh. Aus dieser Zeit mag noch der kreuzgewölbte Torweg stammen, denn das Tor – sieht man von dem anbetonierten Architrav und den rezenten Ergänzungen im oberen Bereich ab – stammt aus dem Ende des 14. Jh. und dürfte die schönste Toranlage der Stadtmauer sein: In eine Wand aus gleichmäßigen schwarzen und weißen Steinschichten perfekter, glatter Oberflächenbearbeitung ist ein großer, leicht hufeisenförmiger Spitzbogen aus ebenfalls schwarzen und weißen Keilsteinen eingefügt. Die Wandscheibe mit der rechteckigen Portalöffnung ist deutlich ins Innere versetzt, so dass ein Fallschlitz entsteht. Der Architrav nimmt die Drehspillen der eisenbeschlagenen Türflügel auf. Er wird von einem Entlastungsbogen aus schwarzen und weißen, verzahnt geschnittenen Keilsteinen überfangen, so dass an der Innenseite ein schmaler Segmententlastungsschlitz, an der Außenseite ein scheitrechter Bogen entsteht. Über diesem folgt nun ein schmaler Entlastungsschlitz mit einem weiteren scheitrechten Bogen, der aus raffinierten runden und spitzen Verzahnungen schwarzer und weißer Keilsteine zusammengefügt ist: Es ist eine vorzügliche Steinschnitt-Arbeit von 1396-97. Flankiert wird dieser horizontal gestreifte Baukörper durch leicht zurückgesetzte Baukörper, die auf vier (überwiegend rezent ergänzten) Doppelkragsteinen (Platte mit Viertelkreis) jeweils einen kleinen Kastenerker mit zwei Schießscharten tragen.

Vergleicht man die Verteidigungsfähigkeit der Stadtmauer von Damaskus und vor allem ihrer Toranlagen mit der der Burgen des 12. und 13. Jahrhunderts im nordwestlichen Syrien, so muss man feststellen, dass die Schutzfähigkeit der Toranlagen in der noch bestehenden Form nur sehr gering ist. Sicherlich kann man nicht die großen Burgen, wie z.B. Hisn al-Akrad („Krak de Chevallier"), Tartus („Tortosa"), oder die zahlreichen kleineren Burganlagen, wie beispielsweise Scheizar, Masyaf u.a., mit einer Stadtbefestigung vergleichen, doch der Standard von ausgeklügelten Zugangssicherungen an Toranlagen war geläufig, weil er augenfällig war. Die eisenbeschlagenen – und nicht einmal eisernen, wie es in dieser Zeit durchaus gängig war – Stadttore von Damaskus, die nur durch einige Schießscharten und Gusserker gesichert waren, die gegen einen Angriff mit dem Rammbock kaum schützen konnten, werden daher nicht ohne zusätzliche Torsicherungen ausgekommen sein. Die in der frühen islamischen Befestigungsbaukunst entwickelte und im Mittelalter gängige Hakentoranlage ist in Damaskus allenfalls am Bab as-Salam zu erahnen.

Wirksame Sicherungsmaßnahmen musste man also ins Vorfeld verlegen. Wälle und Gräben, die in Damaskus ohne Schwierigkeiten geflutet werden konnten und daher Brücken vor den Toren erforderten, deren historischer Bestand z.T. noch sichtbar ist, sind einfach herzustellende und wirkungsvolle Befestigungen im Vorfeld. Aufwendiger waren die gemauerten Torvorwerke (*barbacane*), die bereits Nur ad-Din Mahmud vor die Tore setzen ließ, um so eine Art Hakentoranlage zu erreichen. Von diesen Anlagen hat sich keine erhalten, da sie im Osmanischen Reich ungenutzt verfielen und der sich vergrößernden Stadt im Wege waren, so dass die letzte Barbacane kurz vor den zwanziger Jahren des letzten Jahrhunderts beseitigt wurde. Doch auf einem Stahlstich aus einem Reisebericht von Lortet (1875-1880) ist das Bab asch-Scharqi in Details präzise – und daher glaubwürdig – mit seiner Vortoranlage dargestellt, so dass wir daraus eine Vorstellung der mittelalterlichen Toranlagen der Stadtmauer von Damaskus gewinnen können.

Literatur

Abdul-Hak 1950. Braune 1985, 1993, 1999. Chevedden 1986. Deschamps 1932, 1934. Hanisch 1996. Herzog 1986. Khusrau 1993. Kremer 1854. Lortet 1884. Meinecke 1992. Munaggid 1945. Mufaddal 1973. Sack 1989. Sauvaget 1932, 1949. Watzinger - Wulzinger 1921. Wulzinger - Watzinger 1924.

Anmerkungen

1 Der vorliegende Katalogbeitrag ist eine verkürzte Form meines Beitrages, der in den Damaszener Mitteilungen 11 erscheint. Hier sind auch alle bibliografischen Nachweise einzusehen.

Stadtmauern und Tore von Aleppo

Marlin Asad

Die frühen Stadtmauern

Bei einer Untersuchung der alten Befestigungsanlagen von Aleppo fallen zwei Dinge ins Auge: Das erste ist der unregelmäßige Verlauf der Befestigungen im südlichen Teil der Stadt. Das zweite ist die unübliche Lage der Zitadelle, die in der Stadtmitte liegt und nicht etwa auf einer Anhöhe, wo sie die Mauern überragt, oder in einer Ecke der Stadtanlage (siehe Abb.).

Nach Ausbesserungsarbeiten an den Mauern zu urteilen, stammt die heutige Mauer überwiegend aus der Zeit der Ayyubiden und Mamluken (Ende 12. bis frühes 15. Jh.). Als Grundlage für das Studium der Mauer können die Mauerbeschreibung von Ibn Schaddad und Ibn asch-Schihna, zwei Aleppiner Historikern, dienen, die Ende des 13. Jh. bzw. Ende des 15. Jh. Beschreibungen der Stadt und ihrer Mauern verfasst haben. Die literarischen Hinweise auf den Verlauf der Mauer in Aleppo führen uns in die Zeit des Zangidenherrschers Nur ad-Din, Ende des 12. Jh. Von ihm wurden nur einige Restaurierungen durchgeführt, welche die Grundform der aus vorislamischer Zeit stammenden ursprünglichen Mauer kaum veränderten.

Bis in die Zeit des Ayyubidensultans az-Zahir Ghazi (1186-1216) umgab die Stadt eine byzantinische Mauer. Sie war an der Stelle einer älteren Mauer, deren Ursprung wohl in die Zeit um 300 v.Chr. zurückgeht, nach der Zerstörung durch die Perser im 6. Jh. n.Chr. errichtet worden und hat in den folgenden Jahrhunderten mehrfache Restaurationsphasen durchlaufen. Dies ist darauf zurückzuführen, dass die Errichtung eines neuen Wehrsystems eine schwere und kaum erschwingliche Arbeit war. Sie ließ sich nur durchführen, wenn die alte Mauer einstürzte, zerstört wurde oder wenn sich die Vorstädte so ausbreiteten und an Bedeutung gewannen, dass sie in den Mauerring eingeschlossen werden mussten (siehe Abb.).

Die Befestigungen Aleppos blieben daher während der ersten fünf Jahrhunderte nach der islamischen Eroberung Aleppos im 7. Jh. ohne grundsätzliche Veränderungen erhalten. Diese Befestigungen waren von den Ausbesserungen des 12. Jh. nicht betroffen. Aber zwei Bestandteile der alten Anlage beeinflussten die Ausbesserung des Mauerverlaufs: der „römische Graben" und die Burg des Scharifen (*qalat asch-scharif*) (siehe Abb.).

Den römischen Graben sollen die Byzantiner gezogen haben, als sie Aleppo im Jahre 962 belagerten. Der Zweck dieses Grabens war die Belagerung der Zitadelle, denn er bildet einen Halbkreis, dessen Durchmesser der östlichen Breite der Stadt entspricht. Im 12. Jh. versuchte man, diesen Graben zur Verteidigung zu nutzen. Er wurde vertieft, sein Hang begradigt und eine Mauer darauf errichtet. Diese Mauer, die sich vom Maqam-Tor über das Nayrab-Tor bis zum Qanat(Hadid)-Tor erstreckt, zeigt uns präzise den Verlauf des römischen Grabens von der asch-Scharif-Burg bis zu der Stelle, wo er sich mit dem Stadtgraben in der nordöstlichen Ecke der alten Mauer trifft. Reste der Mauer sind erhalten geblieben. Auch Teile des Grabens westlich davon sind erhalten (siehe Abb.).

Ibn Schaddad beschreibt die asch-Scharif-Burg folgendermaßen: *„Sie ist keine Burg, wie man sie normalerweise versteht, denn ihre Mauer war in der Tat ein Teil der heutigen Mauer, und die Burg besetzte den Hügel, der an den südlichen Teil der Stadt grenzt"*. Die Burgmauer verlief parallel zur Stadtmauer und bildete einen vollständig geschlossenen Ring um den Hügel. Die Burg selbst hatte dabei keine direkte Verbindung mit der Stadtbefestigung und ihren Mauern. Denn sie erhebt sich auf einer Anhöhe, die außerhalb des südlichen Teils der Stadtmauer liegt. Ihre Grenze ist allerdings heute schwer zu erkennen, da die Mauer im Jahre 1117 eingestürzt ist. Die Burg liegt in einem Stadtviertel, das ihren Namen bis heute trägt.

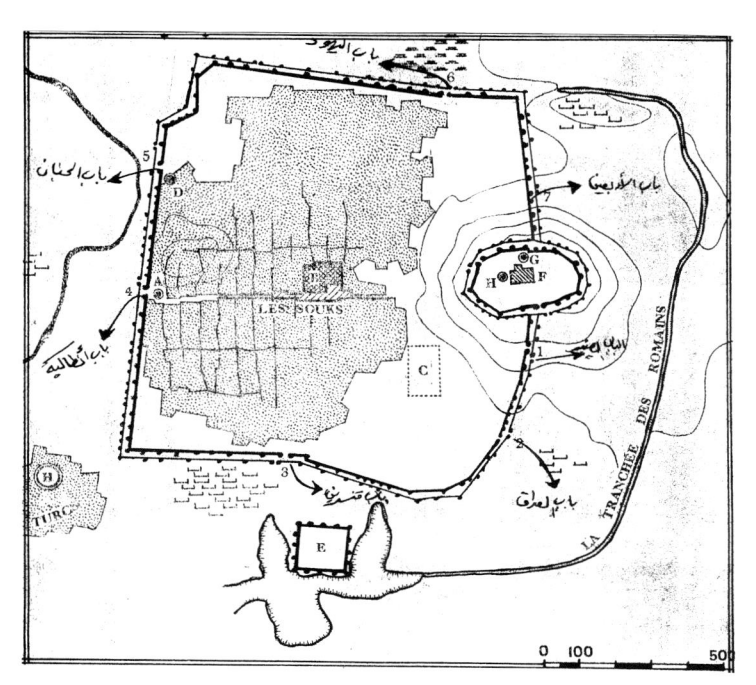

Aleppo, Stadtbefestigung im 11. Jh. mit dem römischen Graben

Aleppo, Stadtbefestigung im 13. Jh.

Aleppo, Bab Qinnasrin

Aleppo, Turm in der Nähe des Bab Qinnasrin

Die Stadtmauer des Nur ad-Din

Das Erdbeben des Jahres 1157 zerstörte die Mauern von Aleppo, was die Stadt anfällig gegenüber Angriffen machte. Daher sah sich Nur ad-Din gezwungen, die Stadt zu schützen, weshalb er im Jahre 1158 begann, eine Vormauer zu bauen. Sie verlief vor der alten Stadtmauer und war niedriger als diese. Ibn asch-Schihna beschreibt diese Vormauer als *„eine Mauer, die der schützenden Mauer vorsteht"*. Die Umstände – die knappe Zeit, der Zwang zum Kostensparen und wenig Erfahrungen im Renovieren – zwangen Nur ad-Din zu dieser Lösung. Ibn Schaddad erwähnt, dass sich die schützende Mauer vom Saghir-Tor bis zum Iraq-Tor erstreckte, dann von der asch-Scharif-Burg bis zum Qinnasrin- und Antakiya-Tor verlief und schließlich vom Djinan-Tor bis zum Nasr- und Arbain-Tor. Diese Tore bzw. ihre Standorte sind uns bis heute bekannt.

Das Antakiya-Tor führt in den westlichen Teil der Stadt, der seinen Namen trägt. Die fatimidische Bauinschrift bestätigt, dass das Tor schon vor den Arbeiten von Nur ad-Din bestand.

Das Djinan-Tor aus der Zeit Nur ad-Dins existiert dagegen heute nicht mehr. Fundamentreste der Türme lassen jedoch vermuten, dass das Tor an der Stelle der heutigen mamlukischen Torreste stand. Auch Teile der Mauer verweisen darauf, denn der südliche Teil der Mauer zwischen Antakiya- und Djinan-Tor behielt seine alte Position, während der Teil nördlich des Djinan-Tores auf die Zeit von az-Zahir Ghazi, also in das 13. Jh., zurückgeht. Das Nasr-Tor hieß bis zum 13. Jh. Yahud-Tor (Juden-Tor), denn es führt zum Judenviertel. Den neuen Namen erhielt es durch az-

Zahir Ghazi. Als man es wieder aufbaute, wurde seine Bauart gänzlich verändert, seine Position aber nicht. Das Qinnasrin-Tor ähnelt in seiner Baugeschichte dem Nasr-Tor. Seine Position wurde im Jahre 1256 bei einer Renovierung kaum verändert, aber der östlich anschließende Teil der Stadtmauer verschwand, während der westliche Teil im 13. Jh. vorverlegt wurde. Das Arbain-Tor stand ganz sicher neben der Zitadelle und blickte auf deren nördliche Seite, denn das Tor war mit der Zitadelle durch einen Bogengang verbunden. Es wurde vor fünf Jahrhunderten zerstört. Wir wissen aber, dass es sich in der Nähe des Sultan-Bades befand, und zwar gegenüber dem Turm, den der Fürst Hakam auf den Hang der Zitadelle gebaut hat. Vom Saghir-Tor wie auch vom Iraq-Tor sind keine Spuren erhalten. Dennoch ist bekannt, wo sie standen. Das Saghir-Tor schaute auf die Seite des Zitadellengrabens herab, während das Iraq-Tor nahe beim Dhahab-Bad auf die nördliche Seite der Tawaschi-Moschee blickte. Es zeigt sich, dass die Stadtmauer von Aleppo in der Zeit Nur ad-Dins ein sehr viel regelmäßigeres Erscheinungsbild hatte als in unserer Zeit.

Aleppo, Bab Antakiya, Grundriss

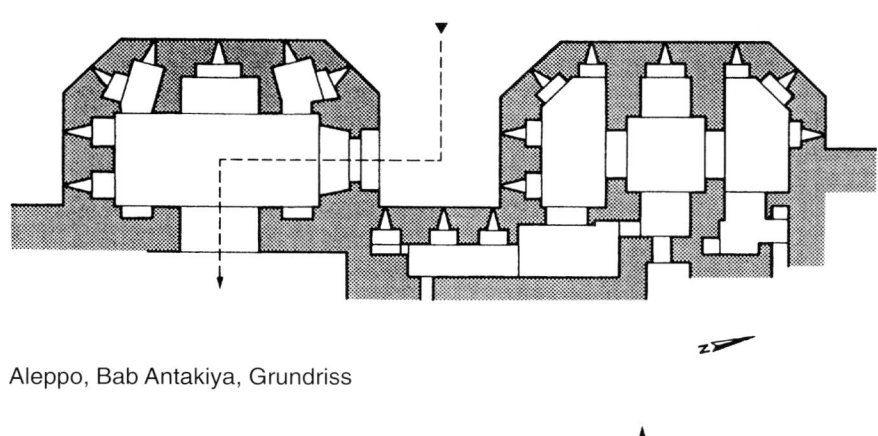

Aleppo, Bab Qinnasrin, Grundriss

Die ayyubidische Stadtmauer

Die Epoche der Ayyubiden war die große Zeit der Befestigungen und der Renovierungen an den Verteidigungsanlagen in Aleppo.

Die Grundzüge der Renovierungsarbeiten fallen in die Zeit von drei Herrschern: Unter der Regierung von az-Zahir Ghazi (1186-1216) ließ Faysal Nur ad-Din einen Teil der Mauer einreißen und zwi-

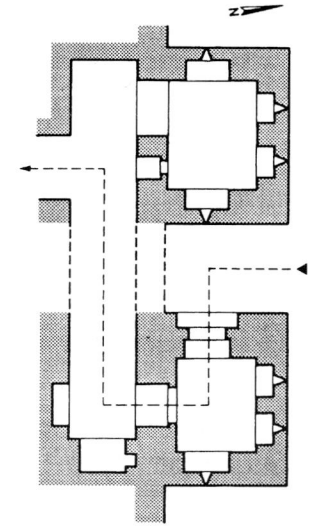

Aleppo, Bab an-Nasr, Grundriss

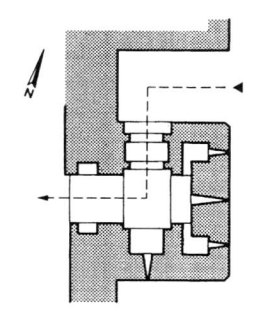

Aleppo, Bab al-Hadid, Grundriss

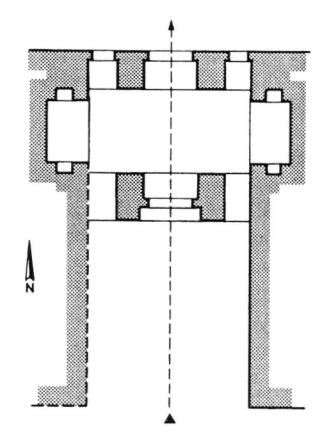

Aleppo, Bab al-Maqam, Grundriss

schen dem Djinan- und dem Nasr-Tor neu aufbauen. Das letztgenannte Tor wurde außerdem renoviert. Weiterhin wurde in dieser Zeit die Mauer östlich vom Justizpalast gebaut. 1209-1211 erfolgten der Wiederaufbau der Zitadelle und die Vertiefung des römischen Grabens. Während der Herrschaft von al-Aziz Muhammad (1216-1236) errichtete man eine Mauer am römischen Graben. Unter an-Nasir Yusuf II. (1236-1260) wurde schließlich 1244 die Mauer vom Djinan- bis zum Qinnasrin-Tor wieder aufgebaut. 1245-1247 folgte die Wiedererrichtung des Antakiya-Tores und 1256 der Neubau des Qinnasrin-Tores.

Der Wiederaufbau der Zitadelle hatte keine Auswirkungen auf den Verlauf der ayyubidischen Mauer. Die Arbeiten von az-Zahir Ghazi veränderten nur die Form des Zitadellenhügels. Eine Verbesserung im Verlauf des östlichen Mauerteils war dagegen unmöglich. In der Mauer des Justizpalastes südwestlich unterhalb der Zitadelle befanden sich zwei Tore, das Saghir-Tor im Nordosten nahe beim Zitadellengraben und das Dar al-Adl-Tor im südlichen Teil. Ihre genaue Lage lässt sich noch heute feststellen. Das Saghir-Tor stand auf einer Seite des Zitadellengrabens, wo im 14. Jh. zwei Steinbögen gesichtet wurden, die vom äußeren und inneren Bogen des Tores stammten.

Das erste lag nördlich des an-Nasiri-Bades und das zweite auf der westlichen Seite des Pferdemarktes. Die Funktion dieser Mauer war es, den Palast zu schützen. Sein Tor wurde auf Befehl des Sultans verlegt.

Die Arbeit am Römergraben

Az-Zahir Ghazi vertiefte den römischen Graben, brachte seine Flanken in Ordnung und sicherte ihn ab. Diese Arbeit setzte der Atabek Tughrul fort. Ibn Schaddad gibt den Umfang der Mauer von Aleppo unter der Herrschaft von an-Nasir Yusuf II. (1236-1260) mit 6.625 Ellen an und den Zitadellenumfang mit 1.520 Ellen. Eine Elle entspricht dabei ca. 0,54 m, so dass der Mauerumfang ca. 3.600 m betrug. Dabei handelt es sich um den Umfang der Innenmauer mit den Fundamenten der Mauer am Römergraben. Die Teile der Mauer, die aus kleinen Steinen gebaut sind, gehen gänzlich auf die Periode der Mamluken (ab 1260) zurück, denn sie enthalten keine alten Fundamentsteine. Die Tore in diesem Mauerabschnitt waren das Werk der mamlukischen Herrscher. In ihnen findet man aber keine Spuren der Renovierungen des Mamlukensultans al-Muayyad Schaych (1412-1421), obgleich Ibn asch-Schihna von solchen Arbeiten berichtet. In dem Mauerabschnitt, der mit dem römischen Graben nicht kongruiert, findet man wichtige Reste aus der Ayyubidenperiode. Es handelt sich dabei um Fundamentsteine, die man in der Zeit von al-Muayyad Schaych wiederverwendete, besonders beim Renovieren von drei schönen Toren aus dem 13. Jh.

Was die Arbeiten am Römergraben im 13. Jh. angeht, so wurde am Anfang eine Mauer aus ungebrannten Ziegeln errichtet. Das ist für die Ayyubidenperiode ungewöhnlich, denn in ihr baute man normalerweise mit großen behauenen Steinen. Dies bedeutet, dass der Bau aus Ziegeln entweder unwichtig war, was wohl nicht zutrifft, oder als Provisorium gedacht war. Später wurde die Ziegelmauer durch eine Steinmauer mit einfachen Toren ersetzt, deren Bedeutung für die Verteidigung geringer war als die Tore der alten Mauer. Der östliche Teil der Mauer wurde nicht wieder aufgebaut, weil hier wegen des Zitadellen- und Römergrabens keine direkte Bedrohung bestand.

Die mamlukische Stadtmauer

Nach dem Tode al-Muayyad Schaychs wurde al-Aschraf Barsbay (1422-1438) nach einem kurzen Zwischenspiel von zwei weiteren Sultanen sein Nachfolger. Unter ihm entstand ein neuer Plan.

Aleppo, Bab al-Maqam

Die Stadtmauer wurde zum römischen Graben hin verlegt und die östlichen Teile der alten Mauer wurden, einschließlich des Arbain-Tores und der von al-Muayyad erbauten Teile, entfernt, und das alte Baumaterial wurde 1428 in dem neuen Bauwerk wiederverwendet.

Die heutige Form der Stadtmauer von Aleppo ist auf die Zeit des al-

Aleppo, Wappen von der mamlukischen Stadtmauer

Aleppo, Sultanskartusche von einem Stadttor

Aschraf Barsbay zurückzuführen. Zwei seiner Nachfolger, Qayetbay (1468-1495) und Qansuh al-Ghuri (1500-1516), vollendeten die unter Barsbay begonnene Umgestaltung und Modernisierung der Mauer. Mit dem Bau einer Wehrmauer am Römergraben waren allerdings die Bewohner unzufrieden, die sich zwischen der alten und der neuen Wehrlinie neu angesiedelt hatten und die alle Muslime waren. Denn in den Vierteln, die von der alten Mauer eingeschlossen wurden, wohnten Nichtmuslime, die in al-Djallum ca. 20% und in Bahsita 90% der Einwohnerzahl ausmachten. Diese Zahlen sanken durch den Umzug der Christen in die nördlichen Stadtviertel außerhalb der Mauern (ab ca. 1500) und der Juden nach al-Djamiliyya (Ende des 19. Jh.).

Von den Toren der Stadtmauer von Aleppo sind heute nur noch fünf erhalten. Es sind das Qinnasrin-, das Maqam-, das Hadid-, das Nasr- und das Antakiya-Tor. Vier Tore, das Faradj-, das Djinan-, das Nairab- und das Ahmar-Tor, wurden teilweise oder ganz abgerissen. Aber die Zerstörung erfolgte vor nicht allzu langer Zeit, so dass man ihre Standorte auch heute noch genau kennt oder gar Reste von ihnen sieht. Auch das Tor der Zitadelle sollte man zu den Toren der Stadt zählen. Damit beträgt die Gesamtzahl der Tore zehn, von denen vier ayyubidisch sind und die anderen sechs mamlukisch.

Diese beiden Gruppen von Toren unterscheiden sich nicht nur in ihrer Datierung, sondern auch in ihrer Bauweise. Die ayyubidischen Toranlagen sind kolossale Bauten. So nimmt etwa der Eingang zur Zitadelle eine Fläche von 1.000 qm ein. Dieser Bau fällt durch seine Masse wie durch seine hohe architektonische Qualität auf. Die mamlukischen Tore sind dagegen von ihrer Struktur her schlichte Bauwerke. Alle Tore des 13. Jh. sind mit gewinkelten Torräumen gebaut, während manche der Tore der Mamluken nur einen geraden Durchgang aufweisen, wie z.B. das al-Maqam-Tor (siehe Abb.).

Innerhalb der alten Stadtmauer verlaufen einige Straßen gerade in Nord-Süd-Richtung bzw. in Ost-West-Richtung und kreuzen sich dabei regelmäßig und rechtwinklig. Ein solcher Straßenverlauf entspricht nicht dem typischen orientalisch-islamischen Stadtplan, den ein scheinbar unregelmäßiges Straßenmuster kennzeichnet, sondern ist hellenistischen Ursprungs. Diese alte hellenistische Stadt aus der Zeit des Seleukos Nikator (312-281 v.Chr.) erstreckte sich ungefähr auf der Fläche, welche die Mauer des Nur ad-Din begrenzte.

Die Zitadelle von Damaskus und ihre Restaurierung

M. Lina Qutaifan

Errichtung und Lage der Zitadelle

Die meisten Bauten der Zitadelle von Damaskus gehen auf die Epoche der Ayyubiden (13. Jh. n.Chr.) zurück. Sie wurde auf einer trapezförmigen Fläche von 34 Hektar (150 x 230 m) errichtet und liegt in der nordwestlichen Ecke der Altstadt. Im Norden blickt sie auf den Fluss Barada (*al-Aqrabani*) herab. An der Westseite durchfließt sie der Fluss Banyas, der sich in zwei Arme verzweigt, von denen einer nach Süden und der andere nach Osten fließt. Die Zitadelle wurde auf ebenem Grund gebaut. Unter den Mamluken und Osmanen wurde das Bauwerk mehrfach restauriert und den Erfordernissen der jeweiligen Zeiten angepasst.

Die Zitadelle vor der Renovierung

Man betritt die Zitadelle durch das westliche Tor, das an der Stelle des alten as-Sirr-Tores errichtet wurde. Früher war die westliche Fassade der Zitadelle durch die Geschäfte des Chudja-Suqs verdeckt. An der Innenseite befanden sich militärische Wohnanlagen, die von der osmanischen Periode und bis zum Jahre 1984 als Zentralgefängnis benutzt wurden. Diese Anlagen besetzten die Stelle des nicht erhaltenen Turms Nummer 13. Teile der früheren und späteren Bauten der Zitadelle wurden als Speicherkammern, Lager und Verwaltungsbüros für das Gefängnis benutzt. Der Zitadellenhof war mit einem hohen Zaun umfriedet.

Die Gesamtanlage der Zitadelle besteht aus zwölf hohen Türmen. Die meisten von ihnen sind in gutem Bauzustand. Nur der Südwest-Turm, der an den Hamidiyya-Suq grenzt, weist große Schäden an den Außenmauern auf. Die fünf Türme an der Nordseite wurden in unterschiedlichen Perioden restauriert. Jedoch sind die Wehrgänge, welche sie miteinander verbanden, heute verschwunden.

Alle Türme an der östlichen und südlichen Seite haben ihre alte Form bewahrt; und die Wehrgänge, welche sie miteinander verbanden, sind in ihrem alten Zustand erhalten geblieben. Aber die Wehrgänge des obersten Geschosses, die Terrassen und Schießscharten hatten, sind zum größten Teil verschwunden.

Die Phasen der Renovierung

Natürliche und menschliche Eingriffe veränderten die Besonderheiten und Merkmale der Zitadelle während ihrer langen Geschichte und fügten ihr großen Schaden zu. Die Errichtung eines Gefängnisses und anderer Anlagen innerhalb der Zitadelle verunklärte ihr Aussehen.

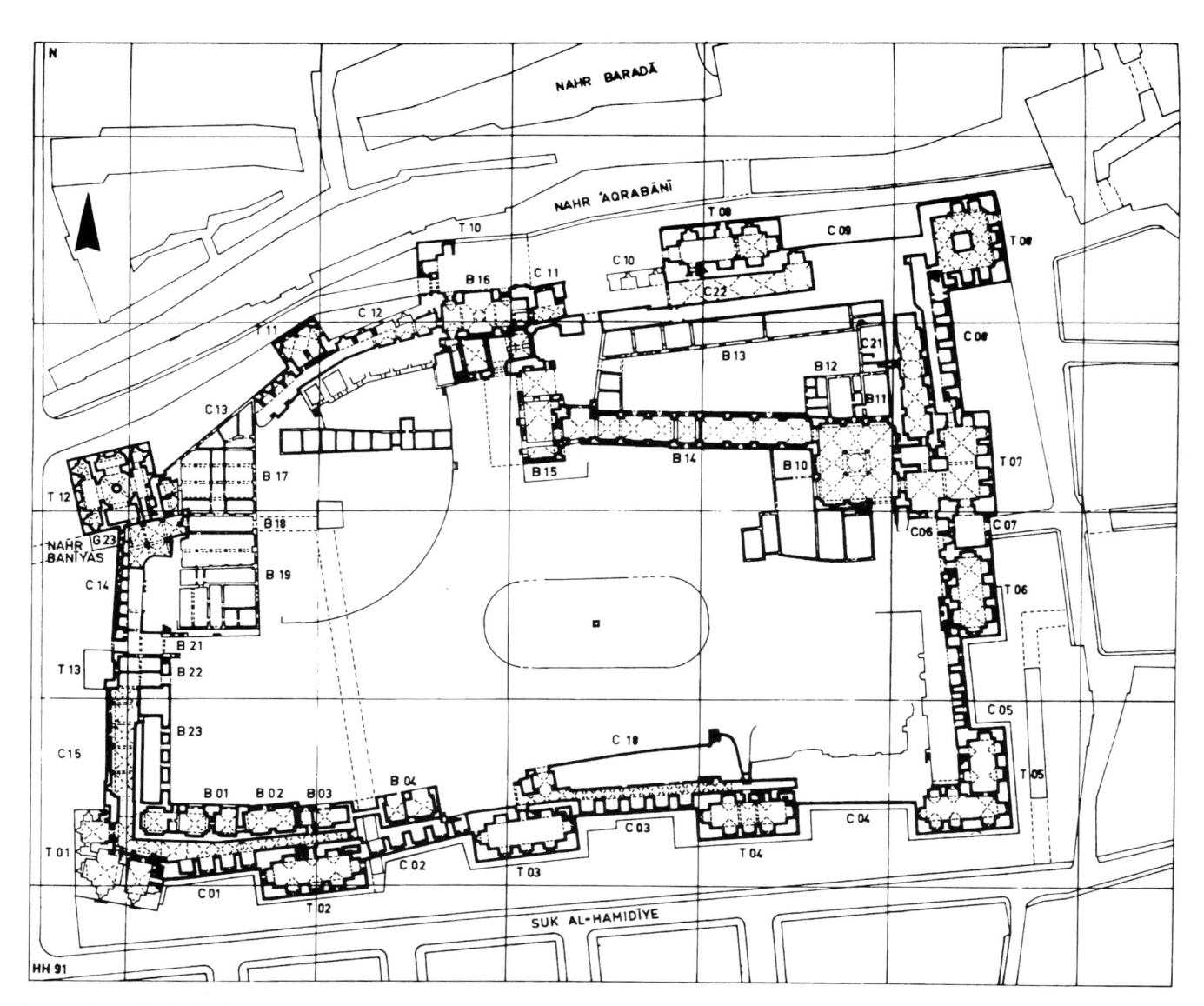

Damaskus, Zitadelle, Grundriss

Diese Entstellung veranlasste die Generaldirektion für Altertümer und Museen in Damaskus dazu, die Fremdkörper im Zitadellenbau selbst und die neuen, entstellenden Bauten auf dem Hof der Zitadelle zu beseitigen.

Der westliche Teil

Die Ausgrabung und die Freilegung im westlichen Teil führten dazu, dass man den Chudja-Suq, der die Zitadelle umfasste, beseitigte und die Außenfassade, die über verschiedene Zeiträume renoviert wurde, aufdeckte. Es gehört zu den Ergebnissen dieser Ausgrabung und Freilegung, dass die Ruine des südwestlichen Turms, der vollständig verschüttet war, ans Tageslicht kam. Von diesem Turm

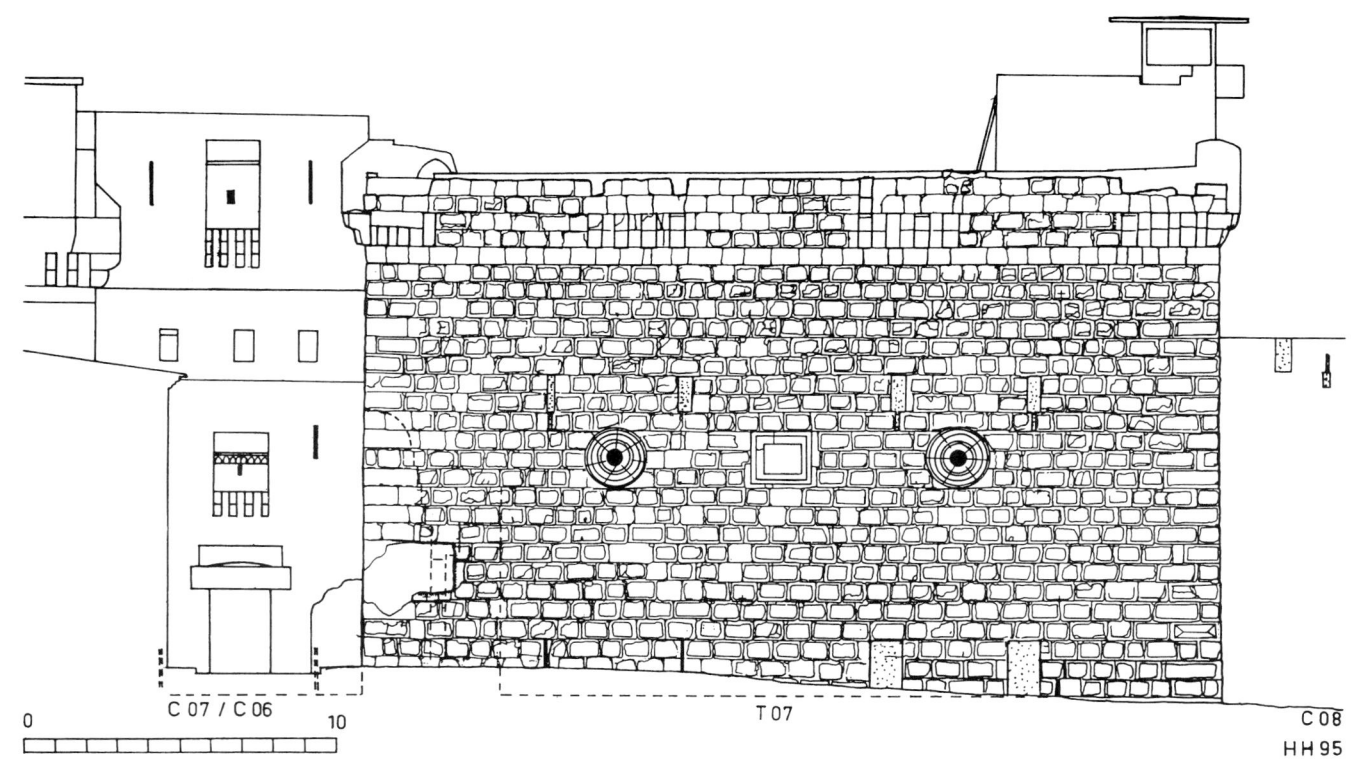

Damaskus, Zitadelle, Ansicht von Torturm und Kurtine an der Ostseite

fanden sich nur noch die östlichen Mauern. Die Spuren eines Brandes waren ganz deutlich zu sehen. Die Steine der Mauern waren zersprungen und gespalten.

1985 wurde mit der Freilegung der Fundamente der Wiederaufbau dieses Turms begonnen. Er wurde nach dem Muster des südöstlichen Turms, dessen Grundriss eine L-Form hat, wieder aufgebaut. 1987 nahmen die Renovierungsarbeiten der westlichen Bauten, die an den Eckturm angrenzen, ihren Anfang. Diese Gebäude waren bis zum höchsten Punkt des eingestürzten Daches durch Bauschutt verschüttet. Das Dach wurde in seiner ursprünglichen Form mit gekreuzten Bögen renoviert.

Die westliche Fassade, die an den Eckturm grenzt, wurde freigelegt. Ihre Steine konnte man nicht in den neuen Bau einsetzen, weil sie gespalten und zerfallen waren, weswegen man sie durch neue Steine austauschte, die den alten in Farbe, Form, Größe und Art ähneln.

In der Nähe des heutigen westlichen Turms tauchten während der Freilegungsarbeiten die Fundamente des Turms auf, der an das as-Sirr-Tor grenzte. Man hatte ihn bereits an dieser Stelle vermutet, denn nach den historischen Überlieferungen war dieser Turm zum Schutz des as-Sirr-Tores angelegt worden. Von ihm führte eine Holzbrücke über den Graben. Er ist der 13. Turm der Zitadelle, der in Form und Größe anders gebaut war als die übrigen Türme. Einige Teile von ihm sind wieder aufgebaut worden.

Der nördliche Teil

Die Renovierungsarbeiten begannen beim südwestlichen Turm. Die Schießscharten, die von der

Westseite auf den Graben herabschauen, wurden freigelegt und der Schutt wurde entfernt. Die Gewölbe und Bögen, die das Dach tragen, wurden renoviert. Unter der achteckigen Hauptstütze, die das Dach trägt, ist ein gewölbter Keller aufgetaucht, der vollständig verschüttet war. Man hat die Trümmer aus diesem Keller durch eine Lichtluke im gewölbten Dach des Kellers herausgeholt und beseitigt.

Der nördliche Bau wurde renoviert, nachdem man ihn bis auf die Fundamente ausgegraben hatte, die eingestürzten Keller wurden wieder aufgebaut. Damit waren die Außengrenzen der Zitadelle wieder vollständig hergestellt.

Der südliche Teil

Die Renovierungsarbeiten beschränkten sich hier auf die Innenseite der Südfassade. Große Mengen von Schutt – ca. 1500 cbm –, die auf dem Wehrgang lagen, mussten dabei beseitigt werden. Durch das Wegräumen des Schutts wurden zwei große Hallen freigelegt, deren innere Wände die Grenzen der alten seldjukischen Burg bildeten. Die zementierten Steinbänke, die mit den Wänden des Baus verbunden waren, wurden entfernt, der Ziegelbogen des Eingangs des Wehrgangs renoviert. Die gespaltenen Steine der Fassade hat man zunächst abgebaut und sie danach wieder aufgeschichtet.

Der östliche Teil

Dieser besteht aus vier Wehrtürmen und wurde als Schlaftrakt für die Gefangenen benutzt. Die zementierten Steinbänke, die Bäder und die Wasserspeicher, welche an die Zitadellenwände angebaut waren, wurden bei der Renovierung beseitigt. Die Spuren des Zementes an den Steinwänden und den gekreuzten Wölbungen des Daches entfernte man. Die Renovierungsarbeiten schlossen auch das östliche Tor der Zitadelle, das auf die Asruniyya weist, ein. Dieses Tor diente als Hauptzugang zur Zitadelle und verband sie mit der Altstadt. Die Sultane und Herrscher betraten die Zitadelle bei ihren Besuchen durch diesen Eingang. Die alten Holzbretter und Eisenplatten des ursprünglichen Tores wurden durch gleichartiges Material ersetzt. Nur die originalen Nägel, welche die Eisenplatten hielten, wurden wieder eingeschlagen.

Die Untersuchungen, die auf dem Hof der Zitadelle durchgeführt wurden, brachten Spuren einer ayyubidischen Halle ans Tageslicht. Von ihr war nur der Hof erhalten geblieben, in dessen Mitte ein von Estraden umgebener, kleiner See lag. Ebenso kamen bei den Untersuchungen Spuren ayyubidischer und mamlukischer Gebäude zutage, die derzeit genauer analysiert werden.

Die Zitadelle von Damaskus führt uns in die Geschichte von Fürsten, Herrschern und Sultanen, die für einige Zeit in ihr residierten. Mit ihren Bauten und Türmen ist sie eine Zeugin verschiedener Epochen der Geschichte von Damaskus sowie des Festungs- und Palastbaues. Ihre architektonischen Besonderheiten zu bewahren und zu präsentieren, ist mit einer großen Verantwortung verbunden. Nur wenn sie übernommen wird, können die Tore der Zitadelle einestages wieder allen Besuchern geöffnet werden.

Die Zitadelle von Aleppo

Julia Gonnella – Wahid Khayata – Kay Kohlmeyer

Die Zitadelle Aleppos ist das markanteste Wahrzeichen der Stadt. Hoch auf dem an den Flanken mit Steinen gepflasterten Burgkegel thront das mit zahlreichen Türmen verstärkte Bauwerk, welches nur durch einen einzigen Eingang über eine Brücke erreichbar ist. Die hohe, vielbögige Brücke, die den einst mit Wasser gefüllten Graben überspannt, mündet in einen mächtigen Torbau, der ins Innere der Zitadelle führt zur einstigen königlichen Oberstadt. Wie kein anderes Monument in Syrien ist sie bis zum heutigen Tag Symbol arabischer Stärke und Selbstbewusstseins. In der Tat gehört diese größte und mächtigste aller islamisch-mittelalterlichen Burgen zu den wenigen Befestigungsanlagen Syriens, die während der Kreuzfahrerzeit nie in fränkische Hand wechselten – eine Tatsache, die die Aleppiner bis heute mit Stolz erfüllt. Ein Blick allein auf diese gewaltige Befestigungsanlage versetzt einen jeden Betrachter in allerhöchste Bewunderung, und es erstaunt kaum, dass schon die mittelalterlichen Reisenden von der Zitadelle als einem Weltwunder schwärmten.

Vorislamische Zeit

Bis vor kurzem waren Aussagen über den Zitadellenhügel der vorislamischen Zeit weitgehend hypothetisch. Vor sechzig Jahren bereits vermutete der französische Orientalist Jean Sauvaget hier den außerhalb der eigentlichen altorientalischen Metropole gelegenen Kultplatz des berühmten Wettergottes von Chalab, doch noch vor zwei Jahren betonte der Altorientalist Horst Klengel die Unsicherheit, ob das Bauwerk im Bereich der arabischen Altstadt zu lokalisieren sei.

Der Tempel ist seit der Mitte des 3. Jahrtausends v.Chr. schriftlich belegt. Das Königshaus von Ebla führte Restaurierungen und Opfergaben durch. Der Wettergott, zu dieser Zeit Hadda genannt, besaß bereits überregionale Bedeutung. Offenbar weisen die Archive von Ebla darauf hin, dass der Name Chalab zu dieser Zeit weniger eine Stadt als vielmehr das Wettergott-Heiligtum auf bewaldeten Höhen bezeichnete.

Mit der Expansion des Jamchad-Reiches im Verlaufe des 18. Jahrhunderts v.Chr. gewann der Gott, nunmehr als Addu, an Bedeutung. Spätestens in dieser Zeit wird ihm auch zugeschrieben, dass er das Salzmeer Tiamat im Kampf geschlagen habe – ein Motiv, das im babylonischen Weltschöpfungsepos „Enuma elisch" wieder auftaucht. Während des Reiches der Churriter-Mitanni wurde er mit Teschschub gleichgesetzt und unter diesem Namen später auch in

Aleppo, Zitadelle, Eingangsbau mit Thronsaal

der Hethiter-Hauptstadt Hattusa verehrt.

Auch im frühen 1. Jahrtausend v.Chr. behielt er, im luwischen Milieu Tarhunza genannt, seine überragende Stellung. Einer assyrischen Urkunde zufolge wurde er zu den sieben großen Wettergöttern des Vorderen Orients gezählt. Im Jahr 853 v.Chr. bringt der assyrische König Salmanassar III. dem Gott Opfer dar, bevor er gegen eine syrisch-palästinensische Koalition zieht.

Seit 1996 führt nun eine syrisch-deutsche Expedition Ausgrabungen auf dem Zitadellenhügel durch, mit der aus siedlungsgeografischen Aspekten heraus entwickelten Arbeitshypothese, dass hier das Kult- und Verwaltungszentrum der altorientalischen Metropole zu suchen sei. Zuvor waren nur an einer einzigen Stelle der Zitadelle tiefere Schichten erreicht worden – von George Ploix de Rotrou 1929 bis 1932 im Auftrag der Municipalité.

Ploix de Rotrou hatte bei seinen Restaurierungen der islamisch-mittelalterlichen Bauten einen wiederverwendeten altorientalischen Reliefblock entdeckt, der in klappsymmetrischer Komposition zwei geflügelte Genien mit einer Mondsichel und Sonnenscheibe zeigt. Er ist heute vor dem Aleppiner Nationalmuseum aufgestellt. Daraufhin konzipierte er einen großen Sondageschnitt unweit der Fundstelle. In seiner letzten Notiz zu diesen Arbeiten berichtet Ploix de Rotrou, er habe sechs Meter unter dem heutigen Niveau die Reste einer enormen „hethitischen" Mauer gefunden, die offensichtlich zu einem Tempel oder einem Palast gehörte. Ploix de Rotrou gebührt das Verdienst, den Stellenwert der Zitadelle zur altorientalischen Zeit als Erster richtig erkannt zu haben.

Bei den neuen Grabungen wurden Teile eines Bauwerks erfasst, das sich eindeutig als Tempel des Wettergottes bestimmen lässt. Von seiner nördlichen Innenflucht sind bislang 14,5 m, von der westlichen 15,4 m freigelegt worden, wobei von der südlichen Partie der Westmauer nur die Fundamentsteine im Boden von islamisch-mittelalterlichen Magazinräumen erhalten sind. Nirgendwo ist bislang die Außenkante des Bauwerks erreicht worden. Der Fußboden des Tempels wurde in einer Sondage noch 25 m südlich der nördlichen Innenflucht nachgewiesen. Das ist bislang der einzige Hinweispunkt auf seine Längsausdehnung.

Alles spricht dafür, dass es sich beim Bautypus um einen „Antentempel" handelt, einen Tempel mit langrechteckigem Kultraum, der Kultnische an der Stirnseite, mit einer von „Anten" getragenen, nach vorn geöffneten Vorhalle. Mit der achsial anzunehmenden Kultnische besitzen wir auch einen Ansatzpunkt für die Bemaßung der Schmalseite des Tempels auf etwa 28 m. Allein mit Zedern des Libanon sind derartig enorme Weiten zu überspannen, da dieser Baum bis zu 40 m hoch wird, und in der Tat ließ er sich – neben winterkahler Eiche – bei einer Bestimmung von verbranntem Holz der Dachkonstruktion nachweisen.

Die Innenseite der Tempelwand besteht aus einer Flucht von rund 1,15-1,20 m hohen Orthostaten aus Kalkstein. Mauertechnik und Keramikscherben weisen das Bauwerk in die mittlere Bronzezeit, etwa in das 18. und 17. Jahrhundert v.Chr. Es hat drei Fußböden über der Zusetzung eines frühbronzezeitlichen Vorgängerbaues. Auf dem obersten Fußboden erfuhr der Tempel eine Umgestaltung. Mit einer neuen Orthostatenmauer – parallel zur Nordmauer im Innenraum auf einer hohen Fundamentierung errichtet – wurde der Raum um 3,5 m verkürzt. Ihr südlich vorgelagert

Aleppo, Zitadelle, Zugangsbrücke mit Vorturm

ist ein bankartiges Podest, dessen Ansichtsseite Reliefs schmücken. Anhand der Darstellungen – zumeist Götter – lässt sich dieser Umbau in die frühe Eisenzeit, den Beginn des 1. Jahrtausends v.Chr., datieren.

Offenbar noch während dieser Baumaßnahmen ist der gesamte

Ausgrabung auf der Zitadelle von Aleppo, reliefierte Podestmauer im Wettergott-Tempel (im Vordergrund)

Tempel abgebrannt und infolgedessen aufgegeben worden. Nahe den Reliefs lagen noch *in situ* Basaltschollen und -splitter von der Bearbeitung, und ganz offenkundig wurden auch nicht alle Details fertig ausgeführt.

Freigelegt sind bisher rund elf Meter der Reliefmauer, deren Höhe knapp unter einem Meter beträgt. Unterschiedlich fein sind die Details der Reliefs ausgearbeitet, und klar sind verschiedene bildhauerische Hände zu erkennen. Deutlich ist auch das religiöse Milieu differenziert, aus dem die Dargestellten stammen. Diese Mischung macht neben der unerwarteten Qualität der Bildwerke deren Faszination aus und stellt sie in die Reihe der besten Werke altorientalischen künstlerischen Schaffens.

Abgebildet sind zwei Rinder beidseits eines Lebensbaumes, acht Götter, von denen einer sich im Kampf mit einem Gegner befindet und ein anderer einen stiergezogenen Streitwagen besteigt, vier Mischwesen, teils menschen-, teils tiergestaltig, und ein Löwe. Einige der Götter lassen sich benennen. So ist mit der zentralen Gestalt, die ein Bein in den Wagen setzt, der Wettergott selbst gemeint. Hinter ihm folgt, mit Hieroglyphen bezeichnet, ein Schutzgott. Ein solcher schützender Aspekt ist auch bei zwei weiteren Göttern anzunehmen, da sie hirtenstabartige Stöcke tragen. Auch die Mischwesen dürften apotropäische Funktion gehabt haben.

Nicht zu bezweifeln ist, dass der von G. Ploix de Rotrou in sekundärem Kontext gefundene Block mit den Genien in den Zyklus der Reliefs gehört: Material, Größe und Stil weisen eindeutig darauf hin. Er war vermutlich beim Bau eines mittelalterlichen Kellerraumes entdeckt und umgesetzt worden.

Zur Zeit des Hellenismus hat ein Teil des verbrannten altorientalischen Tempels offenbar freigelegen. Hellenistischer Schutt zieht sich direkt gegen seine Ruine, seine nördliche Außenmauer ist durch Gruben gestört, ebenso der Bereich vor seiner Kultnische, wo offenbar nach wertvollen Gegenständen gesucht worden war. Auch die Bebauung dieser Epoche hat keinen häuslichen Charakter; sie liegt allerdings, nur knapp angeschnitten, nordöstlich unserer jetzigen Grabung. Innerhalb des Areals finden sich nur Stützmauern und Terrassierungen.

Arabischen Quellen zufolge beginnt die Geschichte der Zitadelle mit Seleukos, dem vermutlichen Gründer Aleppos. Die lokale Tradition verweist darauf, dass bereits der Prophet Abraham auf dem Weg nach Palästina auf dem Hügel seine Tiere geweidet habe. Spolien in den mittelalterlichen Bauten wie auch Grabungsbefunde weisen auf eine Bebauung in byzantinischer Zeit. Während Aleppo von dem Sasaniden Chosroes II. (590-628 n.Chr.) niedergebrannt wurde, wurde die Zitadelle auf Bitten des Bischofs Megas verschont.

Frühislamische Zeit

Wir wissen nur wenig über die Zitadelle der frühislamischen Zeit. Die arabischen Quellen berichten, dass die muslimischen Eroberer die Mauern nach einem Erdbeben zerstört vorfanden, dass sie diese neu befestigten und seitdem instand hielten[1]. Es ist unklar, wie die Befestigung ausgesehen haben mag und wer dort stationiert war. Aleppo war in der frühislamischen Zeit lediglich Provinzstadt und lag aus der Sicht der umayyadischen und abbasidischen Machthaber an der Peripherie. Erst nachdem der hamdanidische Herrscher Sayf ad-Daula (947-67 n.Chr.) Aleppo zur Hauptstadt seines nordsyrischen Fürstentums gemacht hatte, gewann die Stadt an politischer und kultureller Bedeutung. Der Hof Sayf ad-Daulas gehörte zu den berühmtesten seiner Zeit und wurde von vielen zeitgenössischen Dichtern besungen. Sein ebenfalls vielfach gepriesener Palast lag in den Flussniederungen am Rande der Stadt, ein Arrangement, das man häufig in frühislamischen Städten findet.

Erst die ständigen Auseinandersetzungen mit den nördlichen Byzantinern führten den Hamdaniden offensichtlich die Vorzüge der auf der Anhöhe und somit wesentlich sicherer gelegenen Zitadelle vor Augen. 962 n.Chr. überfielen Truppen des byzantinischen Kaisers Nikephorus Phokas die Stadt und zerstörten sie nachhaltig, bis auf die Zitadelle, auf die sich die Einwohner in ihrer großen Verzweiflung flüchteten. Dies veranlasste den Sohn Sayf ad-Daulas, Sad ad-Daula, seine Residenz als erster muslimischer Herrscher auf die Zitadelle zu verlegen. Von der hamdanidischen Zeit haben sich keine baulichen Reste erhalten. In den derzeitigen Grabungen wurde jedoch Keramik des 10. Jh. gefunden, darunter auch die sogenannte „splashed ware", eine feine, mit Einritzungen und Überlaufglasuren verzierte Keramik, die auch am abbasidischen Hof in Samarra in Gebrauch war.

Der kurzen hamdanidischen Blütezeit folgten unruhige Jahre. Weitere Einfälle der Byzantiner und regelmäßige Beutezüge der Beduinen beutelten die Stadt. Aleppo kam zeitweilig in den Besitz der ägyptischen Fatimiden, dann geriet die Stadt hintereinander unter die Herrschaft zweier arabischer Nomadendynastien, der Mirdasiden und Uqayliden. Aus der Regierungszeit der Mirdasiden hat sich das älteste epigraphische Zeugnis der Zitadelle erhalten, eine Bauinschrift[2] des Herrschers Abu Salama Mahmud ibn Nasr ibn Salih aus dem Jahr 1073. Worauf sich die Bauinschrift bezogen haben mag, ist nicht bekannt. Überliefert ist, dass die Mirdasiden Paläste auf der Zitadelle errichtet und die beiden Kirchen, die sich auf dem Zitadellenhügel befanden, in Moscheen umgewandelt haben[3].

Im 12. und 13. Jahrhundert bestimmte die Auseinandersetzung mit den Kreuzfahrern unweigerlich das Schicksal der Stadt. Für die Kreuzfahrer lag Aleppo auf dem

Relief mit Kampfszene aus der Ausgrabung auf der Zitadelle von Aleppo

ließ er sowohl die Stadtmauern als auch die Zitadelle neu befestigen. Die arabischen Quellen berichten, dass er dabei eine Art hochgemauerte, aber nicht überdachte Eingangsrampe zur Zitadelle in Aleppo errichten ließ, so dass man sein Gesicht noch sehen konnte, wenn er auf dem Pferd auf die Zitadelle ritt. Auf der Zitadelle selbst wurde sein „Goldener Palast" sowie ein „grünes", d.h. mit Rasen besätes, „Hippodrom" gebaut[4]. Die beiden unter den Mirdasiden gegründeten Moscheen wurden restauriert oder neu aufgebaut[5]. Nur ad-Din stiftete der unteren Moschee einen kunstvollen hölzernen „Mihrab", eines der wichtigsten künstlerischen Erzeugnisse seiner Zeit. Sein Sohn al-Malik as-Salih ließ an ihr ebenfalls Restaurierungen durchführen[6]. Er wurde nach seinem Tode dort beigesetzt.

Weg nach Jerusalem, und sie attackierten die Stadt nicht lange nach der Einnahme Antiochias (1100 und 1103). Erst unter der Führung des Zangiden Imad ad-Din Zangi (reg. 1127-46) und seines Sohnes Nur ad-Din (reg. 1146-73) gelang es den Muslimen, sich den Kreuzfahrern zu widersetzen und militärische Erfolge zu verzeichnen. Gleich mehrere berühmte Kreuzfahrer wurden als Gefangene auf die Zitadelle von Aleppo gebracht, darunter der Graf von Edessa Joscelyn II., der hier starb, Renauld de Chatillôn sowie der König von Jerusalem Balduin II., der zwei Jahre seines Lebens hier verbringen musste.

Nur ad-Din konnte Damaskus und Aleppo unter seiner Herrschaft vereinigen. Zu seinem Programm gehörte der Ausbau und die Sicherung der beiden Städte. In Aleppo

Ayyubiden

Ihren Höhepunkt erlebte die Zitadelle unter den Ayyubiden, namentlich unter dem Herrscher Sultan al-Malik az-Zahir Ghazi (reg. 1186-1216 n.Chr.), der von seinem Vater Salah ad-Din („Saladin") als Statthalter über Aleppo eingesetzt worden war. Aleppo war ein strategisch wichtiger Stützpunkt gegen die Kreuzfahrer im Norden und wurde von Ghazi mit großem Aufwand

Relief mit Wettergott aus der Ausgrabung auf der Zitadelle von Aleppo

und den militärischen Ansprüchen entsprechend vollkommen neu befestigt. Schwerpunkt seiner Arbeiten war die Zitadelle, die er zu einer der mächtigsten islamisch-mittelalterlichen Militäranlagen ausbauen ließ. Er verstärkte die Mauern, glättete den Burgkegel und belegte diesen vor allem im Eingangsbereich mit Steinplatten. Der Graben um die Zitadelle wurde vertieft und mit Wasser gefüllt. Dann ließ er eine vielbogige Brücke über den Graben bauen, über die man den Eingang der Zitadelle noch heute erreicht: ein monumentaler Torbau, der – fünffach geknickt und durch drei schwere Eisentore geschützt – ins Innere der Zitadelle führt.

Die Arbeiten des Ayyubidenherrschers sind in den arabischen Quellen ausführlich dokumentiert. So weiß man, dass Ghazi im Inneren der Zitadelle ein großes Wasserreservoir, ein Arsenal, Getreidemagazine sowie einen tiefen Brunnen (*satura*) anlegen ließ, der wahrscheinlich gleichzeitig als geheimer Ausgang in die Stadt dienen sollte. Auch gab es einen überdachten Geheimgang, über den man zu dem Gerichtshof (*dar al-adl*) gelangen konnte.

Die Zitadelle diente jedoch nicht nur als Militärgarnison, sondern war auch prächtige Residenzstadt des ayyubidischen Hofes: Gleich mehrere Paläste, Bäder und Gärten befanden sich hier. Einer der Paläste wurde ausgegraben: eine mehrhöfige Anlage, deren Mittelpunkt ein von vier „Iwanen" umgebener Hof mit einem achteckigen Springbrunnen ist. Der Hof war mit farbigen Marmorsteinen ausgelegt. In der Nische des Nordiwans befand sich ein zweiter, nymphäenartiger Brunnen (*schadirwan*), aus dem das Wasser kaskadenartig herunterplätscherte. Wahrscheinlich handelt es sich bei diesem Palast um den viel gepriesenen „Palast der Herrlichkeit" (*dar al-izz*), der in der Hochzeitsnacht des Ghazi abgebrannt und später wieder restauriert worden war.

Desweiteren kümmerte sich Ghazi aber auch um die beiden Heiligtümer auf der Zitadelle: Er renovierte die kleine untere Abrahamsmoschee und baute die zweite, weiter oben, neu auf. Ihr schmales, hohes, viereckiges Minarett sollte man von der ganzen Stadt sehen: Es demonstrierte die Vorherrschaft des Islam in der Stadt. Gleichzeitig war das Minarett ein geeigneter militärischer Aussichtspunkt.

Auch unter den Nachfolgern Ghazis wurde weiter auf und an der Zitadelle gebaut. Ein Teil der Außenmauer war eingestürzt und wurde in der Regierungszeit seines Sohnes al-Malik al-Aziz wieder aufgebaut. Die arabischen Quellen lamentieren, dass die Arbeiten nachlässig ausgeführt wurden. Angeblich konnten die Mongolen die Zitadelle an dieser Schwachstelle einnehmen[7]. Auch baute al-Malik al-Aziz einen Palast. Von dessen Sohn, dem letzten Ayyubidenherrscher an-Nasir Yusuf II., weiß man nur aus Inschriften, dass er auf der Zitadelle residiert hat.

Die ayyubidische Herrschaft wurde durch die Eroberung der Mongolen beendet. Sie fielen 1260 in Syrien ein. Aleppo und Damaskus wurden eingenommen und verwüstet. Was die Kreuzfahrer nicht anrichten konnten, war nun unter den Mongolen geschehen: Sogar die Zitadelle war gestürmt worden. So vollkommen wie die arabischen Quellen die Zerstörungen der Mongolen schildern[8], können diese jedoch nicht gewesen sein, sonst bewunderten wir heute keine zangidische und ayyubidische Architektur mehr.

Mamluken

Mit dem Sieg über die Mongolen bei Ain Djalut (1260) übernahmen die von Kairo aus regierenden Mamluken die Herrschaft über die Stadt. Aleppos Wiederaufbau wurde zunächst vernachlässigt. Erst Sultan Qalaun (reg. 1279-90) kümmerte sich wieder um die Stadt und um die Zitadelle, mit deren Instandsetzung er seinen Gouverneur Qarasunqur beauftragte. Die Arbeiten wurden unter seinem Sohn, Sultan Aschraf Chalil (reg. 1290-93), beendet, der sich in einem monumentalen Inschriftenband in goldenen Buchstaben über dem Eingang verewigte[9].

Was nun auf der Zitadelle geschah, weiß man bislang nicht. Ob sie so „leer" war, wie Sauvaget schreibt, ist nicht ganz klar[10]. Es ist zwar richtig, dass der Hof jetzt in Kairo saß, aber auch der in Aleppo stationierte Gouverneur wird eine respektable Unterkunft gebraucht haben. Aleppo war eine strategisch wichtige Stadt am nördlichen Reichsende, und die Auswahl an glasierter Keramik, die in den laufenden Grabungen zutage kommt, deutet durchaus auf eine gehobene Lebenshaltung hin. Möglicherweise wurden die ayyubidischen Gebäude zunächst weiter genutzt oder für die eigenen Bedürfnisse umgestaltet. Eine Inschrift aus dem Jahr 1367 in dem bis heute noch anstehenden ayyubidischen Palastportal dokumentiert, dass im Auftrag des Gouverneurs Mankali Bugha asch-Schamsi die Wasserzuleitung zu dem Palast unter Bauleitung des Ibn as-Salar angelegt worden ist[11]. Dabei kann es sich eigentlich nur um eine Reparatur handeln. Die ayyubidischen Paläste waren wie die Moscheen an ein solides, ausgeklügeltes Kanalsystem angeschlossen, das heute noch existiert und, wenn die Leitungen sauber sind, tadellos funktioniert. Außerdem wurde die untere Moschee renoviert: Die einst vorhandenen Marmorinkrustationen in der Bethalle werden frühmamlukisch datiert[12].

Aus den arabischen Quellen geht hervor, dass eine Münzprägestätte in einem der beiden vormamlukischen Bäder eingerichtet worden war[13]. Es dürfte sich dabei um das sogenannte Bad des Nur ad-Din südlich der unteren Moschee handeln, denn hier ist im Zuge der jüngsten Renovierungsarbeiten ein umfangreicher Münzhort gefunden worden. Da die meisten Münzen in die Regierungszeit der beiden Herrscher az-Zahir ad-Din Barquq (reg. mit Unterbrechung: 1382-99) und an-Nasir Abu as-Sadat Faradj (reg. mit Unterbrechungen: 1399-1412) datieren und Münzen jüngeren Datums nicht im Hortfund enthalten sind, spricht vieles dafür, dass die Prägestätte mit der Eroberung Tamerlans zerstört worden ist.

Die zentralasiatischen Heere Timurs („Tamerlans") überfielen Aleppo 1400-1401 und plünderten die Stadt drei Tage lang. Wie hundertvierzig Jahre zuvor von den Mongolen wurde Aleppo besonders grausam verwüstet. Auch die Zitadelle wurde eingenommen.

Dieses Mal wurde die Stadt jedoch umgehend wieder aufgebaut. Die gesamten Verteidigungsanlagen wurden instand gesetzt, die Stadtmauer nach Osten hin erweitert. Insbesondere der Gouverneur Djakam min Iwad, der sich 1407 zum Gegensultan ausrufen ließ und kurz darauf getötet wurde, hat viel Energie in den Wiederaufbau der Zitadelle gesteckt. Angeblich hat er sogar selbst Hand angelegt und die „Qadi" der Stadt mitarbeiten lassen[14]. Er errichtete jeweils im Norden und im Süden der Zitadelle eine zusätzliche Bastion. Dann schuf er 1406-1407 den Thronsaal über dem Zitadelleneingang, der für Audienzen des Sultans bestimmt war, wenn sich dieser in der Stadt befand. Der mit Wandmalereien und Mosaiken ausgestattete Prunksaal wurde 1417 unter dem Sultan Muayyad Schaych (reg. 1412-21) vollendet.

Regelmäßig gab es Revolten, bei denen vergeblich versucht wurde, die Zitadelle einzunehmen[15]. Die Zitadelle musste aus diesem Grund regelmäßig instand gehalten werden. Unter der Regierung des Sultans al-Aschraf Barsbay (reg. 1422-38) wurde von dem Gouverneur der Zitadelle, Bak al-Aschrafi, ein achteckiger Turm östlich des Eingangs errichtet[16]. Sultan Djaqmaq (reg. 1438-53) veranlasste, dass ein Teil der westlichen Mauer neu befestigt und das Glacis in der Nähe der Brücke restauriert wurde. Um den Graben gab es ursprünglich eine Mauer, damit die Leute nicht hineinstürzten[17].

Eine neue Gefahr für die Mamluken ging von dem im Norden expandierenden Reich der Osmanen aus, und die zahlreichen Baumaßnahmen an den Befestigungsanlagen zeigen, wie ernst die Bedrohung genommen wurde. Schon Sultan al-Aschraf Qaytbay (reg. 1468-96) ließ umfangreiche Renovierungen an der Zitadelle und an der Stadtbefestigung durchführen. Im Jahr 1472 hatte er den großen Bastionsturm an der Nordseite der Zitadellenmauer errichtet[18], und auch der große Thronsaal über dem ayyubidischen Eingangstor wurde umfassend von ihm restauriert[19].

Die umfangreichsten Befestigungsmaßnahmen wurden jedoch von dem letzten mamlukischen Sultan, Qansuh al-Ghauri (reg. 1501-16), in Auftrag gegeben. Er setzte den Graben instand und errichtete an der Zitadellenbrücke einen vorgelagerten Torturm anstelle eines Vorgängerbaus. Auch die beiden massiven Bastionstürme des Djakam min Iwad im Norden und Süden der Zitadelle ließ er völlig neu aufbauen, und das eingestürzte Holzdach des Thronsaals ließ er durch neun Steinkuppeln ersetzen[20]. Obwohl der Sultan die wichtigsten Orte an der nördlichen Grenze befestigen ließ, konnte er die Eroberung der Osmanen nicht abwehren. Am 24. August 1516 starb der Sultan selbst in der Entscheidungsschlacht in Mardj Dabiq in Nordsyrien, nicht allzuweit von Aleppo entfernt.

Aleppo, Zitadelle, Palast des Malik az-Zahir Ghazi, Abrahams-Moschee und Ausgrabung

Osmanen

Die Zitadelle zur Osmanenzeit ist bislang noch wenig erforscht. Wie eine Inschrift belegt[21], wurde sie von Sultan Sulayman im Dezember 1521 restauriert, wohl nach einer dreimonatigen Belagerung des Statthalters von Damaskus, Djanbardi al-Ghazzali, der sich unabhängig machen wollte. Die Ausbesserungen können nicht sehr umfangreich gewesen sein, war doch die Zitadelle unter Sultan al-Ghauri erst stark befestigt worden.

Die Osmanen benutzten die Zitadelle primär als Kaserne, wobei die Truppen hauptsächlich für die städtische Sicherheit zuständig waren. Sie wurden von einem „Agha" kommandiert, der direkt von der Hohen Pforte abhängig und nur in wenigen Fällen dem „Bascha" verantwortlich war.

Wieviel Personen sich auf der Zitadelle befanden und wie die Zitadelle oben aussah, wissen wir nicht genau, zumal die meisten Gebäude im großen Erdbeben von 1822 zerstört worden sind. Der Bericht eines anonymen Venezianers, der 1556 Aleppo besuchte, spricht von etwa 2.000 Menschen, die auf der Zitadelle lebten[22]. Der französische Konsul Chevalier d'Arvieux, der 1679 in Aleppo war, erwähnt *„1400 Mann, die sich auf ihr befinden, wenn die Baschas dort residieren, unter die auch 350 Janitscharen gezählt sind, die dort in Garnison liegen"*[23].

Der englische Arzt Alexander Russel, der sich zwischen 1740 und 1753 in Aleppo aufhielt, beschreibt die Situation auf der Zitadelle am anschaulichsten: *„Wenn man hinaufgeht und das vierte Tor hinter sich gebracht hat, sieht man zur Linken einige Läden, denen einige Zellen mit Eisentüren gegenüberliegen. Weiter oben liegen auf der linken Seite einige alte, große Häuser, die gelegentlich als Gefängnis dienen, und ihnen gegenüber finden sich einige Straßen mit hübschen Häusern für die Garnison. Auf der Spitze des Hügels steht eine Moschee. Neben ihr ist eine Quelle bzw. ein Reservoir von großer Tiefe. Durch ein von einem Pferd angetriebenes Räderwerk wird das Wasser heraufgehoben. Der Agha kommandiert eine große Garnison, deren Soldaten mit ihren Familien auf der Zitadelle wohnen. Sie dürfen Läden haben oder irgendeinem Gewerbe in der Stadt nachgehen, müssen aber nachts vor Schließen der Tore in die Zitadelle zurückkehren"*[24].

Im Westen der Zitadelle kann man heute noch einige Grundrisse der osmanischen Wohnhäuser erkennen, die während der Restaurierungsarbeiten des französischen Antikendienstes freigelegt worden sind[25]. Auch in derzeitigen Grabungen werden Reste von Wohnhausarchitektur ausgegraben: klassische Hofhäuser, die terrassenartig angelegt waren. Unter den Kleinfunden sind hauptsächlich die zahlreichen Pfeifenköpfe und kleinen „Kütahya"-Kaffeeschälchen zu erwähnen. Man kann sich gut vorstellen, womit die Soldaten bevorzugt ihre Zeit verbracht haben. Die beiden Moscheen hielt man jedoch auch instand. Eine Inschrift[26] aus dem Jahr 988 Hidjra (1580-81 n.Chr.) dokumentiert eine Restaurierung in der unteren, eine Inschrift[27] aus dem Jahr 1102 H. (1690-91 n.Chr.) Bauarbeiten in der oberen Moschee.

Die mangelnde äußere Bedrohung, die den Soldaten offensichtlich erlaubte, mit zivilen Geschäften nebenher noch Geld zu verdienen, ist wohl auch der Grund dafür, dass die eigentliche Befestigung eher vernachlässigt wurde. Die Zitadelle könne keinem Angriff von 24 Stunden widerstehen, schreibt der oben erwähnte Chevalier d'Arvieux. Etwa 40 Kanonen verschiedenen Kalibers ständen auf den Mauern herum, könnten aber nur wenig ausrichten[28]. Dies bestätigt auch der Nürnberger Kaufmann Wolffgang Aigen, der Aleppo kurz vor dem französischen Konsul besuchte (in Aleppo: 1656-63): „*Oben auff den berg ist ein schönes Schloss in Zimmlicher Größe erbautet, mit einer Dicken und Hohen mauren umbringet, darinen bey Hundert schöner Häußer und Rist-Kamer seint darZu eine Moschet, vier Baadthstuben und drey Eßelmühlen, von ferne scheinet es daß das Schloß nur mit einer schlechten Mauren Umbringt were, aldieweilen die Häußer sehr nieder und die Ringmauren Hoch gebaute seyn*"[29]. Aleppo lag jetzt mitten im Osmanischen Reich und hatte keine äußeren Feinde zu erwarten. Allerdings zeigen die Vergrößerungen der älteren Schießscharten, dass die Zitadelle immerhin dem Gebrauch von Feuerwaffen angepasst wurde.

Der Portugiese Pedro Texeira, der 1605 für zwei Monate in Aleppo weilte, berichtet, dass es auf der Zitadelle eine Prägestätte gab[30].

Das Erdbeben im Jahr 1822 war ein großer Einschnitt, und die meisten Bewohner die Zitadelle verließen den Ort[31]. Der ägyptische Gouverneur Ibrahim Bascha (1832-40) verwendete die Steine der eingestürzten Gebäude, um seinen Kasernenkomplex im Norden von Aleppo zu bauen[32]. Raubgrabungen, die durch Münzen in diese Zeit datiert werden können, stören auch den obersten Grabungsbereich. Das Gebäude, in dem heute das Zitadellenmuseum untergebracht ist, stammt jedoch wahrscheinlich nicht von ihm[33]. Zumindest datieren die drei Bauinschriften auf der Kaserne in das Jahr 1267 H. (1850-51 n.Chr.) und damit in die Regierungszeit des osmanischen Sultans Abdülmecit[34]. Wahrscheinlich gleichzeitig sind die Mühle und das benachbarte Wohnhaus des Müllers sowie der Ursprung der beiden kleinen Häuser unter der Palme im Norden der Zitadelle und des Gebäudes neben dem heutigen Theater. Auch die untere Moschee wurde, wie eine Inschrift aus dem Jahr 1290 H. (1873 n.Chr.) belegt, noch einmal nach dem Erdbeben restauriert[35]. Desweiteren haben sich verschiedene osmanische Grabsteine erhalten. Die Zitadelle muss von daher auch über einen eigenen Friedhof verfügt haben.

Französische Mandatszeit und Syrische Republik

Auch die Franzosen unterhielten einen Militärposten auf der Zitadelle, die zeitweise für die Öffentlichkeit gesperrt war. So berichtet der Orientalist Ernst Herzfeld, ihm sei der Zutritt durch senegalesische Soldaten verwehrt worden. Die Franzosen begannen 1923 mit Freilegungen von mittelalterlichen Bauten. Im Jahr zuvor war die bedeutendste Holzarbeit der Zitadelle, der Mihrab aus der Abrahamsmoschee, verschwunden. Er ist bis heute nicht wieder aufgetaucht. Bemerkenswert sind die Restaurierungsarbeiten der dreißi-

Aleppo, Zitadelle, Obere Moschee, osmanische Kaserne und Abrahams-Moschee

ger Jahre, insbesondere an der Zitadellenmauer.

Nach der syrischen Unabhängigkeit wurden die Restaurierungen und Freilegungen des Zitadelleninneren wie der Außenmauer fortgesetzt. Dabei wurde auch der einsturzgefährdete Thronsaal teilweise abgetragen und neu aufgeführt sowie komplett modern gedeckt. Ferner fanden Grabungen im Südosten, Nordwesten und Norden der Zitadelle statt. In ihnen wurden allenfalls islamisch-mittelalterliche Schichten erreicht, auch wenn sie teilweise das Ziel hatten, altorientalische Schichten bis zum gewachsenen Boden zu erfassen.

Im Jahre 1980 wurde inmitten der Zitadelle ein Theater errichtet, in dem Konzerte und Aufführungen stattfinden. Selbst auf den eiligen Besucher wirkt dieser Bau störend, und er wird den Widerspruch empfinden zu den derzeitig enormen Bemühungen, das Bild der mittelalterlichen Zitadelle durch Wiederaufbauten und Rekonstruktionen erneut erstehen zu lassen.

Literatur

Aigen 1980. Ibn al-Adjami 1950. Anonymus 1970. D'Arvieux 1735. van Berchem 1909. Gaube - Wirth 1984. Herzfeld 1954/55. Khayata - Kohlmeyer 1998. Meinecke 1992. Sauvaget 1941. Schaath 1996. Ibn asch-Schihna 1933. at-Tabbach 1988/89. Texeira 1967.

Anmerkungen

1 Ibn asch-Schihna 1933, 40.
2 Herzfeld 1954/55, Nr. 31.
3 Ibn asch-Schihna 1933, 47, 73f.
4 bn asch-Schihna 1933, 42.
5 Ibn asch-Schihna 1933, 73f.
6 Herzfeld 1954/55, Nr. 62.
7 Ibn asch-Schihna 1933, 45.
8 Ibn asch-Schihna 1933, 46.
9 Ibn al-Adjami 1950, 166. Herzfeld 1954/55, Nr. 40.
10 Sauvaget 1941, 167.
11 Herzfeld 1954/55, Nr. 72.
12 Meinecke 1992, II, 73.
13 Ibn asch-Schihna 1933, 144.
14 Ibn al-Adjami 1950, 166.
15 Ibn al-Adjami 1950, 167.
16 Ibn al-Adjami 1950, 168.
17 Ibn al-Adjami 1950, 168.
18 Herzfeld 1954/55, Nr. 49.
19 Herzfeld 1954/55, Nr. 46, 47.
20 Herzfeld 1954/55, Nr.50.
21 Herzfeld 1954/55, Nr. 6.
22 Anonymus 1970, 251.
23 D'Arvieux 1735, VI, 443.
24 Aus: Gaube-Wirth 1984, 112f.
25 Sauvaget 1941, 212, Anm. 800.
26 Herzfeld 1954/55, Nr. 67a.
27 van Berchem 1909, Nr. 50.
28 Gaube-Wirth 1984, 109.
29 Aigen 1980, 29f.
30 Texeira 1967, 115.
31 at-Tabbach 1988/89, III, 426.
32 Ebenda.
33 Gaube-Wirth 1984, 383.
34 Schauqi Schath (1996, 168f.) nennt als Datum das Jahr 1261 H. Er vermutet, dass die Inschrift nachträglich auf dem ägyptischen Gebäude angebracht wurde. Der Aleppiner Historiker at-Tabbach (1988/89 III, 424) wiederum schreibt in seiner Anfang der 20er Jahre geschriebenen Geschichte der Stadt Aleppo, dass das Gebäude „vor etwa 70 Jahren", also Mitte des letzten Jahrhunderts, errichtet worden sei. Das ergäbe eine Übereinstimmung mit der Bauinschrift.
35 Herzfeld 1954/55, Nr. 67b.

Stadtbausteine: Sakralbauten

Das Heiligtum des Jupiter Damaszenus – ein städtischer Kultbau lokaler Prägung

Klaus S. Freyberger

Lage

Im Zentrum der Altstadt von Damaskus, wo sich heute die Umayyadenmoschee befindet, stand einst in römischer Zeit das monumentale Stadtheiligtum des Jupiter Damaszenus. Der Tempel, dessen Fundamente vermutlich unter dem heutigen Niveau des Hofes der Umayyadenmoschee liegen, ist nicht ausgegraben. Es existieren aber zahlreiche andere archäologische und historische Zeugnisse, mit deren Hilfe sich die Baugeschichte dieses Heiligtums rekonstruieren lässt. Dazu gehören einige noch *in situ* erhaltene Partien der beiden Bezirksmauern, zahlreiche dekorierte Gebälke, die in byzantinischen und islamischen Bauten wiederverwendet wurden, sowie erhaltene Bauinschriften, deren Zeitangaben Fixpunkte für die Chronologie des Bauwerks liefern. Das Heiligtum des Jupiter Damaszenus lag im Nordwesten der antiken Stadt, unmittelbar am Westrand des noch nachweisbaren rechtwinkligen Straßennetzes. Eine Säulenstraße, die 300 m nördlich der Hauptstraße lag, verband das Heiligtum nach Osten mit einem nahezu quadratischen Platz, der allgemein als Marktplatz gedeutet wird.

Aufbau

Der Tempel lag innerhalb zweier konzentrisch angeordneter Bezirke. Der äußere Hof war von einem 385 x 305 m großen Mauerring umgeben, während der deutlich kleinere Innenhof eine Fläche von 150 x 100 m Größe umfasst. Die Mauer des kleineren „Peribolos" wurde für den Bau der Umayyadenmoschee als Hofmauer wiederverwendet, ihre originale Bausubstanz ist bis heute an der südlichen und westlichen Mauer des islamischen Bauwerks zu sehen. Das Heiligtum des Jupiter Damaszenus ist die größte bekannte sakrale Anlage aus römischer Zeit in Syrien. Nur das Schamasch-Heiligtum in Hatra und der herodianische Tempel in Jerusalem, der das größte bekannte Heiligtum aus römischer Zeit ist, übertreffen in den Dimensionen den äußeren Bezirk des Damaszener Sakralbaus. Die Westseite der äußeren Umgehung verläuft mit einer Neigung nach Norden. Sie und die Nordseite sind mit einer weiteren Umfassungsmauer versehen. Beide zusammen bilden die Form eines Gamma, deshalb wird dieser Teil der „Gamma-Bezirk" genannt.

Lokale Heiligtümer mit konzentrischen Höfen sind im hellenisierten Osten mehrfach nachweisbar. Die engste Parallele zu dem Bauwerk in Damaskus liefert der Tempel des

Herodes in Jerusalem, dessen Bezirk aus einer Abfolge von vier Höfen besteht. Nach Josephus Flavius war allein der Außenhof, der als Marktbezirk diente, allen zugänglich. Verbotstafeln an der Balustrade ermöglichten keinen Zutritt in die inneren Höfe. Die merkantil genutzten Platzanlagen waren klar von den heiligen Höfen getrennt. Dieser Sachverhalt trifft auch für das Jupiter-Heiligtum in Damaskus zu, dessen Außenhof als Marktbezirk deutlich von dem Innenhof, dem „Temenos", geschieden ist. Dass der Marktbezirk zum Territorium des Heiligtums gehörte, ist durch Inschriften des Bauwerks gesichert. Nach diesen wurden die Mauern des Außenhofs aus den Geldern des Tempelschatzes finanziert. Die Funktion der Tempel als ein Wirtschafts- und Handelszentrum steht in der Tradition mesopotamischer Heiligtümer. Die Grundrisskonzeption des Jupiter-Heiligtums richtet sich nach den lokalen Bedürfnissen und unterscheidet sich in diesem Punkt entschieden von griechischen und römischen Heiligtümern.

Im Zentrum der Ostseite befindet sich ein monumentales Portal, das der Haupteingang zum Marktbezirk war. Bei diesem Bauwerk handelt es sich nicht um ein Bogenmonument, sondern eher um die geschmückte Fassade einer Wand, die von drei Eingängen durchbrochen ist. Allem Anschein nach war das Markttor eingebunden in die Ostseite des äußeren Peribolos und lag achsenbezogen zum Osttor des inneren Mauerrings. Das Schema der Fassade des Torbaus in Damaskus ist vermutlich auf frühkaiserzeitliche bzw. hellenistische Vorbilder zurückzuführen. Gegenüber dem östlichen Markttor lag auf der Westseite ein ebenfalls aufwendig gestaltetes Portal. Reste der Säulenvorhalle mit ihrem sogenannten „syrischen Giebel" stehen bis heute *in situ*.

Der innere Mauerring schirmte den Tempel gegen den Marktbezirk ab. Alle vier Ecken waren mit Türmen versehen. Treppen führten in diesen zu Zwischengeschossen und Plattformen empor, die als Opferplätze dienten. Turmbauten in

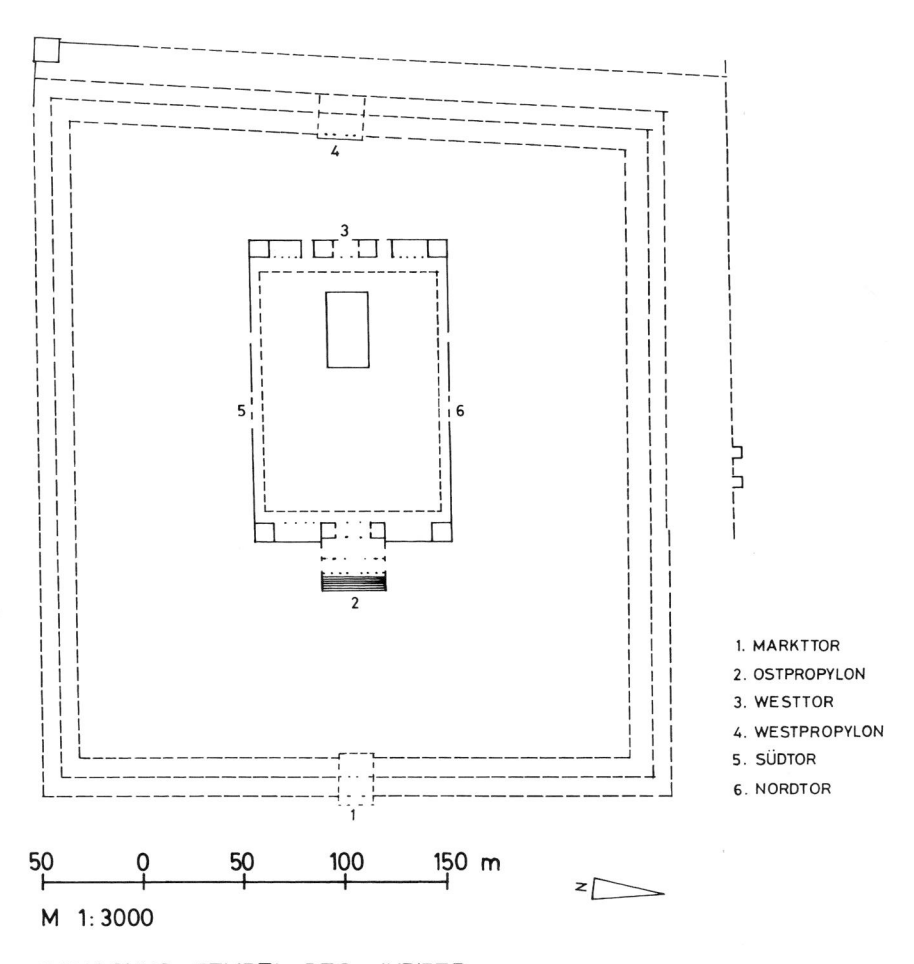

1. MARKTTOR
2. OSTPROPYLON
3. WESTTOR
4. WESTPROPYLON
5. SÜDTOR
6. NORDTOR

M 1:3000

DAMASKUS, TEMPEL DES JUPITER

Damaskus, Heiligtum des Jupiter Damaszenus, Grundriss

Damaskus, Jupiter-Heiligtum, innere Bezirksmauer, Südtor, um 200 n.Chr.

Heiligtümern haben ihre Tradition in der mesopotamischen Sakralarchitektur. Alle vier Seiten des inneren Mauerrings besitzen einen Torbau. Der größte dieser Bauten liegt auf der Ostseite, er war der Haupteingang zum Tempel. Bei diesem handelte sich um ein 32 m breites Tor mit drei Durchgängen, dessen südliche und nördliche Seitenwand etwa 17 m weit aus der Ostmauer herausragten. Zwischen den Seitenwänden ragten vier Säulen empor. Eine groß angelegte Freitreppe führte zum Tor hinauf, das um 5,40 m höher lag als das antike Straßenniveau. Zwei schmale Räume, wahrscheinlich die Stuben für die Wachen, flankierten das Tor.

Im Bereich des Osttors des Marktbezirks verlief eine unterirdische Rampe in das Innere des heiligen Bezirks. Es ist nicht ausgeschlossen, dass auf dieser Rampe das Opfervieh in den Tempelbezirk geführt wurde. Eine vergleichbare Anlage besaß der herodianische Tempel in Jerusalem: Die Opfertiere trieb man in den Innenhof durch einen Tunnel, der in dem 14 Stufen hohen Podium des ersten heiligen Bezirks verlief. Von dem Tempel des Jupiter Damaszenus sind bis heute keine Spuren erhalten. Das Fragment einer monumentalen kannelierten Säule, die in der byzantinischen Nordhalle verbaut ist, könnte von dem Sakralbau stammen. Dieser hatte aller Wahrscheinlichkeit nach, wie nahezu alle Tempelbauten im Osten, eine vertikale Ausrichtung im Temenos.

Eine Ausnahme liefert das Bel-Heiligtum in Palmyra, dessen Tempel aufgrund seiner kultischen Besonderheiten parallel zur Längsseite des heiligen Bezirks ausgerichtet werden musste. Vier aus dem frühen 1. Jh. n.Chr. stammende Bauinschriften, die im Hof der Umayyadenmoschee verbaut waren, und die noch vorhandene Architekturdekoration sind zuverlässige Kriterien für die Chronologie des Jupiter-Heiligtums. Nach der Lesung der Bauinschriften und der Formanalyse des Baudekors zu urteilen, wurde die gesamte Anlage im späten 1. Jh. v.Chr. geplant und im folgenden Jahrhundert ausgeführt. Der überwiegende Teil des erhaltenen Baudekors stammt aber aus dem Ende des 2. Jh. n.Chr. Er ist wohl auf eine umfangreiche Restaurierung des Heiligtums in dieser Zeit zurückzuführen, in der vor allem signifikante Bauabschnitte, wie die Torbauten, erneuert wurden.

Die Auftraggeber des Heiligtums

Die Texte der Bauinschriften nennen nicht die Auftraggeber der Tempelanlage. Einen aufschlussreichen Hinweis liefert aber die Angabe des Vereins der „Tempelwächter", der für mehrere lokale Heiligtümer im Osten bezeugt ist. Das bekannteste Beispiel bietet

Damaskus, Jupiter-Heiligtum, byzantinische Westhalle mit Westpropylon

Damaskus, Jupiter-Heiligtum, äußere Bezirksmauer, Westpropylon, um 200 n.Chr.

Damaskus, Jupiter-Heiligtum, byzantinische Nordhalle, verbaute Säule im Westschiff

die inschriftlich überlieferte Gruppe der Tempelwächter des Bel-Tempels in Palmyra, der sieben oder acht Mitglieder der lokalen Nobilität dieses Ortes angehörten. Den Vorsitz dieses Elitevereins führte der „Symposiarch", der das Amt eines Großpriesters innehatte und zugleich auch höchster weltlicher Würdenträger der Stadt war. Allem Anschein nach bestand das Gremium der Tempelwächter in Damaskus aus hohen Würdenträgern lokaler Großfamilien, die zur führenden Schicht der Stadt gehörten. Ihre wirtschaftliche Grundlage war der ertragreiche und Wohlstand bringende Handel. Diese Personen, die innerhalb ihrer Familienclans eine mächtige Stellung hatten und das städtische Leben entscheidend mitbestimmten, waren wohl am ehesten in der Lage, monumentale Bauwerke wie das Heiligtum des Jupiter Damaszenus zu finanzieren.

Kulte

Bei Jupiter Damaszenus handelt es sich um den lokalen Stadtgott von Damaskus, der nach Iustinus 36,2 ursprünglich als Hadad und zusammen mit Athare, einer weiblichen Gottheit, verehrt wurde. Vermutlich vollzog sich die namentliche Angleichung der lokalen Gottheit an Jupiter erst in römischer Zeit. Es wäre allerdings methodisch irreführend, anhand dieses Namens auf eine Existenz des römischen Jupiter-Kults in Damaskus schließen zu wollen. Viele lokale

Damaskus, Jupiter-Heiligtum, äußere Bezirksmauer, Markttor, ornamentierter Türsturz des südlichen Seitenportals, um die Zeitenwende

Damaskus, Jupiter-Heiligtum, innere Bezirksmauer, Gebälk des Südtors, um 200 n.Chr.

Gottheiten im hellenisierten Osten wurden namentlich griechischen und römischen Göttern angeglichen, wobei sich aber die lokalen Kulte ungebrochen fortsetzten.

Der Name der Stadtgottheit ist auch außerhalb von Damaskus belegt. Eine Weihinschrift auf einer Säulentrommel in Bostra, die unweit des Theaters liegt, gibt den Gott mit dem griechischen Namen Zeus Damaskenos wieder. Der Kult des Gottes existierte auch in Italien. In Puteoli waren die *sacerdotes Iovis optimi maximi Damasceni* angesehene Bürger (CIL X 1576). Daraus lässt sich schließen, dass eine Gemeinde Damaszener Händler in diesem Handelsort lebte und dort ihren eigenen angestammten Gott verehrte. In Rom widmete ein orientalischer Veteran demselben Gott eine Stele (CIL VI 405).

Die Durchführung des Kults oblag dem bereits erwähnten Korps der „Tempelwächter". Unter dem Vorsitz des Symposiarchen fanden rituelle Mahlzeiten statt, wobei auch der Gottheit Speisen geopfert wurden. Für die Organisation und Betreuung der Bankette gab es einen ganzen Stab von Tempelangestellten. Einen Hinweis darauf gibt eine Inschrift aus dem Jupiter-Heiligtum, die in islamischer Zeit im Erdgeschoss des Minaretts an der Südwestecke der Umayyadenmoschee verbaut wurde. Sie nennt einen „Archimageiros", den Küchenchef der Fleischköche, die die Speisen für die Bankette zubereiteten. Kochherde sind beispielsweise im Tempel des Zeus Theos in Dura Europos nachweisbar. Zu den Speisen des Opfermahls servierte man Brot, Öl und Früchte. Ein Teil davon wurde den Göttern geopfert, wofür es eigene Altäre gab. Diese haben auf der Oberseite mehrere kreis- oder schüsselförmige Vertiefungen, die zur Aufnahme von Öl, Getreide und Früchten bestimmt waren. Die für das Backen der Brote zuständigen Tempelbäcker sind in Dura Europos inschriftlich bezeugt.

Es ist keineswegs ausgeschlossen, dass das lokale Stadtheiligtum von Damaskus auch Stätte kaiserkultischer Verehrung war. Hochrangige einheimische Würdenträger, speziell die Tempelwächter, waren wie die Priester des Jupiter Heliopolitanus in Baalbek Parteigänger Roms. Es ist überliefert, dass im Theater von Damaskus während der Regierungszeit des Macrinus die als „Sebasmeia" bezeichneten Festspiele zu Ehren des Kaisers stattfanden. Das Theater in Damaskus, das in jüngster Zeit archäologisch nachgewiesen werden konnte, liegt südlich des „Decumanus" in Nachbarschaft des Heiligtums. Das Nebeneinander dieser Gebäude legt die Vermutung nahe, dass das Theater mit dem Kultbau eng verknüpft war. Im Osten ist die Verbindung von Theatern mit Kultbauten, insbesondere mit Heiligtümern, mehrfach bezeugt. Bekannte Beispiele bieten das Südtheater in Gerasa, der caveaartige Bau im Heiligtum von Sahr im Hauran und das Theater neben dem Tempel A auf dem Tell Umar in Seleukeia am Tigris.

In byzantinischer Zeit wurde das pagane Heiligtum in eine christliche Kultstätte umgewandelt. Von der Johannesbasilika sind keine archäologischen Spuren vorhanden. Es ist aber anzunehmen, dass der ehemalige Tempel in eine Kirche umgebaut wurde. In Syrien finden sich mehrere Beispiele dieser Art. Zu den bekanntesten und anschaulichsten Zeugnissen zählt der Basilikakomplex in Qanawat, wo im Westflügel in frühchristlicher Zeit der nordsüdlich orientierte Tempel aus der severischen Epoche in eine dreischiffige, westostwärts ausgerichtete Basilika transformiert wurde.

Im Zuge der Umbauten des Damaszener Heiligtums in byzantinischer Zeit wurden dreischiffige Hallen errichtet, die die Tore der Marktmauern mit den Portalen des inneren Mauerrings verbanden. Reste dieser Hallen, deren Säulen und Kapitelle als Spolien des paganen Vorgängerbaus verwendet wurden, stehen noch westlich und nördlich der Umayyadenmoschee.

Das Jahr 705 n.Chr. markiert den Beginn der gänzlichen Umwandlung des christlichen Sakralbaus in eine Moschee während der Herrschaft des Umayyadenfürsten al-Walid. Mit Ausnahme des inneren Peribolos, der als Hofmauer des islamischen Bauwerks stehen blieb, wurden alle Monumente innerhalb dieses Bezirks eingerissen. Trotz dieser Zerstörungen haben sich genügend archäologische Befunde erhalten, die ein eindrucksvolles Zeugnis von der seit über 2000 Jahren ungebrochenen kultischen Nutzung dieser Stätte ablegen.

Damaskus, Jupiter-Heiligtum, äußere Bezirksmauer, Markttor, Ostfassade, Bauinschrift über dem nördlichen Seitenportal, 16/17 n.Chr. oder 46/47 n.Chr.

Literatur

Dodinet - Leblanc - Vallat - Villeneuve 1990. Freyberger 1989. Freyberger in Gedenkschrift M. Meinecke (im Druck). Sack 1989. Sauvaget 1949. Watzinger-Wulzinger 1921. Weber 1993. Will 1994.

Die Große Moschee von Damaskus

Claus-Peter Haase

Die Erhaltung des ältesten, seit der Gründung nur wenig veränderten Großbaus einer islamischen Moschee verdankt sich dem altüberlieferten Geschick der syrischen Bauhütten. So steht sie als Dokument der kulturellen Kontinuität und der lebendigen Auseinandersetzung der Religionen in Syrien. Kontinuität sehen wir besonders in der Reihe vom antiken imperialen Kult über die christliche Reichskirche bis zur kalifalen Moschee-Stiftung, die jeweils in Größe, Raumordnung und kostbarster Ausstattung miteinander wetteiferten, aber auch im Gefühl für die Spannung zwischen urbanem, allgemein genutztem und repräsentativem, symbolgehöhten Raum, das sich im Erhalt gewisser Grundformen über alle Veränderungen hinweg ausdrückt.

So reiht sich die Große Moschee von Damaskus in die Würde der Baufolgen und architektonischen Innovationen von St. Peter in Rom, der Hagia Sophia in Istanbul und der nicht erhaltenen „Hängenden Kathedrale" von Edessa-Urfa mit einem eigenen Akzent ein: Ihre Baumeister verstanden sich auf eine gelungene Integration einiger sichtbarer Teile des Vorgängerbaus, ohne auf entscheidende, stolze Eigenzutaten zu verzichten, wie noch die Umwandler des Pantheons es vor der Größe des Baus für richtig hielten – aber auch auf umfassendere Weise als die christlichen Umbauer der Großen Moschee von Cordoba. Dabei zeigt die Planlösung des Baus eine besondere Form, anders als die von berühmten Moscheebauten desselben Bauherrn, zum Beispiel in der Prophetenstadt Medina. Dort wird ein reiner Stützenbau mit Hof aus einer offensichtlich anderen Tradition aufgeführt, immerhin im Mosaikdekor mit Elementen der Mittelmeerkulturen verbunden.

Allerdings sind die Vorgängerbauten der Damaszener Moschee in recht unterschiedlicher Weise einbezogen bzw. rezipiert – vielleicht lässt sich daran eine differenzierte Wertung der entsprechenden Kulturen erkennen. Weder die Byzantiner oder ihre lokalen Statthalter noch die frühen Muslime veränderten den in hellenistischem Idealbild konzipierten Stadtplan von Damaskus grundlegend. Gerade die öffentlichen Bauten – Pracht- und Marktstraßen, Hauptheiligtum, wohl auch Zitadelle und Verteidigungsanlagen – blieben in Grund- und Aufriss bestehen. Der „Decumanus", die Ost-Westachse, teilt bis heute die Stadt, und bis heute führt eine parallele nördliche Markt-Querstraße bis an die (nicht erhaltene) äußere Mauer des zentralen Heiligtums, im Westen mit schönem Säulenportal, im Osten wenigstens im Grundzug deutlich auf dessen gewaltiges, heute nicht

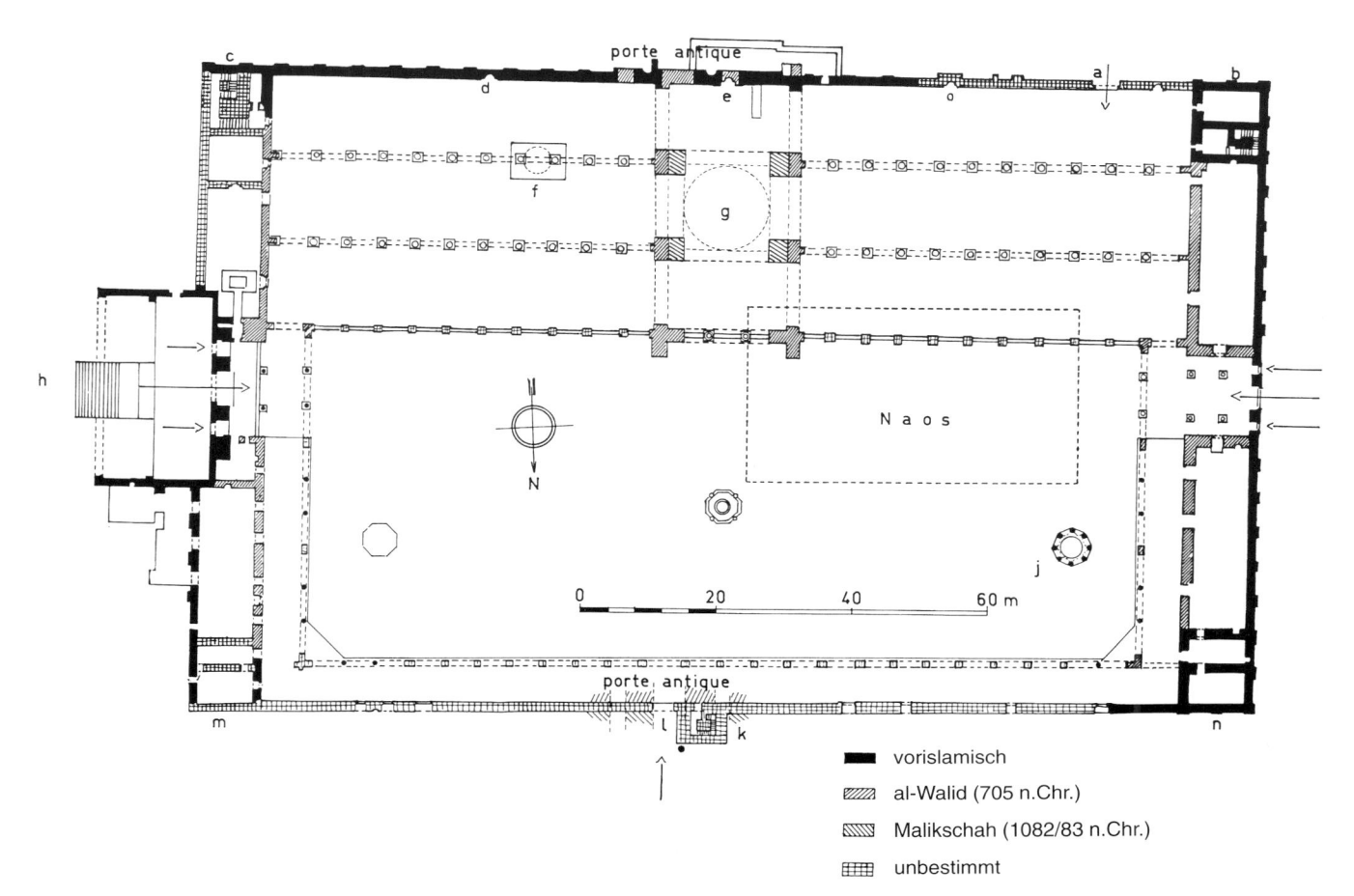

Damaskus, Große Moschee, Grundriss

■ vorislamisch
▨ al-Walid (705 n.Chr.)
▧ Malikschah (1082/83 n.Chr.)
▦ unbestimmt

mehr genutztes Hauptportal ausgerichtet. Die erhaltene, mächtige innere „Temenos"-Mauer wurde auch von den Baumeistern des muslimischen Heiligtums übernommen. Nur das reichverzierte Südtor wurde so geschlossen, dass der westliche Seitenteil als Gebetsnische und neuer Achspunkt genutzt werden konnte. Auch der Nordzugang verlor an Bedeutung, trotz des sogenannten „Braut-Minaretts" über ihm, das nach dem arabischen Autor al-Muqaddasi (ca. 985 n.Chr.) außen einen Mosaikdekor trug und unter Saladin 570 Hidjra/1174 n.Chr. bereits restauriert wurde. In der Gründungszeit scheint der Durchgang undekoriert geblieben zu sein.

Erhalten blieben auch die Ecktürme, drei bis über die Mauerkrone, und mit ihnen die Breite der jetzt als Seitenräume, Galerien und Rückwand dienenden Innenbebauung in zweigeschossiger Arkadenform. Der alte östliche Haupteingang war noch lange in Benutzung, wie die monumentalen mamlukischen Bronzetore belegen. Aber fast gleichwertig wurde der Westzugang mit einem kleinen, säulengetragenen, dreischiffigen Vestibül zum Hof hin umgestaltet. Die Galerien um den Hof weisen 47 Stützen an drei Seiten auf – ursprünglich vielleicht zwei Säulen zwischen je einem Pfeiler. Sie setzen ebenso wie die leichte, stützenbetonte

Damaskus, Große Moschee, Transept

Hauptfassade für die Eintretenden gewissermaßen die Säulenstraße und ihr Ebenmaß fort. Der gewaltige freie Hof (136 m x 37 m) – in Form einer „Agora" – mit seinen übereinandergereihten doppelten, aber kein Zwischengeschoss verdeckenden Arkaden vermittelt das Gefühl eines öffentlichen Raumes wie in der Antike, selbst wenn er immer von eifernden Torwächtern gehütet worden sein mag. Darin sehen wir eine gelungene Fortführung des „bürgernahen" antiken Stadtgedankens. Auch der kleine Kuppelraum auf Säulen für wertvolle Objekte und Dokumente im Westteil des Hofes gehört noch zu den „öffentlichen" Funktionsteilen des Gebäudes. Der Raum wurde, so der Historiker Nuaimi, 172 H./788 n.Chr. errichtet und ist wohl der älteste der ehemals drei Kuppelpavillons. Die in ihm enthaltenen wertvollen Dokumente wurden erst um 1900 entnommen und nach Istanbul verbracht (heute im Türk ve Islam Eserleri Müzesi).

Erst für die rituelle Glaubenspflicht muss sich der Besucher zur Seite wenden – wie in vielen orientalischen Kultbauten – und kann durch die offene, in der Mitte mit einem Hochgiebel betonte und durch feine Fensterornamente durchscheinend gemachte Fassade den eigentlichen Moscheeraum betreten. An diesem kommen außen und innen die in Gold und reichen Farben glänzenden Mosaiken zur Wirkung sowie im Raumgefühl eine gewissermaßen doppelte Ausrichtung: Der Blick wird hauptsächlich durch das hohe, kuppelbekrönte Transept emporgezogen und dann auf den Hauptteil, die Südwand mit der fein verzierten Gebetsnischenwand, gelenkt. Nur um weniges steht der zweite Raumeindruck nach: Die quergelagerten Arkadenreihen ziehen die Blicke zu den Seiten und fordern zu breiter Aufstellung der Gläubigen auf. So werden sie zumeist funktional für die Gebetsordnung der Hauptgottesdienste gedeutet. Beides – bildliche Ausstattung und die Wirkung von überhöhtem „Mittelschiff" zu ausgerechnet drei quergelagerten Langschiffen – steht offensichtlich in der Tradition von und als Antwort auf christliche Kirchen, hier in Gestalt der vollständig abgebrochenen Hauptkirche von Damaskus, die im Zentrum des Hofes stand. Und ein Element wurde direkt aus der Johanneskirche übernommen: die Reliquienverehrung des Hauptes Johannes des Täufers in einer kleinen Grabkapelle im Hauptraum. Eigentlich entspricht das nicht orthodox-islamischen Vorstellungen, aber der Prophet „Yahya ibn Zakarya" wird wohl mit Rücksicht auf lokale Besonderheiten des Landes der Heiligen und Eremiten so verehrt, dass die Kapelle im Neubau nach 1893 eher noch vergrößert wurde.

Sicherlich sind nicht nur Bauformen für den neuen Bautyp umgedeutet und variiert worden, sondern auch Teile des Dekors. So sind die zum Teil farbigen Marmorpaneele aus vorislamischen Wandverkleidungen neu zusammengesetzt und einzelne Säulen und Kapitelle übernommen. Sie erscheinen jedoch, aus verschiedenen Quellen zusammengefügt, in einem „bedachten Eklektizismus", wie Barbara Finster formulierte, zu einem neuen

Damaskus, Große Moschee, Nordwestecke des Hofes

Raumeindruck geführt worden zu sein. Das liegt vor allem an der geringen Tiefe der Gebetsnische in der Hauptwand, die hier überhaupt erstmals eingetieft erscheint. Der vielleicht im Osten erhaltene erste „Mihrab" der ursprünglichen kleinen Moschee war noch ganz flach in der Wand markiert. Für die auf ihn bezogene Dekorstaffelung und die mindestens zwei langen Dekorzonen über ihm, die rings um den ganzen Bau gezogen waren, finden sich keine Vorgänger. Eine unmittelbare Übernahme des Dekorprogramms byzantinischer Sakralbauten ist auch nicht durch die Mitwirkung christlicher Künstler und Handwerker vorgegeben. Entscheidend ist der Auftraggeber, und das war mit al-Walid I. ein frommer Muslim.

Die frühesten arabischen Quellen – al-Baladhuri (gest. 868 n.Chr.) und al-Muqaddasi – betonen die Gründe für den Totalabbruch der christlichen Kirche und widmen al-Walids Skrupeln und den Ersatzleistungen für die christlichen Gemeinden wegen der wachsenden Gemeinde breiten Raum: Die Moschee soll für 20.000 Beter eingerichtet worden sein (Ibn al-Faqih) aufgrund von kultischen Reibereien. Erst ein später Autor (Ibn Kathir) überliefert, dass der christliche Gesang zu laut gewesen sei. Aber Muqaddasi gibt als psychologischen Grund im Nachhinein an, dass Syrien voller schöner Kirchen mit berühmtem Dekor war. Al-Walid hat aber nicht nur in Syrien gebaut, sondern auch die Prophetenmoschee in Medina unter ähnlichem

Damaskus, Große Moschee, Ausschnitt aus dem Barada-Mosaik

Protest vollständig abgerissen und neu aufgeführt – ebenfalls mit Mosaikdekor. So wird die angeforderte Hilfe des byzantinischen Kaisers an Werkzeug und feinem Mosaik für beide Bauten später als Tributleistung und als Arbeiterfron interpretiert (Ibn Asakir, 13. Jh .n.Chr.).

In den frühen Quellen herrscht keine Einigkeit über die Herkunft der Künstler und Arbeiter. Muqaddasi nennt am umfassendsten persische, indische, maghrebinische und byzantinische Handwerker. Seltsam ist jedoch, dass ausgerechnet die in Papyrusdokumenten nachgewiesene Beteiligung ägyptischer (koptischer) Handwerker verschwiegen wird[1]. So erscheinen die Quellennachrichten, insbesondere die ausführlichen der späten Stadtchronisten wie Ibn Asakir, als facettenreiche Deutungen und Umdeutungen eines sehr frühen Baus, dessen Original-Bauinschriften leider nicht erhalten sind.

Vor allem kommt aber die technologische Beobachtung hinzu, dass der Mosaikdekor der Großen Moschee eine in Syrien beheimatete Tradition zeigt. Dazu gehört insbesondere die Mischtechnik von glatter Versatzweise der bunten Steine und leicht schräger bei Teilen des – hier goldenen – Hintergrunds je nach benötigtem Lichteffekt[2]. Nur in der Feinheit des Materials und der flexiblen Größen von Glas- und Steinwürfeln übertrifft der imperiale Bau die provinziellen Vorgänger, insbesondere die Fußboden-Mosaiken im gesamten Raum des

„Fruchtbaren Halbmonds". Also bedurfte es der kaiserlichen Handwerker aus Konstantinopel gar nicht, sondern eben nur des Materials, wie ursprünglich überliefert.

Die Moschee und insbesondere ihr Mosaikdekor wurden berühmt und kopiert. Muqaddasi verweist auf den Vergleich mit dem Umbau und der Neudekorierung der Großen Moschee von Cordoba (962-66 n.Chr. unter al-Hakam II.), für den ebenfalls die Hilfe des byzantinischen Kaisers angefordert wurde. Dies geschah nicht aus umayyadischem Verwandtschaftsgefühl für al-Walid I., sondern wegen des ehrwürdigen Bauvorbilds, wie F.B. Flood kürzlich analysierte. Beim andalusischen Beispiel blieb es nicht, auch im fatimidischen und mamlukischen Ägypten herrschte zeitweilig eine Mosaikleidenschaft, ohne dass die erhaltenen Beispiele ausreichten, eine Handwerks- und Dekortradition nachzuzeichnen, und Flood eher zum Eindruck sporadischen Geschmacks neigt. Natürlich gab es für notwendige Reparaturen in Damaskus wohl meist handwerkliche Kenntnisse. Sie reichten jedoch nie mehr an die Originale des frühen 8. Jh. n.Chr. heran, einschließlich der modernen, oft kritisierten Renovierungs- und Ergänzungsversuche.

Auch der Bau ist nicht genau in der ursprünglichen Form erhalten. Frühere Brände und Veränderungen hatten nur wenige Einbrüche mit sich gebracht: Nach dem arabischen Reisenden Ibn Djubair gab es in der Mitte des 12. Jh. zwei weitere, kleinere Kuppeln auf dem Transeptdach. Erst ein verheerender Brand des Hauptraumes 1893 machte dessen weitgehenden Neubau erforderlich: Abgesehen von den Außen- und Transeptmauern wurde alles von lokalen Handwerkern mit größter Mühe neu aufgeführt, wie wenige Fotos vor und nach der Katastrophe zeigen. Dabei wurden die Säulen einheitlicher aufgeführt, die Dächer steiler und die Kuppel ebenfalls leicht verändert. Vor allem musste der Dekor der Mihrabwand vollständig erneuert werden, wobei die Paneele und Felderungen nur in allgemeiner Form wiederholt wurden und das

Damaskus, Große Moschee, Innenraum

marmorne, im Relief teilvergoldete und ganz umlaufende Weinrankenband nicht rekonstruiert wurde.

Es ist unbekannt, wann die Großteile des über den Marmorpaneelen umlaufenden Mosaikdekors im Hauptraum verschwanden und ob 1893 noch Reste davon unter Putz erhalten waren. Nach dem Brand wurden geschwärzte Reste an der nördlichen Innenwand, den Fensterlaibungen sowie kleinere an beiden nördlichen Pfeilern des Kuppeltransepts bewahrt, ebenso wie große Fragmente an der äußeren Giebelwand. Andere Überreste, die im Vestibül und an Tympana der Galerien zutage gekommen waren, wurden übertüncht – wie schon sämtliche Hofmosaiken und die meisten des Vestibüls in osmanischer Zeit überputzt worden waren.

Marguerite Gautier-van Berchem beschreibt als Augenzeugin eindringlich den überwältigenden Eindruck, als 1927-29 die prachtvoll glänzenden Mosaiken im Vestibül und den Galerien des Hofes, auch im Norden und Osten, vor allem aber an der Westwand sowie die Reste am kleinen, wohl nachumayyadischen Kuppelbau im westlichen Hofbereich unter dem entfernten Putz wieder aufleuchteten. Sie hält akribisch die originalen Teile vor den Restaurierungen, insbesondere von 1954-66 und in den 80er Jahren, fest und bemühte sich um einen Motivkatalog der Dekorformen. Um die kunsthistorische Einordnung der Architekturdarstellungen machte sich vor allem Henri Stern verdient. Das von Gautier-van Berchems Arbeiten vorbereitete Ergebnis wurde von Barbara Finster erweitert und insbesondere zu einer Deutung geführt, die dann von Klaus Brisch publik gemacht wurde. Erst in jüngster Zeit mehren sich die Analysen und Deutungsversuche, ohne dass eine endgültige Lösung gefunden wäre, die die stilistische Tradition der Bildfriese mit islamischem Gehalt überzeugend verbindet. Kann man gar von einem Bildprogramm sprechen?

Die in größerem Umfang erhaltenen Mosaikzyklen zeigen vor allem Bäume unterschiedlicher Größe zwischen gereihten, nur selten als Pendants wiederholten Architekturensemblen aus größeren Bauten neben ganz kleinen. Zum Teil finden sich eingestreute Landschafts- und Flussdarstellungen, wie überall jedoch ohne jegliche Lebewesen. Einzelne besonders elegante Säulenpavillon-Architekturen stehen in den Tympana zwischen den Hofarkaden und im Vestibül. In den Rahmen sowie in Fensterlaibungen und an der Vestibüldecke sind kleinere vegetabile und seltener geometrische Motive gruppiert. Vor allem an der Giebelaußenfassade erscheinen – durch die Restaurierung etwas vergröbert – hohe hemizyklische Säulenarchitekturen, in deren Durchbrüchen kleine Turmgebäude sichtbar werden. Noch vielseitigere Architekturen mit Kuppeln und Türmen zeigte die Innenseite derselben Wand, die am ehesten auf den Fotos und Nachzeichnungen der 30er Jahre zu erkennen sind[3].

Am berühmtesten ist das ursprünglich 34 m lange und 7 m hohe Mosaik an der Rückwand der Westgalerie des Hofes, das wegen seiner Flussdarstellung sogenannte „Barada-Mosaik". Es ist das größte in Syrien, in dem man gern eine idealisierte Darstellung von Damaskus sehen möchte. Es reiht 13 große Gebäude- und zwei Fassadendarstellungen, von Bäumen und Felsen unterteilt, auf, von denen mehrere Details und die letzten drei rechts fast vollständig einer kenntlich gemachten Ergänzung entstammen. Wie eingestreut wirken kleinere Häusergruppen, die zum Teil wie Bergdörfer an aufgetürmten Felsen kleben. Wegen der Flussdarstellung im Vordergrund ist man an römische Nilmosaiken erinnert, doch fehlen deren typische „ägyptische" Bezüge. R. Förtsch brachte, nach mehreren Vorarbeiten, den ausführlichen Nachweis, dass die Monumentalbauten letztlich auf Vorläufer von unbelebten Architektur-Darstellungen mit „gesprengten Giebeln" aus der augusteischen Zeit zurückzuführen seien. Diese Darstellungen finden sich vor allem in Malereien des „Zweiten pompejanischen Stils", z.B. im Haus des Augustus auf dem Palatin, oder auch in der Scheinarchitektur der „Khazne" in Petra. Die Bäume gehen auf Darstellungen in Boscotrecase, aber auch auf Elemente und Motive des dritten und vierten Stils zurück sowie auf einzelne Parallelen in den byzantinischen Mosaiken von H. Georgios in Saloniki (5. Jh. n.Chr.).

Allerdings sind diese „Vorbilder" zeitlich und räumlich sehr weit entfernt, und alle Versuche, sie über den mittelmeerischen Kulturkreis aneinanderzuschließen, bleiben recht theoretisch. Überzeugend und gleichgewichtig mit den Moscheemosaiken erscheint der Vergleich mit Beispielen aus höfischen Werkstätten – und darin sieht man auch die Schwierigkeiten der Forschung: Wie wenig ist an höfischer Monumentalkunst der byzantinischen Zwischenzeit bekannt, wieviele mögliche Vergleiche fehlen uns! Mit den provinziellen oder rustikalen Bodenmosaiken der orientalischen Provinzen lassen sich Darstellung und Technik nicht vergleichen – wohl aber die Sujets.

Barbara Finster hatte als erste die Deutung der großen Mosaikzyklen der Moschee als Darstellung paradiesischer Idealräume und Gärten mit Paradiesflüssen, mit Verweis auf Koranstellen und literarische Vergleiche, formuliert. Von den wenigen aus arabischen Historikern bekannten Zitaten der ehemaligen Inschriftenbänder in der Moschee sind mehrere auf Paradiesverheißungen zu beziehen. Die literarischen Vergleiche lassen sich allerdings kaum von den häufigen, unspezifischen Vergleichen von Orten mit „paradiesischer Schönheit" unterscheiden. Aber warum sollte das nicht auch auf das idealisierte Damaskus zutreffen?

Außerdem verweist Finster auf die besonders bei den kleinen Gebäudegruppen vorkommenden Türme und hochgiebligen Fassaden, die höchstwahrscheinlich Kirchengebäude darstellen. Ein kleines Rundgebäude im Mittelschiff des West-Vestibüls erkennt sie als Baptisteriumstyp. Andere Räume seien durch Girlanden und Schranken wohl als besondere Orte gekennzeichnet. Sie erkennt in den Darstellungen also eine Reihe von Heiligtümern der Vorgängerreligionen, die durch keinen der Versuche von Förtsch weginterpretiert werden konnten. Er selbst wählt den Vergleich mit den *loci amoeni* der Antike.

Interessant an dieser Deutung ist, dass sie genau auf lokale arabische Interpretationen passt – allerdings aus ziemlich später Überlieferung. Erst al-Ghuzuli (gest. 1412) beschreibt in seiner Anekdotensammlung den Dekor der Umayyadenmoschee: Über der Marmorverkleidung und der großen Weinranke waren Mosaiken in Gold, Grün, Rot, Blau und Weiß, die die berühmten Heiligtümer aller Länder darstellten. Über der Gebetsnische war die Kaaba, rechts und links die schönen Frucht- und Blütenbäume anderer Länder und weitere Abbildungen[4]. Noch Ibn Djubair hatte nur die *„sich verzweigenden Bäume"* der Mosaiken beschrieben und Muqaddasi ebenfalls lediglich *„Abbildungen von Bäumen und Städten und mit Inschriften"* aufgeführt. Die Paradiesdarstellung wird direkt nur für die Mosaiken der Umayyadenmoschee von Medina und auch nur spät belegt (Samhudi, gest. 1506).

So „interpretativ" diese als Deutung, nicht als Überlieferung vom Bildprogramm, aufzufassende Beschreibung ist und unabhängig da-

Damaskus, Große Moschee, Transeptkuppel

von, ob sie auf frühe Gewährsleute zurückgeht, so trifft sie doch auf eine Tradition zu, die in der Umayyadenzeit in Sakralbauten üblich war. Bei neueren Grabungen haben sich mehr und mehr Bodenmosaiken mit Reihen von Stadtvignetten gefunden, die in ihrer verkürzten und stark provinziellen Art nicht direkt vergleichbar mit den Moscheemosaiken sind, deren Sujet jedoch verwandt sein dürfte. Auch hier sind Reihen benachbarter Bischofsstädte mit ihrer charakteristischen Architektur, bei der hochgieblige Häuser wohl Kirchenbauten sein mögen, dargestellt: z.B. die 17 cis- und transjordanischen Bistümer sowie zehn Nilstädte in der Stephanoskirche von Umm ar-Rasas, befestigte Städte in kontinuierlicher Darstellung an einem Fluss mit Türmen und Bäumen in der Johanneskirche von Gerasa (gegründet 531 n.Chr.) sowie in der Johanneskirche von Khirbat as-Samra (639 n.Chr. mosaiziert) zwei Stadtvignetten mit Kuppeln, Türmen und Befestigung. Am interessantesten sind Umm ar-Rasas und die Festungskirche in Main, weil die Mosaiken 718 bzw. 719/20 n.Chr., also nach der Umayyadenmoschee datiert sind. Bei allen Unterschieden ist der wichtigste, dass in Damaskus erstmals wieder ein imperialer, repräsentativer Anspruch, keine Nestwärme deutlich wird.

In manchem entsprechen bauliche und dekorative Einzelheiten einer bisher einzigartigen Doppelillumination einer Koranhandschrift in Sana, die H.-C. Graf Bothmer vorgestellt und sogleich mit der Umayyadenmoschee in Beziehung gebracht hat. Die Arkadenreihen mit Hof in der Darstellung der einen Seite, die Arkaden und die Betonung eines auf einen angefügten, mihrabartigen Bogen zuführenden „Mittelschiffs" auf der anderen Seite sind, wenn auch in ganz anderen Proportionen, in ihrer Kombination dem Moscheeplan verblüffend ähnlich. Hinzu kommen die Baumdarstellungen an den oberen Rändern, die ikonografisch schwer zu interpretieren sind – mit einigem Zwang ließen sie sich als Wanddarstellungen deuten. Leider ist die Datierung der Blätter und damit ihre umayyadische Einordnung noch nicht ganz gesichert.

Demgegenüber verlieren weitere Deutungsversuche an Überzeugung – etwa die sehr persönlich gehaltene von Thierry Bianquis einer Beziehung zwischen Yahya/Johannes und dem „grünen Chidr", auf deren Gegensatz von Wüstenprophet und Auenheiligen die Mosaikdarstellungen anspielen könnten.

Allerdings sollte man auch dem Realitätsgehalt der Architekturdarstellungen nachgehen. In Ausgrabungen finden sich verschiedene Beispiele frühislamischer Pavillonarchitektur, die vielleicht den eleganten „Tholoi" der Mosaikzwickel nachzukommen suchten, etwa in der islamischen Vorstadt von Rusafa und in Madinat al-Far/Hisn Maslama.

Schließlich ist noch zweier berühmter ehemaliger Ausstattungsstücke zu gedenken: der Weinranke (karma) über der Gebetsnische und des Kristalls oder Edelsteins (qulaila) im alten Mihrab im Osten. Al-Masudi (10. Jh.) beschreibt am ausführlichsten den Schmuck über dem Mihrab: drei Goldtafeln – nach anderen vier – mit Koranversen, wie dem Thronvers (2, 256) und dem Bauauftrag von al-Walid, darüber ein Mosaikbild der Kaaba – also wohl in Zusammenhang mit dem umlaufenden Mosaikdekor – und darüber die goldene Weinranke, ein Goldblech mit Juwelenzierat, das laut Ibn Asakir später durch ein Mosaik ersetzt wurde. Andere Beschreibungen weichen erheblich ab, so dass F.B. Flood zu der Annahme kam, mit der „goldenen Weinranke" sei das vor dem Brand umlaufende Marmorrelief gemeint. Dies passt jedoch nicht ganz auf die Herausstellung als „außerordentlich", da es doch mehrere solcher vergoldeter Reliefs gibt, etwa auch im Felsendom. Nun erinnert die Beschreibung einer juwelierten Goldplatte von großem Wert doch an ähnliche Zimelien an oder bei den Altären byzantinischer Hofkirchen, etwa die Pala d'oro, jetzt in Venedig. Gerade ihre Ersetzung durch ein anderes Material würde auf ein solches, eben leicht zu raubendes Stück passen.

Auch zur Qulaila haben die arabischen Historiker recht unterschiedliche Beschreibungen und Schicksale überliefert, wie A. Shalem sie jüngst sammelte. Sie hing als Kristall(-lampe?) im Mihrab, vielleicht im alten Mihrab, bis sie der Kalif al-Amin (809-813) stahl und durch eine Glaslampe ersetzte[5]; andere sehen in ihr einen in einem Mosaik verborgenen Edelstein oder eine besondere Perle, wie die „Yatima". Zwar wollen wir Shalems Ableitung des arabischen Namens von aramäisch *kelila*, dem „Polykandelon" oder Vorläufer der radförmigen Moscheelampen, nicht ohne weiteres glauben, aber der Zusammenhang mit der Lichtsymbolik in der Gebetsnische nach dem koranischen Lichtvers (Koran 24, 35) ist bestechend.

Literatur

Bianquis 1993. Bothmer 1987. Brisch 1988. Creswell 1969. Finster 1970/71. Flood 1997. Förtsch 1993. Gautier-van Berchem 1969. Hillenbrand 1994. Shalem 1997.
Die späteren arabischen Quellen sind bequem einsehbar in der Sammlung:
Muti al-Hafiz, M. al-Djami al-Umawi bi-Dimaschq. Dimaschq/Beirut 1405/1985.
Baladhuri, Muqaddasi und Masudi sind zitiert bei Creswell 1969 und Gautier-van Berchem 1969.

Anmerkungen

1. z.B. in einem Papyrus aus Aphrodito vom 3. November 709.
2. Gautier-van Berchem 1969.
3. Siehe Gautier-van Berchem 1969, 356-361, Abb. 419-425, die es wegen kleiner Motivdetails und der mehr „orientalischen" Bau- und Kuppelformen für ein Werk erst der Seldjukenzeit hält.
4. al-Ghuzuli, Matali al-budur. Kairo 1299-1300, Bd.2, 286.
5. Ibn Asakir und al-Umari 1986, ähnlich al-Ghuzuli (siehe Anm. 4).

Die große umayyadische Freitagsmoschee in Aleppo

Schauqi Schath

Historische Einleitung

Die große Freitagsmoschee der Umayyaden in Aleppo wurde im Herzen der Stadt erbaut. Es heißt, ihr Erbauer sei der Umayyaden-Kalif Sulayman ibn Abdalmalik. Andere meinen, ihr Erbauer sei Walid ibn Abdalmalik. Diese Moschee wurde im Stil der großen Umayyaden-Moschee von Damaskus erbaut. Obwohl Damaskus die Hauptstadt des Umayyadenreiches war, war doch auch Aleppo bedeutsam, denn es war die Hauptstadt der Grenzstädte (*thughur*), die als die Frontlinie in der Begegnung mit den Byzantinern galten.

Oft kamen die Kalifen zu den Soldaten an die Frontlinie. Zu ihnen gehörte Sulayman ibn Abdalmalik, der im Norden von Aleppo an der Stelle verstarb und begraben wurde, an der er mit seinem Heer den Byzantinern Widerstand geleistet hatte. Daraus erwuchs das Bedürfnis nach einer Freitagsmoschee, in der der Kalif das Freitagsgebet verrichten und die Leute zum „Djihad" gegen die Feinde aufrufen konnte. Zugleich gab er damit Freunden und Feinden zu verstehen, dass der Staat im Stande sei, große religiöse Bauten zu errichten. Das hatte bereits sein Bruder Walid ibn Abdalmalik beim Bau der Umayyaden-Moschee in Damaskus und der Aqsa-Moschee gemacht, die architektonische Meisterwerke wurden.

Die als Umayyaden-Moschee bekannte Freitagsmoschee von Aleppo erfuhr im Laufe der verschiedenen historischen Epochen zahlreiche Erweiterungen. Darüber hinaus geht ihre Bedeutung auf die wichtigen schicksalhaften Beschlüsse und Ereignisse zurück, die mit der Moschee in Verbindung standen. Die Freitagsgebete werden dort bis zum heutigen Tag verrichtet – ebenso wie Feierlichkeiten, Zusammenkünfte und andere wichtige religiöse und nationale Begebenheiten. Auch wenn sie für eine kurze Zeit auf die Utrusch-Moschee übergingen, so fielen sie bald an die große Umayyaden-Moschee zurück, denn sie liegt im Zentrum der Stadt, welches voller gesellschaftlicher, politischer und wirtschaftlicher Aktivitäten ist.

Die Umayyaden-Moschee überstand in ihrer langen Geschichte Brände, Zerstörungen und Vernachlässigung. Aber immer wieder erlangte sie ihre alte Rolle als wichtiges politisches, wirtschaftliches und religiöses Zentrum zurück. Zu Beginn der Abbasidenzeit wurde die Hauptstadt des Reiches nach Baghdad verlegt, weswegen der Rang von Syrien allgemein und insbesondere der von Damaskus und Aleppo abnahm. Für die Umayyaden-Moschee bedeutete dies Zerstörung und Vernachlässigung. Nach Angaben einiger Historiker raubte man Steine und Malereien von dort und verbrachte sie in die al-Anbar-Moschee in den Iraq.

Als Aleppo 333 Hidjra/944 n.Chr. die Hauptstadt der Hamdaniden-Emire wurde und seine alte Bedeutung zurückerlangte, erhielt auch die Freitagsmoschee ihre frühere Bedeutung zurück und wurde wieder instand gesetzt. Aber der mörderische Krieg, der zwischen den Byzantinern und den Hamdaniden entbrannte, brachte erneut Zerstörung über die Freitagsmoschee, als es dem byzantinischen Imperator Nikephorus Phokas im Jahre 251 H./962 n.Chr. gelang, Aleppo zu erobern. Er ließ die Moschee in Brand setzten. Dem Hamdaniden-Emir Sayf ad-Daula gelang es jedoch bald, in seine Hauptstadt Aleppo zurückzukehren. Er renovierte daraufhin die Freitagsmoschee. Sein Sohn Abu al-Maali Sad ad-Daula und dessen Sohn Said ad-Daula vollendeten später die Aufgabe.

Als im Jahre 564 H./1169 n.Chr. die Freitagsmoschee erneut brannte, übernahm al-Malik al-Adil Nur ad-Din Mahmud ibn Zangi ihren Wiederaufbau. Aus dem Dorf Baadin ließ er in Einzelstücken steinerne Pfeiler bringen sowie aus der Moschee von Qinnasrin, die damals eine Ruine war. Außerdem fügte er der Freitagsmoschee einen Markt hinzu.

Im Jahre 656 H./1258 n.Chr. war die islamische Welt einem zerstö-

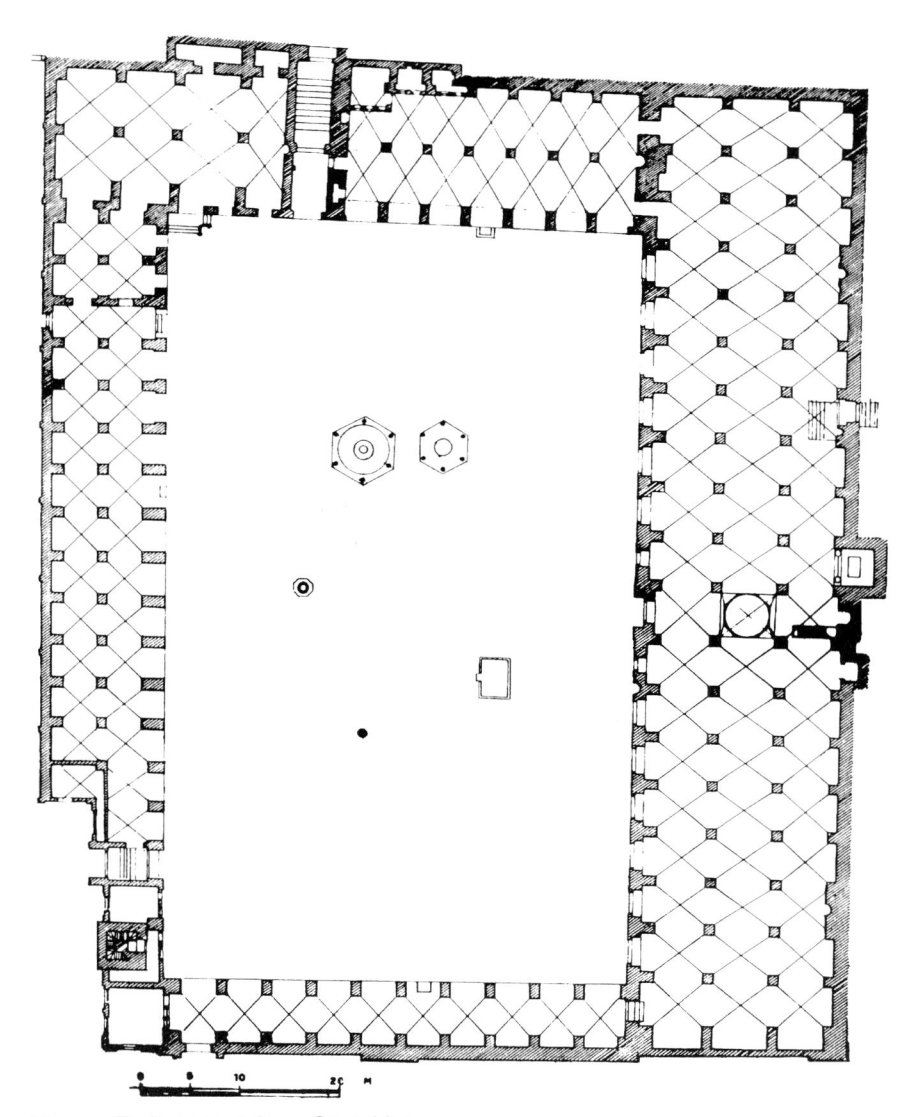

Aleppo, Freitagsmoschee, Grundriss

rischen Angriff ausgesetzt, den der Mongole Hülegü leitete. Er brachte Baghdad, die Hauptstadt des abbasidisch-islamischen Kalifats, zu Fall. Danach führte er die Mongolen gen Westen und nahm im Jahre 658 H./1260 n.Chr. Aleppo. Mit ihm drang der armenische Statthalter von Sis dort ein. Sie begaben sich zur Umayyaden-Moschee und töteten viele Leute. Danach setzten sie den Bau in Brand, wobei dessen Südmauer sowie die Halawiyya-Schule und der Markt der Tuchhändler zerstört wurden.

Als Hülegü aber bemerkte, daß der Statthalter von Sis und dessen Gefolgsleute nur die Moscheen und

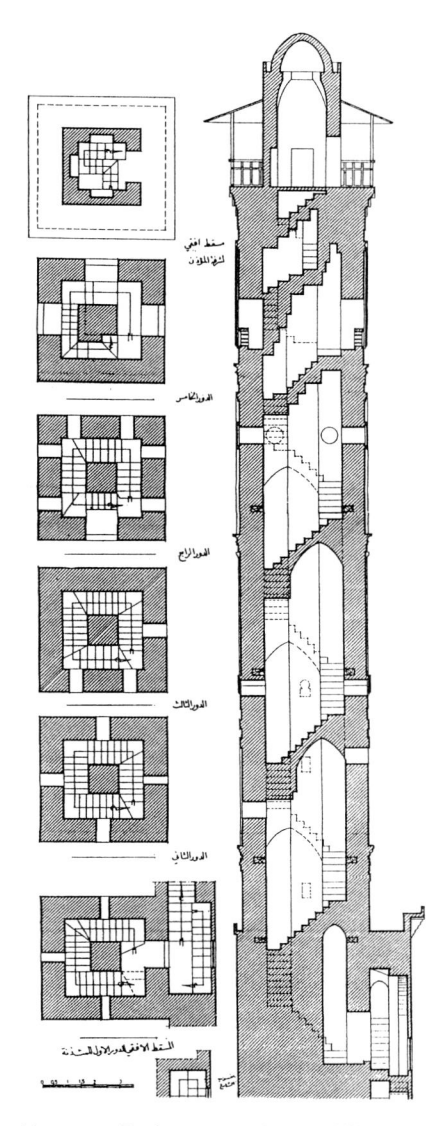

Aleppo, Freitagsmoschee, Minarett, Schnitt und Grundrisse der Geschosse

Besitztümer der Muslime im Sinne hatten, befahl er, die Angriffe einzustellen und die Brände zu löschen. Er wandte sich auch gegen den Statthalter und seine Leute und tötete viele von ihnen. Dies entschuldigt nicht Hülegüs Schlächterei und Zerstörung, die er unter den Muslimen und ihren Besitzungen in Aleppo und in anderen islamischen Städten anrichtete. Aber der Wille Gottes hielt in der Schlacht von Ayn Djalut in Palästina im Jahre 660 H./1260 n.Chr. Rache an den Mongolen für Aleppo und die islamische Welt bereit. So kehrten die Mongolen deutlich in die Flucht geschlagen unverrichteter Dinge in ihr Gebiet zurück. Trotz der Racheakte, die sie in Aleppo und andernorts in der Region während ihres Rückzugs unternommen hatten, wurde ihre Gefahr durch die Mamluken gebannt.

Danach geriet Aleppo unter mamlukische Herrschaft. Die Stadt und die große Freitagsmoschee wurden wieder aufgebaut. Bei einem erneuten Angriff auf die Stadt durch den Statthalter von Sis im Jahre 679 H./1280 n.Chr. brannte die Moschee wiederum. Es folgte der Wiederaufbau durch den mamlukischen Statthalter von Aleppo, Qara Sanqar al-Djukandar, den erst al-Malik al-Mansur Sayf ad-Din Qalaun und die nachfolgenden mamlukischen Sultane im Jahre 684 H./1285 n.Chr. vollendeten.

Auch die Osmanen kümmerten sich weiterhin um die große Freitagsmoschee in Aleppo. So führten sie zahlreiche Ausbesserungen und Instandsetzungen durch. Dazu zählen: die Südfassade, die Schiffe, der Hof und anderes. Die Instandhaltungs- und Reparaturarbeiten dauern bis in unsere Tage an.

Der Bau der Freitagsmoschee und ihre Bestandteile

Die Freitagsmoschee wurde nach lokaler Überlieferung in einem Garten der Halawiyya-Schule errichtet – welche ursprünglich eine Kirche der Griechisch-Orthodoxen war, die Helena, die Mutter von Kaiser Konstantin, hatte erbauen lassen. Heute befindet sich die Freitagsmoschee auf einer Grundfläche, die von Osten nach Westen 105 m misst und von Süden nach Norden ca. 77,75 m. Sie ähnelt ihrer Planung und ihrem Stil nach der Freitagsmoschee von Damaskus und wurde auch in deren Stil erbaut. Die Freitagsmoschee von Aleppo besteht aus zahlreichen Elementen, die wir im Folgenden erörtern wollen.

Man gelangt durch vier Tore in die Freitagsmoschee. Das Nordtor liegt in der Nähe des Minaretts und wird manchmal Djarakisa-Tor genannt. Dieses Tor wurde in jüngerer Zeit anstelle eines alten errichtet, als die Stadtverwaltung die Gegend neu ordnete und die Gebäude, die gegenüber der alten Moschee lagen, beseitigte. Der Zugang zur Moschee sollte dadurch erleichtert und ihre Fassade hervorgehoben werden.

Das Westtor erreicht man über die Masamiriyya-Straße, welche nach den Herstellern von Nägeln benannt ist. Vor dem Manadil-„Suq" gelangt man durch das Osttor zur Freitagsmoschee. Es wird gelegentlich als Tibiyya-Tor bezeichnet. Das Südtor verbindet die Moschee mit dem Suq-an-Nahhasin. Daher wird es auch Nahhasin-Tor genannt. Sibt Ibn al-Adjami berichtet in seinem Buch „Kunuz adh-dhahab", dass dieser Eingang über eine äußerst prächtige Holztüre verfügt, auf der geschrieben steht: *„Geschnitzt im Schaban des Jahres 737"* (1337 n.Chr.). Diese hölzerne Tür verschwand im Laufe der Zeit und wurde durch die jetzige Tür ersetzt.

Die Freitagsmoschee verfügt über einen weiten Hof, der 79 m lang und 47 m breit ist. Den Boden des Hofes schmücken polierte schwarze, gelbe oder weiße Marmor- und Porphyr-Steine, die zu Mustern gelegt sind. Von der Balustrade des Minaretts aus hat man einen bezaubernden Ausblick auf diese geometrischen Figuren, die 1042 H./1632 n.Chr. in der jetzigen Form verlegt wurden. Man nimmt an, dass die alten Steine unter den neuen verblieben, so dass man sie durch gezielte Ausgrabungen ermitteln könnte.

Die historischen Quellen besagen, dass sich das ursprüngliche Minarett der Freitagsmoschee nicht an dieser Stelle befand, sondern an der Westmauer. Dort war es mit der Südwand verbunden, die direkt auf den Hof führte. Das jetzige Minarett

Aleppo, Freitagsmoschee, Minarett

erhebt sich über einer Grundfläche von 4,95 x 4,95 m. Bis zur Balustrade erreicht es eine Höhe von ca.

Aleppo, Freitagsmoschee, Inschriften des Minaretts

45 m. Eine Reihe von Inschriften, Ornamenten, Kapitellen, Blendbögen und Fenstern schmücken das Minarett. Sein Fundament wurde zwischen 468 H./1075 n.Chr. und 472 H./1079 n.Chr. gelegt. Die übrige Bautätigkeit vollzog sich in zwei Phasen: Die erste fällt in das Jahr 479 H./1087 n.Chr. in die Zeit von Qayyim ad-Daula Aqa Sunqur, als dieser die Stadt als seldjukischer Vizeregent von Malikschah zugesprochen bekam. Die zweite Phase dauerte von 485 H./1092 n.Chr. zur Zeit von Sultan Tutusch bis zum Jahre 487 H./1094 n.Chr., als das Minarett vollendet wurde.

Der Betraum ist sehr geräumig und besteht aus drei Schiffen, die auf 80 gewaltigen steinernen Säulen ruhen. Man vermutet, dass sie die Stelle der bereits erwähnten baadinischen Marmorsäulen einnehmen. Diese brachen wegen der Brände auseinander, die die Moschee im Laufe ihrer Geschichte ereilten. Über dem mittleren Bereich des Betraums erhebt sich eine hohe Kuppel.

Einige Chronisten erwähnen, dass in dem Betraum Unterrichts- und Studienzirkel in allen Bereichen der Wissenschaft abgehalten wurden. Die Kanzel der großen Freitagsmoschee in Aleppo liegt rechts von der mittleren Gebetsnische. Sie gehört zu den herausragenden Kunstwerken der Aleppiner Moscheen. Ihr Schnitzwerk zeigt sich in hoher Perfektion. Sie wurde aus den Hölzern der aleppinischen Zeder und aus Ebenholz hergestellt und zeigt Einlegearbeiten aus Elfenbein und Perlmutt. Die Kanzel ist ungefähr 3,57 m hoch, 3,65 m lang und 1,08 m breit und hat zehn Stufen. Sie zählt heute zu den ältesten aleppinischen Kanzeln, nachdem ein Zionist im Jahre 1969 die aleppinische Kanzel in der Aqsa-Moschee in Jerusalem in Brand setzte.

Der Eingang zur Kanzel besteht aus einer Tür mit zwei Flügeln, die mit Koran-Versen und anderen Inschriften geschmückt ist. Der Sitzplatz des Predigers befindet sich auf einem Podest und ist durch Trennwände abgetrennt. Über dem Platz erhebt sich eine Kuppel. Alle Teile der Kanzel sind reich mit geschnitzten Pflanzen-Ornamenten verziert. Einige dieser Schnitzereien ähneln denen, die in der Atabek- und Ayyubiden-Phase vorherrschten.

Der Betraum hat drei Gebetsnischen, von denen die mittlere am größten und weitesten ist. Sie

Aleppo, Freitagsmoschee, Hoffassade

stand früher den Schafiten zur Verfügung. Die rechte Gebetsnische wird von den Hanafiten beansprucht, während die dritte Nische, die an der linken Seite liegt, für die Hanbaliten reserviert ist.

Der mittlere „Mihrab" war sehr schön und aus edlem Holz gearbeitet. Der Zahn der Zeit ließ davon nur wenige Reste übrig, die uns erlauben, sie zu studieren. Der jetzige Mihrab wurde aus poliertem Baadini-Stein hergestellt. Der Regent Qarasanqar al-Djauakandar ließ ihn im Jahre 684 H./1285 n.Chr. anstelle des hölzernen Mihrabs errichten, den die Verbündeten der Mongolen, die Armenier aus Sis, in Brand gesetzt hatten.

Die rechte Gebetsnische nennt man zuweilen Mihrab al-Alamayn, weil es zu ihren beiden Seiten zwei Zeichen von „Sufi"-Orden gab. Ihr Steinbau ist schlicht, tief ausgehöhlt und ihre Wölbung ist mit Spitzen verziert. Der linke Mihrab wurde wie der mittlere Mihrab aus gelbem Baadini-Marmor gearbeitet. Auf ihm wurden keinerlei Inschriften oder Verzierungen angebracht.

Der Raum des Predigers liegt westlich der Kanzel. Er hat nur eine Größe von 1,6 x 1,6 m und ist für den Prediger der Freitagsmoschee vorgesehen. Die Außenseite des Raumes ist mit Verzierungen und Inschriften geschmückt. Er hat eine Holztür, die mit sternartig ineinander verflochtenen Verzierungen geschmückt ist und von einem Schriftband eingerahmt wird.

Der „Propheten-Raum" liegt links von der Gebetsnische und hat eine quadratische Form. Seine Innenwände wurden mit verschiedenartigen schönen Fayencen bekleidet. Historisch geht dieser Raum auf die Osmanenzeit zurück. An Prächtigkeit und künstlerischem Wert nimmt er es mit den übrigen Teilen des Betraums auf. In diesem Raum

Aleppo, Freitagsmoschee, Innenhof

wird ein Grab verehrt. Es gibt einige, die sagen, dass es sich dabei um den Kopf des Propheten Yahya ibn Zakariyya handele, während andere meinen, es handele sich dabei um den Propheten Zakariyya selbst.

Im Betraum der Umayyaden-Moschee von Aleppo gab es früher drei „Maqsuras" (abgeschlossene Teile), zwei davon gingen auf die Mamluken-Zeit zurück, während die dritte aus der osmanischen Epoche stammte. Herzfeld erwähnt sie und gibt an, wo sie sich befanden. Die Maqsura des Wali lag zwischen dem vierten und fünften Pfeiler der ersten und zweiten Pfeiler-Reihe. Die Maqsura des Qarasanqar befand sich zwischen dem sechsten und siebten Pfeiler der ersten Reihe. Die dritte Maqsura, welche die Maqsura des Qadi war, erhob sich an der Westseite des Südtores neben der Treppe. Bedauerlicherweise sind diese Maqsuras nicht mehr vorhanden. Sie wurden kürzlich im Zuge von Arbeiten an der Moschee beseitigt.

Es gab hier außerdem eine Empore. Schaych Kamil al-Ghazzi erwähnt sie in seinem Buch „Nahr ad-dahab": *„Sie befand sich zwischen dem siebten und zehnten Pfeiler der dritten Reihe und stand auf vier hölzernen Pfosten. Auf ihrer Türe befand sich eine Inschrift".* Diese alte Empore wurde aber beseitigt und durch die jetzige ausgetauscht. Sie erhebt sich über dem mittleren Eingang zum Betraum zwischen dem neunten und zehnten Pfeiler. In der vierten Pfeilerreihe führt eine Wendeltreppe zu ihr hinauf. Ihre Maße sind 5,75 m x 4,20 m. Diese

Empore scheint zu Beginn dieses Jahrhunderts, wohl um 1342 H./1923 n.Chr. errichtet worden zu sein, d.h. nachdem al-Ghazzi sein Buch gedruckt hatte.

Die „Hidjaziyya" befindet sich in der Nordostecke der Freitagsmoschee. Man kann sie über den Hof erreichen und über eine Tür am Nordtor. Ibn al-Adjami erwähnt in seinem Buch „Kunuz adh-dhahab", dass sie deswegen al-Hidjaziyya genannt wird, weil die Leute aus dem Hidjaz dort abstiegen. Eine andere Meinung besagt, dass eine Frau aus dem Hidjaz sie speziell für die Frauen zur Verrichtung des Gebets stiftete.

Die Freitagsmoschee hat an der West-, Ost- und Nord-Seite des Hofes Arkaden, die von gewaltigen Steinpfeilern getragen werden. In der Nordarkade befindet sich das Becken zur rituellen Waschung. Hier gab es früher auch einen Eingang zur Madrasa al-Halawiyya oder zum benachbarten Dar al-Quran, von dem nur noch die Tür übrig geblieben ist. Die Westarkade ist neu und wurde zusammen mit dem Nordtor errichtet. Man vermutet, dass dieses Tor ein Tor ersetzte, welches auf die Anfänge der Osmanenzeit um das Jahr 1300 H./1883 n.Chr. zurückgeht. Der „Wali" von Aleppo hatte die baufällige alte Arkade niederreißen lassen, nachdem er von der Hohen Pforte die Erlaubnis dazu erhalten hatte. In der Arkade findet sich ein Trinkbrunnen. Der mit Reliefs geschmückte Brunnen wurde im Jahre 1341 H./1922 n.Chr. errichtet.

Die östliche Arkade enthält kleine Räume für die Aufseher der Moschee.

An der Südseite des Hofes sieht man die schöne Qibliyya-Fassade mit ihren Verzierungen und Reliefs. Sie besteht aus 15 Bögen, von denen der mittlere den Eingang zum Betraum bildet. Die Bögen zu beiden Seiten des Einganges wurden zum Teil verbaut, um als Fenster zu dienen, von denen der Betraum Licht erhält. Der mittlere Eingang stammt wohl aus der Mamlukenzeit, obwohl sich hier auch osmanische Inschriften finden, die sich aber auf Reparaturen beziehen dürften.

Im Hof der Freitagsmoschee finden wir ein großes, sechseckiges Becken für die rituelle Waschung. Er wird von einer auf Marmorsäulen ruhenden Kuppel überspannt und wurde im Jahre 1302 H./1884-1885 n.Chr. anstelle eines früheren Beckens errichtet. Südlich davon liegt ein weiterer Brunnen, der im Jahre 1343 H./1924 n.Chr. anstelle eines früheren gebaut wurde. Im Hof befindet sich weiterhin eine steinerne „Mastaba", ein Podest. Außerdem gibt es im Hof eine Sonnenuhr, die sich auf einer steinernen Säule befindet. Auch an der Wand der Nordarkade findet sich eine Sonnenuhr, welche die Stunden des Tages und die Gebetszeiten anzeigt.

Zur Freitagsmoschee gehörten vier Waschräume. Sie befanden sich entweder im benachbarten Suq oder innerhalb des Moschee-Areals. Einige dieser Waschräume sind heute verschwunden. An ihrer Stelle wurden kleine Moscheen oder notwendige Erweiterungen der Freitagsmoschee errichtet.

Instandhaltung und Renovierung der Freitagsmoschee

An der großen Umayyaden-Moschee fanden ständig Instandsetzungs- und Ausbesserungsarbeiten sowie Erweiterungen statt. Kalifen, Sultane und Statthalter bemühten sich in ihrer Zeit darum, diese Moschee funktionstüchtig zu halten. So beeilten sich nach jedem Brand, jeder Zerstörung oder Vernachlässigung wohlmeinende Gönner, die Moschee im Verbund mit den Machthabern oder aus eigenen Mitteln zu renovieren oder wieder aufzubauen. Dies gilt sowohl für die Mamluken und Osmanen als auch für die islamische „Auqaf"-Verwaltung in der französischen Mandatszeit, und zur Zeit sind wieder großzügig geförderte Sanierungs- und Restaurationsarbeiten im Gange.

Literatur
Herzfeld 1955. Sauvaget 1941.

Die Madrasa ar-Rukniyya in Damaskus

Jamil Massouh

Lage

Die „Madrasa"[1] ar-Rukniyya liegt in der ca. 2,5 km nordwestlich vom Zentrum der Altstadt gelegenen mittelalterlichen Vorstadt as-Salihiyya am Südabhang des Qasyun-Berges. As-Salihiyya wurde um 1156 durch den Zangiden Nur ad-Din als Siedlung für palästinensische Flüchtlinge gegründet, die aus Furcht vor den Kreuzfahrern ihre Heimat verlassen hatten. Vorher bestand hier schon eine lose, ungeordnete Bebauung. 1202/3 erhielt der Ort eine Freitagsmoschee, der bald weitere Moscheen, Madrasas und andere religiöse Gebäude folgten. Unter den Ayyubiden (1176-1260) wurde die Siedlung systematisch ausgebaut und eine Vielzahl neuer Bauten gegründet.

Unter den Ayyubiden entstand auch die im Osten von as-Salihiyya gelegene Madrasa ar-Rukniyya. Sie ist ein relativ kleines Bauwerk von maximal ca. 23 m (Ost-West) auf ca. 19 m (Nord-Süd) und besteht aus zwei quadratischen Hauptteilen, dem kleineren Mausoleum im Osten (ca. 10 x 10 m) und der eigentlichen Madrasa (ca. 19 x 15 m) westlich davon, die aus einem überkuppelten, auch als Hof deutbaren Hauptraum und dem sich südlich an ihn anschließenden längsrechteckigen Betsaal besteht.

Bauherr

Der Stifter des Bauwerks ist Rukn ad-Din Mankuwirisch al-Falaki, *„einer der siegreichsten Emire, der wenig sprach, aber viele Almosen verteilte"*, wie ihn eine Damaszener Chronik charakterisiert. Rukn ad-Din ließ die Madrasa vor 1227 errichten, denn aus diesem Jahr stammt eine lange „Waqf"(Stiftungs)-Inschrift an der Südfassade des Mausoleums. Nach dieser Inschrift stiftete er der Madrasa: ein Haus, Teile von Läden, einen Garten und Teile von weiteren Häusern und Gärten. Aus den Mieteinnahmen dieser Stiftungsgüter sollten Lampenöl, Kerzen, Matten für den Boden, ein Wächter und ein Koranrezitator bezahlt werden.

Beschreibung des Gebäudes

In der Hauptfassade nach Norden dominiert das Hauptportal. Die tief eingeschnittene, von einem Spitzbogen überspannte Portalnische nimmt fast die gesamte Höhe der Fassade ein. Zu beiden Seiten der Portalnische öffnet sich je ein rechteckiges Fenster. Der Rest eines achteckigen Minaretts ist über der rechten Ecke der Nordfassade sichtbar. Die Fassade des Mausoleums schließt sich an die der Madrasa nahtlos an. In ihrem Zentrum befinden sich zwei rechteckige

Fenster. Das aus großen Quadern aufgeführte Mauerwerk ist gleichmäßig und von hoher Qualität. Das gilt auch für die übrigen Fassaden, an denen allerdings Restaurierungsarbeiten unterschiedlichen Umfangs mit kleineren und weniger gut bearbeiteten Steinen als jene des Ursprungsbaus vorgenommen wurden.

Man betritt die Madrasa durch ein Portal in der Mitte ihrer Nordfassade und gelangt in einen tonnenüberwölbten, U-förmigen Umgang. Der Blick vom Haupteingang in den Hauptraum (Hof) führt durch einen sehr hohen Spitzbogen direkt auf den „Mihrab". Diese Mittelachsenbetonung wiederholt sich beim Übergang vom Hauptraum (Hof) zum Betraum, während die Querachse zwei gleichweite Bögen zwischen Eckpfeilern und einer zentralen Säule markieren. Den Hauptraum, der genauso gut als überdachter Hof bezeichnet werden kann, überspannt eine Kuppel. Sie ruht auf den Säulen und Eckpfeiler des Umgangs. Der achteckige, von Fenstern und Blendnischen durchbrochene Tambour, zu dem trichterförmige Trompen in den Raumecken überleiten, geht mittels einer sehr flachen Überleitungszone direkt in die Kuppel über. Die Kuppel wird im Wesentlichen von den massiven winkelförmigen Eckpfeilern getragen. Im Zentrum des Hauptraumes (Hofes),

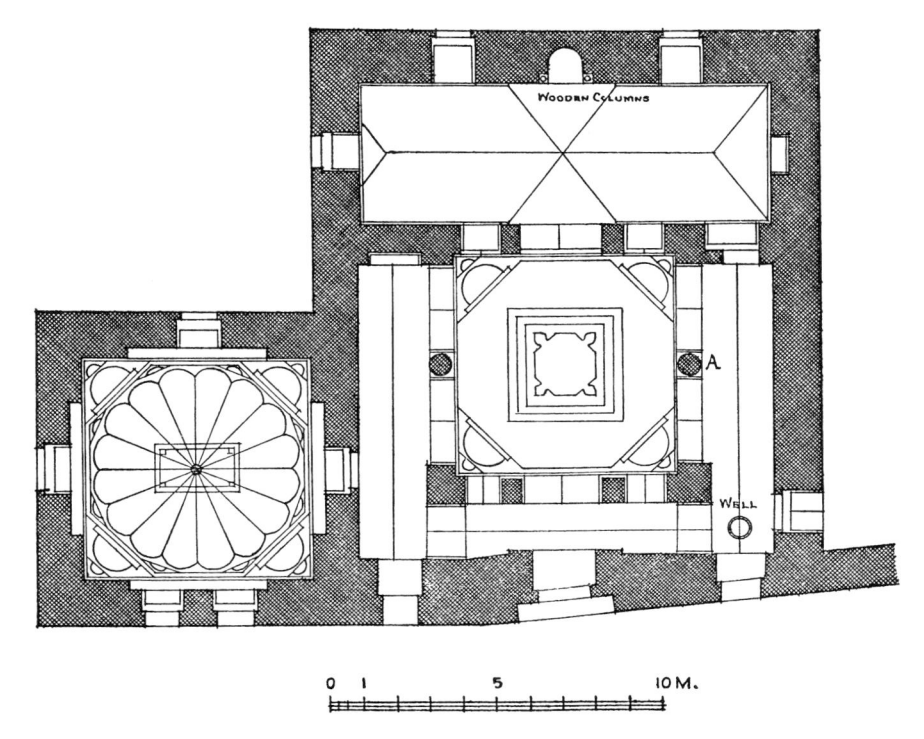

Damaskus, Madrasa ar-Rukniyya, Grundriss

genau unter der Kuppel, liegt ein Wasserbecken. In der Achse des Gebäudes, die auf den Mihrab führt, öffnet sich nach Süden ein breiter Durchgang zum Betraum, den auf jeder Seite je eine Tür flankiert. Der Betraum ist von einer Tonne überwölbt, die in der Mitte in Nord-Süd-Richtung eine Quertonne schneidet. Fenster öffnen sich an verschiedenen Stellen des Bauwerk nach außen.

In der Nord-Ost-Ecke des Umgangs führt eine Tür zum Mausoleum. Der Raum hat einen quadratischen Grundriss. Im Norden liegen zwei, im Süden ein Fenster. Die Wände sind durch große, flache Spitzbogennischen gegliedert. Der Übergang vom eigentlichen Baukörper zur ihn überspannenden Kuppel ist komplexer und reicher als der Übergang vom Baukörper zur Kuppel der Madrasa. Die Überleitung in den achteckigen Tambour wird in den vier Ecken des Raumes durch kleine, zapfenförmige Steine gelöst. Im Tambour wechseln Rundnischen in den Ecken mit Flachbogennischen, die je zwei Fenster überfangen. Jeder Bogen im Achteck ist in den Zwickeln von

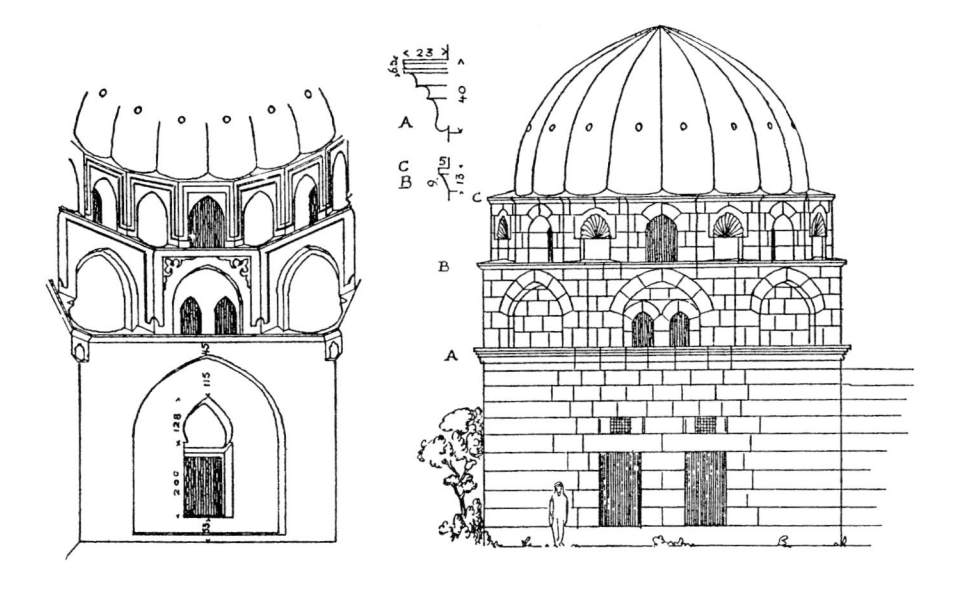

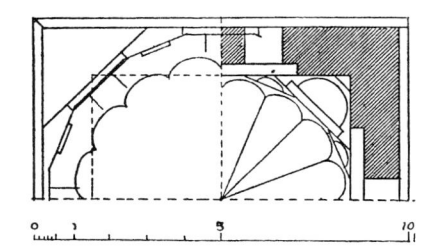

Damaskus, Madrasa ar-Rukniyya, Aufriss und Schnitte

feinen Dreipassrahmen aus Stuck umgeben. Darüber leitet ein weiterer, sechzehneckiger Tambour zur Kuppel über. Dieser ist durch sich abwechselnde, flache, leicht gespitzte Rundnischen und Rundbogenfenster gegliedert. Jedes Segment, ob Nische oder Fenster, ist durch zwei dünne, rechteckige Linien gerahmt. Das Licht fällt durch die reich ornamentierten Fenster und die Löcher in den sechzehn Segmenten der Kuppel in den Raum.

Typologische Einordnung

In Syrien begegnen wir unter den Ayyubiden zwei verschiedenen Typen von Madrasa. Den einen Typ kennzeichnet die Verwendung des „Iwan" und ein Innenhof, den anderen eine überdachte Haupthalle mit Wasserbecken an der Stelle des Hofes und das Fehlen des Iwans. Die Madrasa ar-Rukniyya ist das einzige erhaltene ayyubidische Bauwerk dieses zweiten Typs in Syrien, während eine ansehnliche Zahl von Beispielen des ersten Typs erhalten ist, beispielsweise die Madrasa al-Firdaus in Aleppo, die an anderer Stelle behandelt wird (siehe S. 240-245).

Blicken wir über die Grenzen Syriens und über die der Ayyubidenzeit hinaus, so finden sich aber Parallelen zu unserem Bauwerk. Die prominentesten und schönsten Beispiele für den Bautyp der ar-Rukniyya stehen in Anatolien in Konya: die Karatay Madrasa von 1251 und die etwa um dieselbe Zeit entstandene Ince Minareli Madrasa. Aber auch in Damaskus selbst treffen wir auf ein Bauwerk, das den Typ der Madrasa mit überdachtem Hof oder Hauptraum fortführt. Es handelt sich um die 1421, also fast 200 Jahre nach unserem Bauwerk, errichtete Madrasa al-Djaqmaqiyya.

Drei Bauwerke in zwei Jahrhunderten, und zeitlich nahe an unserer Madrasa liegen die beiden rumseldjukischen Bauten in Konya. Das weist auf zwei Dinge. Erstens muss der Typ der „Hallen"-Madrasa im 13. Jh. etabliert gewesen sein;

238

und zweitens kann davon ausgegangen werden, dass in dem späteren Bau in Damaskus dieser Typ nicht neu erfunden wurde, sondern an eine Reihe von Bauwerken, die zwischen der ar-Rukniyya und der al-Djaqmaqiyya entstanden waren, jetzt aber nicht mehr existieren, anknüpfte. Dass sich dieser Madrasa-Typ innerhalb Syriens nur in Damaskus fand, ist gleichfalls unwahrscheinlich. Es wäre vielleicht nachdenkenswert, ob die sogenannte „Matbach al-Adjami" in Aleppo, die mit nicht gerade überzeugenden Argumenten als Rest eines zangidischen Palastes gedeutet wird, nicht eher der Rest einer ayyubidischen Hallen-Madrasa ist.

Literatur

Ecochard 1985. Herzfeld 1946. Meinecke 1985.

Anmerkungen

1 Über den Bautyp der Madrasa und seine Funktion wird im Beitrag über die Madrasa al-Firdaus in Aleppo (siehe S. 240-245) gehandelt. Ich wende mich deshalb dem Bauwerk direkt zu.

Damaskus, Madrasa ar-Rukniyya, Fassade

Die Madrasa al-Firdaus in Aleppo

Lorenz Korn

Die ayyubidische „Paradiesmadrasa" bildet zweifellos einen Höhepunkt in der Architekturgeschichte von Aleppo. Sie stellt ein wichtiges Beispiel für den Bautyp der juristisch-theologischen Hochschule (*madrasa*) dar und gibt einen guten Eindruck von der Aleppiner Architektur der Ayyubidenzeit. Gleichzeitig weist sie einige Besonderheiten auf, die sie aus der Masse der zahlreichen anderen mittelalterlichen Madrasen-Bauten in Aleppo herausheben. Vor allem bezaubert die Madrasa al-Firdaus durch ihre Hofarchitektur, die sich durch exakte Steinbearbeitung, sorgsam zurückhaltenden Dekor und ausgeglichene Proportionen auszeichnet.

Die Dynastie der Ayyubiden herrschte von 564 Hidjra/1169 n.Chr. bis 658 H./1260 n.Chr. in Ägypten und Syrien. Ihr Reich umfasste das Gebiet von den Nilkatarakten bis zum Taurusgebirge und ins Hochland von Armenien. Gründer dieses Herrscherhauses war Salah ad-Din Yusuf ibn Ayyub, in Europa bekannt als „Saladin". Nach dem Tod des ägyptischen Kalifen aus der schiitischen Dynastie der Fatimiden übernahm Saladin die Macht in Kairo und weitete seine Herrschaft ab 570 H./1174 n.Chr. auf Syrien und die Djazira aus. Die Vereinigung dieser Gebiete unter seiner Regierung ermöglichte es Saladin, den Kampf gegen die Kreuzfahrerstaaten zu verstärken, den „Franken" 583 H./1187 n.Chr. bei Hittin in Galiläa eine vernichtende Niederlage zuzufügen und ihnen Jerusalem zu entreißen.

Das Reich Saladins wandelte sich nach seinem Tod durch die Aufteilung unter seinen Erben zu einer Familienkonföderation. Über das Fürstentum von Aleppo, dessen Gebiet sich zunächst etwa vom Orontes bis zum Euphrat und vom Taurusgebirge bis kurz vor Hama erstreckte, herrschte Saladins Sohn az-Zahir Ghazi (gest. 613 H./1216 n.Chr.). Ihm folgten sein Sohn und sein Enkel auf dem Thron nach, wobei aber die Perioden der Minderjährigkeit dieser beiden Fürsten jeweils durch eine Regentschaft überbrückt wurden. Dabei fiel Dayfa Chatun, der Witwe az-Zahir Ghazis, eine Schlüsselrolle zu. Sie bestimmte vor allem in den Jahren nach dem Tod von al-Aziz Muhammad 634 H./1238 n.Chr. die Politik des Fürstentums Aleppo. In den unruhigen Jahren nach dem Tod des ayyubidischen Reichsoberhauptes al-Kamil 635 H./1238 n.Chr. nutzte sie geschickt die politische Lage, um Aleppos Machtstellung in Nordsyrien und in der Djazira auszuweiten. Urfa, Harran und ar-Raqqa wurden annektiert. Als Dayfa Chatun 640 H./1242 n.Chr. starb, hinterließ sie ihrem Enkel an-Nasir Yusuf ein wohlgeordnetes Staatswesen, das sich anschickte, innerhalb des Ayyubidenreiches eine führende Stellung einzunehmen.

Die Madrasa bildete in der Ayyubidenzeit eine der wichtigsten öffentlichen Bauaufgaben. Diese Einrichtung, in der islamische Jurisprudenz nach den sunnitischen Rechtsschulen gelehrt wurde, verbreitete sich aus Ostiran seit dem 4./10. Jh. über die islamische Welt. Neben dem religiösen Recht waren an manchen Madrasen auch andere Fächer, wie z.B. Medizin und Naturphilosophie, vertreten. Die Seldjukensultane förderten mit der Gründung von Madrasen eine „sunnitische Restauration", um der Ausbreitung schiitischen Gedankenguts zu begegnen. Diese Religionspolitik schuf eine enge Verbindung zwischen dem herrschenden Regime und einer Schicht von Rechts- und Religionsgelehrten, die dem Staatsapparat in Verwaltung und Rechtsprechung dienen konnten und dafür von den Pfründen profitierten, mit denen die Lehrstühle an den Madrasen und die Staatsämter dotiert waren.

Obgleich unter den vorangegangenen Dynastien zahlreiche Madrasen in Syrien entstanden waren – besonders hervorzuheben sind die Madrasa-Gründungen des Zangiden Nur ad-Din in Damaskus und Aleppo –, trugen vor allem die Ayyubiden zur Blüte dieser Institution bei. In den knapp neunzig Jahren ihrer Herrschaft entstanden in Damaskus 75 und in Aleppo 38 Madrasen und Traditionsschulen. Davon wurden 30 von Mitgliedern des Herrscherhauses gegründet, 44 waren Stiftungen von Offizieren der Armee, 39 gingen auf Beamte, Gelehrte, Händler oder sonstige Mitglieder der wohlhabenden Oberschicht zurück.

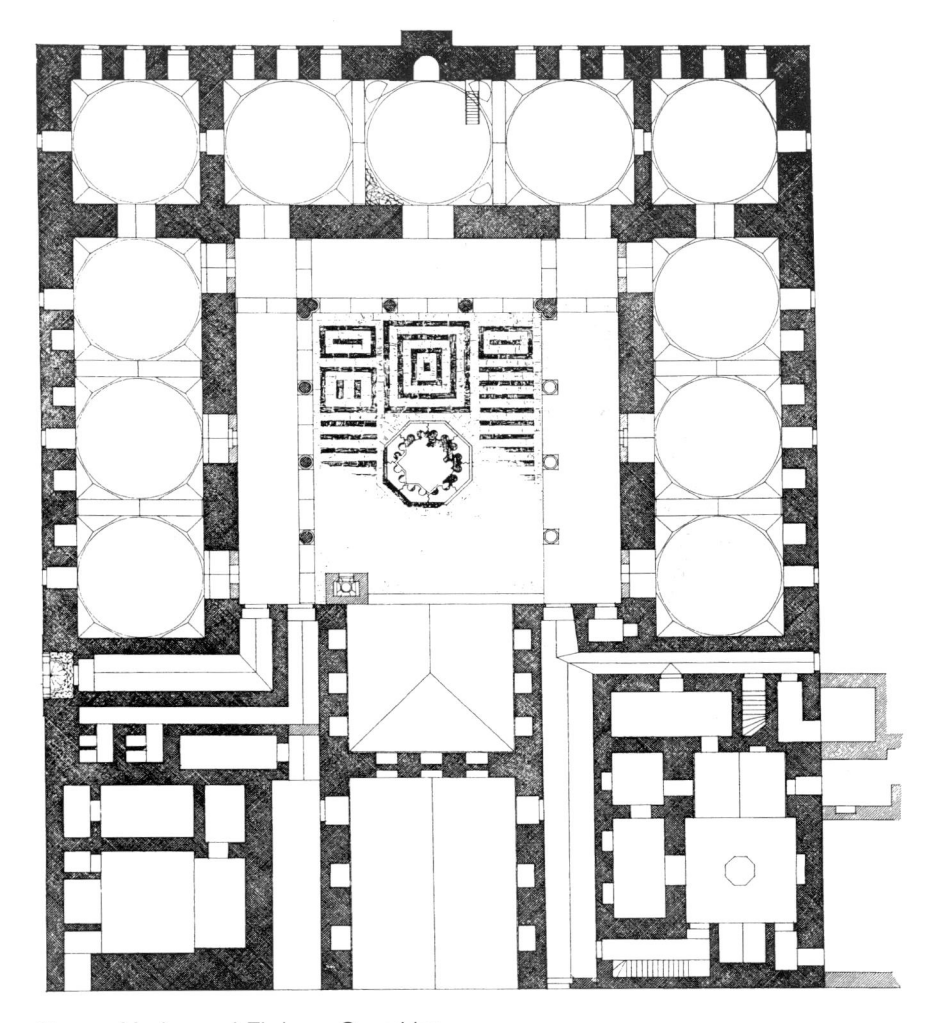

Aleppo, Madrasa al-Firdaus, Grundriss

Wenn sich auch ein fester Bautyp für die Madrasa nicht herausbildete, wurden doch häufig ähnliche Elemente zu einem Baukomplex gruppiert. Verschiedene um einen Innenhof angelegte Räume dienten in der Regel drei Funktionen: dem Unterricht, der Unterbringung von Studenten und dem Ritualgebet. Zum normalen Raumprogramm einer Madrasa gehörten ein Hörsaal

Aleppo, Madrasa al-Firdaus, Portal, Ansicht von Osten

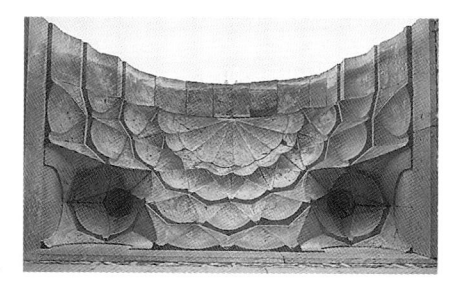

Aleppo, Madrasa al-Firdaus, Portalnische

(meist in Form eines *iwan*, der in voller Höhe zum Hof hin geöffneten Halle), kleine Wohnzellen (häufig im Obergeschoss) und ein Betsaal. Dieses Programm konnte aber auch reduziert werden, wenn beispielsweise Lehr- und Betsaal identisch waren. In einigen syrischen Madrasen fehlen auch die Wohnzellen für die Studenten. Als zusätzliches Element kam in vielen Fällen das Mausoleum des Stifters hinzu, der sich in der von ihm gegründeten Madrasa begraben ließ. Der Grabraum lag möglichst von außen sichtbar an einer Ecke der Gebäudefassade; zugleich strebte man eine enge Verbindung mit dem Betsaal der Madrasa an.

Die „Paradiesmadrasa" wurde von Dayfa Chatun, der Regentin über das ayyubidische Fürstentum Aleppo in den Jahren nach 634 H./1238 n.Chr., gestiftet, wie die schriftlichen Quellen zur Stadtgeschichte Aleppos übereinstimmend berichten.

Die Madrasa liegt etwa einen Kilometer vor der südlichen Stadtmauer des mittelalterlichen Aleppo in dem alten Vorort, der nach den heiligen Stätten, die sich hier befanden, „al-Maqamat" genannt wurde. Die Lage außerhalb der Stadt erlaubte es, den Bau mit einem Gartengelände zu umgeben, von dem heute allerdings nicht mehr viel zu sehen ist. Doch weist in der nördlichen Außenfassade der Iwan, der sich zum ehemaligen Garten öffnet, auf eine Beziehung zwischen Außenraum und Gebäudekomplex hin, wie sie für ayyubidische Madrasen einmalig ist. Möglicherweise spielt die Benennung als „Madrasa al-Firdaus" auf diese Lage des Gebäudes in einem paradiesähnlichen umschlossenen Garten an, wie es der Etymologie des arabischen *firdaus* aus griechisch *paradeisos* entspricht.

An den anderen Seiten sind die Außenwände des rechteckigen Baublocks von ca. 45 x 55 m fast völlig geschlossen. Die glatten Wände aus sorgfältig behauenen Quadern werden nur auf der Südseite von einigen Fenstern durchbrochen, wo auch die zur Mitte hin gesteigerten Kuppeln des Betsaals einen imposanten Anblick bieten. Schauseite des Gebäudes war aber die Ostfassade mit dem geschmückten Portal. Die Eingangsnische wird von einer gerieften Kalotte über drei Reihen von „Muqarnas"-Zellen überwölbt. Sie bildet ein typisches Beispiel ayyubidischen Baudekors, der sich durch komplizierte geometrische Entwürfe in exakter Ausführung auszeichnet. Ein Schriftband zieht sich quer über die Fassade und ist durch die Nische hindurchgeführt. Die Inschrift beginnt mit einem Koranzitat, das die Gläubigen ins Paradies einlädt:

„(...) Geht mit euren Gattinnen ins Paradies ein und ergötzt euch darin! (...) Und ihr werdet ewig darin weilen. Dies ist das Paradies, das ihr als Erbe erhalten habt zum Lohn für das, was ihr in eurem Erdenleben getan habt" (Koran, 43, 68-72).

Obwohl das in diesen Versen gebrauchte Wort für „Paradies" *djanna* und nicht *firdaus* lautet, kann auch dieser Text die Benennung des Gebäudes als „Paradiesmadrasa" erklären. Zugleich deutet die Wahl dieser Koranstelle den Anspruch der Architektur an, etwas von den Qualitäten des Paradieses mit irdischen Mitteln wiederzugeben.

Die Inschrift setzt sich als Gründungsdokument fort, in dem Dayfa Chatun als Bauherrin und das Jahr 633 H./1235-36 n.Chr. als Datum des Baubefehls angegeben sind. Als regierender Herrscher ist in der Inschrift an-Nasir Yusuf genannt, was darauf hinweist, dass der Text erst nach der Vollendung des Baues, wahrscheinlich um 640 H./1242 n.Chr., eingemeißelt wurde.

Ein Schriftband dieser Art, das sich über die Außenfassade einer Madrasa hinzieht, stellte in der ayyubidischen Architektur in Syrien ein Novum dar. Dieses Element der Fassadengestaltung war wenige Jahre zuvor in der Madrasa des Kalifen al-Mustansir in Baghdad verwendet worden. Obwohl die Madrasa al-Firdaus sicher von einem Aleppiner Architekten entworfen wurde, der in der lokalen Tradition stand, bildete die Baghdader Madrasa einen Orientierungspunkt. Wahrscheinlich hatte die Bauherrin Dayfa Chatun den Wunsch, an den Bau des Oberhauptes aller Muslime anzuknüpfen bzw. ihm etwas Gleichrangiges entgegenzustellen.

Aleppo, Madrasa al-Firdaus, Innenhof nach Süden

Aleppo, Madrasa al-Firdaus, östliche Hofarkade

Auch die Maße, in denen das Gebäude alle anderen ayyubidischen Madrasen in Syrien übertrifft, deuten auf einen solchen Ehrgeiz. Hinzu kommt, dass in den schriftlichen Quellen die Gründung der Dayfa Chatun als Kombination von Madrasa, Mausoleum und „Ribat" („Sufi"-Konvent) dargestellt wird. Auch in dieser Zusammenfassung

Aleppo, Madrasa al-Firdaus, Nordiwan und Brunnenbecken

Aleppo, Madrasa al-Firdaus, Mihrab

mehrerer Funktionen ähnelte die Madrasa al-Firdaus der Stiftung des Kalifen al-Mustansir in Baghdad.

Der Grundriss ist achsensymmetrisch aufgebaut, wobei der quadratische Innenhof das zentrale Element darstellt. An drei Seiten des Hofes verlaufen Arkaden – je vier Bögen an den Langseiten, drei Bögen vor dem Betsaal. Nur an der Nordseite öffnet sich ohne Arkade der Iwan, der die Rückwand mit dem Außeniwan teilt. Durchgänge führen von den nördlichen Hofecken nach Norden und grenzen in den Ecken der Anlage je einen kleineren Trakt ab, der um einen eigenen Innenhof angelegt ist. Vermutlich dienten diese Einheiten zu Wohnzwecken, entweder für Studenten der Madrasa oder für Sufis. Ein immer wiederkehrendes Grundmaß von 0,87 m ist als Modul für die Konstruktion des Grundrisses ermittelt worden. Gleichzeitig lassen sich in Grund- und Aufriss des Bauwerks der Goldene Schnitt, die Quadratwurzel von 2 und die Zahl Pi vielfach nachweisen. Das Ergebnis ist ein harmonisches, ausgewogenes Erscheinungsbild der Bauteile.

Einmalig ist die Hofarchitektur der Madrasa al-Firdaus. An drei Seiten wird der zentrale Hof von spitzbogigen Arkaden umgeben, die auf Spoliensäulen und -basen bzw. auf L-förmigen Eckpfeilern ruhen. Die Formen der Kapitelle werden von Norden nach Süden hin zunehmend komplizierter. Die Reihe beginnt mit extrem stilisierten korinthischen Kapitellen und geht dann zu Muqarnaskapitellen über, die zunächst großzellig und einfach gestaltet sind, nach Süden zu dann kleinteiliger werden. Beide Kapitelle jedes Paares sind im Prinzip gleich aufgebaut, unterscheiden sich aber in Details.

Die Bogenstellung bindet die Flügel um den Hof zusammen, verdeckt die ungleiche Verteilung ihrer Fassadenöffnungen, schafft einen Übergang vom Außenraum des Hofes zu den Innenräumen und rhythmisiert das ganze Bauwerk. Der Iwan an der Nordseite des Hofes unterbricht die Folge der Arkaden. Er ist als Unterrichtssaal hervorgehoben, da er ohne diese vermittelnde Raumschicht unmittelbar vom Hof einsehbar und zugänglich ist, und verleiht dem Hof ein zusätzliches Element der Richtung.

Im Osten und Westen liegt hinter den Arkaden jeweils ein Saal mit drei überkuppelten Jochen. Die südlichen Ecken der Anlage nehmen einzelne Kuppelräume ein, die vielleicht als Mausoleen gedacht waren (Bestattungen aus späterer Zeit finden sich aber auch in den Kuppelsälen der Ost- und Westseite). Auch der Betsaal ist mit drei Kuppeln gedeckt, von denen die mittlere durch einen durchfensterten Tambour über einem Muqarnasfries und -trompen hervorgehoben ist. Damit ist eine Hierarchie der Räumlichkeiten hergestellt, die den Bereich vor dem „Mihrab" hervorhebt. Die Verkleidung und Umrahmung des Mihrabs aus farbigem Marmor in Reliefs und Flechtbandmustern bedeckt beinahe die ganze Südwand des Mitteljochs. Diese Art des Dekors steht in der Tradition vorangegangener Aleppiner Madrasenarchitektur.

Innerhalb des Hauptportals östlich des Nordiwans beginnend zieht sich wiederum ein Schriftband um den Iwan und die Rückwände der Arkadengänge. Es beschreibt in poetischer Sprache die nächtlichen Sitzungen der Sufis, deren Andachtsübungen in mystischem Entwerden und schließlich in der Gottesschau gipfeln:

„(…) Sie halten sich in der Dunkelheit vom Schlafsaal fern und wetteifern um die Länge der Nachtwache; sie vertrauen ihrem Herrn das schönste Wort an und werden dem allwissenden König nahe. (…) Sie lassen das nächtliche Gebet andauern bis zum Morgengrauen und erwarten die Frucht ihrer Schlaflosigkeit und Wachsamkeit (…). Da spricht er zu ihnen „Wer bin ich? (…) Dies ist mein Gesicht!" und sie sehen es mit ihren eigenen Augen. „Dies ist mein Wort" und sie hören es. „Dies ist mein Kelch", und sie trinken davon. Ihr Herr tränkt sie mit reinem Wein, und wenn sie trinken, genesen sie (…)".

Die Tatsache, dass der Schilderung von Zusammenkünften der Sufis ein prominenter Platz im Baudekor der Hofanlage eingeräumt wird, lässt darauf schließen, dass diese Form der Andacht neben dem Ritualgebet und dem juristisch-theologischen Unterricht eine wichtige Stellung in der Nutzung der Madrasa einnahm. In dieser Vereinigung der Funktionen von Lehrinstitut und Sufi-Konvent unterscheidet sich die Madrasa al-Firdaus von den meisten anderen Madrasen ihrer Zeit. Die Madrasa al-Firdaus bildet in mancher Hinsicht die Summe der Aleppiner Sakralarchitektur der Ayyubidenzeit. Die einzelnen Architekturelemente lassen sich in Syrien etwa ein Jahrhundert zurückverfolgen. Entscheidend ist ihre wohldurchdachte Komposition zu einem Bauwerk, in dem sie harmonisch zusammenklingen und das auf diese Weise trotz seiner Größe ein menschliches Maß behält.

Literatur

Ibn al-Adjami 1950. Allen 1996. Eddé 1999. al-Ghazzi 1991-93. Herzfeld 1954-1956. Ibn Schaddad 1953. Jalabi-Holdijk 1988. Korn 1998. Tabbaa 1997.

Der islamische Grabbau und das Mausoleum des Salah ad-Din in Damaskus

Heinz Gaube

Die Turba als Gebäudetyp und ihr Ursprung

Die gebräuchlichsten Bezeichnungen für den islamischen Grabbau, ein in der Regel überkuppelter Zentralbau quadratischen oder achteckigen Grundrisses, sind „Turba" oder „Qubba". Das Wort „Turba" leitet sich von dem arabischen Verb *tariba*, „staubig, bestaubt sein u.ä." ab, während „Qubba" einfach „Kuppel, Kuppelbau" bedeutet. Bevor wir uns dem Mausoleum des Salah ad-Din zuwenden, das hier stellvertretend für eine Reihe anderer, ähnlicher Bauten in Damaskus und Aleppo stehen soll, gilt es, sich kurz mit dem bau- wie ideengeschichtlichen Ursprung des islamischen Grabbaus zu beschäftigen. Denn Bauten über den Gräbern von Muslimen sind theologisch keinesfalls unproblematisch, kann es doch als unumstritten gelten, das sich der Prophet Muhammad gegen jede Art der Totenverehrung und damit Heraushebung von Grabstätten, welcher Art auch immer, gewendet hat.

Die islamische Traditionsliteratur, also jene Gattung des islamischen Schrifttums, in der Handlungen und Aussprüche des Propheten Muhammad (*sunna*, *hadith*) gesammelt und kommentiert sind, enthält eine große Zahl auf Grabbauten, Gräberverehrung und Totenkult bezogene Stellen, in denen sich, reich variiert, folgende mit dem Totenkult verbundene Verbote finden: das Verbot, auf Friedhöfen oder an Gräbern zu beten, das Verbot, Gräber zu besuchen, das Verbot, auf einem Grab zu schlachten, das Verbot, ein Grab zu kennzeichnen oder eine Beschriftung an einer Grabstelle anzubringen, das Verbot, an einem Grab Mörtel und Ziegel zu verwenden, das Verbot, über Gräbern Zelte aufzuschlagen, das Verbot über Gräbern zu bauen oder Kultstätten über ihnen zu errichten. Dazu treten Gebote, die Gräber Ungläubiger aus der vorislamischen Zeit zu zerstören, und das Gebot, alle Gräber auf Bodenniveau einzuebnen[1]. Die gebaute Wirklichkeit lehrt uns aber, dass schon früh mit dieser Tradition gebrochen wurde und die überlieferten Verbote und Gebote missachtet oder geschickt umgangen bzw. umtheologisiert wurden.

Bis jetzt besteht noch keine übereinstimmende Meinung darüber, wo der Ursprung des islamischen Grabbaus als Gebäudetyp zu suchen ist. Drei Wurzeln bieten sich an: vorislamische arabische Traditionen, Iran oder christliche Memorialbauten. Geht man davon aus, dass der Prophet Muhammad sich gegen Bauten oder Ähnliches über Gräbern gewendet hat, liegt es nahe, dass sich sein Verbot von Grabbauten und die Aufforderung, Grabbauten einzuebnen, auf Verhältnisse auf der Arabischen Halbinsel bezieht, wo es also Grabbauten oder äußere Heraushebungen von Grabstätten gegeben haben muss. Auch im byzantinisch-christlichen Bereich, in Syrien und Ägypten, stießen die erobernden Araber auf Grabbauten und Heiligengräber oder Memorialbauten über Heiligengräbern von teils monumentalen Ausmaßen. Nur im sasanidischen Iran scheint man das zoroastrische Verbot von Grabbauten und der Totenverehrung offenbar strikt eingehalten zu haben. Bester Hinweis darauf ist die Tatsache, dass uns keine vorislamischen Grabbauten aus der Sasanidenzeit (3.-7. Jh. n.Chr.) bekannt sind, ja selbst Hinweise auf die Gräber der Sasanidenkönige fehlen.

Aber weder auf der Arabischen Halbinsel noch im ehemals byzantinischen Syrien oder Ägypten sind die frühesten islamischen Grabbauten belegt. Sie finden sich im ehemals sasanidischen Bereich der islamischen Welt, in Samarra im heutigen Iraq und in Buchara im heutigen Uzbekistan. Es handelt sich um die ca. 862 errichtete Qubbat as-Sulaybiyya in Samarra (Iraq) und um das Samaniden-Mausoleum von ca. 907 in Buchara (Uzbekistan). Obgleich beide Bauten keine Bauinschriften tragen, somit inschriftlich nicht sicher als Grabbauten ausgewiesen sind, herrscht weitestgehende Übereinkunft darüber, in beiden die frühesten erhaltenen islamischen Grabbauten zu sehen. Und in der Tat, beide repräsentieren den Grundtyp des islamischen Mausoleums. Sie sind überkuppelte Zentralbauten. Die Qubbat as-Sulaybiyya hat einen achteckigen Grundriss und einen Umgang um den inneren, überkuppelten Bereich und ähnelt damit in ihrer Grundstruktur dem Felsendom in Jerusalem, der sich typologisch auf byzantinische Vorbilder zurückführen lässt. Das Samaniden-Mausoleum hat einen quadratischen Grundriss und kann mit dem Grundriss iranischer Feuertempel der vorislamischen Zeit in Beziehung gesetzt werden. Damit bleibt die Frage nach dem typologischen Ursprung des islamischen Grabbaus offen. Der Typ ohne Umgang und in der Regel mit quadratischem Grundriss sollte aber der gebräuchlichste Typ des islamischen Mausoleums werden. So scheint es, als habe eine altarabische oder eine mediterrane Idee, über den Gräbern von Toten Bauwerke zu errichten, in iranischer Baugestalt das islamische Mausoleum geprägt.

Das Bauwerk

Das Grabmal eines der bedeutendsten muslimischen Fürsten des

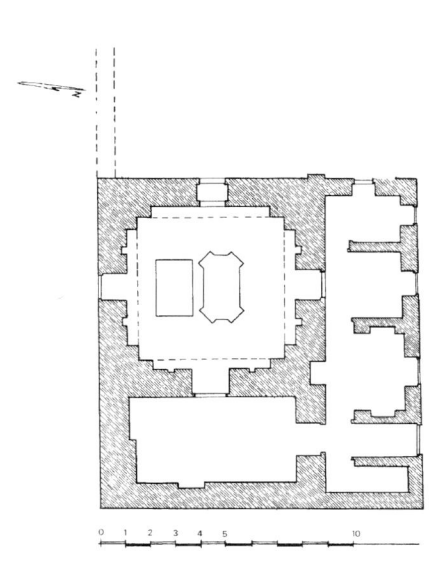

Aleppo, Grabbau des Salah ad-Din, Grundriss

Mittelalters liegt in unmittelbarer Nähe der Nordmauer der Umayyaden-Moschee von Damaskus. Salah ad-Din, der „Saladin" europäischer Chronisten der Kreuzzüge, Sohn des Nadjm ad-Din Ayyub, begann seine Karriere unter Nur ad-Din Zangi (1146-1173) und wurde von diesem, zusammen mit seinem Onkel Schirkuh, nach Ägypten geschickt, um in dort entstandenen Streitigkeiten zu Gunsten von Nur ad-Din zu intervenieren. 1169 beherrschte Salah ad-Din faktisch Ägypten und brachte von dort den Hidjaz und Jemen unter seine Kontrolle. Nach dem Tod Nur ad-Dins zog Salah ad-Din nach Syrien und eroberte 1174 Damaskus. Erst 1183 folgte Aleppo, 1185/6 das nördliche Zweistromland. Damit war Salah ad-Din Herrscher der

Aleppo, Grabbau des Salah ad-Din, Innenraum

Aleppo, Grabbau des Salah ad-Din, Kenotaph

Gebiete zwischen Euphrat und Nil. Seine einzigen Gegner und Rivalen in diesem Raum waren die Kreuzfahrer geblieben, gegen die er den Kampf aufnahm. 1187 fügte er ihnen bei Hittin in Palästina eine schwere Niederlage zu. Damit war der Weg nach Jerusalem frei, das er im selben Jahr von den Kreuzfahrern zurückeroberte. Weitere Einnahmen von Kreuzfahrergebieten und Kreuzfahrerfestungen folgten. Schließlich widerstand nur noch Tyros seinen Truppen. Der Fall Jerusalems führte zum dritten Kreuzzug unter Richard I. von England und Philipp II. August von Frankreich, der 1192 ohne nennenswerte Gewinne für die Kreuzfahrer durch einen Frieden beendet wurde. Kurz darauf starb Salah ad-Din im März 1193.

Nach dem Zeugnis der meisten Quellen wurde etwas weniger als drei Jahre nach dem Tod Salah ad-Dins in der Zitadelle von Damaskus sein Leichnam von dort in das durch seinen Sohn al-Malik al-Aziz Uthman für ihn errichtete Mausoleum innerhalb der von diesem gestifteten Madrasa al-Aziziyya in unmittelbarer Nähe der Nordmauer der Umayyaden-Moschee überführt. Nach anderen Quellen wurde das Mausoleum durch einen anderen Sohn Salah ad-Dins, al-Malik al-Afdal Nur ad-Din, vor dem Bau der „Madrasa" errichtet[2]. Obgleich, wie dargelegt, keine Frage darüber bestehen kann, dass nach strenger islamischer Vorstellung Bauten über Gräbern nicht erlaubt sind, waren Grabbauten in der Zeit der Ayyubiden schon seit Jahrhunderten fester Bestandteil der islamischen Bautradition. Wohl spätestens seit dem 9. Jh. galt es als Brauch, mächtigen und wohlhabenden Personen Grabbauten zu errichten. In der Ayyubidenzeit war in Syrien das überkuppelte Quadrat als Bauform der Turba die vorherrschende Form.

„Damaskus ist der Ort, wo sich der „klassische" Typ der ayyubidischen turba herausbildete und wo seine Entwicklung an etwa zwei Dutzend erhaltenen oder dokumentierten Beispielen verfolgt werden kann. Seit dem Ende des 6./12. Jh. bestand das übliche Schema in einem Unterbau auf quadratischem Grundriss, über dem ein Tambour aus einer achteckigen und sechzehneckigen Zone den Übergang zur Kuppel bildet. In den vier bzw. oben acht Hauptseiten des Tambour sitzen Fenster, während die übrigen Flächen durch Blend- oder Muschelnischen gegliedert sind. Diese Grundform konnte in Einzelheiten abgewandelt werden. ... Auch achteckige Grundrisse kommen vor, bei denen das überkuppelte Mitteljoch von zwei kurzen Tonnengewölben flankiert wird". Oft sind Mausoleum und Madrasa in einem Gebäudekomplex kombiniert. „Es ist offensichtlich, dass man die Nähe des Grabes zu einem Betsaal oder einer Stätte der Koranrezitation für erstrebenswert hielt. Aus denselben Motiven stellte man Koranleser an, die einen regelmäßigen Dienst am Grab versehen sollten. Diese Praxis ist für die Ayyubidenzeit mehrfach belegt. Über die materielle Ausstattung der Grä-

ber ist insgesamt nicht viel bekannt. Der steinerne oder holzgeschnitzte Kenotaph gehörte zum normalen Inventar und war bei den vornehmen Gräbern mit kostbaren Textilien bedeckt"[3]. Glasfenster und silberne Kerzenleuchter werden als weitere Ausstattungsgegenstände erwähnt.

Der ursprüngliche architektonische Kontext, Madrasa al-Aziziyya, Turba des Salah ad-Din, ist heute gestört. Die Turba erhebt sich jetzt am Westende einer Freifläche zwischen ihr und den nördlich auf die Umayyaden-Moschee führenden Arkaden. Mit seinem quadratischen Unterbau (Außenmaße ca. 9 x 9 m, Innenmaße ca. 7 x 7 m), dem von außen sichtbaren sechzehneckigen Tambour und der gerieften Kuppel ähnelt das Bauwerk anderen ayyubidischen Mausoleen in Damaskus. In den quadratischen Grabraum gelangt man von Westen. Von ihm sind Räume für Koranleser und Personal im West und Süden erschlossen. Bis an die achteckige Übergangszone ist der Grabraum mit Kalkstein- und Basaltplatten verkleidet, die im unteren Bereich in „Ablaq"-Technik in horizontale Schichten verschiedener Steinfarben (weiß, beige, schwarz) angeordnet sind. Zusätzlich schmücken mit geometrischen und vegetabilen Mustern bemalte, in Damaszener Technik hergestellte Kacheln den oberen Teil der Ostwand und die Ecken des Raumes. Das Kachelfeld an der Ostwand trägt eine 1627 datierte, osmanisch-türkische Inschrift, in der Salah ad-Din für die Befreiung Jerusalems gedankt wird. Über dem quadratischen Raum erhebt sich die von außen nicht sichtbare achteckige Übergangszone, die an den vier Hauptseiten von je zwei Fenstern durchbrochen ist. Auf sie setzt der sechzehneckige, durch acht Fenster nach außen geöffnete und an den übrigen Flächen durch Blendnischen gegliederte Tambour auf, der in die – wie außen – sechzehnfach geriefte Kuppel überleitet.

In der Mitte des Grabraumes stehen zwei Kenotaphe. Das südliche von ihnen, aus Marmor gefertigt, wurde von dem Osmanensultan Abd al-Hamid II. bzw. von Kaiser Wilhelm II., der auch das Mausoleum restaurieren ließ, 1878/1903 gestiftet. Das nördliche, aus Holz gefertigte stammt aus der Ayyubidenzeit. Er wurde wohl nicht lange nach dem Tod Salah ad-Dins gestiftet und ist mit pflanzlichem Schnitzwerk und einem Inschriftband in der arabischen „Kufi"-Schrift koranischen Inhalts verziert. Nach einem Autor, der das Mausoleum 1281 besucht hat, fand sich an dem Grab auch eine Versinschrift des Inhalts:

„O Allah, nimm seine Seele an und öffne ihm die Tore des Paradieses. Das ist der letzte Sieg, den wir erhoffen!"

Literatur

Herzfeld 1946. Moaz 1979/80. Sauvaget 1929/30.

Anmerkungen

1 Leisten 1998, 5-25, hat sich als erster ausführlich mit dieser Frage auseinander gesetzt.
2 Dazu: Moaz 1979/80, 186-188.
3 Lorenz Korn hat sich in seiner Tübinger Dissertation von 1998: Ayyubidische Architektur in Ägypten und Syrien (im Druck) erstmals mit der ayyubidischen Architektur in Gänze auseinander gesetzt. Ich zitiere hier nach dem Manuskript, Bd. 1, 92f.

Die Heiligenverehrung in Aleppo

Julia Gonnella

Die Verehrung von Heiligen (*wali*, pl. *auliya*) ist ein wichtiger Bestandteil des gelebten Islams, auch wenn sie immer wieder von verschiedenen muslimischen Theologen als unvereinbar mit dem monotheistischen Glauben abgelehnt wird. Ob in Syrien, Pakistan, Marokko oder Ägypten, überall kennt man heilige Männer und (seltener) Frauen, denen man außergewöhnliche Kräfte nachsagt und von denen man sich die erstaunlichsten Wundergeschichten erzählt. Man wendet sich an sie und hofft auf Beistand und Rat in schwierigen Lebenssituationen; man bittet sie, dass sie Amulette gegen böse Geister (*djinn*) oder gegen ausbleibenden Kindersegen schreiben; man pilgert zu ihren Gräbern – immer in der Hoffnung und dem Glauben, dass man der den Heiligen eigenen Segenskraft (*baraka*) habhaft wird, die man für die Erfüllung seiner Anliegen benötigt.

Die Rolle, die die Heiligen heute im öffentlichen Leben in den verschiedenen islamischen Ländern spielen, unterscheidet sich erheblich. Wer beispielsweise die geschäftigen Wallfahrtsorte aus Pakistan oder Marokko kennt, wird von den Aleppiner Heiligtümern enttäuscht sein. Hier gibt es keine großen Pilgerstätten, deren Ruf Besucher von weit her anzieht. Laute Feste, wie sie in Ägypten oder Pakistan zu Ehren des Geburtstages eines Heiligen gefeiert werden, finden in Aleppo nicht statt. Die Aleppiner Heiligtümer sind eher klein und unauffällig, und nur selten wird man eine größere Anzahl von Menschen sehen, die sich zur gleichen Zeit bei einem Heiligtum aufhält.

So erstaunt es nicht weiter, dass viele Bewohner der heutigen Millionenstadt um die Existenz der Heiligtümer in ihrer Altstadt gar nicht erst wissen. Sie leben in nach westlichem Vorbild gebauten Neubauvierteln mit breiten Straßen, Etagenwohnungen und Supermärkten. Die Orte, an denen bei ihnen Religion stattfindet, sind die großzügigen, modernen Moscheen aus hellem Kalkstein. Viele dieser Bewohner würden die Tatsache, dass Leute Heiligengräber aufsuchen, auch als puren Aberglauben bezeichnen. Wenn man in Bedrängnis ist, kann man sich an Gott direkt wenden und braucht keine Vermittler.

Die Heiligtümer

Für die muslimische Bevölkerung in der insgesamt wesentlich traditionelleren Altstadt jedoch gehört die Verehrung von Heiligen und damit verbunden der Besuch der Heiligtümer zum täglichen Leben, und zwar keineswegs nur bei den „ganz einfachen Leuten", wie behauptet wird, sondern bei fast allen, die dort wohnen oder arbeiten. Die Popularität kann man an den zahlreichen Wundergeschichten messen, die in der Stadt kursieren. Erzählt wird von fliegenden Heiligen, wie beispielsweise dem Schaych at-Tayyar (dem „Flieger"), dessen Grab sich im südlichen Stadttor Bab Qinnasrin befindet. Von anderen wird erzählt, dass sie an mehreren Orten gleichzeitig sein können, weitere wiederum sind berühmt für ihre außergewöhnlichen Kräfte. Immerhin gibt es in der Altstadt von Aleppo auch heute mehr als 140 Heiligtümer, die aufgesucht werden können. Mehr müssen es noch in der Vergangenheit gewesen sein. In einem im Jahr 1255 Hidjra/1839-40 n.Chr. geschriebenen, 756 Zeilen langen Gedicht erwähnt der Schaych Muhammad Abu l-Wafa ar-Rifai sogar um die 300 Heiligtümer, nach Stadtteilen und Friedhöfen geordnet. Das Gedicht war als Aufforderung an die Aleppiner gedacht, die Heiligtümer aufzusuchen und für eine Heilung des in Aleppo grassierenden „kalten Fiebers" zu bitten. Schaych Abu l-Wafa selbst war an dem häufig wiederkehrenden tödlichen Fieber erkrankt.

Unter die Heiligtümer fallen Heiligen- und Prophetengräber (*darih*, pl. *adriha*), Orte, an denen eine heilige Person erschienen ist (*maqam*, pl. *maqamat*), aber auch wundersame Stätten (*tilasm*, pl. *talasim* oder *athar*, pl. *athar*). Hierzu zählen Fuß- und Händeabdrücke des Propheten Muhammad, Reliquien (z.B. ein Haar des Propheten) oder antike Spolien mit magischer Heilwirkung. Schon aus dem Mittelalter bekannt ist beispielsweise die in der Moschee Qayqan als Spolie verbaute hethitische Inschrift, von der der mamlukische Stadthistoriker Ibn al-Adjami schreibt, dass sie gegen verrenkte Kinnbacken Heilung verspricht. Auch erwähnt er eine bis heute im nördlichen Stadttor Bab an-Nasr *in situ* vorhandene griechische Inschrift, die zur Heilung von Fingerleiden aufgesucht wurde.

Viele der Heiligtümer sind nur im jeweiligen Stadtviertel bekannt, in dem sie liegen. Einige wiederum sind in der ganzen Stadt berühmt. Das heute wichtigste Heiligtum der Stadt ist das des alttestamentarischen Propheten Zacharias (Zakariya), dessen Schädel in der Großen Moschee gleich neben der Gebetsnische aufbewahrt wird. Ein weiteres populäres Heiligtum ist das Grab des Schaych Maruf in der ayyubidischen Madrasa asch-Schadbachtiya im Suq ad-Darb. Die Wundergeschichte, die über den Heiligen erzählt wird, berichtet von einer 500 kg schweren Kugel (*qilla*), die der Heilige durch den langen „Suq" geschleudert haben soll, um damit die Kreuzfahrer zu bezwingen. Die Kugel hängt heute im westlichen Stadttor Bab Antakiya. Besondere Bedeutung für

Aleppo, Stofffetzen an den Gittern von Heiligengräbern sollen die Heiligen an die Bitten der Gläubigen erinnern

Aleppo, der Fußabdruck des Propheten Muhammad in der Moschee al-Karimiyya

Aleppo, Grab des Schaych Muhammad Adjdja al-Hadid (der „Eisenkneter")

Aleppo besitzt schließlich schon seit dem Mittelalter der alttestamentarische Prophet Ibrahim (Abraham), von dem überliefert wird, dass er auf seiner Reise in das Gelobte Land in der Stadt vorbeigekommen sein soll. Die kleine Moschee auf der Zitadelle kommemoriert diesen Besuch. Ein zweiter *maqam* („Erscheinungsort") des Propheten im südlichen Stadtteil Salhin zeigt einen überdimensionalen Fußabdruck des Propheten sowie einen Stein, auf dem er sich von seiner Reise ausgeruht haben soll. Das Heiligtum existiert mindestens seit dem 11. Jh. Der benachbarte Friedhof gilt als bevorzugter Bestattungsort Aleppos, und der Name des Stadtviertels deutet auf die Präsenz der vielen „frommen" (*salih*, pl. *salhin*) Leute hin, die dort begraben worden sind.

Die meisten Heiligtümer findet man in Moscheen, Rechtsschulen, „Sufi"-Konventen oder auf dem Friedhof außerhalb der Stadt. Es gibt aber auch Heiligtümer in öffentlichen Bädern, in Privathäusern und auch in den Stadttoren, denen schließlich die Aufgabe zufiel, die Stadt vor feindlichen Bedrohungen zu schützen. Einige einzeln stehende Gräber, die man heute manchmal mitten auf der Straße entdeckt, gehörten ursprünglich zu einem Gebäudekomplex, der abgerissen worden ist. Nicht selten hört man in diesen Fällen die Geschichte, dass die Bulldozer das Grab auf wunderbare Weise nicht abtragen konnten.

Die Heiligtümer in Aleppo sind jedoch keine Wallfahrtsorte, denn organisierte Pilgerfahrten zu den Heiligtümern gibt es, sieht man von Ausnahmen ab, nicht. Hier eine dieser Ausnahmen aus der neuesten Zeit. Ein Heiliger, so erzählte man sich, entstieg am Tag der amerikanischen Bodenoffensive seinem Grab, um – wie es ein Aleppiner ausdrückte – gleichsam einer Rakete dem irakischen Brudervolk im Kampf gegen die amerikanischen Aggressoren beizustehen. Obwohl die meisten Leute sich darüber einig waren, dass diese Geschichte von einigen Spinnern erfunden sei, pilgerten in kürzester Zeit Tausende von Schaulustigen zu dem Grab.

Zu den Heiligtümern geht man allein oder begleitet von der Familie. Anders als man es sich vorstellt, werden die Heiligtümer dabei keineswegs bevorzugt von Frauen aufgesucht. Sehr häufig ist es der Familienvater, der den Besuch für sein krankes Kind in die Wege leitet oder zu einem Heiligen mit der Bitte geht, sein Sohn möge die Prüfungen in der Schule bestehen. Die Gründe für den Besuch eines Heiligtums sind wie überall in der islamischen Welt Krankheit, Unfruchtbarkeit, Eheprobleme oder finanzielle Nöte. Viele besuchen das Grab eines Heiligen aber auch nur, um von dem Segen (*baraka*) des Heiligen zu profitieren.

Die Segenskraft stellt man sich dabei als eine übernatürliche Kraft oder Macht vor, die sich durch körperlichen Kontakt übertragen lässt. Besucher werden von daher immer versuchen, das Heiligtum zu berühren. Man kann auch Gegenstände, z.B. Ölflaschen, für längere Zeit neben ein Heiligtum stellen. Das Öl nimmt dann eine heilende Wirkung an und kann z.B. zur Heilung von Kopf- oder Gliederschmerzen verwendet werden. Früher gab es in Aleppo Heiligtümer, die für die Heilung bestimmter Leiden spezialisiert waren. So suchte man das Grab des Schaych Tirmidi mit Augenleiden auf, und eine inzwischen verschwundene Basaltsäule im Südteil der Stadt half angeblich bei Prostatabeschwerden. Der Grund dafür, dass diese spezialisierten Heiligtümer verschwunden sind, hängt zweifelsohne mit dem in der Zwischenzeit wesentlich verbesserten Gesundheitssystem zusammen, das selbst für ärmere Bewohner bezahlbar ist. Zu einem Heiligen geht man deswegen häufig erst, wenn die „westliche" Medizin versagt hat.

Die Schayche

Die Bewohner der Altstadt suchen für ihre Bitten und Wünsche jedoch nicht nur die Heiligtümer auf, sie konsultieren auch religiöse Spezialisten, die „Schayche". Diese schreiben Amulette, exorzieren Geister (*djinn*), stellen Räucherharzmischungen zusammen und kreieren Mittel gegen böse Verwünschungen. Einige sind „arabische" Ärzte (*tabib arabi*), die die Beschwerden mit homöopathischen Mitteln behandeln und besprechen. Ihr Wissen basiert auf medizinischen Kenntnissen, die innerhalb der Familie tradiert werden. Häufig führen diese Ärzte zusätzlich einen „Attar"-Laden, eine Art Drogerie, in dem die verschiedenen Naturheilmittel und Räucherharzmischungen, die sie brauchen, verkauft werden.

Man geht davon aus, dass die religiösen Spezialisten genau wie die Heiligtümer über eine ihnen eigene Segenskraft (*baraka*) verfügen, und es ist jene *baraka*, die die Räucherharzmischungen oder die Koransuren, die über den „Patienten" rezitiert werden, erst wirklich wirksam macht. Die renommierten Schayche sagen, dass sie die Segenskraft über ihre männliche Abstammungslinie (*nasab*) geerbt haben. Es bestehen somit ganze „Schaych-Familien" (*ahl asch-Schyuch*), von denen man ja auch sagt, dass aus ihnen *„immer wieder Heilige hervorkommen"*.

Die meisten dieser Schayche sind im Milieu der mystischen Bruderschaften (*tariqa*, pl. *turuq*) angesiedelt. Die islamischen Bruderschaften (auch: Sufi- oder „Derwisch"-Orden) sind männerbundähnliche Vereinigungen, die es in

Aleppo, Besucher beim Grab des Schaych Yusuf Qarliqi an einem Freitag

Aleppo, Gräber des Schaych Uways Abu Tasa und des Schaych Muhyi ad-Din al-Badandjaki in der Madrasa at-Turuntayya

der islamischen Welt spätestens seit dem 12. Jh. gibt. In ihrem Mittelpunkt steht jeweils ein spiritueller Lehrer (Schaych), der Schüler in eine bestimmte mystische Tradition des Islam einweiht. Versammlungsort der Bruderschaften, an dem auch die religiösen Veranstaltungen des Ordens stattfinden, sind die „Zawiyas". Hier werden rituelle Gebete (salat) abgehalten und religiöse Texte (aurad, ahzab) gelesen. Darüber hinaus führt man spirituelle Übungen durch. In Aleppo sehr verbreitet ist der dikr (das „Sich-Erinnern"), eine Übung, die litaneienartige Gebete mit Anrufungen Gottes kombiniert.

Eine äußerst populäre, wenngleich auch von vielen als „unislamisch" verpönte Veranstaltung ist das „Schisch-Stechen" (darab aschschisch), in dessen Verlauf sich die Teilnehmer spitze Eisenspieße durch ihre Körper stoßen, ohne sich dabei zu verletzen (was allerdings nicht immer gelingt). Die Veranstaltung ist nichts anderes als ein dramatisierter Gottesbeweis. Der Gläubige zeigt seine vollkommene Hingabe in Gottes Hände, indem er sich auf dessen Beistand verlässt.

In der Aleppiner Altstadt sind die Bruderschaften sehr beliebt und haben im Zuge der zunehmenden religiösen Orientierung der Bevölkerung in den letzten Jahren zweifelsohne an Popularität noch hinzugewonnen. In fast allen Stadtvierteln finden wöchentlich Dikr-Veranstaltungen statt, und zu den hohen Feiertagen, vor allem zum Opferfest (id al-kabir) und dem Fest des Fastenbrechens (id as-saghir), veranstalten einige Orden größere Zusammenkünfte. Ebenfalls geht man in die Zawiyas, um sich Amulette schreiben zu lassen.

Die Bruderschaften werden in Aleppo durch einzelne Schaych-Familien vertreten, die in der Altstadt ein hohes religiöses Prestige genießen. In der Regel führen sie die Zawiyas als eine Art Familienbetrieb und vererben den Vorsitz vom Vater auf den Sohn. Auf diese Weise werden die meisten Zawiyas schon seit ihrer Gründung von ein und derselben Familie geführt. Die einzelnen Schaych-Familien wiederum bilden eine Art eigene religiöse Gesellschaftsklasse: Sie behaupten, dass sie über gemeinsame Abstammungslinien miteinander verwandt seien. Obendrein betreiben sie eine aktive Heiratspolitik untereinander.

Die renommiertesten Zawiyas in Aleppo wurden schon im 17. und 18. Jh. gegründet. In dieser Zeit gehörten die Schaych-Familien zur Gruppe der großen, landbesitzenden Notablen (ayan) der Stadt, die wie alle Notablen durch Steuerfarmen ganze Landstriche und Dörfer kontrollierten. Darüber hinaus besaßen sie große Ländereien und bezogen ein regelmäßiges Einkommen über die von ihnen oder von ihren Vorfahren angelegten religiösen Stiftungen (waqf, pl. auqaf). Sie bildeten die intellektuelle Elite der Stadt und besetzten die wichtigen öffentlichen Ämter im Bereich Erziehung, Wissenschaft und Rechtsprechung. Sie waren Richter, geistliche Würdenträger und lehrten die verschiedenen theologischen Wissenschaften.

Die soziale Stellung der Aleppiner Schaych-Familien und die Bedeutung der Zawiya hat sich allerdings nach den wirtschaftlichen und politischen Ereignissen der letzten 150 Jahre (osmanische *tanzimat*-Reformen, französische Mandatsregierung, Staatsgründung Syriens und Sozialismus der Baath-Partei) grundlegend geändert. Ein Teil der Nachkommen hat sich längst aus dem traditionellen Milieu der Bruderschaften entfernt. Sie arbeiten heute als Rechtsanwälte, Ärzte oder in der Politik. Diejenigen Nachkommen, die weiterhin die Zawiyas ihrer Vorfahren leiten, haben hingegen so gut wie keinen Anteil mehr am staatlich gelenkten öffentlichen Leben.

Das Programm, das in den Zawiyas geboten wird, wie beispielsweise religiöser Unterricht, ist heutzutage nur noch als eine Art freiwilliges Zusatzangebot zu bezeichnen. Im öffentlichen Bereich ist die traditionelle theologische Ausbildung längst moderner, an westlichen Bildungsidealen orientierter Erziehung gewichen. Syrische Kinder gehen heute in staatliche oder an staatliche Richtlinien gebundene Schulen. Auch im juristischen Bereich spielen die Schaych-Familien keine Rolle mehr. Die islamischen Rechtsgelehrten entstammen heute aus dem Milieu der theologischen Universitätsfakultäten und nicht aus dem Milieu der Zawiyas. Abgesehen davon spielt das islamische Recht seit der Machtübernahme der sozialistischen Baath-Partei im März 1963 ohnehin nur noch eine untergeordnete Rolle in Syrien.

Vor allem aber sind die Schaych-Familien, die heute ihre Zawiyas leiten, nicht mehr so wohlhabend wie ihre Vorfahren. Ein schwerer Einschnitt war die Auflösung der religiösen Stiftungen (pl. *auqaf*), die ursprünglich eine wichtige finanzielle Grundlage der Schaych-Familien bildeten, unter den Militärregierungen Husni az-Zaims (1949) und Adib asch-Schischaklis (1949-54). Der gesamte Unterhalt der Zawiyas wurde seinerzeit aus den Einkünften der Stiftungen bestritten: das Moscheepersonal, die Reparaturen am Gebäude und die sozialen Einrichtungen, wie beispielsweise die Armenspeisung. In der Zwischenzeit ist das staatliche Auqaf-Ministerium für die Aufwendungen zuständig. Das Ministerium zahlt den Schaychen jedoch ein so geringes Gehalt, dass diese ihren Lebensunterhalt anderweitig erwerben müssen, beispielsweise als Händler oder in der Landwirtschaft. Für einige Schayche ist die Führung der Zawiya deswegen eine Art Nebenbeschäftigung geworden, da sie ihre meiste Zeit für den Beruf benötigen. In jedem Fall bedeutet die Führung der Zawiya ein Zuschussunternehmen.

Dessen ungeachtet stellen die heutigen Schaych-Familien weiterhin eine bedeutende Elite innerhalb der Altstadt dar. Sie selbst sehen sich als Vertreter eines traditionell ausgerichteten Lebensstiles. Als religiöse Schayche treten sie in der Regel in traditioneller arabischer Kleidung auf, und ihre Frauen betreten die Straße nur verschleiert. Immer noch sind die Zawiyas aber wichtige soziale Treffpunkte, von denen die Familien beachtlichen Einfluss ausüben können. Hier werden Kontakte geknüpft und Informationen ausgetauscht. Im Hinblick darauf, dass die Familien Händler sind, kann man davon ausgehen, dass in den Zawiyas auch Kontakte stattfinden, die merkantilen Interessen dienen. Gleichzeitig bieten sie der in der Zwischenzeit zunehmend religiös orientierten Bevölkerung eine ideologische Alternative zur westlich orientierten Weltanschauung des öffentlichen Lebens.

Die „Heiligen"

Während die Bezeichnung „Schaych" für religiöse Spezialisten

Aleppo, Gebetsraum einer kleinen, modernen Zawiya im Vorort Salhin

Aleppo, das Graffiti *„Pinkel nicht an dieser Stelle, denn es gibt hier Heilige"* beim Grab des Schaych Buchayri am Bab Maqam

allgemein verwendet wird, so wird die des „Heiligen" (*wali*, pl. *auliya*) nur mit größtem Vorbehalt gebraucht, und zwar ausschließlich für Tote. Einen Lebenden als „heilig" zu bezeichnen, gilt in der Tat als tabu, denn schließlich weiß ja nur Gott allein, wer unter den Menschen wirklich heilig ist oder nicht. So kursieren in Aleppo sogar einige Geschichten, die davon berichten, dass Heilige, wenn sie als solche von den Menschen „entlarvt" werden, unweigerlich sterben müssen, wie beispielsweise Schaych Kibbe-Kibbe, der von dieser Geschichte auch seinen Namen bezieht:

Die Mutter des Schaychs bereitete eines Tages „Kibbe" zu, das sehr aufwendige und überaus beliebte Aleppiner Gericht aus Burghul, gehacktem Fleisch und Pinienkernen. Während sie das Essen kochte, waren ihre Gedanken bei ihrem zweiten Sohn, der seinerzeit in Damaskus beim Militär diente. Sie malte sich aus, wie dieser, allein gelassen in der Fremde, gewiss das heimatliche Essen missen würde und wie schön es wäre, wenn sie ihn nun mit ihrer eigenhändig zubereiteteten Kibbe erfreuen könnte. Der Schaych, der die Gedanken seiner Mutter erriet, ergriff daraufhin das Tablett mit der fertigen Speise und brachte die Kibbe seinem Bruder „auf direktem Wege" nach Damaskus. So setzte er nicht nur seinen Bruder ins äußerste Erstaunen, sondern auch seine Mutter, die von dieser außerordentlichen Leistung später erfuhr, als der Bruder wieder einmal in Aleppo auf Besuch war. Einige Tage darauf waren viele Leute in der Gegend, die den Schaych – wie so oft – ob seines ungepflegten Äußeren belästigten. Sein Bruder, der Soldat, kam diesem zur Hilfe und wies die Leute zurecht: *„Dies ist ein Wali, lasst ihn in Frieden!"* Da weinte der Schaych, denn man hatte ihn entdeckt, und Heilige, die entdeckt werden, müssen sterben. Er starb einige Tage später.

Obwohl es also streng genommen keine lebenden Walis gibt, existieren in Aleppo dennoch Personen, die schon zu Lebzeiten in dem Ruf stehen, quasi-heilig zu sein. Hierzu gehören einige Mitglieder aus den oben erwähnten Schaych-Familien, die sich durch diesen Ruf ihre Legitimation in der Bevölkerung verschaffen.

In der Tat stellt sich die Bevölkerung viele der Schayche fast wie Heilige vor. Trotz der tödlichen Gefahr, die das Wunderwirken offenkundig mit sich bringt, erzählt man sich auch von ihnen Wunder oder zumindest wunderähnliche Geschichten: Sie heilen Krankheiten, die als unheilbar galten, oder erraten die Gedanken ihrer Schüler. Gerade diese Fähigkeit beeindruckt viele Leute, und nicht selten hört man, dass jemand nach so einem Erlebnis sein bisheriges „unfrommes" Leben aufgegeben hat und seitdem wieder regelmäßig die Moschee besucht. In religiöser Hinsicht gelten die Schayche für viele Bewohner der Altstadt als große Vorbilder. Sie bewundern, dass sich die Schayche ständig religiösen Dingen widmen und ihre meiste Zeit in der Moschee verbringen. Nicht selten wird dabei gleichzeitig bedauert, dass man selbst leider keine Zeit habe, den religiösen Pflichten nachzugehen. Die Schayche hingegen stehen in dem Ruf, in jeder Beziehung ein gottgefälliges Leben zu führen. Sie erfüllen alle Voraussetzungen eines „frommen Mannes" (radjul salih), und der Ausdruck „Radjul Salih" wird in Aleppo auch als geläufiges Äquivalent für Wali („Heiliger") verwendet.

Die sicherlich wichtigste Bedingung für einen Schaych ist seine Abstammungslinie (nasab), über die er seine Segenskraft (baraka) geerbt hat. Nur ein Schaych, der seinen Stammbaum bis zum Gründer der Bruderschaft, besser noch bis zum Propheten Muhammad zurückverfolgen kann, ist ein „echter" Schaych (asch-Schaych as-sahih), und nur zu häufig hört man in Aleppo, wie ein Schaych in Frage gestellt wird, indem man über ihn behauptet, dass er *„lediglich aus einem Nebenzweig"* oder schlimmer noch aus *„überhaupt keiner richtigen Familie"* stamme. Umgekehrt bemüht sich natürlich jede Familie aufs Äußerste, ihre eigene Legitimation mittels detaillierter Familienstammbäume abzusichern. Die Vorstellung, dass Heiligkeit ererbt sein kann, widerspricht natürlich ganz entschieden dem, was sich christliche Europäer in ihrer individualistischen Weltanschauung vorstellen, indem sie meinen, dass Heiligkeit durch eigene Kraft erworben und von daher selbst „verdient" werden muss.

Es sind schließlich die Schayche, die in der Regel nach dem Tod als Heilige bestattet werden. Der Heiligenstatus des Beigesetzten wird jedem Passanten durch das äußere Erscheinungsbild des Grabes deutlich vermittelt. Das Heiligengrab hat eine Art Giebeldach. Es ist meistens von einem grünen Tuch bedeckt bzw. (im Freien) grün gestrichen. Für gewöhnlich sind es die Nachkommen des „Heiligen", welche ihren Vorfahren als „Heiligen" bestatten. Sie haben schließlich auch ein eigenes Interesse an einer solchen Bestattung, weil das Heiligengrab auf die Baraka der entsprechenden Familie verweist und so deren religiösen Anspruch bekräftigt.

Da es keine offizielle Instanz gibt, die über die Heiligsprechung entscheidet, kann im Prinzip jeder seine Vorfahren als Heilige bestatten, was dazu führt, dass in solchen Fällen, in denen man sich über die „Heiligkeit" des Verstorbenen uneins ist, schnell Unmut ausbrechen kann. Immer wieder hört man böse Kommentare, dass jemandem ein Heiligengrab errichtet worden ist, obwohl dieser *„wahrlich kein richtiger Schaych"* war, oder dass *„seine Söhne ihm ein Heiligengrab errichtet hätten, damit die Moschee besser besucht würde"*. Von einer besonders unverfrorenen Familie im Suq wird sogar erzählt, dass sie alljährlich zur Zeit der Pilgerfahrt (hadjdj) neben ihrem Geschäft ein „falsches" Heiligengrab aufstellt, um dadurch ihre Kunden anzulocken. In der Tat steht bei der Heiligenverehrung das eigentliche Grab als Baraka-Spender im Vordergrund, während die Vita der dort bestatteten Person kaum eine Rolle spielt, so dass die Errichtungsgeschichte aus den mündlichen Berichten im Einzelnen gar nicht mehr nachvollziehbar ist.

Aus den Grabinschriften und den historischen Quellen geht allerdings hervor, dass es sich bei einem Großteil der Aleppiner Heiligen um die ursprünglichen Stifter des jeweiligen Gebäudes handelt, in dem sich das Grab befindet. In Form einer „religiösen Stiftung" haben die Stifter die Gründung der jeweiligen Moschee oder Rechtsschule finanziert – ein frommes Werk, das ihnen für gewöhnlich den Vorzug einer „hauseigenen" Bestattung in dem von ihnen gestifteten Gebäude zugesteht. Stiftergräber haben sich in Aleppo vom 12. Jh. bis ins 19. Jh. erhalten. Unter den Stiftern befinden sich sowohl Personen aus den höchsten Regierungskreisen – der prominenteste Stifter Aleppos ist der Ayyubidenherrscher Malik az-Zahir, der in der von ihm gestifteten Madrasa as-Sultaniyya gegenüber der Zitadelle beigesetzt worden ist – als auch einfachere Leute.

Ob alle diese als Wali beigesetzten Stifter schon zu Lebzeiten fromme Schayche gewesen sind, kann man in vielen Fällen kaum mehr beurteilen. Man kann allerdings davon ausgehen, dass ein Großteil den Heiligenstatus weniger einem gottesfürchtigen Lebenswandel verdankt als vielmehr dem Faktum der Beisetzung in dem Heiligengrab und der Tatsache, dass dieses regelmäßig gepflegt worden ist. Umgekehrt besitzen viele verstaubte und vernachlässigte Gräber in der Altstadt keine Lobby mehr, die sich weiter um die Heiligtümer kümmert.

Literatur

al-Wafay 1940, 1941. De Jong 1984. Gonnella 1995. Ibn al-Adjami 1950. Meriwether 1981. Roded 1984, 1990. Sanagustin 1984, 1985. Trimingham 1971.

Die Mankali Bugha Moschee in Aleppo

Omar Abdulaziz Hallaj

Die bisherige Forschung zur Geschichte der Mamluken-Architektur hat unter einem zu stark formalen Ansatz gelitten. Die sozialen und politischen Zusammenhänge und Verknüpfungen sind oft zu Gunsten einer stilistischen Analyse übersehen worden. Die Beziehung zwischen der Architektur und den sie umgebenden urbanen und sozialen Netzwerken sollte aber einen Hauptaspekt bei der Untersuchung der Mamluken-Architektur darstellen. In der folgenden Studie wird deshalb die Moschee des Mankali Bugha in Aleppo hinsichtlich ihrer Bedeutung als soziale und politische Institution wie auch als ein Zeugnis stilistischer Innovation untersucht.

Historischer Hintergrund

Im Jahr 766 Hidjra/1364 n.Chr. kam Mankali Bugha al-Aschrafi asch-Schamsi nach Aleppo zurück, um ein zweites Mal Gouverneur der Stadt zu werden. Seine Rückkehr nach Aleppo markierte einen Wechsel der relativen Position Aleppos innerhalb des Mamluken-Staates. Er bekam den Auftrag, Aleppo zum wichtigsten Posten der Levante (*ad-Diyar asch-Schamiyya*) zu machen – mit dem Ergebnis, dass in Aleppo ein großer Bau-Boom einsetzte, der nur durch den in der Hauptstadt Kairo in den Schatten gestellt wurde. Meinecke erwähnt, dass in Aleppo während dieser Periode 25 neue Gebäude errichtet wurden, in Damaskus dagegen nur 14.

Der Wandel der Politik markiert eine Änderung des Schicksals der Stadt, die als Ergebnis der Mongoleninvasion von 660 H./1260 n.Chr. stark zerstört war. Die Stadt war für die meiste Zeit des anschließenden halben Jahrhunderts auf einen minderen Platz innerhalb des Mamluken-Staates reduziert gewesen. Der Erholungsprozess wurde zudem als eine Folge des Ausbruchs der Pest angesehen, die den größten Teil des Reiches traf, aber ursprünglich von der Region Aleppo im Jahre 749 H. ausgegangen zu sein scheint. Mittlerweile hatte Damaskus einen hervorragenden Status erworben, so dass seine Prominenz oft eine Quelle der Verlockung für seine Regenten war, gegen den Sultan von Kairo zu revoltieren.

Der Auftrag von Mankali Bugha asch-Schamsi in Aleppo war somit auch politisch motiviert. Es galt, die Souveränität des Mamluken-Sultans an den nördlichen Grenzen des Staates zu festigen. Die politische Unruhe im Zentrum und der Sturz der Bahri Mamluken-Dynastie hatte die nördlichen Nachbarn wie auch weiter entfernte Völker dazu verlockt, Vorteile aus der Situation zu ziehen. Die Ankunft des neuen Regenten bezeugt

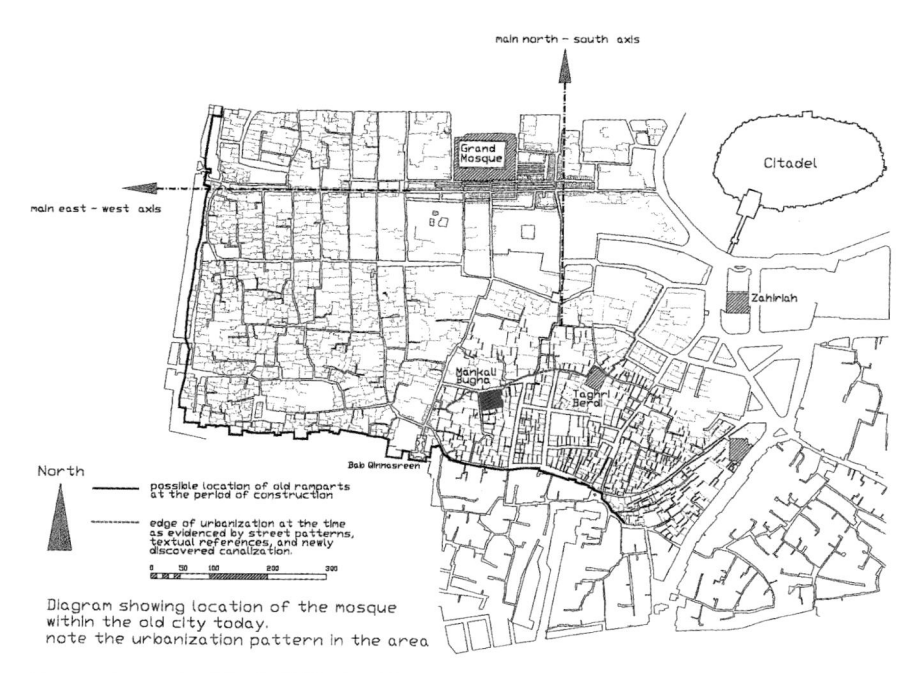

Aleppo, Lage der Mankali Bugha Moschee in der Altstadt

die Erforderlichkeit der Verteidigung der nördlichen Grenzen des Reichs, und der Gouverneur von Aleppo verewigte seinen Sieg über die zypriotische Invasionsarmee bei der Hafenstadt Ayas durch den Bau einer neuen Moschee in der Innenstadt: der Mankali Bugha asch-Schamsi Moschee.

Lage und Erreichbarkeit

Die Mankali Bugha Moschee liegt im Herzen eines alten Stadtteils von Aleppo. Zur Zeit ihrer Erbauung lag sie allerdings am Rand des Siedlungsgebiets innerhalb des ummauerten Stadtkerns. Sauvaget nimmt an, dass das Stadtzentrum von den zentralen „Suqs", der „Madina", südwärts gewachsen ist. Obwohl das unregelmäßige Muster der Besiedlung dieses Teils der Altstadt verschiedene Interpretationen hinsichtlich seiner Entstehung zulässt, stimmen mittelalterliche Texte darin überein, dass hier das antike „Hippodrom" gelegen hatte und dass dieses Areal zur Zeit der Erbauung der Moschee zum größten Teil noch frei war. Dieser Teil der Altstadt trug damals den Namen „Asfaris" oder „Asfris". Das aus dem Persischen stammende Wort bedeutet „Hippodrom", ein klarer Hinweis auf seine ursprüngliche Funktion. Die Gegend, in der die Moschee gebaut wurde, war vorher für den Weinverkauf bekannt. Dies für sich genommen ist schon ein Hinweis auf die Randlage in einer städtischen Siedlung islamischer Prägung.

Die Moschee ist leicht aus der obligaten Südrichtung (*qibla*) versetzt und gegenüber der Ausrichtung der meisten Häuser dieses Gebiets abgewinkelt. Dies zeigt ebenfalls, dass externe städtische Bedingungen diese Anomalie notwendig machten. Einige Jahre später wurde die Taghri Birdi Moschee weiter östlich gebaut. Sie liegt ebenfalls nicht genau in Richtung Mekka (Süd/*qibla*), aber auch nicht in Linie mit dem Bebauungsmuster. Die beiden Moscheen zusammen mit dem Straßenmuster scheinen einen Bogen um einen offenen Platz zu bilden, vielleicht die Überreste des antiken Hippodroms (siehe Abb.).

Eine vorsichtige Analyse des umgebenden Siedlungsgebiets und der Erreichbarkeit scheinen nahe zu legen, dass die Moschee zum Zeitpunkt ihres Baus von der umgebenden Nachbarschaft getrennt lag. Diese Bedingung änderte sich aber bald, als in den nachfolgenden Jahrhunderten dichte Verstädterung einsetzte.

Die heutigen Außenmauern der Moschee wurden des Öfteren repariert. Trotzdem scheint es, dass sie größtenteils nach dem Originalmuster rekonstruiert wurden, weil der jetzige Zustand genau in ein

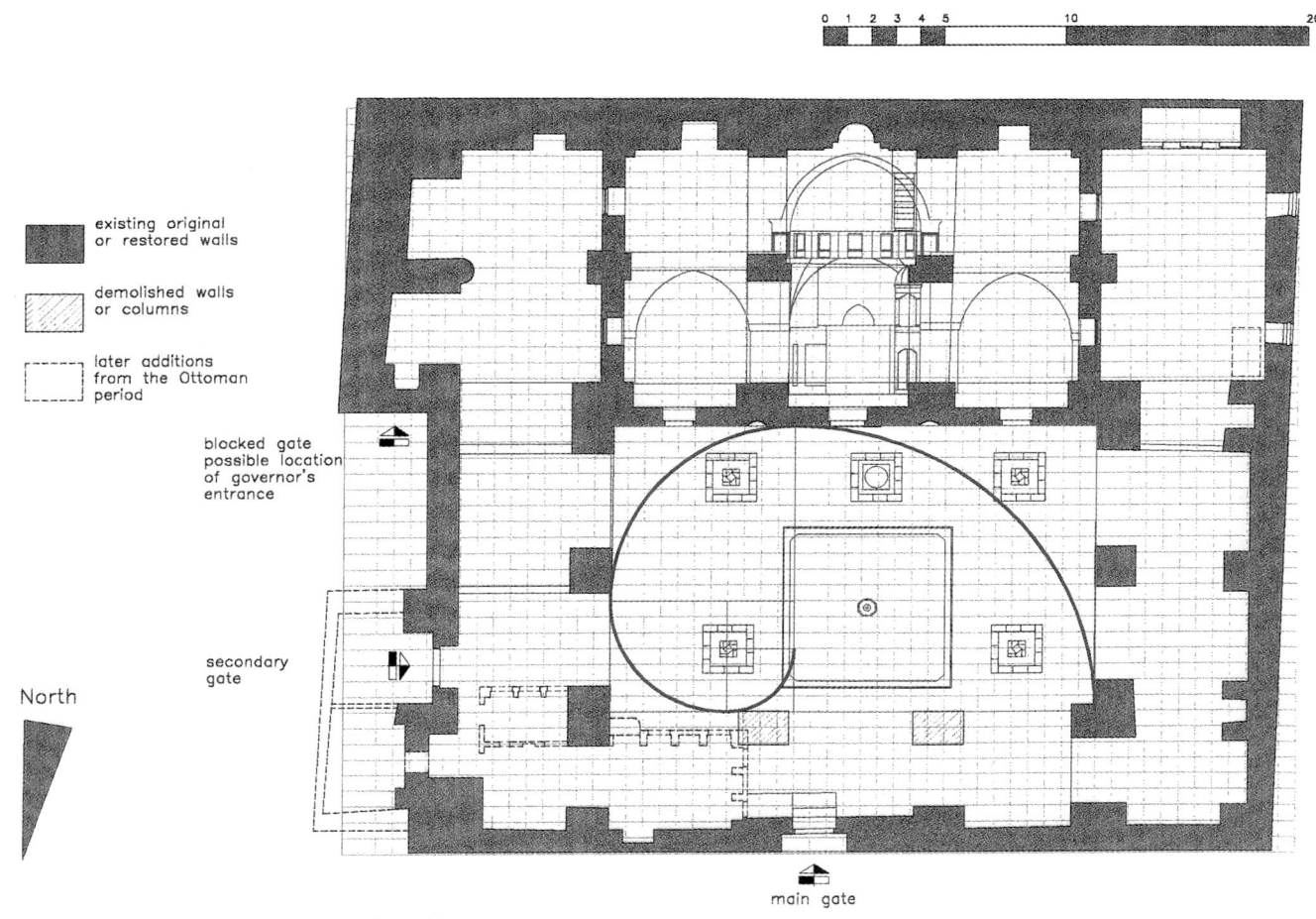

Aleppo, Mankali Bugha Moschee, Grundriss

Raster aus Quadraten passt. Es existieren immer noch drei Zugänge. Der Haupteingang mit der Bauinschrift von 1367 n.Chr. liegt im Norden. Er führt auf den von teils zerstörten (Nordseite) Arkaden (*riwaq*) umgebenen Hof. Der zweite (östliche) Zugang ist jetzt größtenteils hinter einem später hinzugefügten Waschraum verborgen. Über diesem Zugang findet sich eine jetzt von einem Anbau verdeckte weitere Inschrift.

Der dritte Eingang war privat. Er wurde anscheinend vom Gouverneur benutzt, um die Moschee betreten zu können, ohne mit der Bevölkerung zusammenzutreffen. Diese Tür liegt im Osten. Sie ist jetzt durch ein Nachbarhaus komplett versperrt. Sie führte auf den kleinen östlichen Hof. Früher glaubte man, dieser Hof wäre überdacht gewesen und Teil des Gebetsraums. Demnach wäre der Gouverneur direkt von hier in die erste Reihe der Betenden eingetreten.

Größe und Haupt-Entwurfselemente

Der Bau der Mankali Bugha Moschee folgt größtenteils dem Muster der traditionellen ayyubidischen Moschee-Architektur Aleppos. Das Gebäude hat eine in West-Ost-Richtung liegende längli-

Aleppo, Mankali Bugha Moschee, Minarett

che Gebetshalle an der nach Mekka gerichteten Südseite. Die dem Bethaus vorgelagerten Arkaden sind aus massivem Stein errichtet und stehen gänzlich in der lokalen Aleppiner Tradition, vergleichbar dem oberen „Maqam" auf der Zitadelle und der Moschee des Altin Bugha.

Der hier erkennbare Unterschied zum gleichzeitigen Mamlukenstil der Bauten in Kairo kann mit der Tatsache erklärt werden, dass die Mehrheit der Handwerker des Reichs zu jener Zeit beim Bau der Hauptwerke in Kairo – der Sultan Hasan Moschee und der Moschee der Mutter des Sultan Shaban – beschäftigt waren. Später, als einige der Wanderwerkstätten Kairo verließen, scheint es, als ob die Arbeit an der Mankali Bugha Moschee bereits begonnen hätte, so dass sie nur an einigen ornamentalen Details mitgearbeitet haben und dann weiter nach Norden nach Mardin zogen, denn die dort gebaute Moschee enthält mehr mit den Bauten in Kairo Vergleichbares. Es sollte ebenfalls darauf hingewiesen werden, dass, im Gegensatz zu Kairo, die Bemessung der Moschee in Aleppo weit weniger von nachbarlicher städtischer Bebauung bestimmt war.

Das Minarett der Moschee steht in der nordöstlichen Ecke des Gebäudes. Seine Höhe und die ungewöhnlich perfekte zylindrische

Form machen es zu einem der Wahrzeichen der Stadt. Die Neuerungen dieses Minarett-Entwurfs, der an verschiedenen Orten der Levante imitiert wurde, veranlasste Meinecke dazu, dieser Moschee eine hervorragende Rolle in der Entwicklung der Mamluken-Architektur zu geben.

Das Minarett ist durch ornamentale Bänder in vier Segmente geteilt. Jedes Band unterscheidet sich von den anderen. Drei der Bänder sind in „Muqarnas" (Stalaktiten)-Technik ornamentiert. Das zweite Band von unten hat jedoch ein im Repertoire dieser Architekturperiode nicht ungewöhnliches stilisiertes Tulpenmuster. Seine Plazierung an der Außenseite ist ungewöhnlich für Aleppo und weist auf seldjukische oder nördliche Einflüsse hin. Das Minarett der Moschee des Taghri Birdi, nur ein paar Jahre später erbaut, trägt ein weitaus einfacheres Band aus stilisierten Tulpen.

Die den Haupthof umgebenden Arkaden sind um einiges höher als die gegenwärtige Gebetshalle. Dies ist vermutlich die Folge des durch eine Inschrift über dem Eingang der Gebetshalle nachgewiesenen Neubaus von Teilen der Gebetshalle in der osmanischen Periode (1521). Im kleinen westlichen Hof findet sich ein steinernes Wasserbecken mit einer Inschrift von 1553.

Details und Geometrie

Die wichtigsten erhaltenen dekorativen Elemente der Moschee sind die Eingangsornamente, die „Mihrab"-Nische und die „Kanzel" oder „Minbar" . Der Haupteingang ist immer noch intakt im Gegensatz zum Seiteneingang, der jetzt größtenteils mit neueren Hinzufügungen überdeckt ist. Das Eingangstor ist eine Nische bestehend aus drei quadratischen Teilen. Der obere Teil, wie Meinecke bemerkte, ist eine genaue Kopie der Grabkammer-Fensterornamente der Sultan Hasan-Moschee in Kairo, gebaut ein paar Jahre früher. Der Mittelteil enthält die Bauinschriften. Der untere Teil hat ein typisches Eingangstor. Der zweite Zugang ist jetzt größtenteils blockiert. Sein Oberteil ist jedoch noch sichtbar. Er besteht aus drei Muqarnas-Motiven, die für die meisten Mamluken-Bauten typisch sind.

Der Mihrab, die Richtung Mekka zeigende Gebetsnische, ist eine gestutzte Replik des Mihrabs der ayyubidischen Firdaus-Madrasa in Aleppo. Er ist aus verschiedenfarbigen Stücken von Marmor und Stein hergestellt. Anders als der Mihrab der Firdaus enthält er allerdings keine Inschriften (siehe Abb.). Die Form des Mihrabs ist der anderer Mihrabs in Aleppo ähnlich, man kann deshalb wohl annehmen, dass lokale Handwerker ihn hergestellt haben.

Der Minbar ist aus sehr feinem Marmor hergestellt mit reichen Dekorationen auf einer Seite, wogegen die zweite Seite aus kleineren Marmorersatz-Steinen gearbeitet ist, die keine Ornamente tragen. Die Verwendung großer Platten aus weißem Marmor weist auf die Kosten, die für dieses Element nicht gescheut wurden, weil weißer Marmor in der Umgebung Aleppos nicht vorkommt und deshalb aus großer Entfernung herangeschafft werden musste. Die Ornamentbänder mit geometrischen Mustern ähneln vielen anderen solcher Muster in der zeitgenössischen Architektur der nördlichen Levante.

Ein ehemals berühmter Einrichtungsbestandteil der Moschee, die Bücherkisten, ist jedoch verloren gegangen. Wir haben nur textliche Belege ihrer Existenz. Die Bücherkisten waren aus reich verziertem Holz hergestellt. Die historischen Belege heben den Namen des Tischlers, Schaych Farika, aus allen Menschen heraus, die am Bau des Gebäudes beteiligt waren. Die Mankali Bugha Moschee unterschied sich besonders durch die fein gearbeiteten Bücherkisten und die seltene Sammlung schön gebundener Bücher von anderen Moscheen dieser Periode. Der Verbleib dieser Dinge war selbst Historikern des frühen zwanzigsten Jahrhunderts unbekannt.

Die Moschee ist entlang eines or-

Aleppo, Mankali Bugha Moschee, Mihrab

thogonalen Rasters angelegt, das in Ellen (ca. 69 cm) gemessen ist. Die Hofproportionen sind eine Annäherung an den Goldenen Schnitt, mit der naheliegendsten ganzen Zahl an Ellen. Die Dimension der Gebetshalle zeigt an, dass die Höhe der Halle als eine Funktion des Grundrisses verstanden wurde. Weil dieser Raum jedoch in einer späteren Periode neu gebaut wurde, können wir nicht davon ausgehen, dass dies ein originaler Bestandteil der Planung war. Vermutlich war die Originalhalle weit höher, wenigstens so hoch wie die Hofarkaden.

Die Hauptaußenfassade ist aus vier großen, quadratischen Elementen von jeweils 10 Ellen Seitenlänge zusammengestellt. Der Vordereingang besteht aus drei übereinander liegenden quadratischen Modulen. Jedes ist klar definiert, um einen speziellen Teil der Torornamente aufzunehmen, die bereits oben beschrieben wurden. Die verwendeten einfachen geometrischen Elemente zeigen, dass der Daumen als Grundmaß genommen wurde, im Gegensatz zu den komplexen geometrischen Strukturen anderer Gebäude dieser Zeit, z.B. dem Bimaristan Arghuni. Die dem Bau zugrunde liegende Geometrie zeigt einen Mangel an komplexer Planung und ein Vertrauen auf zusammengestückelte Teile. Jedes dieser Teile ist vermutlich durch eine andere Kolonne einer Gruppe von Wanderhandwerkern hergestellt worden.

Die Moschee und das tägliche Leben der Stadt

Zur Zeit des Baus war das Minarett der Mankali Bugha Moschee nach dem der Großen Umayyaden-Moschee das zweithöchste in der Stadt. Seine Position am Rand der damals dicht bebauten Fläche der Stadt und die leichte Abweichung von der Richtung nach Mekka zeigen eine neue Richtung im Stadtwachstum. Das bedeutet nicht, dass das Gelände vorher frei lag. Vermutlich, wie oben angedeutet, wurde das Gelände zum Weinverkauf an der Peripherie des Hippodroms genutzt. Die Moschee sollte als offizielle Geste zur Vereinnahmung des Platzes gesehen werden.

Der Bauherr wird wahrscheinlich höchstpersönlich den Bau überwacht und die Gebete zu verschiedenen Gelegenheiten unter den Arbeitern gehalten haben. Wir wissen, dass er einen uns nicht näher bekannten Ibn al-Mihmandar ernannte, um den Bau zu überwachen. Diese Person war aber nicht der Architekt. Wie Ibn al-Adjami hervorhebt, gab es einen sehr wachsamen Aufseher, der den Buchhalter sehr genau überwachte. Ein „Mihmandar" ist eine hochrangige Position im mamlukischen Sozialwesen. Ibn al-Mihmandar war eine reiche Person, die große Gärten in ihrem Besitz hatte. Es ist daher ganz offensichtlich, dass der Bau der Moschee viel behördlichen Einsatz erforderte und die städtische Elite auch in seine Überwachung einbezog.

Historiker bemerken, dass der Moscheeeingang schon bald ein Treffpunkt für einflussreiche Personen wurde. Beschrieben wird die Aura (*hischma*) der Treffen dieser Personen.

Viele positive Eigenschaften werden der Moschee zugeschrieben, und die Leute kamen, um sie zu genießen: die Weisheit des Imam, die schöne Stimme des Muezzins und eine Qualität, die als Glückseligkeit (*nuraniyyah*) beschrieben wird. Diese letzte Qualität ist im Text mit der Tatsache verknüpft, dass der Bauherr gütig und fromm war. Viele Anekdoten beschreiben Fälle von Frömmigkeit während des Baus des Gebäudes.

In diesem Zusammenhang ist ebenfalls die Existenz einer Basis und eines Kapitells einer schwarzen, vermutlich byzantinischen Basaltsäule im Hof der heutigen Moschee interessant. Historiker nennen wiederholt eine gewisse schwarze Säule an der Straße zum Asfaris. Die Einheimischen glaubten an eine wunderbare Kraft dieser Säule bei Urinproblemen. Sie war als „Amud al-Ischer" bekannt. Die Säule war vermutlich Teil eines alten Baus an der Ecke des Hippodroms. In gewisser Weise vereinnahmte die Moschee die örtliche Bekanntheit dieser alten Dinge. Im wesentlichen „spielte" der Ort der Moschee sowohl mit den offiziellen Symbolen der Frömmigkeit als auch mit denen des Volkes.

Der Bau der Mankali Bugha Moschee ist ein Beispiel für die komplexen Faktoren, die die Mamluken-Architektur beeinflussten. Städtische Belange, persönliche Belange des Bauherrn, die Macht der städtischen Elite, die Kunst der Wanderhandwerker, offizielle religiöse Indoktrination und verbreiteter Aberglaube sind alle verknüpft mit der Kunst des Bauens. Diese Verknüpfung wird weitergeführt bei der anschließenden Nutzung des Gebäudes. Das Vordringen der Nachbarn an den Seiten, die Wiederherstellung gebogener Wände, die Bezahlung der Restaurationsarbeiten, die Ernennung von besonderen Priestern bezeichnen die anschließende Nutzung und die Rolle, welche die Architektur innerhalb der Mamluken-Stadt spielte.

Literatur

Herzfeld 1955. Ibn al-Adjami 1950. Meinecke 1992. Sauvaget 1941.

Die Chosro Bascha Moschee in Aleppo

Omar Abdulaziz Hallaj

Die Chosro Bascha Moschee in Aleppo ist ein gutes Beispiel für die osmanische Provinzialarchitektur. Ihr Bau wurde vorangetrieben, um die neue osmanische Präsenz und Macht über das städtische Leben zu veranschaulichen. Obwohl die genaue Baugeschichte unklar ist und unterschiedliche Erzählungen existieren, wie etwa jene über die Rolle von Sinan, den Architekten, der sie entworfen haben soll, ist das Gebäude aufschlussreich in Bezug auf die gängige Architektur-Praxis. Ihr Bau bedingte eine neue Raumordnung in der Stadt, eine Ordnung, die zwei sehr blühende Jahrhunderte überdauern sollte.

Geschichtlicher Hintergrund

1516 zogen die Osmanen, als Folge des Verrats des mamlukischen Gouverneurs von Aleppo, unter Selim I. in Aleppo ein. Die Osmanen brauchten weitere zwei Jahre, um das Mamlukenreich vollständig unter ihre Kontrolle zu bringen. Eine fast zwei Jahrhunderte andauernde Fehde endete damit. Trotzdem änderte die militärische Besetzung der Stadt nicht sofort ihr soziales, politisches und ökonomisches Schicksal, denn Selim war vorrangig an der Erweiterung der Grenzen des Osmanenstaates interessiert. Erst unter der Regierung seines Sohns Sulayman, „des Gesetzgebers", begann die innere Verschmelzung des Reiches[1].

Die Einfügung Aleppos in den osmanischen Staat verband die Stadt mit neuen regionalen Handels- und Verwaltungsnetzwerken und machte sie zu einem wichtigen Bindeglied zum asiatischen Teil des Reiches[2]. Der Abschluss des imperialen Projekts unter Suleiman führte zu regen Bautätigkeiten in der Stadt. 1534 zog Sultan Suleiman in einem Osterfeldzug in Baghdad ein. Auf seinem Rückweg machte die Armee ein paar Tage Rast in Aleppo. Während des kurzen Besuchs hatte der Gouverneur von Aleppo, Chosro Bascha, die Möglichkeit, einen aufstrebenden Architekten des Janitscharen-Korps bezüglich des Baus einer neuen Moschee für die Stadt zu konsultieren[3]. Der Architekt Sinan wurde nach seiner Rückkehr nach Istanbul der Hauptarchitekt des Reiches. Er machte dann eine der brillantesten Architektenkarrieren der Geschichte. Bis heute ist seine genaue Rolle beim Bau der Chosro Bascha Moschee in Aleppo nicht ganz klar[4].

Erst Jahre später, nachdem Chosro Bascha aus der Stadt fortgezogen war und zum Minister aufstieg (dem folgte sein Sturz und das Exil, wo er wahnsinnig wurde), wurde die Moschee fertig gestellt. Den Bau der Moschee führte ein

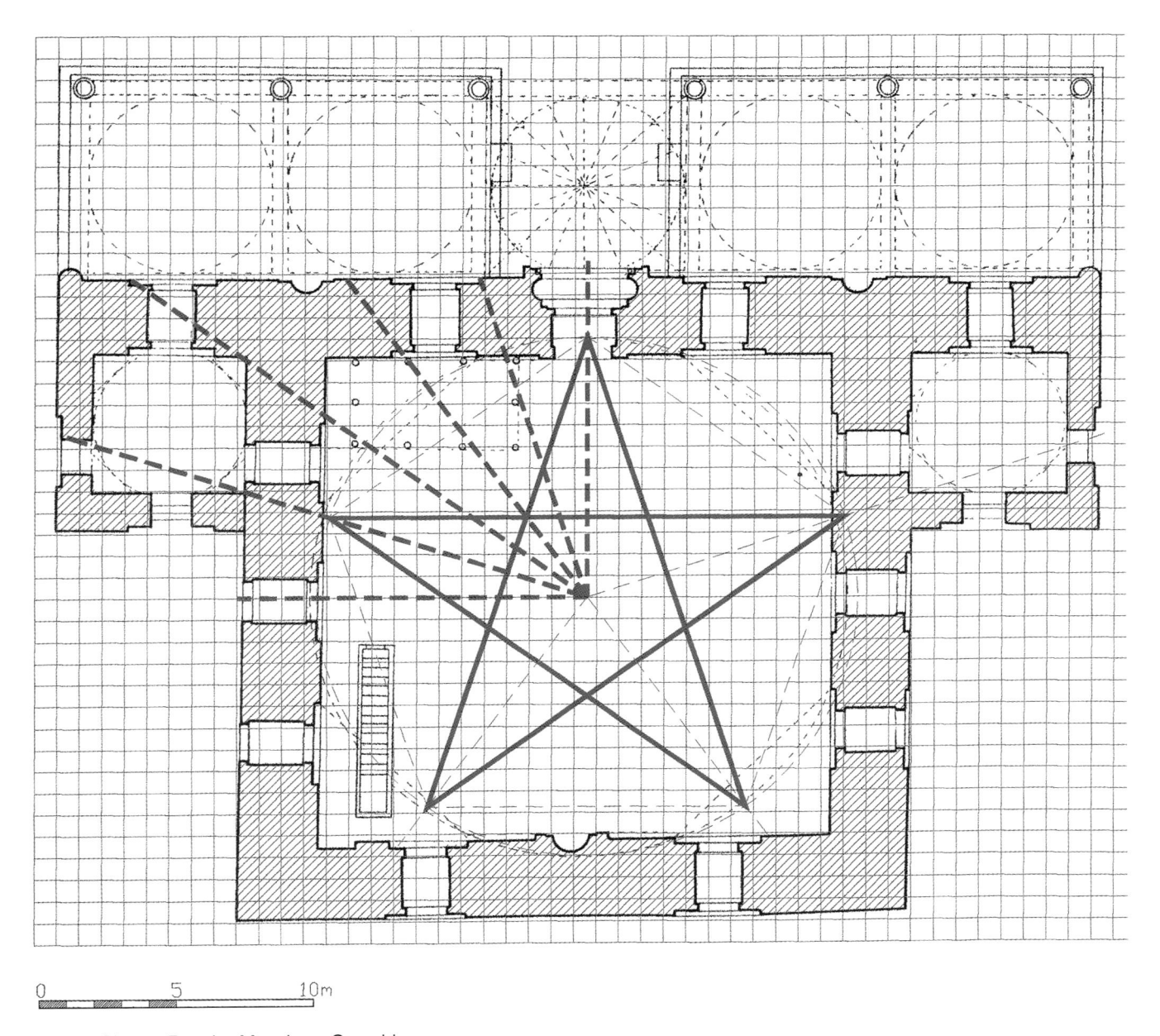

Aleppo, Chosro Bascha Moschee, Grundriss

freigelassener Sklave des Gouverneurs fort[5], und es ist sehr wahrscheinlich, dass ein Sohn des Gouverneurs nach dessen Fortgang in der Stadt starb und dort begraben wurde[6]. Die Inschrift am Haupttor zum Gebetssaal enthält ein Gedicht, von dem der letzte Teil ein verschlüsseltes Datum enthält, das als Fertigstellung das Jahr 953 Hidjra/1546 n.Chr. bezeichnet. Es gibt weitere Inschriften am Gebäude: Sie belegen ständige Restaurierungen und Verbesserungen des Komplexes.

Die Lage

Baugelände war ein großes, teils leeres Grundstück südlich der Zitadelle. Es wurde während Krisenzeiten und Dürreperioden für große gemeinsame Gebete (*musalla*) genutzt. Für den Bau des Komplexes wurden zusätzlich einige existierende Gebäude inklusive einiger älterer Moscheen abgerissen[7]. Die Moschee selbst ist nicht der einzige Bau dieses Projekts. Eine religiöse Schule nimmt den größten Raum des Komplexes ein. Für die Stiftung der Moschee wurden auch mehrere große Karawansereien im Norden des religiösen Komplexes gebaut[8]. Die gesamte Bebauung bedeckt ein Stadtgebiet von ungefähr 4 Hektar[9].

Eine Mauer umgibt den religiösen Teil des Komplexes, trennt die Moschee damit von der Stadt und erzeugt einen besonderen Bezirk (*fada*) für die Moschee[10]. Dies war neu für die örtliche räumliche Anordnung religiöser Gebäude, die üblicherweise in die umgebenden städtischen Gebäude mehr oder weniger eingebunden waren. Auch die Anordnung einer religiösen Schule um die Gebetshalle herum war damals in Aleppo nicht üblich. Weder die örtlichen Gebäudetypen noch die osmanischen Traditionen enthalten eine solche Praxis. Man muss einige unbekannte seldjukische Gebäude suchen, um Entsprechendes zu finden[11]. Die plausibelste Erklärung ist die Tatsache, dass die religiöse Erziehung im Osmanischen Reich während dieser Periode expandierte. Es entwickelte sich eine Klassifikation der Schulen[12]. Eine religiöse Schule musste einen Hof(*sahn*)-Status haben, um als sehr gute Schule zu gelten. Viele Bauherren fügten ihren gestifteten Gebäuden Schulhöfe hinzu, um so den Status ihrer Philanthropie zu erhöhen. Dies könnte den Zeitraum von acht Jahren zwischen dem Beginn der Arbeiten und der Fertigstellung, wie in der Inschrift angegeben, erklären.

Proportionen und Hauptkonstruktionselemente

Die Hauptgebetshalle ist eine typisch osmanische quadratische Halle mit einer stattlichen Kuppel darüber. Mit einer Galerie mit fünf Erkern in der Vorderfront, seitlich zwei kleinen Kammern und einem polygonalen Minarett unterscheidet sich die Chosro Moschee nicht von anderen regionalen osmanischen Moscheen. Während des 15. Jh. hatte dieses Modell reichlich Zeit zu reifen, bevor Sinan die architektonische Praxis ein paar Jahre später revolutionierte[13].

Die Kuppel ist der einzige eindrucksvolle Teil des Gebäudes. Sie ruht auf einer riesigen, von 16 Fenstern durchbrochenen Trommel, deren Durchmesser im Durchschnitt etwas weniger als 16 m beträgt (ungefähr 20 architektonische Ellen), und erhebt sich 20 m (25 Ellen) über den Gebetsboden. Zur Zeit ihrer Erbauung war die Kuppel die größte in der Stadt. Ihr Gewicht ist auf die quadratisch geformten Mauern durch Pendentife übertragen. An der Außenseite ist die Kuppel durch eine Serie Strebepfeiler gestützt.

Mit Ausnahme der relativ großen Kuppel ist die Proportionierung der Moschee eher einfach. Das Minarett ist etwas schwerfällig in seinen Proportionen, was den unerfahrenen Erbauer zeigt. Wenn Sinan im gleichen Jahr, als er Aleppo besuchte, Hauptarchitekt des Reiches wurde, widerspräche dies wohl der allgemeinen Annahme, dass er der Architekt dieses Gebäudes sei. Seine Rolle war vermutlich darauf beschränkt, Ratschläge zur Struktur der Kuppel und zu den Basisproportionen des Gebäudes zu geben.

Die heutige die Moschee umgebende Schule zeigt viele Restaurierungen und Neubauten, weil die Stadt wiederholt von Erdbeben erschüttert wurde. Die Anlage lässt deshalb keine Spekulationen über die ursprüngliche Form zu. Trotzdem ist es wahrscheinlich, dass die Neubauten im Allgemeinen die Grundform der ursprünglichen Strukturen beibehielten.

Geometrie und Details

Die osmanische Architekturpraxis war Gegenstand eines sehr strengen bürokratischen Systems[14]. Deshalb hat die Mehrzahl der osmanischen Gebäude, die während dieser Periode gebaut wurden, sehr ähnliche Merkmale. Die farbigen Glasfenster in der Gebetshalle zum Beispiel entsprechen dem Standard in der Form, wie sie auch in der Sulaymanieh in Istanbul zu finden sind, speziell in Sulaymans Mausoleum. Die Kapitele der Säulen[15] der vorderen Galerie, das Eingangstor zur Gebetshalle, die beiden Säulen an der Seite der Tür, die farbigen Ziegel über den Fensternischen und die Minarettbasis sind Standardmerkmale der osmanischen Architektur.

Dies ist teilweise überraschend, weil Aleppo für seine lokale Bautradition bekannt ist. Warum trägt das Gebäude solch typische standardisierte Merkmale, während die zeitgenössischen Moscheen in Damaskus stärkere lokale Formen zeigen? Wurden Handwerker extra für diese Arbeit herangeholt, oder bildeten die Oberbaumeister die örtlichen Handwerker darin aus, solche Standardornamente zu produzieren[16]?

Überdies ist das Gebäude an einem Raster orientiert, das deutlich wird, wenn der Plan des Gebäudes und seiner Abteilungen auf ein Gittermuster mit Ein-Ellen-Elementen übertragen wird. Die Standardisierung des Entwurfs ist hier teilweise offensichtlich. Die Praxis des Bauens nach einem Raster ermöglichte es den Architekten, relativ genaue Kosten- und Mengenschätzungen abzugeben[17]. Dies war möglich, weil die Höhe des Gebäudes oft als Funktion seines Grundrisses genommen wurde. In diesem Fall bildet die Höhe einen Goldenen Schnitt mit der Seite des quadratischen Plans. Ein interessantes Nebenprodukt dieser Proportionierung ist, dass das Volumen der Kuppel und das Volumen der Gebetshalle gleich ist.

Der Goldene Schnitt wird in der Detaillierung des Gebäudes, den Proportionen der Fenster und der Höhe der Frontgalerie reichlich genutzt. Die Benutzung der besonderen Proportionen bedeutet aber nicht, dass sorgfältig gebaut wurde. Dies ist wiederum ein Zeichen dafür, dass der Konstrukteur ein höheres Wissen von Geometrie besaß als die Person, die den Bau überwachte. Dies ist ferner ein Zeichen dafür, dass Sinans Einfluss beim Bau, wenn überhaupt, so beschränkt war. Das architektonische Niveau und die Proportionen des Bauwerks sind zwar anspruchsvoll, aber nicht ungewöhnlich im Rahmen der Aleppiner Architektur. Die meisten älteren Denkmale in der Stadt folgen dem einen oder anderen geometrischen Gesetz.

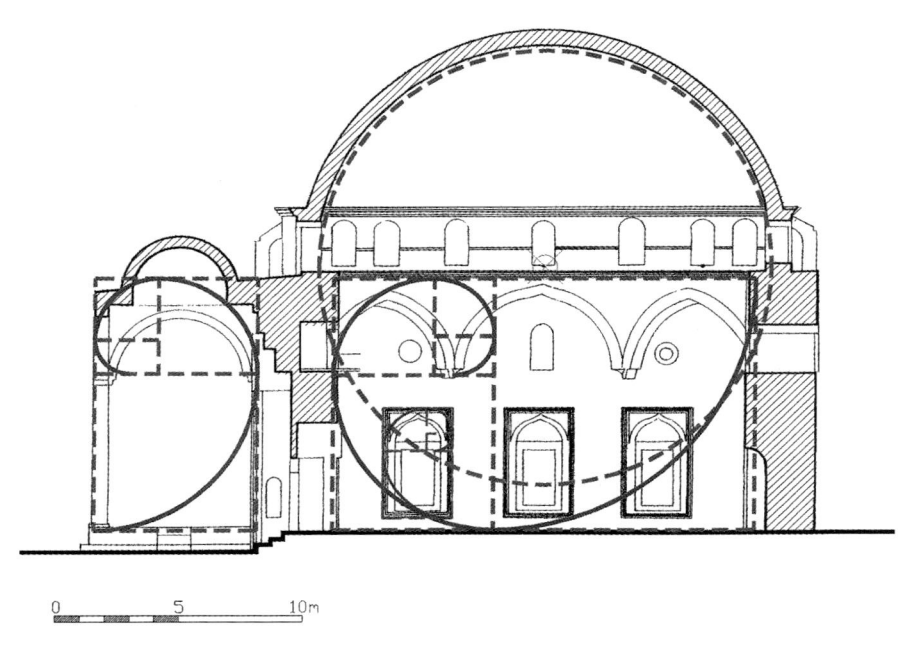

Aleppo, Chosro Bascha Moschee, Schnitt

Die Moschee und das Reich

Der Bau des Chosro Bascha-Komplexes bildet ein Muster städtischer Entwicklung, dem in den folgenden hundert Jahren im osmanischen Aleppo nachgeeifert wurde. Spätere Gouverneure kopierten das gleiche Modell, als sie die Gebiete weiter westlich der Chosro Bascha Moschee bebauten[18]. Jedes größere Projekt beinhaltete eine religiöse Stiftung und kommerzielle Nutzbauten, um den Unterhalt der Stiftung für die Zukunft zu sichern. Das architektonische Eingreifen der frühen osmanischen Bauherren in der Stadt erwies sich als sehr einflussreich in Bezug auf den Wechsel der städtischen Struktur. Die neuen Moscheen waren formal wie auch funktional sehr verschieden von ihren Vorgängern[19].

Die überwältigende Kuppel der Moschee wurde der Zitadelle gegenüber gestellt als eine Art Beweis der technischen Überlegenheit des neuen Regimes. Die Besetzung des kommunalen Gebetsplatzes (*musalla*) und der Abbruch älterer Moscheen um ihn herum symbolisierten die Fähigkeit des neuen Staates, öffentliche Plätze zu belegen. Aber hauptsächlich bedeutet die Verbindung einer typisch osmanischen Moschee mit einem großen kommerziellen Entwicklungsprogramm eine Bestätigung für die Einwohner, dass die Osmanen am Handel interessiert waren. Die Einbeziehung kommerzieller Gebäude in Moschee-„Waqfs" ist keineswegs eine osmanische Erfindung; die Osmanen jedoch führten die Bemühungen zu neuen Dimensionen. In Aleppo bedeutete dies zwei Jahrhunderte lang Wohlstandsvermehrung und weitreichenden internationalen Handel. Die Zunahme von Freitagsmoscheen in der Stadt war auch immer ein Zeichen für das Bevölkerungswachstum.

Das Sinnbild der neuen Rolle der Moschee im städtischen Leben ist das Ereignis des Baus an sich: eingeleitet durch den Besuch des Sultans, durchgeführt anhand neuer Bautechniken, unter Verwendung neuer architektonischer Konzepte und unter Auferlegung einer neuen räumlichen Ordnung in der Stadt. Der Bau der Moschee steht synonym für den Bau des Reiches.

Literatur

Atil 1980. Cafer Efendi 1987. Goodwin 1987. Necipoglu - Kafadar 1986. Raymond 1998. Repp 1986 Stierlin 1985. Yerasimos 1997.

Anmerkungen

1. Stierlin 1985, 17ff.
2. Raymond 1998, 271ff.
3. Kuran, 555.
4. Die Chosro Bascha Moschee ist nur in einer Biografie Sinans erwähnt, bekannt als „Tuhfet al-Mimarin". Ebenda.
5. at-Tabbach, III, 149.
6. al-Ghazzi, II, 94.
7. at-Tabbach, III, 149. Es ist nicht klar, inwieweit diese Gebäude vom Bauherrn zerstört wurden oder ob sie schon vorher zerstört waren. Al-Batruni gibt in seinem Kommentar zu Ibn asch-Schihna das Abbruchdatum einer dieser Schulen an, wenigstens drei Jahre bevor Chorsro Bascha Gouverneur in Aleppo wurde. Ibn asch-Schihna 1984, 119. Waren die Vorbereitung für die Baustelle einer neuen Moschee vor der Ankunft Chosros getroffen worden?
8. Die Stiftung des Chosro-Komplexes beinhaltet Hunderte von Gütern, manche so weit entfernt wie Damaskus und Ghaziantap. al-Ghazzi, II, 93-95.
9. Dies entspricht etwa 2% der städtischen Fläche Aleppos zu der Zeit.
10. al-Ghazzi, II, 94.
11. Atil 1980, 59.
12. Repp 1986, 41.
13. Yerasimos 1997, 13. Siehe auch Goodwin 1987.
14. Siehe Cafer Effendi 1987.
15. Die Säulen waren vielleicht aus älteren Ruinen geborgen worden, wie es damals üblich war. Yerasimos 1997, 74ff. Wir haben ebenfalls Berichte von zwei Säulen, die aus einer älteren Moschee in der Stadt entnommen wurden. at-Tabbach, III, 149.
16. Ein anderer Bericht von at-Tabbach besagt, dass der beaufsichtigende Architekt ein christlicher *roumi* (allgemeiner Name für die Leute aus Kleinasien) war. Ebenda.
17. Necipoglu 1986, 224-43.
18. Raymond 1998, 142ff.
19. Die Osmanen machten die Hanafi-Schule zu ihrer offiziellen religiösen Lehre. Die Chosro Bascha Moschee war auf Hanafi-Unterricht beschränkt.

Die Takiyya von Damaskus

Jean-Paul Pascual

Die türkischen Begriffe „Tekke, Tekkiye, Tekye" oder der arabische Terminus „Takiyya" bezeichnen ganz allgemein ein Gebäude, in dem sich eine Gruppe von „Sufis" um einen Schaych zusammenfindet, um ihre Rituale abzuhalten und zu beten. Die Institution der Takiyya hat sich vermutlich im 16. Jh. unter osmanischem Einfluss entwickelt. Ein Gebäude oder ein Komplex von Bauwerken wurde speziell zur Aufnahme fester Sufi-Gemeinschaften, die der Staat kontrollierte, eingerichtet. Vergleichbar ist die Takiyya unter anderem mit der „Zawiya", einer älteren Institution, die zwar fortbestand, jedoch an Einfluss verlor. Die Zawiya ist häufig ein Gebäude von kleineren Maßen als die Takiyya und dient manchmal als Versammlungsort einer Bruderschaft, und zwar in einem Gebäude, das ihr nicht gehört, z.B. eine Moschee oder ein Zimmer in einem Wohnhaus.

Es gibt zwei Bauwerke in Damaskus, die als Takiyya bezeichnet wurden und die immer noch so genannt werden. Das eine liegt in Salihiyya, das andere in Mardj, westlich der Stadt. Beide wurden im 16. Jh. erbaut, und bis in die jüngste Zeit hat eine relative Unsicherheit darüber geherrscht, wer diese Gebäude gestiftet hat und wann ihre Bauzeit anzusetzen ist. Heute sind sich alle Forscher darüber einig, dass man die Gründung des Bauwerks in Salihiyya Selim I. verdankt und dass die Takiyya in Mardj von Sulayman „dem Prächtigen" gegründet wurde.

Die Moschee und die Takiyya Salimiyya von Salihiyya

Nördlich der Moschee des Schaych Muhi ad-Din gelegen war dieser Gebäudekomplex vor gar nicht allzu langer Zeit unter dem Namen Takiyya des Schaychs Muhi ad-Din bekannt, da das Mausoleum dieses Schaychs sich in der Nähe befand. Dieser Name wurde auch auf die nahe gelegene Moschee, die von Selim I. gebaut worden war, übertragen.

Die verschiedenen historischen Quellen sind sich über das Baujahr und den Gründer dieses Gebäudes einig. Selim I. betrat Damaskus zu Beginn des Monats Oktober 1516 als Sieger. Er blieb nur einige Wochen in der Stadt, wo er unter anderem seinen Feldzug nach Ägypten vorbereitete. Als er Ende September 1517 aus Ägypten zurückkehrte, blieb er etwa fünf Monate in der Stadt. Da er eine tiefe Verehrung für den großen andalusischen Mystiker Muhi ad-Din Ibn Arabi empfand, der im 13. Jh. in Damaskus gestorben und begraben worden war, ließ er vom Oktober 1517 an eine Moschee und ein Mausoleum für diesen Schaych errichten.

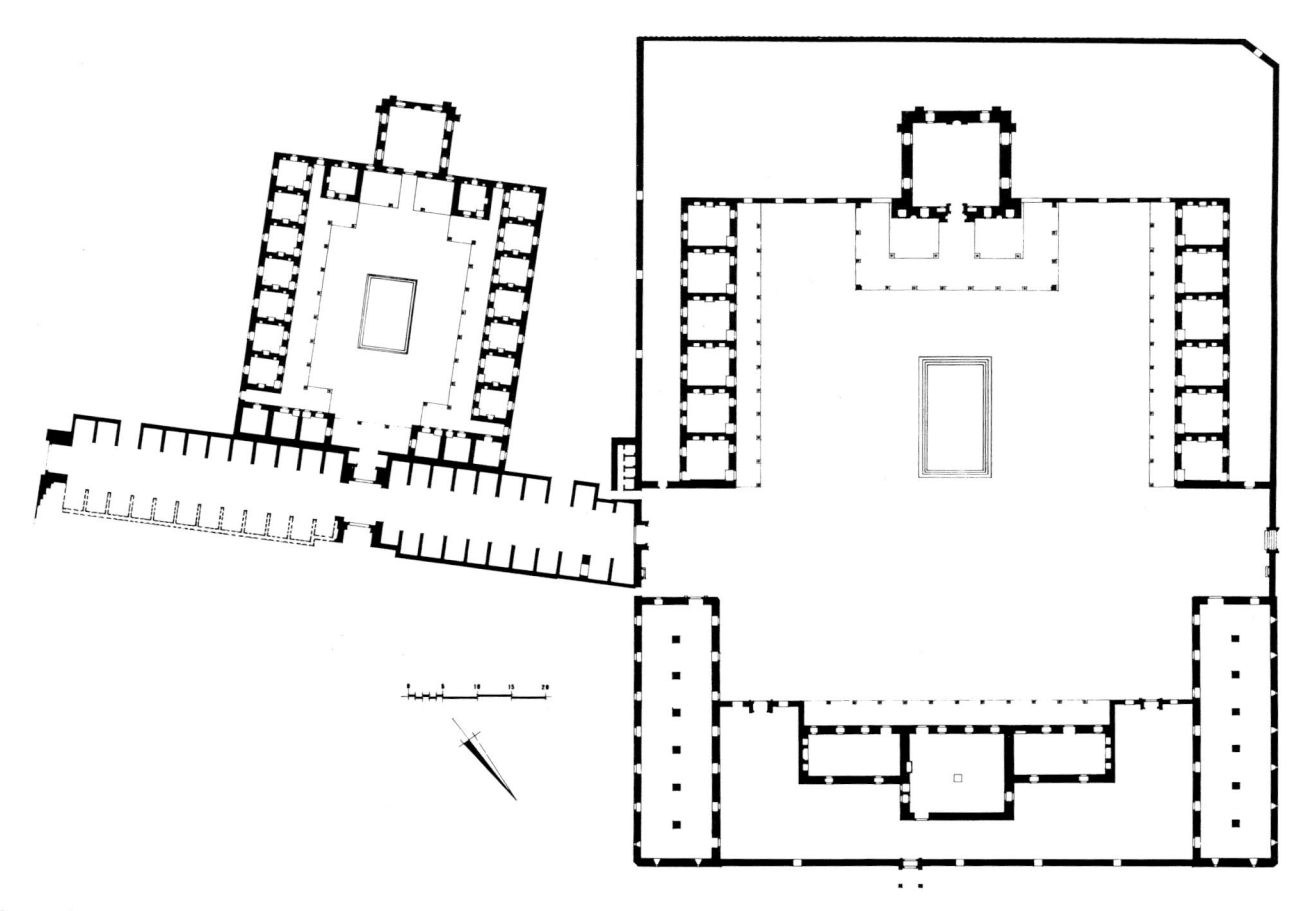

Damaskus, Takiyya und Madrasa des Sulayman, Grundriss

Am 1. Februar 1518 wurde das Gebäude vermutlich fertig gestellt, denn an diesem Tag weihte man die Kanzel (*minbar*) ein. Der Sultan höchstpersönlich begab sich zu Pferd am folgenden Freitag, den 5. Februar, zu der Moschee, begleitet von seinem Gefolge und den örtlichen Honoratioren. Er verrichtete dort sein Gebet und nahm auf diese Weise die offizielle Einweihung des religiösen Bauwerks vor.

Ebenfalls in diesen ersten Februartagen fasste Selim I. den Entschluss, nördlich der Moschee eine Takiyya bauen zu lassen. Sie sollte auf einem Gelände errichtet werden, auf dem sich ein Schlachthaus, ein Wohnhaus und ein Mausoleum befanden. Das Grab dieses Mausoleums blieb erhalten und hat seinen Platz nahe der Küche der Takiyya. Mehr als drei Monate nachdem der Sultan Damaskus verlassen hatte, nämlich am 17. Juni 1518, begann man, bei der Takiyya Essen auszuteilen. Denn dieses Gebäude diente nicht dazu, einheimische „Derwische" – oder solche auf der Durchreise – zu beherbergen, wie der Begriff Takiyya anzudeuten scheint, sondern es handelt sich um eine Armenküche.

Dieser Gebäudekomplex, Moschee, Takiyya und Mausoleum des Schaychs, ist so mit der osmanischen Macht verknüpft, dass man ihn den „Sultansbau" nennt. Er wurde einige Zeit lang geschlossen, als 1520 der Gouverneur von Damaskus eine Revolte gegen Istanbul anzettelte und die Nahrungsmittelreserven, die in der Takiyya gelagert waren, beschlagnahmte. Die Moschee wurde rasch wieder eröffnet, doch die Takiyya gewann erst mit dem Wiedererstarken der osmanischen Macht ihre Aktivitäten zurück. Durch einen Brand wurde die Takiyya 1554-55 beschädigt und auf Anordnung des Sultans Sulayman des Prächtigen, des Sohns von Selim, restauriert, wie eine Inschrift über der Eingangstür der Takiyya berichtet.

Die Quellen nennen den Namen des Architekten, der die Moschee entworfen haben soll. Es ist der Baumeister oder Architekt des Sultans Selim, Schihab ad-Din al-Attar. Auch ein Bauaufseher wurde ernannt, ein Anatolier aus Rum (Kleinasien), der eine große Geldsumme (10.000 Dinar) für die beim Bau entstehenden Kosten erhielt. Ebenfalls ein Mann aus Rum war mit der Verwaltung der Takiyya beauftragt. Den Namen ihres Architekten kennt man jedoch nicht. Offensichtlich wurde nicht ein und dieselbe Persönlichkeit damit betraut, die Pläne beider nach dem Willen des Sultans in Salihiyya errichteten Gebäude zu erstellen. Es scheint vielmehr so zu sein, dass örtliche Handwerker an den Arbeiten beteiligt waren.

Die Moschee ist durch einen gemischten Architekturstil gekennzeichnet. Ihr Minarett ist im syrischen Stil der ausgehenden mamlukischen Epoche gehalten. Der Gebetsraum, der eine große Kuppel und Fayenceschmuck hat, zeigt dagegen mehr den osmanischen Stil Istanbuls.

Die Takiyya ist in ihrer Konstruktion sehr nüchtern, was mit der Tatsache in Zusammenhang gebracht wird, dass sie kurz nach der Eroberung gebaut wurde. In ihrer Art ist sie, wie eine Anzahl Historiker betonen, *„das einzige Bauwerk dieses Typs in Syrien"*. Nach der Aussage eines Zeitzeugen, der beim Bau anwesend war, wurde das Gebäude zusammengefügt *„aus einem Raum, wo die Bedürftigen die Mahlzeiten einnahmen. In diesen Raum waren vier mit Gittern versehene Öffnungen eingefügt, die sich in Richtung auf die Moschee öffneten, es gab eine Stelle, die den Frauen vorbehalten war und wo sich im Osten zwei Türen befanden, durch die man eintrat. Daneben war ein Fenster in den Raum der Frauen eingelassen, und im Westen* [gab es einen Zugang] *zur Küche mit ihren drei Vorratskammern. Diese Küche besaß eine große Flügeltür, die sich nach Süden hin öffnete..."*. Diese recht ungenaue Beschreibung scheint nicht mit dem gegenwärtigen Zustand des Gebäudes übereinzustimmen: Der große, rechteckige Saal ist von zwei gleichgroßen Kuppeln bedeckt und von einzelnen Räumen umgeben. Manche Einrichtungen wurden vermutlich erst später hinzugefügt, besonders nach dem Brand, der das Gebäude um 1550 verwüstet hatte.

Seine im Wesentlichen soziale Aufgabe ist bekannt: Als Ort der Armenspeisung verfügt der Bau über eine Küche, in der das Essen für die Bedürftigen zubereitet wurde. Schon bei der Gründung notiert ein ortsansässiger Historiker, dass *„neben der Küche ein Ofen liegt, in dem das Brot gebacken wird, das man in der Takiyya verteilt ...* [es wird] *mittags und abends gebacken, dazu gibt es eine Reissuppe oder eine Getreidesuppe"*. Am Freitag jedoch, wie in den anderen Einrichtungen dieser Art, wurde die alltägliche Nahrung verbessert, und man bot *„Pilav und Reis, mit Honig zubereitet"* an.

Die Wahl von Selim I., seine Bauwerke in Salihiyya errichten zu lassen, hat ohne Zweifel ihren Grund in der Verehrung des Sultans, und der osmanischen Dynastie insgesamt, für Ibn Arabi. Dieser große Mystiker hatte eine Abhandlung über Wahrsagekunst geschrieben, die sich mit der Zukunft des Osmanischen Reiches befasste. Diese Abhandlung wurde zum Gegenstand zahlreicher Kommentare und war Anlass zu vielen türkischen Textversionen. Sein Grab war jedoch in einem ungepflegten Zustand, denn die Mehrheit der lokalen Bevölkerung und ihrer religiösen Führer standen diesem Mysti-

Damaskus, Moschee der Takiyya des Sulayman

ker feindlich gegenüber. Wahrscheinlich aus Furcht vor ihren Reaktionen fanden die Bauarbeiten nachts statt, und der Sultan befreite die Bewohner von Salihiyya um einer friedlichen Atmosphäre willen von Steuerzahlungen.

Aber auch andere Beweggründe können die Wahl des Sultans beeinflusst haben, nämlich die besondere Situation der Ansiedlung von Salihiyya. Dieses Viertel wurde in der Mitte des 12. Jh. von palästinensischen Flüchtlingen gegründet, die vor den herannahenden Kreuzfahrern geflohen waren. Es ist durch eine gewisse Heiligkeit gekennzeichnet, wie sich an der beträchtlichen Anzahl religiöser Bauwerke zeigt, die man dort errichtet hat. Auch gibt es in der Nähe einen viel genutzten „Bimaristan" und eine große „Madrasa", die seit ihrer Gründung Essen an die Armen verteilt.

Außerdem, so lässt ein Zeitgenosse verlauten, vermutete man hinter dem vorgeblichen Bauwillen des Sultans, nämlich seiner Verehrung für Ibn Arabi, dass er eigentlich nur der großen Ansiedlung in Salihiyya ein Gebäude stiften wollte, das das Grab seines Imams beherbergt, der während seines ersten Aufenthalts in Damaskus verstorben war (und ebenfalls die Gräber zweier Brüder des Imams, die nach ihm starben). Aber, so fügt der Zeitgenosse hinzu, der der erste Imam der Moschee war, diese Zweifel erwiesen sich in der Folgezeit als unbegründet.

Um die Armenküche in der Takiyya gut auszustatten, die Gebäude zu unterhalten und das Personal zu bezahlen, allein 30 Koranrezitatoren und Angestellte der benachbarten Moschee, wurde

Damaskus, Moschee der Madrasa neben der Takiyya des Sulayman

dieser „Sultansbau" aus einem reichen „Waqf" versorgt, das seine Gelder aus dem Grundbesitz zahlreicher Dörfer der Umgebung, der Seidenkarawanserei und aus Geschäften in der Stadt Damaskus bezog.

Die Takiyya und die Madrasa Sulaymaniyya

Am Eingang der Stadt, auf dem rechten Ufer des Barada, steht ein schöner, großer Gebäudekomplex, der sich aus zwei osmanischen Bauwerken zusammensetzt: im Westen eine Takiyya mit Moschee und, im Osten daran angrenzend, eine Madrasa.

Die Takiyya und ihre Moschee sind an der Stelle eines großen mamlukischen Palastes gebaut worden, den der Sultan Baybars hatte errichten lassen. Das Baumaterial dieses Gebäudes wurde bei der neuen Konstruktion mitverwendet, deren Pläne von dem großen Sinan, dem Architekten der Sulaymaniyya-Moschee, stammen. Die Takiyya wurde auf Befehl des Sultans Sulayman des Prächtigen gebaut, zwischen 1554-55 wurden die Arbeiten begonnen und sechs Jahre später beendet.

Dieses Bauwerk umfasst also eine Moschee und eine Einrichtung für Derwische, die Takiyya. Es ist vollkommen im osmanischen Stil erbaut und dekoriert und lehnt sich an syrische handwerkliche Traditionen nur in einigen Details an. In seiner Ausrichtung weist der Bau nicht genau nach Mekka. Zur Erklärung dieser Anomalie, wie übrigens auch der Richtungsabweichung des Nordtores, vermutet man, dass vielleicht die Fundamente des Palastes in den Neubau einbezogen worden sind. Die Moschee nimmt die Südseite des Hofes ein. Die vielen kleinen Kuppeln der Moschee sind um eine größere angeordnet und werden von zwei schlanken, polygonalen Minaretten flankiert, die eine kegelförmige Bekrönung tragen. Vor dem Betsaal befinden sich zwei Säulenhallen. Die eine wird von einer Kuppel überwölbt, die andere von einem Dach, das

Damaskus, Madrasa neben der Takiyya des Sulayman, Hofriwaq

von Kielbögen getragen wird, die auf Granitsäulen stehen. Der Dekor der Fassade und des „Mihrab" im Inneren des Betsaals ist charakteristisch für die osmanische Kunst.

Westlich und östlich des Hofes, der mit einem rechteckigen Wasserbecken ausgestattet ist, befinden sich nebeneinander liegend die Zellen der Derwische. Zu ihnen führt ein Säulengang mit kleinen Kuppeln. Jede Zelle ist ebenfalls von einer Kuppel bekrönt und mit einem Kamin ausgestattet. Oberhalb jeder Türöffnung befindet sich ein Dekor aus Fayencekacheln. Im Nordteil des Hofes liegen die Küchen, die Vorratsräume und zwei große Kuppelsäle, in denen das Essen an die Bedürftigen ausgeteilt wurde.

Östlich dieses Baukomplexes hatte man aus dem Material, das beim Bau der Takiyya nicht verwendet worden war, eine Madrasa errichtet, und zwar ebenfalls auf Anordnung des Sultans Sulayman. Sie wurde vermutlich im Jahr 1566, seinem Todesjahr, vollendet. Diese Madrasa setzt sich aus einer Anzahl kleiner viereckiger Zellen zusammen, die um einen Hof und einen großen kuppelgedeckten Betsaal angeordnet sind. Auf der Nordseite ist ein Markt (suq) erbaut worden, von dem einige Historiker annehmen, dass er dazu bestimmt war, Pilgern, die in der Nähe auf einer Wiese ihre Zelte aufgeschlagen hatten, Waren und Ausrüstungsgegenstände anzubieten. Über einer Tür in der Ostmauer ist eine Inschrift angebracht, die besagt, dass das Gebäude in der zweiten Hälfte des 18. Jh. restauriert worden ist.

Der gesamte Gebäudekomplex, den Sulayman der Prächtige errichten ließ, ist, wie die Bauten des Selim, reich mit Waqf ausgestattet. Die Einkünfte von 40 Dörfern sind bei der Gründung zugesichert worden, um die Bedürftigen zu unterstützen und die Derwische in der Takiyya zu beherbergen. Aber man brauchte auch Kapital, um die Verwaltungsangestellten, die Geistlichen und die Dienstboten zu besolden, die zu den verschiedenen Gebäuden gehörten. Eine solche große Institution erweckte immer wieder Begehrlichkeiten, obwohl sie unter staatlicher Kontrolle stand. So gelangten im Jahr 1570 Informationen nach Istanbul, dass die Verwalter der Takiyya Sulaymaniyya die Vorschriften missachteten. Die Speisen, die den Armen zugedacht waren, wurden an wohlhabende Leute abgegeben. Der Sultan griff ein und ließ durch ein Edikt diesen Missbrauch beenden.

Der westliche Teil der Takiyya, in dem sich die Zellen der Derwische befanden, war zwischen den beiden Kriegen der Sitz der medizinischen Fakultät. Heute ist hier das Kriegsmuseum untergebracht, während sich im östlichen Gebäudeteil jetzt ein Markt befindet, in dem Erzeugnisse traditioneller Handwerkskunst angeboten werden.

Literatur

Al-Rihawi - Ouéchek 1975. Bakhit 1982.

Der Wallfahrtsort Sayyida Zaynab in der östlichen Ghuta von Damaskus

Muhammad Bashir Zuhdy

Das Grabmal der Sayyida Zaynab zählt zu den wichtigsten Pilgerstätten in der islamischen Welt und gilt als ein Meisterwerk heutiger arabisch-islamischer Architektur. Es liegt in der „Sayyida-Zaynab-Stadt" in der östlichen Ghuta. Die Ghuta war in früheren Zeiten die blühende und grüne Oase von Damaskus, von der jedoch heute aufgrund des rasanten Wachstums der Stadt nur noch wenig übrig geblieben ist. Unzählige Gläubige aus aller Welt pilgern zu diesem Bauwerk, um ihre Liebe zu der großen Sayyida Zaynab zum Ausdruck zu bringen, der Tochter des Imams Ali und der Fatima, der Enkelin des Propheten Mohammad. Sie war die Schwester der Imame Hassan und Hussayn und die Frau ihres Vetters Abdullah bin Djafar.

Die Stadt der Sayyida Zaynab

Während die meisten Städte aus ökonomischen, politischen oder militärischen Gründen entstanden und gediehen, so ist die „Sayyida-Zaynab-Stadt" ein Prototyp für eine Siedlung, deren Ursprung im religiösen Bereich liegt. Die Entstehung und das Wachstum dieser Stadt ist dem Grabbau zu verdanken.

Die ursprünglich kleine, unbedeutende bäuerliche Ansiedlung wuchs zunächst zu einem kleinen Dorf namens „Qaryat Rawiya" (Dorf Rawiya). Es bestand aus einigen einfachen Lehmhütten. Die Bedeutung des Dorfes nahm erst zu, nachdem sich Sayyida Zaynab dort niedergelassen hatte. Sie verbrachte die letzten Jahre ihres Lebens in dem Ort. Nach ihrem Tod am 14. Ragab 65 nach der Hidjra (685 n.Chr.) wurde das Dorf als „Baldat Qabr as-Sitt" (Ort des Grabes der Dame/Herrin) bekannt. Der Ort nahm allmählich an Größe zu und entwickelte sich über die Zeiten zu einer modernen, schönen Stadt, die von Gärten und Plantagen der Ghuta von Damaskus umgeben ist.

Im Norden grenzt sie an das Dorf Babila, im Osten an das Dorf Aqraba; westlich der Stadt liegen die Dörfer Yalda und Hudjayra und südlich von ihr Hosh Quwayl. Ihr Wasser bezieht die Stadt aus einer Quelle im Dorf Yalda, während eine Quelle im Westen der Stadt die südlich gelegenen Felder versorgt.

Die Stadt entwickelte sich bis heute in architektonischer, wirtschaftlicher und kultureller Hinsicht stetig weiter. Aus einem Dorf mit 250 Bewohnern ist so eine Stadt entstanden, die mehr als 250.000 Einwohner zählt. Mit dem Übergang von den Lehmbauten zu Steinbauten erhielt sie außerdem ein repräsentatives Aussehen, wobei das Grabmal der Sayyida Zaynab alle Gebäude an Schönheit weit übertrifft. Durch die Zunahme der Einwohnerzahl erlebten auch alle anderen Lebensbereiche einen Aufschwung, der durch die Pilgerströme zusätzlich beflügelt wird. So wuchs allein aufgrund des Grabmals die Bedeutung der Stadt in religiöser, kultureller, sozialer, wirtschaftlicher und touristischer Hinsicht.

Das Grabmal der Sayyida Zaynab

Wir verfügen kaum über stichhaltige Quellen, die den Bau des ersten Grabmals dokumentieren. Aber wir wissen einiges über das Leben der Sayyida Zaynab durch die mündliche Überlieferung der ihr folgenden Generationen. Sie wurde im Jahre 5 nach der Hidjra (627 n.Chr.) geboren. Später heiratete sie ihren Vetter Abdullah bin Djafar. Bei den dramatischen Ereignisse ihrer Zeit, wie dem Mord an ihrem Vater Ali, dem Imam der Gläubigen und vierten Kalifen, oder dem Tod ihres Bruders, des Imams Husayn, in Kerbela am 10. Muharram im Jahre 60 H. (679 n.Chr.), spielte sie eine wichtige Rolle. Wir kennen ihre mutigen Stellungnahmen und ihre Reise nach Medina, von der sie nach Damaskus zurückkehrte, als sich Hunger und Seuchen im Hidjas verbreiteten. Bis zu ihrem Tod am 14. Radjab im Jahre 65 H. (685 n.Chr.) lebte sie schließlich in Qaryat Rawiya in der östlichen Ghuta von Damaskus.

Nach den Gepflogenheiten der Muslime, die der Beerdigung ihrer Toten große Bedeutung beimessen, insbesondere der von Gelehrten und „Heiligen", erhielt Sayyida Zaynab ein Grabmal, das von einer Kuppel überdacht war. Es lag sehr wahrscheinlich in einer einfachen Hütte aus Holz und Lehm, die nach dem Muster und Vorbild in lokaler Bauweise errichtet war. Um das Jahr 500 H. (1107 n.Chr.) ließ ein Mann aus Aleppo eine Moschee in der Nähe des Grabmals errichten. Sie wurde nach Sayyida Zaynab „Masdjid as-Sayyida Zaynab" benannt und war bald eine der berühmtesten Moscheen in der östlichen Ghuta.

Der Adlige Husayn ibn Schaych al-Islam stiftete im Jahre 768 H. (1367 n.Chr.) zu Gunsten des Grabmals alles, was er an Ländereien und Plantagen besaß. Er hielt diese Stiftung schriftlich fest und ließ sie von sieben der größten Richter in Damaskus bezeugen. Außerdem erneuerte er das Gebäude des Grabmals.

Die Grabanlage wird von vielen Historikern und Reisenden der vergangenen Jahrhunderte erwähnt, unter anderem von Abu Bakr al-Harawi (gest. 1214 n.Chr.) und von Ibn Djubayr al-Andalusi (gest. 1217 n.Chr.), der 1184 Damaskus besuchte und auch das Heiligtum der Sayyida Zaynab besichtigte. Er berichtet in seiner Reisebeschreibung über das Grabmal und die zu ihm gehörigen Stiftungen. Yaqut al-Hamawi (gest. 1228 n.Chr.) erwähnte in seinem Buch „Mudjam al-buldan" das Qaryat Rawiya: *„Es ist ein Dorf in der Ghuta von Damaskus. In diesem Dorf liegt das Grab von Umm Kalthum und das von Mudrik bin Ziyad al-Fazari, ein Sahabi („Jünger") des Propheten. Uns wurde berichtet, dass es sich bei der hier Begrabenen um „Umm Kalthum die Große" handelt, Zaynab, die Tochter des Imams Ali und der Fatima az-Zahra (der Tochter des Propheten), die Schwester von Hasan und Husayn und die Ehefrau ihres Vetters Abdullah bin Djafar bin Ali, und dass sie mit ihrem Mann im „Hungersjahr", zur Zeit des Abd al-Malik bin Marwan, nach Damaskus kam, oder aus einem anderen Grunde ... und dass das Dorf ihrem Mann gehörte, und als sie starb, wurde sie da begraben...".* Der Reisende Ibn Battuta (1304-1378?) berichtet in seinem berühmten Buch über seine weiten Reisen, die eine Strecke von ca. 120.000 km umfassten, unter anderem auch von dem Grabmal der Sayyida Zaynab. Ebenso erwähnt es Muhammad Kurd Ali (1876-1953) in seinem Buch „Chitat asch-Scham" und Chayr Addin Zirikli in seinem Buch „al-Alam".

Im Jahre 1840 ließ ein as-Sayyid Musa ein quadratisches Gebäude um das Grabmal errichten. Das Gebäude hatte eine Seitenlänge von

26 m, eine Höhe von 6 m und eine Wanddicke von 1,5 m. Die Wände bestanden aus fertigen Blöcken aus einer Lehm-Stroh-Mischung, die Grundmauern aus Stein. Das Dach war aus Holz gebaut, das mit einer 15 cm dicken Schicht aus Erde und Lehm gedeckt war, auf der wiederum eine Schicht aus mit Hanfrinden vermischtem Kalk lag, um das Regenwasser abzuhalten. Das Dach wurde von den äußeren und mittleren Wänden sowie von den Bögen getragen, die auch die Kuppel stützten. Die Kuppel wurde zum Schutz gegen das Regenwasser von innen und außen verputzt. Im Jahre 1870 brachten starke Regenfälle das Dach zum Einstürzen. Sayyid Salim Murtada ließ es daraufhin neu bauen. Das Dach bestand diesmal aus einem mit Ziegeln gedeckten hölzernen Dachstuhl. Die Kuppel selbst wurde mit Platten aus Blei überzogen. Im Jahre 1885 folgte eine Erneuerung der Kuppel durch den osmanischen Sultan Abdalaziz Chan. Schließlich renovierten die Herren der Familie Nidam im Jahre 1935 den Westeingang des Baus.

Da das Gebäude auf einem Terrain errichtet wurde, auf dem das Grundwasser manchmal bis zur Erdoberfläche steigen kann, entstanden Risse in den Mauern, der Kuppel und den Bögen des Gebäudes. Damit sich der Vorfall von 1870 nicht wiederholte, war die Errichtung eines neuen Baus unumgänglich. Der Gelehrte Sayyad Muhsin al-Amin gründete daher im Jahre 1951 eine Kommission zur Sammlung von Spenden für einen Neubau.

Damaskus, Moschee der Sayyida Zaynab, Blick durch den Eingang

Der neue Bau des Grabmals

Im Jahre 1952 legte der Bauingenieur Muhammad Rida Murtada den Plan für das neue Gebäude

für die Opfertiere, eine Elektrizitätsstation, Brunnen sowie eine Telefonanlage.

Das Dach des Grabbaus steigt in Stufen an. Die Außenmauern haben eine Höhe von 6 m und der Kuppelansatz ist 10 m hoch. Die senkrechten Teile der Dachstufen bestehen aus Glas und gewährleisten so eine natürliche Beleuchtung und Belüftung. Die Kuppel hat einen Durchmesser von 10 m und eine Höhe von 20 m. Jedes der zwei grazilen Minarette ragt 50 m in die Höhe und hat einen Durchmesser von 2,5 m. Im unteren Bereich wurden die Minarette mit rötlichem Marmor verkleidet, während oberhalb davon Fayencen mit den Namen Allahs verwendet wurden. Die oberen Teile der Mauern dagegen sind mit Spiegeln verziert. Der Innenbau und der Vorhof haben einen Boden aus italienischem Marmor. Die Innenwände, Säulen und Bögen des Baus sind mit Fayencen verziert. Die Kuppel ist mit vergoldeten Kupferplatten gedeckt, was ihr am Tage und in der Nacht einen besonderen Glanz verleiht.

Damaskus, Moschee der Sayyida Zaynab, Innenraum mit dem Grabmonument

vor. Auf einem Grundstück von 150 x 190 m umfasst der gesamte Bau eine Fläche von 90 x 90 m. Die Grundfläche des Innenraums beträgt 28 x 28 m. Das Hauptgebäude und der eigentliche Grabbau haben jeweils vier Eingänge in allen vier Himmelsrichtungen. Jeder Eingang ist 4 m breit und weist rechts und links einen 4 m breiten Vorbau auf. Der Innenhof ist von schönen, 4 m breiten Gängen umgeben. Ein Raum von 15 m Breite liegt zwischen dem Rundgang um das Grabmal und dem äußeren Rundgang. Der Gebäudeflügel mit den Service-Räumen umfasst Waschräume, Küchen, einen Schlachthof

Das neue Gebäude zeichnet sich durch die schöne Gesamtkonzeption des Baus, seine reiche Ausschmückung und die Vielfalt der geometrischen, schriftlichen und pflanzlichen Ornamente aus, die große Flächen bedecken. Das neue Gebäude leistete damit einen wichtigen Beitrag für die Entwicklung der arabisch-islamischen Kunst und führte zu einer Wiederbelebung der klassischen arabisch-islamischen Traditionen in Architektur, Mosaikkunst, Ornamentverzierungen und Kalligraphie. Somit gilt der neue Bau heute als eine Schule für islamische Kunst.

Die Ornamente vermeiden entsprechend der islamischen Tradition Bilder von Menschen und Tieren. Sie beruhen allein auf pflanzlichen Motiven und auf der Kalligraphie der Koranverse mit ihren nahezu unerschöpflichen Kombinationsmöglichkeiten. Aus diesen verschiedenen Elementen kreierten die Künstler durchbrochene Kompositionen, die unendlich zu sein scheinen. Diese Formen sind als „Arabesken" bekannt, die von Ästhetikern und Künstlern studiert und analysiert werden. Während man im Westen diese arabisch-islamische Kunst zunächst nicht ausgesprochen schätzte, wird sie heute wegen ihrer Abstraktionskraft und Schönheit mit Interesse wahrgenommen.

Die geometrischen, pflanzlichen und kalligraphischen Ornamente harmonieren miteinander und stellen damit eine künstlerische Einheit von hohem ästhetischen Wert dar. Viele ausländische Künstler haben sich davon inspirieren lassen, ohne zu wissen, dass es sich dabei um arabische Kalligraphie handelt.

Der Bau profitierte von der islamischen Fayencekunst iranischer Prägung. Die Farben spielen dabei eine überragende Rolle und haben eine besondere Bedeutung. Die vegetabilen Elemente – Blüten, Blumen, Äste und Blätter – weisen als Untergrundfarben vor allem Grün- und Blautöne in verschiedenen Schattierungen auf. Himmelblau steht für die unendliche Weite des Kosmos, die Seele und Geist beruhigt. Türkis und Azurblau symbolisieren die Weite der Meere und Ozeane. Grün ist die Farbe der Fruchtbarkeit und der Natur. Weiß steht für Reinheit und Sauberkeit. Auch den verschiedenen geometrischen Motiven kommt eine wichtige Bedeutung zu. Das Quadrat gilt als Symbol der vier Elemente in der Natur oder der vier Himmelsrichtungen. Der Kreis symbolisiert die vollkommene Form, die weder Anfang noch Ende hat und in der die „Sufis" eine große Symbolkraft, suggestive Energie und vollendete Schönheit sehen.

Die Stiftungen im Gebäude des Grabmals

Der Pakistani Muhammad Ali Habib stiftete im Jahre 1951 eine silberne Umfassung des Kenotaphs der Sayyida Zaynab, der Iraner Abbas Farusch 1953 eine Einfassung aus Silber, Email und Gold. Im Jahre 1955 schenkte das iranische Volk ein mit Koransuren verziertes Kenotaph aus Mosaiken, mit Elfenbein und Ebenholz und verwoben mit Goldfäden. Iranische Geschäftsleute stifteten 1960 ein vergoldetes Tor für den Westeingang des Gebäudes sowie zwei emaillierte und vergoldete Tore für den Nord- und Südeingang. Zu den wertvollen Stiftungen gehören auch die goldene Krone auf dem Grabmal, ferner kostbare Teppiche und Kristall-Kronleuchter.

Das Grabmal der Sayyida Zaynab ist ein Symbol für die moderne islamische Baukunst und damit ein Spiegelbild der heutigen Kultur und Zivilisation, das alle Aspekte der schönen und angewandten Künste in sich vereint. Auch wenn sich in der westlichen und östlichen Ghuta von Damaskus viele Grabmale finden lassen, so gibt es keines, das an die Schönheit des Grabmals von Sayyida Zaynab heranreicht. Mit seiner Architektur strahlt es die Schönheit des Glaubens und der Menschlichkeit aus und erweckt im Menschen den Geist der kreativen und aufrichtigen Arbeit, eines der wichtigsten Merkmale des gläubigen Menschen im Islam.

Literatur
Murtada 1996. Zakariyya 1957. Zuhdy 1996.

Die ostsyrische Kirche in Aleppo

Abdallah Hadjdjar

Die Stadtviertel al-Djudayda und as-Saliba und die dortige ostsyrische Kirche

Der Chronist Aleppos Ibn asch-Schihna berichtet uns, dass nach der Zerstörung Aleppos durch Timur Lenk im Jahre 1400 Christen das Djudayda-Stadtviertel bewohnten. Da das Stadtviertel schutzlos außerhalb der nördlichen Stadtmauer lag, wurde es in Form von kleinen engen Sackgassen angelegt, die an ihren Ausgängen Tore mit Wächtern hatten. Die Wächter kontrollierten jeden, der abends nach einer bestimmten Uhrzeit die Gasse betreten wollte.

Zu beiden Seiten der Gassen lagen die traditionellen Häuser des Viertels mit ihren hohen Fassaden, die nur kleine Türen und hoch liegende Fenster hatten, die durch Eisenstäbe geschützt waren, um nicht die Aufmerksamkeit vorbeiziehender Fremder und anderer auf sich zu lenken. Die Häuser hatten jeweils einen großen Hof mit einem Wasserbrunnen, einen „Iwan" und eine Empfangshalle.

In diesem Stadtviertel gab es eine Straßenkreuzung, die die Einwohner as-Saliba nannten. An dieser Stelle entstanden vier christliche Kirchen: die Kirche der Griechisch-Orthodoxen, die Kirchen der Armenier (sie hatten zwei Kirchen) und die Kirche der Maroniten. Alle vier Kirchen hatten einen gemeinsamen Hof und waren von hier aus für die Gläubigen zugänglich. Nur der Eingang der ostsyrischen Kirche lag an der Straße, die vom westlich gelegenen Yasmin-Tor[1] zu den Kirchen führt.

Die Geschichte der ostsyrischen Kirche

Am Rande einer Handschrift aus dem Jahre 1475, welche die Psalter Davids enthält und sich in der Bibliothek der Ostsyrer in Jerusalem befindet, wurde die Existenz zweier ostsyrischer Priester in Aleppo vermerkt. Es handelt sich um die Priester Yusuf ibn Ishaq Harizati al-Halabi und Isa ibn al-Ghunayma. Daraus lässt sich auf die Existenz einer Gemeinde und einer Kirche der Ostsyrer in Aleppo zu jener Zeit schließen.

Die älteste Erwähnung der ostsyrischen Kirche des Djudayda-Viertels findet sich am Rande eines Blattes, das einem Gebetsbuch beigefügt wurde, das „al-Fanqit" genannt wird und in der ostsyrischen Diözese von Aleppo aufbewahrt ist. Dort heißt es: *„Der Heilige Geist weihte den economus der Kirche der Muttergottes Maria in Aleppo im Jahre 1821 griechischer Zeitrechnung".* Dies entspricht dem Jahre 1510. Es folgt eine zweite Anmerkung: *„Es weilte bei uns im Jahre 1833 griechischer Zeitrech-*

nung (1522) *Pater Mar Gregorius und mit ihm der liebe Bruder Priester Djirdjis vom Kloster az-Zardjal. Das geschah im Stadtviertel al-Djudayda von Aleppo durch Priester Isa, den Sohn des seligen Ishaq, genannt al-Kirbani".*

Daraus lässt sich ableiten, dass die Madonnenkirche der Ostsyrer (*kanisat as-sayyida*) vor dem Ende des 15. Jahrhunderts erbaut wurde. Seit dem Jahre 1510, am Ende der Mamluken-Zeit, wurde für sie ein *economus*, also ein Wirtschaftsverwalter für ihre Besitzungen, bestellt – ein Hinweis auf ihre Bedeutung. Auch der römische Reisende Pietro della Valle, der Aleppo im Jahre 1625 besuchte, erwähnt die Kirche: *„Ich besuchte in Aleppo das Stadtviertel der Christen. Es handelt sich um einen Flecken außerhalb der Stadtmauern, der „al-Djudayda" genannt wurde, weil er neu war. Ihre Kirchen sind dort in der Nähe. Es sind vier, die an einer einzigen Stelle zusammen sind. Sie alle haben einen einzigen Hof und (auch) einen einzigen gemeinsamen Zugang. Die Armenier haben davon zwei Kirchen, die eine trägt den Namen „Die Vierzig Märtyrer" und die zweite trägt den Namen „Die Jungfrau". Die Orthodoxen haben eine Kirche, die den Namen St. Nikolas trägt. Die Maroniten haben eine auf den Namen des Propheten Elias. Was die Kirche der Ostsyrer angeht – das einfache Volk nennt sie* „Unsere Herrin die Madonna", *so steht sie für sich allein. Ich fand sie schöner und geräumiger als die anderen. Dort residiert ihr Patriarch Butrus Hadaya".* Ein weiterer interessanter Randvermerk findet sich in der Handschrift 1378 der Maroniten-Bibliothek in Aleppo: *„Am 13. November 1752 begann der Ausbau der Kirche der Ostsyrer mit der Errichtung ihres Daches und dem Verputzen. Am 15. desselben Monats ließ der Qadi die Kirche versiegeln und stoppte die Arbeiten, auf dass man ihm Geld gebe..."*.

Die Ostsyrer hatten in Aleppo eine einzige Kirche. Als die meisten Gemeindemitglieder zum katholischen Glauben übertraten[2], stritten sich die beiden Gruppen – die Katholiken und die Orthodoxen – zunächst um den Besitz der Kirche. Als um das Jahr 1773 die Kirche von der osmanischen Regierung mit einem hohen Bußgeld in Höhe von 20.000 Piastern belastet wurde, zahlte die Gruppe der Katholiken das Geld und nahm die Kirche bis heute in ihren Besitz. Dabei halfen ihr die übrigen katholischen Gemeinden, vor allem die griechisch-katholische[3].

Der Katholizismus wurde in der Glaubensgemeinschaft der Ostsyrer, die zuvor der jakobitischen Doktrin gefolgt war, allmählich stärker. Dies war das Ergebnis der Aktivitäten katholischer Gesandtschaften sowie der Einmischung und

Aleppo, ostsyrische Kirche, Straßenportal

Unterstützung durch ausländische Staaten, insbesondere Frankreichs. Die Neukatholiken wurden von den osmanischen Statthaltern verfolgt. Der Konsul Frankreichs in Aleppo und der Botschafter in Istanbul halfen den Katholiken dabei, sich aus dieser Notlage zu befreien[4].

Aleppo gilt als die älteste unter den ostsyrischen Diözesen nach ihrem erneuten Zusammenschluss mit dem apostolischen Stuhl in der Mitte des 17. Jahrhunderts. Der Patriarch Andreas Achidjan zählt zu den ersten ostsyrisch-katholischen Patriarchen. Er wurde 1656 Erzbischof von Aleppo, 1662 Patriarch und verstarb 1677. Das Bistum der Erzbischöfe dieser Diözese erstreckt sich auf Aleppo, Adana, Tar-

Aleppo, ostsyrische Kirche, Portal der Kirche

sus, Marsin, Ayntab, Marasch, Killis, Iskenderun und die dazugehörigen Gebiete. Bereits seit dem 16. Jh. hatte es dort Spuren des Katholizismus gegeben. 1586 hatte Papst Gregorius XIII. einem Ostsyrer namens Safar ibn Mansur Qray den Titel eines „Römischen Grafen" verliehen, nachdem sein Glaubenskanon nach Rom geschickt worden war. Er zählte zu den bedeutenden Christen von Aleppo und war Generalbevollmächtigter des ostsyrischen Patriarchen, Steuereinzieher der Einkünfte aus dem Stadtzoll und ein steinreicher Mann mit umfangreichen Handelsaktivitäten. Auch später hatte die katholische Diözese von Aleppo zahlreiche Gönner, die mitunter Teile ihres Vermögens der Kirche und ihren Armen hinterließen[5].

Beschreibung der Kirche

Die Kirche liegt am Wollmarkt westlich vom Yasmin-Tor. Von der Straße führen zwei Türen in einen großflächigen Hof von 210 qm, der sich vor der südlichen Fassade der Kirche erstreckt. Hier befindet sich der Haupteingang für die Männer und daneben ein weiterer für die Frauen, der jedoch nur zur Amtszeit des Erzbischofs Djirdjis Schalhat in Benutzung war[6]. Sein Bau wurde 1869 beendet. Zu beiden Seiten des Kirchenportals befinden sich vier hohe Fenster und darüber vier kleinere, welche die Beleuchtung und Belüftung der Kirche gewährleisten. Über dem Portal findet sich eine arabische Inschrift: „Auf Befehl unseres großen Königs, Sultan Abdalmadjid Chan, möge / sein Königtum bis zum Ende der Zeiten währen, wurde diese Kirche der Madonna renoviert / Sie gehört der ostsyrischen Gemeinde der Katholiken in Aleppo, 1852". Außerdem zieht sich ein Bogen über den Eingang, der mit schwarzen und gelben Steinen geschmückt ist. Zwei reich verzierte Eisengeländer rahmen die Stufen, die zur Tür hinaufführen. Über den Geländern waren Laternen aufgehängt[7].

Der Innenraum der Kirche erstreckt sich von Osten nach Westen über eine Länge von 30,36 m. Er hat eine Breite von 13,65 m und ist ca. 9 m hoch. Der Raum teilt sich in drei Bereiche: Ganz im Osten befinden sich drei Altäre, deren Pfeiler und Kuppeln reich verziert sind. Auf den mittleren Altar stellte man 1867 das Tabernakel, das Erzbischof Djirdjis Schalhat aus Rom mitgebracht hatte[8]. Der zweite Teil schließt sich daran westlich an. Er liegt zwei Stufen tiefer und wird „Chorus" genannt. Dort halten sich die Priester und Liturgiesänger auf. Ein niedriges Metallgeländer trennt diesen Bereich vom dritten, der für die Gläubigen vorgesehen ist und wiederum eine Stufe niedriger als der Chorus liegt.

Der Länge nach ist die Kirche durch zwei Reihen von Pfeilern in drei Schiffe unterteilt: Das mittlere Schiff ist 4,80 m breit, die Seitenschiffe jeweils 3,75 bzw. 3,70 m. Am Westende des mittleren Schiffes befindet sich eine Empore für die Rezitatoren, die am Messdienst teilnehmen. Hier stehen auch fünf hölzerne Beichtstühle. Zur Beleuchtung gibt es oberhalb der Empore drei Fenster sowie eine sechseckige Öffnung in der Decke des Mittelschiffes, die zum Schutz vor Regen verglast ist. Die Überdachung der drei Kirchenschiffe erfolgte mit flachen Gewölben in dem Stil, der für das Ende der Mamluken-Zeit und die frühe Osmanen-Zeit üblich war. Über dem Chorus des mittleren Schiffes erhebt sich eine Kuppel, die von abwechselnd aus gelben und schwarzen Steinen errichteten Bögen getragen wird. Unterhalb der Kuppel befinden sich zwölf kleine Fenster.

Eine Tafel mit syrischer Inschrift an der Ostwand hinter dem mittleren Altar spricht von der Einweihung der Kirche im Jahre 1863. Es scheint, dass zu diesem Zeitpunkt die Renovierung der Kirche vollendet war[9], mit der man im Jahre 1852 begonnen hatte, wie die schon erwähnte Inschrift an der Außenfassade belegt. Der Bereich für die Gläubigen nimmt einen Großteil der Grundfläche der Kirche ein. In seine Bodenplatten wurden Buchstaben des syrischen Alphabets an den Stellen eingraviert, wo sich Gräber der Priester der Diözese befinden. Ihre Zahl beläuft sich auf 12 Vertreter des Bischofs, 16 Pfarrer, 3 Liturgiesänger sowie gottesfürchtige Gläubige. An den Mauern und Pfeilern im Bereich der Altäre und des Chorus wurden Marmortafeln angebracht, welche die Sterbedaten der Autoritäten der Kirche und einiger ihrer Patriarchen nennen. Außerdem sind hier zwei weitere Bischöfe im Boden der Kirche bestattet[10]. Im Bereich für die Gläubigen in der Mitte des Kirchenraumes windet sich eine schöne hölzerne Kanzel spiralförmig um den nördlichen Pfeiler. Von hier predigten die Priester zu den Gläubigen. In der Nähe des Eingangs steht ein Weihwasserbecken.

Aleppo, ostsyrische Kirche, Karschumi-Inschrift

Im Nordosten schließen sich zwei weitere Räume an das Innere der Kirche an: der Ankleideraum und der „Kerzen-Raum", in dem der Patriarch Djirdjis Schalhat bestattet wurde. 1924 erhöhte der Bischof Djibrail Tabbuni die „Mastaba" des Frauenraumes in der Kirche und brachte sie auf eine Ebene mit dem übrigen Boden der Kirche. An der Nordseite der Kirche errichtete er den Altar der Madonna von Bombay und einen weiteren, kleineren Altar für die Heilige Theresa des Jesuskindes. Außerdem sorgte er für einen Anschluss der Kirche an die Stromversorgung.

Als 1924 die Kirche Mar Asya al-Hakim im Ankabut-Viertel östlich von al-Almadji wegen des Auszugs der Christen aus dem Stadtviertel verkauft wurde, brachte man den Altar der Mar Asya al-Hakim in die ostsyrische Kirche. Die Statue der Mar Asya al-Hakim und die Figur des Mädchens, aus dessen Mund die Schlange hervorkommt, wurden in einem Flügel des Altars der Ro-

Aleppo, ostsyrische Kirche, Innenraum, nach Osten gesehen

senmadonna von Bombay angebracht. Sie stammen beide von dem italienischen, in Ägypten ansässig gewesenen Künstler Michele Marinu. Das Geld dafür stiftete Arif ibn Faradjallah Biluni im Jahre 1961, und ihre Anfertigung wurde in Heliopolis beaufsichtigt von Frau Dizi, der Gattin des seligen Dr. Alfuns Bahri. Als man die Statue der Jungfrau, der Madonna von Bombay, in die 1970 vollendete neue Kathedrale brachte, nahm die Ikone Mar Asya al-Hakim ihren Platz ein[11].

Viele Details über die Bauarbeiten an der Kirche finden sich im Tagebuch des Lehrers Naum al-Bachchasch aus der zweiten Hälfte des 19. Jahrhunderts, der der ostsyrischen Kirche angehörte. Es wurde von Pater Yasuf Quschaqdji in bisher drei Bänden ediert und publiziert. Ein weiterer Band wird demnächst folgen. Das Tagebuch enthält auch viele Einzelheiten über das tägliche Leben in der Gemeinde. Aus den Eintragungen geht außerdem hervor, dass nach dem Brand der Kirche beim „Aufstand der Ortschaft" 1850 erst 1852 eine Erneuerung des Gebäudes gestattet worden war und dass die Gläubigen bis zur Vollendung der Arbeiten 1863 im Bischofssaal zu beten pflegten.

Bestattungsinschriften in der Kirche

Zusätzlich zu den verschiedenen Bauinschriften finden sich im Innern der Kirche zahlreiche Inschriften, die auf die Bestattung einiger

Patriarchen und Erzbischöfe im Boden der Kirche hinweisen. Ihre Gräber liegen im östlichen Teil des Kirchenraumes bei den drei Altären. Es handelt sich dabei um die Inschrift für die Patriarchen Mar Aghanatyus Butrus Djarwa (gest. 1851) und Mar Aghanatyus Djirdjis Schalhat (gest. 1891) sowie für die Erzbischöfe Mar Diyunisiyus Habib Nasani (gest. 1949) und Mar Diyunusiyus Butrus Hindiyya (gest. 1959). Auch jakobitische Bischöfe sind in der Kirche begraben, aber für sie finden sich keine Erinnerungstafeln. Zu ihnen gehörte Mar Ghrighuriyus Yasuf al-Kardji, der Bischof von Jerusalem und Aleppo, der im Jahre 1537 in Aleppo beigesetzt wurde.

Der Bildschmuck der Kirche

In einer Höhe von 4,5 m sind verschiedene Bilder an den Wänden der Kirche verteilt. Sie sind alle 1,5 m lang und 1 m breit. Drei Bilder befinden sich hinter den drei Altären. Es handelt sich in der Mitte um die Jungfrau und das Kind, zu ihrer Rechten das Bild der beiden Heiligen Petrus und Paulus sowie zu ihrer Linken um das Bild des Heiligen Georg. An der Nordwand des Kirchenraumes sieht man rechts vom Altar der Mar Asya al-Hakim das Bild der Himmelfahrt der Jungfrau und links vom Altar das Bild der Erscheinung des Herrn. An der Westwand der Kirche hängt auf der rechten Seite ein Bild von Mar Ilyas dem Lebendigen mit seinem Feuerwagen und links das Bild des vom Kreuz genommenen Jesus in den Armen seiner Mutter. Letzteres stiftete der Maler Nadim Risqallah Bachchasch 1934.

An der Südseite des Raumes befinden sich dort, wo die Gläubigen sitzen, ein Bild des Engels, wie er Satan tötet, der in der Gestalt eines Mannes erscheint, sowie ein Bild von Mar Ilyas. Über dem Haupteingang hängt außerdem ein schöner Rahmen, aus dem das Bild entfernt wurde. Gleich am Eingang der Kirche sehen die Gläubigen auf dem westlichen Pfeiler eine Darstellung des Heiligen Yusuf (Josef) und darunter ein Bild vom Herzen Jesu. Der nördlich gegenüber stehende Pfeiler trägt dagegen Bilder der Jungfrau mit dem Kind sowie der Madonna von Bombay. Rechts vom Haupteingang wurde außerdem eine kleine Statue des Herrn Christus aufgestellt. An der Nord- und Südwand hängen schließlich die 14 Tafeln mit den Etappen der Via Dolorosa, wobei jede Tafel 80 x 60 cm misst.

Anbauten an die Kirche

An der Ostseite des Hofes befindet sich eine breite Mastaba (Terrasse), über die man in die Taufkapelle und die Sakristei, auf deren Dach die Kirchenglocke errichtet ist, gelangt. Im Erdgeschoss dieses Bautraktes gibt es zwei Räume und im Obergeschoss drei Räume, die als Primarschule für Mädchen benutzt wurden. Auf der Westseite des Hofes führt ein 6 m langer Gang zum benachbarten Bischofssitz. Der Gang endet auf einem Hof von 13,35 x 7,70 m Größe mit einem zentralen Wasserbecken. Um den Hof erstreckt sich das zweigeschossige Gebäude, das sechs Räume im Erdgeschoss und fünf Räume im Obergeschoss aufweist. Der Bau hat zudem einen eigenen Eingang von der Straße her, der zwei Stufen höher als die Straße und der Eingang zur Kirche liegt. Im Jahre 1862 fügte Bischof Djirdjis Schalhat[12] an der Südseite des Hofes eine Vorhalle („Iwan") hinzu, wie eine in der Vorhalle angebrachte Inschrift in zwei Versen überliefert: *„Unser vorzüglicher Bischof Djirdjis Schalhat kümmerte sich um die Erneuerung einer trefflichen Vorhalle. / Da sprach der Verseschmied über das Datum dessen:* (1862) *wurde über dem Himmel des Ruhmes der Iwan der Herrschaft errichtet".* In der Amtszeit des Patriarchen Djirdjis Schalhat, die von 1874 bis 1891 dauerte, wurde der Bischofssitz zum Sitz des Patriarchats. Dies war eine Bedingung von Djirdjis Schalhat, als er das Patriarchat der Ostsyrer in Antiochien übernahm, weil das Klima von Mardin seiner Gesundheit nicht zuträglich war. So wurde es ihm gestattet, seinen Hauptsitz in Aleppo oder in Dayr asch-Schurfa im Libanon zu wählen.

Gegenwärtige Nutzung

Der Bischofssitz wird heute als zentrale Wohnstätte für die Klerus-Anwärter, die auf die Priesterweihe vorbereitet werden, genutzt. Das Zentrum wird von Pater Emil Aswad verwaltet. Ausbesserungsarbeiten werden an den anliegenden Gebäuden der Kirche durchgeführt, um sie für soziale Dienste für die Gemeinde zu verwenden. Zu dem Bischofssitz gehörte einst auch eine wichtige Bibliothek, die ungefähr 350 arabische und ostsyrische Handschriften umfasste. Pater Ishaq Armalah hat sie katalogisiert. Diese Bibliothek gelangte dann in die asch-Schurfa-Bibliothek im Libanon, die im Osten als die fünftgrößte Bibliothek arabischer Handschriften gilt.

Zahlreiche Touristen, die im Viertel al-Djudayda vorbeikommen, besuchen die Kirche der Ostsyrer wegen ihres Alters und ihrer Bedeutung. Jedes Jahr wird in der Kirche am 16. Oktober, dem Feiertag der Heiligen Mar Asya al-Hakim (gest. 377), ein Fest gefeiert. Nach alter Gewohnheit bringen die Gläubigen dazu mit Wasser gefüllte Flaschen in die Kirche, um sie segnen zu lassen. Später trinken sie das Wasser, wenn sie krank sind, um sich durch die Fürsprache von Mar Asya al-Hakim zu heilen.

Literatur

Dik 1963. di Tarazi 1910. Naqqascha 1910. Quschaqdji. Schalhat 1956.

Anmerkungen

1 Am Jasmin-Tor pflegten die Armen zu betteln, da alle Christen am Sonntag und an den Feiertagen auf dem Weg zu ihren Kirchen hier vorbeikamen.

2 Der ostsyrische Patriarch der Jakobiten Aghnatyus Dawud einigte sich mit Papst Gregorius IX. und schickte ihm sein Glaubensbekenntnis. 1247 erneuerte er das Abkommen mit Papst Innozenz IV. Die ersten, die mit der katholischen Mission in Aleppo begannen, waren die Kapuziner 1626. Ihnen folgten Karmeliter und Jesuiten. Zu jener Zeit gab es in Aleppo ca. 40.000 Christen in den Gemeinden der Orthodoxen, Armenier, Ostsyrer und Maroniten, deren Patriarchen ihren Sitz zumeist in Aleppo hatten. 1649 wurde der Erzbischof von Aleppo Dionysios Konstantin katholisch. Auch sein Nachfolger Dionysios Thomas unterstützte den Katholizismus. 1656 wurde Andrauus Achidjan zum Bischof der ostsyrischen Diözese von Aleppo ernannt, 1662 wurde er Patriarch, 1663 verlieh ihm der Papst die Firmung: Dik 1963, 161.
3 Naufitus Idlibi 1988, 33.
4 Naqqascha 1910, 208-210, 244.
5 di Tarazi 1910.
6 Quschaqdji, IV, 160.
7 Quschaqdji, IV, 12: 2.4.1866.
8 Quschaqdji, IV, 89.
9 Laut Quschaqdji, III, 354, segnete der Erzbischof die Kirche am Sonntag, den 8.11.1863.
10 Quschaqdji, III, 319: Tod des Bischofs Yusuf al-Hayik.
11 Mein Dank gilt Pater Liyun Abdassamad und Pater Imil Aswad, die mir diese Informationen aus dem Archiv der Kirche zugänglich machten und mir bei der Lektüre der syrischen Texte halfen.
12 Er gehörte zu den großen Bauherren der ostsyrischen Gemeinde. Er erwarb für seine Gemeinde zahlreiche Stiftungen und baute Kirchen, Klöster und Schulen. Um die Fortdauer der Aktivitäten dieser Einrichtungen zu gewährleisten, kaufte er Grundstücke und Stiftungsgüter: Schalhat 1956, 76-93.

Stadtbausteine: Öffentliche Bauten

Die Suqs von Damaskus

Jean-Paul Pascual

In den mittelalterlichen Städten Europas ist die nach Berufsgruppen aufgegliederte Niederlassung von Handwerkern ein mehr oder weniger streng gehandhabtes Ordnungsprinzip. Wie in anderen Städten des islamischen Orients hat in Damaskus die Verwaltungs- und Steuerkontrolle dazu geführt, dass einzelne Handwerkszweige sich zu Gruppen zusammenschlossen und sich an einem Standort konzentrierten. Eine solche Entwicklung ist schon in der mamlukischen Zeit spürbar (13. Jh. bis zum Beginn des 16. Jh.), sie verstärkt sich in osmanischer Zeit. So ist also, als die Osmanen 1517 von Damaskus Besitz ergreifen, eine räumliche Trennung bestimmter handwerklicher und kaufmännischer Aktivitäten bereits seit der vorangegangenen Epoche üblich.

Im Jahr 1402 hatte Tamarlan zwar die Stadt verwüstet, und die wichtigsten Vertreter des städtischen Handwerks waren zusammen mit ihren Kindern nach Samarkand verschleppt worden. Viele Märkte mussten deshalb schließen, und gewisse Handwerkszweige waren – zumindest vorübergehend – verschwunden. Das galt besonders für die Kunsthandwerker, denn sie hatten von den Aufträgen der mamlukischen Emire gelebt. Dennoch kehrte langsam das Leben zurück, und am Ende des 15. Jh. wurden von einem Lokalhistoriker 139 Märkte und 117 Handwerksformen genannt.

Diese Informationen erlauben es, in kartografischer Hinsicht in Damaskus drei Sektoren auszuweisen, die die stärksten wirtschaftlichen Aktivitäten verzeichneten: einen zentralen Bereich *intra muros* und – außerhalb des Festungsgürtels, ausgehend von dem großen Platz „Unter der Zitadelle" – zwei bedeutende, senkrecht zueinander verlaufende Straßen. Von ihnen zog sich eine im Norden auf der linken Seite des Barada hin und verlief in Richtung der südlichen Städte und Dörfer der Ghuta. Die andere führte in Richtung Süden zu den Heiligen Stätten und zum Hauran, der Kornkammer des südlichen Syrien.

Der Zentralbereich innerhalb der Mauern, der im 12. Jh. an der Ostseite der Großen Moschee lag, verschob sich langsam nach Westen und Südwesten. Er richtete sich von dieser Zeit an mit etwa 40 Geschäften in einem Umkreis ein, der im Osten von der Umayyaden-Moschee begrenzt wurde, im Westen durch die „Kreuzung" von Bab al-Barid und im Süden durch die „Via Recta". Ihr westlicher Abschnitt (in Richtung Bab Djabiya) hatte sich im ersten Viertel des 15. Jh. nach den Mongolenstürmen mit der Gründung des Suq Djaqmaq entwickelt, wo zwei Chane der Mamlukenzeit, Djaqmaq und Dikka (ehemaliger

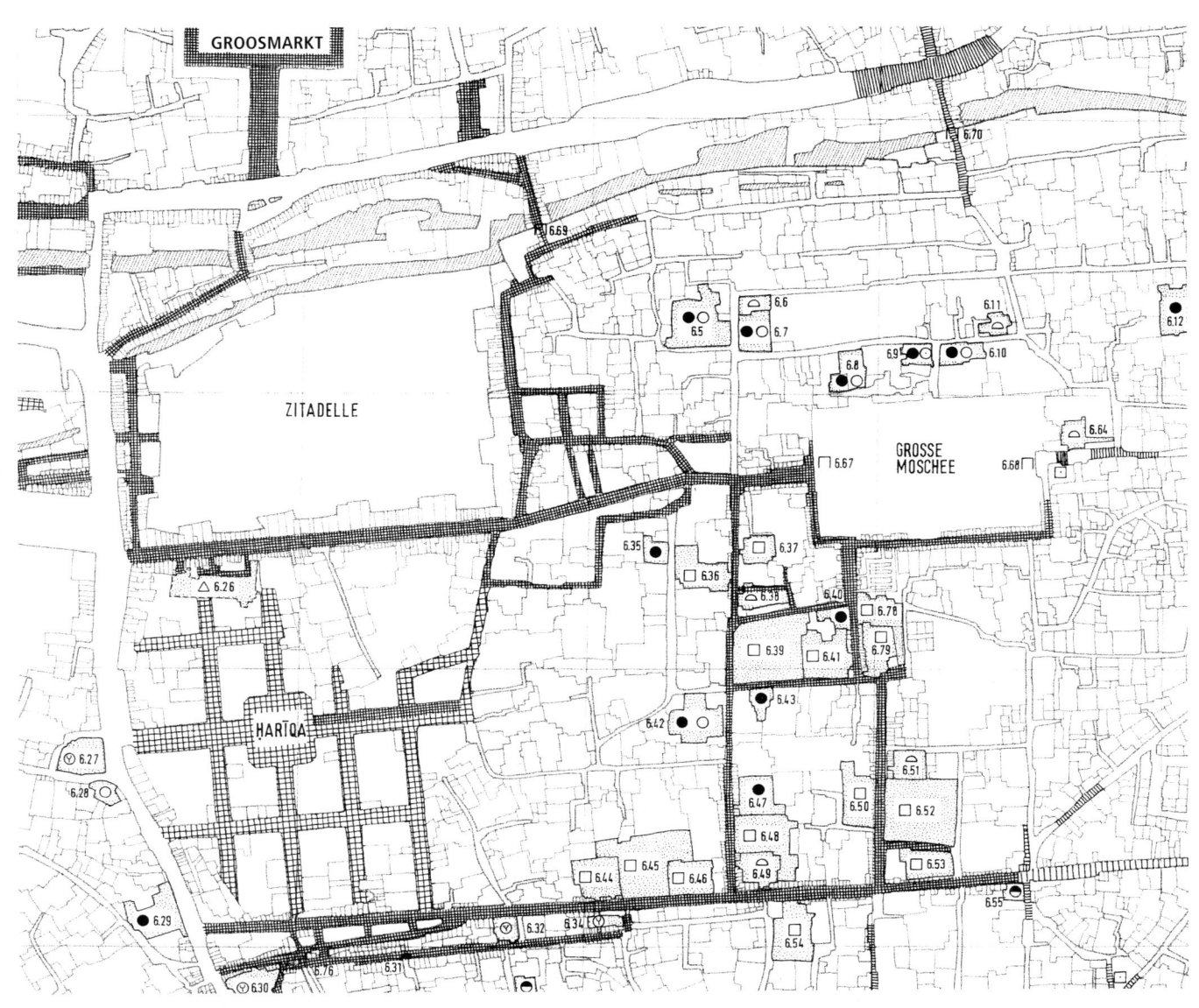

Damaskus, Plan der Suqs

Sitz des Sklavenhandels), bis auf den heutigen Tag existieren.

Dieser ganze Bezirk gliederte sich in eine Reihe von „Suqs" und „Qisariyyas" auf, die an den beiden Verkehrsachsen und den sie verbindenden Querstraßen lagen, wo man bestimmte traditionelle Handwerksformen fand. Die Suqs erhielten durch diese Straßen eine Verbindung zu den wichtigsten Handelszentren der Stadt. Es mischten sich dort Groß- und Kleinhandel von Luxus- und Qualitätswaren in unmittelbarer Nähe der Großen Moschee, während man preiswertere Waren in ihrer Peripherie (Via Recta) fand: Märkte für Stoffe (und Kleidung), für Seide, Baumwolle und Wolle, Pelze, den Gewürz- und Drogenbazar, den Markt für Gold, Silber, Schmuck, Waffen, den kleinen Suq der Abschreiber und Buchhändler, außerdem Lederbearbei-

Damaskus, Suq Hamadiye

tung und qualitätvolle Schuhfabrikation, Wollkämmer und Seiler.

Außerhalb der Mauern, im Norden und Westen an den Stadttoren und den beiden großen Verkehrsstraßen, die an den Mauern entlang führten, wurden die Suqs eingerichtet, in denen große Arbeitsflächen erforderlich waren. Dort ließen sich Handwerker nieder, deren Gewerbe lautstark oder übelriechend waren und bei denen sowohl produziert als auch an städtische und ländliche Kundschaft verkauft wurde.

Im Norden auf dem Platz, der „Unter der Zitadelle" genannt wurde, befanden sich die Märkte, die zu Beginn der Mamlukenzeit aus dem Stadtinneren hierher verlegt worden waren, um mehr Raum zu gewinnen. Täglich gab es morgens den Pferde- und Saumtiermarkt, und am Freitagmorgen bot man Kamele und Rinder an. Um diesen sehr belebten Platz herum mit seiner bunten Menge an Käufern und Gaffern, die Unterhaltung bei öffentlichen Schaustellern suchten, entwickelten sich ganz spezielle Märkte, die in mehr oder weniger enger Verbindung mit dem Militär und der Pferdezucht standen: Händler für Kleidung und Ausstattung, Metall- und Holzhandwerk, Sattler, Hersteller von Packsätteln und Sieben sowie Strohhändler. Händler und Handwerker siedelten sich im Gefolge der Marktverlegung hier an. Es gab jedoch auch Märkte, auf denen Stoffe geringerer Qualität gehandelt wurden, sowie Obst- und Gemüsemärkte (*dar* oder *chan al-bittih*).

In Richtung Osten bis zum Tor Bab al-Faradis reihten sich Märkte aneinander, die deutlich auf die Fabrikation und den Verkauf von verschiedenen Konsumgütern spezialisiert waren und die jedem Abschnitt der Straße seinen Namen gaben: Schuhe für Bauern, kleine Holztruhen, Haushaltsgeräte und Werkzeuge aus Eisen oder Kupfer, Altkleidermarkt.

Die Gerbereien, die viel Wasser brauchen, waren seit dem Mittelalter im Osten am Barada zwischen Bab as-Salam und Bab Tuma aufgrund der Schadstoffe und der starken Geruchsbelästigung angesiedelt worden. Bis zum Jahr 1950 blieben sie an dieser Stelle. Sie stellten lange Zeit ein Hindernis bei der Stadterweiterung in diesem Bezirk dar.

Auf beiden Seiten der Hauptverkehrsachse, die zum südlichen Teil der Esplanade zum Bab al-Djabiya führt, boten Händler den Passanten und Schaulustigen Obst, Gebäck und Gegrilltes an. Neben ihren Verkaufsständen befanden sich die Werkstätten und Warenangebote der Holzdrechsler und Korbflechter.

Außerhalb dieser drei großen Marktbereiche befanden sich vor dem Bab al-Saghir (dem Südtor), das seit dem Mittelalter den Kontaktpunkt zwischen Stadt- und Landleben darstellte, Märkte von Handwerkern, die Ackerbaugeräte herstellten, und von Holzhandwerkern. Außerdem gab es den Taubenmarkt, wobei anzumerken ist, dass die Taubenzucht von vielen Damaszenern sehr geschätzt wurde. Weiter im Süden, in der Vorstadt Midan, gab es einen Hammelmarkt. Dort entfalteten sich auch

Damaskus, Suq Hamadiye

die Aktivitäten des En-gros-Handels mit Lebensmitteln für die Versorgung der Stadt. Aus dem Hauran, aber auch aus der Bekaa kam das Getreide und wurde in mamlukischer Zeit auf offenen Plätzen (*arasat*) zwischengelagert. In osmanischer Zeit bewahrte man es in speziellen geschlossenen Gebäuden (*hasil* oder *baika*) auf.

Alle Arbeiten, die mit dem blühenden Textilhandwerk zusammenhängen, in dem es viele Beschäftigte gab, wurden in den Werkstätten oder Geschäften ausgeführt, die über die ganze Stadt verteilt waren. Manche der zu diesem Bereich gehörenden Tätigkeiten konnten jedoch auch in Heimarbeit durchgeführt werden. In einigen Stadtteilen lässt sich immerhin eine Häufung von Textilbetrieben ausmachen: Im Bereich von Bab as-Sarigha und Qabr Atika fanden sich in den „Chanen" Werkstätten von Webern, die einen Stoff (den *atiki*) herstellten, dessen Name im 16. Jh. genannt wird und der so berühmt wurde, dass man ihn im 17. Jh. auf den Märkten von Kairo anbot. In der Nähe dieser Werkstätten hatten sich Handwerker niedergelassen, die alle zur Weberei erforderlichen Geräte herstellten (Webkämme, Schiffchen etc.). Der Orientalist von Kremer nennt für die Mitte des 19. Jh. Webateliers in den Vierteln des Midan.

In osmanischer Zeit wurden von Provinzgouverneuren oder angesehenen einheimischen Persönlichkeiten etwa 20 große Karawansereien (Chane) gebaut. Manche von ihnen dienten speziellen Zwecken, darunter ein *bazzistan* oder *bedesten*, wo Kaufleute Luxusstoffe anboten. Diesen Karawansereien waren Märkte im innerstädtischen Handelsbereich angeschlossen. Diese Chane, die nachts geschlossen und bewacht wurden, sind zweistöckig aus Quadersteinen errichtet. Ihre nebeneinander liegenden Lager sind rund um den zentralen Hof angeordnet. Der breite Eingang ist von einem Bogen überwölbt und mit einem soliden Tor ausgestattet, in das eine kleine Tür eingelassen war. Durch sie gelangte man in die Vorhalle, von der zwei Treppen in den oberen Stock führten.

Man findet im Wesentlichen zwei Typen von Karawansereien: zum einen die Gebäude, die um einen zentralen, offenen Hof gebaut sind, und zum anderen typisch osmanische Bauten, die völlig von Kuppeln überwölbt werden, so wie etwa den Chan al-Djuhiyya und den Chan al-Djumruk aus dem 16. Jh. oder – den bekanntesten von allen – den Chan Asad Bascha aus dem 18. Jh. Ihr Erdgeschoss diente als Warenlager und der erste Stock manchmal als Unterkunft für die Kaufleute. Die Mieten, die für die Geschäfte in den Suqs zu zahlen waren, stellten einen wesentlichen Teil des Einkommens wohltätiger Einrichtungen (*waqf/auqaf*) dar. Die Karawansereien, die man sonst noch in der Stadt findet, sind bedeutend einfacher gebaut und dienten den Händlern als Unterkünfte. Im Erdgeschoss befanden sich die Ställe für die Reit- und Lasttiere, und die Gästezimmer lagen im ersten Stock.

Die großen zentralen Suqs trugen fast durchgängig ein Satteldach, das die Mengen von Käufern und Schaulustigen gegen die starke Sonneneinstrahlung oder Wetterunbilden schützte. Der Bazar erhielt durch dieses wimmelnde, bewegte Treiben den Reiz, der die fremden Reisenden faszinierte. Wenn die Bazare sich bei einbrechender Nacht leerten, wurden sie gesäubert und mit Wasser besprengt. Die Läden waren klein, eng und konnten durch eine Art Verschlag geschlossen werden, wie er im Nahen Osten üblich war. Der obere Teil ließ sich hochklappen und diente manchmal als Wetterdach. Den darangefügten unteren Flügel konnte man herunterdrücken, er diente so als Warentisch. Als Sitzplatz für den Kunden gab es zumeist eine gemauerte Bank (*mastaba*), die bis auf die Straße reichte und den Verkehr behinderte.

Außer den großen Komplexen mit den spezialisierten Märkten besaß jedes Viertel der Stadt seinen eigenen kleinen Markt (*suwayqa*), wo sich mehr oder weniger zahlreiche und verschieden sortierte Händler niedergelassen hatten: Anbieter von Obst und Gemüse, Kohle und Holz, Schlachter und Bäcker. Sie offerierten ihre Waren den Anwohnern oder – wie im Süden der Stadt im Midan – einer Kundschaft, die sich aus Bauern oder Nomaden zusammensetzte.

Die Osmanen wandten unter dem Begriff „Ihtisab" einige der ehemaligen mamlukischen Gesetze an, die im Wesentlichen Rechtsvorschriften und Steuern betrafen, die die Ladenbesitzer, Handwerker und Kaufleute zu entrichten hatten. Dieser Steuerbetrag stellte die zweitgrößte Einnahmequelle der Provinz dar. Größer waren die Einkünfte durch Steuern auf Alkali-Pflanzen, die für die Seifenproduktion verwendet wurden. Eine ebenso hohe Summe hoffte die Finanzverwaltung durch Abgaben einzunehmen, wenn Waren von der Pilgerkarawane aufgekauft und mitgenommen wurden. Die Belastung mit dem Ihtisab stellte eine jährliche Abgabe dar. Der zur Zahlung Verpflichtete war sowohl vom obersten ortsansässigen Richter abhängig, der über die Moral aller öffentlichen Einrichtungen wachte, als auch, bei der Versteuerung des Einkommens, vom Finanzverwalter der Provinz.

Die Handwerker schlossen sich während der osmanischen Zeit mit festgelegten Übereinkünften in Handwerkerzünften (*tawaif al-hiraf* oder *asnaf*) zusammen. Zu Beginn des 18. Jh. kann man in Damaskus mehr als 60 verschiedene Zünfte anhand lokaler Gerichtsregister ausmachen. Die Zahl der ausgeübten Handwerke war aber sehr wahrscheinlich weitaus größer. Verschiedene religiöse Bekenntnisse innerhalb dieser Gruppen waren allgemein üblich, und der Glaube eines jeden wurde respektiert. Die Zünfte hatten den Markt streng monopolisiert. Die Qualität der Produkte wurde zum einen einer internen Kontrolle unterworfen und zum anderen auch der Kontrolle durch den Staat. Die Bedingungen, unter denen man sich als Handwerker niederlassen durfte, waren besonders eingeschränkt. Der Zugang zu einer der Zünfte und der Aufstieg des einzelnen in ihrer Hierarchie (Lehrling = *agir*, Geselle = *sani*, Meister = *muallim, usta*) waren durch Aufnahmerituale gekennzeichnet. Jede Handwerkervereinigung hatte an ihrer Spitze einen Schaych, der von den Gruppenmitgliedern gewählt wurde. Jeder Schaych musste im Amt jedoch vom Obersten Richter der jeweiligen Stadt bestätigt werden; und es war ebenfalls der Oberste Richter, der die internen Streitigkeiten jeder Berufsvereinigung schlichtete, ihre Prozesse führte und Urteile im Falle beruflicher Fehlleistungen aussprach.

Die drei großen Bezirke entwickelten sich bis 1860 parallel zum langsamen wirtschaftlichen Wachstum und dem Bevölkerungszuwachs der Stadt, deren Einwohnerzahl im 16. Jh. etwa 50.000 und Ende des 19. Jh. etwa 140.000 betrug. Schon vom 16. Jh. an ist eine Verstärkung der Handelsaktivitäten in den entsprechenden innerstädtischen Bezirken spürbar, die auf intensivierte kommerzielle Kontakte der Stadt zurückzuführen sind. Damaskus hatte seinen Platz im Mittelpunkt des osmanischen Imperiums gefunden. So werden Suqs und Chane im Zentrum an der Stelle von Wohnhäusern gebaut. Im Viertel Bab al-Djabiya war der Suq al-Sinaniyya, der als eine Erweiterung der Märkte der Via Recta anzusehen ist, am Ende des 16. Jh. eine Gründung in großem Umfang, da in ihm zu beiden Seiten der Straße 74 Läden und 34 Räume im oberen Stock untergebracht waren. Er zog sich bis nach Midan hin. Der Suq al-Sibahiyya (später Suq al-Arwam genannt) wurde als geschlossener Markt – entfernt von anderen Märkten – im 16. Jh. südlich der Zitadelle erbaut. Er war der Sitz der Makler, die sich auf das Schätzen und den Verkauf von beweglicher Habe nach Todesfällen spezialisiert hatten. In den folgenden Jahrhunderten wurden in diesem Bezirk noch eine Reihe anderer Märkte erbaut und eingerichtet.

Erwähnenswertere Veränderungen traten nach 1860 ein. Die Öffnung des Landes zog einen Importzuwachs an Fabrikwaren nach sich, insbesondere an Textilien, die auch in den innerstädtischen Suqs angeboten wurden und die einheimischen Produkte verdrängten. Trotz vieler Widerstände und Ge-

Damaskus, Chan Midhat Bascha

genwehr verminderte sich die Zahl der Webereibetriebe. Andererseits regte der Krimkrieg, der die russischen Getreideexporte nach Europa zum Erliegen brachte, die Nachfrage nach dem Getreide aus dem Hauran an, das von dem Zeitpunkt an bei der Londoner Börse notiert wurde. Wahrscheinlich wurden in dieser Epoche die vielen Getreidespeicher (*baika*) auf der Hauptstraße von Midan gebaut.

Im Verlauf der Reformen zeigte sich der Wille zur Modernisierung, indem man Bauarbeiten durchführte, die von öffentlichem Interesse waren, und indem Umgestaltungen vorgenommen wurden, die in bedeutender Weise das Stadtbild veränderten. Man pflasterte und verbreiterte die Hauptstraßen und die Gassen in den Suqs und ließ die Bänke (*mastaba*) vor den Geschäften entfernen, die den Verkehr behinderten, die bei Unruhen allerdings auch dazu genutzt werden konnten, Barrikaden zu errichten. Auch wurden neue Durchgangsstraßen gebaut, so z.B. der westliche Teil der Via Recta oder die Straße zwischen der Süd-Ost-Ecke der Zitadelle und dem Bab al-Barid (1884-85), die zu Ehren des Sultans den Namen Suq al-Hamidiyya erhielt. Diese Umgestaltungen wurden dadurch vorangetrieben, dass man zu Beginn des 20. Jh. die Gräben der Zitadelle zuschüttete, was sowohl Platz schuf für die Ausbreitung der Märkte (westlicher Teil des Suq al-Hamidiyya) als auch neue Suqs entstehen ließ. Der Suq al-Hudja wurde 1905-1906 an der Stelle des westlichen Grabens gebaut, und auf dem Mardja-Platz entstand 1878 ein „geschlossener Markt", der Suq Ali Bascha al-Djadid. Auch Umwidmungen von Gebäuden wurden vorgenommen. So wurde das aus dem 16. Jh. stammende Bad Darwis Bascha im Zentrum der großen Märkte zu einem Suq, der aufgrund seines Schmucks aus Fayencefliesen „al-Qisani" genannt wurde.

Im mittelalterlichen Marktsystem standen Geschäftslokale neben Gebäuden für öffentliche Dienste, und auch Wohnhäuser waren in diesen Vierteln zu finden. In mamlukischer Zeit begannen in der Stadtplanung Phasen der Konzentration, der Auswahl und der Verdichtung. Dieser Prozess verstärkte sich in osmanischer Zeit und lief praktisch darauf hinaus, dass in Marktgebieten keinerlei feste Wohnungen mehr erlaubt waren. Zwischen den einzelnen Suqs wurden eine ganze Anzahl von Gebäuden eingerichtet, die dem öffentlichen Interesse dienten: Moscheen, Madrasa, Bäder und – als neue Errungenschaft – Kaffeehäuser. Außerdem gab es Häuser, in denen Kaufleute und Reisende zeitweilig Aufenthalt nehmen konnten, in denen Groß- und Kleinhandel betrieben und Waren fabriziert wurden.

Änderungen oder einen Wechsel gab es in Damaskus in diesen Bereichen nicht. Im Gegensatz zu Aleppo lebten hier keine europäischen Kaufleute und Konsuln. Um deren Wohnsitze in den Chanen und Suqs in Aleppo wurden nämlich Klöster, Kapellen und konfessionelle Schulen eingerichtet. Erst gegen Ende des 19. Jh. schuf man in Damaskus einen Verwaltungsmittelpunkt um den Mardja-Platz herum mit der neuen Stadtverwaltung, dem Gericht, dem Polizeigebäude, der Post und einem Hotel für Reisende. Dadurch wurden bestimmte Handwerks- und Berufszweige, wie Geldwechsler, Uhrmacher oder Hersteller von Siegelringen, angezogen, die vorher in anderen Vierteln der Stadt gewohnt hatten. So bildete sich der Ansatz zu einem modernen Zentrum und deutete bereits auf die Ausdehnung der Stadt in Richtung Westen nach dem Ersten Weltkrieg hin.

Literatur

Baedeker 1893. Bakhit 1982. Ibish 1967. Kremer 1854/5. Lapidus 1967. Mantran - Sauvaget 1948. Rafeq 1966. Raymond 1985. Sack 1989. Sauvaget 1934.

Aleppo, Chan

lebendig sind. Denn die neuen Besitzer ähneln den alten Besitzern und entstammen ebenfalls den eher konservativen, an der Tradition orientierten Bevölkerungsschichten. Selbst die wenigen unter den neuen Händlern, die bäuerlicher Herkunft sind, haben gewissermaßen eine Entwicklungsphase durchlebt, in der sie sich der Mentalität dieser städtischen Schichten angepasst haben. In den Grundstrukturen findet also keine Veränderung statt, da der Lebensstil und die Mentalität der Händler davon fast unberührt geblieben ist.

Die aktuelle Prosperität der Suqs rührt aber nicht nur von der Beständigkeit der überlieferten Formen her, sondern auch von der Beibehaltung wichtiger Grundtugenden. Außerdem spielt die günstige Verkehrslage eine positive Rolle. Es ist daher schwierig, eine Prognose für die Zukunft der Suqs abzugeben. Ein Vergleich der Höhe des Leer- oder Schlüsselgeldes deutet darauf hin, dass die modernen Handelszentren an Marktwert zugelegt haben, während die Suqs etwas an Wert einbüßten. Dies kann schwerwiegende Folgen haben, wenn die Suqs ihre wirtschaftliche Funktion und damit ihre Daseinsberechtigung verlieren.

Da sie als historische Bauwerke unter staatlichem Denkmalschutz stehen, werden sie – wenigstens theoretisch – nicht dem Abriss preisgegeben. Es kann sie jedoch dasselbe Schicksal ereilen, das in vielen anderen Altstädten in der arabisch-islamischen Welt bereits Realität geworden ist. Dort wurden die Suqs einfach zu Museen degradiert, die von Touristen und Nostalgikern besichtigt werden und in denen Touristen-Tand und minderwertige Andenken-Ware feilgeboten werden.

Die Bewahrheitung solcher Prophezeiungen kann jedoch lange hinausgezögert oder verhindert werden, denn die Suqs lassen sich reaktivieren und den veränderten Zeiten anpassen. Die alte, tiefverwurzelte Mentalität der Händler und Handwerker des Suqs ist überlebensfähig, was sich in den neuen Zentren erkennen lässt. Als Beispiel sei das Viertel Bustan Djul Aab angeführt. Auf den fünf Straßen dieses Suqs, der Ende des 19. Jh. gebaut wurde, finden sich auf einer Fläche von ca. 7 Hektar Hunderte von Reparaturwerkstätten und Agenturen für Kfz-Ersatzteile und Kfz-Zubehör. Es gibt professionelle Markenhändler und Händler von gebrauchten Ersatzteilen, die ihre Ware im Laden oder auf offener Straße anbieten. Wie in den alten Suqs läuft der Kunde von Händler zu Händler, um das Gesuchte zu finden, Preise zu vergleichen und zu feilschen. Daneben gibt es dort auch ca. 50 Hotels, jeweils ein Dutzend Parkplätze, Kinos und zahlreiche Restaurants. Ein anderes Beispiel ist der Elektromarkt im neuen Handelsviertel. Dort bieten ca. 100 Lager und Geschäfte ihre Importwaren an. Das Sortiment reicht von

Radios und HiFi-Anlagen über Video- und Fernsehgeräte bis hin zu Kameras und Taschenrechnern.

An diesen Beispielen sieht man, dass sich eine Ballung von modernen Wirtschaftsaktivitäten europäischen Ursprungs auch in einer Atmosphäre und nach Handlungsmustern abspielen kann, die denen der alten Suqs ganz ähnlich sind. Eine Studie dieser neuen Wirtschaftszentren bringt uns das „orientalische" Handelssystem nahe, das in seinen sehr modernen Erscheinungsformen dennoch die klassischen und überlieferten Normen der alten Suqs beibehalten hat.

Stiftungen in Damaskus

Dad Al-Hakim

Ab den 30er Jahren des 16. Jh. häufen sich in Syrien in den Registern der „Scharia"-Gerichte die Stiftungsurkunden für die Osmanen-Zeit. Seit dieser Zeit sind diese Register (*sidjillat*) im Historischen Archiv in Damaskus in großer Zahl vorhanden. Gestützt auf diese Register unternahmen syrische, arabische und ausländische Wissenschaftler zahlreiche Studien zu den religiösen Stiftungen (*waqf*) in Syrien.

Beim Betrachten der Stiftungsurkunden für Syrien in der Osmanen-Zeit bemerken wir zwei Phasen bezüglich der Anzahl und des Ausmaßes von gemeinnützigen Stiftungen (*auqaf chayriyya*) im Vergleich zu Familienstiftungen (*auqaf ahliyya/durriyya*).

Im 16. und 17. Jahrhundert nahmen die gemeinnützigen Stiftungen zu. Sie waren zur Deckung der Ausgaben der großen Wohltätigkeitsorganisationen bestimmt, wie die der Freitagsmoscheen, der kleineren Moscheen, der „Takiyyas" (Versammlungsorte religiöser Bruderschaften), von denen Essen verteilt wurde und andere gemeinnützige Wohltaten ausgingen, sowie zum Unterhalt von Schulen. Auch dienten sie zum Gebäudeunterhalt und zur Bezahlung der Bediensteten, Gelehrten und Geistlichen, die mit den Institutionen verbunden waren. Solche Stiftungen wurden damals zunehmend von den Herrschern und Statthaltern errichtet, die für ihre Tapferkeit auf den Schlachtfeldern des Balkans und andernorts Berühmtheit erlangt hatten. Sie versuchten auf diese Weise, ihre ruhmreichen Taten in den arabisch-islamischen Städten zu verewigen, mit deren Verwaltung sie betraut wurden. Einige dieser Städte waren damals auf dem Höhepunkt ihrer Macht und Ausdehnung und Kultur-Zentren des islamisch-arabischen Kalifats, so etwa Damaskus, Baghdad und Kairo. Ihre Herrscher gründeten dort Wohltätigkeitsorganisationen, zum Beispiel die Takiyya as-Sulaymaniyya und die Freitagsmoscheen Sinan-Bascha, Darwisch-Bascha und Lala-Bascha in Damaskus oder ähnliche Einrichtungen in Aleppo, Baghdad, Kairo, Sanaa und im arabischen Westen. Die Stiftungen waren zur Deckung der laufenden Ausgaben für diese Gebäude und der mit ihnen verbundenen Organisationen wohltätigen Charakters bestimmt. Gelegentlich umfassten diese „Auqaf" (Stiftungen) ganze Dörfer mit Ländereien, Geschäften, Ölpressen und Immobilien.

In der zweiten Phase, die ihren Höhepunkt im 18. und 19. Jahrhundert erreichte, änderte sich die Situation. Nun überwogen die Familienstiftungen an Zahl und Verbreitung. Ihr Nutzen beschränkte sich auf die Familien der Stifter und deren Nachkommenschaft, wobei meistens die männlichen Nachkommen gegenüber den weiblichen bevorzugt wurden. Die Stifter versuchten, ihre Besitztümer in Familienstiftungen umzuwandeln, mit dem Ziel, sie dadurch vor der Enteignung durch den Staat zu bewahren. Damit ging einher, dass sich die osmanischen Statthalter und Sultane jener Zeit vom Bau von Takiyyas und Freitagsmoscheen abwandten, wie er noch in den Jahrhunderten zuvor üblich gewesen war. Dies lag an ihrer allgemeinen Schwäche und dem Verlust der Initiative zu weiteren Kämpfen gegen die Feinde in Europa, Russland, an den östlichen Grenzen, am Arabischen Golf und in den Ländern des arabischen Westens. Damals waren Ämterkauf und die Einsetzung unzulänglicher Statthalter verbreitet, was sich daran zeigt, dass sie bereits kurz nach ihrer Amtsübernahme wegen mangelnder Verwaltungserfahrung oder zu Gunsten anderer Kandidaten wieder abgesetzt wurden.

Große Freitagsmoscheen im Stile der Sinaniyya und der Darwischiyya in Damaskus wurden nicht mehr gebaut, denn dem Gouverneur ging es vorrangig um die Eintreibung von Vermögen. Auch ließ ihm die kurze Zeit seiner Regentschaft keine Gelegenheit, derartig herausragende Bauten zu veranlassen. Schließlich fehlte ihm die Kompetenz für sein Amt, in dessen Verwaltung er scheiterte, da er nicht die Kenntnis und Weisheit seiner Vorgänger besaß.

Der wichtigste Beweggrund, den eigenen Besitz in Familienstiftungen umzuwandeln, war für die vermögenden Leute, und insbesondere die Regenten, die Furcht, dass der Staat ihren Besitz konfiszieren könnte. So war es im 18. Jahrhundert bei vielen Leuten in Syrien und besonders in Damaskus geschehen. Das beste Beispiel dafür sind die Lokalherrscher der Azm-Familie in Damaskus.

Der Chronist von Damaskus im 18. Jh. Ahmad al-Budayri al-Hallaq erwähnte in seinem Werk („Hawadith Dimaschq al-yaumiyya", 1154-1175 Hidjra/1741-1762 n.Chr.)[1], wie der Staat die Besitztümer des zweimaligen Gouverneurs von Damaskus Sulayman Bascha al-Azm nach dessen Tod im Jahre 1763 konfiszierte. Al-Budayri berichtet uns[2]:

„Am 23. Schawwal diesen Jahres 1156 [Ende 1743 n.Chr.] kam Salachdar, ein Gesandter des Sultans, um das Vermögen Sulayman Baschas in Höhe von 12.000 Säcken zu beschlagnahmen (wobei ein Sack 500 Kurusch – 2.250 Goldmark oder ca. 804 Gramm Feingold – ausmacht). Wie ein Feuerstrahl drang er in Damaskus [as-Scham] ein und vertrieb den Harem von Sulayman Bascha auf abscheuliche Weise von seiner Wohnstätte ... Er versiegelte alle Gemächer des Hauses ... und übte Druck auf den Harem aus, er möge ihm mitteilen, wo das Vermögen verborgen sei."

All dies geschah, als der Neffe von Sulayman Bascha, Asad Bascha al-Azm, Gouverneur von as-Scham war. Er hatte die Nachfolge seines Onkels in dem Amt angetreten. Asad Bascha gelang es nicht, die Beschlagnahmung der Besitztümer seines Onkels zu stoppen. Aber er zog daraus eine Lehre und verwandelte die meisten seiner eigenen Besitzungen in Auqaf Ahliyya (Familien-Stiftungen), damit seine Kinder und Nachkommen in deren Genuss kämen, ohne dass der Staat sie konfiszieren konnte.

Ausführlich beschreibt al-Budayri al-Hallaq die Mittel, auf die sich die Gouverneure bei der Eintreibung von Geld zu Lasten des Volkes stützten. Er berichtet aber auch, wie der Staat diese Gouverneure knebelte, wenn er dazu in der Lage war, wie etwa bei Asad Bascha al-Azm, der im Jahre 1785 n.Chr. getötet wurde.

Erwähnenswert ist, dass die Gouverneure des 18. Jahrhunderts nicht im Stile ihrer Vorgänger, wie Sinan Bascha, Darwisch Bascha, Lala Mustafa Bascha und andere, die im 16. und 17. Jh. mit Statthalterschaften betraut waren, Freitagsmoscheen errichteten. Sie beschränkten sich vielmehr auf die Restaurierung einiger Freitagsmoscheen, den Bau kleiner Moscheen und die Errichtung einiger Schulen. Sie kümmerten sich hauptsächlich um die Einziehung von Geld auf dem Wege der Teilhaberschaft an wirtschaftlichen Unternehmungen und durch den Bau von Chanen, von denen aus derartige Aktivitäten abgewickelt wurden. Der Chan Asad Bascha in Damaskus ist das beste Beispiel dafür. Asad Bascha und andere aus der Azm-Familie errichteten außerdem Paläste und große Häuser, wie es sie in Damaskus und Hama gibt, wo die Azm-Familie ihre Macht verankert hatte.

Die Dokumente der Scharia-Gerichte in Damaskus enthalten für die Zeit der Regentschaft von Asad Bascha al-Azm viele „Waqf"-Urkunden, in denen Asad Bascha für seine Nachkommenschaft seine Besitzungen stiftete. Auqaf Ahliyya (Familien-Stiftungen) sind in der islamischen Scharia genauso geschützt wie die Auqaf Chayriyya (wohltätige Stiftungen), die der Staat nicht beschlagnahmen darf.

Als Ergänzung zu dem Beitrag über das Waqf in Aleppo, bei dem große Stiftungen im Mittelpunkt stehen, und als Vertiefung in die Form und den Inhalt von Stiftungsurkunden präsentieren wir im Folgenden eine von vielen Waqf-Urkunden des Asad Bascha al-Azm, von denen wir aus Rücksicht auf den begrenzten Raum dieser Studie eine kurze ausgewählt haben[3]. Die großen Waqf-Urkunden der Azm-Familie sind zum Teil publiziert, zum Teil aber auch noch in den Registern der Scharia-Gerichte versteckt, wo sie der Erschließung, Edierung und Publizierung harren. Das Dokument hat eine vergleichsweise kleine Stiftung in Maarat an-Numan, südlich von Aleppo gelegen, zum Gegenstand, besitzt aber doch eine beträchtliche Länge, weil seinen Kern, den eigentlichen Stiftungsgegenstand und die an seine Stiftung gebundenen Bedingungen, Litaneien von Ehrennamen und Titeln sowie lange rechtlich-formale Absicherungen umgeben.

„In Gegenwart unseres Herrn as-Sayyid Ali Afandi al-Hanafi – möge seine Güte walten – wurde seine Exzellenz, der Kundigste der Gelehrten und Autoritäten, der beste der trefflichen Sucher, der durch die Zuneigung des Helfenden Königs erhalten wird, Spross des lauteren Baumes, unser Herr as-Sayyid asch-Scharif as-Sayyid Ali Afandi ibn as-Sayyid asch-Scharif Muhammad Afandi Muradi-Zadah – mögen seine Vorzüge anhalten – zum Zeugen aufgerufen als Bevollmächtigter für seine Hoheit, den verehrten Minister, den geehrten Ratgeber, Vorbild der Minister in der Welt, Lenker der Gemeinschaft der Muslime, Erfüller der Anliegen der Menschen, den die Zuneigung des Allwissenden Königs erhält, der große Ratgeber, Hadjdj Asad Bascha, der Minister, Gouverneur von Damaskus [asch-Scham], derzeitiger edler Pilgerführer, möge die Hochachtung für ihn währen, Sohn der verstorbenen Hoheit, des verehrten Ministers, des geehrten Ratgebers, Ordnung der Welt, Lenker der Belange der Gemeinschaften, Erfüller der Anliegen der Menschen, Anwärter auf die Weite der Gnade seines Herrn, des Allwissenden Königs, des großen Ratgebers Ismail Bascha, des Ministers – möge seine Grabstätte angenehm sein –, dessen Stellvertretung in dieser Angelegenheit und was sonst dazu gehört an Einzelposten sicher erwiesen ist in schariatrechtlicher Hinsicht durch rechtmäßige Bezeugung der Korrektheit und Genauigkeit seinerseits und auf Seiten des Beauftragten, sowie der Freiwilligkeit und des Kommens aus freien Stücken, auf das hingewiesen wurde, und alles, was er noch vorbringt durch das Zeugnis unseres Herrn, dem Stolz der maßgeblichen Gelehrten, Muhammad Said Afandi, Sohn des seligen Ahmad Afandi al-Mahasini, Stolz der Schayche und Sayyids und des Herrn Schaych Yunus, Sohn des seligen Schaych Ibrahim al-Adhami. Die schariatrechtliche Zulässigkeit der Angelegenheit wird durch Folgendes bezeugt (Datumsangabe):

Er stiftete, bestätigte, verewigte, schenkte zur Annäherung an seinen Edlen Herrn, dessen reich ge-

Ein Waqfdokument aus Damaskus

währten Lohn suchend, vor dessen schmerzhafter Strafe fliehend, an dem Tag, an dem Gott die Spendenden belohnt, und Er lässt die Belohnung der Wohltätigen nicht verlorengehen, (er schenkte also) dasjenige, welches sich in der Hand des Vollmachtgebers befindet und in seiner – dadurch, dass er es aufgebaut und errichtet hat – schariatrechtlich zugestandenen Verfügungsgewalt. Dies bezeugen für ihn frühere Dokumente. Nämlich:

Das ganze Gebäude der Qahwa-Chana [Kaffee-Haus] und die daran anschließenden Läden. Dies befindet sich in der Qasaba [Verwaltungshauptstadt] Maarrat an-Numan und dient schariatrechtlich legitimen Nutzen. All dies grenzt im Süden an das Osttor des Basars. Es liegt innerhalb des Basars, wenn man (vom Tor) in Richtung Westen blickt.

(Dies erfolgt) nach Maßgabe all dieser dem erwähnten Beauftragten als schariatrechtlich rechtens bekannten Dingen, als korrekte schariatrechtliche Stiftung, sicher, dauerhaft, ewig und als auf immer bleibendes Almosen, im Gefolge der Nächte, Tage, Monate und Jahre. Niemandem, der an Gott und den Jüngsten Tag glaubt und weiß, dass er zu seinem Herrn gelangen wird, ist es erlaubt, diese Stiftung zu annullieren, zu verändern, zu ersetzen, auszusetzen oder ihren Richtlinien und Bedingungen zuwider zu handeln, die später darin aufgeführt werden. Der Bevollmächtigte hat dies im Auftrag des bezeichneten Vollmachtgebers aufgesetzt. Wenn dies nicht gegeben ist (was in den Richtlinien steht) so fällt sie den muslimischen Armen und Bedürftigen zu.

Er stellte für seine Stiftung Bedingungen auf, zu denen zählen:
1. *seine persönliche Aufsicht und Verfügungsgewalt zu seinen Lebzeiten,*
2. *nach ihm immer an den Vernünftigsten von seinen Kindern, deren Nachkommenschaft, deren Verwandten und deren Nachfahren.*
3. *Erhob er zur Bedingung, dass in jedem Jahr aus den Einkünften und Einnahmen der Stiftung ein Anteil von 10 Qirat* [d.h. 10 1/24 = 5 1/12 der Gesamteinnahmen] *für den Chan verwendet werden sollten, den der bezeichnete Vollmachtgeber im trefflichen al-Maarrat für die Reisenden errichtet hatte. Die Einkünfte von zehn Qirat sollen auf 100 Teile verteilt werden.*

Es mögen für das Wasser der oben bezeichneten al-Umari-Freitagsmoschee die Einkünfte und Einnahmen eines Anteils von 5 Qirat [d.h. 5 1/24] *aus dem angegebenen Stiftungsgut benutzt werden. Der oben bezeichnete Vollmachtgeber hatte im Namen der Seele seiner Mutter drei Läden in der edlen Qasaba gestiftet, deren Einkünfte ebenfalls für das Wasser der oben erwähnten Freitagsmoschee aufgewandt werden sollten.*

Die Einkünfte und Einnahmen eines Anteils von 5 Qirat aus dem Stiftungsgut sollen zur Unterhaltung des oben genannten Chans, der Qahwa-Chana, der oben genannten Läden sowie zur Bezahlung der Pacht für jenes Land aufgewendet werden. Dabei handelt es sich jährlich um fünf Kurusch. In jedem Jahr sollen die Einkünfte und Einnahmen eines Anteils von zwei Qirat aus dem bezeichneten Stiftungsgut für die Lehrer in der oben erwähnten Freitagsmoschee gezahlt werden, egal um wen es sich dabei handelt. Zwei Qirat sind für den Waqf-Aufseher und denjenigen, der die Mieten einsammelt. [Das ergibt zusammen 24/24, also die Gesamteinnahmen der Stiftung].

Ferner machte er zur Bedingung bei dieser seiner Stiftung, dass dem erwähnten Vollmachtgeber, seinen Kindern, deren Nachfahren, seinen Verwandten und deren Nachfahren bestimmte Funktionen übertragen werden sollten. Der Stifter.

Der Bevollmächtigte nahm die Stiftung des erwähnten Vollmachtgebers aus dessen Eigentum und Besitz, nahm sie aus dessen Ge-

wahrsam und unterstellte sie sich in schariatrechtlicher Weise und machte sie zu einer legitimen Stiftung in der oben erklärten Weise. Wenn dann jemand es abändert, nachdem er es gehört hat, trifft die Schuld daran diejenigen, die es abändern. Gott hört und weiß alles.

Der Bevollmächtigte händigte diese Stiftung Herrn Radjab, dem Sohn von Herrn Yusuf aus, nachdem er ihn zusammen mit dem erwähnten Beauftragten zum Teilhaber gemacht hatte bei der Inspektion und Aufsicht darüber, bis die Angelegenheit der Registrierung und der Schiedsgerichts-Ernennung geregelt sei. Dann nahm er sie in schariatrechtlich korrekter Weise entgegen. Der Rest dessen wurde vor Zeugen erledigt und dadurch, dass ihm in seiner Gegenwart all dies deutlich in vollständig korrekter schariatrechtlicher Weise zuerkannt wurde. Danach wurde diese oben beschriebene Stiftung auf den Weg gebracht.

Der durch die Vollmacht seines Vollmachtgebers Bevollmächtigte wollte die ausgewiesene Stiftung rückgängig machen und die Stiftungsgüter jenem bezeichneten Vollmachtgeber in der Form, wie sie vor der Stiftung bestanden hatte, zurückgeben. Dabei machte er geltend, dass es sich gemäß dem Diktum des großen edlen Imams, der Leuchte der Glaubensgemeinschaft und Krone der Imame Abu Hanifa an-Numan ibn Thabit al-Kufi – möge Gott seine Schlafstätte kühlen und sein Nischengrab erleuchten – vor der Registrierung und der Schiedsgerichts-Ernennung (noch) nicht um Waqf handele. Dies verweigerte der Teilhaber an jenem Schriftstück und stritt sich sehr heftig mit ihm, wobei er auf der Zulässigkeit der Stiftung beharrte, und dass sich die Richtigkeit dessen aus dem Diktum des zweiten Imams[4] ergebe. Dabei handelt es sich um den rührigen Gottesgelehrten, den Imam Muhammad ibn Hasan asch-Schaybani – Gott habe Wohlgefallen an ihm. Dies soll insbesondere nach der Aushändigung an den Beauftragten gelten. Darüber ließen sie es zu einem Prozess vor dem bezeichneten Richter kommen und trugen ihre Behauptungen gegeneinander vor. Der besagte Richter prüfte all dies in ausreichend gründlicher Weise und meinte, dass sich die Waagschale stark zu Gunsten des erwähnten Teilhabers neige. So bat er Gott eindringlich um Ratschluss und nahm Ihn als Rechtleiter und Helfer und verfügte die völlige Korrektheit des oben bezeichneten Waqf im Allgemeinen und Besonderen, und dass man nach seinen Bedingungen und Optionen verfahren könne. Nach dem Diktum des erwähnten Imams Muhammad hätte der oben bezeichnete Richter den Bevollmächtigten in die Lage versetzen sollen, von dem schriftlich niedergelegten Waqf kraft eines schariatrechtlichen Urteils und Verbotes durch eine schariatrechtliche Bittschrift zurückzutreten. Man erkennt aber so an, was schariatrechtlich gesehen anerkannt werden muss.

Geschrieben am 14. Schawwal des Jahres 1169 Hidjra.

Schreiber: Muhammad Afandi, Maulana Ali Afandi, Maulana as-Sayyid Ahmad Afandi, Maulana Muhammad Afandi, Maulana as-Sayyid Abdarrahman Afandi.

Vorbereitet von: as-Sayyid Ismail Afandi".

Anmerkungen

1   Prof. Dr. Ahmad Izzat Abdalkarim edierte und publizierte das Werk in den Veröffentlichungen der Ägytischen Gesellschaft für Historische Studien, Kairo.
2   Ebenda S. 53-55.
3   Register 146, Seite 123, Dokument 294.
4   Dabei handelt es sich um einen schariatrechtlichen Kniff, zu dem man in allen Schriften zum Waqf greift, damit nach der Absetzung des Gouverneurs und der Beschlagnahmung seines Vermögens niemand diesen Waqf in Abrede stellen kann – unabhängig davon, ob es sich um den Stifter oder eine andere Seite handelt.

Waqf in Aleppo

Heinz Gaube

Die religiösen Stiftungen / „Waqf"

Große Teile innerstädtischen Eigentums islamischer Städte befinden sich nicht in privaten Händen, sondern sind „Waqf", Stiftungseigentum. Das arabische Wort Waqf (Pl. *auqaf*), die Bezeichnung für religiöse, wohltätige Stiftungen, geht sprachlich auf das Verbum *waqafa*, das „stehen", „zurückhalten" etc. bedeutet, zurück und ist im islamischen Recht als „etwas davor beschützen oder verhindern, dass es Eigentum einer dritten Person wird" oder ähnlich definiert. Eine Waqf-Stiftung soll also theoretisch immerwährend in ihrem durch den Stifter bestimmten legalen Status bleiben. Durch eine solche Stiftung wird von einem legalen Eigentümer ein klar bezeichneter Teil seines Eigentums, in der Regel Land oder Immobilien, einem wohltätigen Zweck gestiftet. Aus den Miet- oder Pachteinnahmen des gestifteten Gebäudes oder Stück Landes werden regelmäßig die vom Stifter bestimmten Ausgaben bestritten. Durch die Stiftung wird das gestiftete Eigentum im Idealfall ewig dem Geschäftsverkehr entzogen, und die Erträge aus dem Gestifteten finden gemäß den vom Stifter festgelegten Bedingungen Verwendung, z.B. zum Unterhalt einer Moschee, zur Bezahlung ihres Personals, zur Speisung von Armen etc. Deshalb besteht ein Waqf-Dokument aus zwei sachlichen Hauptteilen, der Beschreibung des Gestifteten und den Bedingungen des Stifters. Diese Kernteile eines Waqf-Dokuments, ein Beispiel dafür liegt auf den S. 312-315 in Übersetzung vor, sind von rechtlichen Formalien umrahmt, die oft länger als die Kernteile sind.

Hier soll illustriert werden, welche räumliche Dimension große Waqfs in der Altstadt von Aleppo haben und aus welchen Bestandteilen sie bestehen. Alle großen Waqfs stammen aus der Osmanenzeit, also der Zeit zwischen 1517 und 1918, vornehmlich ihrer frühen Periode. Daneben werden einige kleine Stiftungen behandelt. Auf Veränderungen in der Zusammensetzung der Waqfs, die theoretisch ausgeschlossen sind, aber praktisch (und juristisch abgesichert) vollzogen wurden, kann hier nicht eingegangen werden.

Von großen mittelalterlichen Waqfs im Herzen der Altstadt, namentlich im Umkreis der Großen Moschee, berichten uns die mittelalterlichen Aleppiner Historiker des Mittelalters. Einen ersten realistischen Überblick gewährt uns eine Bestandsaufnahme des Waqfbesitzes in Aleppo, die kurz nach der osmanischen Eroberung, also in der Zeit um 1520, durchgeführt wurde. Riesiger Waqfbesitz, z.B. der der Großen Moschee, war damals, also Anfang des 16. Jh., merklich geschrumpft.

Waqfs der vorosmanischen Zeit

Zur Zeit dieser frühosmanischen Bestandsaufnahme besaß die Große Moschee 53 Läden im „Suq", Gärten und sonstigen Landbesitz sowie Teile von sechs Suqgassen und einen Stall. Dagegen nehmen sich die Waqfs anderer mit Stiftungen bedachter Gebäude recht bescheiden aus. So erhielt eine „Zawiya" (Versammlungsort einer religiösen Bruderschaft; es handelt sich um die Z. al-Bazzaziyya) 1388 die Hälfte eines „Hammam" und etwas Land gestiftet. 1415 erfolgte eine Aufstockung um einen Garten. Eine Moschee (M. al-Karimiyya) hatte aus einer Stiftung von 1458 sieben Läden, zwölfeinhalb „Faddan" (ca. 60.000 qm) Land, einen halben „Chan", zwei Ställe, vier Häuser und ein weiteres Stück Land. Eine andere Moschee (M. al-Utrusch) verfügte über ein Waqf von 1450, durch das ihr 30 Lagerräume, eine „Qisariyya" (ein Handwerkerhof), 77 Läden, etwas Land und eine Mühle gestiftet wurden. 1508 erhielt eine Moschee (M. al-Mustadamiyya) zwei Mühlen, Teile einer dritten Mühle, eineinhalb Gärten und sieben Läden zum Waqf. Schließlich sei noch ein weiteres dieser vorosmanischen Waqfs, das einer Moschee (M. al-Banqusa) von 1367, mit 18 Läden, eineinhalb Dörfern und einigen Stücken Land erwähnt.

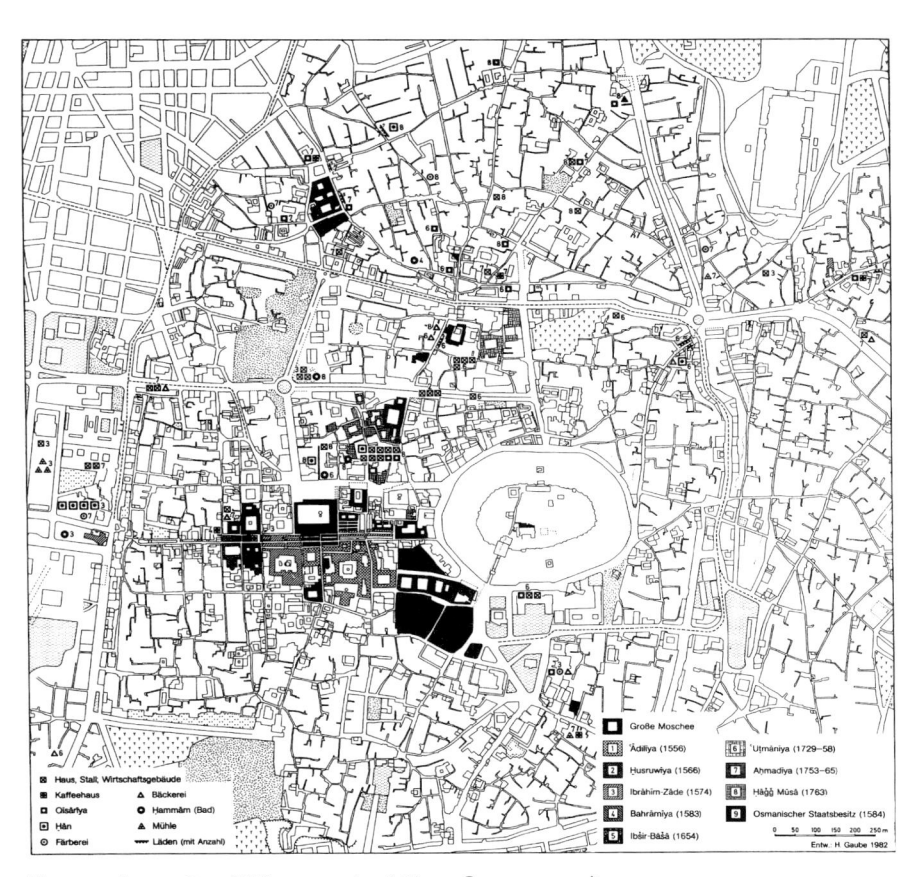

Aleppo, die großen Stiftungen der frühen Osmanenzeit

Diese Informationen, denen noch weitere hinzufügbar sind, können uns wenig mehr sagen, als das, was wir ohnehin schon wissen, nämlich, dass Moscheen und andere religiöse Gebäude Waqfs hatten und welcher Natur diese waren. Im Besitzgefüge der Stadt und für ihr Funktionsgefüge spielten aber Waqfs außerhalb des Suqs (die erwähnten Waqfs der Großen Moschee lagen im Suq) offenbar bis zum Ende der Mamlukenzeit keine dominante Rolle. Erst in der frühen Osmanenzeit trat da ein entschiedener Wandel ein. In dieser Zeit entstanden Stiftungen von vorher nicht gekanntem Umfang und vorher nicht belegter Größe, die weitreichende Veränderungen im Suq mit sich brachten und städtebaulich neue Akzente setzten.

Die großen Waqfs des 16. bis 18. Jahrhunderts

Zwischen 1556 und 1654 wurden von osmanischen Beamten fünf große Waqfs gestiftet, die bis auf den heutigen Tag entscheidenden Einfluss auf das Erscheinungsbild des Suqs, den zentralen Geschäftsbereich der Altstadt, und das nördliche, *extra muros* gelegene Quartier Djudayda hatten. 1556 stiftete Muhammad Bascha, ein Mitglied der Sultansfamilie, ab 1551 Gouverneur von Aleppo und danach bis 1555 Gouverneur von Ägypten, die ca. 200 m südlich der Großen Moschee gelegene Moschee al-Adiliyya, die erste Moschee des osmanischen Kuppeltyps in Aleppo. Diese auch heute noch hoch angesehene Moschee stiftete er auf einer zusammenhängenden Fläche von mehr als 250 x 250 m südlich der Hauptachse des Suqs und westlich daran angrenzend drei Chane, vier Suqgassen, eine davon mit 75 Läden, und drei Qisariyyas (Handwerkerhöfe).

Nur zehn Jahre später wurde das Waqf der Moschee und „Madrasa" al-Chusruwiyya gestiftet, das sich östlich an das der Adiliyya anschließt und eine noch größere Fläche einnahm. Die Stiftung geht auf Chosro-Bascha zurück, der 1532 Gouverneur von Aleppo gewesen ist, dann denselben Posten in Ägypten bekleidete und schließlich zum Wesir aufstieg. Es umfasste in der Umgebung des heute noch erhaltenen Kernkomplexes zahlreiche Läden, eine Qisariyya, Ställe, Obergeschossräume, Werkstätten, einen Chan sowie im Norden der Altstadt einen weiteren großen Chan, ein Hammam, Läden und Häuser.

Unmittelbar an die Südwestecke der Großen Moschee anschließend liegen ein großer Chan und vor ihm, entlang dreier ca. 150 m langer Suqgassen, Läden und eine Qisariyya, die von Muhammad Bascha, Sohn des Wesirs Sinan Bascha, der die frühe Osmanenherrschaft in Syrien maßgeblich mitgeprägt hatte, 1574 gestiftet wurde. Zu diesem westlich an die Stiftungen der Adiliyya anschließenden Komplex von ca. 200 x 200 m Ausdehnung kamen im selben Waqf, das für die Heiligen Stätten in Mekka und Medina bestimmt war, noch eine große Zahl von anderen Immobilien, die über die ganze Stadt verteilt waren, sowie solche in Antakiya, Payas, Biredjik (alle in der heutigen Türkei), Tripolis, Saida, Damaskus, Mekka und Medina. Muhammad Bascha hatte in Aleppo kein Regierungsamt inne, gehörte aber zu den größten Grundbesitzern in der Stadt, ja im ganzen Osmanenreich, und hatte wohl seinen Reichtum auf dem Prestige seines Vaters aufgebaut.

Westlich daran anschließend liegen noch zwei große Waqfs, das der Madrasa al-Ahmadiyya von 1753 und später und das des Bahram Bascha von 1583, das dieser seiner dort liegenden Moschee stiftete. Sehen wir vom späteren Ahmadiyya-Waqf ab, welches von einem mächtigen Aleppiner gestiftet wurde, dessen Familie in der zweiten Hälfte des 18. Jh. in der Stadt eine wichtige Rolle spielte und viel Grundbesitz mit oft nicht den feinsten Mitteln an sich gebracht hatte, so sind alle bisher aufgeführten Waqfs von ortsfremden Stiftern gegründet worden, denn auch Bahram Bascha kam von außerhalb und war 1580 Gouverneur von Aleppo. Mit seinem Waqf scheint die Möglichkeit, große Flächen im engeren Suqbereich erwerben zu können, erschöpft gewesen zu sein, denn Bahram Bascha geht mit einem Teil seiner Stiftung schon nach Norden in das *extra muros* gelegene Quartier Djudayda, wo er, zusätzlich zu dem Suq und der Qisariyya, die sich direkt nördlich an seine Moschee anschließen, ein Hammam und eine große Qisariyya stiftete.

Diese Tendenz, im Norden der Altstadt innerhalb und außerhalb der Mauer größere Stiftungen zu errichten, setzte sich nach Bahram Bascha fort. 1654 baute Ibschir Bascha, 1651-1654 Gouverneur von Aleppo, im heutigen Zentrum von Djudayda eine Moschee, der er, nach Westen und Norden anschließend, einen geschlossenen Gebäudeblock von ca. 150 x 100 m mit einem Chan, zahlreichen Läden, Qisariyyas, einem Kaffeehaus und anderen Gebäuden stiftete. Auch im 18. Jh. setzt sich diese Tendenz fort. Ab 1729 entstand das Waqf der Madrasa al-Uthmaniyya innerhalb des Nordtores, des Bab an-Nasr, gestiftet von Uthman Bascha, einem gebürtigen Aleppiner, der von 1773 bis 1740 Gouverneur von Aleppo war; und 1763 stiftete ein reicher Kaufmann, Hadjdj Musa al-Amiri, der von ihm nordöstlich der Großen Moschee gebauten Moschee zahlreiche Immobilien in der „Suwayqa", der von der Großen Moschee aus nach Norden führenden Suqgasse.

Die vorangegangene Aufzählung lässt uns nur staunen. Woher kam das Kapital für solche Investitionen? Und was war der Grund für diese? Sicher war es nicht allein die Frömmigkeit der Stifter. Indem sie diese umfangreichen Stiftungen schufen, dienten sie nicht allein dem Wohl anderer; denn in allen Stiftungsbedingungen sicherten sie sich und ihren Nachkommen ein Mitspracherecht bei der Verwaltung der Stiftungseinkünfte – und über verschiedene Wege auch einen Anteil an diesen. Dennoch scheint es geradezu unbegreiflich, wie es wenigen Personen, besonders den ersten drei Stiftern, Muhammad Bascha, Chosro Bascha und Muhammad Bascha, Sohn des Sinan Bascha, gelingen konnte, in relativ wenigen Jahren so große Flächen innerstädtischen Besitzes an sich zu bringen, mit deren Bebauung sie das Gesicht des Herzens der Altstadt, des Suqs, bis in die Gegenwart prägten. Das gilt besonders für die bis heute noch weitestgehend erhaltenen Bauten der beiden Muhammad Baschas, die in ihrer hochaufragenden Großzügigkeit und ihrer ausgewogenen Architektur noch heute zu den beeindruckendsten Bauten des Suqs gehören. Ihrer Realisierung hatte auch die seit ca. 300 v.Chr. bestehende und noch in literarischen Quellen des 15. Jh. belegte hellenistische Gassenrasterung zu weichen. Diese beiden Komplexe erstrecken sich jeweils über zwei der „Insulae" des hellenistischen Planes und stellen einen markanten Eingriff in den Grundriss des Suqbereichs dar.

Kleine Waqfs der Osmanenzeit

Werfen wir abschließend noch einen Blick auf einige kleine Waqfs der Osmanenzeit, die, zusammen mit den erwähnten großen Waqfs, nur einen Bruchteil des Waqfbesitzes in der Stadt darstellen. Sie vermitteln eine gute Vorstellung davon, was „normaler" Waqfbesitz war, d.h. das, was einer Moschee oder einer der Schulen gestiftet wurde, die nicht zu den größten der Stadt gehörten. So wurden z.B. einer Madrasa (M. asch-Schabaniyya) 1677 sechs Mühlen und ein Chan gestiftet. Eine andere Madrasa (M. as-Sayyafiyya) wurde 1834 mit fünfeinhalb Häusern, Land, einer halben Seifenfabrik, Teilen eines Chans und einer Seifenfabrik sowie sieben Läden bedacht. Einer dritten Madrasa (M. az-Zaynabiyya) stiftete ihre Gründerin 1595 Land, eine halbe Mühle, Teile eines Hammams, einige Läden und eine Bäckerei. Einem Brunnen machte 1772 ein Bäcker 29 Läden zum Waqf. Aus den Mieterträgen der Läden sollte der Unterhalt des Brunnens bestritten werden. Auch ein Koranrezitator, der bestimmte Koranstellen anlässlich festgelegter Gelegenheiten zu rezitieren hatte, wurde aus der Stiftung entlohnt, ebenso wie ihr Verwalter (der Stifter und nach ihm seine Nachkommen). 1596 erhielten eine Schule und das mit ihr verbundene Mausoleum des Stifters (Ahmad Bascha Mataf) drei Häuser und vier Läden, und 1792 wurden einer Moschee (M. al-Mansuriyya) ein Haus und fünf Räume in einer Qisariyya gestiftet.

Der Bimaristan in Damaskus

Zuhour Sachini

Der „Bimaristan" in der arabisch-islamischen Zivilisation

Die Bimaristane gehören zu den bedeutenden Werken der arabisch-islamischen Architektur. Das Wort Bimaristan bedeutet so viel wie „Krankenhaus", es stammt aus dem Persischen (*bimar* = nicht krank + *stan* = Haus) und wurde später zu „Maristan" abgekürzt. Maristane waren Krankenhäuser und medizinische Schulen zugleich. Sie dienten auch der medizinischen Aufklärung. Im arabisch-islamischen Kulturraum gab es diese Krankenhäuser schon wesentlich früher als im westlichen Abendland.

Jede große Stadt hatte mindestens ein solches Krankenhaus, das vom Kalifen oder Statthalter unterhalten wurde. Die Maristane ähnelten sich in der Architektur sowie in der Verwaltung und Spezialisierung ihrer Abteilungen, die für die verschiedensten Zweige der Medizin, so etwa die Innere Medizin, Chirurgie, Augenheilkunde und Neurologie, zuständig waren. Jede der nach Geschlechtern getrennten Abteilungen hatte einen „Chefarzt", eine Apotheke, eine Bibliothek, ein gemeinschaftliches Bad und einen Hörsaal.

Die Patienten wurden jedoch nicht nur stationär behandelt, sondern auch Hausbesuche und die häusliche Krankenpflege zählten zu den Aufgaben der Krankenhäuser. Dabei wurden die Patienten mit großer Sorgfalt untersucht und die Befunde in Karteien chronologisch dokumentiert. Zur Entspannung der Patienten und zur Linderung ihrer Schmerzen wurde in den Maristanen Musik gespielt oder Märchenerzähler und Sänger engagiert. Außerdem sang der Muezzin seine Gebetsrufe von spät in der Nacht bis zur Morgenröte, um die schlaflosen Nächte der von Schmerzen geplagten Kranken zu mildern. Nach erfolgter Heilung bekamen die entlassenen Patienten eine Beihilfe in Form von Kleidung und Geld, damit sie in der Genesungszeit nicht zum Arbeiten gezwungen waren.

Die Bedeutung der Damaszener Maristane für die Heilfürsorge und die Entwicklung der Medizin

Von den Damaszener Maristanen sollen hier drei vorgestellt werden, von denen einer, der Maristan ad-Duqaqi, heute allerdings nicht mehr existiert. Bei den anderen handelt es sich um den Maristan an-Nuri, so genannt nach seinem Gründer Nur ad-Din Zangi (1146-1173 n.Chr.), einem der syrischen Herrscher, der für sein Engagement für soziale Einrichtungen und Bauwerke bekannt war, sowie um den Maristan al-Qaymari (auch Maristan as-Salihiyya genannt), der seinen Namen von dem ayyubidischen Emir Sayf ad-Din al-Qaymari hat.

Der Maristan ad-Duqaqi wurde nach Duqaq bin Titisch benannt, dem seldjukischen Herrscher von Damaskus, der 1104 n.Chr. starb. Das Krankenhaus lag südwestlich der Westmauer der Umayyaden-Moschee und war auch bekannt unter den Namen Maristan Bab Barid, Maristan as-Saghir (kleiner M.) oder Maristan al-Atiq (alter M.). Er war bis ins 15. Jh. funktionstüchtig. Im Jahre 1362 wurde eine Renovierung durchgeführt, bei der man das Gebäude fast bis zum Dach aus Lehmziegeln errichtete, während man für die tragenden Querverbindungen weißen Stein verwendete. Das Dach wurde mit Fenstern versehen und im Süden ein Pavillon errichtet. Abu al-Fadl al-Ichnaii wandelte den Bau im 16. Jh. zu seiner Residenz um. Nach ihm ging das Gebäude in den Besitz von Burhan al-Ichnaii über. Danach wurde es von Schaych Kamal al-Adjami bewohnt. Später gelangte es in den Besitz des osmanischen „Wali" von Damaskus Isa Bascha. Da ein Großteil der Gegend um die Umayyaden-Moschee, vor allem in westlicher Richtung, wo der Maristan lag, heute zerstört ist, lässt sich heute über das Aussehen dieses Bauwerks nichts mehr in Erfahrung bringen.

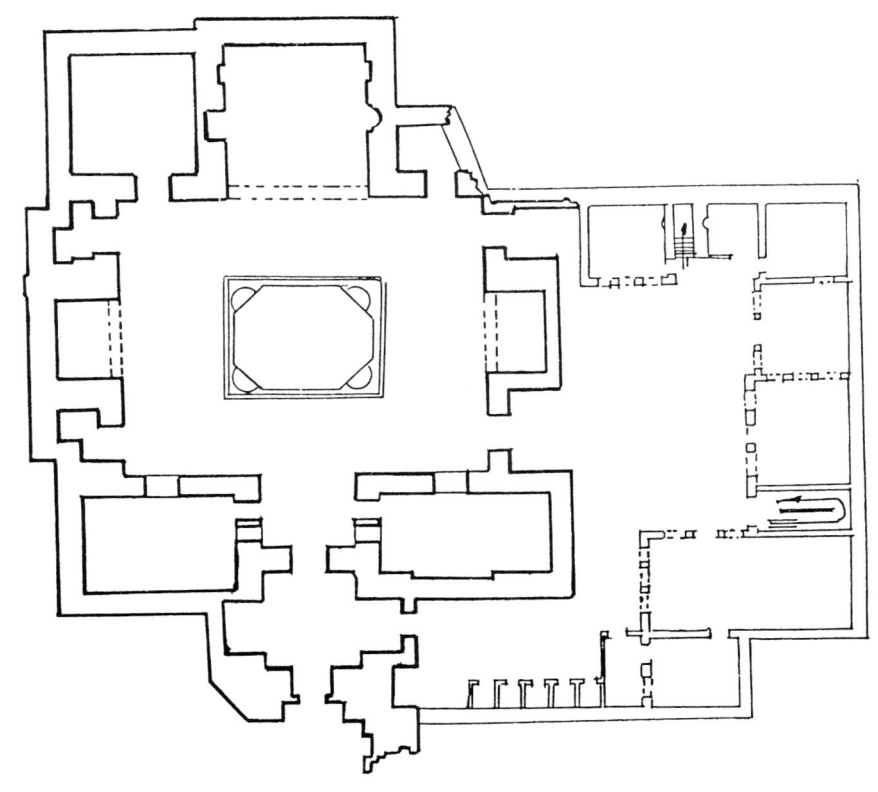

Damaskus, Bimaristan an-Nuri, Grundriss

Der Maristan an-Nuri, ein Zentrum der mittelalterlichen arabischen Medizin

Der 1154 errichtete Maristan an-Nuri al-Kabir war das erste Bauwerk des Sultan Nur ad-Din Zangi und zugleich eines der bedeutendsten unter den vielen städtischen Gebäuden, die er während seiner Regierungszeit in Damaskus erbauen ließ. Das Krankenhaus liegt im Herzen der Altstadt von Damaskus, im Viertel Hariqa, in einer nach ihm benannten Straße unweit der Umayyaden-Moschee. Es wurde in zwei Phasen errichtet. Die erste Phase umfasste den Hauptbau aus der Zeit von Nur ad-Din, der 1154 fertiggestellt wurde. In der zweiten Phase im Jahre 1240 erfolgte durch den Arzt Badr Addin, den Sohn des „Qadi" von Baalbek, eine Erweiterung. Der Hauptbau wurde dadurch nicht berührt und blieb als Original bis heute erhalten. Der Maristan ist vollständig erhalten und stellt ein Musterbeispiel für die Baukunst in der Seldjuken-Epoche dar. Dies gilt sowohl in Bezug auf den Gesamtplan als auch den Baustil sowie die einzelnen architektonischen Ele-

Damaskus, Bimaristan an-Nuri, Portal

mente und Verzierungen. Das Gebäude spielt daher eine wichtige Rolle in der Entwicklung der islamischen Architektur im 12. Jh., die von Bauelementen beeinflusst wurde, welche die Zangiden aus dem Zweistromland und dem Iran mitgebracht hatten. Er folgt in seiner Grundstruktur dem iranischen Vier-Iwan-Schema. Um einen zentralen Innenhof mit einem großen Wasserbecken in der Mitte gliedern vier „Iwane" (zum Hof hin offene Hallen) in seinen Achsen die Fassaden. In der Herrschaftszeit von Nur ad-Din vermischten sich die neuen künstlerischen Impulse der Seldjuken mit den einheimischen Elementen und führten zu einer einmaligen Wiederbelebung der Baukunst. Das Gebäude wurde auch später immer wieder renoviert und manche Teile völlig neu errichtet. In der Ära der Mamluken fügte man auf der rechten Seite neben dem Eingang ein „Sabil", einen kostenlos benutzbaren öffentlichen Brunnen, hinzu.

Seinerzeit war dieser Maristan die erste und größte medizinische Schule im ganzen Orient – vergleichbar mit einer heutigen Universitätsklinik. Er war noch bis ins späte 19. Jh. in Betrieb. Erst in der Zeit des Wali Nazim Bascha zogen seine 20 Ärzte in das neu errichtete National-Krankenhaus um. Während des ersten Weltkriegs diente der Bau als Waisenhaus für Mädchen und ab 1937 als Handelsschule. Wegen der bedeutenden Rolle, die diese Einrichtung in der Geschichte der arabischen Medizin und Pharmazie gespielt hat, wurde sie vom „Amt für Archäologie und Museen" renoviert und 1978 als „Museum für die Geschichte der arabischen Medizin und Wissenschaft" eingerichtet.

Historische Quellen berichten davon, dass der Maristan in seinen Einrichtungen, seinem Verpflegungsstandard und Luxus einem königlichen Palast ähnelte. Die gesundheitliche Versorgung war für Arme und Reiche gleichermaßen kostenlos; die Patienten erhielten sogar bei ihrer Entlassung für die Genesungszeit Kleider und Geld für zwei Wochen. Darin zeigt sich das hohe Niveau der medizinischen Versorgung. Der Reisende Ibn Djubayr, der Damaskus im 12. Jh. besuchte, schrieb dazu: *„Damaskus hat zwei Maristane, einen alten und einen neuen; der neue ist größer und überlaufener. Die Verantwortlichen haben die Aufsicht über die Karteien mit den Namen der Patienten und deren Rationen an Nahrung, Arzneien und Sonstigem. Die Ärzte kommen jeden Tag in der Früh, schauen nach den Patienten und verschreiben die passende Nahrung und Medikamente für jeden. Auch für Geisteskranke gibt es Behandlungsmethoden".*

Der historischen Überlieferung zufolge war der Maristan in Unterabteilungen mit entsprechenden Fachärzten organisiert. Zu den Abteilungen gehörten beispielsweise die Innere Medizin, die Chirurgie, die Augenheilkunde, die Orthopädie und die Abteilung für Geisteskrankheiten und Neurologie. Dort wurden präzise Behandlungsmethoden von Spezialisten durchgeführt und auch moderne Therapien, wie etwa Musik, eingesetzt.

Manche Abteilungen waren ihrerseits unterteilt, wie etwa die Innere Medizin, wo es zwei Säle gab: einen für psychisch Kranke und einen für Fieberkranke. Hinzu kamen ergänzende Abteilungen, zum Beispiel für ambulante Behandlungen. In der pharmakologischen Abteilung arbeiteten Apotheker an der Herstellung von Medikamenten. Außerdem waren ein Hörsaal und eine Bibliothek im Gebäude untergebracht.

Dem Ärzte-Biografen Ibn Abi Usaybia können wir viele Namen von berühmten Ärzten entnehmen, die im Maristan an-Nuri al-Kabir praktizierten. Erwähnt sei hier Abu al-Majd ibn Abu al-Hakam, der Chefarzt war und der erste Arzt, der von Nur ad-Din mit der Verwaltung des Krankenhauses betraut wurde. Nach seiner täglichen Visite bei den Patienten im Maristan ging er zur Zitadelle von Damaskus, wo er die hohen Staatsbediensteten unter den Patienten versorgte. Danach kehrte er zu Diskussionen und Austausch mit den Ärzten in die Lehrstube des Maristan zurück. Der lehrende Arzt hielt den Schülern verschiedene Vorträge, die er anschließend mit ihnen diskutierte und ihre Fragen beantwortete.

Der Sultan Nur ad-Din stiftete dem Maristan eine große Zahl von Büchern. Von den Ärzten, die in dem Maristan gedient haben, seien hier Muhaddab ad-Din an-Naqqasch (gest. 1178) und Radi ad-Din ar-Rahabi (gest. 1235), bei dem viele Ärzte in Damaskus gelernt haben, genannt; ferner Ibn al-Mutran, der König Salah ad-Din („Saladin") als Arzt diente und der ein leidenschaftlicher Büchersammler gewesen sein soll. Als er 1191 starb, um-

Damaskus, Bimaristan an-Nuri, Innenhof

fasste seine private Bibliothek ca. 10.000 medizinische Bücher. Weitere Ärzte und Zeitgenossen von Ibn al-Mutran waren Ibn Hamdan, der Operationen vor seinen Schülern durchführte, während Ibn al-Mutran den Puls kontrollierte, und Muwaffak ad-Din Abdalaziz as-Salmi, der sehr viel Mitleid besonders mit den armen Patienten hatte und sich besonders um sie kümmerte. Er starb 1230. Ein Mediziner von besonderem Format war Muhaddab ad-Din Abdarrahim bin Ali, auch „Dachwar" genannt. Er hat im Jahre 1226 sein Haus bei den „alten Goldschmieden" südlich der Umayyaden-Moschee als medizinische Schule gestiftet und zusätzlich dazu Ländereien. Somit gilt er als Gründer der ersten privaten medizinischen Schule in Damaskus.

Er starb 1230. In diesem Zusammenhang muss auch Muwaffak ad-Din Abu al-Abbas genannnt werden, auch bekannt als „Ibn Abi Usaybiyya". Er wuchs in einer wissenschaftlich-medizinischen Umgebung auf und lernte bei namhaften Medizinern, wie Muhaddab ad-Din Abdarrahim bin Ali, Radi ad-Din ar-Rahabi und Umran al-Israili. Sein Buch „Uyun al-Anbaa fi Tabaqat al-Atibba" (Die besten Informationen über die Mediziner-Klassen) zählt zu den wichtigsten Ärzte-Biografien. Er stellte darin 400 Ärzte vor und behandelte die Geschichte der Medizin und Pharmazie von den Anfängen bis in seine Zeit.

Ein weiterer berühmter Arzt, der in diesem Maristan studiert hat, war Abu al-Hasan bin Abi al-Hazm al-

Aleppo, Bimaristan Arghun al-Kamili, Haupthof zu Beginn des 20. Jh.

Verschiedene andere geometrische Regeln finden im Gebäude ihre Anwendung, so kommt der Hofbereich der Krankenzimmer einem Viertel ihrer Grundfläche sehr nahe. Die Hauptflure sind 1,5 Ellen breit, die kleineren 1 Elle. Diese Proportionen ähneln denen in Kairo (abgesehen davon, dass die Maßeinheit in Kairo die Zimmermannselle ist)[18].

Nutzung des Bimaristans

Die Stiftungsurkunde für den Bimaristan von Arghun ist verloren gegangen. Gewöhnlich bestimmen Stiftungsurkunden, wie der Stifter sein Geld verwendet haben möchte. Von anderen Bimaristanen kennen wir die ungefähre Hierarchie des Personals aufgrund von Vergleichen der täglichen Gehaltszahlungen. So gab es einen Administrator, der dem Vorsteher direkt Bericht erstattete. Darunter gab es drei Abteilungen: die Chirurgen, die Apotheker und die Augenärzte (*kahhal*). Dann kamen die Ärzte, Pfleger, Köche und anderes Personal[19].

Um seine Funktion zu gewährleisten, wurde der Bimaristan von Arghun materiell großzügig unterstützt[20]. Daher ist anzunehmen, dass relativ viel Personal gebraucht wurde. Dennoch wäre es ein Fehler anzunehmen, dass der Bimaristan lediglich eine ärztliche Funktion hatte. Tatsächlich spielte die Zulassung von Ärzten eine sehr bedeutende Rolle. Historische Texte jedoch beschreiben die Verwaltung dieser Einrichtung als Unternehmen mit bedeutender staatlicher Funktion. Die Verwaltung hatte sich jederzeit nach dem Sultan oder seinen Gouverneuren in den Provinzen zu richten[21]. Bevor der Gouverneur sein Amt in der Stadt antrat, ging er zuerst zum Regierungspalast, um seine Ernennung entgegenzunehmen, dann zum Bimaristan zur offiziellen Amtsübernahme. Die Aufsicht über den Aufbau dieser Institutionen hatten meistens höchste Armeeoffiziere. Daher hat man die Institution des Bimaristan als Teil der politischen Struktur des Mamlukenstaates zu sehen und nicht nur als medizinische Angelegenheit.

Eine letzte Bemerkung zur Nutzung der Bimaristane betrifft die populäre Annahme, diese Bauten seien nur Orte zum Wegschließen von Geisteskranken gewesen. Dieses ist natürlich nur teilweise korrekt. Beliebte Schattenspiele und Anekdoten der Zeit beschreiben diese Orte nur als Irrenanstalten[22]. Sie ironisieren die Situation jedoch, indem die Weggeschlossenen meistens als weiser dargestellt werden als ihre Bewacher. Die Bewacher wurden in der Literatur oft „Bimaristani" genannt (oder „Maristani" in den gesprochenen Dialekten). Diese Bezeichnung taucht in den Stiftungsurkunden nicht auf, obwohl die Urkunden bei der Beschreibung des Personals und seines Einkommens sehr genau sind. Die einzigen Leute in Aleppo, die als „Maristani" bezeichnet wurden, waren bekannte Leute der Gesellschaft: Männer, die erheblichen gesellschaftlichen Einfluss hatten[23].

Die Geschichte der Bimaristane ist vorwiegend als ein Stück Medizingeschichte dieser Region geschrieben worden. Aber auch die Sozialpolitik der Stadt, Beziehungen zwischen Armen und Reichen, Offiziellen und dem Volk waren Bestandteil des Alltags der Bimaristane.

Aleppo, Bimaristan Arghun al-Kamili, Haupthof in heutiger Zeit

Literatur

al-Ardi 1992. al-Maqrizi. al-Umari 1986. as-Safadi 1997. at-Tabbach 1988/89. Creswell 1969. Herzfeld 1955. Ibn al-Adjami 1997. Ibn Schaddad 1953. Ibn Taghribirdi 1909-36. Issa Bay 1939. Jetter 1961. Meinecke 1992. Necipoglu-Kafadar 1986. Sauvaget 1941.

Anmerkungen

1 Ibn Taghribirdi, V, 6.
2 Ebenda 9. as-Safadi, I, 466.
3 Ibn Taghribirdi, V, 9, 167. as-Safadi I, 474.
4 As-Safadi, I, 474.
5 Issa Bay nennt drei Bimaristane in Aleppo: Issa Bay 1939, 224, 230, 252. at-Tabbach jedoch erwähnt nur noch einen. at-Tabbach, VI, 188.
6 Obwohl die Mongolen fast 100 Jahre zuvor eingefallen waren, gab es in der Stadt immer noch größere Zerstörungen zu sehen, wie al-Umari berichtet (gestorben 1341): Al-Umari 1986, 198.
7 Das letzte größere Erdbeben erlebte die Stadt 11 Jahre vor dem Bau des Bimaristan; at-Tabbach, II, 333.
8 Die Seuche von 1349 brach in der Gegend von Aleppo aus und verbreitete sich über den ganzen östlichen Mittelmeerraum. Ihre verheerenden Folgen werden von vielen Historikern erwähnt. Ibn Taghribirdi, V, 44ff.
9 at-Tabbach, IV, 188.
10 Es sei an die Beschlagnahme des Palastes in Kairo erinnert, der anschließend als Bimaristan von Qalaun genutzt wurde. Anscheinend war die Einrichtung eines gemeinnützigen Bimaristan eine Möglichkeit, ayyubidische Grundbesitzer gewaltlos zu enteignen. Siehe al-Maqrizi, II, 407.
11 Ibn al-Adjami 1997, I, 486.
12 Ibn Schaddad erwähnt Gärten und Paläste in der Nähe von Darb al-Banat, was auf eine relativ dünne Besiedlung hinweist. Ibn Schaddad 1991, I, Teil 1, 92. Auch die Häuser weisen auf eine ziemlich wohlhabende Bevölkerung hin, obgleich diese Gebäude größtenteils in der Zeit nach dem Bau des Bimaristan errichtet wurden.
13 Die eigentliche Stiftungsurkunde für den Bimaristan ist nicht mehr vollständig erhalten. Die Annahme, dass das Gebäude als Ambulanz genutzt wurde, gründete sich auf Vergleiche mit ähnlichen Funktionen von Bimaristanen in Kairo: Issa Bay 1939, 31.
14 Auch dies ist eine Annahme, die sich auf die Praxis in Kairo stützt: Issa Bay 1939, 38. Auch ein Foto von der Jahrhundertwende zeigt raffinierte Holzverkleidungen im südlichen Iwan, ein Hinweis darauf, dass der Raum als Beratungszimmer der Ärzte genutzt wurde.
15 Ebenda 41.
16 at-Tabbach, II, 354.
17 Siehe Necipoglu 1986, 224-43.
18 Das Bimaristan von Kairo ist fast vollständig zerstört. Die Maße basieren auf Rekonstruktionen von Creswell 1969. Haddad 1993, 205. Ungenaue Messungen vor Ort deuten auf die Zimmermannselle als Maßeinheit.
19 Issa Bay 1939, 134-148.
20 Die Steuereinnahmen des Dorfes Binnesch westlich von Aleppo und viele Stiftungen waren diesem Bimaristan zugedacht. Diese Stiftungen wurden im 19. Jh. zu Gunsten der Großen Moschee geteilt. Selbst dann noch ermög-

lichten sie die Anstellung vieler neuer Professoren. at-Tabbach, II, 355.

21 Verschiedene Herrscher von Aleppo waren direkt für Erhaltung und Nutzung des Bimaristan verantwortlich. Einige trugen zu den Stiftungen bei und bekundeten ihre Treue zur Sache durch Inschriften am Gebäude. at-Tabbach, IV, 188.

22 In alten Schattenspielen wurden besondere Anstandsformen verwendet zur Darstellung eines Bimaristan oder Maristan, wie es in gesprochenen Dialekten heißt. In vielen Texten, die teilweise bis in die Mamlukenzeit zurückreichen, bilden diese Umgangsformen den Hintergrund der Stücke.

23 Eine solche Persönlichkeit lebte zur Spätzeit der Mamlukenherrschaft. Er wird auf einer Inschrift als Wohltäter des Alten Bimaristan von Aleppo erwähnt, an anderer Stelle aber findet er sich als typischer angesehener Bürger Aleppos, der nichts mit Bimaristanen zu tun hat. Issa Bay 1939, 226. Al-Ardi 1992, 446.

Hammamat in Damaskus – Kultur und Tradition

Munir Kayyal

Syrien ist berühmt für seine öffentlichen Bäder (arabisch: *hammam*, pl. *hammamat*). Sie wurden schon in der römischen Zeit in großer Zahl gebaut, und viele von ihnen, z.B. die Bäder in Antiochia, Apameia, Palmyra, Bostra und Philippopolis, zählen zu den prachtvollsten Beispielen römischer Baukunst.

Zu einer römischen Badeanlage gehörten ein kalter Saal, das „Frigidarium", ein Saal mit lauwarmer Temperatur, das „Tepidarium", ein heißer Saal, das „Caldarium", sowie Räumlichkeiten zum Umkleiden, für sportliche Übungen und Leseräume. Oft waren die Gebäude außerdem von Gärten umgeben. Die Badegebäude selbst zeichneten sich durch eine monumentale Bauweise und eine repräsentative Ausstattung mit Mosaiken und Marmorverkleidungen aus.

In islamischer Zeit erlangten Sauberkeit und Reinlichkeit zusätzlich religiöse Bedeutung, und zahlreiche neue Bäder entstanden schon im ersten Jahrhundert islamischer Herrschaft über Syrien. Das Hammam nahe dem Palast am Djabal Says ist das älteste erhaltene Badegebäude aus islamischer Zeit in Syrien, und die Anlagen aus zangidischer, ayyubidischer, mamlukischer und osmanischer Zeit zählen mit zu den großen Werken arabisch-islamischer Architektur und Baukunst.

Damaskus, eine der arabischen Metropolen, war berühmt für seine öffentlichen Bäder, auf die die Bewohner der Stadt sehr stolz waren. Vom Umayyaden-Kalif al-Walid wird berichtet, er habe beim Bau seiner Moschee zu den Damaszenern gesagt: *„Ihr seid auf vier Dinge stolz: Eure Luft, Euer Wasser, Euer Obst und Eure Bäder. Ich will, dass Eure Moschee das fünfte sein wird!"*.

Das arabische Bad, das Hammam, besteht grundsätzlich aus einem äußeren, einem mittleren und einem inneren Teil und dem „Iqmim", wo das Wasser erhitzt wird. Diese funktional bedingte Unterteilung behielten die Hammamat in allen Epochen bei. Der äußere Teil des Bades besteht aus einem großen Kuppelraum. Die Kuppel hat Fenster aus farbigem Glas, welche die Sonnenstrahlen bunt durchschimmern lassen. Im Zentrum des Saales befindet sich ein Springbrunnen. Die Wände sind mit Malereien verziert, und auch Spiegel und Teppiche leisten ihren Beitrag zu einer schönen Atmosphäre. Rund um den Raum sind gemütliche sofaartige Sitzgelegenheiten eingerichtet. Badetücher und Wickelgewänder liegen bereit, denn dieser Raum dient zum Umkleiden vor und nach dem Bad.

Der nächste Bereich des Bades ist ein Raum mit einer mittleren Temperatur. Sein Dach hat runde

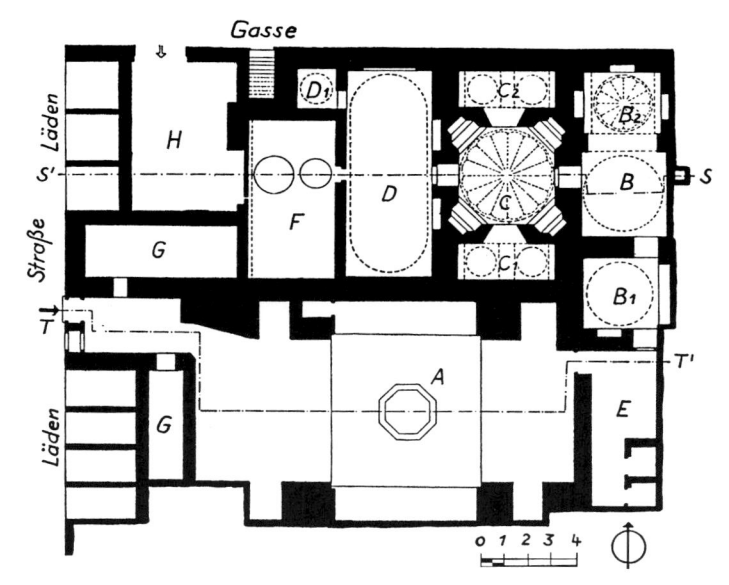

Damaskus, Hammam al Buzuriyya, Grundriss

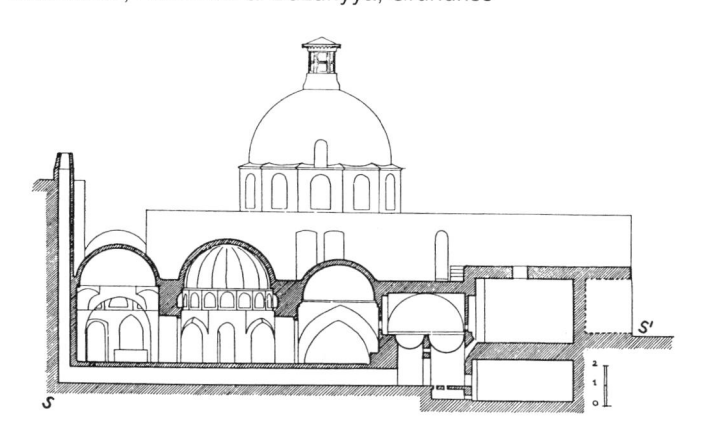

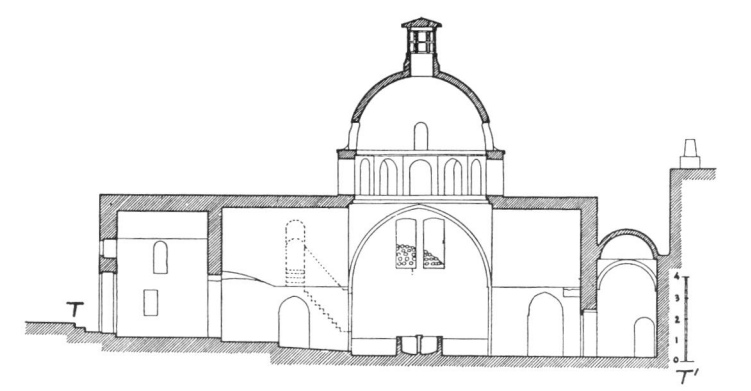

Damaskus, Hammam al Buzuriyya, Schnitte

kleine Glasfenster von etwa 15 cm Durchmesser, die das Tageslicht durchlassen. Rundherum befinden sich steinerne Sitzbänke, wo sich die Gäste erholen können. Am Rande steht eine Kabine für die Haarentfernung (*an-nura*). Der innere Teil des Bades ist am heißesten. Er weist zwei erhöhte Ebenen auf, zwischen denen der 1,0-1,5 m breite Heißgang verläuft. Dieser ist mit Basaltsteinen gepflastert und unter ihm fließt das heiße Wasser zu den Wasserbehältern. Die Bodenplatten werden während des Badevorganges mit kaltem Wasser bespritzt, das auf dem heißen Boden verdampft. An den Ecken des Raumes sind Wasserbehälter aus Ton angebracht, zu denen heißes und kaltes Wasser fließt. Hier sitzen die einfachen Besucher, während bedeutende Persönlichkeiten in der Regel eigene Badekabinen haben. Das Dach des Raumes hat wiederum Glasfenster, der Boden ist mit Platten aus Marmor und schwarzem Stein belegt, die in der Mitte oft schöne geometrische Muster bilden. Wände und Kuppel sind mit Reliefs und dem arabischen Stalaktiten-Dekor, den „Muqarnasat", verziert.

Die Zahl der Mitarbeiter eines Hamams richtet sich nach der Größe des Bades, der sozialen Stellung seiner Besucher sowie der Anzahl seiner Räume und Kabinen. Jeder Mitarbeiter hat eine genau definierte Aufgabe, der er nachkommt, wobei jeder Bedienstete eine festgelegte „Karriereleiter" durchläuft: Er fängt als „Diener" bzw. „Lehrling" an und steigt nach Jahren zum „Anhänger" oder „Angestellten" und „Chef" auf. Später kann er zum „Aufseher" aufsteigen, um schließlich als „Meister" die höchste Stufe dieser Rangordnung erlangen zu können. Im Frauenbad gibt es eine ähnliche Struktur, die sich nur in den Bezeichnungen der einzelnen Aufgaben unterscheidet.

Der „Meister" sitzt auf einem hohen Sitz im äußeren Hammam und beobachtet die Gäste, die das Hamam betreten oder wieder verlassen. Er begrüßt die einen und verabschiedet die anderen und gibt Anweisungen an die weiteren Mitarbeiter. Ferner nimmt er die Wertsachen der Gäste entgegen. Der „Aufseher" ist der Stellvertreter des „Meisters" in dessen Abwesenheit. Er ist verantwortlich für die Sauberkeit des Hammams, bietet den Gästen warme und kalte Getränke an und hilft ihnen außerdem beim Auskleiden sowie beim Wickeln des Badumhangs.

Der „Chef" hat die Aufgabe, den Gast zu „baden", indem er ihm Kopf und Körper wäscht, schrubbt und massiert. Er folgt dabei mit großem Respekt vor der Intimität des Gastes strengen Anstandsregeln. Der „Anhänger" ist der Laufbursche des Hammams und arbeitet dem „Meister", „Aufseher" und „Chef" zu und trocknet die Gäste mit dem Badetuch ab. Sein Gegenstück im Frauenbad, die „Blana", hat zusätzlich die Aufgabe, für die älteren Frauen Henna zu machen und die Haut der Entbundenen mit einer speziellen Salbenmischung zu massieren.

Männer gehen normalerweise am Abend in Gruppen ins Hammam. Dort verbringen sie viele Stunden, entspannen und unterhalten sich, machen Spiele und tauschen Neuigkeiten und Kuriositäten aus. Sie verbringen so die Zeit, bis der „Chef" sie badet. Am frühen Morgen und während des Vormittags suchen die Männer dagegen einzeln das Hammam zum Baden auf.

Damaskus, Hammam al Buzuriyya, Fassade

Die Frauen wiederum gehen zusammen mit Freundinnen oder Nachbarinnen vom Nachmittag bis zum Abend in die Bäder.

Die „Meisterin" empfängt die Damen und begrüßt sie je nach ihrer gesellschaftlichen Stellung. Sie hat außerdem die Aufgabe, mitgebrachte Kinder zu beobachten und zu verhindern, dass ältere Kinder das Frauenbad betreten. Anders als der „Chef" im Männerbad badet sein weibliches Gegenstück, die „Asta", die Besucherinnen nicht, da die Damen es bevorzugen, sich gegenseitig zu waschen und zu massieren. Im Frauenbad herrscht dabei eine ausgelassene, lustige Atmosphäre, in der es oft recht laut zugeht.

Damaskus, Hammam al Buzuriyya, Kuppeln

Damaskus, Hammam al Buzuriyya, Innenraum

Für die Frauen gibt es eine Reihe von gesellschaftlichen Anlässen für einen Hammam-Besuch. So wird hier das Hochzeitsbad sowie ein Bad zwei Wochen nach der Hochzeit zelebriert. Nach der Geburt eines Kindes nehmen die Frauen in der Zeit vom 7. bis zum 21. Tag nach der Niederkunft ein Bad sowie noch einmal 40 Tage nach der Geburt. Dabei wird die Frau mit einer speziell gemischten Salbe eingecremt. Diese besonderen Badetermine sind familiäre Ereignisse, die in einer fröhlichen Atmosphäre mit Gesang und Gedichten gefeiert werden.

Eine nicht unübliche Situation, zu der es in einem Hammam kommen kann, ist die sogenannte „Verlobung". Eine Mutter trifft im Bad eine junge Frau, die ihr gefällt und die sie als Schwiegertochter haben möchte. Nachdem sie das Mädchen kennengelernt hat, übermittelt sie diesen Wunsch ihrem Sohn und der Familie. Später kann es dann zu einem Kontakt mit der Familie des Mädchens kommen.

Die gesellschaftlichen Verhaltensregeln im Hammam waren von großer Bedeutung. Sie stellten daher für viele Gelehrte und Literaten ein interessantes Thema dar, das diese oft behandelten und dem wir ein eigenes Schrifttum verdanken.

Die Wasserversorgung und das Entwässerungssystem der Altstadt von Damaskus

Dorethée Sack

Die Wasserversorgung und die Abwasserkanäle von Damaskus wurden schon in römischer Zeit angelegt. Ein Teil des oberirdisch geführten römischen Zuleitungssystems war im Stadtteil Qanawat im Westen der Stadt noch 1975 sichtbar. Ob der bei niedrigem Wasserstand freiliegende Ausgang einer gemauerten Abwasserleitung unter der nordwestlichen Außenwand der Zitadelle ebenfalls im Ursprung auf eine römische Anlage zurückgeht, ließ sich nicht nachweisen. Das historische Wasserverteilungssystem, das im Folgenden beschrieben wird, war mündlichen Informationen zufolge bis in die dreißiger Jahre dieses Jahrhunderts intakt. Erst zur Zeit der französischen Mandatsregierung wurden die letzten Teiler (*taqsim, talia*) außer Betrieb gesetzt und durch modernere Wasserverteilungsanlagen ersetzt. Trockene Teiler lassen sich an vielen Stellen in der Stadt noch heute ausmachen; an ihnen konnte 1975 das historische System der Wasserversorgung, das von Tresse und Thoumin bereits im Detail bearbeitet worden ist, noch vor Ort untersucht werden. Sie haben festgestellt, dass der größte Teil des historischen Leitungssystems, vor allem die Hauptstränge, noch in Benutzung waren und nur in den schlechter versorgten Gebieten der Stadt immer wieder erweitert worden sind.

Der Barada, seine Quelle und seine Nebenflüsse

Damaskus verdankt seinen für eine orientalische Stadt beinahe einmaligen Wasserreichtum dem Barada, dessen Quellflüsse in den Ausläufern des Antilibanon-Gebirges nordwestlich der Stadt entspringen. Der Oberlauf des Flusses schneidet sein Bett tief in den Felsen ein, und in aramäischer, römischer und umayyadischer Zeit wurden weitere Kanäle in die Felswand eingeschlagen, um die Wasserversorgung des nördlichen Teiles der Ghuta zu garantieren und den Wasserlauf zu regulieren. Im Jahr 1906 wurde die Barada-Quelle in Ain al-Fidja gefasst; seit dieser Zeit löst ein geschlossenes Kanalsystem die bis dahin noch teilweise offenen Kanäle ab und versorgt die Stadt mit besonders wohlschmeckendem Wasser. Da die verschiedenen Flussläufe zum Teil nicht in der Stadt sichtbar sind und das Verständnis des historischen Wasserverteilungsnetzes auch eine Erklärung für die städtebauliche Entwicklung gibt, wird nachfolgend darauf eingegangen.

Kurz nach dem Austritt aus dem Bergmassiv teilt sich der Barada in sieben, zum Teil künstlich angelegte Flussarme, von denen der Yazid, der auf Veranlassung des Umayyadenkalifen Yazid I. ibn Muawiya (680-683) angelegt wurde, und der Tura, der aramäischen Ursprungs ist, auf der Nordseite der Stadt fließen. Beide Flüsse versorgten den ehemals selbstständigen Ort Salihiyya. Die Trassierung des Tura ist darüber hinaus so gewählt, dass seine nach Süden abgehenden Stränge auch die Quartiere Suq Sarudja, Uqayba und Masdjid al-Aqsab mit Wasser belieferten. Das Bett des Tura liegt im Anstieg des Qasyun-Berges, also zum Teil oberhalb der von ihm zu versorgenden Gebiete. Unter Ausnutzung des natürlichen Gefälles konnten die Wasserstränge als Druckleitungen ausgebildet und dann als Fontänen gefasst werden. Die wichtigsten wurden in die Baukomplexe religiöser Stiftungen integriert und prägten deren Namen. So entstanden im Stadtteil Uqayba die Moscheen Harat an-Naufara (Quellviertel), Bir al-Kanayis (Kanayis-Wasserreservoir) und Ain Ali (Ali-Quelle). Der Barada und zwei seiner Flussarme, der Banyas und der Qanawat, versorgten die Stadt *intra muros* mit Frischwasser. Der Barada fließt nördlich innerhalb und außerhalb der Stadtmauer entlang. In seinem Unterlauf nahm er zusammen mit den erst hier abzweigenden Nebenarmen Dayani und Milhi die Abwässer der nördlichen Innenstadt und ihrer Vorstädte auf. Der Wasserlauf des Banyas führt, aus der Richtung des Bahnhofs kommend, unter der Moschee Tankiziyya hindurch auf die Nordwestseite der Stadtmauer zu. Er unterfließt die Zitadelle, versorgte die Brunnenanlagen der Großen Moschee, durchfließt die nördlichen Quartiere der Stadt *intra muros* und verlässt in der Nähe des Bab Tuma die Stadt. Der Qanawat ist die bereits erwähnte, als Aquädukt gebaute, teilweise offene Wasserleitung, die durch das Quartier Qanawat fließt und außer diesem die Quartiere Qanawat Tadil und Bab as-Sridja versorgte. Beim Bab al-Djabiya erreicht die Wasserleitung die Altstadt, unterfließt die *via recta* und versorgte die südlichen und nordöstlichen Stadtteile. Ein im Hof der Sinaniyya-Moschee installierter Teiler zweigte vom Hauptstrang des Qanawat eine Zuleitung für den Unteren Midan (*Midan Tahtani*) ab. Schon im Westen der Stadt gehen vom Barada die Nebenflüsse Qanawat al-Mazza und Dirani ab. Sie versorgten ursprünglich einen Teil des Oberen Midan (*Midan Fauqani*), Baramka und die Dörfer Kafrsusa und Mazza. In den historischen Stadtquartieren wird dem Vernehmen nach die Wasserversorgung zwar durch ein geschlossenes Leitungsnetz, aber über die historischen Hauptverteilungswege vorgenommen. Die Wasserleitungen der dicht bebauten Neubaugebiete werden entweder von den alten Hauptkanälen eingespeist, oder sie haben, wie die nord- und südwestlichen Stadtteile, separate Zuleitungen von Ain al-Fidja.

Der Wasserleitungsplan und die Fontänen

Wulzinger und Watzinger haben in der Stadttopografie der islamischen Stadt Damaskus einen Wasserleitungsplan veröffentlicht. Schaut man diesen Plan an, so fällt zunächst auf, dass die einzelnen Innenstadtbereiche sehr unterschiedlich gut mit Wasser versorgt wurden. Bemerkenswert ist die schlechte Verteilung in den Gebieten im Osten und Südosten der Stadt, denn die Quartiere der Christen und der Juden wurden nur von wenigen, weit auseinander liegenden Leitungssträngen durchzogen. War also die Wasserversorgung in diesen Teilen der Stadt unzureichend, verwundert nicht, wie schon Wulzinger und Watzinger konstatierten, dass die muslimischen Eroberer, selbst nach der „friedlichen" Übergabe der Stadt, die Besiegten nur in den östlichen und südöstlichen Stadtbereichen siedeln ließen.

Der Wasserleitungsplan (siehe Abb.) liefert darüber hinaus noch weitere Erklärungen für das Entstehen und die Planung der Stadt. Zunächst müssen die geplanten von den natürlichen Wasserläufen unterschieden werden. Dabei fällt

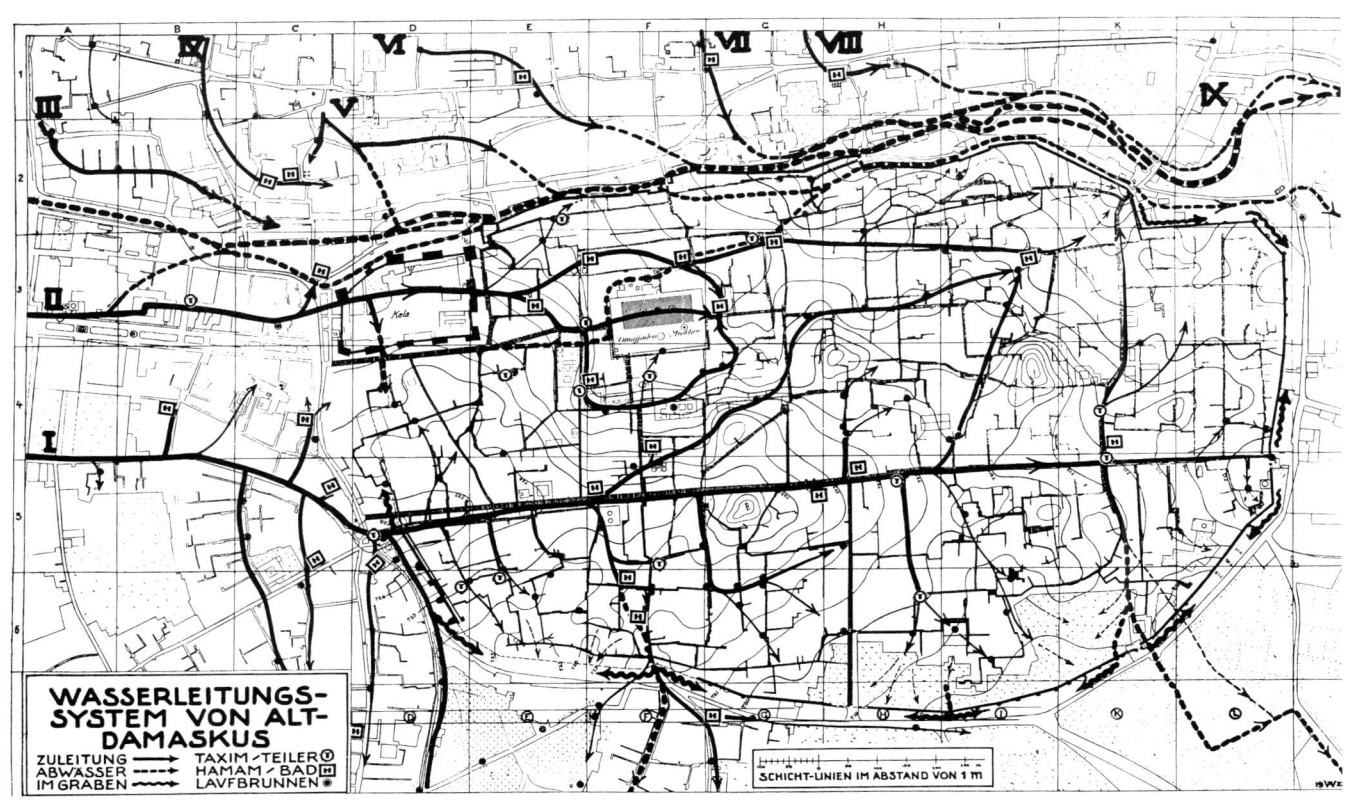

WASSERLEITUNGS-SYSTEM VON ALT-DAMASKUS
ZULEITUNG ——→ TAXIM-TEILER ⊕
ABWASSER ----→ HAMAM / BAD [H]
IM GRABEN ⇢⇢⇢ LAUFBRUNNEN ⊙

SCHICHT-LINIEN IM ABSTAND VON 1 m

Bezeichnung der Wasserleitungen nach Wulzinger–Watzinger (1924) 28–30

I Qanawāt
II Bāniyās
(III–IX 'Quellen' am Ende der einzelnen Ṯūrā-Stränge)
III Brunnen im Garten der 'Ṭawūšīya'- (Yūnusīya-)Moschee
IV Quelle al-Kirš
V ʿAin ʿAlī
VI Moschee an-Naufara
VII, VIII stark fließende Brunnen
IX ʿAin az-Zainabīya
Der Baradā ist hier bereits als Kloake verzeichnet.

Damaskus, Wasserleitungssystem

auf, dass nur einer der Wasserkanäle, der Qanawat, einem Straßenzug folgte. In seinem Oberlauf als Aquädukt gebaut, führte er an der Qanawat-Straße entlang, dann unter dem *decumanus maximus* hindurch bis tief in den Osten der Stadt hinein. Die Straße und die Wasserleitung müssen also gleichzeitig angelegt worden sein. Das Leitungssystem des Banyas wird anders angelegt worden sein. Zunächst unterfloss sein Hauptstrang die Zitadelle mittig, bevor er in drei Arme aufgeteilt wurde, die so geführt sind, dass sie im Bereich des Tempelbezirkes liegen und der nördliche und der südliche Leitungsstrang die Grenzen des „Peribolos" markieren. Da der Bau des Decumanus maximus und die Umgestaltung des Tempelbezirkes im ersten nachchristlichen Jahrhundert erfolgte, wird auch die Wasserverteilung in der Umgebung der Tempelanlage, ähnlich wie die Wasserleitung unter der Via Recta, in dieser Zeit angelegt worden sein.

Bei der Beschäftigung mit der historischen Wasserverteilung kamen auch neue Überlegungen zu einem speziellen wasserbautechnischen Phänomen auf: den Fontänen. Sie sind zwar im Wasserleitungsplan von Wulzinger und Watzinger vermerkt, aber ihre Relevanz für das antike Stadtbild wurde bisher nicht in Betracht gezogen. Die erste Fontäne, der Naufara-Brunnen, liegt östlich der Großen Moschee. Die drei unter dem Tempelbezirk verlegten Leitungen nutzten das natürliche Gefälle aus und endeten auf der Ostseite des Kultplatzes als Druckleitungen, die eine Fontäne speisten. Der Austrittspunkt der Fontäne war so gewählt, dass das dazugehörige Wasserbecken im Peribolos genau auf der Achse zwischen dem Ostpropylon des inneren Tempelbezirkes und dem östlichen Ausgang des äußeren Tempelbezirkes angelegt werden konnte. Wahrscheinlich lag auch ein zum „Temenos" gehörendes Wasserbecken auf dieser Achse und war somit auf die „Cella" ausgerichtet. Die aufgeführten Bezüge zwischen den historischen Wasserläufen und dem architektonischen Kontext des Tempelbezirkes lassen sich aber am Ort nur noch schwer nachvollziehen. Der heutige Straßenverlauf ist gegen die historische Achse nach Norden versetzt, daher liegt der Naufara-Brunnen nun an der südlichen Straßenseite. Erst kürzlich musste aus Gründen der Rationierung der bisher ständig plätschernde Springbrunnen, der jedermann stets den Wasserreichtum der Stadt vor Augen führte und durch alle Zeiten die Damaszener und viele Reisende angezogen hat, abgestellt werden.

Eine zweite Fontäne, die von zwei Strängen des Qanawat gespeist wurde, lag im Osten der Stadt. Die dazugehörige Wasserleitung versorgt bis heute die kleine Moschee al-Bakri und vor allem das gleichnamige Bad. Die ursprünglich römische Anlage, die ähnlich imposant gewesen sein wird wie der Naufarabrunnen, markierte sicherlich ebenfalls eine städtebaulich wichtige Stelle. Da wir im Osten der Stadt die ehemalige „Agora" vermuten, wird die Fontäne zum baulichen Ensemble des Platzes gehört haben. Schließlich stützt die Existenz eines Springbrunnens an dieser Stelle auch die Hypothese, nach der hier die Agora gelegen hat.

Das System der Zuleitungen und die staatliche Organisation der Wasserverteilung

Bedingt durch die Geländeformation waren die Hauptstränge der Wasserleitung in west-östlicher Richtung verlegt und führten von den höher liegenden Teilen der Stadt in die tiefer liegenden. Das System der Zuleitungen, das ähnlich hierarchisch aufgebaut war wie das der Straßen, bestand aus Hauptleitungen, von denen in unregelmäßigen Abständen Nebenleitungen abzweigten. An den Nebenleitungen oder unter bestimmten Voraussetzungen an der Stelle der Verzweigungen von Haupt- und Nebenleitungen lagen die sogenannten Teiler (*talia* oder *taqsim*), geschlossene Wassersammelbecken. Von der Mitte des Verteilerkastens, in dem eine von unten angeschlossene Druckleitung endete, gingen verschieden große und kleine Kammern ab, die durch schmale oder breitere Durchlässe mit der Mitte verbunden waren. In den äußeren Kammern wurde das Wasser aufgestaut, bevor es nach unten durch ein Rohr, die Hausleitung, abfloss. Die Größe eines Verteilerkastens hing von der Anzahl der Abzweige ab; sie lag zwischen 0,60 x 0,60 m bis 1,20 x 1,20 m. Aus Gründen der Sauberkeit und zur Kontrolle der Wasserentnahme waren die Verteilerkästen mit verschließbaren Türen oder Rolläden versehen. Die Hausleitung führte vom Hauptverteiler auf ein Gebäude oder ein Anwesen zu und endete zunächst in einem in der Hauswand liegenden Hausanschluss, der auch als Taqsim oder Talia bezeichnet wurde. Von hier aus gingen die Leitungen für zwei getrennte Haushalte oder für zwei nebeneinander liegende Häuser ab. Die Hausverteilerkästen waren im Gesamtsystem der Wasserverteilung von untergeordneter Bedeutung; sie wurden aber ebenso wie die Hauptverteiler durch kleine Türen oder Gitter verschlossen.

Nach Angaben von Thoumin wurde das Leitungssystem 1860 instand gesetzt und überholt. Tresse erläutert, dass der Gouverneur Nazim Bascha 1892 in Damaskus eine Trinkwasserversorgung anlegen ließ; bis dahin wäre der Barada das Trinkwasserreservoir der Stadt gewesen. Das historische Wasserverteilungsnetz war zumindest bis zum Ende des Jahrhunderts, in manchen neuen Wasserleitungen, die von der Quelle Ain al-Fidja in die Stadt geführt wurden, in Benutzung.

Die Wasserverteilung und die Teileranlagen umgab in Damaskus stets ein Schleier des Geheimnisvollen. Das hing bei der relativen Einfachheit des Systems damit zusammen, dass die Lage der Wasserläufe und die Zahl der Teileranlagen nicht allgemein bekannt waren. Nur die Wasserleitungswächter (*schawi*) der einzelnen Quartiere kannten den Verlauf der Leitungen und die Anzahl der Teiler. Sie kontrollierten die Entnahmen der einzelnen Benutzer und waren daher auch für die Abrechnung des Wassergeldes zuständig. Die Regulierung der zu entnehmenden Wassermenge ließ sich an jedem Teiler vornehmen. Das maximale Durchflussvolumen der jeweiligen Hauszuführung war durch die Größe der zugehörigen Seitenkammer bestimmt. Die Durchflussmenge von der Mittel- in die Seitenkammern ließ sich aber durch – in die Zuflüsse eingestellte – Schieber regulieren. Bei nicht bezahlter Rechnung konnte auch eine einzelne Kammer von der Mitte abgetrennt werden und austrocknen, bis der Schieber nach erfolgter Zahlung wieder hoch geschoben wurde. Bei so weitreichenden Befugnissen ist es daher verständlich, dass die Wasserleitungswächter der Geruch der Geheimniskrämerei und der Machtfülle umgab. Zudem waren sie nicht nur für die Wasserverteilung, sondern auch für die Reparatur des Leitungsnetzes verantwortlich. Gemessen an der ersten Aufgabe war diese Arbeit ungleich schwieriger. Zunächst galt es, das unkontrollierte Ausströmen von Wasser zu erkennen und dann mussten die Leckstellen im Leitungsnetz gefunden werden. Die Ausflussstellen wurden schließlich, sofern sie überhaupt zugänglich gemacht werden konnten, mit einer Masse aus Lehm und Stroh gestopft und so repariert.

Das Entwässerungssystem

Die Hauptkloake, der Sammler für alle Brauch- und Schmutzwässer, war zunächst nur der Hauptarm des Barada, der auf der Nordseite der Stadtmauer entlang fließt. Zur Kloake wurde der Fluss nach Wulzinger und Watzinger erst hinter, also östlich der berühmten Kaffeehäuser am Fluss, zwischen Bab al-Amara und dem Bab as-Salam. Östlich des zweiten Tores verschmutzten die Gerber, in späterer Zeit auch die hier ansässigen Färber im Quartier Harat al-Farrayn den in mehrere Wasserläufe aufgeteilten Fluss. Auf der Höhe des Bab Tuma floss der Banyas, der in seinem letzten Teil bereits Abwassersammler war, mit dem Barada, dem Aqrabani und Dayani zusammen. Von Norden kommend waren die einzelnen Wasserläufe des Tura mit ihren südlichen Ausläufern auch bereits Abwasserträger für die Außenquartiere. Einige Abzweige des Qanawat, der Qulayt, auch Aswad genannt, und der Mizzaz, wurden analog zu den Zuführungssträngen als weitere Abwasserträger genutzt; sie entsorgten die Quartiere Saghur Djuwaniyya und Barraniyya. Der Abyad dagegen entwässerte einige der westlichen Außenstadtquartiere, und der Muhaiya verließ bei Bab Kaysan die Stadt.

Seitdem die Quelle des Barada in Ain al-Fidja gefasst wurde, wird das Frischwasser durch ein geschlossenes Rohrsystem, das wahrscheinlich zum Teil in den alten Flussbetten verlegt wurde, in die Stadt geleitet. Die einzelnen Flussarme werden daher nun schon in ihren Oberläufen als Abwassersammler genutzt. Zwischen Dummar und der westlichen Stadtgrenze sind seit einigen Jahren Autowaschplätze entstanden, und im ehemaligen Quartier Baramka auf der Höhe des Nationalmuseums werden sowohl der Barada als auch der auf der Nordseite des Museums oberirdisch fließende Banyas allgemein als Müllplatz benutzt. Diese Wasserverschmutzung wirkt sich besonders negativ auf das Kleinklima der Innenstadt aus. Im Quartier zwischen den Mauern, Bain as-Surayn, nördlich der Großen Moschee, fließt ein Barada-Arm teilweise unter den halb in den Fluss hinein gebauten Häusern hindurch. Dieses ehemals renommierte Wohnquartier leidet so sehr unter der Geruchsbelästigung, dass in den Jahren 1975-1980 hier auffallend viele Häuser geräumt wurden und nun leer stehen oder inzwischen von sozial besonders schwachen Gruppen bewohnt werden.

Literatur

Sack 1989. Thoumin 1934. Tresse 1929. Watzinger - Wulzinger 1921. Wulzinger - Watzinger 1924.

Die traditionelle Wasserversorgung von Aleppo

Heinz Gaube

Bis um die Wende zum 20. Jahrhundert bezogen die Einwohner Aleppos ihr Trink- und Nutzwasser aus Zisternen, Grundwasserbrunnen und einer Wasserleitung, die von einer 12 km nördlich der Stadt gelegenen Quelle Wasser in die Stadt leitete und in ihrem Ursprung wohl in die vorislamische Zeit zurückreichte. Zisternen lagen meist unter den Höfen oder unter Teilen der Höfe vieler öffentlicher Gebäude und Wohnhäuser. Grundwasserbrunnen fanden sich in großer Zahl in öffentlichen und privaten Gebäuden. Ihr Wasser schmeckte aber brackig und wurde möglichst nur als Nutzwasser verwendet. Die Wasserleitung Aleppos aber versorgte einen Großteil der Bevölkerung mit wohlschmeckendem Trinkwasser und gehörte zu den herausragenden Vorzügen der Stadt, waren doch Wasserleitungen auch in den mittelalterlichen Städten des Vorderen Orients nicht eine Alltäglichkeit. Viele Städte waren auf Flusswasser, Quellwasser oder Brunnenwasser angewiesen, und manche Städte bezogen gar ihr Wasser allein aus Zisternen, in denen das Regenwasser der nassen Jahreszeit gesammelt wurde.

Eine recht informative Beschreibung der traditionellen Wasserversorgung Aleppos hinterließ uns der englische Arzt und Naturforscher Alexander Russell, der Mitte des 18. Jh. mehrere Jahre in Aleppo gelebt hat. Sie sei hier zusammengefasst wiedergegeben:

Die Stadt ist mit gutem Wasser aus zwei Quellen bei Haylan versorgt, einem Dorf ca. acht Meilen nördlich von Aleppo gelegen. Das Wasser wird durch einen Aquädukt, der teils offen, teils bedeckt über der Erde und teils unterirdisch verläuft, zur Stadt gebracht, in die er im Nordosten tritt, von wo er durch bleierne und irdene Rohre zu öffentlichen Brunnen, Bädern, Palästen und vielen privaten Häusern geleitet wird.

Viele „Chane" und private Häuser sind mit großen unterirdischen Wasserreservoirs versehen. In manche von ihnen kommt das Wasser direkt durch die Rohre der Wasserleitung. Die meisten von ihnen werden aber im Frühjahr durch Wasserträger gefüllt. Nachdem die Reservoirs gefüllt sind, werden sie verschlossen und das Wasser für die heißen Monate aufgehoben, in denen es, durch einen Eimer an einem Seil heraufgezogen, hervorragend kühl ist. Es wird so den ganzen Sommer über getrunken.

Die öffentlichen Brunnen sind schöne Gebäude mit einem großen Bogen, vor dem ein Eisengitter angebracht ist. Das Wasser befindet sich in einem mit Blei abgedichteten Becken, an dessen Seite sich eine an einer Kette befestigte Kupfertasse befindet, aus der die Vorbeigehenden trinken. Die, die ihre

Eimer hier füllen wollen, erhalten das Wasser aus Messinghähnen, die auf die Straße hinausragen. Solche Brunnen befinden sich in allen großen Straßen. Neben jeder Moschee und jedem Bazar befindet sich einer. Meist sind sie Werke privater Stifter. Große Wasserbecken, die sich außen an Palästen befinden, können auch von der Nachbarschaft benutzt werden. Die meisten Häuser haben Ziehbrunnen. Diese sind meist tief und versiegen oft im Sommer. Das harte und brackige Brunnenwasser wird als Nutzwasser und für die Springbrunnen benutzt.

Auf welchen Wohltäter diese für die Stadt lebenswichtige und den hohen Zivilisationsstand ihrer Bewohner bezeugende Infrastruktureinrichtung als Bauherrn oder wenigstens Initiator zurückgeht, ist nicht mir Sicherheit bekannt. Mittelalterliche Autoren nennen die Wasserleitung „Qanayat Haylan", den „Kanal von Haylan", nach der Haylan-Quelle, an der der Kanal seinen Ursprung nimmt, und bringen den Namen Haylan mit jenem der Mutter des byzantinischen Kaisers Konstantin d.Gr. (reg. 306-337) Helena, arabisch Haylana, in Verbindung, der nach der lokalen Überlieferung die Initiative zur Anlage der Wasserleitung zugeschrieben wird.

Die „Heilige" Helena, der die Christenheit bekanntlich auch die „Entdeckung" des Kreuzes Christi in Jerusalem zu verdanken hat, spielt in der Vorstellungs- und Legendenwelt der orientalischen Christen eine übergebührliche Rolle, und über die christliche Lokaltradition ist diese Gründungs- oder Ursprungslegende sicher auch in die Schriften mittelalterlicher islamischer Historiker der Stadt gekommen.

Neuere Funde im Süden der Altstadt innerhalb des Qinnasrin-Tores, also innerhalb der Grenzen der hellenistisch-römischen Stadt, wo im Keller eines Hauses ein mannshoher, in den felsigen Untergrund gehauener Wasserkanal freigelegt wurde, legen die Vermutung nahe, dass das Grund-Netzwerk der Aleppiner Wasserleitung mindestens in die römische Periode der Geschichte Aleppos zurückgeht, wenn nicht in die seleukidische Zeit, von der wir, auch was Wasserleitungen angeht, aber zu wenig wissen.

Sicheren Boden bekommen wir erst durch den 1285 gestorbenen Aleppiner Historiker Ibn Schaddad unter die Füße, der in seiner langen Beschreibung Aleppos auch der Wasserleitung ein Kapitel widmet. Der Text ist allerdings recht kurz, nur fünf Seiten lang, und in einem stenografischen Stil für „Insider" geschrieben. Unter Zuhilfenahme späterer Texte und der materiellen Evidenz (erhaltenen Brunnen und Gebäude, die er aufführt) lässt sich aber ein recht genaues Bild des Wasserleitungssystems gewinnen, das zu Ibn Schaddads Zeit nur die Bereiche *intra muros* mit Wasser versorgte und dessen erste gründliche Reparatur (und Erweiterung?) er mit dem Zangiden Nur ad-Din (1146-1173), dem Aleppo eine seiner Blütezeiten zu verdanken hat, in Verbindung bringt. Allerdings erfahren wir auch, dass schon der spätere Umayyadenkalif Sulayman ibn Abdalmalik (715-717) als Statthalter Aleppos um 684 erste Reparaturen am Wasserleitungssystem Aleppos vorgenommen habe. Sulaymans Gestalt ist aber in Aleppo mit Legenden umwoben, und so kann diese Information allenfalls als Indiz dafür benutzt werden, dass Aleppo zum Zeitpunkt der islamischen Eroberung schon über eine Wasserleitung verfügte, worauf aber auch die schon erwähnten Umstände hinweisen.

Ibn Schaddad beschreibt das Wasserleitungssystem im Zusammenhang mit seinem Bericht über die Restaurationsarbeiten, die der Ayyubide az-Zahir Ghazi 1209 an ihm vornehmen ließ. Er berichtet, dass in diesem Jahr Ghazi Handwerker aus Damaskus nach Aleppo beordete, die den Kanal von Haylan bis Aleppo untersuchen und reparieren sollten. Diese Arbeiten wurden in 59 Tagen vollendet. Danach nahm man die Neuordnung der innerstädtischen Wasserleitung in Angriff. Ausgangspunkt war hier der Brunnen am ehemaligen Bab al-Arbain, dem „Tor der Vierzig" am Nordfuß der Zitadelle. Von hier verlief der erste Hauptkanal nach Nordwesten, erst in Richtung des Nordtores (Bab an-Nasr) und dann weiter in das im Nordwesten der ummauerten Stadt gelegene Quartier Bahsita. Ein zweiter Hauptkanal verlief vom Bab al-Arbain nach Süden bis zum Osteingang des „Suqs" und verzweigte sich dort in zwei Arme, von denen der eine, sich mehrfach teilend, den gesamten Suqbereich und das Gebiet südlich des Suqs bis zur Südmauer mit Wasser versorgte, während der zweite, in zwei Arme aufgeteilt, die südlichen und südöstlichen Teile der Stadt *intra muros* mit Wasser versorgte.

Es zeigt sich, dass dieses System im Wesentlichen jene Teile der Altstadt versorgte, die seit seleukidischer Zeit, also seit ca. 300 v.Chr., in einem regelmäßig orthogonalen Gassensystem bebaut waren, was als Hinweis auf den hellenistisch-römischen Ursprung der Wasserleitung von Aleppo gewertet werden kann. Insgesamt führt Ibn Schaddad 72 Brunnen und Zisternen auf, die an dieses Wasserleitungssystem im frühen 13. Jh. angeschlossen waren; viele Standorte von ihnen können heute noch lokalisiert werden.

Eine wesentliche Erweiterung

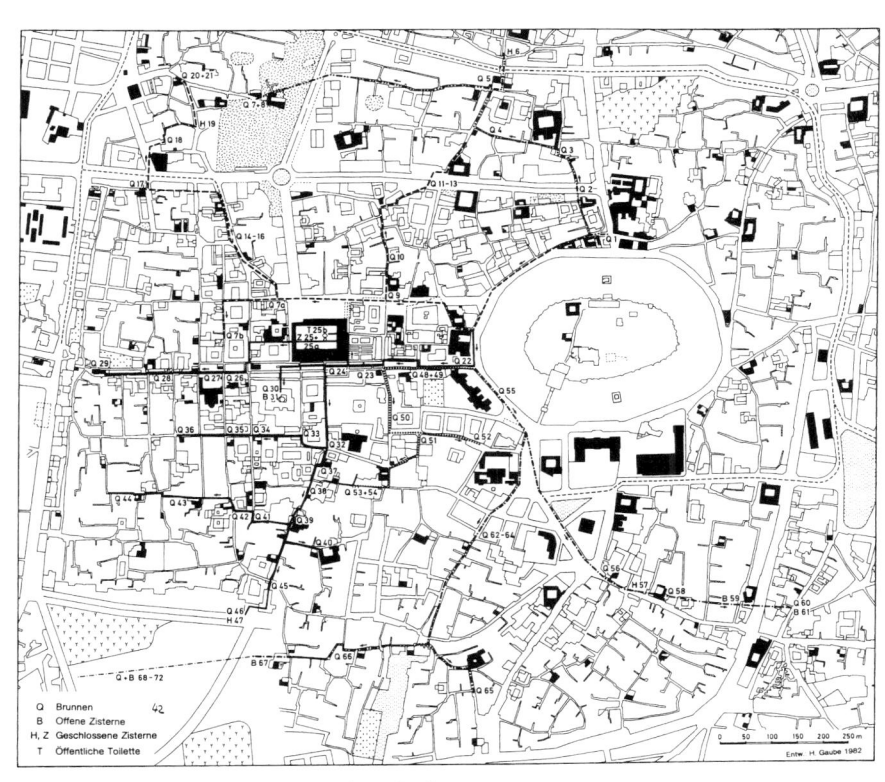

Aleppo, die Wasserversorgung im 13. Jh.

und Veränderung erfuhr das Wasserversorgungssystem von Aleppo unter den Mamluken seit Anfang des 14. Jh. Um ca. 1500 waren sowohl die Altstadtquartiere im Südosten und Osten *intra muros* an die Wasserleitung angeschlossen wie auch die östlich und nördlich außerhalb der Stadtmauer gelegenen Vororte, die im Wesentlichen erst in der Mamlukenzeit entstanden waren oder zumindest erst damals eine bauliche Verdichtung erfahren hatten. Um den Mehrbedarf an Wasser zu befriedigen, war schon 1300 eine weitere Quelle, die nördlich von Haylan gelegene Sadjur-

Quelle, an das Kanalsystem angeschlossen worden. Zwar wurde die Verbindung zwischen den Quellen Haylan und Sadjur schon 1544 unterbrochen, 1644 wieder hergestellt, aber 1723 endgültig zerstört, dennoch funktionierte das Kanal- und Brunnennetz der Mamlukenzeit bis in das ausgehende 19. Jh.

Damals, gegen Ende ihres Bestehens, hatte die Wasserleitung, die Qanayat Haylan, folgenden Verlauf: Sie nahm ihren Ursprung in der Haylan-Quelle, genauer in drei in Steinbecken gefassten Quellen. Nahe dem Dorf Haylan stieß zu diesem Wasser weiteres Wasser aus dem Qwayq-Fluss über eine Wasserableitungsanlage. Auf ihrem Weg nach Aleppo bewässerten die vereinigten Wasser der Quellen und des Flusses eine Reihe von Gärten, überwanden Geländeeinschnitte auf Aquädukten, durchflossen einen Berg in einem über 1000 m langen Tunnel und erreichten die Nordperipherie der Stadt beim Bab Allah, einem Vorstadttor, weit vom Zentrum entfernt. Zwischen dem Bab Allah und dem Bab al-Hadid, dem Nordost-Tor der Stadt, zweigten vom Hauptkanal fünf Kanäle ab, welche die alten Quartiere außerhalb der Stadtmauer im Norden, Osten und Süden mit Wasser versorgten. Diese Hauptabzweigungen nannte man „Nizam" oder „Qanat". Alle diese Kanäle wurden in der Mamlukenzeit angelegt, wie uns Inschriften an durch sie versorgten Brunnen zeigen.

Insgesamt gab es 14 dieser Hauptabzweigungen oder Nizams. Das heißt, die verbleibenden neun von ihnen versorgten die Quartiere *intra muros*, teils unter Nutzung des früheren Leitungssystems, teils aber neu angelegt, besonders im vorher an die Wasserleitung nicht angeschlossenen Süden und Osten der Stadt *intra muros*. In das Gebiet innerhalb der Stadtmauer gelangte der Hauptkanal durch das Bab al-Hadid, also das Nordost-Tor, das deshalb auch den Namen „Bab al-Qanat", „Kanal-Tor", trug. Nicht weit innerhalb dieses Tores lag der Hauptverteiler, wo sich der Hauptkanal – vereinfacht ausgedrückt – in zwei Arme aufspaltete, deren einer, sich vielfach aufspaltend, die westlich der Zitadelle gelegenen Quartiere und der andere, weniger aufgespalten, die östlich der Zitadelle gelegenen Quartiere mit Wasser versorgte.

Eine detaillierte Analyse der uns zur Verfügung stehenden Informationen macht es möglich, alle diese Haupt- und Nebenkanäle mit einem hohen Grad an Genauigkeit auch heute noch zu verfolgen. Hierfür sind uns die noch sichtbaren Reste der alten Wasserleitung, besonders Brunnen mit ihren Inschriften, alte Hauskauf-Urkunden, die seit dem 16. Jh. vorliegen, in denen in der Regel immer vermerkt ist, ob ein Haus an die Wasserleitung angeschlossen war, was seinen Wert steigerte, und spätere Historiker der Stadt von großem Nutzen. Wie weit diese in das Detail gehen, soll ein Zitat aus dem Werk eines der zwei großen Historiker Aleppos der Wende vom 19. zum 20. Jh., dem „Nahr adh-Dhaba" oder „Gold-Fluss" des Kamal al-Ghazzi zeigen. Ghazzi schreibt in einem Exkurs zum nördlich außerhalb der Stadtmauer gelegenen Quartier Qastal al-Harami:

„In diesem Quartier liegt der Brunnen ar-Ramadaniyya. Er wurde von Burd-Bak im Jahre 890 [1485 n.Chr.] errichtet. Zu ihm gelangt Wasser vom Qanat Burd-Bak, der bei der großen Grabstätte vom Hauptkanal abzweigt. Von diesem Kanal zweigt ein Nebenkanal nach Süden zum Garten Aqbai ab. Danach verlässt den Kanal eine Abzweigung, die nach Norden zur Takiyya Baba Bayram fließt, und bald danach eine weitere, gleichfalls nach Norden, zum Brunnen ar-Ramadaniyya. Von hier aus fließt ein wasserreicher Nebenkanal zum Krankenhaus ar-Ramadaniyya und zum ar-Ramadaniyya-Garten. Dann erreicht der Kanal Burd-Bak ein Becken bei der Moschee Qastal al-Harami, das Verteiler genannt wird. Von ihm nehmen zwei Nebenkanäle ihren Ausgang. Der erste fließt zur Moschee al-Ibn und von dort zum Brunnen asch-Scharasus und weiter zum Brunnen al-Fattal und von dort zum Brunnen an-Nazi. Eine weitere Abzweigung nimmt ihren Ausgang beim Brunnen asch-Scharasus und fließt zum Brunnen al-Must. ..."

So fährt unser Autor noch weiter fort und beschreibt Detail um Detail, was zeigt, wie hoch die Aleppiner ihre Wasserleitung geschätzt haben und welche profunde Kenntnis über sie bestand. Das hatte seinen Grund, stand doch das Wasser nicht unbeschränkt zur Verfügung, und nur klare Regelungen und Kontrolle konnten gewährleisten, dass

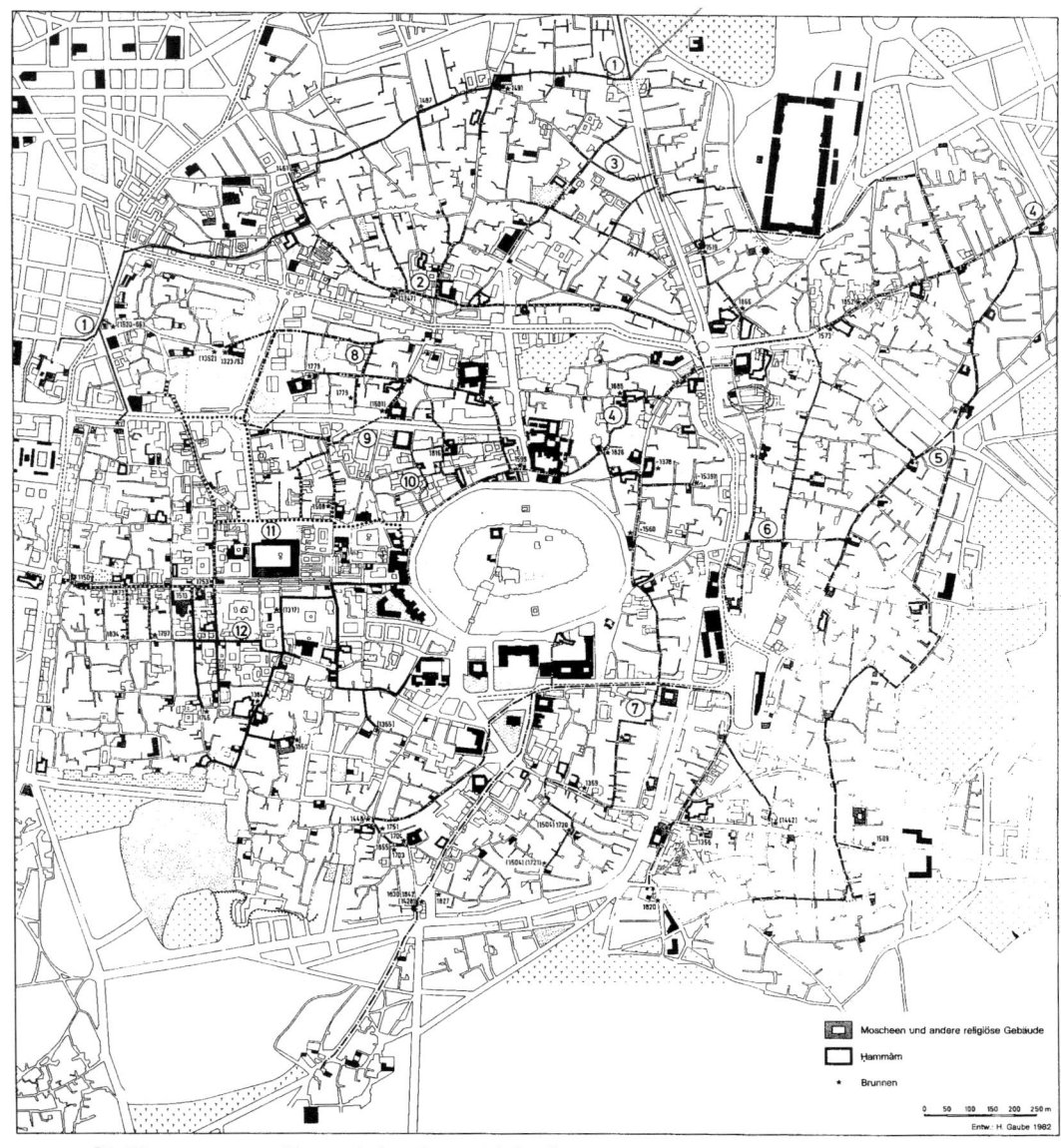

Die Wasserversorgung Aleppos Anfang des 16. Jahrhunderts

1) Niẓām Burd-Bak
2) Niẓām al-Marʿašlī
3) Niẓām ʿIzzaddīn / Aġyur
4) Hauptkanal
5) Niẓām ʿAlī-Bak
6) Niẓām Qattāna
7) Niẓām al-Mustadāmīya
8) Niẓām Šāhin-Bak
9) Niẓām Ḥammām as-Sulṭān
10) Niẓām Madrasa aš-Šaʿbānīya
11) Niẓām Moschee al Ḥaiyāt
12) Niẓām Bāb Qinnasrīn

Aleppo, die Wasserversorgung Anfang des 16. Jh.

dieses kostbare Gut weder vergeudet noch zu ungerecht verteilt wurde. Deshalb waren die anteiligen Wasserrechte genau geregelt. Diese wurden in speziellen Dokumenten festgehalten, von denen Kopien in den Registerbüchern des Gerichts erhalten sind. Hier seien abschließend Auszüge aus zwei Dokumenten vorgelegt, welche einen flüchtigen Einblick in die mit der Wasserleitung verbundenen rechtlichen Aspekte gewähren sollen:

So hat sich z.B. ein Dokument erhalten, das die Wasserrechte an genau dem Kanal zum Gegenstand hat, von dem die oben zitierte Stelle aus dem Geschichtswerk des Ghazzi handelt. Das Dokument beginnt:

„Liste der Rechte von Moscheen, Heiligtümern, Brunnen, Bädern, Zisternen und Quartieren der Stadt Aleppo, die Gott beschützen möge, bezüglich des Wassers der Wasserleitung, das ihnen täglich zusteht und in der Menge durch Metallblenden reguliert ist. Diese Verteilung fängt an der Abzweigung des Kanals Burd-Bak an und endet an dem Verteiler Djurn al-Aswad am Fuß der Zitadelle. Diese Liste ist nach einer Untersuchung und einer ihr folgenden allgemeinen Feststellung am 10. Schawwal des Jahres 1133 der Hidjra [05.08.1721 n.Chr.] angefertigt worden."

Die Liste umfasst 89 Einzelrechte, darunter auch die von Häusern, die einerseits durch die Größe des Durchflusses und den Wasserdruck, der durch die Höhe des Wasserstandes über dem Ausfluss bestimmt wurde, und andererseits durch die Zeit, wie lange das Wasser fließen darf, festgelegt sind.

Streitigkeiten um das Wasser gehörten auch zum täglichen Geschäft des Richters. Über solche Fälle, die vor Gericht entschieden wurden, sind gleichfalls Aufzeichnungen erhalten. In der Regel erschienen vor dem Richter zwei Parteien, Vertreter von zwei verschiedenen Quartieren oder Teilen von Quartieren. Die eine Partei bezichtigte dabei die andere, unrechtens zuviel Wasser einem beide Parteien versorgenden Brunnen oder Verteiler zu entnehmen. So erschienen z.B. nach einem am 3. Rabi I. 1115 Hidjra (17.07.1703 n.Chr.) datierten Dokument 21 Männer eines Quartiers im Osten *extra muros* vor dem Richter und klagten die Bewohner eines benachbarten Quartiers an, unrechtmäßig zuviel Wasser aus einem ihnen gemeinsam zustehenden Brunnen, der auch als Verteiler fungierte, zu entnehmen. Die Kläger legten ein altes Dokument von 1586 vor, in dem ihre Wasserrechte festgelegt waren. Die Beklagten, durch fünf Männer vertreten, hielten dem entgegen, dass sie über ein Dokument verfügten, das dem widerspreche. Der Richter stellte den Beklagten daraufhin eine Frist, innerhalb der sie ihr Dokument vorlegen sollten. Die Frist verstrich, ohne dass die Beklagten ein derartiges Dokument vorlegten. Daraufhin entschied der Richter im Sinne der Kläger.

Unklarheiten und Ungerechtigkeiten konnten aber auch theoretisch noch so ausgewogen erscheinende Regelungen und Richtersprüche nicht verhindern. Obgleich das Amt eines Aufsehers über die Wasserleitung (*nazir al-qana*) zu den seit alten Zeiten bestehenden städtischen Institutionen gehörte und eine Vielzahl von Spezialisten (*qanawi*) mit ihren Scharen von Helfern dafür sorgten, dass das Wasserversorgungssystem in Ordnung und in Funktion gehalten wurde, gehörte Wasserknappheit wie Lebensmittelverknappung zu den Erfahrungen, die fast jede Generation von Aleppinern machen musste. Das führte zu sozialen Spannungen, gar zur Absetzung des Nazir oder zu Konflikten zwischen einzelnen Stadtteilen, wie sie oben geschildert wurden. So war, um ein Beispiel zu nennen, 1786 ein Krisenjahr, aus dem ein Zeitzeuge berichtet: *„Der Fluss ist gänzlich ausgetrocknet, und das Wasser der Wasserleitung ist auf ein Fünftel seiner Normalmenge geschrumpft. Die Leute leiden schwer unter Durst. Die in der Innenstadt leben, verfügen praktisch über kein Wasser. An machen Tagen hatten wir keine andere Wahl, als das brackige Wasser der Grundwasserbrunnen zu trinken. Aber selbst viele dieser Brunnen waren ausgetrocknet."*

Literatur

Gaube - Wirth 1984. Marcus 1989. Mazloum 1934.

Stadtbausteine: Wohnbauten

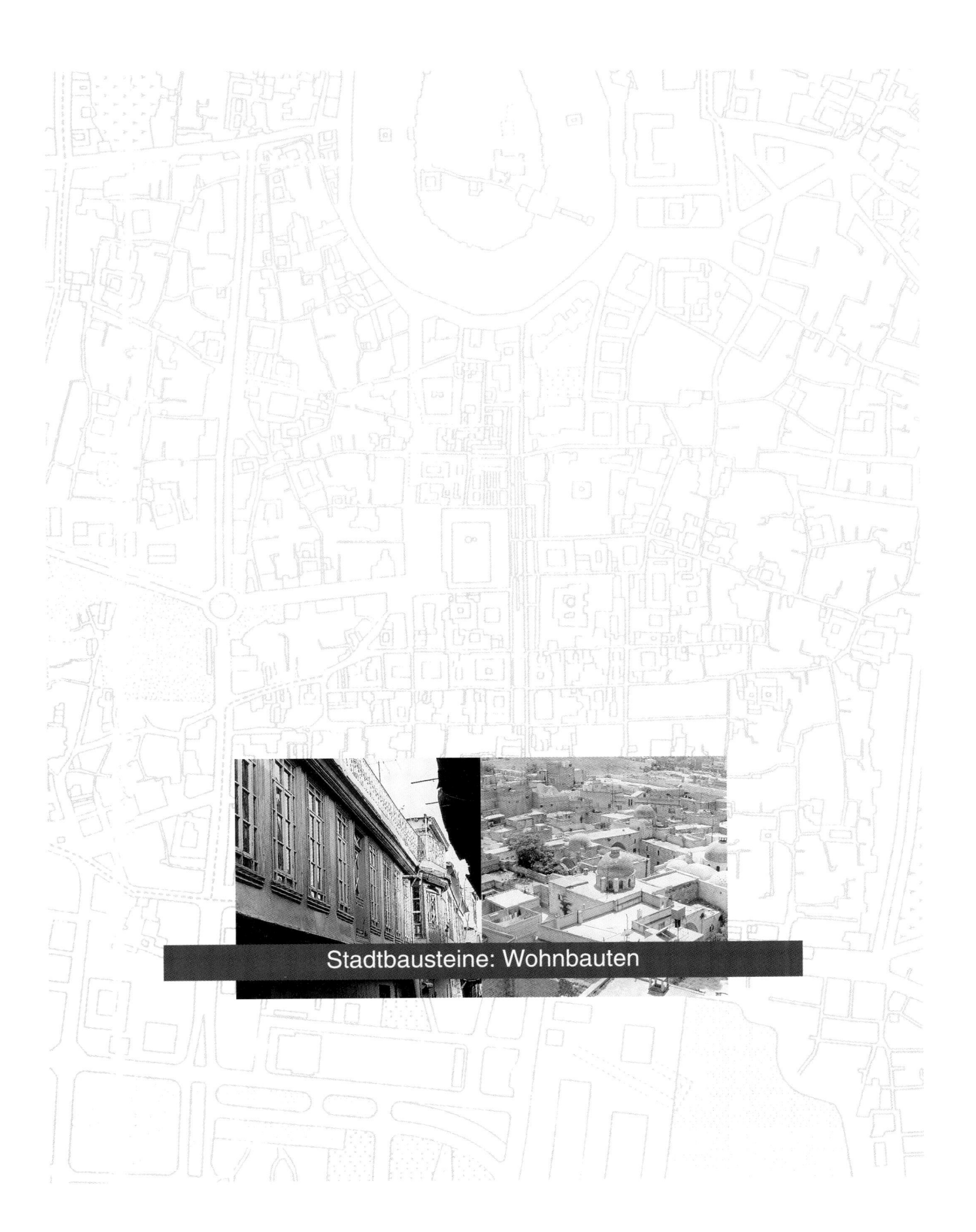

Das Damaszener Haus

Ali Rida Fauzi al-Nahawi

Seit dem 7. Jahrtausend v.Chr. führten tiefgreifende Veränderungen im Leben der Menschen im Alten Orient und somit auch im syrischen Raum zu einem Wandel in der geometrischen Grundstruktur der Häuser. Die Menschen gingen von der runden zur rechteckigen Bauweise über. Den Hintergrund bildeten sozioökonomische und klimatische Veränderungen in der Region, die dazu führten, dass der Mensch die bisher bewohnten Höhlen verließ, sich niederließ und Siedlungen gründete. Dieser „Quantensprung" im Leben der Menschheit wird auch als „Neolithische Revolution" bezeichnet.

In diesem Zusammenhang schreibt R.G. Bredwood in einem Vorwort zu dem Buch „Die ersten Dörfer in Syrien" von Jacques Kovane: *„12.000 Jahre nach dem Ende der Eiszeit steuerte die Menschenrasse einer neuen Schwelle entgegen. Überall haben menschliche Gruppierungen, die als Jäger und Sammler lebten, Gebiete beansprucht. Als sie sesshaft wurden, waren sie auf die Produktion ihrer Nahrung angewiesen und so haben sie wilde Pflanzen gezüchtet und Tiere domestiziert. Ohne diesen Sprung würden wir heute noch als Jäger und Sammler leben".*

Die historischen Wurzeln der Damaszener Hausarchitektur

Erste Spuren der Sesshaftigkeit sind in Tell Aswad und Tell Azifa östlich und in Tell ar-Ramad im Westen von Damaskus zu finden, die auf die jüngere Steinzeit zurückzuführen sind.

Die Funde in Tell Aswad und Tell Azifa deuten auf die Verwendung von Lehm mit Stroh beim Bau der runden Häuser und von Holz und Ästen beim Bau der Dächer hin. Mit Laboruntersuchungen von verkohlten Holzstücken von Tell Azifa konnte nachgewiesen werden, dass es sich dabei um Pappelholz handelte.

Die Ausgrabungen in Tell ar-Ramad wiederum zeigten den Übergang von der runden zur quadratischen und viereckigen Bauweise. Dieser Wandel spiegelt die ökonomische und soziale Entwicklung wider. Es bot sich nun die Möglichkeit, das Haus mit der Zunahme der Familienmitglieder zu erweitern. In Tell ar-Ramad wurden als Baumaterial Steine und getrocknete Lehmblöcke für die Wände, Lehm und Kalk für den Boden benutzt. Die Anlage des Dorfes, der Baustil und die Verwendung lokaler Materialien zeugen von einer klimatisch und ökologisch fortgeschrittenen Phase.

Die Zeitspanne zwischen dem 6. und 3. Jahrtausend v.Chr. im Damaszener Raum ist archäologisch weitgehend unerschlossen. Dies ist zum einen auf die geringe Zahl der durchgeführten Ausgrabungen zurückzuführen, zum anderen aber auch auf die moderne Wohnbebauung der Stadt, die keine systematischen Untersuchungen erlaubt. Zwar hat Dr. Rihawi im Hof der Umayyaden-Moschee Ausgrabungen durchgeführt und Tonscherben aus dem 3. Jahrtausend v.Chr. gefunden, aber es wurden keine weiteren Arbeiten unternommen. Die Ausweitung der Untersuchungen im Großraum Damaskus wird jedoch mehr von der Geschichte der Stadt ans Tageslicht fördern. Trotz des Mangels an konkreten Spuren ist davon auszugehen, dass der Raum von Damaskus seit der „Yabrudischen Zivilisation" durchgehend bewohnt war, da hier kontinuierlich gute Lebensbedingungen herrschten.

Eine syrische Expedition unter der Führung des Archäologen Ahmad Tarkadji hat in Tell Saka, 30 km östlich von Damaskus, Bauspuren entdeckt, die auf die mittlere und jüngere Bronzezeit zurückzuführen sind (1800-1300 v.Chr). Es wird erwartet, in nächster Zeit das Niveau der alten Bronzezeit zu erreichen.

Trotz der chronologischen Lücke zu Tell ar-Ramad stellt Tell Saka eine Weiterentwicklung der Hausarchitektur im Raum von Damaskus dar. Am südöstlichen Hang des Tells wurde ein Haus freigelegt, das aus einem rechteckigen Innenhof und einem viereckigen Zimmer mit einem vorgelagerten „Riwaq" besteht. Der Riwaq ist ein überdachter Vorhof, der die Zimmer vom Innenhof trennt und zu diesem Hof hin offen ist. Sein Dach wurde von zwei Holzpfählen getragen, die auf runden Basaltsteinen standen. Die Wände des Hauses sind 60 cm dick, aus getrocknetem Lehm gebaut und mit dem „arabischen Lehm", einer Mischung aus Lehm und Stroh, verputzt. Die obere Schicht ist aus weißem Kalk. Das Haus öffnet sich nach Süden hin, was dem Klima und den Windverhältnissen in Damaskus Rechnung trägt.

Tell Saka, Haus der jüngeren Bronzezeit mit Hof, Vorhof und einem Raum

Dieses Haus mit seinem Grundriss, Baumaterial und Baustil ist ein Musterexemplar für die einheitliche Bauweise im Raum Damaskus seit den Siedlungen von Tell Aswad und Tell ar-Ramad bis heute. Es bestätigt ferner die Annahme, dass diese Bauweise in erster Linie ökologisch orientiert war und die Grundbedürfnisse des Menschen als Ganzes berücksichtigte. Diese Bauweise hat sich immer weiter entwickelt und den wechselnden Erfordernissen angepasst. Deshalb ist sie nicht als das Ergebnis einer bestimmten Epoche oder Kultur anzusehen, sondern als ein historisches Langzeitprodukt, das ein Gleichgewicht und Harmonie zwischen der Ökologie, dem Klima und den materiellen und spirituellen Bedürfnissen des Menschen herstellte. Die Bewohner dieser Region haben demnach schon vor sehr langer Zeit die Grundlagen und Philosophie der Bauweise ihrer Häuser entwickelt. Diese Architektur hat

Damaskus, Holzbauweise im 1. Stockwerk eines Hauses

Damaskus, Konstruktion eines Holzdaches mit Haupt- und Nebenstämmen

sich bis in die heutige Zeit fortgesetzt.

Die Anpassung an drohende Gefahren und Naturkatastrophen

Erdbeben, Brände, Regen-, Schnee- und Windstürme stellten immer eine Bedrohung für das Leben und die Häuser der Menschen dar. Diese Erfahrung hat sich in der Bauweise der Häuser niedergeschlagen, die darauf abzielte, diese Gefahren abzuwenden oder wenigstens ihre Schäden zu minimieren.

Da Damaskus innerhalb des Syrischen Erdbebenrisses liegt, war die Gegend immer von Erdbeben bedroht. Historiker berichten wiederholt von totalen oder teilweisen Zerstörungen von Damaszener Häusern. Das Erdbeben von 1759 zählt dabei zu den heftigsten, die Damaskus jemals erlebt hat.

Erdbebensichere Häuser zu bauen, war immer schwierig, dennoch wurden in Damaskus Lösungen gefunden, solche Schäden zumindest zu verringern. Der Damaszener Historiker Ibn Kanan as-Salihi aus dem 18. Jh. erzählt in seinem Buch „al-Mamalik asch-Schamiyya..." von einer bei Erdbeben nützlichen Eigenschaft des Pappelholzes, das ein wichtiger Baustoff der Damaszener Häuser ist: *„...wenn das Pappelholz bricht, so geht es nicht auseinander, sondern wird durch seine Fasern zusammengehalten. Deshalb wird gesagt: Selten sterben Menschen in Damaskus bei einem Erdbeben, und der Grund dafür ist die Verwendung von Pappelholz".*

Heute gilt es als erwiesen, dass Pappelholz seit den prähistorischen Häusern von Tell Azifa durch die Jahrtausende verwendet wurde. Dies beruht sowohl auf Erfahrung als auch auf der Kenntnis der physikalischen und chemischen Eigenschaften dieses Holzes und seiner mechanischen Belastbarkeit. Pappel ist ein leichtes Holz mit elastisch ineinander verwobenen Fasern, wodurch es Zug-, Scher- und Presskräften zu widerstehen und diese abzufedern vermag. Dadurch bildet es einen guten Schwingungsdämpfer. Außerdem zeichnet sich Pappelholz durch eine gute thermische und akustische Isolierung aus. Als Bestandteil der Damaszener Pflanzenwelt sind Pappeln zudem optimal an dieses Klima und diese Umwelt angepasst. Ihr Holz ist außerdem sehr wirtschaftlich, da es reichlich vorhanden ist und sich sehr lange hält, wenn man es vor zu großer Temperatur und Feuchtigkeit schützt.

Pappelholz wurde hauptsächlich für den Bau der oberen Stockwerke verwendet, während das Erdgeschoss aus Stein und Lehm errichtet wurde (siehe Abb.). Ferner diente Pappelholz zum Bau von Dächern über den Räumen und

Vorhöfen (Riwaq). Wegen seiner weißen Farbe wurde es sowohl als tragendes als auch als Verkleidungsmaterial eingesetzt. Al-Qalqaschandi beschrieb dies um 1409 folgendermaßen: *"...und es wird in seinem* [gemeint ist Damaskus] *Häuserbau das Pappelholz verwendet...es ist weiß und nach außen schön...".* Aufgrund der oben genannten Eigenschaften wird Pappelholz beim Bau des Erdgeschosses in Damaskus als Balken zwischen den Lehmblöcken und in Aleppo zwischen den Mauersteinen eingesetzt. Es wirkt damit als elastische Fuge zwischen den Bauelementen und bildet ein elastisches Netz, das bei Erdbeben Vibrationen abfedern kann und in sonstigen Zeiten thermische Spannungen ausgleicht. Ein Vorzeigebeispiel dafür sind die Zitadelle in Aleppo sowie der Bimaristan an-Nuri und der Bimaristan al-Arghuni (siehe Abb.).

Als Ergebnis dieser Bauweise erlitt Damaskus bei dem Erdbeben von 1759 viel weniger Verluste an Menschenleben als andere syrische Städte, wie etwa Aleppo, oder als Safad in Palästina.

Als sicherster Schutz gegen Feuer galten seit jeher Bauwerke und Dächer aus Stein und Ziegeln. Wegen der Erdbebengefahr wurden solche Dächer jedoch nur in öffentlichen Gebäuden, wie „Suqs", Moscheen und „Chanen", verwendet. Dies veranlasste Ibn Djubayr zu der Bemerkung: *„...die Stadt ist gebaut aus Lehm und Holz, Etagen über Etagen, so kann sich das Feuer schnell ausbreiten...".* So hatte Damaskus durch Unruhen, kriegerische Aktivitäten oder die Nachlässigkeit der Bewohner oft unter Feuerschäden zu leiden.

Es ist offensichtlich, dass die hohen Außenwände die einzige bauliche Maßnahme gegen Feuer waren. Sie bestanden meist aus Lehm und waren mehr als 60 cm dick. Die deutschen Forscher Watzinger und Wulzinger haben dies zu Anfang dieses Jahrhunderts beobachtet: *„...die Außenwände erheben sich gegenüber den Lehmdächern im*

Damaskus, Wand eines Hauses aus getrockneten Lehmziegeln und horizontalen Holzbalken

Aleppo, Bimaristan Al-Arghun, horizontale Holzlatte zur Dämpfung von Schwingungen

Damaskus, Altstadt, die Öffnung des Hauses nach außen

Inneren, und das ist der beste Schutz gegen Feuer...". Seit dem letzten Jahrhundert hat man jedoch im Zuge der Öffnung von Gesellschaft und Wirtschaft begonnen, die Außenmauern der Häuser zu durchbrechen. Dies setzte sich im 20. Jh. fort, so dass die hohen Feuerschutzmauern heute kaum noch

Damaskus, Innenhof eines Hauses

zu finden sind. Somit ging die wichtigste bautechnische Maßnahme gegen die Brandgefahr verloren.

Stürme stellten immer eine Gefahr für die Häuser dar: In manchen Fällen wurden sie dadurch teilweise oder völlig zerstört, in anderen Fällen zeigten sich Risse im Dach und Mauerwerk. Diese drohende Gefahr führte jedoch in Hinblick auf die Materialien und den Baustil nicht zu einer einheitlichen Bauweise. Die verwendeten Bausubstanzen scheinen zunächst den sozialen und wirtschaftlichen Standard der Eigentümer widerzuspiegeln. Während Reiche mit Stein bauten, mussten sich die Armen mit Lehm begnügen. Dies beeinflusste natürlich auch die Lebensdauer eines Hauses. Da aber für die Dächer generell weder Stein noch Ziegel verwendet wurden, liegt es nahe, den Grund dafür in der drohenden Erdbebengefahr zu sehen. Auch Muhammad Kurd Ali stellte diese Überlegung an: *„...und wir wissen nicht, ob sie Lehm und Holz nahmen aus wirtschaftlichen Gründen oder aus Angst vor Erdbeben..."*.

Die Damaszener Traditionen sehen jährliche Wartungs- und Renovierungsarbeiten an den Häusern vor. Ein Sprichwort besagt: *„Kul attin wa irfaa at-tin"* (esse Feigen und trage den Lehm ab). Die Realität widerspricht jedoch dieser Weisheit. Während al-Kasimi behauptet, ein Damaszener Haus könne weit über 200 Jahre bestehen, wenn es gepflegt würde, scheitert diese Feststellung an den wirtschaftlichen Verhältnissen der Bewohner. Denn Lehm und Holz litten unter der Feuchtigkeit, da der notwendige Außenputz fehlte. Den Grund dafür gibt al-Kasimi an: *„...das Verputzen ist eine finanzielle Last, die nicht mal die Mittelschicht tragen kann, geschweige denn die Armen..."*.

Das Damaszener Haus war durch seinen Baustil, seine Materialien und seine Form für die Menschen materiell und gesellschaftlich eine ausgewogene Lösung. Zudem bot es Schutz vor verschiedenen Gefahren und drohenden Naturkatastrophen.

Mit dem Bau der ersten Zementfabrik in Damaskus in den 30er Jahren begann ein umfassender Abbauprozess dieser alten und bewährten Bautradition. Das Damaszener Haus verlor seine wichtigsten und grundlegendsten Eigenheiten und damit seine ökologischen Eigenschaften und seine Ausgewogenheit. Der kollektive Siegeszug des Zements hat diese Bauweise derartig verdrängt, dass die traditionellen Materialien kaum noch aufzutreiben waren und erfahrene Maurer und Bauhandwerker fehlten. Heute ist es daher an der Zeit, diese geschichtsträchtige Bauweise wiederzubeleben, um nicht mehr nur die Außenform unserer Tradition zu pflegen, sondern auch deren Inhalt.

Die alten Aleppiner Häuser[1]

Chaldun Fansa

Das Aleppiner Haus ist ein hervorragendes Beispiel zur Lösung der Wohnungsfrage, die im Laufe der Entwicklung der Menschheit eine grundlegende Sorge darstellte. Von Höhlen und anderen natürlich geschützten Plätzen führte der Weg zu selbst errichteten Wohnstätten, die den Menschen Sicherheit und eine feste Bleibe boten, sie gegen Gefahren, klimatische Unbill oder gegen die Angriffe von Feinden schützten. Die Wohnstätte – das Haus – sicherte schließlich auch den familiären Zusammenhalt, den der Mensch als soziale Bindung benötigte.

Die Grundeinheiten von Städten bilden Häuser, die sich in Wohnviertel gruppieren, welche neben den Wohngebäuden auch öffentliche Bauten umfassen, z.B. Sakralstätten, Schulen u.a. Die Wohnviertel sind durch Straßen von außen her erschlossen, an denen kleinere Quartiersuqs (Quartierbazare) liegen können und von denen Gassen abzweigen, die in der Regel durch Tore zur Straße hin verschließbar waren und sich oft in Sackgassen aufzweigten. Diese Gruppierungen bilden die Bausteine der traditionellen Struktur von Alt-Aleppo, die dem zivilisatorischen Gefüge der althergebrachten islamischen Stadt entspricht[2]. Zeugnisse dieser Grundstruktur finden sich heute noch in vielen Städten der islamischen Welt, wie Damaskus, Tunis, Marrakesch oder Fes. Aleppo verkörpert dieses Muster jedoch in einzigartiger Weise, was sich jedem erschließt, der die Quartiere und Gassen der Stadt durchwandert und ihre Häuser besucht.

Bau und Struktur des arabischen Hauses

Das Aleppiner Haus spiegelt die Lebensweise in den alten Städten des Mittleren Ostens beispielhaft wider. Die meisten Häuser in Alt-Aleppo stammen aus der Osmanen-Zeit. Ihre einzelnen Bestandteile wurden häufig nicht auf einmal oder nach einem vorab festgelegten Plan errichtet, sondern entstanden in weit auseinander liegenden zeitlichen Etappen.

Bei einer Untersuchung ihrer Struktur treten die wichtigsten Besonderheiten des arabischen Hauses zutage: Der Innenhof ist der Ausgangsgedanke für die Planung eines Hauses. Er bildet zum einen den räumlichen Mittelpunkt des Familienlebens, von dem aus die Familie ihre Aktivitäten entfaltet. Zum anderen ist er der bauliche Kern, von dem alle Zimmer und sonstigen Räumlichkeiten ausgehen.

Dieses Konstruktionsmuster entspricht dem in der Gegend herrschenden Klima am besten. Auch ist es den islamischen und orientalischen Gebräuchen und Traditio-

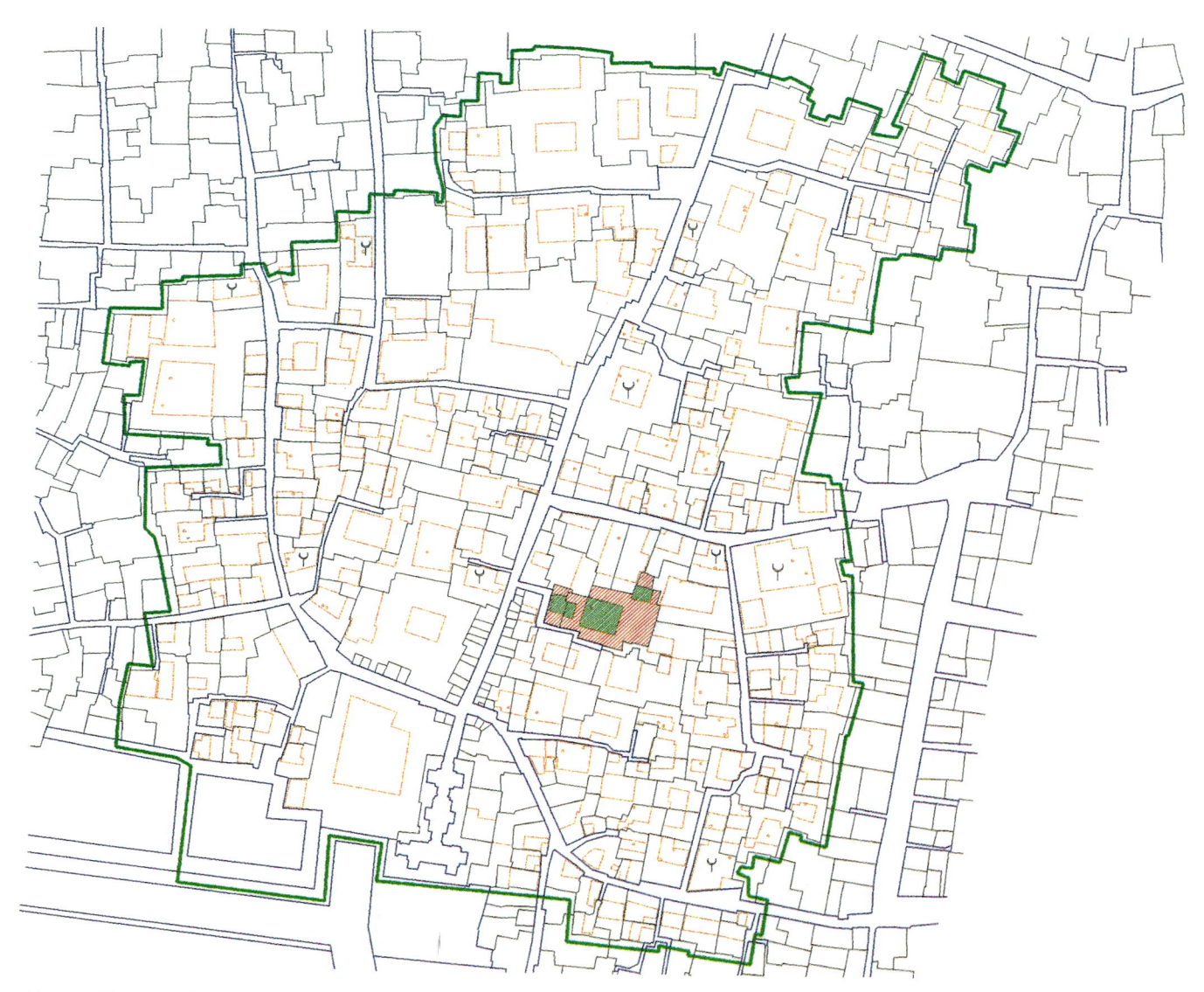

Aleppo, Plan des Quartiers Dachil Bab Qinnasrin

nen am nächsten, da es den Bewohnern das Gefühl von Privatheit und Unabhängigkeit verleiht. Diese Grundstruktur führte zu einer „Öffnung nach innen", weshalb man der Ausgestaltung der Innenfassaden besondere Bedeutung beimaß. In vielen Fällen wurden sie schön gestaltet und verziert. Im Gegensatz dazu wirken die Außenmauern abweisend und finster. Zumeist haben sie keine oder nur wenige Öffnungen zur Gasse hin, die zudem hoch gelegen sind. Auf die Außengestaltung des Hauses zur Gasse hin wurde, mit Ausnahme des Portals, das in der Regel ein Rahmen aus gut bearbeiteten Steinen und Verzierungen im Scheitel des Portalbogens umläuft und in dessen Grund eine aufwendig gestaltete Tür liegt, wenig Mühe verwandt.

Möglicherweise ist es gerade der Kontrast zwischen dem Aussehen

Aleppo, Blick auf einen Teil des Quartiers Dachil Bab Qinnasrin

der Gassen und Quartiere mit ihrem Geschrei und gelegentlichen Schmutz und der künstlerischen Gestaltung der Innenhöfe und ihrer Sauberkeit und Stille, der dem Fremden, der den Hof eines Hauses betritt, jenes Gefühl von Verblüffung und Erstaunen vermittelt. Die im Innenhof gepflanzten immergrünen Bäume[3], der Brunnen und das Geräusch plätschernden Wassers verleihen dem Ganzen einen Zauber und eine Anziehung, die der Fremde nicht erlebt hatte, bevor er ins Haus trat.

Die Baumaterialien

Das alte Aleppiner Haus unterscheidet sich in seiner Bauweise von anderen Häusern in der Region, z.B. denen von Damaskus. Denn es ist aus hartem Kalkstein errichtet, der aus den Steinbrüchen in der Nähe von Aleppo stammt. Er verleiht dem Haus Stabilität und Dauerhaftigkeit, die auch in seiner Gestalt zum Ausdruck kommen. Dies treffen wir bei historischen Bauten in anderen vergleichbaren Städten seltener an.

Die Aleppiner Häuser weisen dicke Mauern von ca. 80-100 cm Stärke auf, die aus einem zweischichtigen Schalenmauerwerk bestehen. Die innere Schale wird aus grob behauenen Steinen errichtet, die äußere aus präzise gemeißelten Steinen. Der Zwischenraum ist mit kleinen Steinen und Mörtel ausgefüllt. Ein Mörtel aus mit Gips vermischter Erde hält die Steine zusammen.

Die besondere Dicke der Wände großer Häuser erklärt sich daraus, dass sie zumeist gewölbte oder mit einer Kuppel versehene Dächer tragen. Außerdem gewähren diese Mauern einen ausgezeichneten Schutz vor Temperaturschwankungen, egal ob im Winter oder im Sommer.

Die Bestandteile des Hausgrundrisses

Der Grundriss großer Häuser ermöglichte es, mehr Privatheit als in kleineren Häusern zu gewährleisten, auf die der Besitzer des Hauses bedacht war. So war es ihm möglich, seine Gäste, die er hier empfing, und die Bewohner des Hauses – seinen „Harem" – voneinander zu trennen. Das Haus wurde daher in zwei Teile aufgeteilt. Der erste Teil diente als Empfangstrakt für Gäste (*madafa/salamlik*); der zweite war für den Aufenthalt der Familie bestimmt (*haramlik*). In

Aleppo, Haus im Quartier Dachil Bab Qinnasrin, Iwan und Kuppel der Qaa

den großen Häusern war es überdies möglich, dass jeder Teil seinen eigenen, abgetrennten Innenhof hatte.

Die Ausmaße des Hauses stehen in Beziehung zum Reichtum seines Besitzers. Dies wirkt sich in gleicher Weise auf die Anzahl der Zimmer, die Pracht des Baus und den Reichtum des Dekors aus. Zuweilen verfügte diese Art von großen Häusern über einen dritten Hof, der für die Bediensteten und das Wirtschaften vorgesehen war. Hier lagen die Unterkünfte der Bediensteten, die Küche und Speicherräume. Auch Keller dienten zum Lagern von Lebensmitteln, und sehr große Häuser verfügten über ein privates „türkisches" Bad (*hammam*).

Die verschiedenen Zimmer in einem geräumigen Aleppiner Haus erlaubten außerdem eine Nutzung je nach Jahreszeit. So zogen die Bewohner im Sommer in die kühlen, der Sonne abgewandten Räume und kehrten im Winter in die wärmeren, der Sonne zugewandten Räume zurück.

Möglicherweise ist der wichtigste Bestandteil der großen Aleppiner Häuser jener Bereich, der als „Iwan" bezeichnet wird. Dabei handelt es sich um einen Raum, der an einer Seite vollständig zum Hof des Hauses hin geöffnet ist. Diese offene Seite wird von einem oft mit Reliefs verzierten Bogen überspannt. Der Iwan weist außerdem ein erhöhtes Dach auf, das in reichen Häusern ein Kreuz- oder Tonnengewölbe überspannt. In einfacheren Häusern bedeckt den Iwan ein von Holzbalken getragenes Flachdach. Mit seiner Fassade und seiner Höhe beherrscht der Iwan den Hof und dominiert in seiner Gestalt und in seinen Ausmaßen die übrigen Innenfassaden des Hauses.

Der Iwan sichert den Bewohnern des Hauses an heißen Sommertagen einen angenehmen Platz zum Sitzen, denn er ist immer nach Norden ausgerichtet und liegt höher als der Hof. Vor ihm befindet sich ein Wasserbassin mit einem Springbrunnen, dessen Plätschern man als ein liebliches, angenehmes Geräusch vernimmt. Ebenso verleiht der Iwan demjenigen, der dort sitzt, das Gefühl, er könne alle Einzelheiten und Bewegungen im Hof beobachten.

In den meisten großen Aleppiner Häusern gibt es einen Empfangs-

Musikinstrumente

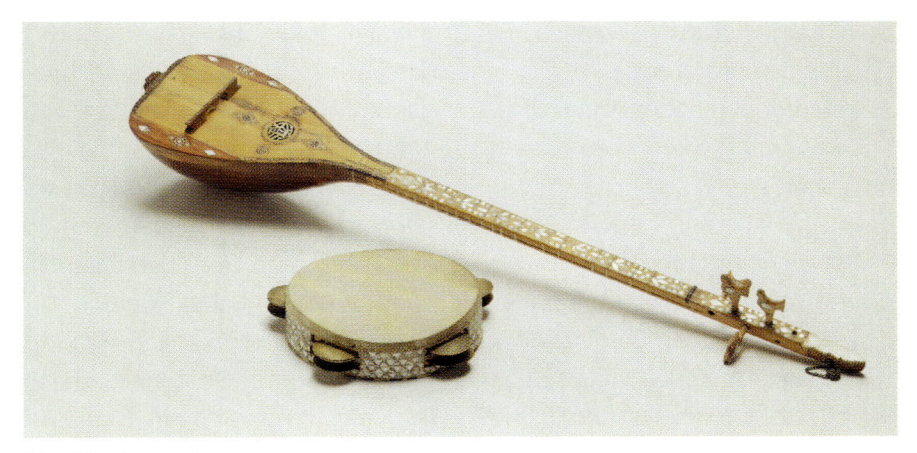

Kaffeekannen

In Aleppo scheint die Produktion von verzinnten Kupfertabletts mit ähnlichen Dekoren überwogen zu haben. All diese Angaben sind mit Vorsicht zu behandeln. Es ist sicher unzulässig, aus der Beobachtung und den Aussagen der wenigen, heute noch produzierenden Handwerker auf die Vergangenheit zu schließen. Aussagen aus der Vergangenheit liegen nur ausnahmsweise vor, weil Handwerker und ihre Produktionsmethoden weder den ortsansässigen Zeitgenossen noch den meisten europäischen Reisenden der Beachtung wert waren.

Tauschierte Metallobjekte, wie Tabletts, Deckelkästchen, Rosenwasserflaschen und Vasen, wurden in Damaskus produziert. Sie sind häufig nur schwer von Vergleichsstücken aus ägyptisch-Kairener Produktion zu unterscheiden. Tauschierte Metallarbeiten wurden von jüdischen Handwerkern hergestellt. Zwischen syrischen und ägyptischen Juden gab es enge familiäre Verbindungen und einen dementsprechend regen Austausch. Ähnlich stellt sich die Situation bei beschnitzten, intarsierten Möbeln, wie Truhen, Stühlen, Scherensesseln, Tischen und Spiegelumrahmungen, dar. Nach meiner Kenntnis kamen die meisten Exportmöbel Mitte des 19. Jh. aus Damaskus nach Europa. Das mag aber daran liegen, dass im bevölkerungsreicheren Ägypten eine größere Zahl wohlhabender lokaler Abnehmer vorhanden war. Ohne Herkunftsangabe sind Möbel ägyptischer oder syrischer Provenienz m.E. nicht zu unterscheiden.

Auch die hölzernen Unterbauten der 45 cm hohen „Diwane", einer Art Sofas, die entlang den Wänden der Empfangsräume standen, waren – wie das z.B. im Folklore-Museum im Azmpalast in Damaskus zu sehen ist – eingelegt, aber nicht beschnitzt.

Um Tabletts in eine Art Beistelltische umzufunktionieren, gab es ab dem späten 18. Jh. gedrechselte, zusammenklappbare Holzgestelle. Ihr Stil ist in der ganzen ehemals osmanischen Welt recht einheitlich.

Als Polsterbespannung der Diwane dienten in der Regel in Damaskus hergestellte Brokatstoffe, seltener Aleppiner Ikatgewebe, die gegen Ende des 19. Jh. häufig durch englische oder französische (Lyon) Importstoffe verdrängt wurden[2].

Literatur

Kalter - Pavaloi - Zernickel 1991.

Anmerkungen

1 Wirth 1971.
2 Eine wesentlich breitere Darstellung der Ausstattung der Häuser Wohlhabender, aber auch der Herstellungsprozesse der wichtigsten Handwerksprodukte findet sich in Kalter u.a. 1991.

Damaszener, Beiruter, die alte Stadt und die traditionelle Architektur

Bassam Sabour

„Min barra hidjarahu humr, u min djuwwa biqassir l-umr"
(= Von draußen hat es rote Steine, und von innen verkürzt es das Lebensalter)[1]

Wer einmal durch das Tuma-Tor die Altstadt Damaskus betritt, wird den Zauber dieser Stadt niemals wieder los. Ob in den lauten Bazaren oder in den stillen Wohnquartieren entsteht hier eine Stimmung, die über der Stadt mit ihren Moscheen, Kirchen und ihren schmalen, verwinkelten Gassen und Sackgassen ruht. Diese Stimmung ist eine ursprüngliche, aus Tausenden von Jahren stammende und einzigartige. Während Architekten und Bauhistoriker darüber streiten, wie man die Altstadt am besten erhalten kann, vollzieht sich, von ihnen unbeeinflusst, ein tiefgreifender Wandel, der seinen Ausgangspunkt nicht in den Vorstellungen der Fachleute hat. Daher interessiert hier das Verhältnis zwischen dem Menschen, der alten Stadt und der traditionellen Architektur.

Anders als viele Archäologen, die lieber in der Vergangenheit leben, scheint der Mensch, besonders der Intellektuelle, die Gegenwart als ungebrochener, optimistischer Modernist lustvoll zu genießen. Die Zeiten, wo Maisun, die Gattin des Kalifen Muawiya, im 7. Jahrhundert dichtete: *„Im Wüstenzelt, durch das die Winde sausen, möcht ich statt hier im hohen Schlosse hausen"*, gibt es fast nur in der Poesie. Dagegen erinnert heute die Altstadt und ihre Architektur viele an Armut. Die Bauern lebten früher in ihren Lehmhäusern in Unterdrückung, und so assoziiert man die Lehmhäuser, auch die der Altstadt, mit den damaligen schlechten Zeiten.

Die moderne Grundhaltung ist: Blick nach vorn, gegen Unterentwicklung (*didd at-tahalluf*). Die traditionelle Architektur und die Altstadt sind in den Augen der Bevölkerung Merkmale der vergangenen Geschichte. Man will die Moderne und folgerichtig die moderne Architektur. Da die Schriftsteller Spiegel ihrer Gesellschaft und Zeit sind, werde ich im Folgenden der Frage nachgehen: Was ist ihre Meinung, wie sehen sie die alte Stadt und die traditionelle Architektur? Die Sorgen der Experten über die alte Stadt und das Interesse an ihr werden von wenigen geteilt. Andererseits wird die heute auch zu beobachtende soziologische und psychologische Grundhaltung angesprochen, nach der die Intellektuellen und die Menschen der Region überhaupt am Schicksal der Altstadt teilhaben, sich mit ihr identifizieren. Diese zwei Haltungen kennzeichnen weitestgehend die Einstellung gegenüber der Altstadt in der Gegenwart. In diesen Grundhaltungen heben sich zwei Dinge hervor: Nichts ist im Orient verächtlicher als die Armut. Ali bin Abi Talib sagte: „*Wenn die Armut ein Mann gewesen wäre, dann hätte ich ihn getötet.*" Die Armut lässt die Bewohner ihre traditionellen Wohnhäuser, die Lehmhäuser, verlassen, um in Betonhäuser zu ziehen, weil Lehm ein Zeichen der Armut ist. Und das ist die Antwort auf die Frage: Warum ist zu allererst die Architektur betroffen, wenn ein Kontakt mit anderen Zivilisationen stattfindet?[2] Es gibt Dinge in der Mentalität eines Volkes, die unabänderlich sind, trotz aller modernen Bildung, wie z.B. bei den Syrern, und das sind der Stolz auf die Familie und der Stolz auf die Ahnen. Daraus folgt, dass auch die Wohngegend und die Wohnung selbst, in der eine Familie lebt, gewertet werden.

Passagen aus der zeitgenössischen Literatur zeigen die Haltung von Schriftstellern gegenüber der Zerstörung der Altstadt. Die Sehnsucht nach dem Traditionellen und die Achtung vor ihm sowie das Erkennen von mit ihm verbundenen Werten ist jedoch nicht Thema aller Schriftsteller. Solche Nostalgie wird nicht von allen geteilt. Dafür gibt es objektive Gründe und Bedingungen. Heute dominiert die „Moderne" bzw. neuzeitliche Architektur. Um die Gründe dafür zu wissen, muss man zunächst auf die geistigen Grundlagen und die gesellschaftlichen Hintergründe unserer Zeit eingehen, um dann möglicherweise ihre formale Entsprechung in der Architektur überprüfen zu können. Die Verbindung zwischen „alt", „rückständig" und den traditionellen Bauten geschieht direkt. Auch die zwischen „neu", „fortschrittlich" und den modernen Bauten. Die folgenden Stellungnahmen zeigen deutlich die Abwertung des traditionellen Bauens bzw. der Altstadt und die Begeisterung für modernes Bauen. Zwei Pole der Meinungen stehen sich bei modernen Autoren, welcher Couleur auch immer, gegenüber:
– Kritik der traditionellen Gesellschaft und folgerichtig die negative Haltung gegenüber der Altstadt und der traditionellen Architektur;
– Lob der Altstadt und der traditionellen Architektur.

Eine direkte Beziehung zwischen den Aussagen der Literaten und sonstiger sich zum Thema äußernder Autoren und den der Architektur ist nicht immer einfach herzuleiten, weil sie nicht immer leicht zu durchschauen ist. Jedoch der Geist der Zeit schafft ein Klima, das die Architektur mittelbar beeinflusst. Was ist der Einfluss dieser literarischen, geistigen und politischen Haltung auf Architektur und Städtebau?

Al-Azm äußert in einem Interview seine Haltung dazu ausführlich: *„In der Mitte der 60er Jahre, als infolge der neuen städtebaulichen Planung das Wohnhaus meines Großvaters in der Gegend von al-Djisr al-Abyad in Damaskus abgerissen wurde, erinnere ich mich, hatte das Verschwinden dieser Stätte keine Wirkung auf mich. Das Wohnhaus war groß und war ein arabisches Wohnhaus nach dem alten Stil. Es war das Wohnhaus des Iklil Bayk al-Muayyad al-Azm mit seinen Gärten und Anbauten und der Schwerpunkt des Stadtteils al-Djisr al-Abyad. Zum Eingang führte die mit römischen Steinen gepflasterte Muayyad-Straße [...]. Freilich wurde das große Haus mit der Zeit in mehrere Häuser für die Söhne, Enkelkinder, Vettern usw. geteilt. Mehr oder weniger blieben alle dort*

Damaskus, Gasse im Nordosten der Altstadt

Damaskus, Gasse im Bab Tuma Quartier

wohnen, auch nach Großvaters Tod und nach der Durchführung der neuen Planung in al-Djisr al-Abyad. [...]. Es gab gewisse traditionelle, eng vertraute Dinge im Haus, wie den Kibbad- und Narandj-Baum [bittere Pomeranze], *die in der Regel im Gedächtnis und in der Seele bleiben. Jedoch trotz alledem wurde ich davon nicht berührt, und dies hinterließ in mir weder einen besonderen Eindruck noch traurige Gefühle. [...] Nach dem Tod meiner Mutter im Jahr 1987 habe ich wieder darüber nachgedacht und fragte mich selbst: Warum blieb ich damals ohne Empfindungen? Warum diese neutralen Emotionen und innere Gleichgültigkeit gegenüber solch einem Ereignis in einer Zeit, in der sich mehrere Vereine für die Erhaltung der Altstadt von Damaskus, wie die „Freunde von Damaskus", gegründet hatten. [...] Ich habe entdeckt, dass ich in meinem Unbewussten dieses Haus hasste, da meine Mutter es zu sehr hasste. [...] Sie verließ es und damit gingen Atmosphäre und Ehrfurcht verloren."* [3]

Bashir al-Azmeh berichtet in einem Buch[4] zur traditionellen Gesellschaft über die Altstadt als schlechte und unbehagliche Wohnstätte. So durfte er z.B. bis zu seinem 10. Lebensjahr nicht aus dem Haus. Grund war, das Kind solle vor einer möglichen Vergewaltigung geschützt werden. Sein Hass auf die herkömmliche Gesellschaft, ihre Formen und den von ihr geschaffenen baulichen Raum (Altstadt) ist verständlich. Diese Haltung wurde auch von vielen anderen aus seiner Generation geteilt. Das als dekadent erlebte gesellschaftliche Milieu, der ungute Zustand der Bausubstanz, noch wichtiger die als despotisch empfundene traditionelle Gesellschaft, die die Menschen so einschnürte, dass kein Raum für Individuen blieb, sich zu entfalten oder nur manchmal eine eigene Meinung zu äußern, werden auf vielen Seiten geschildert. Es waren solche Gründe, welche einen Teil der Bewohner der Altstadt veranlassten, aus ihr zu fliehen, sobald sie es sich leisten konnten. Nur der Faktor der Sicherheit, den ein traditionelles Nachbarschaftsgefüge gewährte, und ein Anhängen an hergebrachte Lebensformen ließ manche in der Altstadt bleiben. Al-Azms Erzählung von seiner Kindheit (geboren 1910) zeigt die tatsächlichen Umstände, unter denen er gelebt und gelitten hatte.

Was traditionelles Leben in der Altstadt von Damaskus im ersten Drittel dieses Jahrhunderts bedeutete, schildert er auf vielen Seiten und reich an Details. Alle Schmerzen, welche die von ihm so gesehene Unterentwicklung bereitete, kommen zutage. *„In meiner Stadt",* schreibt der Arzt al-Azmeh, *„pferchen sich die Kranken und Gesunden in Häusern zusammen, die von jeglichen primären hygienischen Einrichtungen abgeschnitten sind: fließendem Wasser, Licht und Sonne. Sie teilen sich ein dunkles Zimmer, manchmal zwei, und leben da mit Kindern und Enkelkindern. Diese Zimmer sind, besonders auf dem Land, geschlossen und ohne Fenster. Ihre Bewohner haben weder das Geld für Glas noch für Heizöl. Eine massive Wand ist sicherer und hält besser die Wärme der drängenden Atemzüge auf"*[5]. Und weiter: *„Manche meinen, der religiöse und konfessionelle Fanatismus ist eine von außen eingedrungene Erscheinung. Das ist nicht richtig. Früher* *war unsere Gesellschaft, wie die anderen ethnischen und religiösen Gesellschaften, intolerant. [...] Ich begnüge mich mit der Frage: Wie haben sich diese konfessionellen Stadtviertel herausgebildet, und wie haben sich bestimmte Konfessionen, in bestimmten Gebieten jeden Fremden ablehnend, niedergelassen, und wie haben sich bestimmte Stämme in Gebirge verschanzt, die das Flachland nur für den Tauschhandel, jedoch nicht zum Wohnen und Besitzen betreten durften?"* [6]

Es gibt literarische Stimmen, die über ihre Stadt und für die Altstadt sprechen, deren Engagement der Erhaltung der Altstadt gilt. Das Buch von Nadya Chost[7] sowie das Buch von Siham Turdjuman[8] sind eine Hommage an das traditionelle Wohnhaus, besonders an das Damaszener im demolierten Stadtquartier Suq Sarudja. Das Buch von Chost enthält autobiografische Berichte über die Nutzung und den Alltag im Haus, da sie anscheinend selbst als Kind in so einem Haus wohnte. Die Verfasserin berichtet über ein Gespräch mit der Tochter des Eigentümers eines traditionellen Hauses aus dem Wohnviertel Suq Sarudja. Die Tochter sagt: „Ich studiere an der Uni, habe aber keinen Mut, meine Kommilitonen hierher einzuladen. Ich schäme mich wegen dieses Hauses. Ich lade sie ins Haus meiner Schwester ein."

Damaskus, Suq Midhat Bascha („Via Recta"), Fassade des Obergeschosses eines traditionellen Wohnhauses

„Warum schämen sie sich wegen dieses Hauses?", fragt die Schriftstellerin. „Wegen seines Zustandes, und weil die Leute heute in anderen Häusern leben", erwiderte die Tochter[9]. Über andere Dimensionen, Verpflichtungen und Verantwortung der Architekten meint sie schließlich: *„Die Problematik der Städte und der Planung scheint viel mehr als ein architektonisches Problem zu sein. Sie ist eine nationale und zivilisatorische Problematik, beruht auf der Beziehung zu der Umwelt, der Produktion und dem Konsum, der Beziehung zu den Werten des kulturellen Erbes, der Arbeit der Handwerker, der Erziehung der Generationen sowie der Beziehung zu der Natur und den Bäumen. Sie ist eine Angelegenheit der Künstler, Schriftsteller, Historiker und Intellektuellen. Sie darf überhaupt nicht eine geschlossene Beziehung zwischen Architekten und Grundstücks- und Baukaufleuten sein"*[10]. Das Buch von Chost erschien, nachdem die Stadtverwaltung von Damaskus Teile der traditionellen Struktur des Viertels Suq Sarudja abgerissen hatte. In dieser Zeit hatten sich Stimmen gemeldet, welche die neuen, modernen Wohngebäude der neuen Wohnviertel der Großstadt und das große Mietshaus kritisierten.

Abschließend soll noch der Beiruter Schriftsteller Yusuf Ghusub zu Wort kommen[11]. Beirut war die Stadt mit dem größten Drang zur

Damaskus, Läden in einer Gasse im östlichen Teil der Altstadt

Moderne, zu Entwicklung und Aufgeschlossenheit und ist die Hauptstadt des Libanon, der einstigen Schweiz des Orients. Als Stadt hatte sie eine Vorbildfunktion im Nahen Osten, die allerdings der 1974 ausgebrochene, vieljährige und zerstörerische Bürgerkrieg mehr als in Frage stellte und jedem Euphoriker eines schnellen Wandels und Negierens hergebrachter Strukturen zu denken geben sollte. Der Schriftsteller fasst in seiner Betrachtung die damalige vorherrschende Haltung zusammen: *„Das soziale Leben hat sich in Beirut in allen Lebensbereichen stark entwickelt. [...] Bis vor kurzem war diese Stadt in Stadtviertel geteilt. Jedes Stadtviertel hatte seine klaren Grenzen, Merkmale und Eigenschaften, sogar die Mundart seiner Bewohner mit ihren Ausdrücken, Kleidern, Mentalitäten und Gebräuchen. Die Bewohner eines Stadtteils gehörten meistens einer einzigen religiösen Konfession an. Das Nachtleben außerhalb der Wohnung war sehr beschränkt. Mit Einbruch der Dunkelheit wurden die Bazare, Läden und Schenken geschlossen, die Betriebsamkeit verlangsamte sich und die Straßen wurden fast menschenleer. Offen blieben nur einige Kaffeehäuser in den Wohnquartieren, deren Besucher die Quartierbewohner waren. [...] Die familiären Zusammenkünfte, Einladungen, Feste und Hochzeiten wurden in der Regel zu Haus gehalten, und selten wurden Leute anderer Religionen dazu eingeladen, und Männer und Frauen waren dabei getrennt. Heute hat sich die Situation nach dem Regierungswechsel* [wohl Ende der Osmanenherrschaft], *der Stadtentwicklung und der Stadtausdehnung, der Bevölkerungszunahme, der Verschönerung ihrer Bauten und der Beleuchtung ihrer Straßen, Gassen und Plätze geändert. Denn Wohnviertel, Konfessionen und Milieus öffneten sich. Die Stadt wurde zu einem Körper [...]. Daraufhin minderten sich die Unterschiede zwischen den mannigfaltigen Konfessionen, die Gebräuche näherten sich an, die Nachsicht verbreitete sich und die Mischung vermehrte sich vor allem zwischen den heranwachsenden Generationen"*[12]. Nach den sozialen Veränderungen beschreibt er die physischen Veränderungen im Stadtbild: *„Vor 50 Jahren [...] wohnten die 50.000 Bewohner Beiruts innerhalb und in unmittelbarer Umgebung der alten Stadtmauer [...]. Auf einem engen Gebiet davon waren die Bazare, Bürofirmen, Banken, staatlichen Ämter und einige zusammengedrängte Häuser untergebracht, deren Dächer aneinanderstießen oder auf Gänge, überwölbte Gassen oder Kellergeschosse herabblickten, in die nur wenig Licht drang. Diese Gebäude begannen zu verschwinden, seitdem der Wali von Beirut befahl, alles, was sich in einer geraden Linie zwischen Hafen und Theater befand, abzureißen, um eine breite Straße durchzubrechen, die die Stadt wie zwei Lungen zum Atmen bringt [...]. Was davon übrig blieb, ist besser, als was ging [...]. In diesem Gebiet gab es weder Garten noch Platz. Sogar vor Moscheen oder Kirchen fehlten sie [...]. Heute kommt man vom Hafen in die Stadt über eine breite, schicke Straße, in der die Autos zwischen den stattlichen Gebäuden der Banken [...] und Läden [...] fahren [...] und die Bürgersteige von Passanten überfüllt sind [...]".*

Obgleich es hier nicht möglich war, die Diskussion unter syrischen und libanesischen Intellektuellen um die Altstadt und die mit ihr verbundene Lebensform auch nur ansatzweise in einer ihr gebührenden Breite darzustellen, war es hoffentlich sinnvoll, diesen geistigen Hintergrund und widersprüchliche Meinungen skizzenhaft aufzuzeigen. Ohne diese zu kennen, müssten wir uns mit einem Bild des Menschen, seines Lebens und der vorherrschenden sozialen Beziehungen in und um die Altstädte bescheiden, das aus der Feder von „Experten" stammt[13]. Es gibt keine alte Stadt, die der anderen vollständig gleicht. Jede Altstadt hat ihre eigene Prägung, die aus ihr erst macht, was sie ist. Heute ist die Haltung ihr gegenüber, wie wir gesehen haben, vorwiegend negativ. Dies hat seine Gründe. Wenn diese Gründe näher untersucht sind, wird man die alte Stadt aus anderem Blickwinkel sehen, schätzen und lieben lernen, weil sie eine Architektur bietet, die mit dem Inneren des Menschen kommuniziert. Bis dahin wird es die Aufgabe von Architekten, Bauhistorikern, Sozialwissenschaftlern und anderen ernsthaft mit der Erforschung der Altstädte Befassten sein, die Allgemeinheit von der Wichtigkeit der Altstädte zu überzeugen, Damaskus, Aleppo und die alte, traditionelle Stadt insgesamt in der Öffentlichkeit in das rechte Licht zu rücken und ihre historische Bedeutung, auch für die Zukunft der Architektur der Region, aufzuzeigen. Die Bedeutung der alten Stadt basiert darauf, dass die kulturelle und soziale Identität von Bau und Raum als ein wichtiger Faktor hergestellt wird, daher ist eine Auseinandersetzung auf breiter Basis mit dem Thema der „alten Stadt" als geeigneter Lebensraum dringend erforderlich[14].

Literatur

al-Azmeh 1991. Chost 1989. Guidoni 1976. Ghusub 1967.
Das Gespräch mit Sadik al-Azm führte der Verfasser am 27.08.1998 in Hamburg.

Damaskus, Gasse in Qaimariyya mit öffentlichem Brunnen und Schreinerwerkstätten

Anmerkungen

1 Es ist ein Spruch innerhalb der Familie Al-Azm über den Azm-Palast (Qasr al-Azm) in Damaskus. Aus einem Gespräch mit Sadik Al-Azm, geführt am 27. 8. 1998 in Hamburg. Für das Gespräch und für wertvolle Hinweise ist der Verfasser Herrn Sadik Al-Azm (Damaskus) zu herzlichem Dank verpflichtet.
2 Die Frage steht in der Einleitung des Buches von Enrico Guidoni 1976.
3 Weiter sagt er: *„Es bedeutete für sie Unterdrückung, dauerhafte Kontrolle und die Unfähigkeit, ihre persönlichen Wünsche zu realisieren. [...] Meine Mutter lernte im Geheimen Lesen und Schreiben, Französisch und Malen. [...] Sie hat ihren Cousin geheiratet und sie wohnten alleine in einem unabhängigen Haus: Ihr Weggang aus der Atmosphäre des großen arabischen Hauses war eine echte, befreiende Flucht. [...] Meine Mutter war eine Frau innerhalb der Frauenbewegung, die für die Abschaffung des Schleiers und für die Selbstständigkeit eintrat. [...] Als Reaktion auf die Ungerechtigkeit, die sie erfahren musste, war sie konsequent in der Sache der Gleichheit zwischen unserer Schwester und uns zwei Brüdern, auch im Hinblick auf die Erbschaft. [...] Das Haus wurde beherrscht von einer großen Zuneigung zum Neuen und Modernen. [...] Sie verließ die alte Burg ohne Trauer oder Sehnsucht. Die „Nostalgie" bedeutet für mich nichts und ich bin dagegen im Allgemeinen."* In: Sadik J. Al-Azm: Dialog ohne Ufer mit Sadik J. al-Azm (Interviewer: Saqr Abu Fachr). In: an-Nahdj, Nr. 12, Damaskus, Herbst 1997 (arab. Text), S. 174-218.
4 Bashir Al-Azmeh 1991.
5 Ebenda 135.
6 Ebenda 178-179.
7 Chost 1989.
8 Siham Turdjuman: Ya mal asch-Scham (O Güter [des Bodens von] Damaskus), Damaskus 1978. Weiteres: Nasr ad-Din al-Bahra: Dimaschq al-Asrar (= Damaskus der Geheimnisse), 2. Aufl., Damaskus 1992.
9 Chost 1989, 78.

367

10 Ebenda 101.
11 Ghusub 1967, 196-208.
12 *„Die Frauenrolle",* meint er weiter, *„ist ein Aspekt dieser Veränderung; mit ihrem Mut versuchten sie* (die Frauen), *die Männer von alten Gewohnheiten und hinfälligen Traditionen zu lösen, die mit dem Zeitgeist nicht übereinstimmten [...]."* Ebenda 207-208.
13 *„Wenn der Palästinenser seine Wohnverhältnisse verbessern möchte",* sagt Al-Azm, *"was tut er als erstes? Er verlässt das Lager* (al-muhayyam, wie z. B. Muhayyam al-Yarmuk in Damaskus) *und wohnt in einem Stadtviertel. Mit der Verbesserung seiner Stellung verbessert sich seine Wohnsituation. Am Ende ist es möglich, dass er in das Viertel Abu Rummana in Damaskus oder in das Viertel al-Hamra in Beirut einzieht".* Und weiter meint er: *"Ich kenne keinen Literaten, der in einem traditionellen Haus wohnt, und wenn einer dort lebt, dann hat er keine andere Möglichkeit. Alle Mitglieder des Vereins „Freunde von Damaskus" sind aus der Altstadt ausgezogen. Ihre Familien, die früher in den Wohnquartieren Qanawat und Schaghur lebten, zogen in die Neustadt von Damaskus um. Sie gehen mit der Altstadt sachlich um und behandeln sie wie ein Museum. Übrigens bin ich dafür und nicht dagegen. Romantisch zu sein ist da fehl am Platz. Schließlich will ich mein Leben leben und meine Kinder erziehen. Dies verlangt eine hygienische Situation. Sie* (die Kinder) *möchten auch die Sonne sehen."* Aus einem Gespräch mit Sadik Al-Azm am 27. 8. 1998 in Hamburg.
14 Ab und zu ist die Altstadt von Damaskus auch Thema eines Zeitungsaufsatzes, wie bei Nadya Chost: fi bayt Djabri (= Im Haus Djabri). In: Teshreen, 25.10.1999, Damaskus (arab. Text).

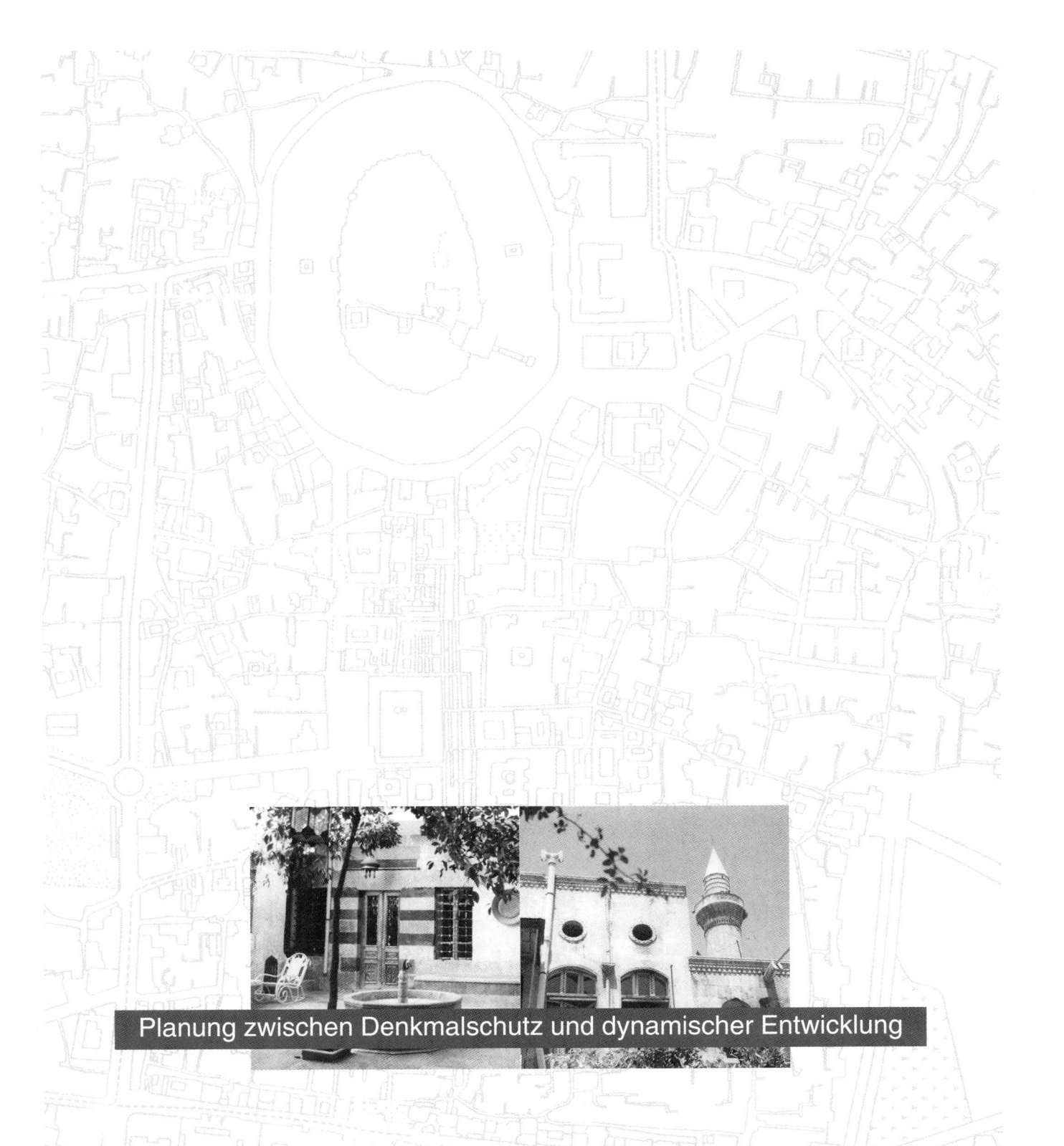

Planung zwischen Denkmalschutz und dynamischer Entwicklung

Kulturelles Erbe und Aleppo – der Start des Rehabilitierungsprozesses

Adli Qudsi

Die Altstadt von Aleppo ist Weltkulturerbe der UNESCO und jetzt Gegenstand eines international anerkannten Sanierungsprogramms. Es ist schwierig, das derzeitige Rehabilitierungsprojekt von Alt-Aleppo zu diskutieren, ohne auf die Ereignisse, die zu seiner Einrichtung führten, zurückzublicken.

Aleppo war schon immer ein wichtiges Handels-, politisches und kulturelles Zentrum. Die Ansammlung von Jahrhunderte langer Erfahrung im Zusammenleben und in zwischenmenschlichen Beziehungen in Aleppo und anderen islamischen Städten drückt sich in einem höchst kultivierten Gebäudetyp aus: dem Innenhofhaus. Eine Architektur mit menschlichen Attributen. Sie stellt einen idealen Rahmen für die komplizierten menschlichen und sozialen Beziehungen der vorherrschenden Traditionen dar. Sie verbindet das Leben drinnen und draußen mit einem großen Maß an privater Sicherheit, umgebender Realität und Komfort.

Rückwand an Rückwand stehende Innenhofhäuser, erreichbar durch enge Zubringerstraßen, bilden kleine Viertel; größere Straßen, die konzentriert den Handel und die Dienstleistungen enthalten, schließen die Viertel zusammen, nehmen die Denkmäler auf und bilden die verschiedenen Bereiche der Stadt. Jede Stadt oder Innenstadt hat ihr klar definiertes Zentrum, kommerzielle und öffentliche Plätze, ihre wichtigen Denkmäler und ihre administrativen Zentren. Dieser Planungsstil des „organischen Gefüges" herrscht in fast allen islamischen Städten vor. Aleppo war eine solche Stadt, deren organische Struktur innerhalb von Jahrhunderten gedieh und wuchs.

Moderne Planung gegen alte Struktur

Die vorherrschende sozialpolitische Einstellung der arabischen Welt während der osmanischen Periode erlaubte es nicht, die einheimischen Techniken der Planung und Architektur zu modernisieren. Moderne Lebensstile jedoch stellten neue Anforderungen, die eine neue Herangehensweise erforderten. Die einzig verfügbaren Beispiele waren die modernen europäischen Städte. Im späten 19. Jahrhundert wurden entsprechend der westlichen Planungsart neue Bezirke erbaut, die außerhalb des historischen Gefüges von Aleppo Gestalt annahmen. Die Altstadt jedoch mit ihrem traditionellen Lebensstil und ihrer Architektur behielt ihre Eigenart bis in die erste Hälfte dieses Jahrhunderts. In den frühen 1950er Jahren lebte die Mehrheit von Aleppos 250.000 Einwohnern immer noch in den traditionellen Hofgebäuden innerhalb des historischen

Die Altstadt von Aleppo in der Vergangenheit

Viertels, obwohl ein Wandlungsprozess in der sozioökonomischen Struktur der Altstadt nicht länger übersehen werden konnte.

Ich wurde in der Altstadt geboren und lebte dort 13 Jahre lang. Ich lebte in einem ausgedehnten Familienverband von Innenhofhäusern im Bezirk Farafrah. Die Höfe waren voll von Zitrusbäumen. Es gab Jasmin, Rosen und eine Menge Platz zum Spielen. Obwohl ich ein Einzelkind war, vermisste ich die Anwesenheit anderer Kinder kaum, weil immer welche in greifbarer Nähe waren. Ein Kind konnte jedes Haus in der Umgebung betreten und Freunde zum Spielen finden. Die engen Straßen waren ein Kindertraum. Zusätzlich zur Sicherheit und Freundlichkeit förderten sie eine Politik der offenen Tür gegenüber Nachbarn und Besuchern.

Zu dieser Zeit verstanden die westlich erzogenen Stadtoberen den hohen sozialen und Umweltwert des Lebens innerhalb des Wohngefüges der Altstadt nicht. Deswegen erforschten sie keine Möglichkeiten, um die historischen Gebiete dem modernen Leben anzupassen. Vielmehr entschieden sie, städtisches Geld zur Förderung der Entwicklung der modernen Bezirke auszugeben. Dies intensivierte den Exodus der Ober- und Mittelschicht aus der Altstadt. In der Altstadt, die einige Zeit stagniert hatte, begann ein Prozess des Verfalls.

Neue Nutzung in alter Substanz: das Projektgebäude

zunehmen. Zwei UNESCO-Berichte (1980 und 1983) stimmten in der Notwendigkeit überein, den Master-Plan abzubrechen, und gaben Hinweise bezüglich der Konservierung und Sanierung.

Die 1980er Jahre zeigten einen Zusammenschluss von Konservierungsmaßnahmen in all ihren Formen. Der Master-Plan für die Altstadt wurde offiziell abgebrochen. Ein kommerzielles Hochhausprojekt in der Nordwestecke der Altstadt wurde sogar noch nach der Fertigstellung von Teilen seiner Fundamente gestoppt. Es wurde dann zu Gunsten einer niedrigen, dienstleistungsorientierten Planung total überarbeitet. Ein Altstadtbüro wurde innerhalb der Stadtverwaltung eingerichtet. Die historischen, außerhalb der Mauern liegenden Vorstädte wurden mit in die durch die Registrierung geschützten Zonen einbezogen. Alt-Aleppo wurde von der UNESCO als eine Stätte des Weltkulturerbes aufgeführt. Und schließlich wurde ein spezieller Kode für die Restaurierung und den Wiederaufbau entwickelt und angenommen.

Die Konsequenzen all dieser Maßnahmen waren hauptsächlich positiv. Fast alle Abrissarbeiten der Innenhofhäuser, die das Gefüge der Altstadt ausmachen, wurden gestoppt. Das öffentliche Bewusstsein des sozialen und kulturellen Wertes der Altstadt stieg. Die Stadt und andere Verwaltungen brachten den Altstadtangelegenheiten mehr Aufmerksamkeit entgegen. Auf der negativen Seite jedoch waren die ergriffenen Maßnahmen zu wenig, um die Verschlechterung der gesamten Umwelt des historischen Gefüges zu verlangsamen. Die Abwanderung der Einwohner nahm weiter zu und die Einwohnerzahl sank von über 180.000 in den frühen 1950er Jahren auf unter 125.000 im Jahr 1990.

Die Notwendigkeit einer neuen Planung

Die Fortführung des Lebensstils, der viele Jahrhunderte lang durch das historische Gefüge geschützt worden war, verließ sich auf den natürlichen Prozess der Selbst-Wiederbelebung. In der Vergangenheit kümmerten sich die staatlichen Autoritäten sehr wenig um allgemeine öffentliche Dienstleistungen. Der Hauptzweck solcher Autoritäten war die Versorgung der religiösen oder administrativen Hauptstrukturen, die der Bevölkerung einige allgemeine Dienstleistungen zusätzlich zu ihren Grundfunktionen anboten. Obwohl ab und an ein Herrscher oder Potentat ganze Bereiche der Altstadt restaurierte und aufwertete, lag die Hauptlast ihrer sozialen und materiellen Kontinuität bei den Einwohnern. Die unterschiedliche sozio-ökonomische Mischung in jedem Viertel erleichterte die langsame Verbesserung der Häuser und öffentlichen Plätze. Dieser Prozess war klar und erforderte keine spezielle Definition.

Der Beginn der neuen Kultur und der Druck der „Modernisierung" veränderte jedoch all das. Plötzliche, unerprobte neue soziale und ökonomische Faktoren waren schwierig in diesen natürlichen Prozess der Wiederbelebung aufzunehmen. Solche neuen Erwägungen brachten den Prozess zu einem abrupten Halt. Die Einwohner, die es sich erlauben konnten, die Altstadt zu verlassen, taten es. Dies schuf ein ökonomisches Ungleichgewicht zu Gunsten der Armut und weiterer Vernachlässigung der Häuser und der Gesamtstruktur. Es wurde offensichtlich, dass das, was vorher natürlich entstanden war, jetzt neu definiert werden musste.

Die neue City wuchs sehr rasch, aber ohne den Vorteil von ausreichender Verwaltung und kommerziellen Märkten. Mit seinen blühenden Madina-Märkten und Hauptverwaltungszentren diente die Altstadt jetzt als Haupt-Stadtzentrum und als „Innenstadt" der gesamten Stadt (mit ihren heute 2 Millionen Einwohnern). Diese neue Rolle erzeugte viel Druck auf die Altstadt. Folglich addierten sich Probleme der Verkehrsstaus, Umweltverschmutzung, der Zunahme der industriellen und kommerziellen Funktionen usw. zu der Verschlechterung des Lebensumfelds innerhalb der Altstadt.

Das Sanierungsprojekt der Altstadt von Aleppo

Es wurde deutlich, dass der alte Prozess von geregelter Kontinuität nicht länger funktionierte und dass ein neuer entwickelt werden musste. Einen neuen Kurs zu setzen, würde ein enormes Unterfangen sein, das ernsthafte Konsequenzen haben könnte, sofern es nicht mit großer Vorsicht durchgeführt werden würde.

1989 legte ich, in meiner Funktion als Mitglied der Altstadtkommission seit ihrem Beginn, einen Plan für einen experimentellen Eingriff vor. Ich bereitete ein Papier vor, das die existierenden Zustände in der Altstadt zusammenfasste sowie einen Plan für die Sanierung, gekoppelt mit einer Anfrage nach Geldern, ankündigte.

Das vorgeschlagene Projekt sollte mit einer sozialen, ökonomischen und Materialuntersuchung des historischen Gefüges beginnen. Die Ergebnisse sollten dann in der Entwicklung eines ausführlichen Sanierungsplans genutzt werden. Gleichzeitig sollten ausgedehnte Studien und die bauliche Sanierung eines Pilotgebietes dazu dienen, die Hauptsanierungsplanung zu testen und zu unterstützen. Dieses Pilotprojekt sollte dann als Modell für zukünftige Aktivitäten dienen.

Das Grundziel des vorgeschlagenen Projekts sollte es sein, den öffentlichen Dienst zu verbessern und die Einwohner bei der Verbesserung ihres Lebensumfelds zu unterstützen. Das Papier betonte die Bedeutung der Beteiligung der Einwohner an diesem Prozess. Der ökonomische und politische Vorteil eines solchen Projekts wurde ebenfalls verdeutlicht.

„Ein solches Pilotprojekt, bei dem Menschenbeteiligung so stark betont wird, kann leicht ein aktives Beispiel für Sanierung durch Selbsthilfe werden. Die Bewohner würden den großen Wert ihrer Lebensumwelt erkennen und die Verwaltung würde sich der ökonomischen Vorteile bewusst, die die Restaurierung eines Gebiets im Gegensatz zu seiner Zerstörung und Neubau bringt".

Die historische und kulturelle Bedeutung eines solchen Schritts bei einem Weltkulturerbe kann positive Rückwirkungen auf internationaler Ebene haben.

Zusammengefasst basierte die vorgeschlagene Strategie auf Folgendem:
– ausführliche Planung,
– detaillierte Pilotprojektplanung und Durchführung,
– Einwohner- und Nutzerbeteiligung.

Fondsgründung und Ausführung

Das Papier wurde von der Stadt Aleppo und dem Altstadtkommitee gebilligt. Ich wurde deligiert, verschiedene internationale Quellen um Unterstützung und Teilnahme zu bitten. Unsere Freunde in Deutschland, Dr. Heinz Gaube und Dr. Anette Gangler, stellten den ersten Kontakt zur deutschen Regierung (BMZ) her. Das gleiche Papier wurde Funktionären des Arabischen Fonds für Ökonomische und Soziale Entwicklung in Kuwait präsentiert, die großes Interesse und den Willen zeigten, eine Subvention in Erwägung zu ziehen. Die syrische Regierung präsentierte die offizielle Anfrage, und sowohl die deutsche Regierung als auch der arabische Fonds antworteten positiv.

Bilaterale Vereinbarungen wurden unterzeichnet, um die Bedingungen für die Subventionen festzulegen. Die Stadt Aleppo bildete einen organisatorischen Aufbau von technischem und verwaltungstechnischem Personal, um das Projekt zu leiten, und stellt Mittel für die Ausführung zur Verfügung. Die deutsche Regierung beauftragte die Deutsche Gesellschaft für technische Zusammenarbeit (GTZ) damit, die deutschen Verpflichtungen zu verwalten. Die GTZ stellt internationale und lokale Experten, Schulung für die Projektgruppe, technische Ausrüstung und Mittel zur Ausführung der Sanierungsmaßnahmen zur Verfügung. Die Subvention des arabischen Fonds war für technische Ausrüstung, internationale Expertisen und Schulungsprogramme bestimmt.

Die deutsche Regierung subventionierte für die ersten beiden Phasen des Projekts ca. 9,6 Mio. DM. Die zweite Phase wird im September 2000 abgeschlossen sein. Die Stadt Aleppo hat vergleichbare Summen für Sanierungsmaßnahmen und noch mehr überall in der Altstadt ausgegeben.

Detaillierte Beschreibungen des Projektablaufs und der Bewältigung werden in anderen Artikeln dieser Publikation gegeben.

Reflexion

Nicht alles ist so gut, wie es klingt. Es gibt immer noch viele Probleme und Schwierigkeiten, die geklärt werden müssen. Obwohl die Anfänge definitiv erfolgreich waren, müssen der Umfang und die Beteiligung ausgedehnt und verbessert werden. Hauptaspekte, die der Aufmerksamkeit und Verbesserung bedürfen, sind:
– Ein besserer und unabhängi-

gerer organisatorischer Aufbau muss gewählt werden.

- Weil die Bewohnerbeteiligung gute Ergebnisse erbracht hat, sollte sie intensiviert werden.
- Bewusstseinskampagnen auf Stadt- und Länderebene sollten auf der Ebene der Schulen, Universitäten, der öffentlichen und privaten Institutionen und der Medien ausgeweitet und vermehrt werden.

Mittelbeschaffung ist natürlich von sich aus ein Thema von großer Wichtigkeit. Obwohl die Verpflichtungen bislang beträchtlich waren im Vergleich mit vorhergehenden Zuweisungen, scheinen sie gering zu sein im Vergleich zu den anstehenden Aufgaben. Um sich solcher Kapazitäten zu versichern, werden folgende Schritte vorgeschlagen:

- Sicherstellung viel größerer Beteiligung und Einbeziehung der örtlichen privaten Wirtschaft in Form von Investitionen oder, auf der Ebene des Nationalstolzes, verbunden mit dem Schutz von Geschichte und Tradition.
- Suche nach mehr Beteiligung von internationalen Geldgebern und Institutionen, zugleich Absicherung der Beteiligung der derzeitigen Geldgeber und ihre Ermutigung, als die Vorhut des Sanierungsprozesses, zu dauerhafter Beteiligung.
- Ermutigung der lokalen und nationalen Autoritäten, mehr Mittel zuzuweisen, indem man sie überzeugt, dass der Sanierungsprozess hohe ökonomische Vorteile mit sich bringt, die der Stadt und dem Land über den wichtigen kulturellen Wert hinaus wieder zufließen.

Der Schutz dieser und anderer Städte mit ihren reichen und einzigartigen Lebenserfahrungen, selbst unter neuen Vorzeichen, ist eine historische Notwendigkeit. Die Menschen haben das Recht, ihre Vergangenheit zu kennen und mit ihr in Verbindung zu bleiben. Hier in Aleppo gibt es das immer noch. Es lebt und ist gesund. Es blickt uns ins Auge und sagt, hier bin ich, nutze mich, erneuere mich, gib mich nicht auf. Wir müssen dem nachgeben.

Kulturelles Erbe und Stadtentwicklung – eine Aufgabe der Entwicklungszusammenarbeit?

Ursula Eigel

„...*Du musst auf deinem Gang
durch Städte wandern;
siehst einen Pulsschlag lang
den fremden Andern.
Es kann ein Feind sein,
es kann ein Freund sein, es kann
im Kampfe dein
Genosse sein.
Es sieht hinüber
und zieht vorüber...
Was war das?
Von der großen Menschheit ein
Stück!
Vorbei, verweht, nie wieder*"
(Kurt Tucholsky in „Augen in der Großstadt", 1931)

„...*die Neigung, die einer Stadt entgegengebracht wird oder einem Quartier, einem entlegenen Winkel in ihr, ist ein Ergebnis affektiver Prozesse. Wenn sie in Ordnung ist, wird die Stadt zum Liebesobjekt ihrer Bürger. Sie ist ein Ausdruck einer kollektiven, Generationen umspannenden Gestaltungs- und Lebenskraft.*"
(Alexander Mitscherlich in „Die Unwirtlichkeit unserer Städte", 1965)

Wir haben viel gehört und gelesen über Schwierigkeiten und Nöte der Städte der von uns so genannten Entwicklungsländer. Im Zuge der steigenden Urbanisierung wachsen sie ins Uferlose, sind politisch immer schwerer zu kontrollieren, ökologisch verwundbar und voller Armut. Moderne Bezirke sind von Elendsgürteln umgeben, alte Stadtzentren verslumen, ihre Wohnsubstanz und Infrastruktur verkommt; wer es sich leisten kann, zieht anderswo hin. Es rücken arme Zuwanderer nach, die irgendwann durch den Markt und die steigenden Bodenpreise wieder verdrängt werden. Alte Quartiere werden dabei zerstört. Nachbarschaftliche Bindung, Vertrautheit und Identifikation schwinden. „Central Business Districts" haben weltweit das gleiche austauschbare Gesicht.

Den mit der rasanten Verstädterung verbundenen Problemen wenden sich nationale Regierungen und internationale Geberinstitutionen immer stärker zu. Verbesserung der Versorgung mit technischer und sozialer Infrastruktur soll der städtischen Bevölkerung zugute kommen und Anreize für Investitionen der Industrie schaffen. Dezentralisierungsstrategien sollen helfen, Kommunalentwicklung zu fördern, staatliche Macht besser zu kontrollieren und Mittel bedarfsgerechter einzusetzen. Weltweite Kampagnen für gute städtische Regierungsführung, mehr Sicherheit des Zugangs der Armen zum Land, Partnerschaften zwischen Verwaltung, Politik und Zivilgesellschaft zur Minderung der Armut in städtischen Elendsvierteln auf breiter Basis und zur Verbesserung der

Umweltbedingungen stehen auf der Agenda führender UN-Organisationen und bilateraler Entwicklungshilfegeber.

Spielen Maßnahmen der Erneuerung historischer Stadtgebiete dabei eine Rolle? Welchen Stellenwert können sie haben? Oder allgemeiner gesprochen: Wie wichtig ist Kultur bei der Umsetzung von Strategien der Stadtentwicklung in der Dritten Welt?

Blickwinkel gestern

In der Vergangenheit haben die meisten Entwicklungshilfegeber diese Frage sehr zurückhaltend beantwortet. Altstadterhaltung – dies wurde häufig gleichgesetzt mit Denkmalspflege – als Gegenstand der Entwicklungskooperation wurde oft als teuer, westlich-elitisierend und ökonomisch uninteressant klassifiziert. Man überließ es im Allgemeinen der UNESCO als offiziellem UN-Mandatsträger für Erziehung, Wissenschaft und Kultur und privaten Kulturstiftungen, Regierungen in Entwicklungsländern auf den Sinn der Erhaltung von historischen Stadtgebieten und Bauwerken hinzuweisen und bei Maßnahmen zu beraten.

Auch die Bundesregierung folgte diesem Trend. Ausnahmen – wie das in diesem Katalog beschriebene Vorhaben zur Unterstützung eines Entwicklungs- und Erneuerungsprozesses in der Altstadt von Aleppo und das bekannte Vorgängerprojekt in Bhaktapur/Nepal (das 1973 aus der Renovierung eines Priesterhauses als deutschem Hochzeitsgeschenk für den nepalischen König entstand) – haben die Regel bestätigt.

Hat sich an dieser Haltung etwas geändert?

Blickwinkel heute

Man kann feststellen, dass über das Thema neu nachgedacht wird, und man kann in vielen Ländern der Dritten Welt interessante Initiativen beobachten. Verschiedene nationale Regierungen, Kommunen und Geberinstitutionen – nicht nur die UNESCO – integrieren seit einiger Zeit Konzepte der Erhaltung des städtischen Kulturerbes ganz bewusst in Entwicklungsprogramme.

Einige Beispiele sollen uns das illustrieren:

– Mit internationaler Beachtung ist Havanna in Kuba dabei, das alte Stadtzentrum mit seinen berühmten Kolonialbauten zu erneuern. Dabei soll die ansässige Bevölkerung gehalten und ihre Lebensbedingungen verbessert werden. Dies soll den Belangen des Tourismus vorgehen. Das Sanierungsprogramm umfasst daher neben den Bau- und Renovierungsmaßnahmen auch Kultur- und Bildungsange-

Die komplexe Aufgabe der Altstadt-Entwicklung: der Zustand eines Wehrturmes der Zitadelle von Aleppo

Die komplexe Aufgabe der Altstadt-Entwicklung: ein Wohnhaus nach der Sanierung

bote, Beschäftigungsförderung und Partizipation. Die hohen Kosten der Sanierung erfordern externe Hilfe über Entwicklungszusammenarbeit oder kommerzielle Finanzierung, bei der sich die nationale Regierung Mehrheitsrechte durch entsprechende Eigenbeteiligung vorbehält. Ein Großteil der Sanierungskosten soll über eine Altstadtsteuer auf alle dort getätigten Umsätze und über Wirtschaftsunternehmen der Sanierungsbehörde finanziert werden.

- Über 30 lateinamerikanische Kommunen haben in jüngster Zeit ein Netzwerk zur Wiederbelebung ihrer alten Stadtzentren gebildet. Es bestehen Vereinbarungen mit der Interamerikanischen Entwicklungsbank (IDB), mit der UNESCO, verschiedenen französischen Ministerien sowie in Frankreich mobilisiertem Sachverstand. Das Netzwerk dient dem internationalen Erfahrungsaustausch über Seminare und virtuelle Medien; es gibt auch schon Kooperationsabsprachen über konkrete Maßnahmen.

- Ein berühmtes Beispiel aus Nordafrika, das bereits zweimal mit dem begehrten Aga-Khan-Preis für Architektur ausgezeichnet wurde, ist Hafsia in Tunis. Es ist dort offenbar nicht nur gelungen, zwei alte Stadtquartiere wieder herzustellen und sie in die moderne Stadt zu integrieren, sondern auch die Ökonomie in Hafsia wiederzubeleben und eine soziale Durchmischung unter der Bewohnerschaft herzustellen. Schlüssel zum Erfolg waren wohl vor allem die gute Kooperation zwischen Kommune, Bürgerinitiativen und der Sanierungsbehörde und zum anderen die erfolgreichen Bemühungen, das Sanierungsprogramm unterm Strich wirtschaftlich rentabel zu machen (durch Landverkäufe, Quersubventionierung und Kreditprogramme).

- Die Stadt Luang Prabang in Laos, eine herausragende laotische Kulturstätte, steht auf der UNESCO-Liste des Weltkulturerbes. Die laotische Regierung konnte für ein Vorhaben zur Erhaltung und Entwicklung der Stadt neben der UNESCO weitere Partner mobilisieren, u.a. die Europäische Kommission, die französische Regierung, den französischen Städteverband und Chinon als Partnerstadt. Entwicklungs- und Erhaltungsmaßnahmen werden als integrales Programm angegangen, wobei die städtischen Funktionen und die Lebensgewohnheiten der Bewohner ebenso als Teil des kulturellen Erbes angesehen werden wie die gebaute Umwelt.

- Einen gesellschaftspolitisch umstrittenen Fall städtebaulicher Erneuerung bietet Singapur, das nach zwei Jahrzehnten radikalen Umbaus der alten Kernstadt durch ausländische Investoren in den achtziger Jahren mit einer Neuformulierung der städtischen Baupolitik ein Renovierungs- und Restaurierungsprogramm für über 5.000 Gebäude im Stadtkern und der Peripherie der Stadt initiierte. Die Besitzer der Häuser wurden per Gesetz verpflichtet, ihre Häuser nach den strengen Auflagen der Denkmalschutzbehörde herzurichten oder zu verkaufen. Da die Eigentümer meist nicht wohlhabend waren, hatten die denkmalpflegerischen Bemühungen eine weitgehende Umschichtung der Bewohnerschaft (Gentrifizierung) und der gewachsenen Sozialstrukturen zur Folge. Die Bauwerke wurden erhalten, aber Atmosphäre und quirliges Leben der alten Zeiten sind verschwunden – ein Phänomen, das uns auch aus Europa bekannt ist.

- Unter den großen Geberinstitutionen hat die Weltbank auf eine Initiative ihres Präsidenten 1998 eine Arbeitsgruppe gebildet, die über konzeptionelle Ansätze, ökonomische Rechtfertigung und finanzielle Tragfähigkeit von Bankprogrammen zur Erhaltung und Entwicklung des kulturellen Erbes arbeitet. Erhaltung und Förderung von Kultur soll allmählich in reguläre Bankoperationen integriert werden, ähnlich wie die Berücksichtigung von Umweltaspekten bei der Gestaltung von Förderprogrammen.
- Jüngere, von der deutschen Bundesregierung unterstützte Maßnahmen sind die in Vorbereitung befindlichen Entwicklungsvorhaben in Sibiu/Rumänien und Shibam/Hadramaut/Jemen sowie ein in den neunziger Jahren begonnenes Stadterhaltungsprojekt in Patan/Nepal (einer Nachbarstadt von Bhaktapur); alle drei Vorhaben setzen stark auf Eigeninitiativen der Bürgerschaft und verknüpfen Stadtentwicklungsmaßnahmen mit solchen der Stadterhaltung.

Schlüsselfaktor Kultur

Wenn wir nach den Gründen für die neue Bewertung des Themas suchen, fällt Folgendes auf:

Kultur – und damit auch das städtische Kulturerbe – scheint allmählich als Schlüsselelement von Entwicklung akzeptiert zu werden. Der Kulturbegriff wird dabei weit interpretiert. Er umfasst alles, was eine Gemeinschaft von einer anderen unterscheidet, die kreative kollektive Vielfalt und Erfahrung einer Nation oder sozialen Gruppe. Es geht nicht nur um Monumente, Nationalparks und Museen, Kunst und Literatur, sondern auch um die Art der Lebensführung einer Gesellschaft, ihre Wertesysteme und Traditionen und um deren Weiterentwicklung in einer sich globalisierenden Welt. Stadterhaltung dient dann der Wahrung individueller und gesellschaftlicher Identität und Besonderheit.

Kultur in der „Stadt für alle" soll aus Stadtbenutzern Stadtbürger machen, in dem Maße, wie sie sich für die Besonderheit ihrer gelebten Wohnumwelt interessieren und deren Bewahrung zu ihrem Anliegen machen. Das „Landmarking"-Projekt für junge Städter des Getty-Instituts für Erhaltung des Kulturerbes demonstriert dieses Anliegen.

Aleppo, Jdeideh, eine Bäckerei in der Altstadt

Aleppo, Quartier Bab Qinnasrin, Architektur und Religion in der Altstadt

Entwicklungsfaktor Ökonomie

Ein weiteres Argument – das einleuchtet – ist die ökonomische Bedeutung von Investitionen in die Kultur und in die Erneuerung von Kulturstätten. Ökonomische Vorteile beginnen bei den Wertsteigerungen besser ausgestatteter und damit besser nutzbarer – oder erst jetzt wieder nutzbarer – Wohnungen und Häuser, reichen über die mögliche Belebung – nicht selten Wiederbelebung – von alten Handwerks- und Gewerbetraditonen im Zuge von Rehabilitierungsmaßnahmen und umfassen den gesamten Bereich des Kulturtourismus und die damit verbundenen Dienstleistungen und Einkommensmöglichkeiten. Tourismuseinnahmen sind häufig eine der wichtigsten Ressourcen eines armen Entwicklungslandes. Es ist allerdings umstritten, ob sie allein die Investition in Kulturerbestätten begründen sollen. Setzt man allein auf den Tourismus, so kann schon die Zahl der Besucher oder die Art der Vermarktung den Wert und die Schönheit einer Kulturstätte gefährden oder sogar zerstören. Die Schwierigkeit liegt also in der klugen Steuerung gewünschter ökonomischer Wirkungen und der Streuung ihrer Vorteile.

Mit der Bewertung und Abwägung von Kosten und Nutzen von Sanierungsprogrammen tun sich die Stadtökonomen teilweise noch schwer, unter anderem weil der Wert, den ein Kulturerbe für die verschiedensten Zielgruppen hat (Bewohner, Geschäftsleute, Nationalregierungen, Besucher, Weltöffentlichkeit) je nach Gruppe ganz unterschiedlich sein kann, auch nichtmaterielle Kategorien umfasst und sich deshalb einfachen Berechnungen verschließt. Hier wird viel experimentiert und Hilfe bei den Umweltökonomen gesucht. Antworten sind wichtig, will man die großen Entwicklungsbanken am Thema interessieren und den Zweiflern an der Entwicklungsrelevanz solcher Programme begegnen.

Professionelle Herausforderung

Für den europäischen Stadtplaner und Städtebauer ist die Auseinandersetzung mit dem Thema „Altstadt" eine berufliche Selbstverständlichkeit. Dabei geht es natürlich auch um die Erhaltung einzelner wertvoller Gebäude im öffentlichen Interesse. Die eigentliche Herausforderung liegt aber darin, alte Stadtviertel in einen gesamtstädtischen Kontext zu integrieren, ihnen jenseits des Musealen Nutzung und Bestimmung zu erhalten oder wieder zu geben und dabei zu einer von den Bürgern akzeptierbaren Mischung von Modernisierung und Erhaltung, von baulicher Beschränkung und Freizügigkeit zu gelangen.

Es gibt hierfür eine lange Tradition in Europa und vor allem in Deutschland, in deren Mittelpunkt die Vorstellung eines geschlossenen Stadtbildes – mit Kirche, Rathaus, Geschäfts- und Bürgerhäusern – noch heute tief verwurzelt ist. Diese Vision ist bei anderen Völkern (zum Beispiel bei den asiatischen) nicht verankert. Der Entwicklungshelfer muss sich in der Zusammenarbeit dort auf die Revision seines überlieferten (und in unserem kulturellen Kontext gefestigten) beruflichen Wertesystems einlassen.

Insgesamt gesehen ist das Thema Altstadterhaltung eine Aufgabe des Stadtmanagements wie viele andere; eine Aufgabe, bei der die Altstadt Ressource und „wertvolle" Last zugleich sein kann. Es gilt, sie zu nutzen, und es geht dabei ebenso um Flächenbereitstellung und Wirtschaftsförderung, um Wohnungs- und Infrastrukturversorgung, Armutsbekämpfung und Umweltschutz wie sonst im städtischen Management. Allerdings ist der Kontext ein besonderer und buchstäblich in vieler Hinsicht kostbar.

Der Stadtmanager eines Entwicklungslandes muss sich dabei mit komplizierten und bisweilen auch widerstreitenden Zielvorstellungen auseinandersetzen: Er muss im Interesse der Erhaltung des Kulturerbes den Nutzern Beschränkungen auferlegen (Abrissverbot, Nutzungseinschränkungen, teure Auflagen zur Gestaltung etc.), aber gleichzeitig muss er dafür sorgen, dass der Standort für die Zukunft attraktiv bleibt. Für die Renovierung/Restaurierung ist er auf das Kapital wohlhabender Bürger angewiesen. Mit der dabei entstehenden Wertsteigerung ist aber die Gefahr der Verdrängung armer Bewohner verbunden. Höhere Besteuerung zur Verbesserung der finanziellen Möglichkeiten der Kommune für erhaltende Maßnahmen würde ihm helfen, macht aber unter Umständen das Quartier uninteressant für Investoren. Kompaktsanierung zerstört in aller Regel die soziale Kohärenz, die einem Quartier seinen Charme gibt. Das Sanierungsprogramm soll finanziell für die Stadt verkraftbar sein, aber ohne ein System von Anreizen funktioniert heute Stadterneuerung nicht. Die Rehabilitierung ist manchmal – besonders in Entwicklungsländern – ein Wettlauf gegen die Zeit, aber ohne den (zeitaufwendigen) Aufbau und die Pflege von Partnerschafts- und Partizipationsprozessen ist sie nachhaltig nicht denkbar. Tourismusförderung kann wichtig sein, hat aber ihren Preis usw.

Es gibt keine einfachen Antworten auf diese Fragen.

Die Arbeit in diesem Bereich stellt also nicht geringe Anforderungen an Engagement, Erfindungsreichtum und Organisationsfähigkeit des Stadtmanagers und seiner Kommune und an die Bereitschaft der gesellschaftlichen Gruppen zur Zusammenarbeit.

Wo diese Anforderungen erfüllt werden, kommen wir der Vision der „lebenswerten Stadt" wieder näher.

Kulturelles Erbe und Stadtplanung – zentrale Fragen für Aleppo und Damaskus

Jens Windelberg

Innenstädte von der Größe und Komplexität von Aleppo oder Damaskus sind keine überall nur schöne und einheitliche Stadtgebilde, die unter dem Gesichtspunkt des „Bewahrens" und der „Bestandssicherung" zu pflegen sind. Ihre historisch überkommenen Funktionen werden nur noch teilweise allen „zentralen Aufgaben" von Millionenstädten gerecht: Wichtige Hierarchiestufen im zentralen Funktionsgefüge fehlen ihnen.

Ihre zentrale Lage in zwei sich dynamisch entwickelnden Agglomerationen erfordert Planungsstrategien, die über die „Erhaltende Sanierung" hinausreichen und am besten mit dem Begriff „Altstadt-Entwicklungsplanung" charakterisiert werden können. Entwicklungsplanung heißt im Zusammenhang räumlicher Planung „umfassend" und „aktiv", integriert „städtebauliche und sektorale Planung", grenzt sich aber von der nur koordinierenden „Anpassungsplanung" ab. Dazu sollte dann noch das Wort „behutsam" gesetzt werden, um dem besonderen Charakter dieser beiden Innenstädte gerecht zu werden: Und dieses Adjektiv heißt Planung mit den Bewohnern und Nutzern und nicht gegen sie.

Obwohl beide Innenstädte doch sehr unterschiedlich sind, ergeben sich sehr ähnliche Aufgaben- und Fragestellungen. Die folgenden Abschnitte behandeln Komponenten im städtebaulich räumlichen sowie im sozio-ökonomischen Kontext. Es wird sich zeigen, dass die technisch „harten" Planungsfaktoren keineswegs die ausschlaggebenden und von ihrer Problemlage her schwierigsten sind.

Die Abschnitte in diesem Beitrag stellen Beispiele dar; in den weiter nachfolgenden Artikeln werden weitere Aspekte der „behutsamen Altstadt-Entwicklungsplanung" behandelt und vertieft.

Stadtgröße und „Priority Setting"

Die Altstädte Aleppo und Damaskus sind je eine Stadt für sich selbst. Sie sind aber auch Teil eines riesigen Agglomerationsraumes mit jeweils mehr als 2 (Aleppo) und 4 (Damaskus) Millionen Einwohnern. Hinzu kommt ein sehr dynamisches Wachstum, das sich außerhalb der Altstadt vollzieht und mit etwa 5 % pro Jahr angenommen werden kann. Neuansiedlungen vollziehen sich dabei auch „spontan" (bis zu etwa 50 %).

Während in den Altstädten zwar Verkehrsengpässe, (technische) Infrastrukturdefizite und bauliche Mängel erheblich sind, so sind dieselben Probleme doch in den vielen (spontanen) Neubaugebieten gravierender.

Diese Tatsache stellt Stadtverwaltung und Legislative – auch auf höherer Verwaltungsebene – vor enorme Entscheidungsprobleme. Von einem streng logischen Standpunkt aus müssten Projekte wie Verkehrsanbindung, Wasserver- und -entsorgung und Gebäuderenovierung in den Außenbezirken Vorrang haben, denn hier leben ja weitaus mehr Menschen in Unterversorgung. Doch gibt es nicht auch einen „Minderheitenschutz"?

Es ist deshalb zunächst einmal positiv festzuhalten, dass die Berücksichtigung und Orientierung der syrischen Verwaltung auf ihre beiden bedeutenden Altstädte eine politisch nicht zu unterschätzende Leistung ist und eine Prioritäten-Diskussion voraussetzt, die zur Zeit zu Gunsten der „Minderheit" ausgegangen ist.

Umgekehrt erwächst aus dieser Prioritätensetzung aber auch eine Verpflichtung der „Welt", die syrische Bevölkerung in ihrem Bestreben, die beiden städtischen „Weltkultur-Denkmäler" zu erhalten und zu entwickeln, zu unterstützen.

Diese Unterstützung muss vor allem den Aspekt der Gesamtstadtentwicklung im Auge behalten und hier Wege der Kooperation entwickeln, die auch wiederum der Altstadt zugute kommen. Ein Projekt der Europäischen Union (EU) ist dabei der richtige Ansatz: Das „MAMP" („Municipal Administration Modernisation Program") setzt genau an der Schnittstelle von Stadtplanung und Entwicklung an und kann hier die notwendigen Rahmenbedingungen für eine erfolgreiche Altstadt-Entwicklungsplanung herstellen. Ein Beispiel für Aleppo zeigt diesen Zusammenhang auf.

Stadtzentrum und „Central Functions"

Beide Stadtzentren liegen „zentral" im jeweiligen Agglomerationsraum. Gerade Aleppo hat dabei eine Dimension, die selbst die gesamte Innenstadt von Hannover klein erscheinen lässt. Damit stellt sich für beide Städte die gleiche Frage: Welche der vielfältigen zentralen Funktionen einer Innenstadt sollen in Alt-Aleppo oder Alt-Damaskus entwickelt, verstärkt, welche verdrängt, zurückgebaut werden?

Klar ist, dass allein schon aus der unterschiedlichen Größe und Aufgabe von Damaskus gegenüber Aleppo hier verschiedene Ziele verfolgt werden müssen, das gleiche gilt für die unterschiedliche Innenstadt-Größe in Bevölkerung, Jobs, räumlichen Dimension....

Wichtige Konsequenz aus dem oben genannten Tatbestand ist jedoch: Nirgendwo ist augenfälliger, dass nur eine zielorientierte Entwicklungsplanung Erfolg hat. Den schwierigen Prozess der Zielfindung für die Altstadt hat Aleppo bereits abgeschlossen und in einem Entwicklungsplan dokumentiert. Hier ist für die ebenso komplexe Situation in Damaskus noch ein Prozess zuende zu führen, eine Aufgabe, die durch die Hauptstadt-Funktion nicht erleichtert wird.

Stadtstruktur und „Flexibility"

Es liegt auf der Hand, dass eine Stadtstruktur wie von Gangler (s. S. 442-452) beschrieben, jeden neuen Bedürfnissen angepasst werden kann, ohne Schaden zu leiden. Vom rein technischen Aspekt aus lassen sich die beiden Innenstädte etwa der Nachfrage nach Restaurants, nach Hotels, nach modernen Ausbildungseinrichtungen (z.B. Fakultät für Architektur), nach Boutiquen, nach Kultureinrichtungen mit ein wenig Phantasie leicht anpassen. Nicht nur die Karawansereien, auch leer stehende Wohnhäuser und inzwischen unbebaute Grundstücke stehen reichlich zur Verfügung, insbesondere in Aleppo. Auch unter ökonomischen Gesichtspunkten ist eine Nutzungsmodernisierung angezeigt, denn traditionelle Nutzungen allein bringen nicht das erforderliche Einkommen, um einen langfristig tragfähigen Erhalt der Gebäude und Infrastruktur zu sichern. Beide Innenstädte sind auch zu groß und zu zentral gelegen, als dass sie ein-

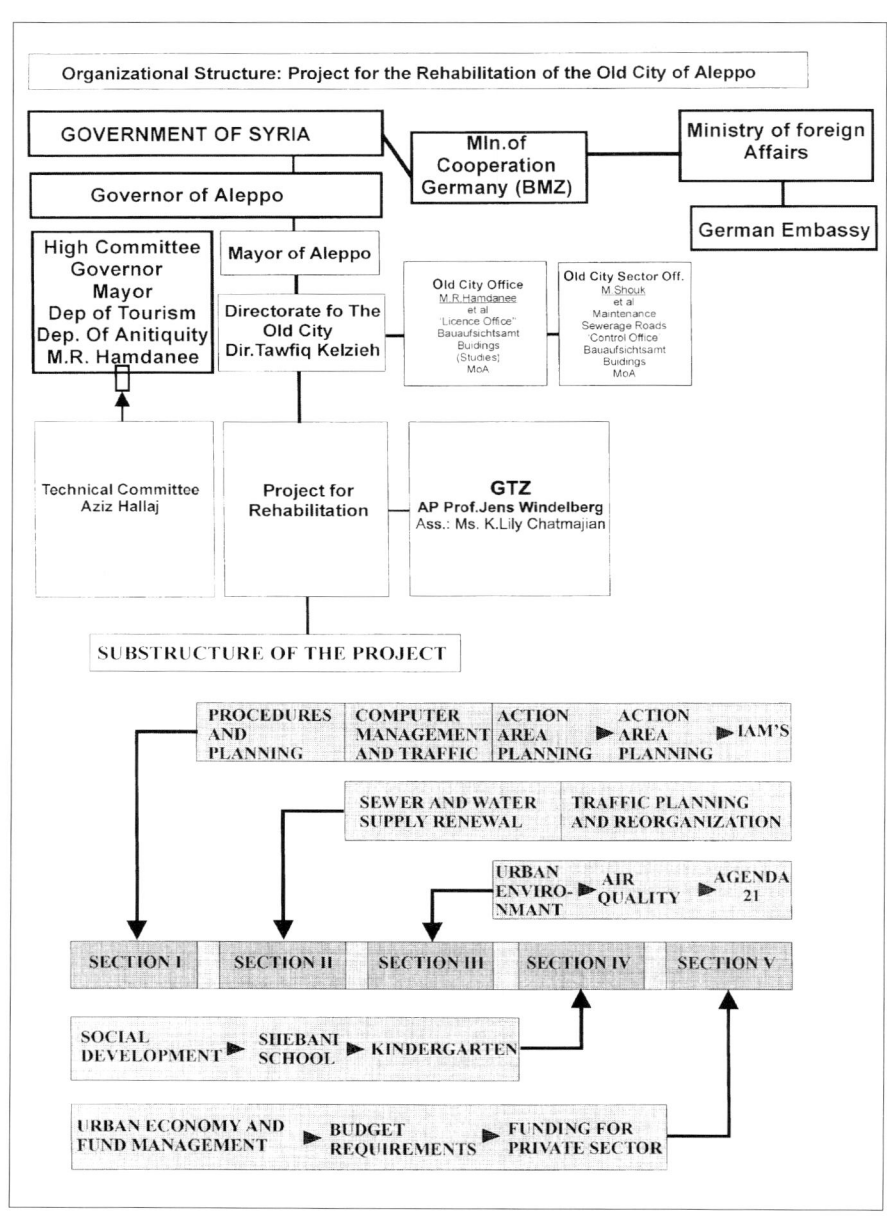

Aleppo, Organisationsstruktur des Rehabilitierungsprojektes

fach nur für „traditionelle" Nutzungen (Suq, Kleingewerbe, Wohnen) allein rückgebaut werden könnten.

Die Auffassung nach einem Rückbau in „Tradition" wird durchaus in beiden Städten, vor allem aber in Aleppo, ernsthaft vertreten; sie hat als Hintergrund die Nutzungsorientierung, die den der „Auqaf" zugehörenden Gebäuden (z.B. Karawansereien) vom Stifter auferlegt wurden; oder die Gläubigen der Moscheen verlangen um ihre Moscheen herum Nutzungsstrukturen, die in Harmonie mit ihrem Glauben stehen. Auch einflussreiche Gesellschaften der Altertumsforschung und die starke Antikenverwaltung sind durchaus eher der traditionellen Nutzungsauffassung zuzurechnen.

In beiden Innenstädten ist den heutigen Planern außerdem von der UNESCO und ihren Beratern durchaus ein „Erbe" der siebziger Jahre hinterlassen worden, das die Revitalisierungsaufgabe heute nicht gerade leicht macht: Denn die Abgrenzung beider Innenstädte erfolgte in erster Linie unter dem Aspekt des Erhalts und nicht unter dem Aspekt der Entwicklung. Verständlich: Denn zu dem Zeitpunkt der Unterschutzstellung 1983/86 waren beide Altstädte der Gefahr einer Zerstörung durch falsch verstandene „Modernisierung" ausgesetzt.

Diese Modernisierung muss jedoch heute in einem neuen Verständnis durchgeführt werden. Dass Modernisierung dabei in Damaskus ein anderes Ziel hat als in Aleppo, ist klar. Etwas provokant: Damaskus kann vielleicht den Weg von Rothenburg ob der Tauber oder besser Tunis gehen, während Aleppo sich an großräumigen Rehabilitierungen orientieren muss, etwa dem Muster Hamburgs im Bereich der Elbe (Fischereihafen-Speicherstadt) oder Hannovers (Linden). Natürlich in dem je eigenen Maßstab!

Weltkulturerbe und „Arabic Heritage"

In engem Zusammenhang mit dem eben erwähnten Gegensatz „neue Funktionen in alter Stadtstruktur" steht auch das hier zu behandelnde Thema „Welt und Heimat". Gemeint ist der Komplex Anspruch von außen und endogene Handlungsmentalität.

Durch ihre Rolle als Weltkulturerbe stehen Aleppo und Damaskus in puncto Planungsmethodik und auch Planungsrealisierung in globalerem Rahmen, ja unter internationaler Beobachtung und internationalem Erwartungsdruck der Welt. Beide Innenstädte lassen sich nicht mehr allein aus den vorzufindenen lokalen Handlungsschemata heraus entwickeln.

Dieser Spagat zwischen zwei Welten, zumindest einer nationalen und einer globalen, stellt eine Herausforderung dar, die für Syrien nicht leicht erfüllbar ist. Während die internationale Staatengemeinschaft eher ein finales Denken und Handeln einfordert, weiß der nationale Partner, dass der Prozesscharakter von Planung gerade hier in Syrien einen ganz wichtigen und hohen Stellenwert hat. Dass dabei insbesondere die verschiedenen Zeithorizonte (zwischen der globalen und der lokalen Welt) eine häufig konfligierende Rolle spielen, sollte nicht verschwiegen werden.

Diese unterschiedlichen, sich auch gegenseitig befruchtenden Auffassungen über die Komponenten von Planung und deren (zeitlichen) Vollzug treten gegensätzlich besonders bei Finanzierungen zutage: Internationale Organisationen brauchen feste Zeitrahmen auch für ihre Zielplanung. Verzögerungen im Finanzabruf etwa sind ärgerliche und für sie auch schwierige Tatbestände. Demgegenüber muss der lokale syrische Partner die traditionellere Mentalität seiner Landsleute berücksichtigen und auch vor allem die auf zahlreichen informellen Absprachen beruhende

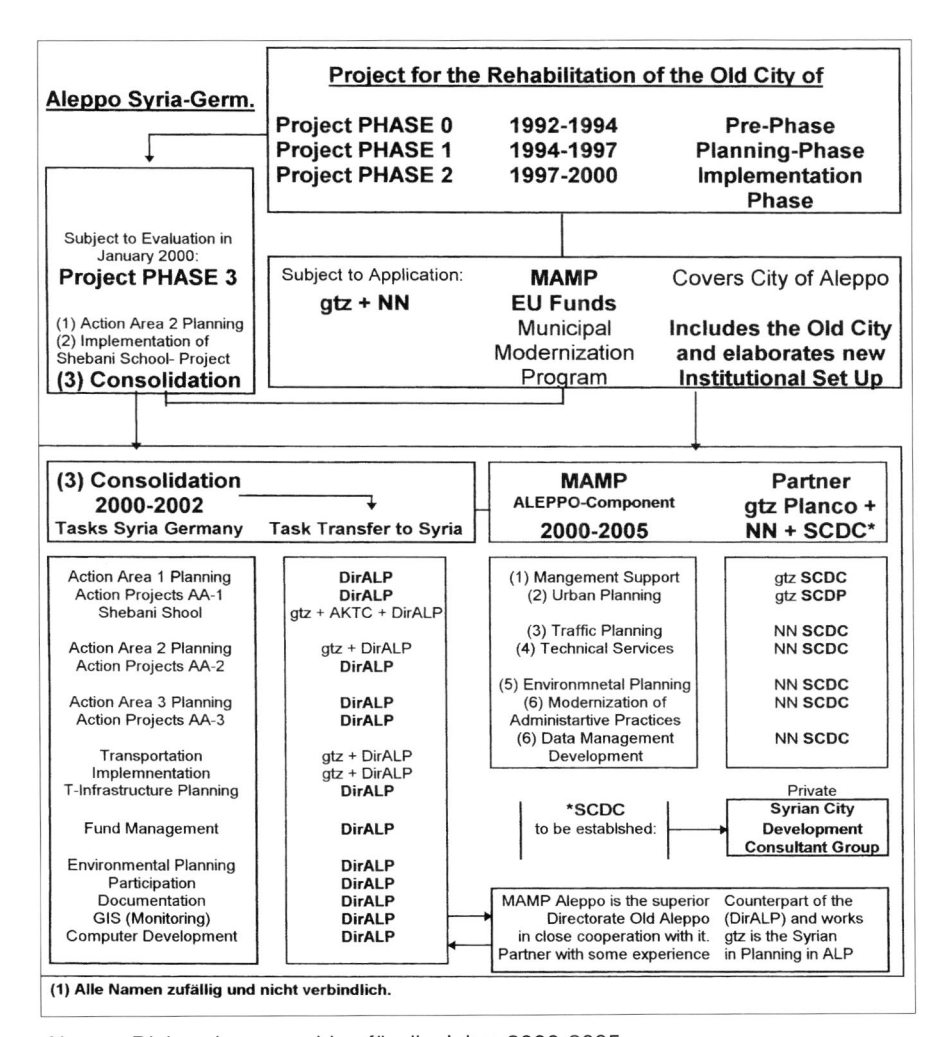

Aleppo, Diskussionsvorschlag für die Jahre 2000-2005

Aleppo, einfache Wohnbebauung am Rande der Altstadt

und deshalb nie genau planbare Realisierungsstrategie berücksichtigen.

In einem anderen Bereich treten die Gegensätze von Welt und Heimat auch zutage: Während für die eigene Heimat gilt, dass eine hohe Anpassungsfähigkeit an unerwartete Ereignisse Erfolg garantiert, erfordert die Erhaltung und die Entwicklung eines Welt-Kulturerbes ein langfristiges Engagement und ein stabiles, strategisch ausgerichtetes Verwaltungshandeln, das durch eine Unabhängigkeit vom Tagesgeschäft auch in der Lage ist, Initiativen zu entfalten. Hier ist die lokale Fähigkeit zur flexiblen Lösung zu kombinieren mit langfristiger Stabilität und Unabhängigkeit.

Initiative und „Institutional Setup"

Eine stabile und langfristig ausgerichtete Verwaltungsstruktur besteht inzwischen für beide Innenstädte. Es gibt jeweils „Dezernate für die Altstadt". Positiv ist hervorzuheben, dass ihre Integration in die allgemeine Stadtverwaltung ein hohes Maß an Langfristigkeit und Stabilität bedeutet. Jedoch: Um Initiativen zu entfalten und auch umsetzen zu können, fehlt ihnen noch eine übertragene Eigenverantwortungskompetenz: ein eigenes Budget, eigene Befugnisse, wie etwa Ordnungs- und Baumaßnahmen durchzuführen (vgl. § 147/148 des deutschen Baugesetzbuches [BauGB]). Vor allem bedienen sich die Dezernate nicht eines Sanierungsträgers (etwa gemäß § 157/158, BauGB), der als flexible Institution im Auftrag der Stadt die Sanierung durchführt.

Heute ist eine Umsetzung vieler Initiativen im Altstadtbereich in Syrien noch verlangsamt. In Aleppo ist jedoch über die GTZ eine Nutzung verwaltungsexternen Fachwissens über die eigentliche Erstellung von Studien möglich. Den national und international eingeworbenen Experten werden auch Umsetzungsaufgaben übertragen, die im Rahmen der syrischen Gemeindeverfassung von der Verwaltung nicht ohne weiteres zeitgerecht erfüllt werden können.

Festzuhalten bleibt jedoch, dass eine an Syrien angepasste Lösung im Sinne einer Sanierungsagentur oder eines Trägers, wie in anderen arabischen Ländern auch bereits positiv erprobt (Marokko, Tunesien), noch zu entwickeln ist.

Bedürfnishierarchie und „Awareness"

Tatsache ist, dass die sozioökonomischen Niveauunterschiede zwischen Syrien und anderen „entwickelten" Staaten nach wie vor groß sind. Besonders die unteren Einkommensschichten – also auch die Altstadtbewohner – sind intensiv in ihren täglichen Lebensablauf eingebunden und kaum in der

Lage, weitergehende Probleme zu diskutieren oder wahrzunehmen.

Geht man von der Theorie der Bedürfnishierarchie aus, so ist es nur schwer vorstellbar, bei allen Bevölkerungsgruppen in Aleppo oder Damaskus ein gleiches Interesse an einem Thema wie „Rehabilitierung" zu wecken.

Natürlich ist es möglich, die lokale Bevölkerung bei konkreten Verbesserungen ihres unmittelbaren Lebensraumes einzubeziehen und dabei auch ihr Interesse an übergeordneten Themenstellungen zu gewinnen. Über „Action Projects" (z.B. neue Abwasserleitung und IAMs [Klein Aktionen]) geschieht das zumindest in Aleppo sehr erfolgreich. Aber dieser Weg reicht nicht zu einer umfassenden Bewusstseinsbildung und erst recht nicht zu einer Umkehrung der Denkrichtungen in Richtung Altstadtrehabilitierung aus.

Deshalb sind zwei weitere Komponenten zur Bewusstseinsbildung, eine „harte" (1) und eine „weiche" (2), wichtig:
1. Über Maßnahmen der Einkommenssicherung und -steigerung (siehe Beitrag Spreen) sind die Einwohner und Nutzer der Altstadt in eine höhere Ebene der Bedürfnishierachie zu bringen, ein zugegebenermaßen nicht einfaches Unterfangen, aber unvermeidlich, um eine langfristige Rehabilitierung einzuleiten.
2. Maßnahmen, die sich an die Intellektuellen und Entscheider der Städte wenden, müssen auch eine Bewusstseinsveränderung von oben einleiten. Das Programm „Kultur in und für die Altstadt" in Aleppo, das auch die Ausstellung in Oldenburg begleitet, hat eine Welle der Sympathie hervorgebracht. Erste bisher leer stehende Wohngebäude werden jetzt angemietet oder renoviert. Man beginnt wieder, gerne in die Altstadt zu gehen und an ihre Zukunft zu glauben: ein erster Schritt.

Zusammenfassung

Aus dem oben genannten Beitrag sollte deutlich werden, dass die technischen „harten" Planungsfaktoren nicht allein die Herausforderung bei der Rehabilitierung der Altstadt darstellen, sondern dass auch gerade die „weichen" Umfeldfaktoren entscheidend sind für die langfristige Wiederbelebung der beiden 5.000 Jahre alten Altstädte.

Stadtumbau und verändernde Stadtentwicklung sind immer sich verändernde sozio-ökonomische Umfelder, kulturelle Paradigmenwechsel und Bewusstseins-Veränderungen im Sinne einer Offenheit für Innovationen vorausgegangen.

Bewusstsein für die Schönheit der Altstadt?

Kulturelles Erbe und Rehabilitierung – eine besondere Herausforderung für Entwicklungsländer

Camal Bitar

Warum Erhaltung unseres kulturellen Erbes im Rahmen von Stadtentwicklung? Ist schon jemandem diese einfache Frage in den Sinn gekommen? Warum tun wir das? Tun wir es instinktiv, um unsere Identität für die kommenden Generationen zu bewahren? Sind wir hypnotisiert; folgen wir also seinem glorreichen Klang, ohne uns Gedanken über die Verpflichtung zu machen?

Seit vielen Dekaden entwickelte sich die Bedeutung des „kulturelles Erbes" wie auch seine Umgangsstrategien. In der Vergangenheit wurde jedoch nur besonderen Kunstwerken oder einzelnen Haupt-Denkmälern Aufmerksamkeit entgegengebracht. Heute bezieht sich das Konzept des „kulturellen Erbes" auf ein breites und komplexes Gebiet; es beinhaltet nicht nur Einzeldenkmäler, sondern die gesamte gebaute Umwelt wie auch den sozioökonomischen Rahmen einer Gesellschaft.

Vor etwa 50 Jahren wurde der komplexere und umfassendere Ansatz bezüglich des „kulturellen Erbes" zum „gesunden Menschenverstand" innerhalb der „entwickelten" internationalen Gemeinschaft. In letzter Zeit hat der umfassendere Ansatz sogar zu einem weltweiten „Überlaufeffekt" geführt. Er bezieht ausdrücklich Altstadtsanierung und Stadtentwicklung ein.

Unsere Welt variiert jedoch von Kontinent zu Kontinent und von Region zu Region, basierend auf unterschiedlichen sozioökonomischen Wahrnehmungen und verschiedenen historischen Hintergründen.

Ich habe das starke Gefühl, dass Altstädte – speziell solche, die als Weltkulturerbe in Entwicklungsländern registriert sind – gezwungen sind, sich internationalem Druck zu beugen, ihr eigenes Aussehen für die gesamte Menschheit zu erhalten. Lokale, regionale und nationale Autoritäten scheinen oft gezwungen zu werden, sich an einen hohen Maßstab anzupassen, um ihre Verpflichtung gegenüber der internationalen Gemeinschaft zu erfüllen. Einige Regierungen – speziell in einkommensschwachen Ländern – stellen „Sanierung" in Frage, weil sie andere vorrangige Probleme zu lösen haben (z.B. Armut und menschliche Not). Sie fühlen sich alleingelassen mit Wiederaufbaustandards und Richtlinien zur Restaurierung, die aus der reichen Welt kommen.

Können wir diese Städte konsequenterweise als Opfer der internationalen politischen Willkür bezeichnen? Können oder müssen „entwickelte" Staaten die erforderlichen technischen und finanziellen Mittel zur Verfügung stellen, um die Sanierungsverpflichtungen der Entwicklungsländer zu erfüllen?

Sanierung oder Neuanfang?

Wenn wir Altstädte als Einheit betrachten, bestehend aus gebauter Umwelt als eine nicht erneuerbare Ressource und ihren Einwohnern als ihren abhängigen, aber ständig wechselnden Nutzern, können wir die oben erwähnte Frage durch zwei unterschiedliche Philosophien erläutern, obwohl in der Realität beide – natürlich – nichts miteinander zu tun haben:

Die erste stammt aus dem alten Buddhismus, welcher glaubt, dass Altstädte und ihre physische Struktur dem „Lebenszyklus" folgen müssen, d.h. weil sie leben, müssen sie auch sterben. Diese Philosophie hat etwas gemein mit der These von Schumpeter, der den Erneuerungsprozess gemeinsam mit dem Lebenszyklus von Produkten und Dienstleistungen beschreibt. Die zweite entsteht aus dem Darwinismus. Mit aller Vorsicht auf unseren Fall übertragen, führt es zu der These, dass sich gebaute Umwelt „anpassen muss, um zu überleben", um in einer sich sozioökonomisch verändernden Welt zu „funktionieren". Diese Veränderung ist eine *conditio sine qua non*, d.h. ohne Wandel und Willen zur Erneuerung kann keine Nachhaltigkeit oder Überleben erwartet werden.

Für mich als Architekt und Planer beleuchten beide Theorien die gleiche Sache von zwei verschiedenen Punkten. Die erste geht dieses Problem mit „Pessimismus" an und die zweite mit „Optimismus". Es gibt zwei wichtige Faktoren, die den Unterschied zwischen diesen beiden Theorien bilden: einerseits die Zeit, in der sie entwickelt wurden; andererseits die Gesellschaften, in denen sie erfahren wurden. So spielen unterschiedliche Zeiten und unterschiedliche Gesellschaften eine vitale Rolle im Aufbau der Parameter bei der Herangehensweise an das kulturelle Erbe und die gebaute Umwelt.

Ist für unseren Fall in Entwicklungsländern die Darwinsche Theorie der bessere Weg, an Altstädte heranzugehen? Rechtfertigt es das Engagement von lokalen und nationalen Regierungen in solch einem komplexen Labyrinth von Sanierung? Sind Bewohner von Altstädten in Entwicklungsländern in der Lage, ihre gebaute Umwelt allein umzubauen, oder benötigen sie Hilfe? Ist diese externe Hilfe vereinbar mit Darwin und würde sie dauerhaft für die Zukunft sein?

Städte ändern sich, um zu überleben, Altstädte haben immer ihre Gesamtstruktur an die sich verändernde sozioökonomische Umwelt angepasst. Sie sind das Resultat eines langen Prozesses von Planung und Kontrolle. Es wäre bedauerlich, diese Beispiele besonderen städtischen und architektonischen Erbes zu verlieren, die

Zerfallene Gebäude in der Altstadt von Aleppo

historische Werte demonstrieren und dazu dienen, die nationale Identität der Gemeinschaft zu stärken. Trotzdem: Sind diese Werte und Tatsachen ausreichend, Sanierungsstrategien anzunehmen? Müssen wir also diese Städte vor dem drohenden Verfall retten? Oder sollten wir diesen Veränderungsprozess unterbrechen, indem wir die alten Städte dem „Lebenszyklus"-Ansatz folgen lassen?

Politik und Altstadt

Heutzutage müssen wir über kulturelles Erbe in einer realisierbaren Form nachdenken. Die Methodik der Herangehensweise an kulturelles Erbe wie auch die Parameter der Einschätzung seiner Bedeutung haben sich verändert. Konsequenterweise sollte die Sanierung nicht als vorgefertigtes Rezept erkannt werden. Was für eine Gesellschaft gültig ist, ist nicht notwendigerweise anwendbar auf eine andere. Deshalb müssen Erhal-

Erhalten und anpassen: die Verlegung neuer Rohre

tungsstrategien auch dynamische Faktoren, wie sozioökonomische Trends auf den verschiedenen örtlichen Ebenen, adäquat in Erwägung ziehen. Trotzdem ist der sozioökonomische Trend nicht der einzige Faktor, der Wiederherstellungsstrategien weiterhin beeinflusst. Zusätzlich spielen Stadtpolitik und die Entscheidungsfindung eine primäre Rolle in diesem Fall. Stadtpolitik kann auf verschiedene Weise verstanden werden; dieser Beitrag wird dieses Thema anpacken, indem Politik als die Art und Weise behandelt wird, in der Städte verwaltet und regiert werden.

Die Sanierung soll als entscheidende Angelegenheit der Altstädte vorausgesetzt werden. Ein wichtiges Element ist die Identifikation der Parteien, die mit dieser Sache befasst sind, um die Definition jedes Teilnehmers und seiner Rolle im Wiederherstellungsprozess zu ermöglichen. Wer ist also an „Wiederherstellung" interessiert? Wer profitiert von ihrer Durchführung? Sind es die Altstadtbewohner, die Investoren, die nationalen Autoritäten oder die internationale Gemeinschaft?

In letzter Zeit wuchs das Bewusstsein der Menschen bezüglich der Wichtigkeit von Altstädten. Allgemein, aufgrund sozioökonomischer Gründe wird dieser Trend mehr unter Intellektuellen und reichen Bürgern registriert als unter den Bewohnern dieser Altstädte, die davon weitestgehend unberührt bleiben.

Im Allgemeinen gibt es konservatorische Probleme in Altstädten nicht nur aufgrund des physikalischen Rahmens; meistens entstehen sie aus dem gewählten politischen und ökonomischen Konzept. Überdies hat das Bewusstsein um die Wichtigkeit der Altstädte die führenden Professionellen unter den örtlichen Autoritäten schon vor langer Zeit erreicht. Trotzdem, Bewusstsein und Interesse reichen nicht aus, um Altstädte zu erhalten. Deshalb kann auf stadtpolitischer Ebene die Erhaltung des architektonischen Erbes nur durch das Verstehen der existierenden Struktur gelingen, sowohl in ihrem historischen als auch ihrem jetzigen Zustand sowie durch Einhalten einer strengen ökonomischen Struktur und durch Entwicklung von Strategien zu Gunsten der Altstädte auf lokaler, regionaler und nationaler Ebene.

Ökonomie und Altstadt

Die oben genannten Überlegungen wie auch das Interesse von internationalen Organisationen, unser kulturelles Erbe zu erhalten, müssen darin münden, den „effektiven" Teilnehmer im Sanierungsprozess zu definieren. Logischerweise sollten die interessierten und/oder die nutznießenden Parteien für die Entwicklung der Altstädte bezahlen.

Altstädte im heutigen Zustand sind Zeugen der Teilnahme ihrer Bewohner am Prozess der Veränderung vor langer Zeit. Mit oder ohne Regierungseinfluss wurde Kapital in alle Arten von „Erhaltung" investiert. Glücklicherweise betätigen sich die Menschen immer noch auf diesem Gebiet, aber unglücklicherweise sind die physikalischen Eingriffe meistens furchtbar. Es ist nicht unbedingt so, dass sie sich der Wichtigkeit der gebauten Umwelt, in der sie leben und arbeiten, bewusst waren, aber sie passten sie an – entsprechend den sozioökonomischen Veränderungen –, um zu überleben. So haben die Ortsansässigen ihren Teil an der „Wiederherstellung" bezahlt und sind immer noch willens, sich an der Entwicklung ihrer Umgebung – in Zukunft wahrscheinlich effektiver – zu beteiligen.

Jetzt sollten die Entwickler, die in der Stadt und/oder der Altstadt investieren, die Staaten genauso wie die internationale Gemeinschaft, Anteil nehmen an dem Sanierungsprozess. Gleichzeitig mit der Vorrangigkeit der Stadtpolitik in der Unterstützung der Altstädte müssen die benötigten finanziellen Mittel für ihre Entwicklung garantiert sein. Die nationale Identität einer Gemeinschaft muss die Aufgabe aller Bürger und nicht nur der Stadtbewohner sein. Also solllte der Ansatz „Bezahlen für die Entwicklung" von den Autoritäten angewendet werden.

Legt man den oben erwähnten Ansatz zugrunde, könnte das eine sehr effektive und schnelle Methode sein, das finanzielle Loch – auf das man normalerweise stößt – in dem begrenzten zugewiesenen Budget zu füllen. Zusätzlich wird diese Maßnahme den institutionalisierten Rahmen in Richtung „Nachhaltigkeit" lenken.

Sanierung ist ein teures Unterfangen; deshalb scheint es zu Beginn schwer zu rechtfertigen, besonders wenn dringende sozioökonomische Verbesserungen auf nationaler Ebene angestrebt werden. Deshalb sollten Stadtpolitiker eine Langzeitvision wählen, um die Bedeutung der Sanierung und ihre vitale Rolle bei der Entstehung von Arbeitsplätzen zu begründen.

Während es möglich ist, kleine Eingriffe (d.h. Konservierung von einzelnen Gebäuden und/oder Denkmälern) innerhalb der gegebenen Umstände in Entwicklungsländern durchzuführen, ist es offensichtlich, dass größere Sanierungen von weltweit außergewöhnlichen Stätten in diesen Ländern die Möglichkeiten ihrer Regierungen übersteigen. Im Allgemeinen ist Erbgut von außergewöhnlichem Wert (z.B. Stätten des Weltkulturerbes) eine weltweite Angelegenheit von kultureller Bedeutung. Unter diesem Gesichtspunkt kann Sanierung nicht nur als örtliche, regionale oder nationale Verantwortlichkeit gesehen werden; andernfalls wären diese Länder wirklich Opfer durch den Besitz von weltweit anerkanntem Erbe. Glücklicherweise ziehen solche massiven Eingriffe die finanzielle und technische Unterstützung von internationalen Organisationen an.

Schlussbemerkung

Zum einen ist es das Hauptanliegen in Altstädten, die kulturelle Identität für die kommenden Generationen zu erhalten. Wird der Abbruch und alle anderen Eingriffe in Altstädten im Namen der „Erneuerung" geduldet, wird unser materielles Erbe zerstört; auf diese Weise wird es die Bewohner dahin bringen, ihre Wurzeln und konsequenterweise ihre nationale Identität zu verlieren.

Ein anderer von Stadtpolitikern zu bedenkender Aspekt ist, dass Sanierung aus touristischen Gründen gerechtfertigt werden kann. Vernachlässigung unserer Altstädte wird eine wichtige Rolle bei der Verlangsamung der Tourismusentwicklung spielen und den Ertrag des größten und stärksten gewinnbringenden Faktors, der einen positiven Wirtschaftseffekt auf das Wohlergehen aller Bürger hat, reduzieren.

Wir haben bemerkt, dass Bemühungen in Entwicklungsländern gemacht wurden – zum Guten oder zum Schlechten –, die Lebenszeit ihrer Altstädte zu verlängern, indem sie instinktiv der Darwinschen Theorie gefolgt sind. Trotzdem waren dies nur kleinmaßstäbliche Beiträge zum beträchtlichen und wertvollen historischen Gebäudebestand. Für großmaßstäbliche Eingriffe, z.B. umfassende Sanierung, sind Anstrengungen auf lokaler, nationaler und internationaler Ebene gefordert. Überdies hat die Erfahrung die Effektivität der Darwinschen Theorie als eine adäquate

Lösung für die Regeneration unserer Altstädte bewiesen. Trotzdem haben weder die Bewohner noch die betroffenen Autoritäten in Entwicklungsländern den Ansatz „Anpassen, um zu überleben" wissentlich erfahren. Ich glaube, dass Hilfe von außen – von Ländern, die seit Jahrzehnten Sanierungsmaßnahmen durchführen – lebenswichtig ist und angenommen werden sollte, um Erfahrungslücken auf diesem Gebiet zu schließen. Um dem Sanierungsprozess zur Dauerhaftigkeit zu verhelfen, sollten diese ausländischen „Helfer" den wahren Bedarf der örtlichen Bevölkerung innerhalb der sich wandelnden Parameter des sozioökonomischen Rahmens bedenken.

Zusätzlich, weil bis jetzt die Erhaltung von kulturellem Erbe noch nicht von allen Menschen erkannt wird, sollte die Regierung Bewusstseinsbildungs-Programme entwickeln, um das Wissen zu vermehren und um einen soliden Hintergrund zur Bedeutung der Erhaltung alter Gebäude und historischer Stätten zu schaffen. Von Anfang an muss das Sanierungskonzept politisch und sozial akzeptiert sein, um unsere Identität und unseren Nationalstolz zu stärken.

Ich beende diesen Aufsatz mit den Gedanken von Alfred P. van Huyck aus seinem Aufsatz „Die Ökonomie der Erhaltung": *„Ein weise erdachter Plan architektonischer Erhaltung, der die städtische Gebäudesubstanz verstärkt, fügt der gebauten Umwelt der Zukunft historische Tiefe und Bedeutung hinzu. Er ist integriert in die ökonomischen Realitäten der Zeit, stellt ein enormes Potential der Bereicherung des Leben und Möglichkeiten für diejenigen dar, für die Entwicklung entscheidend zum Überleben ist".*

Diese Ideen verdeutlichen die entscheidende Rolle, die die Regierung auf lokaler und nationaler Ebene spielen sollte, wie auch die Herausforderung, die architektonische Geschichte und die Tradition des Landes in einer Zeit von gegensätzlichen Interessen zu erhalten, einer Zeit, in der die Ökonomie praktisch all unsere Aktivitäten lenkt.

Entwicklungsplanung in Damaskus

Gesamtstadt und Altstadt – Planungsansätze in Damaskus

Sonja Nebel

Bedeutungswandel der Altstadt in einer schnell wachsenden Hauptstadt

Wenn Damaskus noch Mitte des 19. Jahrhunderts eine überschaubare und begrenzte Siedlungseinheit war, umgeben von einer äußerst fruchtbaren Oase, so hat sich in 150 Jahren hier eine weit ausgedehnte Agglomeration mit 3-4 Millionen Einwohnern entwickelt, die ihre einstige Lebensgrundlage, die Oase nämlich, in weiten Teilen bereits durch Überbauung unwiederbringlich zerstört hat. Und die ehemalige Stadt mit einer markanten Silhouette, die sich durch unzählige Minarette vor dem Grün der Umgebung darbot, steht nun als Altstadt im Schatten der Hochhäuser der schnell wachsenden Hauptstadt Syriens. Blickt man vom Djabel Qasyun auf die Stadt hinunter, fällt es schwer, die Altstadt überhaupt zu erkennen. Es sind einzig die Dächer und Minarette der Großen Moschee, die dem kundigen Betrachter die Lage der Altstadt verraten (siehe Abb.).

Mitte des 20. Jahrhunderts, mit dem Ende des französischen Mandats, begann ein enormer Bevölkerungsdruck auf Damaskus, die Hauptstadt des nun autonomen Staates Syrien. 1922 hatte die Stadt eine Einwohnerzahl von knapp 170.000. Nach 20 Jahren, 1943, waren es 286.000 und nach weiteren 20 Jahren, 1965, hatte sich die Einwohnerzahl mehr als verdoppelt und war auf rund 600.000 angestiegen[1]. Diese Wachstumsrate hielt an, und – wiederum nach nicht ganz 20 Jahren – ergab die Volkszählung 1981 eine Gesamtbevölkerung von 1,1 Millionen Einwohnern für den Stadtkern und für die inzwischen ins Umland ausufernde „Capital Area" eine Bevölkerung von rund 2 Millionen. Bei einer jährlichen Wachstumsrate der syrischen Bevölkerung von 3,29 % zwischen 1981 und 1994 war die Bevölkerung in Damaskus-Stadt auf 1,4 Millionen im Jahr 1994 angewachsen und die der Capital Area auf etwas über 3,4 Millionen. Bei in Zukunft nur geringfügig sinkenden natürlichen Zuwachsraten und anhaltender Land-Stadt-Wanderung gehen derzeitige Planungen für das Jahr 2020 von einer Bevölkerung von rund 7 Millionen Einwohnern im Großraum Damaskus, der Capital Area, aus, die sich in einem Umkreis von rund 25 Kilometern um das Zentrum von Damaskus erstreckt[2].

Rapides Bevölkerungswachstum zog – und zieht – den Bedarf nach neuem Wohnraum und erweiterter Infrastruktur nach sich. Neue Aufgabenfelder im Bereich des öffentlichen Nahverkehrs, im Bereich des Wohnungsbaus, des Straßenbaus sowie im Bereich unterschiedlicher sozialer und technischer Infrastruk-

Damaskus, Blick auf die Stadt um 1850

turen (Neubau von Bildungseinrichtungen, Krankenhäusern, Wasserver- und -entsorgung, Elektrizität etc.) lenkten immer wieder von den speziellen Problemen und Erfordernissen (Instandhaltung und Instandsetzung, Modernisierung) in der Altstadt ab.

Dort hatte bereits zu Beginn des 20. Jahrhunderts ein Trend zur Abwanderung wohlhabenderer Familien aller Religionsgruppen eingesetzt. Die oft großen Einfamilien-Hofhäuser in der Altstadt wurden nun nicht selten von mehreren verschiedenen Familien aus sozial schwächeren Schichten bewohnt. Unterteilungen im Hof wurden vorgenommen, „Iwane" zugemauert, provisorische Einbauten in den Höfen erfolgten. Allesamt Maßnahmen, die der Eigenheit dieses Haustyps in keiner Weise entsprachen. Viele Häuser blieben aber auch einfach ungenutzt, standen über lange Zeit leer oder wurden durch Lagernutzungen und andere ungeeignete Zwischenbelegungen fehlgenutzt. Notwendige Instandsetzungsarbeiten an Dächern und Wänden der pflegebedürftigen Häuser aus Lehmziegeln mit Lehmputz blieben aus. Die Eigentümer hatten ihre Häuser verlassen und nachrückende Mieter hatten weder Geld noch Interesse für eine kontinuierliche Unterhaltung dieser Bausubstanz, die zudem mit einem sinkenden Prestigewert behaftet war. Die Neubaugebiete in den Außenbereichen der Stadt dagegen boten modernen Wohnkomfort nach europäisch-westlichem Stil. Sie waren mit Bädern und Küchen ausgestattet, verfügten über Heizungen in allen Räumen, und ihre Grundrisse hatten einen Zuschnitt, der den sich wandelnden Familienstrukturen, hin zu einer Eingenerationenfamilie, besser entsprach.

Damaskus, Blick auf die Stadt 2000

Leitbilder einer gesamtstädtischen Entwicklung drängen Spezifika der Altstadt in den Hintergrund

Damaskus verfolgte ab Mitte des 20. Jahrhunderts, wie viele andere Städte in anderen Regionen der Welt auch, das Leitbild einer autogerechten Stadt. Fortschritt und Entwicklung waren geradezu synonym mit dem Ausbau von Straßen, in denen der individuelle, motorisierte Verkehr ungehindert fließen sollte. Die Altstadt, als Kern der Gesamtstadt, bedeutete in diesem Sinne einen Störfaktor für gesamtstädtische Durchgangs- und Erschließungsstraßen. 1968 wurde ein Generalentwicklungsplan für die Stadt Damaskus fertiggestellt, den der französische Planer Ecochard und sein japanischer Partner Banshoya erarbeitet hatten. Aufbauend auf dem bereits in den 30er Jahren ebenfalls von französischen Planern, den Stadtbaumeistern Danger, ausgearbeiteten Stadtentwicklungsplan wurde hierin im Wesentlichen das zukünftige Straßennetz für die Gesamtstadt mit ihren geplanten Erweiterungsgebieten für Wohnen, Industrie und Infrastrukturen festgelegt. Gemäß den damals zugrunde gelegten Schätzungen der Bevölkerungsentwicklung bis zum Jahr 1984 wurde ein Fehlbedarf an Wohnraum für 904.000 Einwohner ermittelt. Das bedeutete, dass die bebaute Fläche sich verdoppeln oder gar verdreifachen müsste bei einer durchschnittlichen Einwohnerdichte von 200 EW/ha[3].

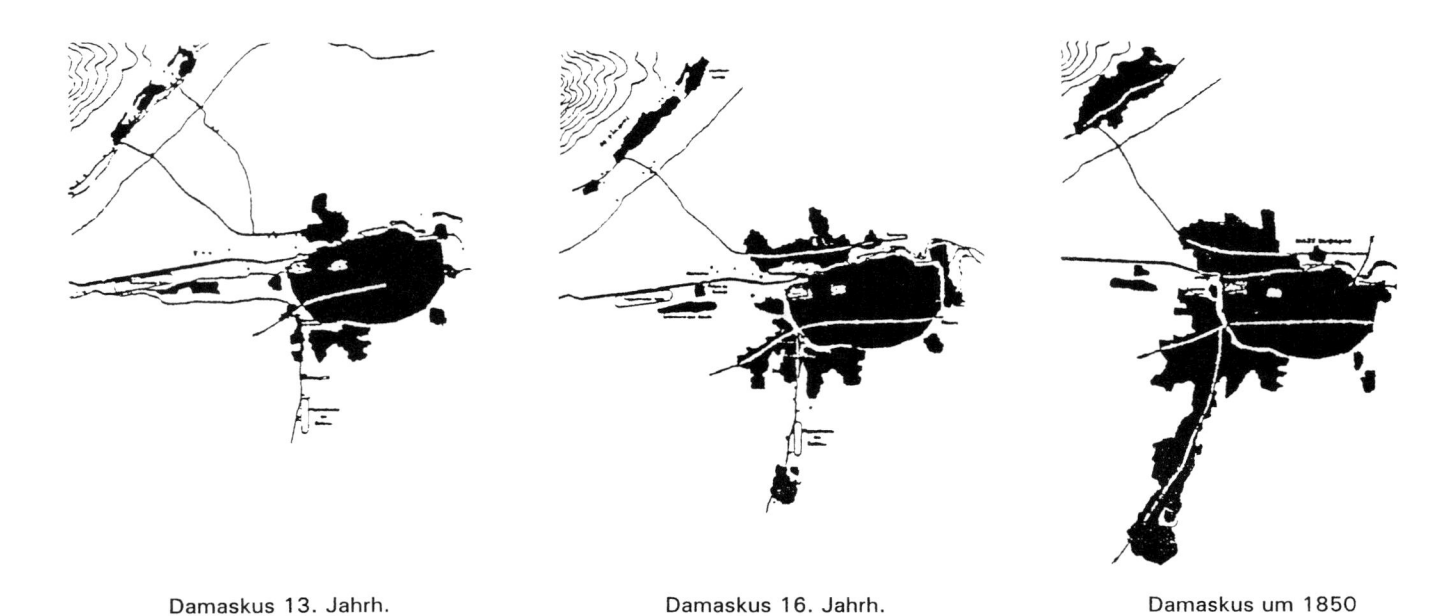

Damaskus 13. Jahrh.   Damaskus 16. Jahrh.   Damaskus um 1850

Damaskus, flächenmäßiges Wachstum im 13.-19. Jahrhundert

Dieser Plan bildet bis heute mit einigen Veränderungen die rechtskräftige Grundlage der Stadtentwicklung. Ein neuer Generalentwicklungsplan ist kurz vor Inkrafttreten. Wie jedoch nicht selten in Regionen mit dynamischem Veränderungsdruck und hoher Verstädterungsrate zu beobachten, so hat auch in Damaskus die Realisierung der Planungen nicht rechtzeitig erfolgen können. Flächen, die z.B. als Trasse für eine Umgehungsstraße vorgesehen waren, sind im Laufe der Zeit unter dem Druck nach vermehrtem und billigem Wohnraum – dem staatlicherseits nicht mehr nachgekommen werden konnte – zu selbst errichteten Wohngebieten unterer Einkommensschichten geworden, die nun bis heute – auch in illegalem Status – einer weiteren Umsetzung der Verkehrsplanung entgegenstehen.

Auch die historische Altstadt wurde 1968 in die Planung für das Gesamtverkehrsnetz einbezogen. Ecochard stellte sich – in der Denkrichtung seiner Zeit – die Altstadt als das „Herz" der Stadt vor, um das die neue Großstadt als „Körper" gebaut werden sollte. Das bedeutete z.B. die neue Führung einer breiten, vierspurigen Ringstraße um die Altstadt *intra muros* herum, die in das Netz der Gesamtstadt integriert ist. Weitere Verkehrsadern sollten sich dann in Breiten von bis zu 20 Metern durch die Altstadt selbst ziehen. Große, zusammenhängende Areale wurden für den ruhenden Verkehr vorgesehen. Weiterhin sollten die bedeutenden Monumente, wie die Zitadelle oder die Große Moschee, von der unmittelbar angrenzenden Bebauung befreit werden, um sie mit großzügig angelegten Straßen und Plätzen zu umgeben, die ihren Wert als Monument unterstreichen sollten (siehe Abb.)[4].

Mit Beginn der 70er Jahre setzen einige einschneidende Abrissmaßnahmen ein, zunächst außerhalb der Mauern. Trassierungen der Verbindungsstraßen nach Westen und nach Norden, zum Barada und nach Salihiyya werden vorgenommen. Beide Straßendurchbrüche führen heute z.T. als „fly over" über Straßen, Plätze und historische Gebäude hinweg. 1975 erfolgte der Abriss der Yalbugha Moschee in

Damaskus um 1935

Damaskus um 1965

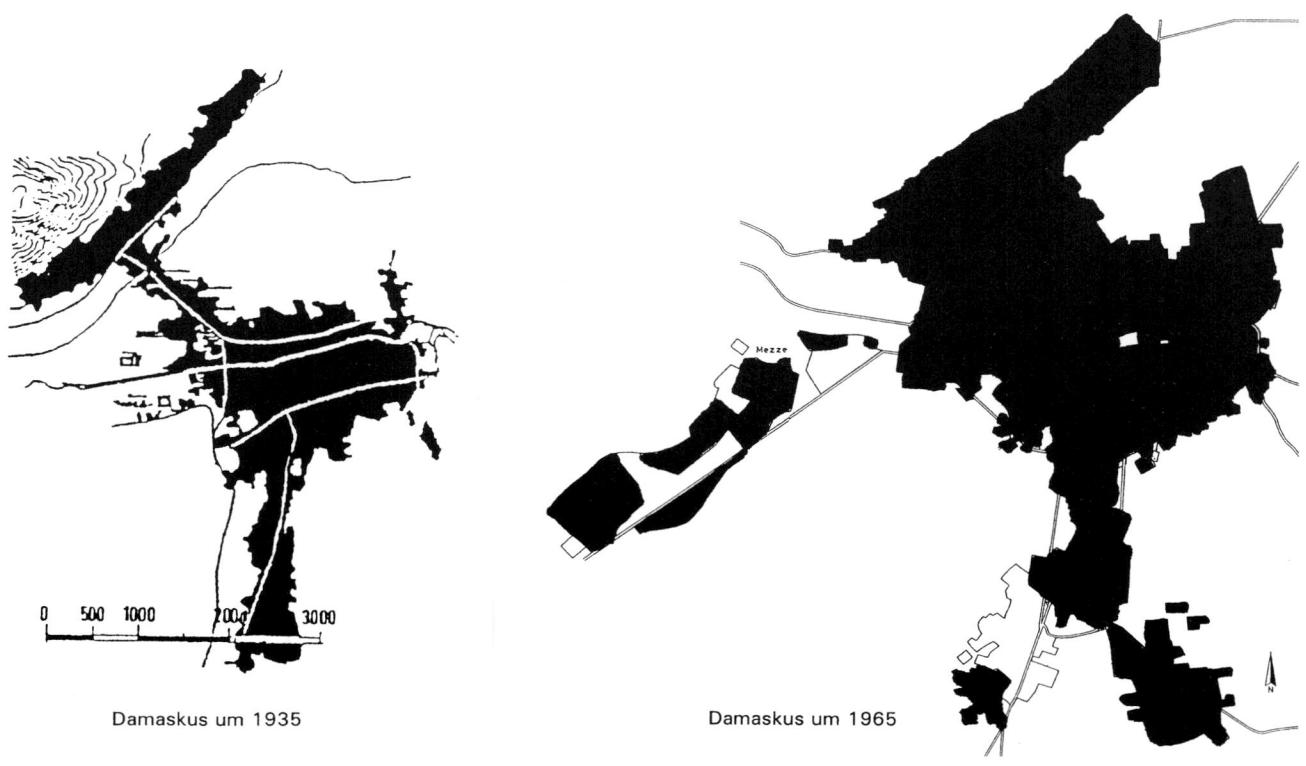

Damaskus, flächenmäßiges Wachstum im 20. Jahrhundert

der westlichen Außenstadt. *„Die mamlukische Hallenmoschee war immer geistiges Zentrum des Quartiers am Mardj-Platz gewesen. Bereits im 19. Jahrhundert – unter Ibrahim Pasha – war sie vorübergehend als Bisquit-Fabrik genutzt worden. Das Gelände war später lange Zeit als Parkplatz genutzt"*[5]. Heute ist hier ein neues religiöses Zentrum im Bau. Ein vielgeschossiges Gebäude, das auch Geschäfte und Büroflächen anbietet.

Innerhalb der Altstadt *intra muros* beschreibt Dettmann 1969 erste Veränderungen folgendermaßen: *„Einige Veränderungen zeichnen sich im Bereich der Altstadt bereits heute (1969) ab. Vielerorts muss hier z.B. an der Via recta seit wenigen Jahren der Baubestand modernen Häusern weichen, die teils aus Beton gegossen, teils aus vorgeformten, porösen Bausteinen (...) errichtet werden. Besonders dort, wo Neubauten und Behausungen alten Stils dicht beieinander zu stehen kommen, wird sehr schön deutlich, dass die neuen Anlagen beträchtlich hinter die alte Baufluchtlinie zurücktreten, womit sie bereits jetzt die Weite erkennen lassen, in der diese Arterie in ihrer späteren Form einst die Altstadt durchqueren wird. Das jahrhundertelange Zuwachsen der einst prächtigen breiten Kolonnadenstraße aus römisch-hellenistischer Zeit, dem teilweise bereits zur Zeit des Midhat Pasha Einhalt geboten wurde, wird jetzt weitgehend rückgängig gemacht"*[6].

1975 reagiert eine breite Fachöffentlichkeit, bestehend aus Denkmalpflegern, Wissenschaftlern an der Architekturfakultät Damaskus und einigen freien Architekten, auf die Entwicklungen und erreicht eine Veränderungssperre für den Bereich *intra muros*. *Extra muros* dagegen gingen und gehen die Abrissmaßnahmen weiter zu Gunsten des Ausbaus eines großzügigen Straßennetzes und zu Gunsten von vielgeschossigen Neubauten nach importierten Vorbildern, deren städtebauliche Anordnung und deren Bausysteme den klimatischen Bedingungen in Damaskus kaum entsprechen.

Stagnation *intra muros* – dynamischer Fortschritt *extra muros*

Aufgrund nationaler und internationaler Aktivitäten einer Fachöffentlichkeit wird die Altstadt *intra muros* 1979 von der UNESCO als Weltkulturerbe klassifiziert. Mit der Übernahme in die Liste der UNESCO-Denkmäler wird der Altstadt von Damaskus ein „außergewöhnlicher, universeller Wert" zugesprochen.

Erhalten und Bewahren sind nun die angestrebten Ziele für die Altstadt von Damaskus. Über die Art und Weise der Erhaltung und Bewahrung entstand jedoch ein heftiger Disput, nicht nur in Fachkreisen. Auch die Bevölkerung von Damaskus nahm regen Anteil an der Diskussion, wieviel und welche Art von Wandel und Erneuerung verträgt die Altstadt, um ihren Charakter nicht zu verlieren. Wieviel und welche Art von Wandel und Erneuerung braucht sie, um auch für zukünftige Generationen anziehender und identitätsstiftender Lebensraum zu sein. Welche Verpflichtung übernimmt sie als Kulturerbe der Menschheit und welche Bedeutung kommt ihr als Kulturträger innerhalb der syrischen Gesellschaft zu. Oder wieweit ist sie touristisches Objekt oder historisch gewachsenes Zentrum im Alltag der Millionenstadt Damaskus. Als Voraussetzung für jedwede Strategie schien die sorgfältige Aufnahme und die umfassende Dokumentation des Bestandes unerlässlich.

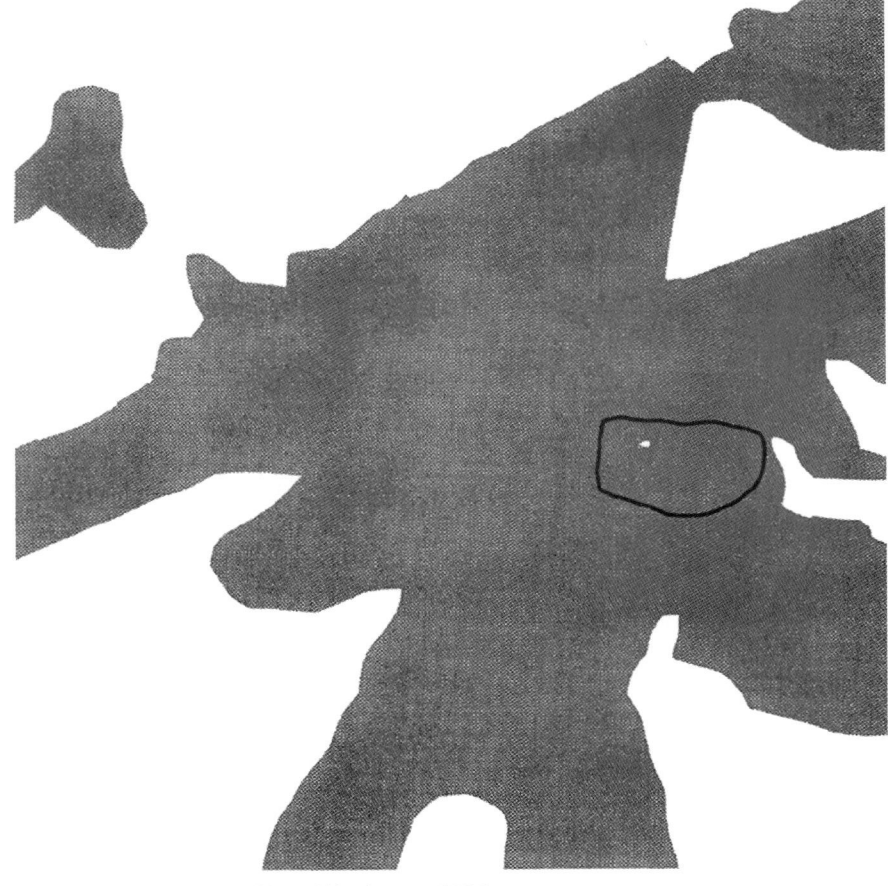

Damaskus, flächenmäßiges Wachstum 1995

Über diese Tätigkeit vergingen viele Jahre, in denen ein baulicher Verfall fortschritt.

Eine Veränderungssperre war erlassen worden, um weitere Abrisse *intra muros* zu verhindern. Das Instrument der Veränderungssperre ist für eine kurze Zeitspanne sicherlich tauglich, um negative Entwicklungen zu unterbinden. Es muss dann aber sehr bald ein aktives Konzept, eine richtungsweisende Planung und eine Strategie der Umsetzung eingesetzt werden,

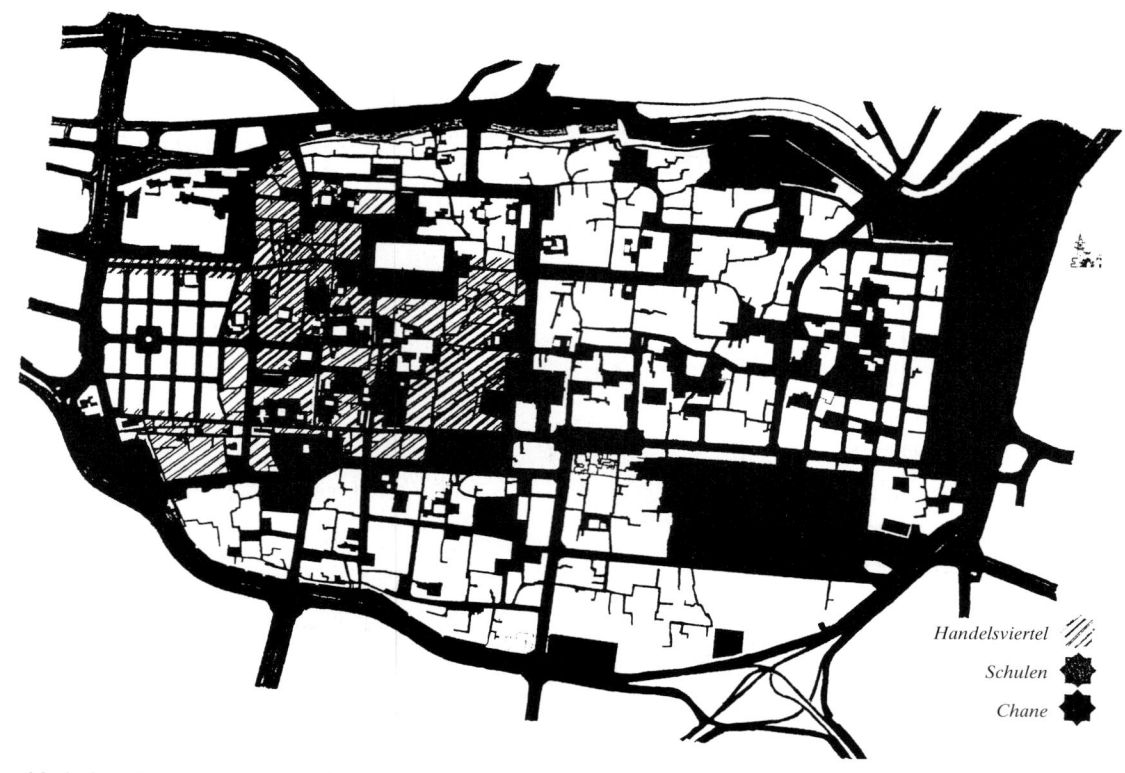

Damaskus, Verkehrsplanung für die Altstadt nach Ecochard

Handelsviertel
Schulen
Chane

wenn die Veränderungssperre nicht auf längere Sicht auch eine gesunde Entwicklung verhindern soll. Ein solches übergeordnetes Konzept für die Erhaltung der Altstadt, eine zusammenhängende, integrative Planung fehlte jedoch. Ein Konzept, das soziale, ökonomische, kulturelle sowie baulich-architektonische, städtebauliche und stadtökologische Komponenten miteinander koordiniert, war nicht gegeben.

So wurden und werden denn auch Einzelprobleme nach akuter Dringlichkeit behandelt. Um 1980 war z.B. ein Wohnquartier unmittelbar südlich der Großen Moschee, Harat al-Hamrawi, trotz UNESCO-Schutz und trotz Veränderungssperre vom Abriss bedroht wegen der vorgesehenen Freilegung der Großen Moschee. Die Stadtverwaltung reagierte mit der Übernahme der Häuser in städtischen Besitz. Es fand eine oberflächliche Renovierung und Verschönerung in Form von neuem Wandverputz und Fassadenanstrich statt. Die Besitzer wurden entschädigt, und viele von ihnen verließen ihre Häuser. Nach etwa zwei Jahrzehnten Leerstand oder temporärer Teilnutzungen bei unterlassener Unterhaltung war eine Reparatur oder Instandsetzung vieler Häuser schon nicht mehr möglich. Mitte der 90er Jahre begann die Stadt Damaskus mit der Rekonstruktion der Häuser nach den Aufmaßen von 1980. Bis auf kleine Veränderungen, Einbau von Sanitäreinrichtungen und Verbesserungen der Infrastruktur, wurden die alten Grundrisse wieder hergestellt. Eine Nutzung für diese Häuser wurde nachträglich gesucht. Wohnnutzung erfolgte in den bisher wieder errichteten Häusern nun nicht mehr. Hier spiegelt sich ein genereller Trend des Rückgangs der Wohnbevölkerung in der Altstadt.

Was kann Master-Planning leisten?

Die Stadt Damaskus hat den Generalbebauungsplan als Steuerungsinstrument für die Stadtentwicklung. Ein solcher „Master-Plan" bezieht sich jedoch auf das gesamte Stadtgebiet (Verwaltungsbezirk Damaskus Stadt) und kann daher nur die generellen Entwicklungsvorgaben der übergreifenden Flächennutzung sowie gesamtstädtischer Belange vornehmen. Aufgrund der engen Verflechtungen zwischen Kernstadt und Umland müssen aber auch Leitlinien für den Großraum Damaskus (Verwaltungsbezirk Damaskus Land) entwickelt werden. Der Ende 1999 noch nicht verabschiedete Master-Plan macht zunächst grundsätzliche Vorgaben für die Entwicklung der Bevölkerungszahlen und weist zukünftige Wohnerweiterungsgebiete aus, die fast ausschließlich im Umland der Stadt liegen, wo bis zum Jahr 2020 5,1 Millionen Einwohner leben sollen. Für die Kernstadt sollen die Einwohner auf zwei Millionen begrenzt werden. Der sich bereits heute abzeichnende Trend zu einer Tertiärisierung in der Kernstadt soll aufgenommen und verstärkt werden. Industriegebiete werden entlang der Ausfallstraßen nach Daraa und nach Adra ausgewiesen. Das noch verbleibende landwirtschaftlich genutzte Land, die Ghuta, soll so weit wie möglich erhalten bleiben[7].

Damaskus, Fassade eines Damaszener Hauses

Die unterschiedlichen und differenzierten Planungserfordernisse einzelner Stadtteile, wie z.B. auch der historischen Altstadt, müssen in detaillierten und spezifischen Stadtteilentwicklungsplänen aus-

Damaskus, moderne Wohnbebauung, 1999

gearbeitet werden. Daher ist ein Altstadt-Entwicklungsplan angestrebt, der auf alle Aspekte der Erhaltung und Erneuerung im Einzelnen eingeht und die Rolle der Altstadt innerhalb der Gesamtstadt berücksichtigt. Ein solcher Entwicklungsplan soll vor allem auch eine geordnete Entwicklung garantieren, die nicht bei jedem Eingriff eine erneute Einzelgenehmigung erfordert, sondern im Rahmen vorgegebener Nutzungsbestimmungen für Gebäude und Außenräume und übergeordneter Gestaltungsempfehlungen für Bereiche und Ensembles einen abgestimmten und für alle gleichermaßen gültigen Handlungsrahmen festlegt und die Einzelmaßnahmen in unterschiedlichen Sektoren koordiniert.

1985/86 nahm ein neu gegründetes Planungs-Komitee zur Erhaltung der Altstadt Damaskus seine Arbeit auf, mit dem Ziel, ein umfassendes Altstadt-Entwicklungskonzept zu erstellen. Hierbei sollten auch die Anbindung der Altstadt *intra muros* an die angrenzenden Stadtteile *extra muros* behandelt werden ebenso wie die Klärung aller Belange des Verkehrs, wie Erschließung der Wohnbereiche durch Pkw, Anlieferung, Parken, Fußgänger. In einer vorbereitenden Phase bis 1989 wurden neben den klassischen Inhalten einer Bestandsaufnahme auch die Möglichkeiten zur Förderung und Erhaltung der Sozial- und Wirtschaftsstruktur diskutiert und Finanzierungserfordernisse ermittelt. Studien zu einem Pilot-Gebiet sollten vorangetrieben werden, um auch lokale Fachkräfte in Planung und Ausführung zu schulen.

Beide Planungen – Master-Plan für Damaskus Stadt und Entwicklungsplan Damaskus Altstadt – laufen seit Jahren parallel, ohne bisher handlungsorientierte Strategien und umsetzbare Maßnahmen entwickelt zu haben. Hierin zeigt sich wohl auch das Hauptproblem der „top-down"-Planungen: Sie brauchen sehr viel Zeit, bergen viel Konfliktpotential in sich, da viele verschiedene Belange koordiniert werden müssen, benötigen eine Menge Zeit für die Erhebungen der Planungsdaten und deren Auswertungen. Ohne eine komplementär dazu greifende Planung „bottom-up", die von konkreten Erfordernissen vor Ort ausgeht, spontan auf schnelle Veränderungen reagiert und flexibel in der Umsetzung ist, scheint eine Stadt- oder Stadtteilentwicklung nicht zu beeinflussen. Dies gilt insbesondere bei dynamischen Veränderungsprozessen, wie wir sie in Damaskus Gesamtstadt vorfinden, und dies gilt für eine immer schneller verfallende Altstadt von Damaskus.

Vom „restaurativen Wiederaufbau einzelner Objekte" zur „ganzheitlichen Rehabilitation"

Inzwischen wurde immer deutlicher, dass die Erhaltung eines komplexen, sozialräumlichen Gefüges einer historischen Altstadt nicht allein durch die Wiederherstellung einer baulichen Hülle zu erreichen ist. Diese Erfahrungen sind auch in anderen Altstädten anderer Kulturräume gemacht worden.

So hat z.B. die Aga-Khan-Stiftung Programme und Leitlinien definiert, die besonders darauf hinweisen.

"The Historic Cities Support Programme deals with the conservation, revitalisation und appropiate development of the built environment in the Muslim world, focussing on culturally relevant structures, open spaces and groups of buildings in historic cities ... the programme operates in a context of rapid and mostly uncontrolled urban change, often exacerbated by poverty and environmental deterioration. Accordingly, it endeavours to integrate the social and economic development dimension into conservation projects, seeking to improve the population's living conditions and to stimulate the local market. Underlying the programme is the principle that each intervention should ultimately become self-sustaining in it's effects on the physical environment ... to ensure the long-term sustainability of a project, a strong interaction is required between interventions in the physical environment and the desired social, economic and cultural improvements ... the programme's aim is to develop and to test innovative approaches to urban conservation and rivitalisation, adressing correlated social, economic and institutional factors in cooperation with local governments, NGOs and the local service companies. It's scope of intervention thus goes beyond conventional restoration projects: In cooperation with carefully selected local and international consultant teams, it seeks to implement an integrated concept, which combines conservation with development, and harnesses available local resources in the field of human skills, economic potentials, entrepreneurial faculties and civic responsibility ... The trust believes that the success of any urban conservation and rehabilitation project is dependent on the simultaneous regeneration of associated micro-economies and on fostering the necessary appropriation process by the local communities and institutions. Without their participation, the physical intervention may eventually fail" [8].

Der Altstadtentwicklungsplan sollte weiterhin auch erkennen lassen, worin die besonderen Potentiale im Sinne einer zukunftsfähigen, einer nachhaltigen Entwicklung liegen können. Neben einem nach wie vor lebendigen Handelszentrum – eben nicht für überwiegend touristischen Bedarf – ist die Altstadt wegen ihrer städtebaulichen Grundstrukturen bestens geeignet, zu einem ausgezeichneten Wohnstandort von hoher Qualität zurückzukehren, wenn z.B. die Chance für eine sogenannte Innenentwicklung begriffen wird. Die äußerst klimagünstigen Hofhausstrukturen – bei gewissen Nachbesserungen in Infrastruktur und Grundrissgestaltung – können eine hohe Lebensqualität bieten, wie sie in anderen Stadtteilen von Damaskus kaum zu erreichen sein wird. Die gezielte Entwicklung weiter Teile der Altstadt als bevorzugter Wohnstandort in zentraler und verkehrsberuhigter Lage sollte mit einem entsprechenden finanziellen Förderprogramm, das beispielsweise günstige Kredite auch an Einzeleigentümer vergibt, unterstützt werden und damit auch die Privatinitiative zur Erhaltung der Altstadt anregen. Eine stabile Bewohnerschaft hat sich auch in anderen historischen Altstädten als tragende Kraft für eine Revitalisation und eine anhaltende Erneuerung erwiesen.

Anmerkungen

1 Dettmann, Damaskus, eine orientalische Stadt zwischen Tradition und Moderne, Erlangen 1969.
2 Jika, Japan International Cooperation Agency, The Study on Urban Transportation Planning of Damascus City in Syrian Arabic Republic, Final Report 1999.
3 Ecochard: Plan Directeur de Damas, Rapport justificatif, 1968.
4 T. Akili, Bauwelt 40, 1986.
5 D. Sack, Bauwelt 40,1986.
6 Dettmann a.a.O. 277.
7 Jika, Final Report a.a.O.
8 S. Bianca in: TRIALOG 40, Heft 1, 1994.

Action Area Planning in Dakkakin

Lubna Al-Jabi

Geschichte

Die Altstadt von Damaskus war seit dem Feldzug von Ibrahim Bascha im Jahre 1832 vielen Veränderungen ausgesetzt. Diese Veränderungen geschahen im sozialen und im urbanen Bereich durch die Öffnung Richtung Westen, die Eröffnung europäischer Konsulate und durch den Handel und den kulturellen Austausch zwischen Damaskus und dem Westen. Die grundlegenden Veränderungen aber begannen mit dem Anfang dieses Jahrhunderts durch die schnelle Entwicklung, die weltweit geschah. In den ersten beiden Jahrzehnten dieses Jahrhunderts wurde der elektrische Strom eingeführt und im dritten Jahrzehnt wurde Syrien französisches Mandatsgebiet. Der Aufstand von 1925 führte zum Beschuss des Sidi Amud Stadtteils, der im Westteil der Stadt innerhalb der Stadtmauern liegt und nach französischem Muster wieder aufgebaut wurde. Das dritte und vierte Jahrzehnt brachten die Immigration der Altstadtbewohner in die neuen Stadtteile außerhalb der Stadtmauern mit sich. Die Baunormen in dieser Zeit verboten den Gebrauch von traditionellen Baumaterialien zur gleichen Zeit, als eine Zementfabrik aufgebaut wurde, und die Altstadt wurde in volkstümliche Viertel und in Arbeiterviertel eingeteilt.

Veränderungen

Der 1936 eingeführte Flächennutzungsplan bezog die Altstadtstruktur mit ein, und die wichtigsten Teile dieses Plans wurden im fünften Jahrzehnt durch den Bau der Dakkakin Straße, die sich vom Alten Tor bis zum Eingang des Buzuriyya Suqs ausdehnt, durchgeführt. Diese Entwicklung führte dazu, dass sich das gesamte Harika Gebiet in ein großes kommerzielles Zentrum verwandelte und dass sich die Dakkakin Straße in eine Handelsstraße mit teilweisem Großhandel für verschiedene Lebensmittel und chemische Reinigungsmittel verwandelte. Beide grundlegenden Veränderungen führten zur Verschlechterung der Lage der Altstadt. Das Harika Gebiet veränderte sich und dehnte sich bis in das südlich von ihm liegende Schaghur Viertel aus, was zur Gründung von Warenlagern und Textilwerkstätten zur Herstellung von Strümpfen, Strickwaren und Kleidung führte. All diese Veränderungen fügten diesem Wohngebiet großen Schaden zu, was die Bewohner veranlasste, ihre Wohnungen zu verlassen oder diese kommerziell zu nutzen.

Ein anderer Grund, der zur Verschlechterung der Lage und zur Zunahme des Einflusses der Handelsgebiete auf die Wohnstruktur führte, war, dass dieses Gebiet zugleich westlich der Dakkakin Straße lag. Der Einfluss beschränkte sich nicht auf das Schaghur Viertel, sondern dehnte sich östlich in die Dakkakin Straße bis zum Mizanet Schaham Gebiet aus. Dieses Gebiet gilt als traditionell und historisch wichtig, da in ihm viele bedeutende, denkmalgeschützte Häuser liegen. Das älteste dieser Häuser wurde im 18. Jahrhundert erbaut.

Studien, die zum Vergleich der heutigen Situation mit der Situation vor zehn Jahren ausgeführt wurden, zeigen deutlich die Zunahme der Zahl der Warenlager und der verlassenen Häuser. Hier ist eine parallele Entwicklung zu Aleppo vorhanden: Um Unterhaltungskosten und Modernisierungsmaßnahmen zu sparen, werden die Wohn- und Geschäftshäuser zur – im Vergleich zu ihrem sinkenden Wert – profitablen Einnahmequelle oder zum spekulativen Objekt (Leerstände).

Den Ostteil der Stadt ereilte nicht das gleiche Schicksal des Westteils und er behielt seinen Wohncharakter. Lediglich manche Straßen verwandelten sich in kommerzielle oder touristische Straßen und manche Häuser bekamen ein neues Aussehen durch neue Baumaterialien.

Überlegungen

Die Dringlichkeit der Erhaltung des Westteils resultiert aus der großen Zahl und Dichte der in diesem Teil vorhandenen historischen Monumente, wie „Chane", „Hamams", traditionelle „Suqs", religiöse Schulen, z.B. Adiliyya Schule, Zahriyya Schule und Nuriyya Schule, das „Bimaristan" Nuri und der Azm Palast und eine große Zahl an Häusern, z.B. Tibi Haus, Akkad Haus, Hauraniyya Haus, Sibai Haus und Nizam Haus, sowie die zwei wichtigsten Monumente, Umayyaden-Moschee und Zitadelle.

Leider sind diese wichtigen Monumente von kommerziellen Gebieten umgeben, die den Schutz und

Damaskus, Dakkakin Straße

Damaskus, Dakkakin Straße

Damaskus, Dakkakin Straße

die Erstellung von Studien oder sogar einen angenehmen Besuch erschweren. Es ist wichtig bei der Erstellung von Richtlinien oder eines Flächennutzungsplans, den Westteil zuerst wieder zu gestalten und ihn zu rehabilitieren, deshalb beginnt der erste Schritt in der Dakkakin Straße. Diese Straße wurde 1936 nach dem Plan von Danger gebaut. Sie wurde durch eine wichtige urbane Struktur gebaut und zerstörte viele wertvolle Häuser. Ihre Länge beträgt ungefähr 280 m und ihre mittlere Breite liegt zwischen 15 m im Ostteil und 20 bis 30 m im Südteil.

Die im Nordteil liegenden Gebäude bestehen aus Etagenwohnungen und haben bis zu vier Etagen. Sie erhielten die Baugenehmigung in den vierziger und fünfziger Jahren aufgrund des vorher erwähnten Flächennutzungsplans von 1936. Diese Gebäude waren ursprünglich Wohngebäude, wurden aber mit der Zeit für kommerzielle Zwecke genutzt.

Auf beiden Seiten des Südteils der Straße liegen die Reste traditioneller Häuser, deren Fassaden nach dem Bau der Straße verunstaltet wurden. Die übrig gebliebenen Häuser wurden kommerziell und als Warenlager genutzt. In manchen Häusern finden sich noch Reste von altertümlich bedeutenden und geschichtlich datierten Hallen.

Das Saffi Hammam ist ein wichtiges Baudenkmal und liegt im Südteil der Straße. Es wurde von Ecochard in seinem Buch über öffentliche Bäder als eines der Bäder, die vor dem 14. Jahrhundert erbaut wurden, eingestuft und ist über 600 Jahre alt. Es war in einem vernachlässigten Zustand und drohte einzustürzen, bis seine Besitzer es auf Geheiß der Kommission zum Schutz von Altertümern restaurierten, aber es blieb bis heute geschlossen und vernachlässigt. Die Gefahr besteht, dass dieses wichtige Baudenkmal als großes Warenlager genutzt wird und für immer verlorengeht.

Das Tibi Haus liegt hinter dem Saffi Hammam, an dessen südlicher Seite, und ist eines der geschichtlich datierten Altertümer und tut sich durch seine besonderen kunstvollen Elemente hervor. Es wurde im 18. Jahrhundert erbaut und wird als Warenlager genutzt, obwohl es in einem gefährlichen Zustand ist.

Das Sibai Haus liegt am Nordteil der Straße mit einer gegen Osten gerichteten Fassade und ist ein besonders kunstvolles Baudenkmal. Es wird als Museum und als Ausstellungsort für Maler genutzt, leider erschwert die Dakkakin Straße mit ihrer Handelsdichte den Besuch dieses Hauses.

Die kommerziellen Aktivitäten in der Dakkakin Straße sind nicht traditionell, sondern es werden hauptsächlich Lebensmittel und chemische Reinigungsmittel vertrieben, die in ganz Damaskus und in andere Teile Syriens verkauft werden. Es wurde ermittelt, dass die großen Warenlager dieser Aktivitäten außerhalb der Altstadt liegen. In der

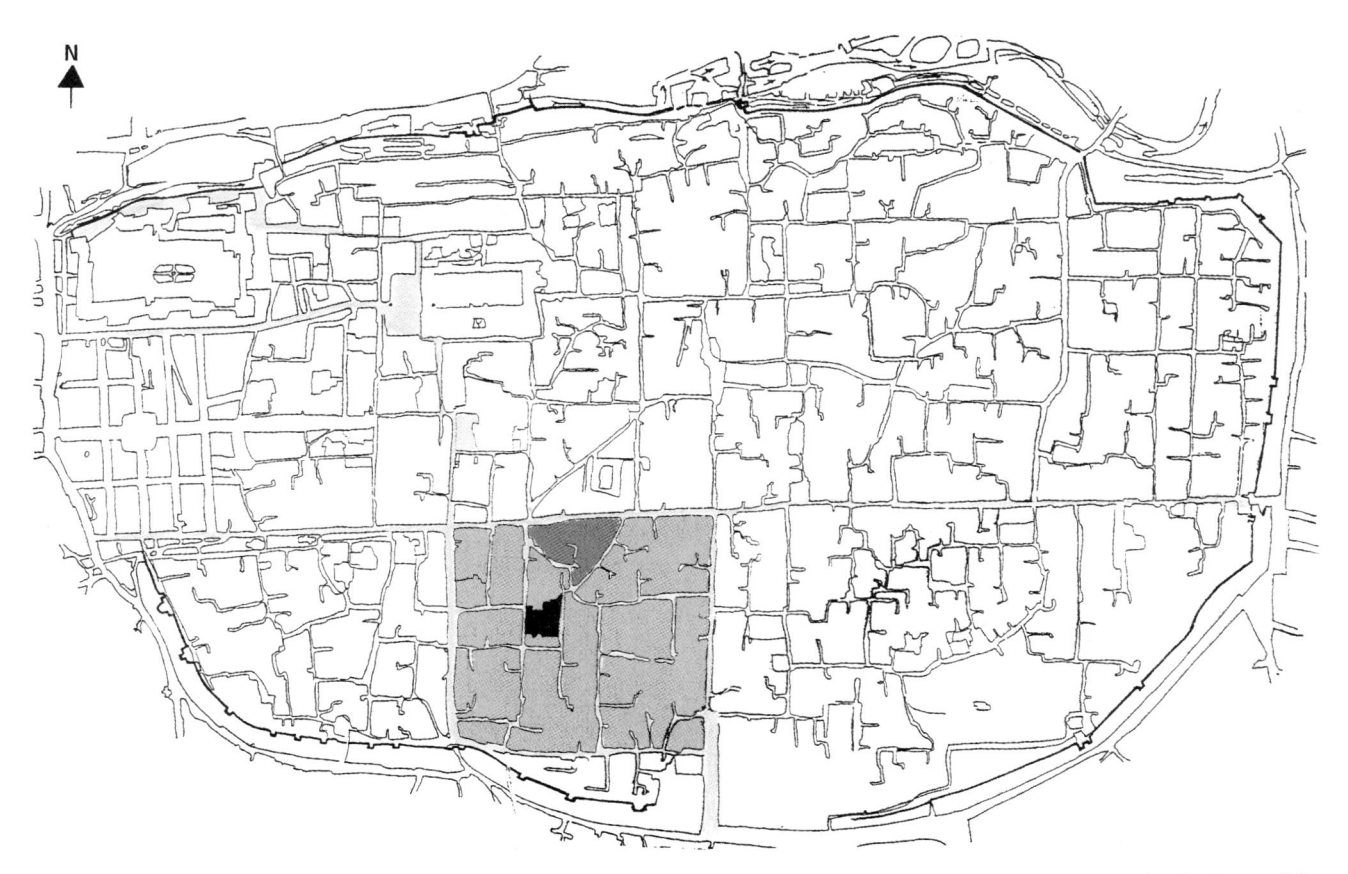

Damaskus, Plan des Altstadtgebiets, schwarz: Lage des Nizam-Hauses, dunkelgrau: Tallat Sammaka Hügel, mittelgrau: Mizanat Schaham Katastergebiet

Straße werden Vertragsabschlüsse unterzeichnet und sie wird zur Verteilung von Waren genutzt, was zur Überfüllung mit Lastkraftwagen, Menschen und Trägern mit ihren Handwagen führt. In anderen Worten: Die Straße ist überfüllt und belastet die gesamte Altstadt.

Strategie-Ansätze

Obwohl in Damaskus keine umfassende Planungsstrategie besteht, die – etwa wie in Aleppo – wegen einer „top-down"-Planung „bottom-up"-Ansätze erlaubt und fördert, planen wir im Dezernat für die Altstadt konkrete Maßnahmen, die auch ohne umfassenden Altstadt-Entwicklungsplan schon heute umgesetzt werden können. Es kann im Allgemeinen gesagt werden, dass der Altstadt vieles fehlt, aber sie braucht insbesondere angemessene touristische Dienstleistungen zur Versorgung der Touristen, außerdem muss der Druck der kommerziellen und industriellen Aktivitäten aus der Straße abgeleitet werden.

Aus diesem Prinzip heraus wurde entschieden, der Neuordnung der Dakkakin Straße Priorität einzuräumen. Diese Straße beinhaltet eine Mischung aus Altem und Neuem und kann durch ihre Breite und ihre alten und neuen Gebäude als touristisches und Dienstleistungszentrum der Altstadt dienen. Die vorgeschlagenen Aktivitäten sind unter anderem Hotels, Restaurants, Ca-

Aleppo, Dakkakin Straße

fés, touristische Zentren, Ausstellungshallen, Hallen für Vorträge und zur Ausstellung von orientalischen Waren. Der Beginn der Führungslinie der Touristengruppen von außerhalb des kleinen Tores bis zu den nahen Altertümern gibt dieser Straße eine wichtige Rolle und gibt den traditionellen Suqs ihre Atmosphäre zurück, auch wenn manche kommerziellen Büros ohne Lager oder Waren in der Straße verbleiben.

Die Neuordnung des Westteils mit der Neuordnung der Dakkakin Straße ist ein mutiger Schritt, der erst nach genauen Studien ausgeführt werden kann und viel Vorsicht und Überlegung bedarf. Das allgemeine Konzept dieser Neuordnung wurde von der Stadtverwaltung in Damaskus genehmigt, und zur Zeit werden die nötigen technischen Studien zur Erstellung besonderer Baunormen für diese Straße vorbereitet. Es werden zugleich Studien über die Fassaden der an der Straße liegenden Gebäude ausgeführt und die Struktur der gesamten Altstadt wird dokumentiert. Dies wird Aufschlüsse über die Richtigkeit der vorher genannten Strategie geben.

Die Bevölkerungsdichte nahm in den Gebieten (Harika, Dakkakin), die an der Grenze zu den kommerziellen Gebieten liegen, von den fünfziger Jahren an bis heute stetig ab und muss neu geordnet und ausbalanciert werden, um die Altstadt in jeder Hinsicht zu rehabilitieren und ihre Entwicklung zu steuern. Außerdem muss das Verkehrsproblem, das hauptsächlich durch die kommerziellen Aktivitäten und die Schulen entsteht, in den Studien behandelt werden.

Zukunft

Die oben genannten Strategie-Ansätze werden zur Zeit behandelt und als erster Schritt zur Rehabilitierung der Altstadt gesehen. Zur gleichen Zeit werden Studien über die angrenzenden Gebiete im Rahmen des allgemeinen Flächennutzungsplans von Groß-Damaskus durchgeführt, da diese Gebiete wichtig sind und eine große Rolle in der Lösung der Verkehrsprobleme in der Stadt spielen.

Die Rehabilitierung der Altstadt *intra muros* bedeutet die Säuberung dieses einzigartigen Juwels, um es allen Studierenden, Touristen und Liebhabern der Kultur unserer Vorfahren vorzeigen zu können.

Renovierung und Restaurierung: Haus Nizam

Ali Reza Nahawi

Das nach der Familie Nizam benannte Haus befindet sich im Mizanet al-Schaham Katastergebiet, ein lebendiges Viertel, in welchem sich viele historisch wichtige Häuser befinden, z.B. das Sibai Haus, das Bizra Haus, das Sitt al-Banin Haus, das Kabbani Haus und andere. Das Nizam Haus liegt ungefähr 115 m vom Tallat Sammaka Hügel entfernt und 30 m vom südwestlichen Hang dieses Hügels.

Die ursprüngliche Fläche dieses Hauses ist heute nicht mehr bekannt ebenso wenig sein Grundriss und die Zahl seiner Innenhöfe. Die zwei ersten Innenhöfe haben die gleiche Katasternummer 334/Mizanat al-Schaham, während der dritte Innenhof die Katasternummer 315 hat.

Die architektonischen und künstlerischen Elemente des Hauses besagen, dass es in der Mitte des 18. Jahrhunderts erbaut wurde. Diese Zeit der Herrschaft der al-Azm Walis in Damaskus erlebte einen großen Bauaufschwung, und es besteht die Möglichkeit, dass das Haus einer ihrer Besitztümer war.

Die Fläche des Hauses in seinem jetzigen Zustand beträgt ungefähr 1.800 Quadratmeter, also ein Drittel der Fläche des Arabischen Kultur-Schlosses (Maktab Sultani), das unter dem Namen „Anbar" bekannt ist. Die große Fläche des Hauses und seine wertvolle Ausstattung zeugen davon, dass es zu der Kategorie Hausschlösser gehört. Diese Häuser gehörten den herrschenden Personen oder großen Kaufleuten und Noblen in Damaskus.

Das Haus hat zwei Stockwerke und drei Innenhöfe und besteht aus 38 Räumen, von denen acht im Erdgeschoss liegen.

Drei Familien lebten in dem Haus. Jede dieser Familien belegte einen Innenhof und hatte einen abgeschlossenen Wohnraum mit eigenem Eingang. Die Innenhöfe wurden nach den Familien benannt:
- Familie Sawan im ersten Innenhof,
- Familie Nizam im zweiten Innenhof,
- Familie Sattut im dritten Innenhof.

Das Haus hat nach dem islamischen Hidjra-Kalender zwei verschiedene Daten, zwischen beiden liegen ungefähr 44 Jahre: Das ältere Datum lautet 1171 nach der Hidjra. Es entspricht ungefähr 1757 n.Chr. In diesem Jahr wurde der Wali von Damaskus Assad Bascha al-Azm abgesetzt. Dieses Datum steht am äußersten südwestlichen Winkel der Decke der siebenten Halle. Es liegt ungefähr zwei Jahre vor dem verheerenden Erdbeben, das Damaskus im Jahr 1173 H./1759 n.Chr. traf.

Das neuere Datum lautet 1217 H./1802 n.Chr. und steht über einem Schrank im äußersten öst-

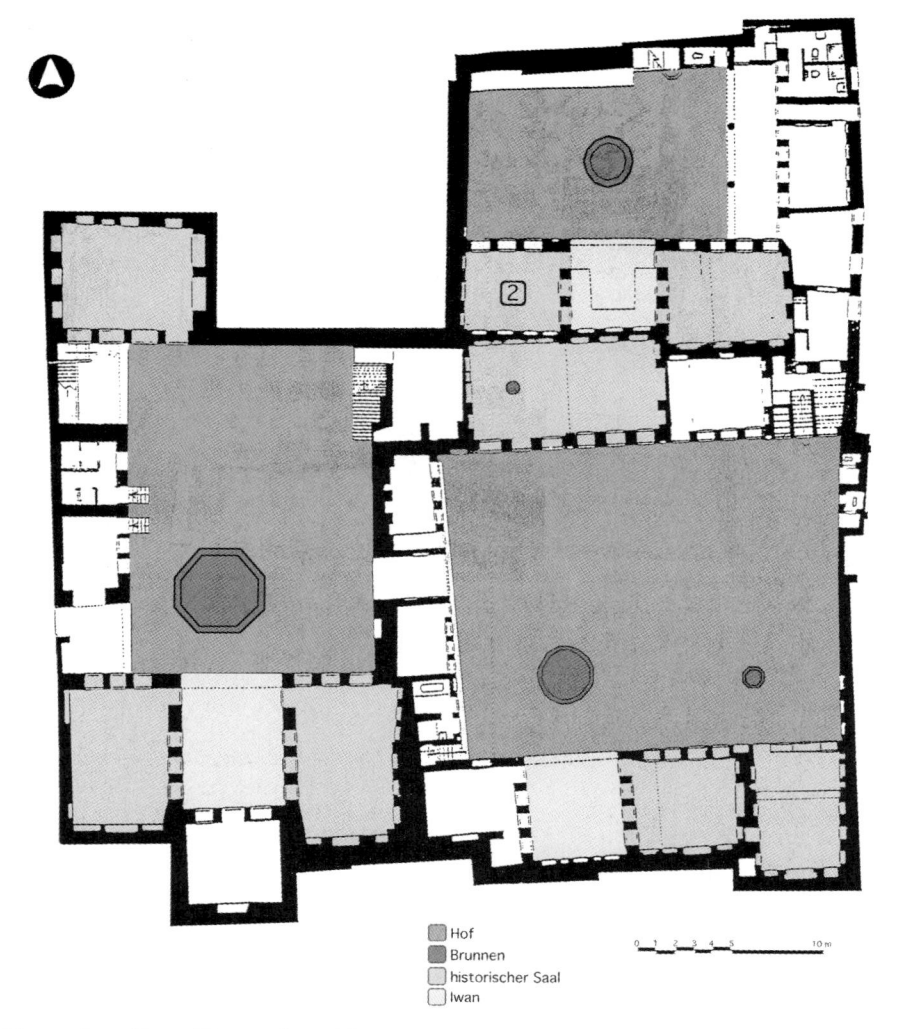

Damaskus, Haus Nizam, Grundriss

- Hof
- Brunnen
- historischer Saal
- Iwan

lichen Winkel der Südwand der fünften Halle.

Aus den orientalischen Ornamenten in den Innenhöfen und in den Hallen kann ersehen werden, dass sie modernisiert und der jeweils herrschenden Mode angepasst wurden. Dies geschah, als der europäische Einfluss mit der Ankunft Ibrahim Baschas in Damaskus im Jahr 1247 H./1832 n.Chr. begann. Diese Anpassung ist besonders im ersten und zweiten Innenhof deutlich, wo barocke Ornamente auf die originalen Ornamente gearbeitet oder mit ihnen vermischt wurden, während dies im dritten Innenhof und in seinen Hallen nicht geschah, da er der älteste und originalste Teil des Hauses ist.

Eine historische Inschrift, die sich auf der Südwand des dritten „Iwans" befand, besagte, dass dieser Teil des Hauses von seinen Besitzern, der Familie Sattut, in den zwanziger Jahren des 20. Jahrhunderts saniert und neu verkleidet wurde.

Die Bewohner des Hauses mussten es etappenweise räumen, zuerst wurde der zweite Innenhof geräumt, dann wurden Anfang der neunziger Jahre des 20. Jahrhunderts die zwei anderen Innenhöfe geräumt.

Restaurierung und Rehabilitierung

Das technische Büro der Stadtverwaltung der Altstadt Damaskus führte folgende Arbeiten zur Sanierung des Hauses aus:
1. Historische und technische Dokumentation.
2. Sanierung der statischen Struktur.
3. Restaurierung der Verkleidungen.
4. Rehabilitierung und Nutzung.

1. Historische und technische Dokumentation:

Vermessungs- und Katasterpläne des Hauses wurden analysiert und eine vollständige Bestandsaufnahme mit Plänen vorgenommen. Die Pläne des allgemeinen Direktorats für Altertümer und Museen in

Syrien und des französischen Instituts für orientalische Studien waren bei dieser Arbeit hilfreich. Das Haus wurde in seinem jetzigen Zustand und in den verschiedenen Phasen der Restaurierung durch Fotos dokumentiert.

2. Sanierung der statischen Struktur:

Das Haus wurde von mehreren Gefahren bedroht, die mit der Statik zu tun hatten: Risse und Einstürze, die durch das Alter entstanden, Feuchtigkeit und einsickerndes Wasser, Verwahrlosung durch Mangel an Sanierung und Reparaturen über einen langen Zeitraum, falsche Nutzung durch eine Röstungsanlage im dritten Iwan.

Zur Rehabilitierung und Wiedernutzung des Hauses wurden die neu angebauten Teile des Hauses abgerissen, die zerfallenen Teile wieder aufgebaut und die Risse behandelt, außerdem wurden die Kanalisation, die Wasser- und Strom-Versorgung und die Telefonanschlüsse erneuert. Das Problem der Feuchtigkeit, der Fäulnis und des bis zu den Grundmauern und in alle horizontalen und senkrechten Fugen einsickernden Wassers wurde gelöst. Die Schäden in den Böden der Innenhöfe, die durch Baumwurzeln entstanden, wurden beseitigt. Diese Schäden waren besonders im ersten und zweiten Innenhof groß.

Bei der Sanierung wurden traditionelle Baumaterialien benutzt, z.B. Holz, in der Sonne getrocknete Ziegel, mit Stroh vermischter Lehm und mit Hanfschalen vermischter Mörtel. Auch Zement wurde gebraucht, besonders zur Isolierung der Dächer und zur Abdichtung gegen Sickerwasser.

3. Restaurierung der Verkleidungen:

Die wichtigste Arbeit bestand aus der Restaurierung der kunstvollen Verkleidung des Hauses. Folgendes wurde behandelt und restauriert:

– Die bunt verzierten Holzverkleidungen der Wände und der Decken in den Iwanen und in den Hallen: Die Ornamente haben die Form von mit Pflanzen verzierten Bändern und sind unter dem Namen „Ajami" bekannt. Die Schäden entstanden durch Feuchtigkeit und falsche Nutzung. Das Holz wurde gegen Holzfäule und Bakterien behandelt und die beschädigten Teile wurden restauriert und von Schmutz und Farbresten befreit. Manche Teile wurden wieder hergestellt und durch Schutzmittel und Lack geschützt. Die Restauratoren mussten große Teile der Decke des Iwans des dritten Innenhofs ersetzen, da sie zerstört waren. Die gesamte Decke des Iwans des ersten

Damaskus, Haus Nizam, der erste Innenhof vor der Rehabilitierung

Innenhofs musste auch ersetzt werden, da sie nicht mehr restaurierbar war, weil das Holz verfault war und die Ornamente nicht mehr sichtbar waren.

– Die Türen der ersten und der zweiten Halle: Beide Türen haben Mosaik-Ornamente in Pflanzenform oder in geometrischer Form und schriftliche Ornamente aus Kupferbändern. Bei der Restaurierung wurden fehlende Teile ersetzt, der Schmutz beseitigt und ein isolierender und schützender Lack aufgetragen.

– Die Tür der dritten Halle: Diese Tür ist mit orientalischen geometrischen Ornamenten geschmückt und ist eine Doppeltür. Über der Tür ist ein Holzteil

Damaskus, Haus Nizam, Wiederaufbau des Springbrunnens im dritten Innenhof

Damaskus, Haus Nizam, Behandlung eines hölzernen Trägers aus dem Iwan des dritten Innenhofs

mit einem aus Mosaik gearbeiteten religiösen Spruch. Die Schrift ist schlecht und gibt Aufschluss über die Bildung des Künstlers, der anscheinend Analphabet war. Die Inschrift wurde wahrscheinlich erst geschrieben und danach aus dem Holz geschnitten und mit Mosaikteilchen ausgefüllt. Der Künstler vergaß einen Punkt im letzten Wort des ersten Satzes. Die Übersetzung der zwei Sätze lautet: *„Wer sein Vertrauen in Gott legt, wird von ihm belohnt"*. *„Gott gibt dem, der sich auf ihn verlässt"*. Die fehlenden Mosaikteilchen wurden ersetzt, ohne den originalen Text zu verändern und ohne den Schreibfehler zu korrigieren.

- Restaurierung der ölfarbenen Wandbemalungen: Diese befinden sich in der zweiten und dritten Halle als Zeichnungen und kurze Schriften. Sie wurden durch Nägel beschädigt, die von den Bewohnern vor der Zwangsräumung in die Wände geschlagen wurden. Die Bemalungen waren mit Schmutz bedeckt und die Kalkschicht, auf der sich die Bemalungen befanden, war durch Feuchtigkeit aufgeschwemmt. Die Bemalungen sind Phantasiebilder, die möglicherweise Istanbul, die Hauptstadt des Kalifentums, darstellen. Solche Bilder waren im 19. Jahrhundert verbreitet. Folgendes wurde getan: Restaurierung der Löcher der Nägel; Reinigung der Bemalungen vom Schmutz; Behandlung der durch Feuchtigkeit aufgeschwemmten Stellen. Sie wurden herausgenommen, behandelt und wieder eingesetzt. Manche Schriften wurden früher beseitigt. Die leeren Stellen wurden von den nachfolgenden Bewohnern frei gelassen, da ihnen das Thema der Bemalungen unbekannt war, oder sie fertigten neue Bemalungen über Themen ihrer Zeit an.

- Restaurierung der Steinverkleidung der Wände in den Innenhöfen und in den Hallen: Die ausgeführten Arbeiten waren: Befreiung der Steine im zweiten Innenhof von der roten, schwarzen und weißen Farbe. Dadurch kam die originale alte Farbe der Steine zum Vorschein. Ein Teil war gelb oder weiß (Kalkstein) und ein anderer war schwarz (Basalt). Austausch mancher durch Risse oder Fäulnis zerstörter Steine: Die Steine wurden durch Steine der gleichen Art ausgetauscht. Dies geschah in allen drei Innenhöfen und in der achten Halle.

- Restaurierung der Böden der Iwane und der Springbrunnen: Sie sind mit geometrischen und pflanzenförmigen Ornamenten

Damaskus, Haus Nizam, der zweite Innenhof nach der Rehabilitierung

geschmückt, die aus Marmorteilchen gearbeitet sind. Folgendes wurde getan: Zerstörte Marmorteile wurden durch neue Teile aus dem gleichen Marmor ausgetauscht. Dies wurde am Plateau des Iwans im ersten Innenhof durchgeführt. Der Grundbau wurde vor der Restaurierung saniert. Dies wurde mit den Böden und dem Springbrunnen des ersten Iwans getan. Ein neuer Boden wurde im Iwan des zweiten Innenhofs eingebaut. Für den Iwan des dritten Innenhofs wurde ein neuer Boden entworfen, da die Röstereieinrichtung den Boden zerstört hatte. Das Bassin des Springbrunnens im dritten Innenhof wurde wieder aufgebaut und verkleidet.

– Restaurierung der in Stein eingravierten schwarz-weiß-farbenen Ornamente in den Innenhöfen und in den Hallen (sie werden auf Arabisch „Ablaq" genannt, was „schwarz-weiß gescheckt oder gepunktet" bedeutet): Es sind Schrift- oder Pflanzenornamente, die Rosen, Blumen, Blätter oder Äste darstellen. Im Allgemeinen haben die Gravuren die Form von ganzen oder teilweisen kreisförmigen Polygonen und sind mit farbiger Steinknete bearbeitet. Die Ornamente bestehen aus mehreren Einheiten, die sich auf Bögen und anderen Bauteilen in den Hallen und Iwanen befinden. Im Allgemeinen hat ein Bogen vier geometrische Ornamenteinheiten und ein Verbindungsteil mit einem Pflanzenornament, oder er hat fünf geometrische Ornamenteinheiten. An manchen Stellen bestehen in den Hallen und Innenhöfen bunte Ornamentbänder mit geometrischen Ornamenten, pflanzenförmigen Ornamenten oder mit Schriftzügen, die nach der gleichen Methode angefertigt wurden. Das Alter der Arbeit kann aus den Farben und Formen geschätzt werden. Die Restaurierungsmethode war je nach Fall verschieden. Es wurde Folgendes getan: Die Farbanstriche an manchen Bögen wurden entfernt. Andere Bögen wurden gereinigt und durch Lackanstriche geschützt, dies wurde in allen Innenhöfen und Hallen des Hauses getan. Es folgte die Säuberung der Bögen mit Ornamenten im dritten Innenhof, schließlich die Wiederherstellung der Ornamentbänder in der dritten Halle, die durch Feuchtigkeit und Fäulnis zerstört wurden. Die fehlenden Teile wurden durch ähnliche Farben ersetzt, um sie von den Originalteilen zu unterscheiden.

4. Rehabilitierung und Nutzung:

Nach dem Abschluss der Rehabilitierungsarbeiten wurden die Hallen und Räume im Erdgeschoss mit Möbeln ausgestattet, die mit Damast überzogen wurden. Das Haus wird jetzt für Veranstaltungen und für offizielle und nicht offizielle Empfänge, für Dreharbeiten von Filmen, Serien und Fernsehinterviews etc. genutzt. Die Hallen, Iwane und Innenhöfe sind mit einer besonderen Beleuchtung ausgestattet, Orangenbäume, Palmen, Blumen, Rosen und Kletterpflanzen wurden gepflanzt. Das Haus wird regelmäßig von einem Team des technischen Büros der Kommission zum Schutz der Altstadt Damaskus beaufsichtigt und in Stand gehalten.

Schlusswort

Die Erfahrungen, die durch die Restaurierung dieses Gebäudes gesammelt wurden, waren sehr hilfreich, um von den Fehlern der Restauratoren bei zukünftigen Rehabilitierungsarbeiten von Häusern zu profitieren.

Die Ausbildung von Fachkräften im Bereich der Restaurierung wird ohne Zweifel dazu beitragen, dass die urbane Struktur und besonders die Wohnstruktur in Damaskus erhalten bleibt, da sie den größten Teil der Altstadt *intra muros* darstellt und untrennbar von der Geschichte von Damaskus ist.

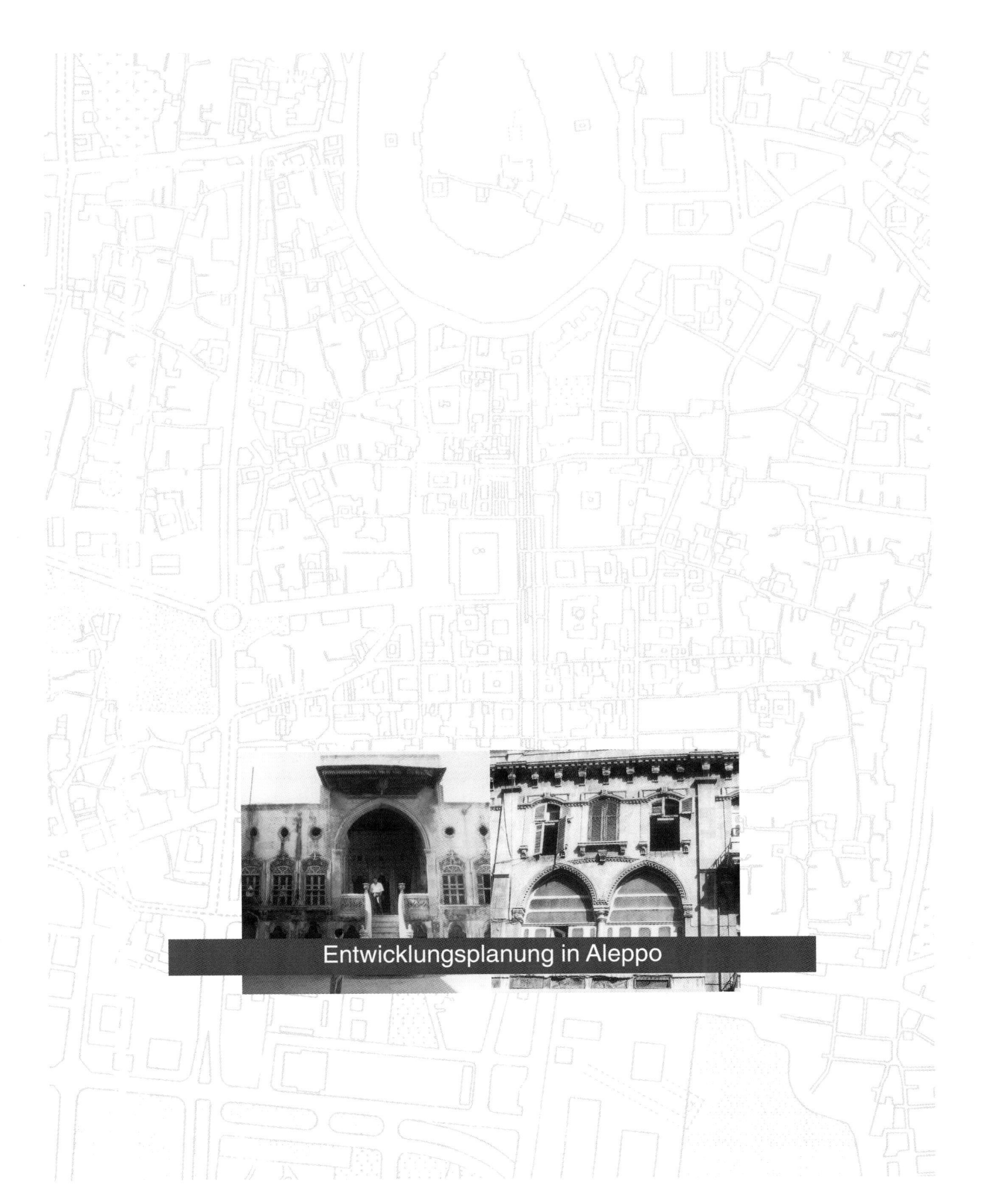

Entwicklungsplanung in Aleppo

Stadtstrukturelle Grundlagen – das Hofhaus

Anette Gangler

Allgemeine Entwicklung

Die Geschichte der Städte ist geprägt von ständigen Wandlungsprozessen. Städte entstehen, wachsen, werden von außen zerstört oder verfallen von innen. Selten werden Städte total aufgegeben, sondern sie werden wieder aufgebaut, umgebaut, erneuert oder neu geplant. Im weitesten Sinn kann man dies als nachhaltige Entwicklung bezeichnen, in der die Bedürfnisse der heutigen Generation befriedigt werden ohne zukünftigen Generationen die Möglichkeit zur Befriedigung ihrer eigenen Bedürfnisse zu nehmen. Dies gilt auch für Aleppo, das seit 5.000 Jahren kontinuierlich besiedelt ist und über diese langen Zeiträume versuchte, seinen Bewohnern eine Grunddaseinsvorsorge in umweltbezogener, sozialer, kultureller und wirtschaftlicher Hinsicht zu gewähren, wovon die Vielzahl der historischen Monumente zeugt. Aber nicht nur in der Vergangenheit, sondern vor allem auch in der Zukunft ist die Gewährleistung dieser Grunddaseinsvorsorge eines der Hauptziele.

Zu diesen Zielen, die vor einigen Jahren in der Agenda 21 formuliert wurden, gehört auch das Recht auf Wohnen, dass heute in vielen schnell wachsenden Städten zu einem Problem geworden ist, vor allem auch in den historischen Zentren, wo das Wohnen oftmals durch strukturelle und substanzielle Veränderungen immer mehr verdrängt wird. Diesen Prozess aufzuhalten, ist auch Leitbild der Stadterneuerung in Aleppo. Daher möchte ich das traditonelle Wohnhaus, das sich in der Vergangenheit immer wieder an veränderte Bedingungen anpassen musste, zum Gegenstand meiner Betrachtungen machen.

Obwohl der Handel bestimmender Wirtschaftsfaktor war und der „Suq" bis heute eines der prägendsten Elemente der Stadtstruktur ist und die Zitadelle als zentrale Landmarke das Stadtbild beherrscht, sind fast zwei Drittel der Altstadtfläche von Aleppo vom einzelnen Wohnhaus bestimmt und damit charakteristisch für die Bebauungsstruktur, die in der Tradition altorientalischer Städte steht.

Seit dieser Zeit ist das Haus mit Innenhof und den von ihm aus erschlossenen Einzelräumen ein Archetyp, der sich als Prinzip auch in der Wohnform der Antike, dem Atriumhaus, wiederfindet und bis Ende des 19. Jahrhunderts die Stadtstruktur Aleppos bestimmte und heute weltweit eine Wohnform an der Peripherie großer Städte in ariden Zonen darstellt. Aus den Einzelbausteinen der Häuser fügten sich einzelne Hausgruppen zusammen, wie z.B. griechische Inschriften aus byzantinischen Grenzstädten in Syrien belegen, indem an das Kernhaus des Vaters das Haus des Sohnes gebaut wurde. Es bildeten sich Cluster, geplant oder in Selbstbildungsprozessen, die sich im Laufe der Jahre konsolidierten, um dann fortwährend von Um- und Neubauten überlagert zu werden, bis sie sich zu komplexen Strukturen verdichtet hatten.

Im Stadtgrundriss von Aleppo lassen sich Spuren dieser frühen Siedlungsformen bis heute in der Parzellen- und Erschließungsstruktur nachweisen. D.h. ein Großteil traditioneller Wohnquartiere Aleppos ist aus der Überlagerung vieler solcher historischen Schichten entstanden. In ihrer heutigen Form bilden sie mit kleinen Quartiersmoscheen und anderen öffentlichen Einrichtungen sozialräumliche Einheiten, die durch ein hierarchisches Gassensystem erschlossen werden. Ein Gassensystem ist eine Einheit, deren Funktionen und Charakter sich wandeln können. So kann sich durch Teilung eines Hauses oder durch Zerfall und Abbruch das Erschließungssystem ändern und damit langfristig die Quartiersstruktur. Dieser Wandel entspricht dem Lebenskreislauf der Familien und Familienverbände, der sich im Haus selbst widerspiegelt, das sich durch seine flexible Grundform relativ leicht an die jeweiligen Bedürfnisse seiner Bewohner anpassen lässt.

Dieses Grundschema des Hofhauses ist auch das Bauprinzip

Aleppo, Haus Katasternr. 2249, Iwan, vermutlich Ende 16. Jh.

Aleppo, Haus Katasternr. 2111, Hoffassade, typisch für das 16./17. Jh.

aller anderen traditionellen Bauwerke, die als Zeugnisse unterschiedlichster historischer Epochen erhalten geblieben sind. So zeugen viele religiöse Gebäude aus dem 12. Jh. von Wohlstand und Macht, die sich durch den Seidenhandel mit Iran vermehrten. Elemente antiker Steinbauweise verei-

nen sich hier mit iranischen Bauelementen dieser Zeit zu einer ausgewogenen Architektur, die sich in den repräsentativen Wirtschaftsbauten osmanischer Zeit, in den charakteristischen „Chanen" und Suqgassen im Zentrum, fortsetzt. Erst zu Beginn des 18.Jh., als der Seidenhandel zurückging und bür-

Aleppo, Haus Katasternr. 2158, Hoffassade, typisch für das 17./18. Jh.

Aleppo, Haus Katasternr. 2249, Dekor der „Oberlichter", typisch für das 17./18. Jh.

gerkriegsähnliche Zustände in der Stadt herrschten, stagnierte auch die architektonische Entwicklung. Ein ungeheurer Bauboom setzte jedoch Mitte des 19. Jh. ein, als sich neue Handelswege nach Europa öffneten und der Transithandel mit Vieh und Getreide zum wichtigen Wirtschaftsfaktor wurde. Diese Glanzzeiten und Krisenzeiten spiegeln sich nicht nur in den „öffentlichen" Bauten, sondern auch in den Aleppiner Stadthäusern, die sich, bedingt durch die ständigen Veränderungen, jedoch nur bis ins 16. und 17. Jh. zurückdatieren lassen.

Anhand von Inschriften über den Eingangsportalen oder an den Hoffassaden können bestimmte Baustile und Bautechniken festgelegt werden. Der Vergleich gestalterischer und handwerklicher Merkmale ermöglicht dann, die Bauten zu typologisieren und zu chronologisieren. Stilveränderungen lassen sich vor allem an den Hoffassaden in ihren Proportionen, ihrer Gliederung und ihrem Dekor erkennen. Anhand von einigen Beispielen im Osten, im Norden und im Zentrum der Altstadt möchte ich versuchen, diese unterschiedlichen Entwicklungen in Bauform und Baustil aufzuzeigen.

Abhängig von der Lage der einzelnen Quartiere im Stadtgefüge sind die Entwicklungen im Baustil nicht immer zeitgleich und unterscheiden sich auch durch die handwerkliche Tradition einzelner Baumeister. Die Stadtpaläste der reichen Viertel *intra muros* übertreffen in Dimension und Dekor natürlich auch die einfacheren Gebäude der Vorstadtquartiere.

Östliche Altstadt

Durch den Viehhandel erlebten die östlichen Altstadtviertel im 16./17. Jh. einen wirtschaftlichen Aufschwung, der sich in den großen Häusern dieser Zeit, die sich oftmals in Familienhof, Wirtschaftshof und Empfangshof gliedern, widerspiegelt. Zentrum des Hauses ist der große Wohnhof, der von eingeschossigen Gebäuden umgeben ist und nur im Süden von einem hohen „Iwan" überragt wird (siehe Abb.). In der Gewölbekonstruktion des Iwan und in den geraden Fensterstürzen finden sich Bautechniken, die denen spätmamlukischer und frühosmanischer Bauten im Suq ähnlich sind. In den einfacheren Bauten dieser Gebäudekomplexe sind die dicken Mauern und die Fassadengliederung mit den geraden Stürzen über Fenster und Türen charakteristisch (siehe Abb.). Im Gegensatz zu Fassaden mit Rundbögen als Fenster- und Türabschluss, die für spätere Bauten (ab Mitte des 17. Jh.) charakteristisch werden (siehe Abb.), stellen sie wohl eine über Jahrhunderte gebaute Form des Wohnhauses von Aleppo dar. Variationen gibt es hier vor allem in den Ornamenten über den Stürzen und in den darüberliegenden, der Luftzirkulation dienenden Öffnungen (Oberlichtern) (siehe Abb.). Einheitliche Gebäudekomplexe dieser Periode um 1700 kommen nur noch selten vor, da viele Häuser in Zeiten der Rezession aufgegeben wurden, und erst um 1850, in einer Zeit wirtschaftlichen Aufschwungs durch den Handel mit Vieh und Getreide nach Europa, entstehen in der bestehenden Struktur wieder neue reiche Stadthäuser.

Ein neuer Baustil repräsentiert die aus der Tradition gewachsene Wohnarchitektur klar und einheitlich. Die Fassaden strecken sich, das Mauerwerk wird feiner, und der Eindruck der Mehrgeschossigkeit entsteht (siehe Abb.). Oberlichter und Kellerfenster gewinnen Formen, die miteinander korrespondieren. Stilmerkmale, die bereits in einfacher Konstruktion an den frühen Häusern auftraten, führen nun zu einer eigenständigen Architektur von handwerklicher Perfektion. Die Funktionen der Einzelräume werden differenzierter, und neben dem Iwan im Süden des Hauses (siehe Abb.) gibt es oft einen weiteren Empfangsraum im Nordteil.

Aleppo, Haus Katasternr. 1159, Fassade, typisch für die Mitte 19. Jh.

Aleppo, Iwan, typisch für die Mitte 19. Jh.

Aleppo, Haus Katasternr. 2159, Mehrgeschossigkeit ab Mitte 19. Jh.

Aleppo, Haus Katasternr. 2171, Dekor der „Oberlichter", typisch für das Ende 19. Jh.

In der zweiten Hälfte des 19. Jh. herrscht hoher Investitionsdruck und die Bautätigkeit nimmt ständig zu, die Gebäude werden mehrgeschossig (siehe Abb.), Gassen werden überbaut und die Dichte nimmt zu. Unterschiedliche Baustile folgten immer schneller aufeinander. Der Baustil um die Jahrhundertwende ist durch runde Oberlichter gekennzeichnet (siehe Abb.). Mit steigendem Reichtum wird der Baudekor immer überladener und die Gebäudekomplexe übertrumpfen sich an Prunk und Größe.

Viele Stilelement der traditionellen Architektur werden mit europäischen Elementen zu einer eigenständigen Architektursprache vermischt. Die Innenfassaden der Hofhäuser gleichen sich den Außenfassaden europäischen Stils im Westen der Stadt an (siehe Abb.), bis sich auch dieses dichte Raumgefüge beginnt aufzulösen, indem sich die einst nach nach innen gerichteten Häuser (siehe Abb.) mit den hölzernen „Kischks" mehr und mehr öffnen (siehe Abb.). Die nach außen gerichtete Fassade wird so zum bestimmenden Element des Straßenraumes (siehe Abb.) und unterscheidet sich nicht mehr von den repräsentativen Fassaden der gründerzeitlichen Stadtboulevards (siehe Abb.). Diese neue Bauform konnte sich entlang der Randbebauung der Chandaqstraße, die mit Beginn des 20. Jh. hervorragend erschlossen war und Lagergebäude und Ladenzonen in den Erdgeschossen der Wohnhäuser ermöglichte, entwickeln. Ein neuer, vornehmer Typ des Aleppiner Stadthauses entstand, der es mancher reichen Familie ermöglichte, sich den Wunsch nach Modernisierung in neuen Gebäuden in der Altstadt zu erfüllen.

Nördliche Altstadt

Die Chandaqstraße scheint fast wie eine Art Schutz für die nördlichen Altstadtbereiche *extra muros*, die sich im Wesentlichen in osmanischer Zeit herausgebildet hatten, gewirkt zu haben. Zum Beispiel in Jdeideh hat sich die traditionelle Quartiersstruktur mit einer Vielzahl luxuriöser Stadthäuser von 1600-1850 erhalten. In dieser Zeit wurden übergreifende planerische Maßnahmen umgesetzt, um sowohl in Wirtschaftsbauten (Chane und „Qisariyas") wie in neue Wohnviertel investieren zu können. Stadtpaläste mit großen Höfen, Wasserbassin, Iwan und „Qaa" und reicher Innenausstattung entstanden. Viele dieser Gebäude zählen heute zu den historischen Monumenten der Stadt. Das Ghazale Haus, das zu Beginn des 17. Jh. gebaut wurde, ist das größte dieser vielen Häuser reicher Händler. Der weiträumige Hof mit Iwan und die Qaa sind typisch, wobei der Dekor früher einzuordnen ist als z.B. die vegetabileren Ausformungen am Atschiqbasch- Haus, dem heutigen Folkloremuseum, in dem sich Inschriften im Iwan von 1758 und 1794 befinden. D.h. die Entwicklung der Bauornamente lässt sich teilweise mit der Entwicklung in anderen Stadtteilen gleichsetzen, aber vor allem die Aufteilung der Gebäude ist charakteristisch für die komfortablen Aleppiner Altstadthäuser.

Die dem Klima angepasste Funktion und Ausformung der Grundelemente, wie Hof, Iwan und Qaa, entsprechen hier genau jenen der Gebäude in Bab Qinnasrin, einem Quartier im Süden der Altstadt, die der Aleppiner Architekt Chaldoun Fansa in seinem Beitrag über das Aleppiner Haus darstellt (siehe Abb.). Hier lassen sich nicht nur in der Bautechnik weitere Parallelen finden, sondern auch in der Ausstattung der Räume. Neben Holzbalkendecke und „Ataba" sind die Nischen und ihre Wandverkleidun-

Aleppo, Haus Katasternr. 1366, Hoffassade, typisch für den Beginn 20. Jh.

Aleppo, Fassade zur Sackgasse in traditionellem Altstadtquartier

Aleppo, Fassade mit Kischk in traditionellem Altstadtquartier

Aleppo, Öffnung der Fassaden zur Chandaqstraße

Aleppo, Öffnung der Fassaden zur Chandaqstraße

gen typisch für Aleppiner Stadthäuser seit dem 16. Jh. Das berühmteste Beispiel einer solchen Innenausstattung mit bemalten Holzpaneelen stammt aus dem Haus Wakil in Jdeideh, das heute zu einem traditionellen Restaurant und kleinen Hotel umgebaut ist. Die Inschriften auf diesen Malereien sind 1603 und 1616 datiert. Heute sind diese Holzpaneele im Pergamon-Museum in Berlin zu sehen.

Zentrum Altstadt

Weitere Formen dieser großen Stadtpaläste finden wir im Zentrum der Stadt, z.B. in Farafra, einem reichen Quartier *intra muros*, das am Fuß des Nordhanges der Zitadelle liegt. Die Häuser sind hier im Baustil weniger einheitlich als die Gebäude im Norden. Die Eigentümer der großen Paläste scheinen ständig versucht zu haben, die traditionellen Wohnformen den jeweiligen modernen Standards anzupassen. Die großen Gebäudekomplexe sind oftmals aus mehreren Häusern oder Gebäudeteilen zusammengesetzt, wie z.B. das aus dem 17. Jh. stammende Djumblathaus mit seinen sieben Höfen.

Der „Serail", der 1756 als private Residenz gebaut wurde, zählt ebenfalls zu diesen Beispielen eines Gebäudes aus unterschiedlichsten Bauepochen. In den Krisenzeiten des 18. Jh. sind hier einige Gebäudeteile zerfallen, um Mitte des 19. Jh. in neuem Baustil wieder aufgebaut zu werden, um dann kurze Zeit als Gouverneurspalast zu dienen (siehe Abb.). Längere Zeit wurde das Gebäude auch als Gefängnis genutzt. Heute sind nur noch einige Gebäudeteile erhalten, und der Rest der Freifläche wird als Autoschrottplatz genutzt.

Solch ein leer stehender Gebäudekomplex war auch die „Madrasa Saifa ad Daule" (siehe Abb.), der vor einigen Jahren in Stand gesetzt wurde und der der heutige Sitz des Altstadtprojektes ist. Auch hier besteht das Haus aus mehreren Häusern, die einer angesehenen Notablenfamilie als Stadtpalast dienten, der sich in die mittelalterliche Stadtstruktur einfügte. Das Gesamtgebäude grenzt im Südwesten an einen „Hammam" und eine alte Seifenfabrik und im Nordwesten an eines der bedeutendsten ayyubidischen Bauwerke der Stadt, den Chanaqa fi-l-Farafra aus dem Jahr 1237. Das östlichste Haus mit dem größten Hof wird von einer Hoffassade im Süden dominiert, die sich aus mehreren Bauphasen zusammensetzt, was ganz klar am Iwan im Ergeschoss und „Riwaq" im Obergeschoss abzulesen ist. Auch der Nordteil besteht aus zahlreichen Um- und Erweiterungsbauten. Ein im ersten Obergeschoss gelegener Empfangsraum, der mit den typischen bemalten Holzpaneelen ausgestattet ist, enthält die Inschrift mit dem Datum von 1802. Der Haupttrakt des Nordteiles hingegen ist viel jünger und stammt aus dem 20. Jahrhundert, wie auch das mittlere Haus. Das dritte, westliche Haus hingegen setzt sich aus einem viel älteren Teil zusammen, der an den Chanaqa aus dem 13. Jh. grenzt, und einem einheitlich wirkenden Südteil aus der Mitte des 19. Jh.

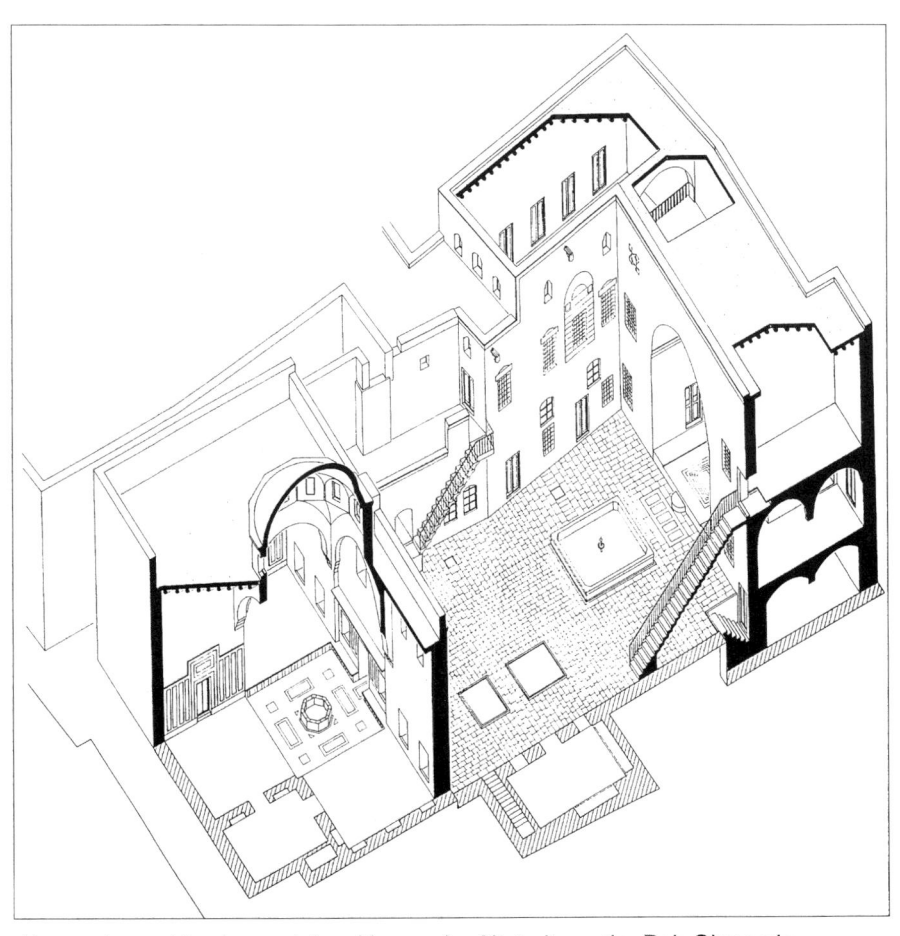

Aleppo, Isometrie eines reichen Hauses im Altstadtquartier Bab Qinnasrin

Schlussfolgerungen

Wie diese Beispiel zeigen, ist das Aleppiner Haus von immer wiederkehrenden ähnlichen Bauformen und Stilelementen gekennzeichnet, die jedoch in ständig veränderter Form angeordnet werden. D.h. eine große Anzahl an Bauepochen, an Kombinationsmöglichkeiten der Raumfolgen, der Aufteilung der Fassaden und der Ausformung der Bauornamente machen das Aleppiner Haus zu einer lebendigen Architektur, trotz seiner festgelegten, fast archetypischen Grundform. Um diese Vielfalt zu erreichen, mussten von Bewohnern und Eigentümern immer neue Investitionen geleistet werden, was sich im ständigen Umbau der Häuser in den traditonellen Wohnquartieren auch zeigt, denn die kleineren Häuser stellen in ihrer Anpassungsfähigkeit an die sich ständig wandelnden sozio-ökonomischen Be-

Aleppo, Iwan im Gebäudekomplex des alten Serail

Aleppo, Nordteil des Gebäudekomplexes „Saifa Daule", 1997

dingungen der Bewohner eine hervorragende Wohnform für eine traditionelle Bevölkerungsschicht mit niedrigem Einkommensniveau dar.

Eine Vielzahl der großen Stadtpaläste stehen hingegen leer. Entsprechend einer „nachhaltigen" Entwicklung könnten sie jedoch für zukünftige Generationen wieder genutzt werden, und entsprechend der Vielfalt der Einzelgebäude in Größe, Baustil und Baunutzung gilt es auch, eine Viefalt an Maßnahmen zu entwickeln, die dem jeweiligen Charakter des Hauses gerecht werden sowie deren Lage im Stadtgebiet und den damit verbundenen Entwicklungsmöglichkeiten.

Im Norden z.B. werden einige dieser historisch wertvollen Monumente bereits als Museen, Restaurant oder Hotel genutzt. Hier steht die touristische Nutzung im Vordergrund, die auch für die großen Gebäudekomplexe in der Nähe der Zitadelle eine Form der Nutzung sein könnte. Die großen Stadtpaläste im Zentrum, die schon seit langem von den reichen Familien verlassen wurden, aber auch die leer stehenden Chane könnten wieder mit neuen wichtigen städtischen Funktionen belebt werden. Eine Vielzahl an neuen Arbeitsmöglichkeiten in Form öffentlicher und privater Dienstleistungen, in Form kultureller oder sozialer Infrastruktureinrichtungen, in Form von Einzelhandel und Handwerk könnte geschaffen werden. Mit der zu erhaltenden Wohnnutzung, die traditionell von einem Nebeneinander von Wohnen und Arbeiten, von Reich und Arm lebte, könnten die einstigen Qualitäten der alten Stadt auch zum Leitbild der Erneuerung der Altstadt werden.

Literatur

Bianca 1991. David 1977. Gangler 1993. Gonnella 1996.

Planungsgrundlagen – der Rahmenplan (D-Plan)

Kurt Stürzbecher

Planungssituation 1990

Anfang der 90er Jahre stellte sich die Planungssituation in Aleppo wie folgt dar: Der Masterplan von 1974 („Banshoya-Plan") war teilweise implementiert. Die weitere Umsetzung des Verkehrskonzeptes und der daraus resultierende Abriss von Gebäuden wurde nach dem Protest von Bewohnern und lokalen Fachleuten gestoppt.

Die Altstadt ist seit 1987 als historischer Bereich geschützt. Alle Aktivitäten in der definierten Zone „Altstadt" wurden ausgesetzt, und Änderungen unterliegen der Einzelfall-Entscheidung des „Technischen Komitees". Damit wurde einerseits der weiteren großflächigen Zerstörung Einhalt geboten; andererseits wuchs der Druck auf die verantwortlichen städtischen Stellen, den andauernden Prozess des wirtschaftlichen und sozialen Wandels auf der Grundlage eines Rahmenplanes zu steuern. Dabei ist auch die Rolle der Altstadt im Kontext einer rasch wachsenden Großstadt neu zu definieren.

Für eine Strategie fehlten allerdings die grundsätzlichen Kenntnisse über den genauen Wandlungsprozess innerhalb der Altstadt. Unübersehbar war die Dynamik des „Suqs" mit der Tendenz, seine Aktivitäten (insbes. Lagerhaltung) in die angrenzenden Wohnquartiere auszudehnen. Ebenso bekannt waren die Klagen von Bewohnern über den Verlust von „Privatheit" in ihrem Wohnviertel. Zu- und Abwanderung von Bewohnern fand in den traditionellen Quartieren statt, die Größenordnung und die Beweggründe waren jedoch nicht im Einzelnen untersucht.

Mit dem Beginn des Stadtsanierungsprojektes 1991 wurde eine Planungsgruppe mit jungen Architekten aus verschiedenen städtischen Behörden gebildet. Neben der fehlenden persönlichen Planungserfahrung stand die Gruppe vor zusätzlichen Herausforderungen: Es war ein kurzfristiges Handlungsprogramm für die beispielhafte Umsetzung in einem auszuwählenden Quartier vorzubereiten sowie ein mittel- und langfristiges Konzept für die Erhaltung und Entwicklung der gesamten Altstadt zu erstellen. Dafür fehlten sowohl die kleinräumlichen Daten auf Quartiersebene wie auch die Rahmendaten zur Funktion der Altstadt im Kontext von Groß-Aleppo und der Region. Das rechtliche Instrumentarium in Syrien ist zudem auf Stadterweiterung ausgerichtet und nur bedingt auf eine Altstadtsanierung anwendbar. Erfahrungen aus vergleichbaren anderen syrischen Städten lagen nicht vor.

Obwohl zu Beginn 1991 eine grobe Vorstellung über ein Rehabilitierungskonzept vorlag – Rahmenplan, Pilotprojekt, Bürgerbeteili-

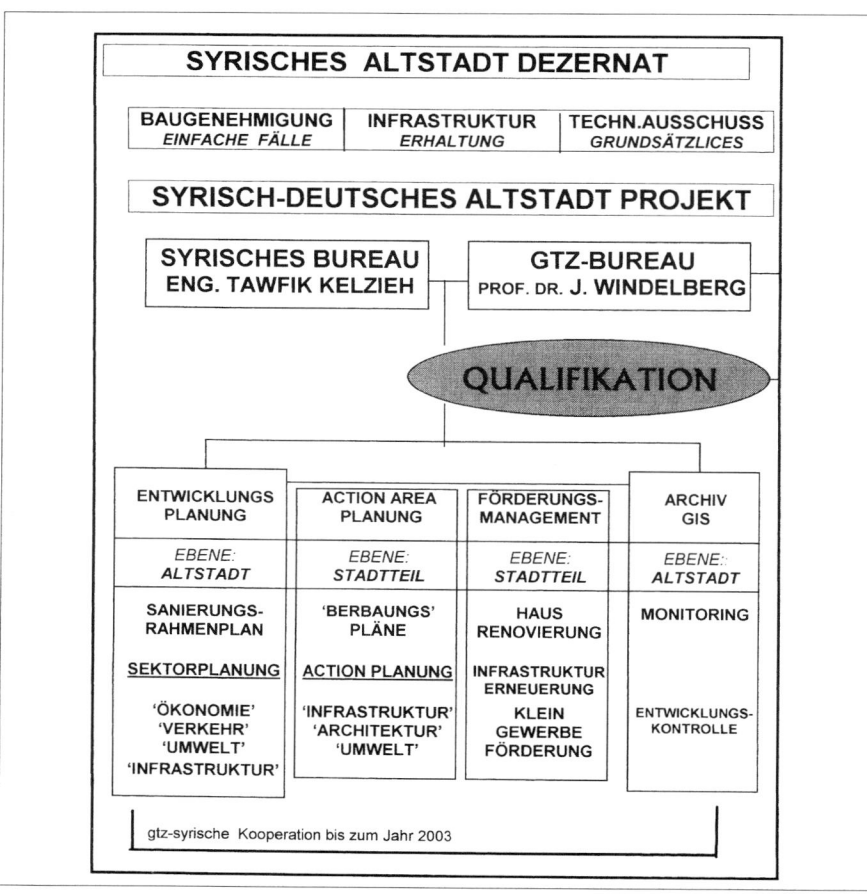

```
┌─────────────────────────────────────────────────────┐
│          SYRISCHES ALTSTADT DEZERNAT                │
│  ┌──────────────┬──────────────┬──────────────────┐ │
│  │BAUGENEHMIGUNG│INFRASTRUKTUR │ TECHN.AUSSCHUSS  │ │
│  │EINFACHE FÄLLE│  ERHALTUNG   │  GRUNDSÄTZLICES  │ │
│  └──────────────┴──────────────┴──────────────────┘ │
│       SYRISCH-DEUTSCHES ALTSTADT PROJEKT            │
│  ┌───────────────────┬─────────────────────────┐    │
│  │ SYRISCHES BUREAU  │     GTZ-BUREAU          │    │
│  │ENG. TAWFIK KELZIEH│ PROF. DR. J. WINDELBERG │    │
│  └───────────────────┴─────────────────────────┘    │
│                  ( QUALIFIKATION )                  │
│  ┌──────────┬──────────┬──────────┬──────────┐      │
│  │ENTWICK-  │ ACTION   │FÖRDERUNGS│ ARCHIV   │      │
│  │LUNGS     │ AREA     │-MANAGE-  │ GIS      │      │
│  │PLANUNG   │ PLANUNG  │MENT      │          │      │
│  │EBENE:    │EBENE:    │EBENE:    │EBENE:    │      │
│  │ALTSTADT  │STADTTEIL │STADTTEIL │ALTSTADT  │      │
│  │SANIERUNGS│'BERBAUNGS│  HAUS    │MONITORING│      │
│  │-RAHMEN-  │ PLÄNE    │RENOVIE-  │          │      │
│  │PLAN      │          │RUNG      │          │      │
│  │SEKTOR-   │ACTION    │INFRASTRU-│          │      │
│  │PLANUNG   │PLANUNG   │KTUR      │ENTWICK-  │      │
│  │          │          │ERNEUE-   │LUNGS-    │      │
│  │'ÖKONOMIE'│'INFRASTR.│RUNG      │KONTROLLE │      │
│  │'VERKEHR' │'ARCHITEK-│ KLEIN    │          │      │
│  │'UMWELT'  │ TUR'     │ GEWERBE  │          │      │
│  │'INFRASTR'│'UMWELT'  │ FÖRDERUNG│          │      │
│  └──────────┴──────────┴──────────┴──────────┘      │
│     gtz-syrische Kooperation bis zum Jahr 2003      │
└─────────────────────────────────────────────────────┘
```

Aleppo, Arbeitsstruktur des Altstadtprojektes

gung (siehe Beitrag A. Qudsi) – und dieses Konzept bis 1994 durch externe Kurzzeit-Experten verfeinert und präzisiert wurde, sprang bis 1994 der Funken nicht über. Dieses lag vor allem daran, dass kein verbindlicher institutioneller Rahmen geschaffen werden konnte (Sanierungsträger), der das Verhältnis Projekt-Altstadt-Gesamtstadt eindeutig definierte, und eine konkrete Aufgabenstellung oder gar ein „Operational-Plan" fehlte. Trotzdem sind die Diskussionen der Phase 0 (Sondierungsphase 1991-1994) nicht umsonst gewesen.

Erst 1994 unternahm die Planungsgruppe etwas konkretere Schritte: Der angestrebte Rahmenplan sollte auf einer fundierten Problemanalyse unter Beteiligung der Bewohner und lokaler Akteure (nationale und städtische Ämter, Geschäftsleute, Investoren, Verkehrsteilnehmer, Kunden) die langfristigen Strategien in den wichtigsten städtischen Sektoren festlegen. Da sowohl inhaltlich wie methodisch Neuland betreten wurde, sollte dieser integrierte Ansatz und die Bürgerbeteiligung parallel zur Gesamtplanung in einem Pilotgebiet getestet werden.

Jedoch auch dieser Ansatz wurde zunächst nur im Bereich einer Datensammlung realisiert. Eine Analyse konnte nicht erfolgen, weil Bewertungsmaßstäbe fehlten, und diese fehlten, weil eine konkrete Zielstellung nicht bestand: Was soll die Altstadt sein? Welche Aufgabe hat sie in Zukunft zu erfüllen? Erst mit Beginn des Jahres 1997, also fast zum Ende der Planungsphase (1994-1997), wurde eine konkrete Gliederung für einen Rahmenplan (Entwicklungsplan) aufgestellt, dessen Kernpunkt eine Zielkonstellation für die Entwicklung der nächsten 20 Jahre bildet. In kurzer Zeit wurde auch ein Umsetzungskonzept entwickelt, das – unter Einbeziehung des bereits definierten Pilotgebietes Bab Qinnasrin – in der Definition und Abgrenzung von 3 „Action Areas" (Gebiete für mittelfristige Umsetzung von Rehabilitierungsmaßnahmen – „Action Projects") bestand.

Der Altstadt-Entwicklungsplan

Der am 12.02.2000 von der Stadt endgültig verabschiedete Rahmenplan (Altstadt-Entwicklungsplan) erfüllt zusammen mit der inzwischen digitalisierten Grundkarte

("Basic Map") und dem Flächennutzungskonzept die Bedingungen des syrischen Planungsgesetzes und ist damit das offizielle „Entwicklungsprogramm" (Planungsgrundlage) für alle weiteren Bebauungspläne oder Stadtteil-Entwicklungspläne (siehe Abb.).

Die Altstadt wird als „lebendiger Organismus" gesehen – als ein urbanes Gebilde, das sich in seiner Geschichte ständig veränderte und sich an wandelnde politische, rechtliche, ökonomische und soziale Bedingungen anpasste. Der Rahmenplan zeigt auf, welche Komponenten (bauliche, ökonomische etc.) erhalten/geschützt werden sollen und auf welchen Gebieten ein Wandel möglich/nötig ist.

Die 100.000 Bewohner und ca. 40.000 täglichen Nutzer (Händler, Kunden, Besucher u.a.) der Altstadt sind die Zielgruppe, deren Lebensbedingungen verbessert werden sollen. Darüber hinaus hat die Altstadt eine nationale und internationale Funktion als Kulturerbe und schützenswertes Beispiel der Stadtbaugeschichte in Syrien.

Die Altstadt ist ein Geflecht aus sich überlagernden Nutzungen: Wohnen, Arbeiten (Handel und Kleingewerbe), Verwaltung, Erholung. Die Mischung der Nutzungen ist in den Stadtquartieren unterschiedlich stark konzentriert. Den inneren Bereich bildet der Suq (Quartier mit Handelsstraßen).

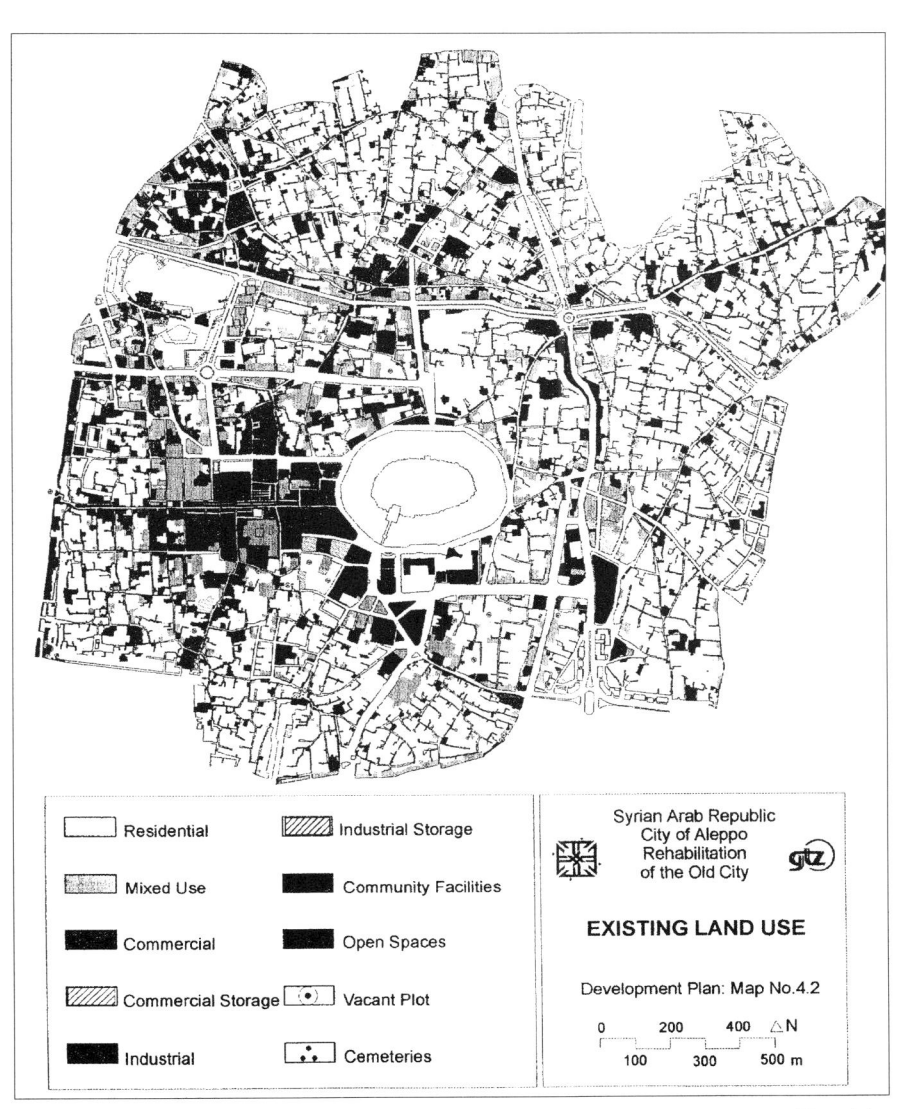

Aleppo, derzeitige Flächennutzung in der Innenstadt, Karte Nr. 4.2 des Entwicklungsplans

Der Entwicklungsplan kartiert den derzeitigen Stand und definiert Ziele. So soll z.B. die Wohnfunktion vor der sich ausdehnenden gewerblichen Nutzung geschützt werden. Die Dichte in Wohnquartieren soll bei etwa 250 Personen pro Hektar liegen, um die traditionelle zweigeschossige Hofarchitektur beibehalten zu können. Die Altstadt als Wirtschaftsstandort ist zu sichern. Der traditionelle Suq mit seinen personalintensiven Aktivitäten ist zu erhalten und durch verkehrsregelnde und Infrastruktur verbessernde Maßnahmen abzusichern.

Störende Nutzungen, insbesondere solche mit Lkw-Anlieferung, sind außerhalb der Altstadt anzusiedeln.

Die meisten Straßen der Altstadt sind aufgrund ihrer Breite bzw. der Topografie den Fußgängern vorbehalten. In den Geschäftszonen und den neuen Erschließungsstraßen kommt es zu Nutzungskonflikten mit dem motorisierten Verkehr. Angestrebt wird die Verbesserung des öffentlichen Personen-Nahverkehrs (Busse, Minibusse) und die Begrenzung des Individualverkehrs und des Parkens. Zur Sicherung der Altstadt als Wohn- und Arbeitsort soll die defizitäre Infrastruktur (Wasser- und Abwassernetz, Strom, Müllentsorgung) den heutigen Bedürfnissen und Standards angepasst werden. In einzelnen Quartieren wurde ein Fehlbestand im Gesundheits- und Erziehungswesen festgestellt.

Die historische Bausubstanz bildete einen wesentlichen Untersuchungs-Schwerpunkt. Der schlechte Zustand und Fehlentwicklungen in der Nutzung der Gebäude erforderten neue planerische, finanzielle und technische Lösungskonzepte. Der Entwicklungsplan schlägt ein System von Kontrolle/Schutz-Information/Motivation-Aktivierung von Ressourcen/Implementierung vor. Dabei gilt es, die Balance zu wahren zwischen der Erhaltung historischer Substanz und der Aktivierung der Potentiale für eine nachhaltige Entwicklung.

Die Strategievorschläge wurden in ein Maßnahmenprogramm umgesetzt und ihr Flächenbedarf in einem Flächennutzungs-Konzept zusammengefasst. Diese Angaben sind die Grundlage für den „Flächennutzungsplan Altstadt", der als Teilbereich in den „Masterplan" Groß-Aleppo übernommen wird. Für die einzelnen statistischen Bezirke wurden die erforderlichen Maßnahmen detailliert aufgelistet und bilden so die Grundlage für städtische Investitionspläne.

Der Entwicklungsplan ist der Rahmen für die verschiedenen städtischen Aufgabenfelder (Sektorplanungen). Darin werden die vordringlichen Maßnahmen detaillierter untersucht und in Einzelberichten („Subject Plans") dargestellt. Dies betrifft insbesondere die technische Infrastruktur (Wasser, Abwasser), den Verkehr, die wirtschaftliche Entwicklung und die Baurichtlinien.

Action-Area-Konzept

Die Altstadt mit ihren 400 ha Altbausubstanz und einer komplexen Sozial- und Wirtschaftsstruktur ist angesichts der Finanz- und Personallage der Stadtverwaltung zu groß für ein umfassendes, mittelfristig realisierbares Sanierungsprogramm. Die Erhaltung und Revitalisierung ist als permanente Aufgabe aller lokalen Akteure (Bewohner, private und staatliche Investoren) zu verstehen. Einzelmaßnahmen (Renovierung von denkmalgeschützten Gebäuden, Umnutzungen, Verkehrslenkung u.ä.) zeigen nur begrenzt Wirkung. Um den notwendigen integrierten Ansatz zu demonstrieren, wurden Sanierungsgebiete („Action Areas") identifiziert, die eine Konzentration typischer Probleme und Potentiale aufweisen. Drei Gebiete wurden als Pilotprojekte für Planungs- und Durchführungsprozesse vom Projekt ausgewählt. Dabei soll durch eine räumliche Bündelung die Verbesserung der städtischen Umwelt auf Quartiersebene sichtbar werden und private und städtische Investoren ermutigen, in der gesamten Altstadt in abgestimmter Weise tätig zu werden.

Die Diskussion über die Entwicklung der Altstadt ist mit der Vorlage des Entwicklungsplanes nicht beendet. Die Analyse, die Ziele und das Maßnahmenprogramm bieten erstmals eine fundierte Grundlage für die weitere sachliche Auseinandersetzung von städtischen Ämtern, Interessenvertretern und Betroffenen bei der Planung und Umsetzung von Maßnahmen in der Altstadt.

Planungsstrategien – Rahmenplanung und Action Area Planning

Tawifik Kelzieh – Ulf Schulte

Das heutige syrische Planungssystem ist ein Planungsansatz „von oben" und auf die Erstellung von übergeordneten Plänen fixiert. Die vielschichtigen Probleme auf der Ebene der Altstadt lassen sich damit jedoch nur schwerlich bewältigen. Die Bürgerbeteiligung ist unzureichend. Sie beschränkt sich derzeit auf die Vermittlung von Informationen und erfolgt zu einem sehr späten Zeitpunkt im Planungsprozess. Die Regelungen des Baugesetzes Decision No. 39, welche die baurechtliche Grundlage für die Altstadt ist, haben nur einen sehr generellen Charakter, und die einzelnen Aussagen treffen nicht auf alle Teilgebiete der Altstadt zu. Oft fehlen detailliertere Vorschriften, z.B. in Bezug auf die zulässigen Nutzungen.

Ergänzungen auf der Ebene der Planhierarchie waren notwendig. Die Regelungen des Baugesetzes wurden verbessert und erweitert. Die Integration des Entwicklungsplanes und umsetzungsorientierter Ansätze „von unten" in das System waren notwendige Schritte, um eine langfristige Revitalisierung der Altstadt zu gewährleisten.

Planungssystem des Projektes

Das Planungssystem des Projektes ergänzt das bestehende System. Es ist stark umsetzungsorientiert und an das Gegenstromprinzip des deutschen Planungsrechtes angelehnt (siehe Abb.).

Die syrisch-deutsche Kooperation beginnt mit der Erstellung des Entwicklungsplanes („Development Plan") für die gesamte Altstadt. Er ist – zusammen mit der Grundkarte und dem Flächennutzungskonzept – das „Planungsprogramm" für die „Local Plans". Er wurde in Koordination mit dem Masterplan für die Gesamtstadt erstellt und seine Zeitachse beträgt etwa 20 Jahre.

Im Zuge des Entwicklungsplanes werden Sektorpläne aufgestellt, welche verschiedene Sektoren, wie z.B. technische Infrastruktur, Verkehr, Tourismus, Umweltschutz, etc., auf der Ebene der Altstadt im Detail untersuchen. Sie haben einen zeitlichen Rahmen von 12 bis 15 Jahren.

Auf der Ebene der Local Plans ist das Konzept des „Action Area Plan" angewendet worden. Dieser orientiert sich an den Aussagen des Entwicklungsplanes und der Sektorpläne und gilt für ein überschaubares Teilgebiet der Altstadt mit einem Zeithorizont von 10 Jahren.

Das Konzept des Action Area Planes soll hier näher erläutert werden, denn er hat bereits mehrfach Anwendung gefunden (siehe Abb.).

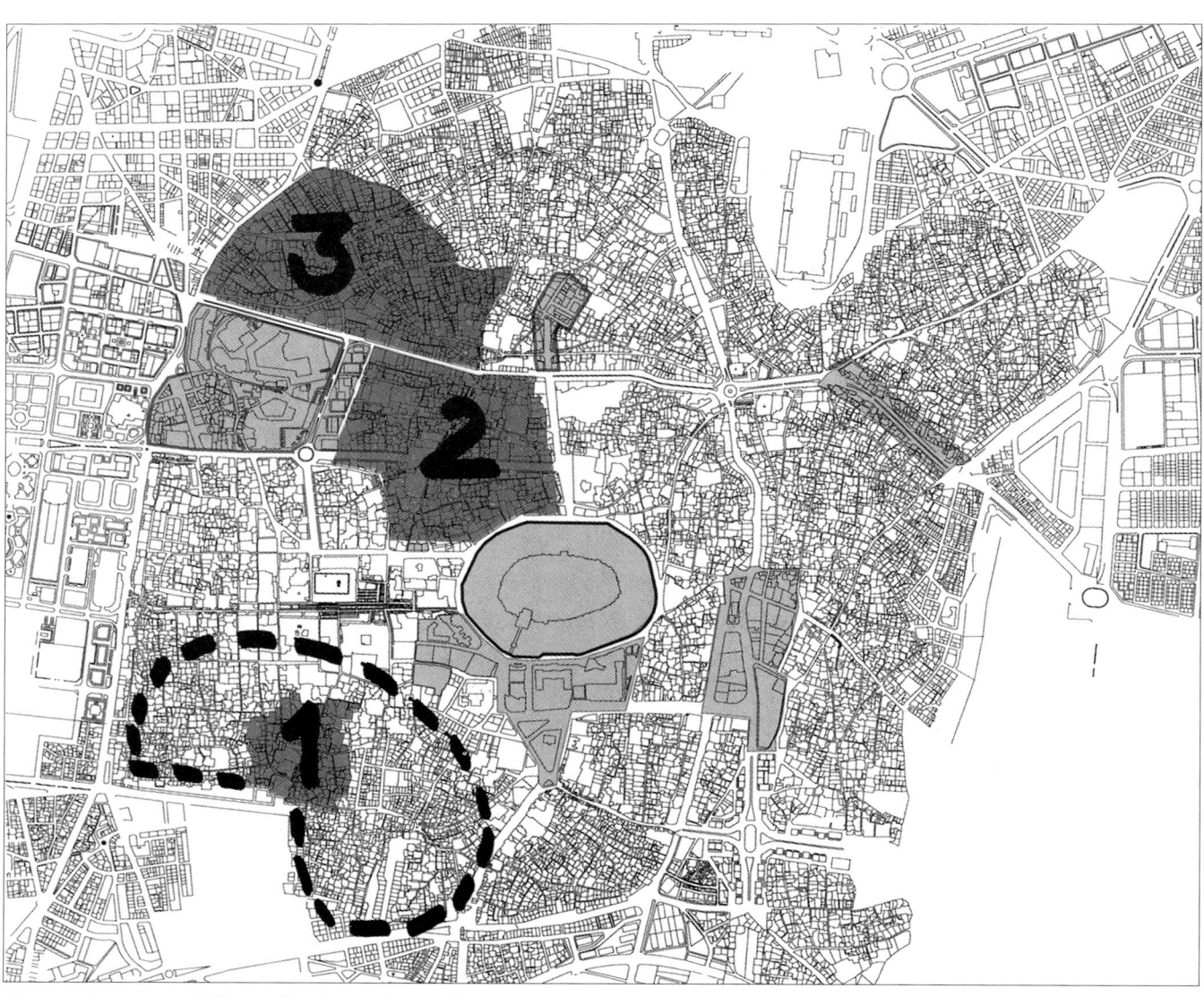

Aleppo, die ausgewählten Action Areas 1, 2 und 3

Action Area Planning

Der Action Area Plan ist ein Plan, der durch einen sektorübergreifenden, partizipatorischen Ansatz eine umfassende, exemplarische Entwicklung und Verbesserung der baulichen, ökonomischen, funktionalen, technischen und sozialen Struktur eines ausgewählten Teilgebietes innerhalb eines begrenzten Zeitraumes zur Aufgabe hat.

Der Action Area Plan umfasst eine detaillierte Bestandsanalyse mit Ziel- und Maßnahmenkonzeption, einen Bebauungsplan, einen „Action Plan" mit „Action Zones" und „Action Projects" sowie „Sofortmaßnahmen" („Immediate Action Measures", IAM's). Während Action Projects und Action Zones in maximal drei Jahren beendet sein müssen, haben die Sofortmaßnahmen einen Zeithorizont von nur max. drei Monaten. Der Action Plan wird jährlich aktualisiert und ist nicht rechtsverbindlich, im Gegensatz zum Bebauungsplan innerhalb des Action Area Plans.

Die „Action Area" ist ein klar abgegrenztes, überschaubares Teilgebiet der Altstadt, für welches eine umfassende Planung aufgestellt wird. Sie ist Ort intensiver Entwicklung durch eine Konzentration der Investitionen und anderer Ressourcen, welche eine rasche Umsetzung der Maßnahmen ermöglicht. Sie wird durch den Entwicklungsplan ausgewiesen.

Bei der Auswahl der Action Areas wurde darauf geachtet, dass das Gebiet überschaubar bleibt. Die Größe der Action Area soll daher 5-10 Hektar nicht überschreiten. Das Gebiet soll in sich relativ homogen sein, um die Fülle der Anforderungen der unterschiedlichen Nutzungen und Interessen einzugrenzen.

Die Grundidee des Action Area Plan ist das Gegenstromprinzip. Er verknüpft die orthodoxe Planung „von oben" mit der Planung „von unten". Er beinhaltet klassische Elemente der Planung, wie den Bebauungsplan und Bauvorschriften. Die Festlegungen zum Maß der Nutzung haben die Aufgabe, den orientalisch-islamischen Charakter des Plangebietes zu bewahren. In Bezug auf den Denkmalschutz kommt dem Bebauungsplan eine große Bedeutung zu, da er historisch und architektonisch wertvolle Gebäude ausweist. „Von unten" kommen Impulse durch den Action Plan. Die Beteiligung der betroffenen Bürger hat dabei einen hohen Stellenwert (siehe Abb.).

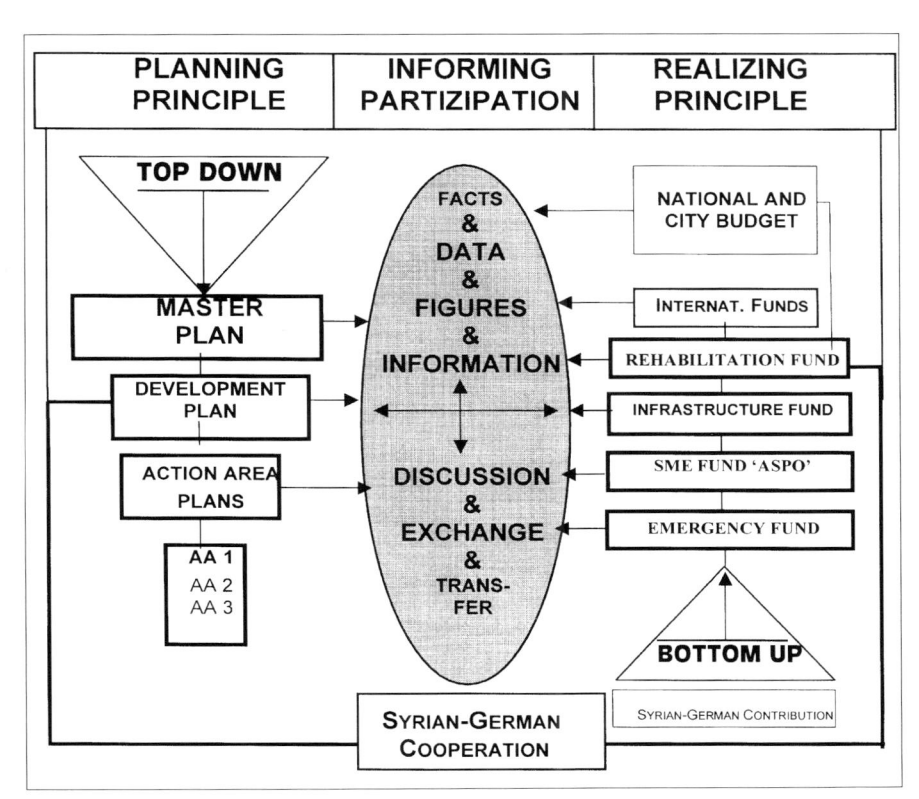

Planungsprinzipien des Rehabilitierungsprojektes

Der Action Area Plan versucht, die Belange von Erhaltung und Entwicklung aufeinander abzustimmen und umgehende Hilfe zu leisten. So kommt die Einrichtung der verschiedenen Fonds für die Instandsetzung der Häuser oder die Erneuerung der technischen Infrastruktur den Bewohnern direkt zugute.

Der didaktische Ansatz des Action Area Plans stellt das Prinzip des „Exemplarischen Lehrens und Lernens" dar: Das stete Problem der Vielschichtigkeit der (räumlichen) Probleme des Gesamtgebietes wird durch die Fokussierung auf einzelne Teilgebiete verringert.

Die kleinräumige Ebene macht es möglich, die durch den Entwicklungsplan aufgeworfenen Fragestellungen umfassend im Detail zu untersuchen. Aus der sorgfältigen Analyse der einzelnen Problemlagen in der Action Area resultiert ein Übertragungseffekt auf das Gesamtgebiet.

Innerhalb der Action Area wird wiederum exemplarisch vorgegangen. Es werden Action Zones, Action Projects und Sofortmaßnah-

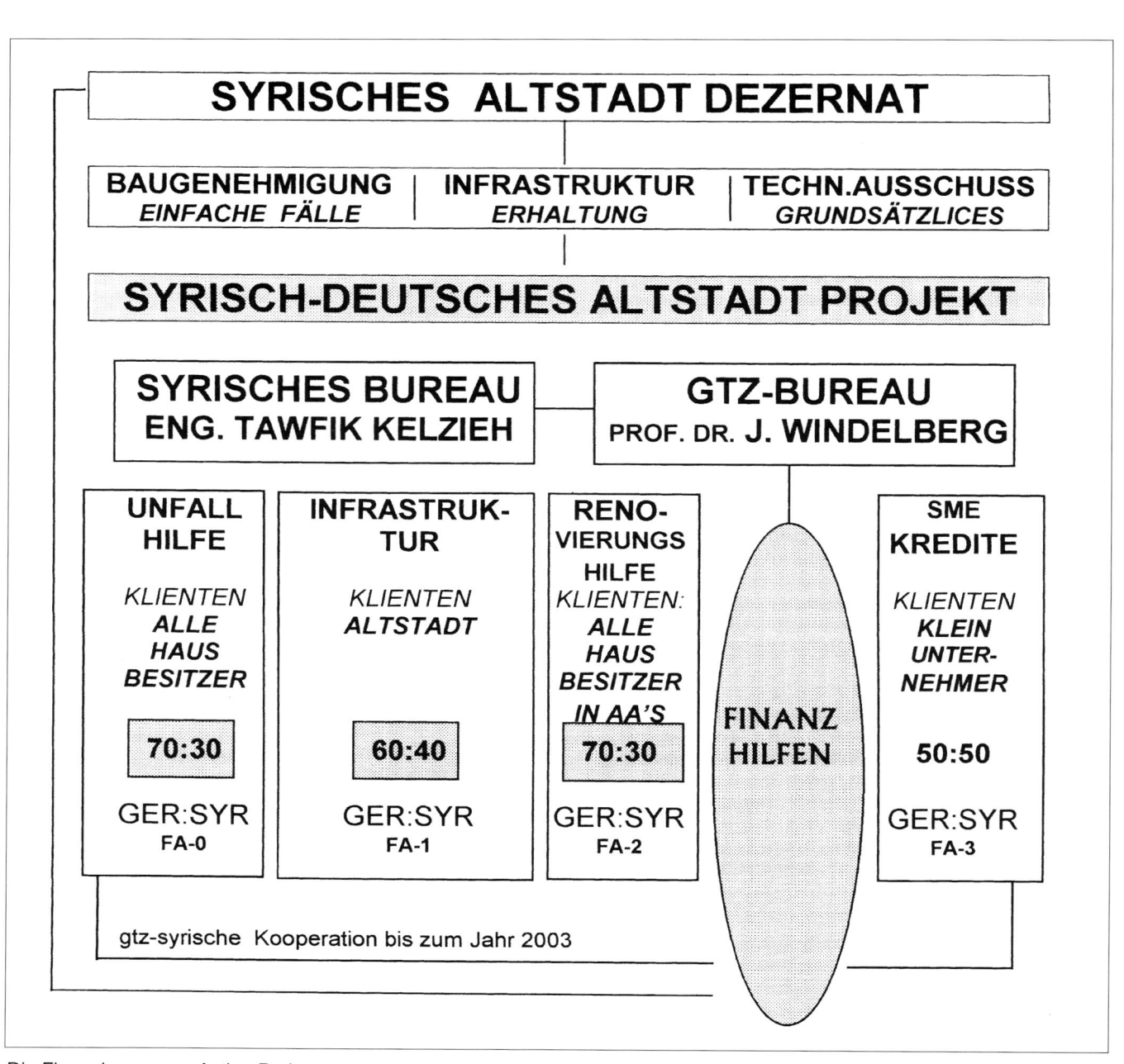

```
┌─────────────────────────────────────────────────────────────────┐
│  ┌───────────────────────────────────────────────────────────┐  │
│─▶│           SYRISCHES ALTSTADT DEZERNAT                     │  │
│  └───────────────────────────────────────────────────────────┘  │
│  │                                                              │
│  ┌─────────────────────┬─────────────────────┬──────────────┐   │
│  │ BAUGENEHMIGUNG      │ INFRASTRUKTUR       │ TECHN.AUSSCHUSS │
│  │ EINFACHE FÄLLE      │ ERHALTUNG           │ GRUNDSÄTZLICES  │
│  └─────────────────────┴─────────────────────┴──────────────┘   │
│                                                                 │
│  ┌───────────────────────────────────────────────────────────┐  │
│  │        SYRISCH-DEUTSCHES ALTSTADT PROJEKT                 │  │
│  └───────────────────────────────────────────────────────────┘  │
│                                                                 │
│  ┌─────────────────────────┐   ┌───────────────────────────┐   │
│  │  SYRISCHES BUREAU       │   │  GTZ-BUREAU               │   │
│  │  ENG. TAWFIK KELZIEH    │   │  PROF. DR. J. WINDELBERG  │   │
│  └─────────────────────────┘   └───────────────────────────┘   │
└─────────────────────────────────────────────────────────────────┘
```

UNFALL HILFE	INFRASTRUK-TUR	RENO-VIERUNGS HILFE	FINANZ HILFEN	SME KREDITE
KLIENTEN ALLE HAUS BESITZER	*KLIENTEN ALTSTADT*	*KLIENTEN: ALLE HAUS BESITZER IN AA'S*		*KLIENTEN KLEIN UNTER-NEHMER*
70:30	60:40	70:30		50:50
GER:SYR FA-0	GER:SYR FA-1	GER:SYR FA-2		GER:SYR FA-3

gtz-syrische Kooperation bis zum Jahr 2003

Die Finanzierung von Action Projects

men herausgegriffen, die einen demonstrativen Charakter haben.

Die festgelegte Action Zone etwa zeigt eine beispielhafte Rehabilitierung eines Straßenabschnittes auf.

Die Action Projects sind wesentliche und zentrale Umsetzungsmaßnahmen in der Action Area, zum Beispiel die grundlegende Sanierung eines Abwassersystems oder die Restaurierung eines Gebäudes für Zwecke der sozialen Infrastrukturausstattung. Die Sofortmaßnahmen greifen auf Bürgerversammlungen eingebrachte Wünsche und

Bedürfnisse der Bewohner des Quartiers auf. Sie haben sich als das effektivste Mittel aktiver Partizipation erwiesen.

"Schneeball-Effekte"

Die umfassende Gebietsanalyse ermöglicht es, problembezogene Strategien und Maßnahmen zu entwickeln, deren Umsetzung in der Action Area einen intensiven Entwicklungsschub auslöst. Die positiven Veränderungen im Plangebiet sind deutliches Beispiel für die möglichen Entwicklungschancen. Bewohner sowie andere Interessengruppen werden dadurch ermutigt, sich an dem Prozess der Rehabilitierung zu beteiligen.

Der durch die Schaffung von Anreizen mittels verschiedener Finanzierungsfonds angeworbene Einsatz privater Investitionen fördert die weitere Entwicklung der Action Area, die auch auf andere Gebiete ausstrahlt. Weitere Investitionen werden angezogen, die wiederum die positive Entwicklung stützen. Durch den Anstoß dieses Entwicklungsprozesses soll ein Kreislauf in Gang gesetzt werden, der der gesamten Altstadt zugute kommt.

Die Aufgaben und Zielsetzung, die sich aus Definition und Grundidee des Action Area Planes ergeben sind:

- Erstellung einer umfassenden, problemorientierten Gebietsanalyse,
- Erarbeitung eines Zielkataloges für die zukünftige Gebietsentwicklung,
- Erarbeitung eines Strategie- und Maßnahmenkatalogs,
- Einbeziehung der betroffenen Bevölkerung, Koordination aller betroffenen Institutionen und Interessengruppen,
- schnelle Umsetzung, Schaffung von Entwicklungsanreizen,
- Nachhaltigkeit.

Finanzierung und Umsetzung

Der Development Plan zeigt die Strategien für die Entwicklung der Altstadt auf. Die konkrete Umsetzung durch einzelne Akteure kann dieser jedoch nicht direkt beeinflussen. Daher wird dem Planungsprozess "von oben" ein System verschiedener Fonds entgegengestellt. Sie dienen als Anreiz für private Akteure, Vorhaben, die im Sinne des Entwicklungskonzeptes sind, umzusetzen. So können auch während des Planungsprozesses Maßnahmen "von unten" initiiert werden.

Die beiden Stränge stehen durch den Austausch von Information und Diskussion miteinander in Beziehung. Dies ist notwendig, damit die Vorgaben der Planung "von oben" auf der Ebene der Umsetzung Berücksichtigung finden und die Belange der Umsetzung "von unten" in die übergeordneten Pläne integriert werden. "Awareness Campaigns" sorgen dafür, dass die umgesetzten Maßnahmen von der betroffenen Bevölkerung verstanden und akzeptiert werden. Dies geschieht zum einen, um eine Langlebigkeit der Maßnahmen zu gewährleisten, aber auch Zeichen zur Nachahmung zu setzen. Bisher wurden solche Kampagnen insbesondere in den Bereichen Verkehr, Wasser/Abwasser und Müllentsorgung durchgeführt.

Die Umsetzung "von unten" wird durch verschiedene Fonds ermöglicht. Der "Emergency Fund" stellt Kleinkredite für dringende Reparaturarbeiten an den Häusern zur Verfügung, der "Infrastructure Fund" finanziert die Erneuerung der Wasser- und Abwasser-Infrastruktur und der "Rehabilitation Fund" vergibt Kredite für die Renovierung von Gebäuden.

Die Erstellung von Gestaltungsrichtlinien ("Guidelines") und zusätzlichen Regelungen zum Baugesetz Decision No. 39 waren notwendige Ergänzung und Verbesserung der derzeitigen Rechtsgrundlagen.

Action Area Planning

Omar Abdulaziz Hallaj

Dieses Kapitel versucht – in Ergänzung des Artikels von Tawifik Kelzieh und Ulf Schulte – nochmals auf eher abstrakter Ebene, die Grundlagen und Charakteristika von „Action Area Planning" aufzuzeigen.

Das Konzept des Action Area Planning wurde im Wesentlichen im anglo-amerikanischen Kontext entwickelt und vom Projekt übernommen und auf die hiesigen Verhältnisse angepasst.

Deshalb lässt sich „Action Area Planning" kaum ins Deutsche übersetzen: Man könnte es umschreiben mit „Planung für Gebiete mit hohem Handlungsbedarf" oder „Eingriffsplanung". Die Schwierigkeit der Übersetzung hat auch etwas damit zu tun, dass im deutschen Planungsrecht eine derartige „Eingriffsplanung" bereits im Kapitel 2 des Baugesetzbuches („Besonderes Städtebaurecht", Erster Teil: Städtebauliche Sanierungsmaßnahmen, Zweiter Teil: Städtebauliche Entwicklungsmaßnahmen) berücksichtigt ist. Wir müssten zum besseren Verständnis also eigentlich eine „Action Area" als (förmlich festgelegtes) Sanierungsgebiet gem. § 142 des Baugesetzbuches (BauGB) bezeichnen. Im Kontext der übrigen Regelungen des Baugesetzbuches ergibt sich für Deutschland ein einmaliges und hervorragendes Instrument für „Gebiete mit hohem Handlungsbedarf"; es erübrigen sich also für Deutschland neue Erfindungen. Leider hatte sich das Projekt vor 1997 bereits auf den internationalen anglo-amerikanischen Kontext geeinigt, so dass mein Kollege Windelberg und ich keine Chance mehr sahen, das Vorgehen gemäß deutschem Baugesetzbuch im Projekt zu empfehlen. Es hätte manches vereinfacht, auch weil viele Fachkollegen in Aleppo in Deutschland Stadtplanung studiert haben. Dennoch folgen wir in vielen anderen Bereichen der Stadtentwicklung von Aleppo – natürlich in sinnvoller Anpassung – dem deutschen BauGB.

Um keine weitere Verwirrung zu schaffen, bleiben wir aber im Zusammenhang des gesamten Abschnitts „D" bei dem Begriff Action Area Planning und erläutern das Vorgehen hier ein wenig ausführlicher.

Im anglo-amerikanischen und auch frankophonen Ausland und besonders in vielen Entwicklungsländern (eine Folge ihrer Kolonialisierung) existiert häufig der abstrakte flächenbezogene Plan allein und lässt die Eingriffskomponente außer Acht (in manchen Ländern wird eine Eingriffsregelung in gesonderten Gesetzen behandelt).

Die Eingriffsregelung wurde von uns eingefügt durch das Action-Area-Konzept. Das Wichtigste dabei ist der Ansatz: Er bedeutet „Planen von oben", wie es uns bereits in Syrien bekannt ist, mit den Stufen

Aleppo, Hof eines alten vornehmen Wohnhauses (jetzt Folklore-Museum)

„Flächennutzungsplan für die Gesamtstadt" (General Master Plan) und der örtlichen Stufe „Bebauungsplan" (Detailed Master Plan). Beiden Planungsstufen geht ein Planungsprogramm voraus, das die wesentlichen Vorgaben für die Infrastrukturversorgung liefert. Neu ist jedoch die Komponente „Durchführung von unten" (Eingriff), die im syrischen Planungsgesetz nicht vorgesehen ist. Diese Komponente wird als „Action Plan" nun dem Bebauungsplan angefügt und jährlich aktualisiert (siehe S. 431-435).

Zum Hintergrund von Action Area Planning

Im anglo-amerikanischen Kontext wurde Action Area Planning konzipiert, um die Kluft zwischen den eher abstrakten Struktur- oder Entwicklungsplänen auf regionaler oder Gesamtstadtebene und den Planungen und Konzepten auf Stadtteil- oder Gemeindeebene zu überbrücken. Action Area Planning soll dabei als ein Element der Planung von unten verstanden werden, das zusammen mit den Betroffenen entwickelt wird. Dieses Konzept der partizipativen Planung – dieser Hinweise sei gestattet – ist im deutschen BauGB integraler Bestandteil aller räumlichen Planung und im besonderen Maße hervorgehoben bei Sanierungsplanungen gem. § 136 BauGB.

Im Prinzip wird also der strategischen Planung – bekannt als Regionalplanung, Flächennutzungs- und Strukturplanung – auf gesamträumlicher Ebene eine auf Eingriff orientierte Planung „Action Planning" zur Seite gestellt.

Neu in diesem Zusammenhang ist also die Ankoppelung von Action Projects als Elemente des Action Planning in Form eines „Action Plan".

Viele Autoren weisen besonders auf den Vorteil von Action Area Planning für Entwicklungsländer hin. In Abwandlung eines Zitates von Stretton (1978, veröffentlicht in Hamdi und Goethert 1997, S. 14) und in Adaption dieses Zitates an Alt-Aleppo könnte Folgendes formuliert werden:

„For a quick test of a developing country's urban performance, do not ride from the airport by the motorway to the City's Central Planning Office to inspect the General Master Plan or the metropolitan strategy plan. Instead, find the newest Action Area and see what, if anything, is keeping the sewage away from the drinking water. See if the layout of the neighbourhood would allow bus routes, local schools and services and solid housing and small workshops to be developed without bulldozing anyone. Then start walking through the narrow alleys to the Mayors office or towards whichever government office should know whether sites and services and housing construction are getting two percent of the City's recorded economic activity, or ten, or what figure in between. By the time you get there you should know the answer well enough from what you have seen along the way."

Im Zusammenhang mit Rehabilitierungsstrategien wurde das Action Area Konzept auch für denkmalgeschützte historische Gebiete übernommen. Im Fall Aleppo hatte der seit dem Jahre 1990 bestehende generelle Denkmalschutz zu einer Lähmung der Investitionen geführt. Action Area Planning jedoch führt nun die Gegensätze „Erhalten" und „Entwickeln" auf der räumlichen Ebene wieder zusammen.

Action Planning

Neben der räumlichen Komponente „Bebauungsplan" (legally binding „Detailed Master Plan" gem. syrischem Planungsgesetz) erfordert Action Area Planning also die Entwicklung von Action Projects, die beispielhaft die übergeordnete Rehabilitierungsstrategie verdeutlichen sollen, und sie sollen auch visualisierte, sichtbare Zeichen eines Erneuerungsprozesses sein. Wichtig ist, dass die Erarbeitung sowohl des Bebauungsplanes als auch des Action Plan simultan die übergeordneten Entwicklungsziele von Beginn an einbezieht. Es darf kein Auseinanderfallen von räumlicher, flächenhafter Planung und Demonstrationsprojekten geben. Oder anders herum: Action Projects allein um der spektakulären und kurzfristigen Erfolge wegen sind ebenso problematisch wie die ausschließliche Konzentration auf die eher langfristig wirkenden Bebauungspläne.

Zielfindung

Neben der übergeordneten Zielstellung ist es erforderlich, kleinräumige Rehabilitierungsziele zu entwickeln. In der Action Area 1 (Bab Qinnasrin) haben wir dafür folgende Gliederung gewählt:
1. Generelle übergeordnete Ziele,
2. Flächennutzungsziele,
3. Ziele zur Bevölkerungs- und Wohnentwicklung,
4. Ziele zur Wirtschaftsentwicklung,
5. Umweltziele,
6. Ziele zum Verkehrsmanagement,
7. Ziele zur technischen Infrastrukturerneuerung,
8. Ziele zur Entwicklung der sozialen Infrastruktur,
9. Ziele zum Denkmalschutz,
10. Ziele zur Partizipation.

Diese Zielgliederung folgt derjenigen des Entwicklungsplanes (D-Plan) der Gesamt-Altstadtebene.

Räumliche Einwicklungsstrategien

Wie oben bereits erwähnt, folgen wir bei der Festlegung der quantitativen und qualitativen Flächennutzung auf Gesamtstadt- wie auf Stadtteilebene in etwa den Kategorien der deutschen Baunutzungsverordnung (BauNVO). Insbesondere der § 4a (Besondere Wohn- gebiete) wurde abwandelt und angepasst eingefügt.

Besonderes Augenmerk muss in Aleppo den Nutzungsmischungen gewidmet werden. Gerade in der islamisch-orientalischen Stadt erstrecken sich große Areale von Mischnutzungen entlang der Erschließungswege zum Zentrum („Suq"). Häufig sind auch in „reinen" Wohngebieten kleine Teile der Erdgeschossnutzung umgenutzt. Deshalb haben wir in Aleppo auch auf der Action-Area-Ebene einen Maßstab 1:500 gewählt, um kleinmaßstäblich das filigrane Nutzungsgeflecht adäquat abzubilden: für heute und für die Zukunft.

Fachplanung

Einige Aspekte der Sanierungs- und Rehabilitierungsplanung lassen sich nicht auf der räumlich orientierten und begrenzten Ebene einer Action Area wie Bab Qinnasrin darstellen. Sie haben keine klaren räumlichen Grenzen, wie etwa die Themen Stadtökonomie oder Umweltschutz, oder sie beanspruchen einfach größere Gebiete als die ausgewählten Action Areas und sind eher von linearem, denn von flächigem Charakter (Beispiel Abwasserleitungen, Straßen). Normalerweise werden deshalb diese Themen in gesonderten Fachplänen abgehandelt, die einen anderen räumlichen Bezug oder gar keinen haben.

Beispielhafte Rehabilitierung: Die Assadie Schule *Jens Windelberg*

Getreu dem Motto „Neues in Altem" wurde in der Action Area 1, dem Stadtviertel Bab Qinnasrin, eine denkmalgeschützte alte Schule zu neuem Leben erweckt:

Die schon 1154 gebaute Schule war seit mehreren Jahren verwaist und schon fast verfallen, als das Projekt beschloss, hier ein Zeichen zu setzen. Eine Umfrage bei der Hauptzielgruppe, den Einwohnern des Stadtviertels Bab Qinnasrin, hatte ergeben, dass Gesundheitszentren mit Vorsorgeeinrichtungen in allen Stadtvierteln fehlten, so auch in dieser Action Area 1. Ebenso mangelte es an Versammlungsräumlichkeiten und auch das Projekt brauchte ein dezentrales Büro für die Planung und Ausführung von technischen Infrastrukturmaßnahmen (neue Abwasser- und Wasserleitungen und ein Verkehrskonzept) im Stadtviertel.

Objektplanung und Bauüberwachung leisten die Projektexperten und -mitarbeiter, die Finanzierung erfolgte über den Infrastrukturfonds, an dem die GTZ mit 60% beteiligt ist.

Nach nur 9-monatiger Restaurierungsarbeit wurde das neue/alte Gebäude vom Gouverneur feierlich Ende 1998 eingeweiht. Zweimal wöchentlich werden nun Sprechstunden von einem Arzt und zwei 2 Schwestern abgehalten, Impfprogramme durchgeführt, erste Hilfe geleistet und – fast nebenbei – von den Projektmitarbeitern Ratschläge zu Fragen der Gebäudesanierung erteilt.

Das ganze „Action Project" ist ein Gemeinschaftswerk von vielen: Der Eigentümer, die religiöse Stiftung Auqaf, hat das Gebäude gestellt, das Projekt die Sanierung durchgeführt und das Gesundheitsdezernat trägt die Kosten der „personellen Infrastruktur".

Alte Stadtstruktur zu erhalten und mit neuem Leben zu Gunsten der Bewohner und Nutzer der Altstadt zu erfüllen – dieses Konzept scheint richtig zu sein, das Beispiel übertragbar.

Vom Erfolg überrascht, nimmt das Projekt gerade zwei weitere Denkmäler des gleichen Stadtviertels ins Auge: Ein leerstehendes Wohngebäude wird einen Kindergarten beherbergen und ein ebenfalls denkmalgeschütztes, nicht genutztes altes christliches Konvent (Schebani Schule) wird zu einem Ausstellungsgebäude mit einer Berufsschule für Restaurierungstechniken umgebaut. Auch hier steht die Finanzierung bereits und der Beginn der Umbauarbeiten ist für Juni 2000 festgelegt.

Ein Beispiel für die Rehabilitierung

Gerade die eher großräumigen oder linearen Flächennutzungskategorien sind aber oft höchst einflussreiche Parameter für eine Altstadt. Deshalb müssen die sektoralen Planungen in folgender

Weise ihren Niederschlag in den Action Area Plans finden:
- Innerhalb der Action Areas können Prioritäten für die Umsetzung von Sektorplanungen gesetzt werden.
- Es können leichter Umsetzungsstrategien entwickelt werden, die dann als allgemeingültiger Standard in anderen Gebieten der Altstadt Anwendung finden.
- Die Action Areas können wegen ihrer Überschaubarkeit idealerweise auch als Basis für Weiterbildungs- und Qualifizierungsprojekte dienen (siehe Artikel F. Rifai).

Räumliche Entwicklungsplanung und Action Area Planning

Die Kosten einer umfassenden Sanierung in Alt-Aleppo addieren sich zu atemberaubenden Summen. Verfügbare Budgets decken nur einen minimalen Teil der erforderlichen Ausgaben ab. Das ganze Gelände der alten Stadt bedeckt eine Fläche von ca. 355 Hektar, größer als jedes andere vergleichbare Gelände. Des Weiteren ist die alte Stadt von Aleppo das Zentrum eines aufstrebenden Hauptstadtbereichs von mehr als 2 Millionen Einwohnern. Die verfügbaren Gelder zu seinem Unterhalt entsprechen ganz offensichtlich nicht der räumlichen Bedeutung dieses Geländes.

Das Arbeitsgebiet-Planungskonzept überbrückt diese Kluft.

Während umfassende Planung den Rahmen für Langzeitstrategien bildet, liefert die Zuweisung von Arbeitsgebieten wichtige Katalysatoren und sorgt dafür, dass technische Fähigkeiten und Startkapital zur Stelle sind, um die Langzeitstrategien durchzuführen.

Abgrenzung von Action Areas

Im Falle Aleppos erfolgte die Abgrenzung von 3 Action Areas pragmatischen Gründen, was die Anzahl betrifft, und systematischen im Hinblick auf ihren Charakter.

Die 3 Areas sind (Stand 01.03. 2000):
- AA 1, Bab Qinnasrin: etwa 15 ha,
- AA 2, Farafra: etwa 20 ha,
- AA 3, Jdeideh: etwa 15 ha.

Zusammen sind es etwa 15 % der Altstadtfläche mit etwa 50 ha.

Alle drei Gebiete repräsentieren alle Typen von Gebietskategorien, die in der Altstadt vorkommen, mit Ausnahme des Suqs und der Zitadelle.

AA 1 steht für den Durchschnittstyp von Altstadtteil: Hier kumulieren alle Probleme, die sonst nur vereinzelt auftreten. Jedoch ist das Problemniveau nicht zu hoch und der Veränderungsdruck noch gering. In diesem Gebiet werden deshalb alle Instrumente zur Rehabilitierung der Gesamtaltstadt getestet.

AA 2 ist ein Stadtteiltyp unter hohem Veränderungsdruck durch „Modernisierung": Die neuen breiten Straßen aus den 60er und 70er Jahren laden dazu ein, weiteren Abriss von Wohngebäuden zu forcieren und verkehrserzeugende, jedoch kaum „value-adding"-Nutzungen (Großhandel) anzuziehen. Hier besteht die Aufgabe des Projektes darin, „Neues" in die alte Stadtstruktur positiv zu integrieren und den Veränderungsdruck in Zonen geringen historischen Wertes abzuleiten.

AA 3 ist ein historisch noch sehr wertvoller und intakter Stadtteil, der aber partiell unter hohem Investitionsdruck der Tourismusbranche steht (siehe hierzu den nachfolgenden Beitrag von A. Gangler).

Die drei Gebiete haben bereits ein Potential gezeigt, die Öffentlichkeit wie auch private Investoren daran zu interessieren, die lokale Wirtschaft zu fördern – ein Schlüsselfaktor, um sicher zu gehen, dass Sanierungsmaßnahmen auch in Zukunft weiter durchgeführt werden.

Finanzielle Überlegungen

Das Projekt der Sanierung der Altstadt von Aleppo wurde mit internationaler Hilfe der deutschen Regierung und der lokalen Fonds der Stadt eingerichtet. Das Startkapital, das für das Projekt zur Verfügung gestellt wurde, ermöglichte den Beginn der Planung und deckte einige Pilotmaßnahmen ab (Verbesserung der Infrastruktur). Die internationale Unterstützung sorgte für einen sehr wichtigen Impuls für die örtlichen Autoritäten, entsprechende Budgets einzurichten. Auf lange Sicht müssen die örtlichen Autoritäten jedoch Möglichkeiten entwickeln, lokale Fonds aufzubauen. Auch der private Sektor sollte ermutigt werden, sich an der Sanierung der Altstadt zu beteiligen. Die Planung sollte ebenfalls die Erzeugung von Einkommen durch dauerhaften Tourismus in Erwägung ziehen sowie die Entwicklung der örtlichen Möglichkeit, Einkommen zu erzielen, und die Versorgung mit der nötigen Infrastruktur, um eine kontrollierbare Menge von externen Investitionen anzuziehen.

Weil Subventionen vorläufig begrenzt sind, stellt das Team für Action Area Planning eine Möglichkeit dar, den Output der finanziellen Ressourcen zu maximieren und begrenzte Anreize für örtliche Initiativen zu bieten.

Literatur

Baer - Snethlage 1996. Hallaj 1997. Hamdi - Goethert 1997. Icomos 1994. Krekeler u.a. 1998. Larkham 1996. Stürzbecher u.a. 1999. Tiesdell u.a. 1996.

Auszug aus BauGB Bundesrepublik

§ 4a. Gebiete zur Erhaltung und Entwicklung der Wohnnutzung (besondere Wohngebiete).
(1) Besondere Wohngebiete sind überwiegend bebaute Gebiete, die aufgrund ausgeübter Wohnnutzung und vorhandener sonstiger in Absatz 2 genannten Anlagen eine besondere Eigenart aufweisen und in denen unter Berücksichtigung dieser Eigenart die Wohnnutzung erhalten und fortentwickelt werden soll. Besondere Wohngebiete dienen vorwiegend dem Wohnen; sie dienen auch der Unterbringung von Gewerbebetrieben und sonstigen Anlagen im Sinne der Absätze 2 und 3, soweit diese Betriebe und Anlagen nach der besonderen Eigenart des Gebietes mit der Wohnnutzung vereinbar sind.
(2) Zulässig sind
1. Wohngebäude,
2. Läden, Betriebe des Beherbergungsgewerbes, Schank- und Speisewirtschaften,
3. sonstige Gewerbegebiete,
4. Geschäfts- und Bürogebäude,
5. Anlagen für kirchliche, kulturelle, soziale, gesundheitliche und sportliche Zwecke.
(3) Ausnahmen können zugelassen werden für
1. Anlagen für zentrale Einrichtungen der Verwaltung,
2. Vergnügungsstätten, soweit sie nicht wegen ihrer Zweckbestimmung oder ihres Umfangs nur im Kerngebiet allgemein zulässig sind,
3. Tankstellen.
(4) Für besondere Wohngebiete oder Teile solcher Gebiete kann, wenn besondere städtebauliche Gründe dies rechtfertigen (§ 9 Abs. 3 des Baugesetzbuchs), festgesetzt werden, dass
1. oberhalb eines im Bebauungsplan bestimmten Geschosses nur Wohnungen zulässig sind oder
2. in Gebäuden ein im Bebauungsplan bestimmter Anteil der zulässigen Geschossfläche oder eine bestimmte Größe der Geschossfläche für Wohnungen zu verwenden ist.

Flächennutzungsstrategie gem. § 4a BauGB in Action Areas

Specific Land Use Areas:
Specific Land Use Areas are areas, where one function is predominant and the other functions have to be compatible with it.
Character: Residential Areas with special regard to housing preservation and development. Building use predominates and they reveal a special Arabic-Islamic character, deriving from their current residential use and from the existence of specific physical structures. The residential use is to be preserved and developed in view of this special character. Functions have to be compatible with the residential function and the special character of the area.
Permitted developments are:
(1) Predominantly residential buildings. Also: (2) Shops, non-disruptive commercial operations supplying services to the area, small traditional business providing accommodation, public houses, small traditional restaurants, (3) business premises, offices, (4) structures for religious, cultural, social, health-care and recreational facilities supplying service to the area.
In exeptional cases:
(1) Buildings serving central administrative functions.
Not permitted are:
(1) Warehouses, (2) slaughterhouses and other uses stated in Local Plans.
Additional regulations:
Where it can be justified on „special urban planning grounds" stipulation may be made in respect of these residential areas or parts thereof, that (1) above a stry specified in the legally binding Land Use Plan only residential accommodation shall be permitted, or (2) a specific proportion of permitted floor-space, or a specific area of floor-space in buildings shall be used for dwellings.
Quelle: AA-1 Plan, Seite 53, Aleppo 1991.

Action Area Planning in Jdeideh

Anette Gangler

Historische Entwicklung

Jdeideh liegt im Norden der Stadt *extra muros*. Die Ursprünge dieses mittelalterlichen Vorstadtquartiers reichen bis in byzantinische Zeit, an Bedeutung gewann es jedoch unter mamlukischer Herrschaft. In dieser Zeit wirtschaftlichen Aufschwungs begann das Viertel mit dem Namen „das kleine Neue" entlang den Ausfallstraßen nördlich des Bab an-Nasr zu wachsen und besaß bereits zu Beginn des 15. Jh. eine dichte Siedlungsstruktur. Ibn asch-Schihna bezeichnete das Quartier als christliches Viertel, wovon die vielen Kirchen zeugen, die bis heute Wahrzeichen des westlichen Bereiches von Jdeideh sind.

Die traditionelle Quartiersstruktur hat sich im Wesentlichen in osmanischer Zeit herausgebildet, als die Vorstädte als Wohn-und Gewerbestandorte immer attraktiver wurden. An der nördlichen Altstadtgrenze von Jdeideh entstanden neue Wohnviertel mit einem regulären Sackgassensystem, dass hier relativ große, gleichmäßige Grundstücke erschloss, auf denen luxuriöse Häuser gebaut wurden, während im Zentrum des Viertels in bedeutende neue Wirtschaftsbauten, wie „Chane" und „Qisariyas", investiert wurde. 1583 wurde der Gebäudekomplex des „Waqf" der Moschee Bahram Bascha gebaut mit einem „Hammam" und zwei großen Qisariyas und 1654 folgte der Gebäudekomplex des Waqf Ibschir Bascha mit einer Moschee, Läden, drei Qisariyas, einem Chan und einem Kaffeehaus (siehe Abb.).

Diesen städtebaulichen Erneuerungen folgten ab 1900 weitere, für die Entwicklung der nördlichen Vorstadtquartiere einschneidende Eingriffe. Angrenzend an die komplexe, additive Struktur der traditionellen Altstadtquartiere entstanden im Nordwesten von Jdeideh die ersten geplanten Stadterweiterungen, die, bedingt durch das rapide Wachstum, bald die nördlichen traditionellen Vorstadtquartiere eingekreist hatten. Ein neues Prinzip, das nach außen, zum öffentlichen Raum orientierte Gebäude, wurde zum Baustein neuer städtebaulicher Konzepte und hatte vielfältige Transformationsprozesse zur Folge, die vor allem den westlichen und südlichen Bereich von Jdeideh völlig veränderten. Im Westen wurde die osmanische Altstadtgrenze (*Talal*) und im Süden der ehemalige Graben (*Chandaq*) zu wichtigen innerstädtischen Straßen, die Altstadt und Neustadt verknüpften. Diese Achsen wurden zu einer bevorzugten Lage für Handelsbauten und Handwerksbetriebe, wo die funktionale Trennung zwischen kommerziellem „Suq" und den einzelnen Wohnquartieren, die auch das Zentrum von Jdeideh prägte, zu Gunsten einer Mischnutzung in mehrgeschossigen Gebäuden aufgegeben wurde (siehe Abb.).

Ein Veränderungsprozess hatte die Ränder des Quartiers erfasst, der sich durch den strukturellen Wandel der Gesamtstadt verstärkte und ins Innere des Quartiers vordrang. Dieser Prozess beschleunigt sich, da die frühen Stadterweiterungen längst zu hoch verdichteten innerstädtischen Einkaufsbereichen einer Zwei-Millionen-Stadt geworden sind und die traditionellen Nutzungen in den angrenzenden Altstadtquartieren verdrängen (siehe Abb.) und eine immer höhere Verkehrsdichte verursachen (siehe Abb.). Weder im noch in der Umgebung des Viertels gibt es Freiräume, die neue städtische Funktionen übernehmen könnten, sondern die Dichte und Undurchlässigkeit der alten und neuen Stadtteile überlagern sich.

Lagebedingt herrscht daher in den nordwestlichen Altstadtquartieren ein ungeheurer Investitionsdruck, der eine hohe Dichte mit großer Mischnutzung bewirkte und große Probleme in Bezug auf Verkehrserschließung und Infrastruktur verursachte.

Da neben den religiösen Gebäuden dennoch viele architektonisch wertvolle Bauten, vor allem prächtige Stadtpaläste aus dem 17. und 18. Jahrhundert und vor allem 23 registrierte historische Monumente bewahrt sind und in deren Umgebung sich die engen, überwölbten Gassen erhalten haben, hat das Viertel auch hohen touristischen Wert (siehe Abb.). D.h. die Problematik von Jdeideh unterscheidet sich in Teilbereichen erheblich von

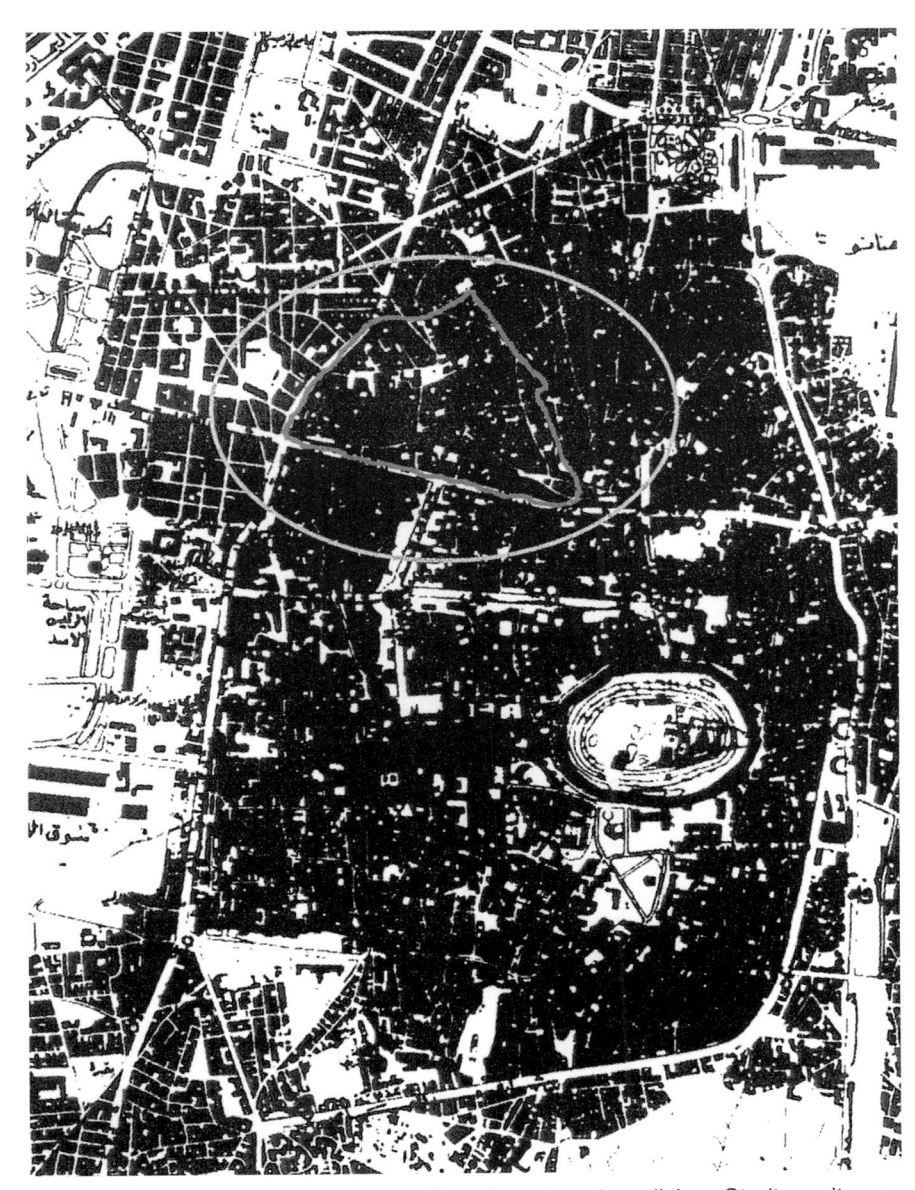

Aleppo, Lage von Jdeideh zwischen Altstadt und nordwestlichen Stadterweiterungen, um 1900

der in anderen Altstadtbereichen. Um aus solchen unterschiedlichen Gebieten langfristig detaillierte Zielsetzungen zur Erneuerung der Altstadt ableiten zu können, wurde Jdeideh daher als ein Gebiet mit

Aleppo, Luftbild vom Zentrum Jdeideh (Sahat al-Chatab/Waqf Ibschir Bascha/Waqf Bahram Bascha), um 1930

nutzung durch Läden und Werkstätten ersetzt. Diese Wohnviertel zu erhalten und aufzuwerten, ist oberstes Ziel der Planung, und es gilt, Regeln zu entwickeln, die vor allem ermöglichen, die qualitative und die quantitative Nutzung der Gebäude zu steuern (z.B. über die Flächennutzung). Kontrollmechanismen (z.B. Gestaltungsrichtlinien) und finanzielle Unterstützung für die Eigentümer (z.B. „Rehabilitationfund" und „Emergency Fund") sind notwendig, um die Zerstörung der Wohnnutzung aufzuhalten und die Verbesserung der Wohnungen wie des Wohnumfeldes zu gewährleisten. Hierzu müssen auch Modelle entwickelt werden, wie die Bewohner an der Planung interessiert und beteiligt werden können (z.B. Stadtteilbüro). In Bab Qinnasrin wurde daher die Entwicklung eines nachbarschaftlichen Planungskonzeptes notwendig. Indessen fordert Jdeideh in seinem schnellen strukturellen Wandel neben diesen nachbarschaftlichen Konzepten, die sicher auch in den östlichen Wohngebieten greifen, ein übergeordnetes städtebauliches Konzept mit gezielter projektbezogener Planung.

Handlungsbedarf – als „Action Area" – ausgewählt. Im Gegensatz z.B. zu dem typischen innerstädtischen Gebiet im Süden der Altstadt, Bab Qinnasrin, das aufgrund seiner noch relativ stabilen sozialen und baulichen Struktur zum Pilotprojekt (AA 1) ausgewählt wurde.

Im Quartier Bab Qinnasrin sind die Wohnhäuser noch in einem relativ guten Zustand und nur entlang den Durchgangsstraßen wird Wohn-

Bestandsaufnahme und Planungsinstrumentarien

Durch die unterschiedliche historische Entwicklung und die jeweilige besondere Lage eines ausgewählten Gebietes – einer Action Area – im Gesamtgefüge der Stadt werden unterschiedliche Planungsstrategien erforderlich, auch wenn alle Einzelmaßnahmen in Gebäuden oder im Quartier wiederum in ein Gesamtkonzept – den Entwicklungsplan für die Altstadt – eingebunden sind und in ständiger Wechselwirkung zueinander stehen. Voraussetzungen für die Entwicklung städtebaulicher Konzepte und darin integrierter projektbezogener Planungen auf der Ebene der „Action Area" und der „Action Projects" ist eine vorbereitende Untersuchung, eine detaillierte Bestandsaufnahme und Befragung im ausgewählten Untersuchungsgebiet.

Die Analyse der Ergebnisse im Untersuchungsgebiet von Jdeideh ergab eine Einwohnerzahl von rund 5.000 EW. Das Gesamtgebiet umfasst ca. 16,7 ha, wobei davon 16,5 % = 2,7 ha auf den öffentlichen Raum, auf Straßen und Plätze, entfallen, während sich die „bebaute" Fläche aus rund 1.000 Parzellen (Häusern) unterschiedlichster Größe zusammensetzt. Im Innern des Gebietes handelt es sich um eine zweigeschossige traditionelle Struktur (durchschnittliche GFZ von 1,4), die zur Hälfte als noch relativ gute Bausubstanz bezeichnet werden kann. Hingegen sind die äußeren südlichen und westlichen Ränder

Aleppo, Nordfassade der Chandaqstraße

des Gebietes von einer fünf- bis sechsgeschossigen Bebauung geprägt, in deren Erdgeschosszonen vorwiegend kommerzielle Nutzungen untergebracht sind, während sich im Quartiersinnern jeweils zu einem guten Drittel kommerzielle Nutzung und Wohnnutzung mischen (siehe Plan).

Die Analyse der detaillierten Bestandsaufnahmen im Zentrum und in den östlichen Wohnquartieren (Area 1 = 1998 und Area 2 = 1992) zeigen eine steigende Tendenz zur Mischnutzung im Verhältnis von 364 Haushalten (42 %) zu 496 Läden, Lagern und Handwerksbetrieben (58 %). In den Häusern selbst wird sie deutlich durch die vielfachen Teilungen. Über ein Viertel (27,2 %) der traditionellen Hauseinheiten ist oft mehrfach geteilt, wo-

Aleppo, nordwestliche Platzfassaden Sahat al-Chatab

bei über 80 % der kommerziell genutzten Teile vermietet sind, aber fast derselbe Prozentsatz (77 %) an Wohnungen Eigentum sind. Das

Aleppo, Haupterschließungsachse in den traditionellen östlichen Wohngebieten von Jdeideh

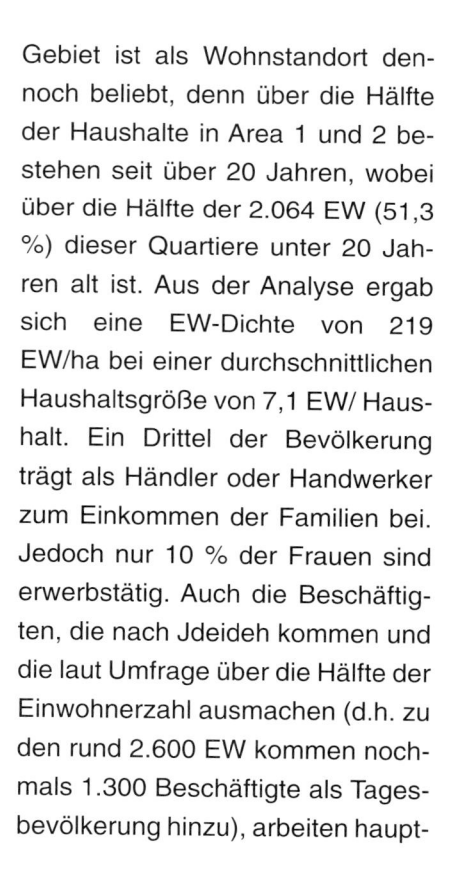

Aleppo, überlastete Verkehrssituation im Zentrum von Jdeideh

Gebiet ist als Wohnstandort dennoch beliebt, denn über die Hälfte der Haushalte in Area 1 und 2 bestehen seit über 20 Jahren, wobei über die Hälfte der 2.064 EW (51,3 %) dieser Quartiere unter 20 Jahren alt ist. Aus der Analyse ergab sich eine EW-Dichte von 219 EW/ha bei einer durchschnittlichen Haushaltsgröße von 7,1 EW/ Haushalt. Ein Drittel der Bevölkerung trägt als Händler oder Handwerker zum Einkommen der Familien bei. Jedoch nur 10 % der Frauen sind erwerbstätig. Auch die Beschäftigten, die nach Jdeideh kommen und die laut Umfrage über die Hälfte der Einwohnerzahl ausmachen (d.h. zu den rund 2.600 EW kommen nochmals 1.300 Beschäftigte als Tagesbevölkerung hinzu), arbeiten hauptsächlich als Händler, Handwerker oder Arbeiter im Lebensmittelbereich oder in der Leder- und Textilverarbeitung. Nur 10 % von ihnen sind im Tourismus tätig.

Planungsstrategien

In AA 3 müssen weitreichendere Maßnahmen als die Erhaltung und Aufwertung der historisch wertvollen Gebäude entwickelt werden. Vor allem die Mischnutzung, die in manchen Bereichen die Wohnnutzung stark gefährdet, aber die Lebendigkeit und Vielfältigkeit dieser Stadt ausmacht, muss hier gefördert und gestärkt werden. Es müssen Leitbilder und Richtlinien für ein Nebeneinander von Wohnen und Arbeiten, von Tourismus und ruhigen Bereichen für die Bewohner, von hochwertigen Einkaufsmöglichkeiten und Marktbetrieb entwickelt werden. Die unterschiedlichen Bereiche des Gebietes, die östlichen traditionellen Wohnviertel, die Ränder des Untersuchungsgebietes, seine westlichen Bereiche und das Zentrum, fordern unterschiedliche integrative städtebauliche Maßnahmen, die zeitlich ineinander greifen.

Für die östlichen Wohngebiete sind nachbarschaftliche Planungsstrategien, wie sie in AA 1 angewandt werden, weiter zu entwickeln. Hingegen sind die Grundstücke an den Rändern des ausgewählten Gebietes, sowohl an der westlichen Fußgängerzone (*Talal*)

wie an der südlichen Ringstraße (*Chandaq*), von relativ hohem spekulativen Wert, und längst verliert auch hier die typische Aleppiner Architektur des 19. Jh. ihren Wert. Sie wird durch fünf- bis sechsgeschossige Gebäude mit einer hohen Mischnutzung von Läden, Werkstätten und Appartements ersetzt. Diese der traditionellen Baustruktur völlig fremde Blockrandbebauung besitzt völlig andere städtebauliche Gesetzmäßigkeiten, die mit den auf ein Einzelgrundstück bezogenen Planungsregeln der traditionellen Bebauung nicht zu vereinbaren sind.

Die westlichen Quartiere, die einem immensen, wachsenden kommerziellen Druck ausgesetzt sind, besitzen jedoch einige positive Faktoren für die zukünftige Entwicklung. Die hohe Anzahl historischer Monumente, die romantischen Gassen, die neu entstandenen Hotels und Restaurants, die großen Wohnhäuser von Jdeideh mit ihrem reichen Dekor, die Fremden bisher nur in den Restaurants und im Volkskundemuseum, im Atschikbasch Haus, zugänglich waren, sind Potentiale für die touristische Entwicklung dieses Gebietes. Viele dieser großen Häuser sind in einem sehr schlechten Bauzustand und einige stehen leer. Diese Gebäude könnten sich in ihrer Schönheit öffnen und für kulturelle, soziale oder gesundheitliche Zwecke, wie Stadtteil- oder Ausbildungszentren, Archive, Museum oder Lehreinrichtungen, genutzt werden und sich damit auch den Touristen zeigen und teilweise von ihnen genutzt werden.

Die Erneuerung des privaten Hauses ist aber nicht das primäre Ziel in AA 3, sondern eine urbane Konzeption ist für den öffentlichen Raum und die Funktion des Viertels in der Gesamtstadt zu entwickeln. Ein umfassendes, auf Verkehr, Tourismus und Umwelt bezogenes Freiflächen- und Grünkonzept ist für das gesamte Quartier zu erarbeiten, bevor eine projektbezogene Planung (Action Project 1-2-3-4) durchgeführt werden kann und eine bindende Planung in Form eines Flächennutzungsplanes erstellt wird.

Allgemein ist neben der Verbesserung der ökonomischen Grundlagen und dem Ausbau der technischen Infrastruktur, der Schaffung eines Umweltbewusstseins und der Beteiligung von Betroffenen im Planungsprozess vor allem die Verkehrsproblematik zu lösen. Das Verkehrskonzept für die gesamte Altstadt basiert auf der Zielvorstellung der Verminderung des Verkehrsaufkommens und der damit verbundenen Umweltbelastungen sowie der Verbesserung des Verkehrsmanagements und der Transportmöglichkeiten. In den Action Areas sind diese Ziele umzusetzen. Für AA 3 bedeutet dies die Unterbrechung des Durchgangsverkehrs und die damit verbundene Verbesserung der Umweltqualität, dabei muss jedoch die Erreichbarkeit und Durchlässigkeit in den einzelnen Quartieren gewährleistet sein. Ein öffentliches Nahverkehrsmittel wie das Minibussystem ist auszubauen bei gleichzeitiger Schaffung ausreichender privater und öffentlicher Parkplatzmöglichkeiten. Besondere Aufmerksamkeit gilt dem Fußwegenetz. Es könnte den historischen Wegeachsen folgen und das Quartier mit dem zentralen Suqbereich und dem heutigen kommerziellen Zentrum verbinden. Parallel hierzu könnte ein Touristenrundgang angelegt werden, der die historischen Monumente miteinander verbindet.

Aleppo, Eingangstür in ein reiches Wohnhaus in Jdeideh

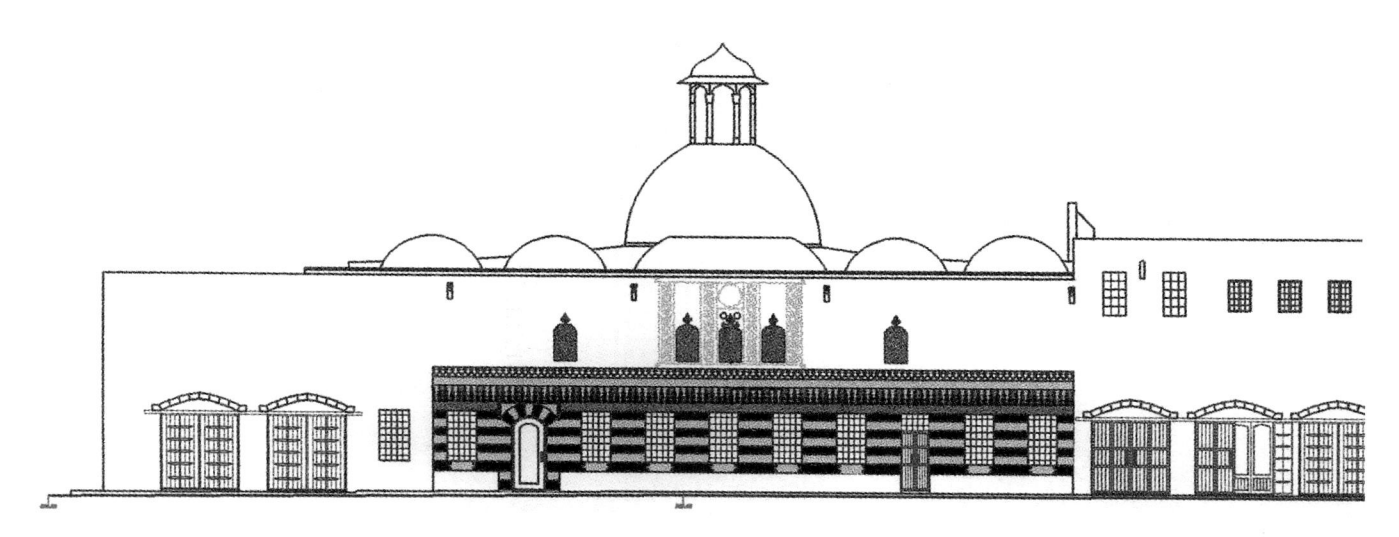

Aleppo, Kaffeehaus Waqf Ibschir Bascha, Südfassade

Projektbezogene Planungen – Action Projects

Herzstück dieses Wegenetzes und Zentrum von Jdeideh ist der öffentliche Platz, Sahat al-Chatab, der 1927 noch ganz in mediterraner Tradition als zentraler Quartiersplatz existierte, heute aber größtenteils seine Funktion verloren hat. An diesen Platz grenzen die historisch wertvollen Gebäude des Waqf Ibshir Bascha. Ein Komplex mit Moschee, Läden, Chan, Qisariyas und Kaffeehaus (siehe Abb.), dem das Waqf Bahram Bascha gegenüber liegt, mit Hammam und Qisariyas. Schon mit diesen planerischen Eingriffen im 16. und 17. Jahrhundert verstärkte sich der ökonomische Druck auf die nördlichen Vororte und bewirkte die Aufwertung des Gebietes als kommerzielles Zentrum mit einem über das Quartier hinausreichenden, vornehmen Suq.

Dieser Bereich, der zwischen den östlichen, traditionellen Wohngebieten, den westlichen, für kommerzielle und touristische Nutzung attraktiven Altstadtquartieren und den angrenzenden innerstädtischen Entwicklungsachsen, der Fußgängerzone (*Talal*) und der Ringstraße (*Chandaq*), liegt, ist somit auch der Kern für die Erneuerungsmaßnahmen in AA 3, für die projektbezogenen Planungen – die „Action Projects" (siehe Plan). Historisch bedingt finden sich im Gebiet relativ viele soziale Einrichtungen, die früher eine wichtige Funktion für die gesamte Altstadt hatten. Aus der Bestandsaufnahme ergab sich dennoch für das Quartier selbst eine Anzahl notwendiger Maßnahmen im Bereich der öffentlichen und sozialen Infrastruktur, die sich hier kurzfristig wie langfristig verwirklichen lassen, da sich ein Großteil der Grundstücke im Besitz der Stadt und der religiösen Stiftungen (*auqaf*) befindet.

„Action Project 1" (Platz- und Straßenraum im Bereich des Sahat al-Chatab) ist somit eine Maßnahme zur Verbesserung des öffentlichen Raumes, der in der traditionellen Stadt eine untergeordnete Rolle spielte, für sich verändernde städtische Lebensweisen jedoch von großer Bedeutung ist. Im Moment ist der Platz im Innern von einem unförmigen Transformator, einer Polizeistation im alpenländischen Stil und einer Toilettenanlage, die in keinster Weise heutigen hygienischen Bedingungen entspricht, verstellt, während die Außenränder des Platzes von fliegen-

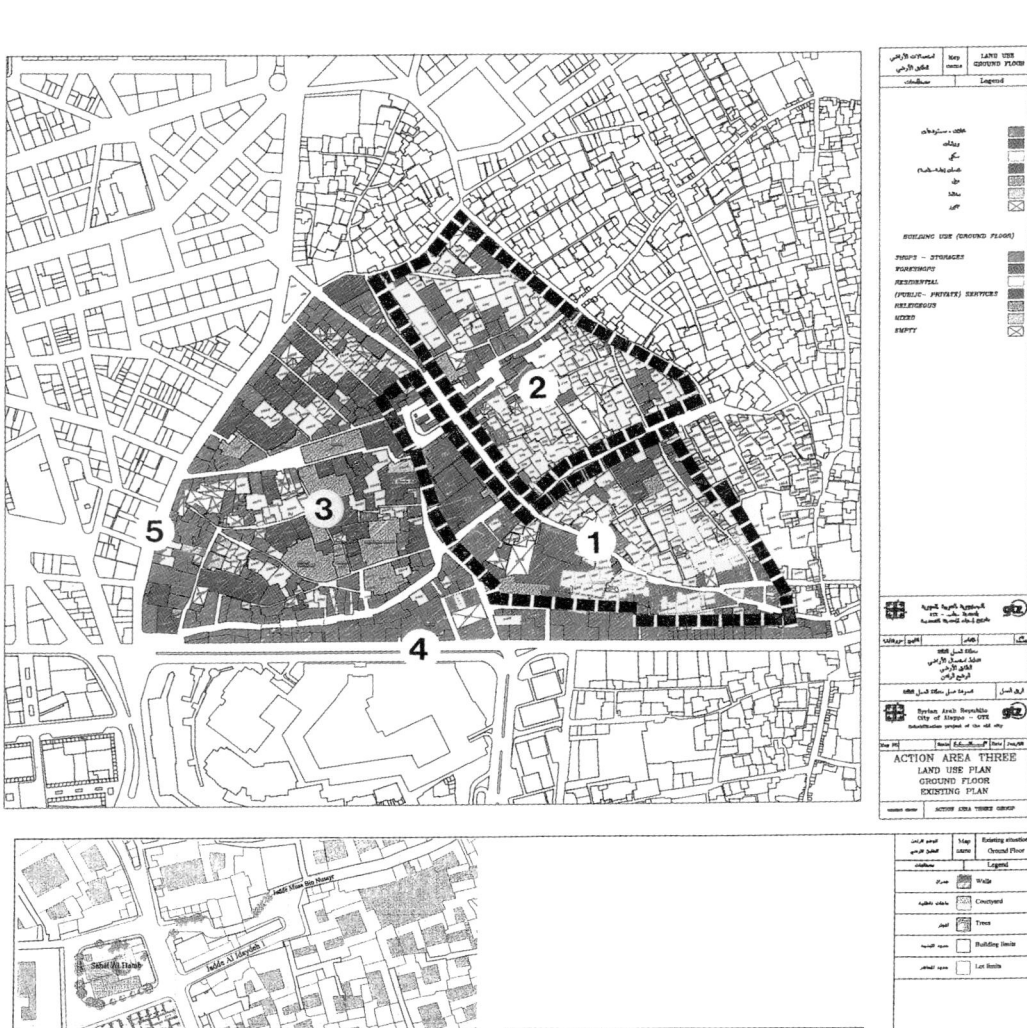

Aleppo, Bestandsplan der Erdgeschossnutzung im Untersuchungsgebiet. Bereich 1: Detaillierte Bestandsaufnahme 1998 – Area 1. Bereich 2: Detaillierte Bestandsaufnahme 1992 – Area 2. Bereich 3: Westliche Zone mit wertvoller historischer Bausubstanz und einer Vielzahl religiöser Bauten. Bereich 4: Südliche Zone mit fünf- bis sechsgeschossiger Bebauung entlang der Chandaqstraße. Bereich 5: Westliche Altstadtgrenze – heutige Fußgängerzone „Talal"

Aleppo, Lageplan des heutigen zentralen Bereiches in Jdeideh (Action Area) mit den Einzelmaßnahmen der Action Projects: Sahat al-Chatab (AP 1), Waqf Ibschir Bascha (AP 2), Waqf Bahram Bascha (AP 3)

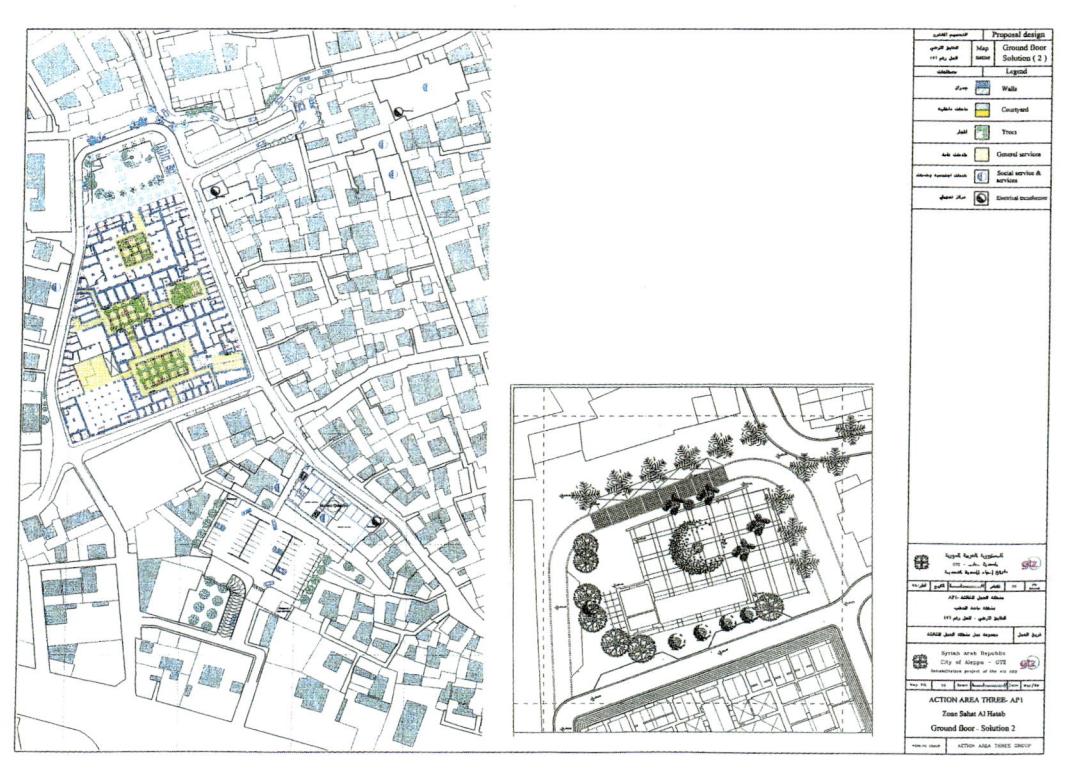

Aleppo, Lageplanausschnitt des städtebaulichen Konzeptes in AA 3 mit verkehrsberuhigtem, öffentlichen Platz als Herzstück von Jdeideh

den Händlern besetzt sind (siehe Abb.). Gestaltung der Straßen- und Platzräume wertet nicht nur das Umfeld der Bewohner auf, sondern nützt auch der Orientierung der Touristen und trägt zum Wohlbefinden der im Quartier Einkaufenden und Arbeitenden bei. Der öffentliche Raum wird zum wichtigen Element der Stadtplanung, da er allen Nutzern des Quartiers dient. Voraussetzung hierfür ist die Verkehrsberuhigung in diesem Bereich, die Schaffung eines Knotenpunktes für öffentliche Infrastruktur und vor allem die Neugestaltung des Sahat al-Chatab als begrünten Erholungsbereich und Treffpunkt, als urbanes Zentrum. Dies erfordert eine integrative Vorgehensweise, in der zunächst die technische Infrastruktur ausgebaut werden muss (Wasser/Abwasser), stadttechnische Bauten, wie Transformatoren, ersetzt werden müssen und öffentliche Dienstleistungen, wie Toiletten, Polizeistation und Touristeninformation, einzurichten sind. Parallel hierzu ist in Zusammenarbeit mit den Betroffenen das Verkehrskonzept zu verwirklichen und die gestalterischen Maßnahmen im Platzbereich wie an den umgebenden Fassaden durchzuführen (siehe Plan).

Mit dem „Action Project 3" (*Qisariyas Waqf Bahram Bascha*) und „Action Project 4" (leeres Grundstück) wird in diese öffentlichen Räume ein Netzwerk von Knotenpunkten mit öffentlichen Dienstleistungen (*service node*), Grünflächen und Parkierungsmöglichkeiten integriert. AP 3 ist eine umfassende Maßnahme auf Stadtteilebene. Hier sollen Ersatzflächen für die Parkierung, die durch die Verkehrsberuhigung im Zentrum verloren gehen, geschaffen werden in Kombination mit einem Grünkonzept und den notwendigen öffentlichen wie sozialen Einrichtungen. Südlich des denkmalgeschützten Hammams des Waqf Bahram Bascha (siehe Abb.) soll anstelle der Qisariyas, deren Bausubstanz nicht zu retten ist und deren Nutzung als Werkstätten eine hohe Boden- und Luftverschmutzung verursachen, eine Neubaumaßnahme in Verbindung mit der Gestaltung eines Erholungsbereiches ein weiteres Beispiel für die Durchführung einer Erneuerungsmaßnahme im Wohnumfeld sein. Die Freifläche dient dazu, die hohe Dichte im Quartier zu senken und den Konflikt zwischen traditioneller Bebauung und Blockrandbebauung entlang den Hauptachsen aufzufangen. Mit der Schaffung eines funktionsfähigen Knotenpunktes an öffentlichen Einrichtungen (Parkierung, Toiletten, Transformator) und dem Bau sozialer Einrichtungen – vorgeschlagen wird eine Einrichtung zur Betreuung und zum Wohnen für alte Leute, die sich immer weniger in die sich verändernden Familienstrukturen integrieren lassen – soll vor allem die soziale Infrastruktur im Quartier verbessert werden. In einem angrenzenden Altstadthaus könnte auch ein „Health Point" und Kindergarten eingerichtet werden, und in einem historisch wertvollen Gebäude, indem sich bereits ein Jugendclub befindet, könnte ein vielfältigeres Fortbildungsprogramm für Jugendliche angeboten werden bei gleichzeitiger Sanierung der Bausubstanz. In den östlichen Wohngebieten wird auf Quartiersebene ebenfalls ein Knotenpunkt in kleineren Ausmaßen für Parkierung und öffentliche Einrichtungen (Toiletten, Transformator) geplant. Parallel hierzu wird ein Programm für begrünte Erholungsbereiche und Spielplätze entwickelt, als direkte Aktionsflächen für kleinere Nachbarschaften.

Aleppo, Fehlnutzung des öffentlichen Platzes, Sahat al-Chatab mit Transformator und Rückwand des Gebäudes der Kooperative

Aleppo, Innenhof der westlichen Qisariya Waqf Ibschir Bascha mit umweltbelastender Fehlnutzung

Aleppo, historisches Monument des Hammam Waqf Bahram Bascha, Nordfassade

Action Project 2 (Gebäudekomplex Waqf Ibschir Bascha) hingegen dient der Belebung der ökonomischen Infrastruktur und der Instandsetzung historisch wertvoller Gebäude. In Kombination mit der Aufwertung des Platzes wird dieser traditionelle Einkaufsbereich, der wegen seiner vielen Juwelierläden aufgesucht wird, aber vor allem als Markt für frisches Fleisch und Geflügel, für Fisch und Obst und Gemüse über die Quartiersgrenzen hinaus bekannt ist, noch attraktiver für Einkaufende und Besucher. Durch die Öffnung des Gebäudekomplexes und die Umnutzung der drei Qisariyas, die mit ihrer relativ schlechten Bausubstanz und Umwelt belastender Nutzungen nicht dem innerstädtischen Standort entsprechen (siehe Abb.), könnte in den Innenhöfen ein lebendiger Marktbereich entstehen, der nicht von Verkehr gestört wird. Ein hochwertiges Warenangebot, in ansprechender hygienischer Form, könnte auch zu einer beispielhaften Aufwertung des Images der traditionellen Marktbereiche beitragen. Am Platz, in den Innenhöfen der historischen Bauwerke und dem einzigartigen Kaffeehaus könnte eine typische Aleppiner Atmosphäre entstehen, die Identität stiftend für Bewohner und Besucher wird. Die Degradierung der Altstadt im Bewusstsein ihrer Bewohner könnte sich umkehren und der Stolz auf diese dichten urbanen Bereiche könnte mit zur Erhaltung und Belebung dieser einmaligen Altstadt beitragen.

Fachplanung für historische Stadtstrukturen

Technische Infrastruktur-Erneuerung

Faisal Rifai

Die Phase 1 des Sanierungsprojektes der Altstadt von Aleppo wurde 1994 begonnen und 1997 beendet. 1994 wurde eine Studie herausgegeben, die einen Bericht und detaillierte Zeichnungen enthielt. Sie umfasste eine eingehende Beurteilung sowie Definition der Erfordernisse zur Verbesserung des Infrastruktursystems in der Altstadt von Aleppo (abschließender Bericht von Jansen und Rifai 1994).

In der Phase 2 (Implementierung – 1997-2000) wurden technische Infrastrukturarbeiten in der „Action Area" 1 abgeschlossen und weitere in anderen Action Areas vorbereitet.

In der Phase 1 wurden im Wesentlichen Vorarbeiten geleistet. Sie bezogen sich auf die 1994 dafür ausgewählte Action Area 1 (Bab Qinnasrin).

Hausanschlüsse

AA 1 (Bab Qinnasrin Viertel) wurde als Testgebiet für die auszuführenden Arbeiten der infrastrukturellen Verbesserung der Netzwerke ausgewählt. Die laufenden Arbeiten in dem Gebiet haben Fragen über Details der Hausanschlüsse und der Abwasser- und Trinkwassernetze aufgeworfen. Es gab keine Pläne. Deshalb wurde vom Infrastrukturteam ein Gutachten erstellt, in dem folgende Punkte geklärt wurden:

- Lage der Hausanschlüsse und wenn möglich ihre Tiefe.
- Beschreibung des strukturellen Zustands der äußeren Mauern. Die Risstypen, auf die man in der Altstadt gestoßen ist, wurden in verschiedene Kategorien klassifiziert und ihnen wurden Referenznummern gegeben.
- Schäden der Haussanitäranlagen, speziell des inneren Netzes.
- Lage der Haussanitäranlagen und, wenn möglich, die Höhe verglichen mit dem Hauptnetz.
- Dachentwässerung zu den Höfen und zu den Straßen.

Weibliche Ingenieure waren die Hauptgutachter, weil die Daten durch Betreten der Häuser am Morgen erhoben werden mussten, wenn immer nur die weiblichen Mitglieder der Haushalte anwesend waren. Zur Dokumentation der Informationen wurden die gesammelten Informationen je nach Fall im Maßstab 1/100, 1/200, 1/250 oder 1/500 gezeichnet.

Gebäudezustand

Probleme, Schwierigkeiten und Verbesserungen an Gebäuden und Straßen wurden beschrieben, so wie sie von den Einwohnern des Bab Qinnasrin Viertels benannt

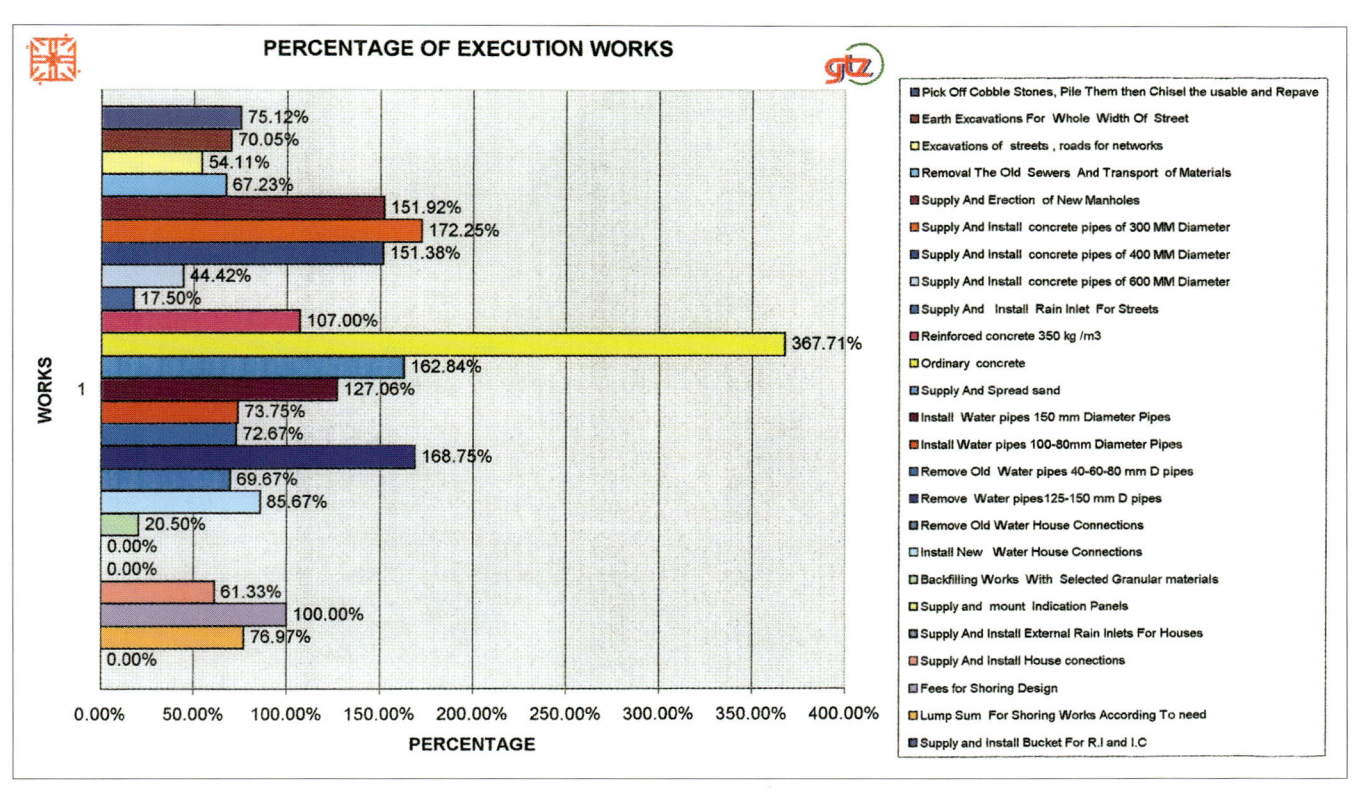

Übersicht über Arbeitsfortschritte in Action Area 1

wurden. Von den gesammelten Daten prüfte die Infrastrukturabteilung die für ihre Aufgabe wichtigen Informationen und dokumentierte sie. Im Folgenden werden einige Beispiele für die gesammelten Informationen gegeben.

Probleme mit dem physischen Zustand des Hauses:
- Wasser dringt durch die Dächer,
- Risse in den Wänden,
- Feuchtigkeit in den Wänden,
- Risse und Verformungen des Bodens,
- Probleme mit Abflüssen/Abwasserbeseitigung,
- geringer Wasserdruck.

Schwierigkeiten in der Straße:
- schlechter Straßenzustand,
- Müll,
- Abwassertümpel in der Straße,
- Lärm, Schmutz, Verkehr zu den Werkstätten,
- Verkehr in dem Gebiet,
- Fehlen von Beförderungsmöglichkeiten.

Die geologische Struktur

Geotechnische Untersuchungen im Pilotprojektgebiet haben ergeben, dass der größte Teil Alt-Aleppos auf Kalk-Kreide-Schichten liegt, die zur oberen und mittleren paläogenen Periode gehören. Die Schichten bestehen aus an der Oberseite rissigen kreidigen Kalksteinen, die sich nicht an der Oberfläche zeigen. Elf Bohrungen wurden mit unterschiedlichen Tiefen zwischen 5 und 10 Metern durchgeführt. Die Kalk-Kreide-Schicht liegt in unterschiedlichen Tiefen, wie die Bohrungen zeigten. Es gibt vertikale und horizontale unregelmäßige lockere Verfüllungen, die willkürlich auf dem paläogenen, kreidigen Kalk verteilt sind. Die Verfüllungen sind künstlich und rezenten Ursprungs.

Bauarbeiten: die Schaffung moderner Infrastruktur

Hydrogeologischer Zustand

Der lehmige Kalkstein (Marls), in Aleppo „Kreide" genannt, der die obere, grundwasserhaltige Schicht in Alt-Aleppo bildet, ist von oben eingerissen und gehört zur Eozän-Epoche. Er ist mit einer lockeren künstlichen Verfüllung bedeckt, die es dem Wasser erlaubt, in die wasserhaltige Schicht hinein zu sickern. Die Tiefe des Wasserspeichers variiert von 16 bis zu 20 Metern. Die Hauptwasserquelle für diesen Speicher ist das Regenwasser. Die meisten Brunnen der Vergangenheit haben ihr Wasser aus diesem Speicher bezogen, was bedeutet, dass ihre maximale Tiefe nur diese Schicht errreichte. Die Tiefe des Grundwassers variiert zwischen 9 und 24 Metern. Die Beziehung zwischen der Bodenmorphologie und dem Schwanken des Wasserspiegels ist schwach und in manchen Fällen ist sie umgekehrt proportional, d.h. der niedrigste Stand des Wasserspiegels korrespondiert zur höchsten Morphologie der natürlichen Bodenoberfläche.

Eigentum und Grundwassermengen

Die meisten Brunnen in Alt-Aleppo sind manuell gegraben worden. Sie werden die „arabischen Brunnen" genannt, wenn sie von flachen Schichten gespeist werden und die Wasserentnahme aus ihnen mit Seil und Eimer vonstatten geht. Die meisten traditionellen Häuser in Alt-Aleppo haben solche Brunnen in ihrem Hof. Die Brunnen waren in der Vergangenheit eine wichtige Wasserquelle für den häuslichen Bedarf. Proben des Brunnenwassers wurden für chemische und mikrobiologische Analysen in der AA 1 entnommen. Die Ergebnisse der Untersuchungen wurden in Tabellen zusammengefasst.

Die Tabellen lassen erkennen, dass alle Brunnen alkalisches Wasser enthalten und dass die Wasserhärte sehr hoch ist mit einem hohen Gehalt an löslichen Salzen. Die mikrobiologische Analyse zeigt das Vorhandensein von G-Bazillen und Staphylococcus. Dieser Typ Mikroorganismus ist die Salmonelle und Shigella, beide verursachen Darmkrankheiten. Das Brunnenwasser ist deshalb verseucht und sein Gebrauch als Trinkwasser sollte streng verboten sein. Das Brunnenwasser wird heutzutage zum Waschen, zur Bewässerung und zur Reinigung verwendet. Es besteht trotzdem immer die Gefahr, dass das Wasser versehentlich zum Trinken benutzt wird. Es ist daher von allergrößter Wichtigkeit, dass der Gebrauch dieser Brunnen schleunigst verhindert wird.

Konkrete Arbeit heute

1995 wurden detaillierte Konzepte zur Verbesserung des infrastrukturellen Systems von AA 1 entwickelt und Ausschreibungen gemacht. Die Auswahl der Anbieter und die spätere Unterzeichnung des Vertrags mit dem Bürgermeister von Aleppo und einer öffentlichen Vertragsgesellschaft wurden 1996 und 1997 durchgeführt. Die Finanzierung der durchzuführenden Arbeiten teilen sich die Stadt Aleppo (40 %) und die deutsche Gesellschaft für technische Zusammenarbeit GTZ (60 %). Die Infrastrukturabteilung des Rehabilitierungsprojektes wurde angewiesen, dem Team der Bauleiter beratende technische Hilfe zu leisten.

Die Infrastrukturabteilung hat während der Phase 1 auch Pläne für Viertel ausgearbeitet, in denen die Kanalisation und das Trinkwasserversorgungssystem dringendes Eingreifen erforderten. Sie befasste sich mit der Angebots-Prozedur, Durchführungsmessungen und der Überwachung der erforderlichen Arbeiten.

Diese Aktivitäten wurden als Möglichkeit zur praktischen Fortbildung der jungen Ingenieure, die an der Verbesserung der Infrastruktur der Altstadt von Aleppo arbeiten, genutzt. In Deutschland wurde ein Übungsprogramm organisiert. Der Ingenieurausbildung wurde Vorrang gegeben und ihr Programm bestand aus einer Studie in sechs deutschen Städten. Es umfasste auch die Einführung der Auszubildenden in Entwurfsprinzipien und Ausführungstechniken basierend auf dem deutschen Knowhow. Dadurch erwarben sich die jungen Ingenieure 1996 wertvolle Erfahrungen aus erster Hand und Einblicke in die deutsche Planungsmethodik, Ausführung, Überwachung und Auswertung. Wegen dieses Übungspropgramms wurden viele DIN-Standards von der Infrastrukturabteilung in der Planung und Bauaufsicht übernommen.

1997 wurde mit der eigentlichen Umsetzung begonnen. Sie besteht in der kompletten Erneuerung des Wasser- und Abwassersystems und der Neupflasterung der Straßen in Action Area 1.

Im Jahre 2000 wurden auch schon Erneuerungsarbeiten in der Action Area 3 aufgenommen. Hier ist das Planungsziel das Jahr 2002.

Schlusswort

Die Hoffnung bleibt, dass nach Abschluss der Infrastrukturerneuerung ein Umkehrprozess einsetzt:

Fertiggestellte Abwasser- und Wasserkanalisation

dass die Einwohner ihre Altstadt zurückgewinnen, so wie die Altstadt ihre Bewohner seit 100 Jahren verloren hat. Dazu kann Infrastrukturerneuerung beitragen oder vorsorgen im Sinne einer *conditio sine qua non*.

Verkehrsplanung

Georg-Dietrich Jansen

Aleppo war schon immer ein wichtiges Handels- und Industriezentrum. Trotzdem hat es in den letzten Jahren schnell an Bedeutung gewonnen. Verwaltungsgebäude sind an den Hauptverkehrsachsen konzentriert. Diese wie auch die kommerziellen Aktivitäten in den Märkten ziehen eine Menge Nutzer wie auch Beschäftigte an. Weiteren Verkehr erzeugende Faktoren sind Fracht und Transportunternehmen. Ungefähr 20 Unternehmen organisieren das Verfrachten von Gütern aus der Innenstadt Aleppos heraus und in sie hinein. Sie nutzen dazu geschlossene, mittelgroße Lieferwagen, große Lkws und sogar noch größere Sattelzüge. In ca. 226 Lagereinrichtungen werden Güter für den Einzelhandel, industrielle Werkstätten oder Produkte der örtlichen Fabriken gelagert, verladen oder abgeladen oder in andere Teile der Stadt oder andere Städte verfrachtet.

Für die gesamte Stadt bildet die Altstadt einen beträchtlichen Teil des zentralen Handelsbezirks, und wegen dieser Rolle konzentriert sich ein beträchtliches Verkehrsvolumen auf das Staßennetz in und um die Altstadt von Aleppo, was eine Menge Druck auf sie ausübt. Dies ist das Ergebnis des Anwachsens der kommerziellen Aktivitäten, der Konzentration der zentralen Handels- und Verwaltungsdienste in der Altstadt, des allgemeinen Anstiegs der Fahrzeugdichte und auch der allgemeinen Gleichgültigkeit gegenüber Verkehrsregeln und Vorschriften und Lieferzeiten. Wegen des historischen Status der Altstadt müssen spezielle Lösungen gefunden und so schnell wie möglich ausgeführt werden, um das Verkehrsproblem zu lösen wie auch um die Struktur und Funktion dieses wichtigen Teils von Aleppo zu erhalten.

Probleme

Die Vergrößerung oder Erweiterung des Staßennetzes ist nicht die generelle Lösung für die alte Stadt, weil sie die historische Bebauung der Altstadt zerstören würde. Trotzdem sollte jeder Lösung die Auflösung allgemeiner Nachteile bezüglich Verantwortung und Langzeitstrategien zugrunde liegen. Im Moment ist keine Stelle für die Verkehrsentwicklung und Kontrolle zuständig und spezialisiert. Deshalb sind übernommene Lösungen oft planlos und ohne akademische Tiefe. Strategische Überlegungen bezüglich der Verteilung der Rolle von öffentlichem und privatem Verkehr, eines Straßen-Vorrang-Systems, das primäre und sekundäre Straßen definiert, der Festlegung des Fußgängerbereichs, der Anpassung des Bauleitplans an Verkehrserfordernisse und der Bereit-

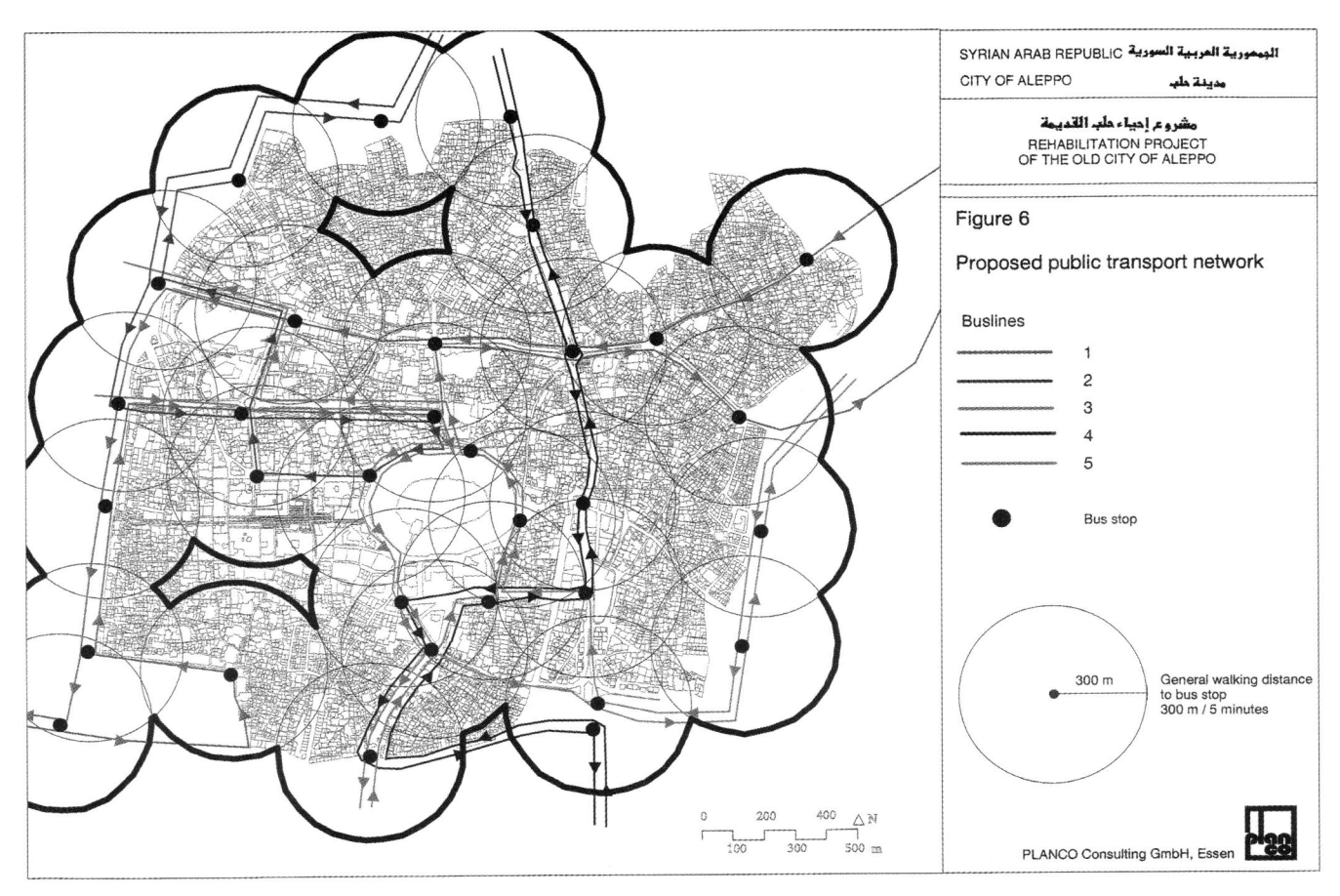

Aleppo, Planung für die Streckenführung der öffentlichen Verkehrsmittel in der Innenstadt

stellung von öffentlichen Parkplatzflächen können nicht vorgenommen werden, weil keine klare Verantwortlichkeit festgelegt ist. Das Fehlen solch klar definierter Verantwortlichkeiten bewirkt Durcheinander und führt zur Durchführung von unorganisierten Kurzzeit-Verkehrsmaßnahmen.

Im Allgemeinen kann die Situation wie folgt beschrieben werden:

Verkehr ist eine Mischung von teilweise öffentlichem und privatem Fahrzeugverkehr und überlappenden Fußgängerbewegungen. Es gibt keine Verkehrszeichen, die Spuren oder Fußgängerüberwege angeben, oder gemalte Pfeile, die Fahrtrichtungen bestimmen.

Die innere Struktur der städtischen Bausubstanz der Altstadt verstärkt die Schwierigkeit, öffentliche und private Verkehrsprobleme zu lösen. Wegen des Fehlens von Verkehrsführung innerhalb der Viertel werden enge Straßen oft in beiden Richtungen genutzt, was zu Verkehrsstaus und Streit unter den Fahrern führt. Zusätzlich verstärken Durchgangsverkehr durch Wohngebiete und/oder Geschäftsstraßen sowie das Parken die Verkehrsprobleme. Das Verfrachten von Gütern von und nach der Stadt ist über den ganzen Tag verteilt und beeinflusst so die örtlichen Bewohner und besonders die Fußgänger negativ.

Das Fehlen von Parkplätzen am Rand der Innenstadt kombiniert mit überlangem, chaotischen Parken entlang der Hauptstraßen reduziert die Verkehrsfläche und stört deshalb den Verkehr.

Einige Ampeln arbeiten mit festen Programmen, und weil sie nicht koordiniert sind, haben sie oft einen negativen Einfluss sowohl auf den Fahrzeugverkehr als auch auf Fußgängerbewegungen. Fahrer halten sich nicht an Verkehrsregeln und Fußgänger haben nur wenig Kenntnis von den Regeln.

Öffentliche Verkehrsmittel genießen keinen Vorrang verglichen mit anderen Arten der Beförderung, trotz der Tatsache, dass sie eine große Anzahl Menschen befördern können. Bus- und Kleinbushaltestellen sind oft von parkenden Autos belegt. Deshalb sind die Busse und Kleinbusse gezwungen, in der zweiten Reihe zu halten und Gäste aussteigen zu lassen. Überdies sind Kleinbushaltestellen in der Altstadt nicht klar gekennzeichnet. Auch halten die meisten Kleinbusse und Taxen chaotisch, um Kunden einsteigen zu lassen, was Verkehrsstaus verursacht.

Die öffentlichen Busse können wegen der kleinen Zahl verfügbarer Busse und ihres momentanen – aus ungenügender Wartung resultierenden – Zustands ihre Aufgabe nicht erfüllen. Überdies decken die derzeitigen Buslinien nicht die gesamte Altstadt ab und einige Busse sind für anderen Gebrauch als Personenbeförderung abgeordnet. Dies führt nicht nur zu Warteschlangen an den Haltestellen, sondern daraus resultiert auch die geringe Akzeptanz der öffentlichen Verkehrsmittel bei den Einwohnern, die auf die konkurrierenden Kleinbusdienste umsteigen.

Kleinbusse jedoch arbeiten nur auf profitablen Routen. Sie haben keine Verpflichtung, ihre angegebenen Linien zu bedienen. Sie halten sich auch nicht an ihre angegebenen Haltestellen oder an Sicherheitsstandards, besonders wenn sie zusätzliche Sitze einbauen und rasen, um Kunden aufzunehmen.

Ziele

Die Struktur des städtischen Gefüges, das aus Wohngebieten, Gewerbegebieten, dem „Suq", touristischen Bereichen und religiösen Einrichtungen besteht, darf nicht durch Verkehrsnetze und Verkehrserfordernisse zerstört werden. Diese Bereiche sollten grundsätzlich vom Individualverkehr frei bleiben.

Obwohl die meisten Bereiche der Altstadt durch enge Straßen mit schwierigen Verhältnissen für Fahrzeuge charakterisiert sind, sollte eine gewisse Erreichbarkeit dieser Bereiche gegeben sein. Dies bezieht sich sowohl auf den Individualverkehr (Personen und Güter) als auch auf die öffentlichen Verkehrsmittel. Bedenkt man diese Umstände, kann eine Erreichbarkeit dieser Bereiche durch Privatfahrzeuge nur vom Rand her erfolgen. Deshalb sind die Ziele, soweit sie den Individualverkehr betreffen, folgende:

– Klare Verkehrsorganisation, die Haupt- und Nebenstraßen festlegt (Vorfahrt), Umleitung des Durchgangsverkehrs und Vorrang für die öffentlichen Verkehrsmittel auf ausgewählten Achsen müssen eingeführt werden.

– Der Verkehrsfluss der existierenden Hauptstraßen, die den Zugang zur Altstadt ermöglichen, muss durch Parkverbote entlang dieser Straßen gesichert werden.

– Nahe der Hauptzugänge der Gebiete, die zu Fußgängerzonen bestimmt sind, müssen sowohl für die Einwohner und Geschäftsinhaber (Langzeitparkplätze) nahe den touristischen Attraktionen wie auch für Besucher und Kunden (Kurzzeitparken) genügend Parkplätze geschaffen werden

– Ein System von Parkgebühren, das Kurz- und Langzeitparken berücksichtigt, sollte eingerichtet werden.

– Die Einfahrt von Privatfahrzeugen in bestimmte Gebiete sollte streng verboten sein, mit Aus-

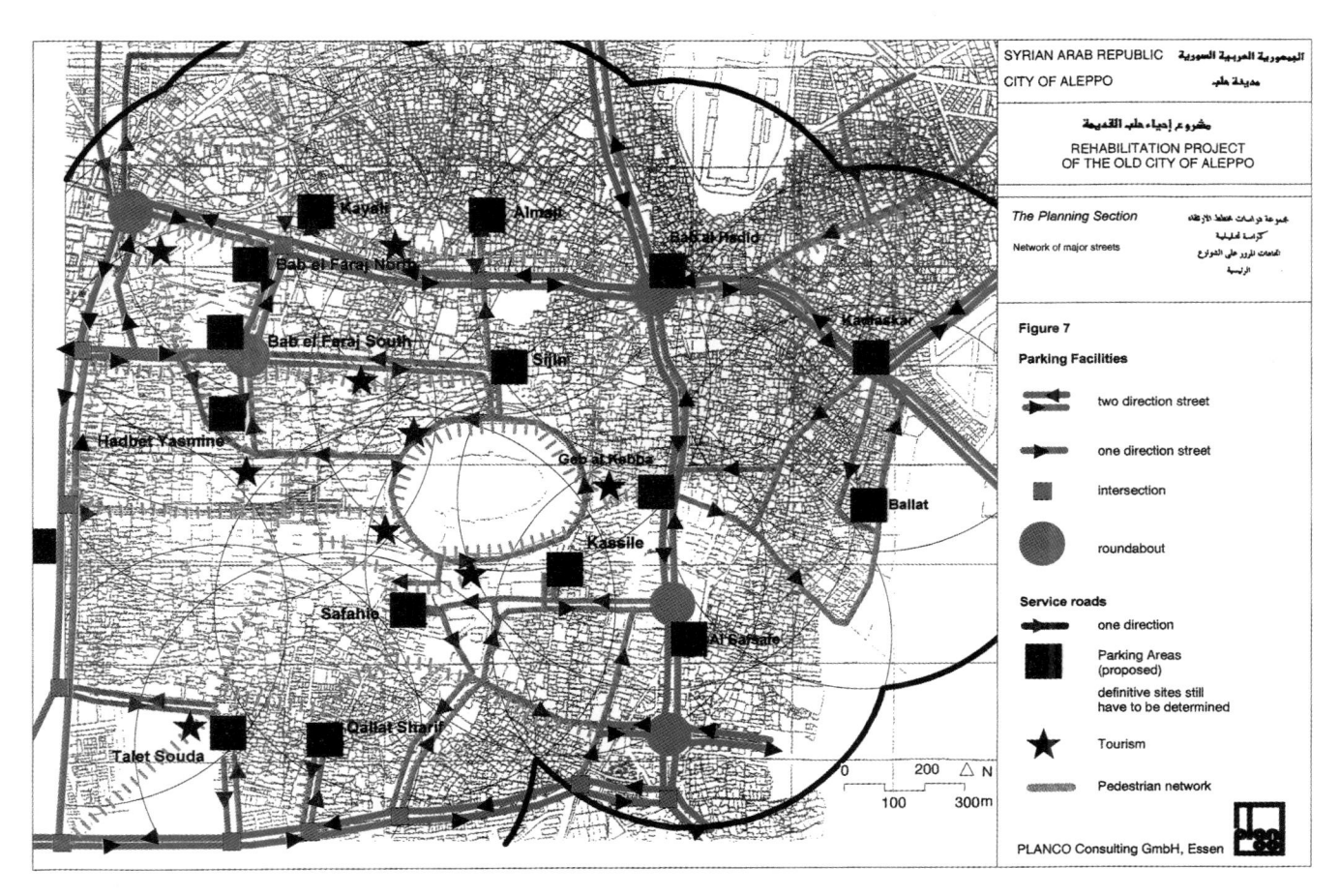

Aleppo, Planung für die Parkmöglichkeiten und Zufahrtswege in der Innenstadt

nahme von Notfällen (Ärzte, Polizei, Feuerwehr).
- Die Anfahrt von Frachttransporten von und zu den Lagerhäusern und Geschäften sollte reguliert und auf bestimmte Stunden des Tages konzentriert werden.
- Sicherstellen der Einfahrt in und innerhalb aller Fußgängerzonen für Notfälle, behinderte Menschen, Hauslieferung, Müllabfuhr durch Einführung eines Einbahnstraßensystems.
- Erleichterter Fußgängerverkehr vermittels eines Fußwegenetzwerks und klare Überwege wie auch die Hinzufügung von Fußgängersignalen in die Ampelanlagen.
- Erreichbarkeit für die Behinderten wie auch Fahrradwege sollten bedacht werden.
- Jedes neue Gebäude sollte mit genügend Parkplätzen versehen sein. Die Eigentümer der Gebäude entlang der existierenden Verkehrsachse haben ebenfalls Parkplätze bereitzustellen oder müssen bestimmte Gebühren bezahlen.

Wegen des schwierigen strukturellen Gefüges mit engen Straßen und Alleen sind übliche Ansätze, die öffentliche Beförderung zu verbessern, nicht anwendbar, aber die folgenden Ziele können als wichtig betrachtet werden:
- Verbesserung der Betriebsbedingungen der existierenden

Aleppo, Parkplatzsorgen

Buslinien durch Einführung von Vorrang für die Busse.
- Sicherstellen des ständigen Betriebs während des Tages mit steigender Frequenz während der Spitzenstunden.
- Hinzufügung neuer Linien oder Ausbau existierender Linien, so dass wenigstens an jedem Eingangspunkt eine Haltestelle eingerichtet ist.
- Organisation der Kleinbusse in der Art und Weise, dass diese als Unterstützung und Zubringerdienste für das Busnetzwerk dienen, indem man den privaten Betreibern finanzielle Anreize bietet.
- Diese Linien sollten spezielle Genehmigungen zur Einfahrt in die Altstadt auf speziellen Routen erhalten, abhängig von der Beförderungs-Nachfrage und dem Straßenzustand.
- Zubringerlinien sollten eingeführt werden, um leichte und schnelle Beförderung zu den Hauptbus-(bahn-)stationen zu gewährleisten.

Empfehlungen

Allgemeine Empfehlungen, um öffentliche und private Beförderung zu verbessern, die in jeder weiteren Entwicklungsstrategie beachtet werden sollten, sind die folgenden:
- Die Unterstützung der Beförderungsgesellschaft. Um besser mit den Kleinbussen konkurrieren zu können, sollte eine entsprechende Zahl neuer Busse eingesetzt werden, sollten angemessene Bedingungen für

das Personal geschaffen werden, sollten zusätzliche Linien eingeführt und die Wartung verbessert werden.
- Überwachung der Kleinbusse und Sicherstellen ihres ordnungsgemäßen Betriebs, um die Schwächen des Busnetzwerks auszugeichen.
- Bereitstellung von Parkplätzen an geeigneten Stellen außerhalb der Zufahrtsstraßen in und um die Altstadt von Aleppo, um die Erfordernisse der Einwohner, Geschäftsinhaber, Kunden, Besucher und Touristen zu erfüllen.
- Verbesserung des Bewusstseins über Verkehrsangelegenheiten von Fahrern, Fußgängern und Radfahrern durch strenge Anwendung der Gesetze auf Fahrer und Fußgänger, die gegen Verkehrsregeln verstoßen.
- Einführung neuer Technologien bezüglich öffentlicher Verkehrsmittel und Gütertransport innerhalb der Quartiere und der Suqs (z.B. durch Austauschen der Suzuki-Fahrzeuge durch Hybridautos).

Im Zuge des Sanierungsprojektes der Altstadt von Aleppo sind ausführliche Gutachten erstellt und Konzepte ausgearbeitet worden. Das Verkehrskonzept, welches auf der Karte dargestellt ist, basiert auf Folgendem:

- Prüfung, Beurteilung und Diskussion des Gutachtens und der Planungsergebnisse des Projektplanungsteams für den Entwicklungsplan mit dem Schwerpunkt auf Informationen und Vorschlägen, was schon für eine Verkehrssituation vorliegt, und anderen Studien, die an dem Thema beteiligt sind.
- Interviews mit Schlüsselpersonen und Institutionen (Verkehrspolizei, Straßenbauabteilung etc.) über die existierende Verkehrssituation und Probleme.
- Verkehrszählungen und Gutachten in ausgewählten Gebieten (Bab Quinnasrin und Jdeideh).
- Rasche Beurteilung der Verkehrssituation in der Altstadt und der umgebenden Innenstadtgebiete bei Ortsterminen.

Das Ziel ist auf der einen Seite eine Verbesserung des Verkehrsflusses und auf der anderen Seite eine Behinderung des Durchgangsverkehrs, der durch bestimmte Gebiete hindurch führt. Das Konzept hält Durchgangsverkehr auf den Hauptstraßen und verdrängt ihn aus den Vierteln. Die Grundidee hinter diesem Konzept ist, allen individuellen Durchgangsverkehr durch den ummauerten Stadtbereich zu unterbinden, indem alle Verbindungen in Ost-, West-, Nord- oder Südrichtung in der Nachbarschaft der Zitadelle geschlossen

Aleppo, verkehrserzeugende Fehlnutzung eines ehemaligen Wohnhauses

Die engen Gassen von Aleppo

Die neuen breiten Straßen von Aleppo

werden. Weiterhin soll Durchgangsverkehr aus Wohn-, Tourismus- und Einkaufsbereichen abgeleitet werden. Einfahrt zur Güterversorgung wird auf festgelegte Stunden begrenzt werden.

Um den Verkehrsfluss zu verbessern und den Durchgangsverkehr aus diesen Quartieren herauszuhalten, sollen existierende breite Straßen zu einem Ring um den ummauerten Stadtbereich entwickelt werden. Diese Ringstraße soll in beiden Richtungen benutzt werden. Deshalb ist die Bab Al Nassar Road für Verkehr in beiden Richtungen zu öffnen. Momentan ist sie eine Einbahnstraße in Richtung Bab Al Faraj. Diese Straße wird durch sogenannte Service-Straßen ergänzt, die den Zugang zu bestimmten Gebieten wie auch zu Parkplätzen ermöglichen, ohne Durchgangsverkehr zuzulassen. Auf diesen Service-Straßen sollen öffentliche Verkehrsmittel Vorrang haben. Die Verkehrsrichtung auf der Omayad Mosque Road geht zur Zeit in Richtung Zitadelle. Es ist vorgesehen, die Richtung zu ändern, um es für Fahrer schwieriger zu machen, durch das Gebiet um die Hauptmärkte und die Zitadelle zu fahren. Der Plan schlägt den Bau einer Straße parallel zum Talet Souda Garden vor, um die Erreichbarkeit der südlichen Viertel zu verbessern.

Der Vorschlag zeigt auch, wie der Verkehrsfluss zu organisieren und das Parkproblem zu erleichtern ist. Parkplätze werden innerhalb der Altstadt vorgeschlagen, um dem Problem des Parkens an den Straßen zu begegnen, was zu Verkehrsbehinderungen führt, und es müssen zusätzliche Parkplätze geschaffen werden. Diese Parkmög-

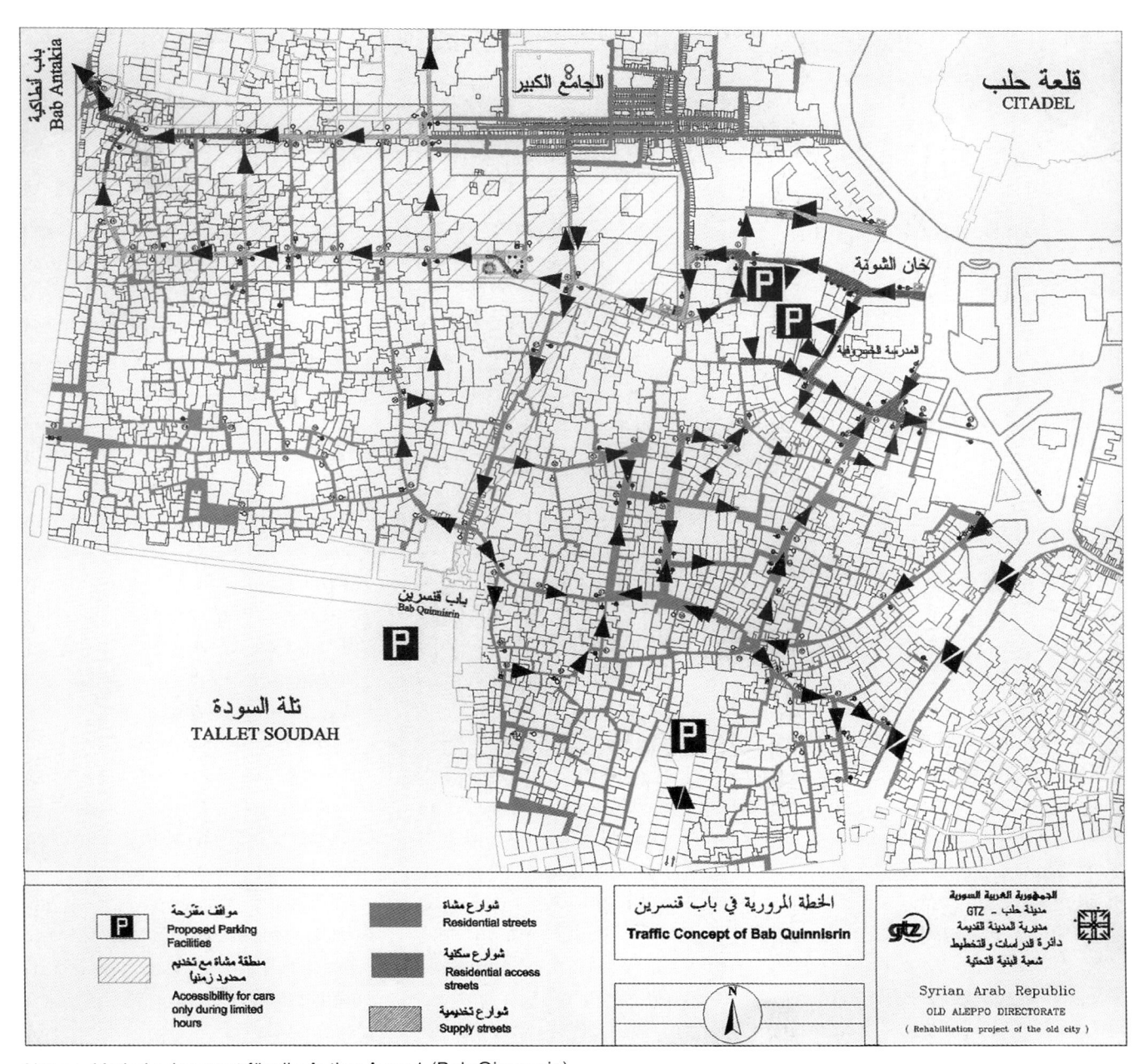

Aleppo, Verkehrskonzept für die Action Area 1 (Bab Qinnasrin)

lichkeiten sind auch nötig, um es für die Einwohner der Altstadt möglich zu machen, ihre Fahrzeuge außerhalb des Viertels abzustellen, anstatt sie in den engen Straßen zu parken und dadurch Verkehrsprobleme zu schaffen. Vorschläge, um den Privatverkehr aus bestimmten Straßen im Viertel zu verbannen, können nur von den Einwohnern akzeptiert werden, wenn Parkplätze in erreichbarer Entfernung von ihren Wohnungen vorhanden sind.

Die Parkmöglichkeiten sind so angeordnet, dass sie, wie auf der

Aleppo, Partizipation am Rehabilitierungsprojekt: Broschüre zur Verkehrserziehung

Karte dargestellt, in einer Entfernung von 500 Metern erreichbar sind. Genaue Lageplätze müssen noch festgelegt werden. Für das Jahr 2010 werden Parkflächen für 9.500 Plätze und für das Jahr 2020 für ungefähr 15.000 Plätze benötigt.

Das Ringstraßensystem wird durch ein vorgeschlagenes Netzwerk öffentlicher Verkehrsmittel vervollständigt. Die Buslinien sind auf bestimmten Achsen konzentriert und bedienen die gesamte Altstadt, die Hauptlinien dürfen die ummauerten Stadtgebiete durchqueren. Innerhalb der Altstadt sind die Bushaltestellen so platziert, dass sie von den Nutzern innerhalb von 5 Gehminuten erreicht werden können. Die allgemeine Entfernung zu einer Bushaltestelle sollte deshalb 300 Meter nicht überschreiten. Das Netzwerk der öffentlichen Verkehrsmittel ist in der Abbildung dargestellt.

Linie 1 führt entlang des südwestlichen Rands der Altstadt, geht durch die Sijin Street und verlässt die Altstadt nach Nordosten. Linie 2 verkehrt entlang des nordwestlichen Rands und hält direkt an den Hauptmärkten. Linie 3 führt im Süden in die Altstadt hinein, geht um die Zitadelle herum an den Hauptmärkten vorbei und läuft nach Nordwesten heraus. Dieser direkte Weg vom Süden nach Nordwesten (und umgekehrt) ist nur für die öffentlichen Verkehrsmittel zulässig. Privater Verkehr wird entlang der Hauptstraßen umgeleitet. Linie 4 führt direkt von Norden nach Süden durch die Altstadt. Linie 5 verkehrt entlang des östlichen Rands der Altstadt, geht im Süden hinein und führt um die Zitadelle herum, um die Hauptmärkte zu erreichen.

Das vorgeschlagene Fußgängernetzwerk bedeckt die Viertel innerhalb der Altstadt. Des Weiteren ermöglicht es den Zugang zu allen Haupt-Tourismus-Attraktionen. An Hauptkreuzungen müssen Maßnahmen ergriffen werden, um ein sicheres Überqueren der Verkehrsadern zu gewährleisten.

Urbane Ökonomie und Haushaltsplanung

Eckhardt Spreen

Ein herrliches Hotel! Mitten in der Altstadt von Aleppo. Mein schönes Zimmer öffnet sich zum mit Naturstein gepflasterten Innenhof. Ein kleiner Brunnen plätschert. Morgens höre ich Kirchenglocken – oder den Muezzin, der von einem der vielen Minarette seine Suren singt. Ein Zauber liegt über dieser Stadt – jedenfalls über diesem schönen Platz, an dem ich mich aufhalte, um als Ökonom über die Sanierung der „Madina" von Aleppo nachzudenken. Die Häuser sind hier, wo ich wohne, saniert, die alten Straßen mit Naturstein gepflastert, der Autoverkehr ist weitgehend heraus gehalten, keine wilden Netzgewirre von Telefon- und Stromkabeln.

Weshalb bin ich hier? Hier ist doch ein Platz zum Träumen, nicht zum Arbeiten. Und ich versinke in Gedanken. Hier kann Vergangenheit lebendig werden: Ich sehe sie vor meinem geistigen Auge, die wohlhabenden Kaufleute, die Handel und Wandel treiben. Männer, die zwischen Orient und Okzident vermitteln. Sie kennen die Preise, sie wissen von Einkauf und Verkauf. Sie rauchen ihre Wasserpfeife, sie sitzen in ihren herrlichen Häusern, sie genießen die Kultur in ihrem Umfeld, sie lassen sich von kenntnisreichen Ärzten pflegen, sie senden ihre Waren über beschwerlichste Routen sicher durch Wüsten, über Gebirge und übers Meer. Im Schnittpunkt von Seidenstraße und Weihrauchstraße werden Luxusgüter zwischen den Kulturkreisen vermittelt, es herrscht Wohlstand.

Der Wohlstand muss sagenhaft gewesen sein. Er äußerte sich nicht nur in materiellem Konsum. Hier lebten nicht schnöde und allein am Mehrwert interessierte Händler. Hier beherrschte man zwar großartig eine Lebensform, die heute im „shareholder value" ihren Ausdruck findet, hier pflegte man aber auch eine Lebensform, in der Eigentum verpflichtete, zumindest zum großartigen Ausdruck im Bauwesen. Heute noch finden sich über 600 registrierte Baudenkmale in der Innenstadt von Aleppo, heute noch finden sich an vielen Häusern liebevolle Details, die an eine große und reiche Vergangenheit erinnern.

Doch die große Vergangenheit, sie wurde nicht in die Gegenwart getragen, mein Hotelleben spiegelt nicht die Realität der Madina: Das Siechtum muss in Schritten gekommen sein; zunächst fast unhörbar, dann immer deutlicher – bis es sich über diese Madina legte wie ein Druck, der jede kulturell anspruchsvolle Investition zur Träumerei machte, der jeden Abbau von Kulturdenkmalen für jeden noch so profanen Zweck nicht nur zuließ, sondern sogar forderte, weil er die Lebensmöglichkeiten der armen Bevölkerung verbesserte. Beinahe

Traditionelles Metall-Handwerk

besiegelt wurde dieser Prozess der städtischen Degradation durch den naiven sozialen Versuch, diese herrliche Altstadt durch den Ausbau eines „modernen" Straßensystems und „moderner" Großbauten in eine neue Zukunft zu führen.

Die alten Handelswege sind zugeschüttet, die Produkte sind verschwunden, und das Neue hat nicht den Glanz des Sagenhaften. Angebotene Stoffe sind vielleicht schön, aber kein Traum von Damast, die Gewürze laden zum Träumen ein, aber ich finde sie an vielen Orten. Die Metallarbeiten sind herrlich, aber international wohl letztlich nur Durchschnitt. Die Spezereien laden zum Essen ein, aber nicht zum Export. Und auch die handwerklich gefertigten Seifen sind sicherlich „gesünder" als unsere Industrieprodukte – aber können sie Wohlstand sichern, Wohlstand schaffen?

Die städtische Degradation spiegelt sich auch in den sozialen Systemen: In der Altstadt wohnen nicht mehr die wohlhabenden Bürger. Sie ist die Heimat armer Bevölkerungsschichten. Die Menschen leben in Großfamilien. Sie kämpfen ums wirtschaftliche Überleben. Für Investitionen in die Verschönerung des Stadtbildes lässt diese Armut keinen Raum. Man lebt zwar noch in einem grau gewordenen Abbild der Pracht von gestern, die wirtschaftlichen Realitäten von heute arbeiten aber immer stärker daran, dass diese Pracht ihren Raum verliert: Ganz einfach, die Zahl der Baudenkmale nimmt ab, weil Denkmale einfach verschwinden. Sie machen einer anderen Nutzung Platz, einer Nutzung, die den Menschen hier sinnvoller erscheint. Ihnen geht es eben um die nackte Existenz.

Mein „Hotel-Traum" hat sich (wieder einmal) ausgeträumt. Der Verfall der Madina, er spiegelt nicht etwa Nachlässigkeit, er spiegelt soziale Realitäten. Arme Menschen bauen keine großartigen Gebäude, arme Menschen erhalten keine großartigen Bauten, sie sitzen nicht im Patio bei Wasserspielen und genießen Wohlstand und Baukultur, arme Menschen nutzen – bei Gelegenheit wie hier – großartige Bauten der Vergangenheit, um sich ihre arme Gegenwart erträglicher zu machen. Der Verfall der Madina, er spiegelt nicht unzureichendes Wissen und mangelnde Hingabe an große Baukultur der Vergangenheit. Er spiegelt den rationalen Umgang mit den Problemen der Gegenwart. Und so kann ich mit meinem Herzen den Versuch, diese Innenstadt vor weiterem Verfall zu retten, zwar preisen, mein Verstand sagt mir aber, dass diese Aufgabe kaum lösbar ist, zumindest nicht in Zeiträumen gelöst werden kann, die eine Generation überblickt.

Planern mag es möglich sein, das Bild einer großen arabischen Madina zu entwerfen: eine Madina, die beherrscht wird von einer großartigen mittelalterlichen Burg. Die Straßen dieser Altstadt, heute teilweise „üblere" Gassen, bildhaft vorgestellt als gepflastert mit Natursteinen. Die Häuser, heute im Verfall, mit Maß für kulturelle Identität saniert. Die Infrastrukturen bedarfsgerecht ausgestaltet. Der größte „Suq" der arabischen Welt bietet nicht nur den einheimischen Kunden, sondern auch den vielen interessierten internationalen Gästen traumhafte Angebote. Die alten Karawansereien dienen als moderne Lager. Alles atmet in neuem Gewand wieder den Geist der alten, der reichen Zeit. Nicht mehr ein hässliches Gewirr von Strom- und Kommunikationsdrähten verunstaltet herrliche Baukunst – sanierter und geschmückter Naturstein lässt in den Räumen der Vergangenheit Gegenwart handeln. Ja, das können Planer – nicht nur träumen, sondern auch entwerfen. Ein bisschen bin ich ja schließlich auch Planer, das macht den Beruf vielleicht nicht einfacher, aber erträglicher.

In Aleppo halte ich mich aber nicht als Planer mit Vision, sondern leider nur als rechnender und in Finanzszenarien denkender Ökonom auf. Was denkt der Ökonom, wenn er sich mit der Altstadtsanierung befasst? Was schlägt er als Entwicklungsmaßnahmen vor. Ich mag es gar nicht schreiben, ich möchte es lieber für mich behalten. Es ist unbequem, wahrscheinlich will es kaum jemand von mir hören, wahrscheinlich finde ich hauptsächlich nur Kritik in der „Sache" durch verbale Kreativität in der „Hoffnung".

Hier meine Gedanken: Es war kühn und lobenswert, mit einem nationalen Gesetz eine „Quasi-Veränderungssperre" über diese Madina zu legen. Sicherlich war es ein guter Wurf, diese Altstadt über die UNESCO als Weltkulturerbe zu markieren, den Versuch zu machen, dem Verfall Einhalt zu gebieten, nach Lösungen zu suchen, wie die noch lebende Vergangenheit in die Zukunft getragen werden kann.

Haus eines reichen Aleppiners

Aber was sind die Konsequenzen? Sicherlich bewirken legalistische Maßnahmen keine „positive", sie bremsen höchstens „negative" Entwicklungen. Maßnahmen des Gesetzgebers können insoweit nur Rahmenbedingungen schaffen. Die angestrebten Entwicklungen müs-

Wenige Geschäfte sind wirklich profitabel

sen auf anderem Wege bewirkt werden. Fragen wir nach dem „Wie". Technisch muss die Sanierung der Madina von Aleppo an Baumaßnahmen ansetzen: Straßen, technische und soziale Infrastrukturen, Gebäude sind so instand zu setzen, dass die Vergangenheit lebendig bleibt und die Zukunft eine Chance hat. Was heißt das ökonomisch, was sind die finanziellen Konsequenzen? Zunächst ein ganz einfacher Gedanke. In Aleppo sind Löhne für Facharbeiter am Bau niedrig; zumindest im Vergleich zur Bundesrepublik. Für 100 US-$ im Monat und weniger kauft der Unternehmer seine Arbeitskräfte. Da kann noch arbeitsintensiv saniert werden. Da muss Kultur am Bau nicht von der Maschinenarbeit ersetzt werden. Die Kehrseite: diese Arbeiter haben keine Chance, sich mit eigenen Mitteln an Sanierungsmaßnahmen zu beteiligen. Ihre Häuser zeigen keinen Schmuck. Sie spiegeln soziale Realität armer Menschen. Ein Drittel der traditionellen Wohn- und Wirtschaftsgebäude der Madina ist direkt vom Verfall bedroht und bedarf der unmittelbaren Sanierung. Ein weiteres Drittel ist wenigstens mittelfristig mit erheblichem Sanierungsaufwand wieder herzurichten. Für knapp 10 % der Häuser kommt jeder Sanierungsversuch zu spät. Sie sind neu aufzubauen.

Die Kosten für eine Sanierung der traditionellen Wohngebäude werden bei sehr vorsichtigen (niedrigen) Kostenansätzen auf etwa 130 Millionen US-$ geschätzt. Hinzu kommen die laufenden Kosten für Wartung und Erhaltung. Diese summieren sich – unterstellen wir einen 40-Jahreszeitraum für die Sanierung der Madina – auf etwa 100 Millionen US-$.

Ähnlich hoch dürften die Sanierungskosten im gewerblichen Bereich sein. Obgleich noch nicht im Detail erarbeitet, lässt sich eine Grobschätzung mit wahrscheinlich guter Annäherung durchführen. Unterstellen wir nämlich auf die Nutzfläche bezogen einen ähnlichen Sanierungsbedarf wie im Bereich des Wohnens, so werden Kosten von etwa 120 Millionen US-$ für die Gebäudesanierung und knapp 100 Millionen US-$ für Erhaltungsmaßnahmen anfallen.

Über 600 Baudenkmale sind in der Madina registriert. Etwa 20 % von ihnen befinden sich in gutem Bauzustand. Die anderen sind mehr oder weniger sanierungsbedürftig. Überschlägige Rechnungen führen zu dem Ergebnis, dass etwa 100 Millionen US-$ erforderlich sind, um die Baudenkmale zu sanieren. Parallel dazu ist natürlich der Aufwand für die laufende Erhaltung zu zahlen. Geschätzt wird dieser Aufwand auf etwa eine Million US-$ jährlich oder 40 Millionen US-$ kumuliert für einen 40-jährigen Sanierungszeitraum. Das Infrastrukturangebot der Madina für Wasser und Abwasser ist weitgehend sanierungsbedürftig. Viele Anlagen sind veraltet, viele vom Verfall bedroht, andere genügen nicht dem Bedarf. Eine Gesamtsanierung wird etwa 45 Millionen US-$ kosten. Wird sie in einem Zeitraum von 40 Jahren umgesetzt, fallen im gleichen Zeitraum noch einmal 20 Millionen US-$ an Wartungs- und Reparaturkosten an.

Die Art des Problems ist erkannt, sein Ausmaß aber noch nicht annäherungsweise in Politik umgesetzt. Stadtverwaltung und die staatliche Wasserversorgung bemühen sich zwar, zumindest im Bereich der größeren Anlagen, um Abhilfe. Dieses reicht aber nicht einmal im Ansatz: Die kostenaufwendigen Maßnahmen liegen im Bereich der Nahversorgungsanlagen. In den letzten Jahren durchgeführte Maßnahmen decken weniger als 5 % des Bedarfs.

Aufwendig dürfte auch die Sanierung der Verkehrsinfrastruktur werden. Eine Pflasterung der Nebenstraßen mit Natursteinen schlägt mit über 10 Millionen US-$ zu Buche. Eine Begrenzung der Natursteinpflasterung auf Fußgängerzonen im touristischen Bereich würde immerhin 2,6 Millionen US-$ verschlingen. Und hinzu kommen die bisher noch nicht in Mark und Pfennig berechneten Aufwendungen für den Ausbau der Hauptstraßen und für den ruhenden Verkehr.

Die Zahlen zeigen, dass die Gesamtsanierung einen ungeheuren Finanzaufwand erfordert. Es geht um etwa 300 Millionen US-$. Hinzu kommen noch einmal etwa 200 Millionen US-$, die im Sanierungszeitraum für die normale Wartung und Erhaltung aufzubringen sind. Und dabei sind in den bisherigen Rechnungen noch nicht einmal alle Kosten enthalten – Elektrizität und Telefon, Schulen und Kindergarten, medizinische Einrichtungen und andere Anlagen der Sozialinfrastruktur werden zusätzliche Kosten erfordern. Und trotz dieses Mindestkostenansatzes erscheinen die Kosten so hoch, dass sie kaum finanzierbar sind.

Das Einkommen der Wohnbevölkerung der Madina von Aleppo liegt mit etwa 420 US-$ pro Jahr bei etwa 50 % des verfügbaren Pro-Kopf-Einkommens Syriens (knapp 900 US-$): Die Madina ist nicht Wohnort der Wohlhabenden. Im Gegenteil, hier lebt die ärmere (Groß-) Familie. Die Menschen geben ihr Geld für den notwendigen Lebensbedarf aus. Nur 30 % der Familien haben Geld, welches in eine Verbesserung des Wohnumfeldes investiert werden könnte. Dabei sind die Mittel so knapp, dass sie nur etwa 3 % des Sanierungsbedarfs abdecken.

Auch ist zu berücksichtigen, dass die freien Budgets nur einmal ausgegeben werden können. Wenn die Bevölkerung für die Verbesserung der Infrastruktureinrichtungen bezahlen soll, stehen die Budgets für

Zu viel Zerfall durch Geldmangel

eine Sanierung des Wohnungsbestandes nicht mehr zur Verfügung.

Auch für die Sanierung der Baudenkmale fehlt es an Mitteln. Obgleich genaue Budgets der beteiligten Träger nicht bekannt sind, deuten überschlägige Rechnungen darauf hin, dass die bisherigen Mittel nur dafür ausreichen, etwa 60 % des jährlichen Wartungsbedarfs und nur 25 % des geschätzten Sanierungsbedarfs zu finanzieren. Die Finanzierungslücken sind mithin immens.

Ähnlich stellt es sich im Bereich der Infrastruktureinrichtungen dar. Die Stadtverwaltung von Aleppo verfügt derzeit über keine Finanzmittel, um groß angelegte Sanierungsmaßnahmen zu bezahlen. Das Investitionsbudget pro Kopf

Aufwendige und teure Sanierung

der Bevölkerung beläuft sich auf etwa 5 US-$. Wofür kann das reichen? Auch die Zuwendungen aus dem Portefeuille des Gouverneurs können nur bedingt helfen: Der Gouverneur zahlt jedes Jahr knapp 10 Millionen US-$ oder noch einmal etwa 5 US-$ pro Kopf der Bevölkerung für die Finanzierung von Entwicklungsvorhaben der Stadt Aleppo. Selbst wenn die Sanierung der Madina hohen Stellenwert hat und der dort lebenden Bevölkerung Finanzmittel in doppelter Höhe zugewiesen würden: Was kann man mit 10 US-$ pro Kopf und Jahr schon bewirken? Sicherlich mehr als Nichts, aber ganz sicher keine anspruchsvolle Sanierung einer Altstadt.

Woher soll das Geld also kommen? Vielleicht zum größeren Teil als bisher von der Zentralregierung? Vielleicht aus dem Ausland? Ich kann mir zwar höhere Finanzzuweisungen der Zentralregierung vorstellen, ich kann mir aber kaum denken, dass internationale Partner eine Sanierung finanzieren, die mangels Einkommen der Zielbevölkerung zügig wieder zum Verfall führt: Soweit und solange die ortsansässige Bevölkerung die laufenden Kosten für den Betrieb und die Erhaltung der sanierten Einrichtungen nicht bezahlen kann, bietet Sanierung nur eine Augenblickslösung, sie wirkt nicht nachhaltig. Kein internationaler Partner wird sich langfristig und intensiv in ein derartiges Vorhaben einbinden lassen.

Könnte es denn eine Lösung sein, die durch die Sanierung Begünstigten, die armen Menschen aus der Altstadt, stärker an den Kosten zu beteiligen? Instrumente dafür sind vorhanden! Die Stadt kann Wertsteigerungen, die aus Investitionen in die Infrastruktur resultieren, auf dem Abgabenweg abschöpfen. Auch können die Kosten für Neu- und Erweiterungsinvestitionen in die Infrastruktur umgelegt werden. Letztlich können auch die Tarife für öffentliche Leistungen weiter an die tatsächlichen Kosten heran geführt werden. Ich halte das alles für Träumerei – zumindest was die Zahlungsfähigkeit der ärmeren Menschen anlangt. Es fehlt mir einfach die Begabung, mir arme Menschen in den Häusern reicher Vergangenheit vorzustellen, arme Menschen, die auch noch den notwendigen Erhaltungsaufwand betreiben, um ihr geschichtliches Erbe bestens für die Nachwelt zu erhalten. Träumerei ist das übrigens nur aus der Sicht eines externen Ökonomen. Für den zuständigen Politiker „vor Ort" stellt sich die Sache anders dar: Er würde mit dem Wind an der Abgaben- und Tariffront Sturm ernten, ist die groß angelegte Sanierung doch gar nicht das Anliegen der lokalen Bevölkerung.

Können wir erwarten, dass wohlhabendere Gesellschaftsschichten sich der Sanierung der Madina von Aleppo annehmen? Ich sehe da nur einen ganz kleinen Spielraum. Es mag hier und dort einen der Geschichte verpflichteten und verantwortungsbewussten Bürger geben, der zu einer solchen Tat überredet werden könnte. Dieses wäre aber eine zu vernachlässigende Größenordnung in Bezug auf den Gesamtbedarf: Es fehlt nicht etwa individuelle Bereitschaft Externer, zu der Sanierung der Madina beizutragen. Es fehlen wirksame gesellschaftliche Instrumente zur Mobilisierung von privatem Kapital, das außerhalb des persönlichen Zugriffs eingesetzt werden kann: Bei nicht vorhandenem Kapitalmarkt wird die Finanzierung großer Investitionen eben nicht gerade einfacher.

Wie kann also eine Großsanierung durchgeführt werden, wenn nicht ausreichend Mittel von außen zugewiesen werden? Banal könnte postuliert werden, dass man die Menschen der Madina zunächst einmal reich machen muss, um mit der umfassenden Sanierung Erfolg haben zu können. Ausgerechnet habe ich, dass bei einem erfolgreichen Wirtschaftsentwicklungsprogramm etwa 50 % der Kosten für die Sanierung des Wohnraums von der örtlichen Bevölkerung getragen werden könnten. In meinem Szenario werden die Einnahmen um 50 % angehoben und das Pro-Kopf-Einkommen der Madina auf immerhin 75 % des nationalen Durchschnitts gehoben.

Also: Sanierung durch Wirtschaftswachstum in der Madina? Weit gefehlt – zumindest zu schnell gedacht! Wer wohlhabend ist, wohnt nicht in der Madina. Erfolgreiche Wirtschaftsförderung ohne flankierende Maßnahmen führt zur Verödung der Altstadt. Die „Yuppies" werden wegziehen in ein modernes Haus in der Vorstadt. Tausendfach geschehen bereits, vorgemacht durch die reichen Händler des Suq. Soll dieses Modell mit einem gekonnten Wirtschaftsförderungsprogramm gestärkt werden? Die Erfahrung lehrt auch, das gutes Unternehmereinkommen nicht notwendig zu Investitionen in die Bausubstanzen führt. Gerade im gewerblichen Bereich herrscht der Mieter. Dieser ist quasi unkündbar – und es ist auch nicht rechtens, dass ihm die Miete erhöht wird. Wie soll da ein Eigentümer interessiert werden, in Stadtsanierung zu investieren? Wie wollen wir die Mieter interessieren, in Gebäude zu investieren, die ihnen zumindest nicht über die Generation hinweg gehören? Hier ist es nicht nur das fehlende Geld, hier sind es auch die rechtlichen oder gesellschaftlichen Rahmenbedingungen, die Erfolgsaussichten der Entwicklungspolitik einschränken.

Müssen wir ein Wirtschaftsförderungsmodell entwickeln, welches nicht beim Arbeitgeber, sondern beim Arbeitnehmer ansetzt? Geht es letztlich um die Qualifizierung einer unzureichend ausgebildeten Arbeitnehmerschaft? Ich weiß es nicht. Letztlich können auch Arbeitnehmer wegziehen. Und wenn das so ist, dann steht vor der Wirtschaftsförderung wieder die von außen finanzierte Sanierung. Zunächst einmal an der finanziellen Absorbtionskraft der Menschen vorbei – in der Hoffnung, dass das Image der Altstadt steigt und dass die Altstadt wieder Wohnort wohlhabenderer Bevölkerungsschichten wird. Alles Spekulation!

Und letztendlich: gerade vor unserer Erfahrung in Deutschland bleibt bei all diesen „kleinen" Einschränkungen eine größere Frage: Wer weiß eigentlich, wie ein erfolgreiches Wirtschaftsförderungsprogramm mit Breitenwirkung und einem durchschnittlichen Anstieg des Pro-Kopf-Einkommens um 50 % gemacht wird? Ich jedenfalls nicht!

Was tun also? Zunächst einmal sind grundsätzliche Zweifel angebracht an dem, was Ökonomen (und nicht nur diese) sagen: Poincare hat es herausgefunden und das letzte Jahrzehnt hat es unterstrichen: In einem System „nicht-linearer" Zusammenhänge können kleine Datenänderungen größte Wirkungen haben. Chaostheorie ist nicht notwendig formulierter Weg ins Abseits, Chaos kann auch im guten klassischen Sinne der plötzliche und unerwartete Sprung in eine neue und bessere Wirklichkeit sein. Und auch die Naturwissenschaften mit ihrem Plädoyer für die Unbestimmtheit lassen uns hoffen. Nicht alle negativen Zukunftsschätzungen müssen stimmen, weil Teile der Realität nicht erfassbar bleiben und in keine Vision eingebaut werden können. Vielleicht habe ich bei meiner „Ortsbestimmung" manch einen positiven Impuls übersehen. Letztendlich: Meine Ursachen- und Wirkungsanalysen können sich als wirklichkeitsfremde Hypothesen herausstellen. Zukunft ist zu einem guten Teil auch Resultat des Zufalls, die Summe einer Vielzahl unerwarteter sozialer Quantensprünge. Es bleibt mithin die sehr realistische Hoffnung, dass ich mit meinen „wirtschafts-perspektivischen Überlegungen" erheblich, vielleicht völlig Unrecht habe. Praktisch kann dieses Argument als eine Aufforderung zum Weitermachen des einmal begonnenen Sanierungsvorhabens begriffen werden. In gekonnt angesetzten Teillösungen, in gezielten Schritten, die ihren Sinn nicht nur im Ganzen, sondern auch im Teil haben, muss gearbeitet werden. Die syrisch-deutsche Zusammenarbeit ist dort auf einem guten Weg. Sie hat den Mut zum Versuch.

Hoffentlich wird aus jeder gewonnenen Erfahrung auch die notwendige Schlussfolgerung gezogen!

Die Sanierung der gesamten Altstadt von Aleppo ist für mich nichts als ein Schlagwort. Doch unter diesem Schlagwort werden tausend kleine Schritte gewagt. Dabei sind viele dieser Schritte gute Schritte, die hoffentlich auch dazu führen, dass die Haushaltsökonomie der ansässigen Bevölkerung stimmiger wird, ganz langsam. Und hoffentlich trägt sie auch dazu bei, dass die staatlichen Rahmenbedingungen für die Bewirtschaftung von Gebäuden für Wohn- und Gewerbezwecke so ausgestaltet werden,

dass Sanierung zum Interesse und zur Option der Sanierungsbetroffenen wird, dass Finanzsysteme entstehen, die es ermöglichen, die lokalen Finanzmittel für die Sanierung der Madina von Aleppo zu mobilisieren.

Die große Aufgabe einer Gesamtsanierung der Madina von Aleppo – heute ökonomisch nicht in Ansätzen gelöst – findet ihren Sinn nicht im umfassenden Gesamtauftrag, sondern im Detail – und in der Hoffnung auf den Weg. Ein schöner Gedanke – er lässt mich wieder horchen auf das sanfte Geplätscher des Brunnens im Patio meines verträumten Hotels.

Urbane Ökologie

Maan Chibli

Jede Stadt repräsentiert eine einmalige Kombination von Bedingungen, Problemen, Zwängen und Möglichkeiten für Umweltmanagement. Die Altstadt von Aleppo bietet einen Vorteil gegenüber anderen städtischen Siedlungen: Das ist die einzigartige Möglichkeit, die menschlichen und Umweltbedingungen im traditionellen Gefüge zu studieren. Die Auswirkungen von städtischen Planungskonzepten sind zum größten Teil sehr bedeutend.

Die Altstadt von Aleppo leidet unter zahlreichen Umweltproblemen, einige von ihnen brauchen eine Langzeithandlungsplanung und andere erfordern sofortiges Handeln. Die Konsequenz aus dem ökonomischen und touristischen Druck ist die offensichtliche Verschlechterung der Umweltsituation.

Stärkung des öffentlichen Bewusstseins, Befragung sowie Beteiligung kann das Umweltmanagement verbessern, besonders für Probleme, die sich auf der Ebene von Stadtvierteln zeigen. Die Divergenz zwischen öffentlich wahrgenommenen und tatsächlichen Umweltbeständen zeigt, das Umwelterziehung nötig ist, um das öffentliche Bewusstsein für versteckte Probleme zu entwickeln. Umweltmaßnahmen sind interaktiv, weil eine Maßnahme in einem Feld seinen Effekt auch auf andere Felder ausdehnt.

Aufbau eines gesetzlichen Rahmens

Es ist per Gesetz geregelt, die Umweltverschmutzung zu kontrollieren und die Umwelt zu schützen. Zunehmende öffentliche Beteiligung hat zu Forderungen nach mehr und mehr Gesetzen geführt. Die Maßnahmen sollten regelmäßig geprüft und überwacht werden. Die Überwachung wird durchgeführt, um die Angemessenheit und Effektivität eines Umweltschutzprogramms zu beurteilen.

Die wichtigsten Maßnahmen, die auf diesem Gebiet ergriffen werden müssen, betreffen Folgendes:
- Studien zur Beurteilung der Auswirkungen auf die Umwelt (Environmental Impact Assessment – EIA). Es dient als Strategie, um die städtische Umwelt zu schützen, weitere Entwicklung und Wachstum neuer Projekte und städtischer Siedlungen zu unterstützen und die erwarteten Umweltauswirkungen neuer Entwicklungen und Projekte vorauszusagen. In jedem Projekt sollten Vorschläge eingeschlossen sein, die potentiell bedeutende und irreversible Auswirkungen haben. Andere, weniger bedeutende Projekte können vernachlässigt werden, indem man Umweltberichte oder Umwelt-Machbarkeits-Studien nutzt.

Umweltregelungen sind dringend erforderlich: Broschüre zur Verkehrserziehung

- Festlegung von Qualitätsstandards für Schadstoffemissionen.
- Feste Standards für thermodynamische Leistungsfähigkeit und Lärm.

Luftverschmutzung

In den letzten Jahren bewirkten hauptsächlich Verkehr und Heizungen die Zunahme der Luftverschmutzung in Aleppo. Die Fahrzeugflotte ist veraltet und verbleites Benzin und hoch verschwefelter Dieselkraftstoff sind die Hauptbrennstoffe. Die Emissionen von Fahrzeugen tragen einen großen Anteil an den Probleme der Altstadt. Präventive und technische Maßnahmen müssen ergriffen werden und sind dringlich.

Es gibt kein Gesetz, das Luftverschmutzung aus jeglicher Quelle behandelt. Trotzdem kann die Kontrolle der Fahrzeugabgase im Rahmen der bestehenden Gesetzgebung realisiert werden.

Ein Programm zur Verbesserung der Luftqualität kann durchgeführt werden durch:

- Kontrolle der Zunahme der Emissionen und der atmosphärischen Luftqualität. Die Nutzung alternativer Energiequellen und die Festlegung von Standards zur Isolierung können den Energiebedarf und dadurch die verschmutzenden Emissionen deutlich reduzieren.
- Verringerung der Emissionen von Heizungssystemen durch Reduzierung des Energiebedarfs.
- Anschaffung von umweltfreundlichen Fahrzeugen für den Handel.
- Einführung eines Überwachungsnetzes, um die Luftverschmutzung in der Altstadt zu messen.

Lärmbelästigung

Dauernde Verkehrsbewegung erzeugt einen nicht tolerierbaren Lärmpegel. Dies ist sehr störend für Menschen, die in dem Gebiet leben, und ein wahre Beeinträchtigung der Lebensqualität und des Grades innerer Zufriedenheit. Dauernd einem hohen Lärmpegel ausgesetzt zu sein, kann das menschliche Gehör und die seelische Gesundheit zerstören. Obwohl Lärmbelästigung kein lebensbedrohliches oder ökologisch zerstörerisches Umweltproblem darstellt, ist es eine Quelle zunehmenden Unbehagens, speziell für Menschen, die nahe der Hauptverkehrsachsen der Altstadt leben.

Die Erstellung von Lärmkarten der Altstadt von Aleppo kann die Entscheidungsträger in die Lage versetzen zu definieren, wo dringender Handlungsbedarf ist. Bislang gibt es keinen Plan über Lärmpegel, um den Anteil der Bevölkerung zu bestimmen, der in Gebieten mit extremen Lärm lebt. Wir sollten darauf bestehen, Standards zur Festlegung von übermäßigem Lärm bei Tag und Nacht zu schaffen.

Begrünungsprogramm

In grünen Städten lässt es sich allgemein besser leben. Programme zur Schaffung grüner Plätze müssen unterstützt werden, weil sie das Mikroklima verbessern und ein angenehmes Lebensumfeld in der Altstadt erzeugen.

Als geeignete Maßnahme können wir das traditionelle Umweltkonzept in alten Häusern wiederbeleben und die Gebäudedächer begrünen, um den darin lebenden Nutzern komfortable Temperaturen zu schaffen.

Vom ökologischen Standpunkt sind Grünflächen großflächig erforderlich, um Überhitzung zu kompensieren, Staub zu absorbieren und Luftverschmutzung zu reduzieren. Ein obligatorischer „Landschaftsplan" kann das geeignete Mittel sein, die Realisierung von Begrünung in der Altstadt zu fördern.

Luftreinigung ist notwendig

Wasser- und Bodenverschmutzung

Die Hauptmaßnahme im Umweltbereich ist die totale Erneuerung des verfallenen Abwasser- und Wassersystems der Altstadt und die Verhinderung der illegal operierenden Schlachthäuser. Diese Situation wirkt sich stark auf den Zustand des Untergrunds aus, was starke Zerstörung hervorruft.

Wasserverschmutzung wird nach der Modernisierung des Wasser- und Abwassersystems der Altstadt vermieden werden.

Erd- und Bodenverschmutzung hängt mit einigen Aktivitäten, wie Industrie und Werkstätten und dem SWM („Solid Waste Management") zusammen. Die Müllcontainer werden manchmal nur in offene Löcher geworfen und erzeugen so inner-

Lärmfaktor Durchgangsverkehr

städtische Mülldeponien mit Bodenverschmutzung darum herum.

Die Hauptmaßnahme sollte es jedoch sein, das Bewusstsein der Menschen auf diesem Gebiet zu erhöhen.

Energienutzung

Ungeeignete und verschwenderische Nutzung von Energie hat einen negativen ökonomischen Einfluss und führt zu einer ganzen Reihe von Umweltproblemen, weil praktisch jeder Umweltaspekt eine Energiekomponente besitzt.

Energieverfügbarkeit ist fundamental wichtig für die weitere Existenz heutiger städtischer Siedlungen. Es ist heute allgemein üblich, Energienutzung in einer Stadt oder einem großen definierten Gebiet als ihren Endverbrauch in großen Sektoren der Stadt zu beschreiben. Solche Studien sind nützlich, um die Menge der Energieeinsparung festzulegen oder die Wirtschaftlichkeit von Alternativen zu begründen, und sie sind wichtig, um die Politik des Energiemanagements zu steuern.

Eine Studie in AA 3 über Energienutzung erlaubte es uns, einen Abgleich von Energietyp und Endnutzung aufzubauen, um die sozioökonomischen Aspekte zu erkennen, die verantwortlich sind für das Energieverhalten, so dass wir damit am Ende in der Lage sind, die Energieverbrauchsstruktur und -praxis zu analysieren. Die Studie erlaubte es uns herauszufinden, wie Energienutzung mit menschlichem Komfort zusammenhängt und ob Unterschiede zwischen Arm und Reich bezüglich des Verbrauchs auch bei den Gebrauchsgütern und in der Lebensqualität Folgen haben. Wir stellen fest, dass der Anstieg des Energieverbrauchs, speziell der Elektrizität, das Ergebnis der Verbesserung des Lebensstandards ist.

Solange wir AA 3 als ein potentielles Gebiet für touristische Aktivitäten betrachten, sollte die Entwicklung von Hotels und Restaurants sorgfältig beobachtet werden. In Jdeideh verbrauchen nur zwei Hotels mit 13 Zimmern und fünf Restaurants ca. 26 % des Diesels, 24% der Elektrizität und 17 % des LPG (Erdgas) des kommerziellen Gesamtverbrauchs an Energie von Jdeideh.

Wenn es der Altstadt möglich ist, alternative Energiequellen zu nutzen, dann wäre es die Solarenergie, die vielleicht in nächster Zukunft eingeführt werden könnte. Solarenergie wird bisher nicht genutzt, obwohl es zahllose Möglichkeiten der Installation von Solarkollektoren zur Wasser- und Raumheizung gibt.

Die Initiierung einer Kampagne zur Einführung der Solarenergie sollte hauptsächlich darauf konzentriert sein, Menschen vom Nutzen der Solarkollektoren zu überzeugen[1].

Für Architekten gibt es Möglichkeiten, Häuser zu entwerfen, die durch alternative Energiequellen versorgt werden, aber das wichtigste Thema für Entwürfe ist allgemein die Energieeffizienz.

Architekten können bei der Energieeinsparung auf verschiedene Weise eine Rolle spielen:
- Durch Erstellen von Isolierungsstandards, um den inneren Komfort zu verbessern und den Energieverbrauch und den Lärmpegel zu vermindern.
- Durch Entwerfen von Produkten mit verbesserter Energieeffizienz.
- Durch Verwenden von Isoliermaterial, oder Solarzellen, zusammen mit dem Bau. Dies kann den Energieverbrauch von Gebäuden dramatisch reduzieren.
- Durch Ermutigung von mehr Menschen, den öffentlichen Nahverkehr zu benutzen, durch den Entwurf von zweckmäßigen Systemen, die die Menschen weniger abhängig von Privatfahrzeugen machen.

Die Entwicklung von Strategien und Maßnahmen zur effizienten und alternativen Energienutzung und zur Hilfe bei der Vermeidung von Ozon zerstörenden Substanzen wird zu der Reduzierung der städtischen Luftverschmutzung beitragen und, im globalen Maßstab, zum Schutz der Atmosphäre.

Abwasserprobleme durch Schlachtereien

Maßnahmen sollten auf folgende Bereiche konzentriert sein:
- Maßnahmen im Haushaltsverhalten,
- Maßnahmen zu Bau- und Isolierungsstandards,
- Maßnahmen zum Geräteverbrauch,
- Maßnahmen zu Energiekosten.

Als Ergebnis der Umweltauswirkungen der energieintensiven Entwicklung ist klar, dass aus finanziellen, ökologischen und strategischen Gründen die Nachfrage nach Energie reduziert werden sollte.

Festmüll

Die Altstadt von Aleppo hat massive Probleme mit der Entsorgung des städtischen Mülls, was in naher Zukunft teure und energieintensive Lösungen erfordert. Die Abfallsammlung ist durch die Stadt organisiert und der Müll wird täglich abgeholt. Die unzureichende Entsorgung von Abfall verursacht eine Menge Umweltprobleme.

Das Entsorgen von nicht verpacktem Müll in die Rinnsteine erzeugt ernsthafte gesundheitliche und ästhetische Probleme. Die Schwierigkeit der Überwachung und das Fehlen von Strafen, aber hauptsächlich das total undisziplinierte und uneinsichtige Verhalten der Einwohner ist dafür verantwortlich. Angehäufter Müll führt zu starker Vermehrung der Ratten, Moskitos und Nahrung suchender Tiere. Diese Schädlinge können Krankheiten übertragen und die Lebensqualität verschlechtern.

Wir sollten anmerken, dass touristische Aktivitäten mehr Müll produzieren als die Einwohner. Jedes Restaurant produziert so viel Abfall wie 10 Häuser.

Die Hauptmaßnahme, die wir auf diesem Gebiet ergriffen haben, ist die Gründung einer Sauberkeitskampagne[2] in AA 3. Das Ziel war, das Bewusstsein der Bewohner zu erhöhen und die Verbesserung der Festmüllbeseitigung zu sichern. Die Sauberkeitskampagne hatte folgende Ziele:

– Erhöhung des Bewusstseins der Einwohner bezüglich der Bedeutung von Sauberkeit und Sicherung der Zusammenarbeit zwischen ihnen und der Verwaltung.
– Bitte an die Bevölkerung, die städtischen Regeln bezüglich der Sauberkeit zu respektieren.
– Die Stadt sauber zu machen, so dass jeder mit einem Minimum an Verschmutzung leben kann.
– Entwicklung eines dauerhaften Mechanismus, um dem Müllproblem in Zukunft zu begegnen.
– Aufbau und Bestückung neuer örtlicher Sammelpunkte.
– Mobilisierung und Ausrüstung von Komitees, die Müllsammelaktionen organisieren.
– Soweit es möglich ist, sollte der Müll nur einmal transportiert werden, um dadurch die Belastung der Stadtverwaltung zu reduzieren.

Zuerst haben wir damit begonnen, einen sozialen und kulturellen Rahmen für die Menschen zu entwerfen, um die es ging. Das hat geholfen, die Sprachebene zu definieren, die während des Kommunikationsprozesses geschaffen wurde.

Die Informationskampagnen umfassten zwei Arten von Aktionen: Vorbereitung und Durchführung. Die Vorbereitungsphase wurde geplant, um zu sehen, inwieweit der Bewusstseinsfaktor eine Rolle spielte, um das menschliche Verhalten zu lenken. Menschen werden oft gebeten, ihr Verhalten zu verändern und in einer nachhaltigeren Weise zu handeln. Um das zu können, brauchen sie lehrreiche Informationen.

Eine wichtige Bedingung dafür ist, dass die Menschen fühlen, dass sie an der Veränderung teilhaben. Deshalb kann die Gründung von Straßenkomitees ihnen Verantwortung für die Umwelt übertragen. Diese Politik ermöglichte die Schaffung von Verantwortlichkeit für die Straße und ein gutes Funktionieren unserer Kampagne.

Die Kampagne kann als sehr erfolgreich betrachtet werden, weil sie stark von der Bevölkerung unterstützt wurde. Dies wurde durch den hohen Grad an Akzeptanz und der überraschenden Menge an aktiver Mitarbeit bewiesen. Deshalb ist es bei der Planung wichtig, sich der Einbeziehung der nötigen Akteure zu versichern und dass sie die Nachrichten und Maßnahmen zur passenden Zeit auf passende Art und Weise erreichen. Dies ist ein kritischer Schritt bei der effektiven Problemlösung. Einfache Technologien, angemessene Strategien und die Mobilisierung der öffentlichen Selbsthilfe sind der Schlüssel zu einer guten Festmüllentsorgung.

Eine unserer Strategien war es, ein Treffen abzuhalten, das zum ersten Mal die Handlungsträger, die Planer und die Entscheidungsträger öffentlich zusammen brachte.

Unser Ziel war es, eine direkte Diskussion zwischen den betroffenen Gruppen in Jdeideh zu entfachen und ihre Probleme und die negativen Auswirkung zu präsentieren, um ihnen sofort antworten zu können. Es wurde eine Auswahl getroffen, um die aktivsten Personen während unserer Kampagne beobachten zu lassen.

Mülleimer haben die Straßenverhältnisse verbessert. Die Menschen standen der Idee der Anbringung solcher Mülleimer skeptisch gegenüber, aber später schienen sie diese sehr zu begrüßen, weil wir Anfragen nach zusätzlicher Anbringung von Mülleimern in einigen anderen Straßen erhielten.

Schulungsprogramme sollten durchgeführt werden, um das Bewusstsein und das Verständnis zur Umwelt unter der allgemeinen Bevölkerung zu erhöhen und zu kultivieren und um die Bevölkerung zu ermutigen, eine aktive Rolle beim Schutz und der Unterhaltung der Umwelt einzunehmen.

In einem breiteren sozialen Kontext sollte darauf hingewiesen werden, dass die meisten Menschen keine bewusste Wahrnehmung verbrauchter Produkte haben. Während Müllbeseitigung ursprünglich eine öffentliche Gesundheitsmaßnahme war, ist es heute eine Institution zur Deponierung von verbrauchten Gegenständen geworden. Auf der technisch-ökonomischen Ebene finden, zumindest konzeptionell, Entwicklungen auf dem Gebiet der Müllentsorgung statt, die aufgrund der steigenden Dringlichkeit des Problems unvermeidliche Auswirkungen auf die Gesellschaft haben.

Die Gründung von Umweltkomitees auf Basis der Action Areas wird die öffentliche Beteiligung erhöhen und wird einen dauerhaften Mechanismus erzeugen, um den Müllproblemen der Zukunft zu begegnen. Umweltbewusstsein ist das kritischste Element bei der Begründung von dauerhafter Entwicklung für die Zukunft.

Anmerkungen

1 Informationen aus dem Gutachten in AA 3 zeigen, dass 80% der Menschen nicht davon überzeugt waren, Solarkollektoren zu nutzen, 16% ignorierten die Solarenergie und 4% fürchteten die Kosten.
2 Siehe detaillierten Bericht über die „Sauberkeitskampagne" für weitere Informationen: GTZ 1998.

Restaurierung

Achim Krekeler

Zur Erinnerung

Die Altstadt von Aleppo ist ein städtebauliches Ensemble aus zellenartig gewachsenen Bauten: Registrierte Einzeldenkmale, wie Moscheen, Kirchen, Karawansereien, Bäder, Krankenhäuser, Paläste und eine große Zahl von traditionellen Hofhäusern, ergeben ein einzigartiges Muster.

Das Projekt „Rehabilitierung der Altstadt" konzentriert sich neben der Einbindung dieses städtebaulichen Ensembles in die sich rasch vollziehende Gesamtstadtentwicklung auch und vor allem auf die heutigen und zukünftigen Bewohner und Nutzer der Altstadt. Ein strategisches Moment der Rehabilitierung sind deshalb die Aktivitäten zur Verbesserung der Wohnverhältnisse und zur Erhaltung der traditionellen Wohnhäuser. Um diesen Aspekt dreht sich der folgende Beitrag.

Zur Situation der Wohnhäuser gestern und heute

Wie bei Gangler[1] ausführlich beschrieben, folgt die Architektur der meisten Hofhäuser einem einheitlichen Muster:

Der zentrale Raum ist der Innenhof. Im Schutz der hohen Umfassungsmauern spielte sich hier das familiäre Leben ab. Die Innenhöfe besitzen meist einen Springbrunnen und waren mit Pflanzen begrünt. Neben den für Männer und Frauen getrennten Wohn- und Schlafräumen gehörte ein offener, nach Norden orientierter „Iwan" und bei größeren Häusern ein Festsaal, die „Qaa", zum Raumprogramm. Alle Fenster und Treppen führen in den Innenhof. Die Hoffassaden sind durch aufwendige Steinreliefs und Holzvordächer mit Holzschnitzarbeiten gestaltet. Im Gegensatz zur römisch-hellenistischen Stadt und modernen Stadtgründungen, wo die öffentlichen Verkehrswege Vorrang haben, wurde das Straßennetz in den Wohnquartieren von Quartiergemeinschaften vereinnahmt und gestaltet. Oftmals enden die Verkehrswege in schmalen Sackgassen, die ganz in der Gewalt der Einwohner stehen.

Heute werden die Häuser oftmals in viele verschiedene Nutzungseinheiten geteilt. Dadurch kommt es zu Überbelegungen, die zu Eingriffen in die ursprüngliche Baustruktur und zu gravierenden Funktionsänderungen der Häuser führen. Die neuen Bewohner, die meist (z.T. ohne Wohnberechtigung, also „spontane") Mieter oder nur Teilhaber von Häusern sind, können – vor allem auch aus finanziellen Gründen – selten für die notwendigen Bauunterhaltungen sorgen. Den außerhalb der Altstadt wohnenden – auch wohlhabenden – Eigentümern von Altstadtbesitz fehlt durch das geltende Mietrecht jeder Anreiz,

Für die Restaurierung sind Regeln erforderlich

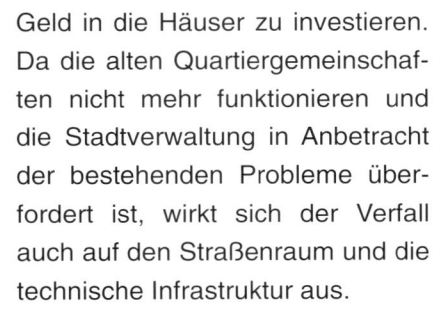

Holzvertäfelung in einem Aleppiner Haus

Geld in die Häuser zu investieren. Da die alten Quartiergemeinschaften nicht mehr funktionieren und die Stadtverwaltung in Anbetracht der bestehenden Probleme überfordert ist, wirkt sich der Verfall auch auf den Straßenraum und die technische Infrastruktur aus.

Im Rahmen des deutsch-syrischen Altstadtsanierungsprojektes wird schon seit 1994 durch erste gezielte Maßnahmen versucht, den Verfall der Bausubstanz aufzuhalten. Als wesentliche Instrumente zur Einflussnahme auf die Entwicklung in den Altstadtquartieren wurden ein für die Belange der Altstadt angepasstes Baurecht bzw. eine Gestaltungssatzung und die Förderung von Baumaßnahmen durch zinsgünstige Kredite und Zuschüsse erkannt.

Baurecht in der historischen Altstadt

Am 22. September 1990 erließ die Stadtverwaltung für Baumaßnahmen in der historischen Altstadt ein spezielles Baugesetz, die „Decision 39". Nach dieser z.T. sehr restriktiven lokalen Gesetzesgrundlage wurden Neubau- und Renovierungsmaßnahmen in der Altstadt geregelt. Da in der „Decision 39" nur Grundsatzstandpunkte formuliert waren, die nicht immer auf die Praxis zu übertragen waren, gab es viel Interpretationsspielraum. Oftmals konnten die Bauanträge erst nach harten Diskussionen der Bauausschussmitglieder („Technical Committee") entschieden werden. Das spezielle Baugesetz führte so zur Behinderung notwendiger Investitionen: Statt Erneuerung setzte Lähmung ein (siehe hierzu auch den Beitrag von E. Spreen).

Der Vorschlag von Seiten des deutsch-syrischen Altstadtsanierungsprojektes, die bestehende Gesetzesgrundlage durch eine Gestaltungssatzung, die die Besonderheiten der Altstadt von Aleppo berücksichtigt und sich an den internationalen Standards (z.B. der Charter von Venedig) orientiert, zu erweitern, wurde 1998 umgesetzt. Neben einer Präzisierung der baurechtlichen Grundlagen sind insbesondere Vorschläge und Anregungen für denkmalverträgliche Restaurierungs- und Sanierungsmaßnahmen in der Altstadt ausgearbeitet worden.

Innenhoffassade eines Aleppiner Hauses

„Guidelines" als flexibles Instrument zur Haussanierung und -erhaltung

In einer Arbeitsgruppe wurden 1996 zunächst alle Bauelemente, die für die Aleppiner Altstadt typisch sind, ermittelt und durch Fotos und Zeichnungen dokumentiert. Anhand dieser kurzen Bestandserfassung wurden die Bauelemente in verschiedene Gruppen eingeteilt, die dann im Detail bearbeitet wurden.

Im Vordergrund standen Stadtbild prägende Elemente an den Wohnhäusern, wie Fassadenteile, aber auch Elemente des öffentlichen Straßenraums, wie Straßenbeläge und Beleuchtungsanlagen. Da neben dem Stadtbild besonders konservatorische Gesichtspunkte zu beachten waren, wurden auch die denkmalrelevanten Elemente aus dem Innenbereich der Häuser und die haustechnische Ausstattung erfasst.

Im Zuge einer ersten Auswertung wurde für jedes Bauelement die aktuelle Problemstellung herausgearbeitet und eine baugeschichtliche Recherche durchgeführt. Nach Abwägung zwischen Denkmalwert und Zumutbarkeit für die Eigentümer wurden Grundsätze und Empfehlungen formuliert.

In einem Katalog wurden die Ergebnisse der Arbeitsgruppe zusammengestellt und im Kreis der in der Altstadt tätigen Behörden und Institutionen (z.B. Antikenverwaltung, Feuerwehr, Architektur, Büros) im Rahmen eines Workshops vorgestellt und diskutiert. Durch die Einbeziehung von zusätzlichen Interessenvertretern kam es zu wertvollen Kommentaren und Anregungen, die in die vorläufige Gestaltungssatzung („Guidelines for Restoration and Renovation of the Old City of Aleppo") aufgenommen wurden.

Als Bestandteil des Stadtentwicklungsplanes wurde die Gestaltungssatzung im Jahre 1998 fertiggestellt und steht in einer arabischen und englischen Fassung als Hardcover-Version und für die örtlichen freien Architekten und Planer im öffentlichen Dienst auch in CD-Rom-Form zur Verfügung.

Im Zusammenhang mit der Vergabe von zinslosen Krediten und Zuschüssen für Modernisierungs- und Restaurierungsmaßnahmen in der Altstadt wird die neue Gestaltungssatzung erstmals als verbindliches Planungsinstrument erprobt. Damit hat die Gestaltungssatzung ohne gesetzliche Bestätigung einen hohen Stellenwert erlangt.

Umsetzung der „Guidelines"

Ein erstes Förderprogramm zur Finanzierung von Sicherungmaßnahmen an Wohnhäusern wurde im Jahre 1993 zwischen der Stadtverwaltung von Aleppo und der GTZ vereinbart. Mit der unkomplizierten Bereitstellung von Kleinkrediten von max. 40.000 SyrL (ca.

Kuppeln

Iwan eines Innenhofes mit Schutzdach aus Holz

Die Innenhöfe sind wichtig für das Mikroklima

800 EUR) aus dem Förderprogramm („Emergency Fund") konnten zahlreiche Notreparaturen an Wohngebäuden durchgeführt werden. Neben der finanziellen Unterstützung half besonders die fachliche Unterstützung von Architekten und Ingenieuren des Altstadtsanierungsbüros und ein vereinfachtes Baugenehmigungsverfahren für die schnelle und unkonventionelle Soforthilfe.

Da in diesem Förderprogramm keine Anforderungen an die Denkmalverträglichkeit der einzelnen Maßnahmen gestellt waren, sollte der Emergency Fund durch ein neues Programm, das ein breiteres Maßnahmenspektrum fördert und stärker konservatorische Aspekte berücksichtigt, ersetzt werden. Der zu diesem Zweck entworfene „Rehabilitation Fund" wurde im Jahre 1998 ins Leben gerufen. Im Gegensatz zum Emergency Fund wurde der Kreditrahmen auf 150.000 SyrL (ca. 3070 EUR) hochgesetzt und Zuschüsse von bis zu 40.000 SyrL (ca. 800 EUR) festgelegt.

Die Förderfähigkeit der Maßnahmen wurde durch einen Katalog der förderfähigen Maßnahmen bestimmt. Die förderfähigen Maßnahmen sind in drei Gruppen unterteilt:
A. Sanierung des Rohbaus und der Tragkonstruktion,
B. Modernisierungsmaßnahmen,
C. Restaurierungsmaßnahmen.

Für alle drei Gruppen können Kredite in Anspruch genommen werden; verlorene Zuschüsse werden jedoch nur für Restaurierungs-

GIS-Planungsworkshop

1. die Arbeit auf der Ebene von Arbeitsbereichen in der Altstadt durchgeführt wird,
2. alle zusammengefassten Beobachtungen und ausreichende aktuelle Daten auf dieser Ebene erhältlich sind, welches der wichtigste Teil des Systems ist,
3. die Genauigkeit der digitalen Karten mit all ihren neuen Änderungen für Planungszwecke akzeptiert wird,
4. wir nicht in der Lage sein werden, die Baugenehmigungen und täglichen Aktualisierungen der Daten zu veröffentlichen, weil die Karten für Eigentumszwecke nicht genau genug sind,
5. in unserer Arbeitsgruppe ein gutes Teamwork hergestellt werden sollte,
6. alle Probleme der GIS-Arbeit erkannt und an alle Betroffenen in Aleppo zur Überlegung weitergegeben werden sollten.

Der Workshop entschied sich für folgende Anwendungen:
– Umwelt,
– Verkehr,
– Wirtschaft,
– Flächennutzung,
– Not- und Wiederaufbaufonds,
– die Denkmäler (Bewahrung, Dokumentation, Restaurierung),
– Kanalisationssystem und Wasserversorgungsnetz.

Projekt-Karten

Der Altstadtplan besteht aus 64 Katasterkarten im Maßstab 1:500 aus den Jahren 1929-1932, herausgegeben vom Katasteramt während der französischen Kolonialzeit. Sie sind auf *canson*-Papier vorhanden und leicht deformiert.

Einige Karten leiden darunter, dass sie zu alt sind, was ihre Umarbeitung in die digitale Form sehr erschwerte. Die Umarbeitung wurde mit Hilfe von Scannern durchgeführt, die Raster-Dateien herstellten. Spezielle Programme wurden benötigt, um die Raster-Dateien in Vektor-Dateien zu übertragen, die für die GIS benötigt wurden.

Der Umwandlungsprozess dauerte sechs Monate und bildete ein erstes Hindernis in der Benutzung des GIS-Systems. Eine Anzahl Vermesser wurde eingeteilt, um die neuen Änderungen auf dem Straßenniveau zu vermessen.

Projekt-Datenbasis

Die Daten sind abhängig von der Genauigkeit der Dokumentation in der Organisation, was in unserem Projekt der Fall war.

70 % unserer Daten liegen in digitaler Form vor, entweder in Excel-Tabellen oder Access-Datenbasis-Programmen. Das gleiche gilt für Fotos, Statistiken und alle Berichte.

Durch die Verfügbarkeit der Projekt-Karten und der Datenbasis kann mit dem GIS-System leicht gearbeitet werden. Dies sind Grundsteine für das System, weil sie zeitaufwendig sind und viel Geld vom GIS erfordern.

GIS-Anwendung

Bevor das ganze System installiert wurde, begannen wir mit einem kleinen Projekt, dem Kanalisationssystem und dem Wasserversorgungsnetz in AA 1 (Bab Qinnasrin). Dieses Projekt enthält alle Details über das Netzwerk (Strecken, Schächte, Tiefe, Gefälle, Datum der Wartung und die strukturellen Defekte in jedem Bereich mit Fotos und einige Fragen über das Netzwerk).

Auch die Lärm-Karte der Altstadt wird bald erscheinen.

Nach dem, was angesprochen wurde, nutzen wir das „Geographic Information System" im Wiederherstellungsprojekt nicht nur, um die Entwicklungspläne zu schaffen, sondern auch, um diese Pläne und Informationen zu einem effizienten Werkzeug für dauerhafte Entwicklung zu machen.

Folgendermaßen werden die Strategie und die Ziele unseres Projektes realisiert:

Um thematische Karten zur Unterstützung des Entwicklungsplans zu erstellen, werden unsere Daten dokumentiert. Die derzeitige Situation in Alt-Aleppo wird aufgezeigt und ein Zukunftskonzept entwickelt.

Um den ökonomischen Aspekt zu fördern, soll ein „Controlling" des Not- und Wiederaufbaufonds erfolgen, indem die Demografie aus der Datenbank mit der Örtlichkeit aus der Karte verbunden wird.

Um die Instandhaltungsprogramme für die Infrastruktur zu kontrollieren, ist die Organisation der Programme und eine Festlegung der Vorrangigkeit der Instandhaltung wichtig.

Anwendungsbeispiel Wasserversorgung

Anwendungsbeispiel Siedlungskontrolle

Für Studienzwecke erfolgt die Nachuntersuchung der Restaurierung und Instandhaltung der Denkmäler, die als Grundlage für statistische Untersuchungen zum Tourismus in diesen Denkmälern dienen soll.

Schließlich sollen regelmäßige Kontrollen und Vergleiche die Visualisierung der derzeitigen Situation ermöglichen und damit zur Einwerbung von Spenden und Fonds von nationalen und internationalen Organisationen beitragen.

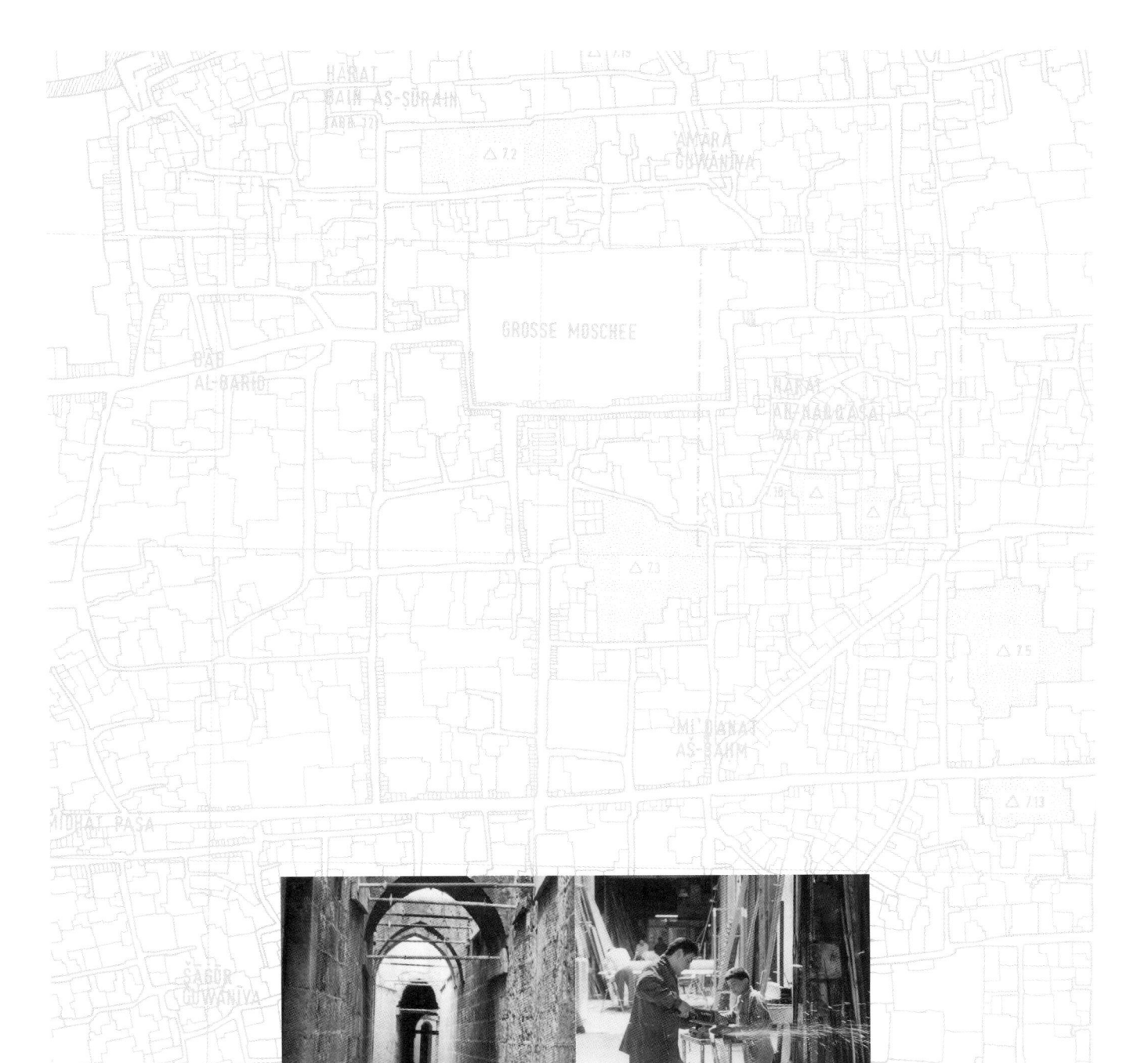

Akteure in historischen Stadtstrukturen

Die religösen Stiftungen – „Waqf" – heute

Omar Abdulaziz Hallaj

Das Sanierungsprojekt der Altstadt von Aleppo hat immer wieder die Notwendigkeit der Entwicklung von starker Partnerschaft mit den städtischen Hauptbeteiligten betont, um einen umfassenden Ansatz zur städtischen Sanierung sicherzustellen. Ein wichtiger Beteiligter dieses Prozesses ist das Auqaf-Direktorat von Aleppo: Diese Institution ist zuständig für die Verwaltung karitativer Stiftungen und religiöser Angelegenheiten der muslimischen Gemeinde in der Stadt. Dieser Artikel beschreibt kurz die Geschichte und die Rolle dieses Hauptpartners der Sanierung.

Geschichte des Auqaf-Direktorats

Das Konzept des *waqf* (Plural *auqaf*) entwickelte sich aus praktischen, politischen und ökonomischen Erfordernissen zum Regieren, Unterhalten und Verbessern der mittelalterlichen muslimischen Stadt. Obwohl das Konzept in den muslimischen Grundprinzipien der Nächstenliebe verwurzelt ist, wurden der gesetzmäßige Rahmen und die Popularität des Konzepts erst im 12. Jahrhundert kodifiziert. In seinem Grundgedanken ist das Waqf eine unveräußerliche Stiftung, deren Gebäude Einkünfte erbringen zum Zweck der Gründung einer dauerhaften Wohltätigkeitseinrichtung.

Das Waqf-Konzept ermöglichte es den reichen und starken Protagonisten der Gesellschaft, dauerhaft öffentlich Gutes zu tun, das ihren Namen und die Legende ihrer guten Taten auf Dauer fortbestehen lassen würde. Zudem stellte das Waqf sicher, dass, egal wie die politischen und ökonomischen Verhältnisse des Stifters waren, seine Wohltätigkeit ihn lange überleben würde. In einigen Fällen übertrug der Stifter sich selbst oder seinen Verwandten die Rolle der Beaufsichtigung der Verwaltung des Waqf und sicherte sich damit eine Quelle festen Einkommens. Dieser letzte Aspekt ist in einigen Beispielen übertragen worden auf das, was man ein vererbtes persönliches Waqf nennt, im Gegensatz zu einem wohltätigen Waqf. Das islamische Gesetz garantierte beider Legitimität, auch wenn der Stifter seine Position und sein Vermögen verlor.

Einige Auqaf arbeiteten nur finanziell in Form von Almosen. Die überwiegende Mehrheit tendierte jedoch dazu, vorzugsweise wohltätige Institutionen zu gründen, wie Schulen, Krankenhäuser, Wasserstraßen, Moscheen und sogar einige bizarre Einrichtungen, wie Gärten, um kranke Tiere zu beherbergen. Deshalb wurden die Auqaf das Vehikel, durch das die meiste städtische Infrastruktur finanziert wurde. Und weil die Stiftungen eine

Einkommen erzeugende Basis für die Wohltätigkeit begründeten, bezogen sie andere Besitzungen in der Stadt zur Finanzierung mit ein. Deswegen wird geschätzt, dass an manchen Punkten siebzig Prozent des städtischen Gefüges im Auqaf-System eingebunden waren, entweder als Gaben verteilende Einrichtung oder als Einkommen erbringende Besitzung.

Die Umwandlung in eine moderne Institution

Die Aufseher der Waqfs sicherten den Unterhalt der Auqaf, indem sie Teile der Einkünfte für den Unterhalt und Verbesserungszwecke abzweigten. Weil das System jedoch individuell und willkürlich war, verfielen viele der Auqaf der Baufälligkeit und ihre Einkünfte wurden verringert oder verbraucht. Dies brachte die syrischen Autoritäten 1949 dazu, ein einheitliches System zur Verwaltung der Auqaf zu begründen. Persönlich vererbte Auqaf wurden in Privatbesitz umgewandelt. Wohltätige Auqaf wurden unter öffentliche Verwaltung gestellt; die individuellen Aufseher wurden pensioniert. Es wurde ein Ministerium für Auqaf eingerichtet, und es wurde ihm der klare Auftrag erteilt, ab 1961 sowohl die religiösen Angelegenheiten als auch die Auqaf-Besitzungen zu verwalten.

Auqaf-Besitz: Moscheen

Das neue System stellte sicher, dass auch die kleinsten Einrichtungen unterhalten wurden und dass Überschusserträge gleichmäßig auf die verschiedenen wohltätigen Belange der Gesellschaft verteilt wurden.

Das Auqaf-Ministerium wird durch örtliche Zweig-Direktorate repräsentiert. Das Auqaf-Direktorat jedes Gouvernements ist sowohl für die Beaufsichtigung der religiösen Kultur verantwortlich als auch für den Unterhalt und die Verwaltung der Gebäude. Das Auqaf-Direktorat von Aleppo bezahlt über 1.500 Mitarbeiter und ist deshalb eine der größten Verwaltungen der Stadt.

Durch die Miet-Kontrollgesetze nahmen die Einnahmen der Auqaf im Zentrum der Altstadt ab. Die Aufmerksamkeit der Verwalter und die Förderung wurde auf die neuen Stadtteile gelenkt, und der Unter-

Auqaf-Besitz: Wohnheim für Arme

halt der alten Denkmäler und wohltätigen Einrichtungen verblieb in den Händen der unmittelbaren Nutzer.

Dessen ungeachtet sind die im Auqaf-Besitz befindlichen Denkmäler allgemein besser erhalten als der Durchschnitt. Die Gemeinschaft der Nutzer und Mieter hat normalerweise die Mittel zur Verfügung gestellt, um ihre lokalen Waqfs zu unterhalten; das Fehlen von technischem Wissen jedoch führte zu einigen unglücklichen Restaurierungstechniken und in einigen Fällen zur völligen Vernichtung des historischen Aussehens der alten Gebäude. Die internen Regulierungen des Ministeriums sichern eine enge Kontrolle der finanziellen Aspekte der Gebäudeunterhaltung und -restaurierung; jedoch waren die Überprüfung der Qualität und Restaurierungsprinzipien nicht gut geregelt. Die technische Abteilung des örtlichen Direktorats ist dünn besetzt und hat einen sehr hohen Mitarbeiterwechsel, der keine Entwicklung von dauerhaften Expertisen erlaubt.

Ein machtvoller städtischer Protagonist

Das Auqaf-Direktorat von Aleppo bleibt der größte Einzel-Grundbesitzer der Altstadt von Aleppo. Mehr als die Hälfte der etwa 600 Baudenkmäler gehören ihm. Weil seine ökonomischen Interessen genauso überwältigend sind wie sein soziales Programm, hat das Direktorat eine Lobby gebildet und sich dauerhafte Positionen sowohl im höheren Komitee für den Schutz der Altstadt von Aleppo als auch in seinem untergeordneten Technischen Komitee gesichert. Die Auqaf-Verwaltung hat eine klare Position, ihre eigenen Interessen zu schützen, aber sie ist auch immer ihren finanziellen Verpflichtungen nachgekommen. Viele städtische und soziale Dienste sind in Auqaf-Besitzungen untergebracht. Des Weiteren haben zumindest auf der finanziellen Ebene die Auqaf dem Direktorat für Altertümer seinen 50%igen Anteil an der Restaurierung historischer Denkmäler erspart, der durch das Gesetz für Altertümer von 1963 und dessen Änderung von 1999 festgelegt ist.

Auqaf und die Sanierung der Altstadt

Sowohl als Grundbesitzer wie auch als sozial orientierte Bürokratie bewährte sich das Auqaf-Direktorat als ein wesentlicher Partner für das Projekt der Sanierung der Altstadt von Aleppo. Von Anfang an gab das Direktorat die nötige Unterstützung sowohl auf finanziellem als auch auf moralischem Gebiet. Seine Unterstützung verlieh der Projektarbeit in den volkstümlichen Vierteln eine zusätzliche Legitimation. Im AA 1 zum Beispiel lieh das Auqaf-Direktorat dem Projekt das Gelände einer verlassenen religiösen Schule, um dort eine Vielzahl von sozialen und technischen Funktionen unterzubringen. Im Gegenzug sorgte das Projekt für die Restaurierung des Gebäudes, um für eine positive Demonstration von Restaurierungstechniken zu sorgen. Die Durchführung der Dienstleistungen aus einem Auqaf-Gebäude heraus bildete einen Eckpfeiler für den Erfolg der Initiative.

Dieser Erfolg war in einer Übereinkunft zwischen dem Projekt und dem Direktorat festgelegt, um die

Kooperation durch gemeinsames Erstellen einer Prioritätenliste von Auqaf-Gebäuden in der Action Area zu fördern, die der Reparatur oder Wartung bedurften. Das Auqaf-Direktorat war für ein jährliches Arbeitsbudget verantwortlich und das Projekt für die technischen Arbeiten. Das Hauptziel war es, für eine zusätzliche sichtbare Sanierungsmaßnahme in der Action Area zu sorgen, um ihre Rolle als Katalysator der städtischen Sanierung zu betonen.

Diese Kooperation hatte den weiteren Vorteil, dass die Restaurierungsrichtlinien, die in dem Projekt entwickelt wurden, an das technische Personal und die Unternehmer des Auqaf-Direktorats weitervermittelt wurden. Deshalb ist die Verbesserung der Dokumentationsebene und die Spezifikation der Restaurierungstechniken in Zukunft wichtig. Zusätzlich wurden einige Auqaf-Ingenieure an das Projekt „verliehen"; die technische Erfahrung, die sie erwarben, kam den Auqaf zugute.

Das Auqaf-Direktorat sorgte ebenfalls für wertvolle Einsichten während der Feedback-Diskussionsphase der Vorbereitung des Entwicklungsplans. Ihr Beitrag half, das Sanierungsprogramm, basierend auf umfassender Planung und den Erfolg von Partnerschaften im städtischen Management, zu verbessern.

Vom Auqaf-Direktorat vermietet: Karawanserei

Literatur

Bottcher 1997. Deguilhem 1995. Raymond 1998. Syrian Legislative Decrees 1961. Yediyildiz 1990.

Die Einwohner

Chaldun Fansa – Razan Abdel Wahab

Die Einwohner der Altstadt „damals"

Für die Altstadtbevölkerung – bevor vor etwa 100 Jahren der Segregationsprozess bei der bis dahin soziokulturell vielfältigen und ökonomisch gesehen vielschichtigen Bevölkerung zu einer mehr uniformen Gesellschaft und in Teilgebieten tendenziell zu fast schon Slum ähnlichen Problemen führte – finden sich viele Beschreibungen, die eine romantische Komponente nicht verleugnen können. Zusammenfassend und aus der Sicht des Architekten und Planers stellte sich die Situation damals so dar:

Die Bevölkerung der Altstadt von Aleppo setzte sich aus mehreren Gruppen, Religionen und Konfessionen zusammen, die trotz der vielen Tragödien und Katastrophen, die im Laufe der Geschichte geschahen, friedlich zusammen lebten. Sie überlebten alle Gefährdungen von innen und außen und waren immer fähig, neu aufzubauen und weiterzumachen.

Die Altstadt-Aleppiner waren für ihre Freundlichkeit bekannt. Sie galten als sehr großzügig, besonders zu Leuten, denen sie trauen konnten oder die aus der weitverzweigten Großfamilie kamen, boten ihnen ihre Gastfreundschaft an und schlossen schnell Freundschaft mit ihnen.

Sie liebten alle Arten von Künsten, wie Musik und Gesang, und sie freuten sich über alle Anlässe, die ihnen Abwechslung brachten, sie veranstalteten gern Partys, die spät anfingen und noch bis in den Morgen andauerten.

Neben den reichen Kaufleuten mit ihren Karawansereien und Börsen und den höher gestellten Administratoren und Angestellten prägten die Kleinhändler und Handwerker die Altstadt.

Die aleppinischen Handwerker waren für ihre Produkte bekannt, für die sie einfache Werkzeuge und natürliche Rohmaterialien gebrauchten. Die von ihnen angefertigten Waren wurden in der Region, aber auch in viele Länder außerhalb Syriens verkauft. Die wichtigsten exportierten Waren waren Textilien, die aus bedruckten und gefärbten Stoffen hergestellt wurden, und die berühmte Lorbeerseife aus Oliven- und Lorbeeröl. Außerdem war Aleppo für seine Gold- und Silberschmieden bekannt, die hervorragenden handgemachten Gold- und Silberschmuck produzierten.

Die Aleppiner waren auch für ihre Architektur und für die Ornamente und Verzierungen an ihren Gebäuden berühmt. Der aleppinische Steinmetz war ein geborener Bildhauer, der den Wert seiner Arbeit kannte. Das Innere von Hallen und Zimmern wurde mit einer Vielfalt von botanischen und geometrischen Ornamenten und Verzierungen geschmückt.

Aleppo war für seine besondere Küche bekannt, die durch die türkische und andere Küchen beeinflusst wurde. Die Pistazien von Aleppo, die auf arabisch noch heute „Aleppopistazien" genannt werden, sind eine der besten Pistaziensorten und werden in der Zubereitung vieler Speisen und Süßigkeiten benutzt. Der besondere Geschmack der damit zubereiteten Süßigkeiten und Speisen macht sie sehr beliebt.

Die Einwohner von Alt-Aleppo heute

Die Altstadt von Aleppo umfasst heute etwa 110.000 Einwohner. Das ist wohl in etwa die Zahl, die schon immer galt, wenn auch mit erheblichem Auf und Ab. Jedoch: In vielen Quartieren ist seit etwa 1970 ein dramatischer Niedergang der Bevölkerungszahl zu verzeichnen, während in anderen Stadtteilen Einwohnerdichten von über 600 Einwohnern pro Hektar erreicht werden. Die räumliche Homogenität, die räumliche „Balance", ist weitgehend zerstört.

Dramatischer und dynamischer – auch in den Folgen – ist aber gerade in den letzten 50 Jahren der kulturelle und sozio-ökonomische Segregationsprozess vorangeschritten.

Augenfällig ist die „Traditionalisierung" der Altstadt: Von der Vielfalt der religiösen und kulturellen Ausrichtung ist nicht mehr viel vorhanden. Die Bewohner der meisten Wohnviertel sind nicht nur verarmt, sondern in gleichem Maße auch fast nur noch einer religiösen Glaubensrichtung angehörig. Kulturelle Veranstaltungen – außer Hochzeiten – finden nicht mehr auf Initiative der Bevölkerung statt. Dieses ist jedoch (noch) nicht gleichzusetzen mit „kultureller Verarmung" oder gar „Verelendung". Davon ist die Altstadtbevölkerung (noch) weit entfernt! Es hat etwas mit „Entmischung" und „Vereinseitigung" zu tun. Und dieser Trend ist für ein Innenstadtgebilde nirgendwo auf der Welt positiv zu bewerten.

Für den Stadtplaner ist das Hauptproblem jedoch eher von sozio-ökonomischer Natur:

Die Kuppel eines Wohnhauses vor der Restaurierung

Die große Mehrheit der Altstadtbevölkerung gehört – wenn auch (noch) nicht der ärmsten, so doch

Die Kuppel nach der Restaurierung

Partizipation bei der Sanierung der Infrastruktur

fast ausschließlich – den unteren Einkommensgruppen Aleppos an. Die Haushaltsgröße umfasst im Durchschnitt mehr als sieben, häufig sind Haushaltsgrößen bis zu 11 Personen. Die Familien wohnen inzwischen fast alle recht beengt: Von den fast 15.000 Haushalten wohnen fast die Hälfte zu mehreren Familien in einem Haus.

Nur noch etwa 60 % der Familien sind Einzeleigentümer, etwa 25 % sind – nach Jahren der traditionellen Erbteilung – Teileigner oder sogar nur Mieter (15 %). Nur noch ein Drittel der Erwerbsbevölkerung arbeitet auch in der Altstadt (im „Suq" oder in den immer noch zahlreichen Handwerks- und Dienstleistungsbetrieben).

Nach Kalkulationen des Projektes (siehe Artikel E. Spreen) sind nur etwa maximal ein Viertel der Haushalte heute in der Lage, das notwendige Geld für die Renovierung und Instandhaltung ihrer Häuser aufzubringen.

Das Rehabilitierungsprojekt der Altstadt von Aleppo

Das Ziel des Projekts – mit Blick auf die Altstadtbevölkerung und ihre Struktur – ist ein zweifaches:
1. den „heutigen Bewohnern" soll bei der Sanierung ihrer Häuser geholfen werden,
2. durch bessere Infrastrukturausstattung soll die Altstadt wieder für andere Bevölkerungsschichten (außerhalb der Altstadt) attraktiv werden. Diese Ausstattungsverbesserung wiederum kommt der Zielgruppe „heutige Bewohner" ebenfalls zugute und soll motivieren zur Instandhaltung und Erneuerung.

Insgesamt sollen so bessere Lebensbedingungen in der Altstadt geschaffen werden.

Die Teilnahme der Altstadtbevölkerung am Projekt

Das Projekt hat durch die Methode der Bevölkerungsteilnahme viele Wünsche und Bedürfnisse der Bevölkerung ermittelt, um die Ziele der Arbeit festzulegen und in der Implementierung zu berücksichtigen. Im Rahmen eines Pilotprojektes („Action Area 1") wurden folgende Schritte unternommen:

Der erste Schritt des Projekts war die Feststellung der Probleme der Bevölkerung. In den ersten Treffen mit ihnen ließ man sie über ihre Probleme sprechen, und es wurde versucht, Lösungen zu finden. Die Einwohner halfen somit bei der Arbeit und sie versuchten sogar, die Lösungen nach Prioritäten zu ordnen und Alternativen vorzuschlagen, sie versprachen auch, bei den Projekten mitzuhelfen oder sie wenigstens nicht zu behindern.

Als die Einzelheiten der Projekte in den Action Areas festgelegt und vorbereitet wurden, wurde dies aufgrund der von den Einwohnern angesprochenen Probleme getan.

Durch die Treffen mit der Bevölkerung wurden die in jedem Gebiet nötigen Dienstleistungen festgestellt sowie deren Priorität und Durchführungsmaßnahmen. Als Beispiel dafür kann Action Area 1 dienen, in dem die technische Infrastruktur erneuert wurde, ein medizinisches Zentrum eingerichtet wurde. Die Einrichtung eines Kindergartens wird zur Zeit vorbereitet. Ein großer Teil der Infrastrukturarbeiten wurde bereits ausgeführt, und die Anmerkungen und Wünsche der Bevölkerung wurden bei der Planung und Durchführung in Betracht gezogen (Zielkomponente 2, siehe oben).

Die Methode der Teilnahme der Bewohner bei der Durchführung ist ziemlich neu in Aleppo und wurde zuerst vom Rehabilitierungsprojekt der Altstadt angewandt, obwohl es viele Hindernisse gab und trotz der langsamen Routine, die die Glaubwürdigkeit der Arbeit bei den Bewohnern schwächte.

Ein weiterer, bedeutender praktischer Schritt des Projekts war die Einrichtung eines Hilfsfonds zur Sanierung der Häuser. Er heißt „Emergency Fund" (Notkasse), und die Idee, ihn einzurichten, kam ursprünglich von den Einwohnern während der Durchführung der sozialen Befragung.

Der Emergency Fund

Die Grundidee dieses Fonds begann mit einem besonderen Abkommen zwischen der Stadt von Aleppo und der GTZ. Es war das erste seiner Art in Syrien und wurde am 24.06.1993 unterzeichnet. Jeder Vertragspartner trug mit einer Summe von 80.000,- DM dazu bei. Später spendete die Gesellschaft der „Freunde von Aleppo" die Summe von 40.000,- DM, nachdem sie die Erfolge dieses Fonds erlebte. Die Bedingungen, ein Darlehen aus diesem Fonds zu erhalten, sind:
- schlechter Zustand der Baustruktur des Hauses, seiner Wasserrohre und/oder seines Abwassersystems,
- das Haus stellt eine Gefahr für die allgemeine Sicherheit dar und bedroht die Passanten.

Der Fonds hat viele Vorteile:
- Die Darlehen sind zinsfrei,
- die Arbeiten werden von den üblichen Baugebühren und Ingenieursspesen befreit,
- die für den Fonds verantwortlichen Ingenieure bieten den Darlehensnehmern kostenlose technische Ratschläge und überwachen die Sanierungsarbeiten.

Die Teilnahme der Bevölkerung führte zu einer Annäherung aller an der Sanierung beteiligten Akteure. Es entstanden viele Kontakte zwischen der Bevölkerung und den Bearbeitern des Projekts sowie zwischen den Bevölkerungsgruppen selbst (zwischen der Person, die ein Darlehen übernahm, und dem Bürgen einerseits und zwischen ihm und seinen Nachbarn und seinem Bauunternehmer andererseits).

Die Verwaltung des Fonds konzentrierte ihre Bemühungen auf zwei wichtige Punkte.

1. Ermutigung des Darlehensnehmers, sich selbst um das Darlehen zu kümmern, da das Darlehen von seinem eigenen Geld zurückgezahlt wird (der Rest der nötigen Summe, die das Darlehen überschreitet, bezahlt der Darlehensnehmer selbst). Der Darlehensnehmer muss daher seine Ausgaben einschrän-

Partizipation bei der Neuregelung des Verkehrs

ken und nicht durch Bauunternehmer die Ausgaben erhöhen oder die Arbeiten erweitern, was eine Verletzung des Vertrages und der Baunormen in der Altstadt darstellen würde.
2. Ermutigung des Darlehensnehmers, sein Haus selbst zu sanieren, falls er dazu im Stande ist. Dies soll seine Verbundenheit mit dem Haus verstärken und die Kosten der Arbeiten, die andere Arbeiter bekommen würden, sparen.

Der Emergency Fund hat das Verhalten der Einwohner beeinflusst und gewissermaßen auch verändert. Sie wandelten sich allmählich von Leuten, die ihre Häuser vernachlässigten, zu Leuten, die sich um deren Sanierung kümmern und an der Verbesserung ihrer Lebensbedingungen arbeiten. Es kann also gesagt werden, dass der Fonds eine positive Rolle in der Altstadt spielt.

Die Darlehensnehmer besuchen regelmäßig das Büro der Altstadt, um die Raten des Darlehens zurückzuzahlen. Der hohe Prozentsatz der regelmäßigen Rückzahlung der Raten – fast 90 % aller Darlehensnehmer zahlen pünktlich ihre Raten zurück – wird von internationalen Experten als sehr gut bewertet.

Der „Rehabilitierungsfonds"

Als Resultat des Erfolgs des Emergency Fund wurde eine neue Darlehensform eingerichtet: der Rehabilitierungsfonds. Ein besonderes Abkommen wurde für diesen Fonds unterzeichnet, um die Arbeiten in AA 1 (Pilotprojekt im Bab Qinnasrin Viertel) und in AA 3 (Jdeideh) zu unterstützen. Die Stadt Aleppo beteiligt sich mit 120.000,- DM und die GTZ mit 350.000,- DM. Die im Emergency Fund gesammelten Erfahrungen werden in diesem Fonds angewandt. Folgende Allgemeinstrategie wird in der Altstadt verfolgt:

– Ausführung der nötigen Reparaturen an den Strukturen der Häuser, um die allgemeine Sicherheit zu gewährleisten,
– Einhaltung der neuen Baunormen in der Altstadt,
– Einbringung neuer Einrichtungen und Facilitäten in die Häuser, um sie dem neuen Lebensstil anzupassen.

Zusammenfassung

Die Erfahrung der Kontakte mit der Bevölkerung in der Altstadt war ein wichtiger Schritt im Rehabilitierungsprojekt. Diese Erfahrung wurde von den Fonds zur Hilfe der Einwohner bei der Restaurierung ihrer Häuser unterstützt, was dem Rehabilitierungsprojetkt den Charakter eines Entwicklungsprojekts gab.

Das Projekt verdankt seine ersten Erfolge zu einem großen Teil dem Enthusiasmus, mit dem die Einwohner bei der Planung und bei den Entscheidungen mitgewirkt haben.

Die Einwohner außerhalb

Björn Luley

In fast 70 Ländern der Welt gibt es Goethe-Institute, die im Auftrag der Bundesrepublik Deutschland kulturpolitische Aufgaben erfüllen, die vornehmlich darin bestehen, gemeinsam mit den verschiedensten Partnern im Gastland Kulturprogramme durchzuführen, in modernen Biblio- und Mediotheken über Deutschland zu informieren, Deutschunterricht zu erteilen und mit Deutschlehrern und Germanisten des Gastlandes zusammen zu arbeiten.

Dabei orientiert sich die Arbeit der Goethe-Institute an zwei Grundsätzen:
- Partnerschaftlichkeit, d.h. gemeinsam mit Partnern des Landes arbeitet man an Themen und Projekten, die auf die Situation des Gastlandes reagieren, wobei auch die deutsche Sprache und Kultur in die Diskussion des Gastlandes eingebracht werden;
- offene Kulturkonzeption, d.h. für das Goethe-Institut umfasst Kultur auch die Alltagskultur, die technische Kultur, das Gespräch über gesellschaftliche Fragen, Politik, Menschenrechte oder Stadtplanung.

Goethe-Institute gibt es in der Regel in der jeweiligen Hauptstadt des Gastlandes, in den größeren Ländern Europas, Amerikas und Asiens, zusätzlich auch in anderen Groß- oder wichtigen Universitätsstädten.

Jedes Goethe-Institut versucht, ein natürlicher und anerkannter Teil des Kulturlebens seiner Stadt zu sein, was durch die oben genannten Arbeitsgrundsätze weltweit gewährleistet ist. Leider ist es oft aus Gründen personeller und finanzieller Kapazität nicht im gewünschten Maße möglich, auch außerhalb der jeweiligen Stadt aktiv zu werden.

In Syrien hat das Goethe-Institut Damaskus mit dem Altstadtsanierungsprojekt der GTZ in Aleppo seit Jahren einen bewährten Partner, mit dem ausgewählte und im Einklang mit der dortigen Projektidee und -aufgabe stehende Kulturprogramme präsentiert werden, wie z.B. Architekturausstellungen, Vorträge im Bereich Stadtplanung oder Konzerte, mit denen restaurierte Gebäude der sanierten Aleppiner Altstadt belebt werden sollen.

Damit können wir einer Tendenz entgegensteuern, die in einem zentralistisch organisierten Land wie Syrien leider zu häufig zu beobachten ist, dass nämlich anspruchsvolle kulturelle Veranstaltungen ausländischer Kulturinstitute zumeist nur in der Hauptstadt durchgeführt werden, während in der sogenannten „Provinz" nur Zweit- oder Drittrangiges, wenn überhaupt, angeboten wird.

Um im kulturellen Leben einer Stadt nachhaltig wahrgenommen zu werden, ist es sinnvoll, gelegentlich verschiedene Projekte auf ein übergreifendes Thema hin zu fokussieren, um über einen längeren Zeitraum in der Öffentlichkeit des Gastlandes, vor allem auch der Medien, präsent zu sein.

Dies ist uns im Herbst 1998 mit dem zehnwöchigen Kulturprogramm „Berlin in Damaskus" gelungen, dessen Zustandekommen und partielle Präsentation auch in Aleppo im Folgenden kurz geschildert werden soll, weil dieses Programm auch beispielhaft für andere GTZ-Projekte sein kann:

Im März 1997 besuchte Berlins Regierender Bürgermeister Diepgen die syrische Hauptstadt Damaskus. Im Rahmen seiner Gespräche mit der hiesigen Stadtverwaltung wurde eine Vereinbarung unterzeichnet, die eine verbesserte Zusammenarbeit zwischen Berlin und Damaskus auf wirtschaftlichem, administrativem, wissenschaftlichem und kulturellem Gebiet vorsah.

Bei einem Besuch im Goethe-Institut schlugen wir Herrn Diepgen ein kulturelles Schwerpunktprogramm vor, mit dem die gerade beschlossene Zusammenarbeit mit Leben erfüllt werden sollte. Im Laufe der nächsten Monate konkretisierten sich die Projektvorschläge und konnten durch Verhandlungen mit syrischen Partnern (z.B. dem syrischen Kulturministerium, der Musik- und Theaterhochschule, verschiedenen Fakultäten der Universität, dem Projekt Aleppo u.v.a.) zeitlich, finanziell und organisatorisch festgelegt werden.

Im Spätsommer 1997 erhielten wir vom Berliner Senat schließlich grünes Licht für einen finanziellen Zuschuss zu dem nun offiziell „Berlin in Damaskus" betitelten Projekt. Auch Verhandlungen mit syrischen und deutschen Sponsoren verliefen erfolgreich.

Ziel unseres Programmes, dessen Details schließlich im Frühsommer 1998 weitgehend feststanden, war es, das kulturelle Leben der deutschen Hauptstadt in möglichst vielen Aspekten dem Damaszener Publikum vorzustellen, Wissenschaftler, Künstler, Schriftsteller aus Berlin mit syrischen Partnern zusammenzubringen und so einen lebendigen interkulturellen Austausch – die Hauptaufgabe des Goethe-Instituts – zu initiieren und zu fördern. Um dem Ganzen die richtige „Verpackung" zu geben und den Reigen von Veranstaltungen für die Öffentlichkeit als ein Gesamtprojekt sichtbar zu machen, ließen wir von einem jungen syrischen Designer ein attraktives Logo entwerfen, das bei allen Publikationen für „Berlin in Damaskus" Verwendung finden sollte. Um einen Spannungsbogen zu gewährleisten, planten wir für den Beginn und das Ende von „Berlin in Damaskus" jeweils einen Programmhöhepunkt, der für ein größeres Publikum gedacht war.

Den Auftakt bildete eine viel beachtete Vortragsreihe mit Berlins namhaftestem Architekten Prof. Kollhoff an der Architekturfakultät der Universität Damaskus, verbunden mit der Eröffnung einer Ausstellung über Berliner Stadtplanung durch den Rektor der Universität, den Dekan der Architekturfakultät und den deutschen Botschafter. Als offizieller Gast aus Berlin nahm Senatsbaudirektor Dr. Hans Stimmann teil, der auch zwei Vorträge vor der Fakultät hielt. Dieser Auftakt endete am Abend mit dem jährlichen Empfang des deutschen Botschafters zum 3. Oktober, der diesmal der offiziellen Eröffnung von „Berlin in Damaskus" gewidmet war.

Von Anfang Oktober bis zum Beginn des islamischen Fastenmonats Ramadan am 18. Dezember fanden dann insgesamt 75 Veranstaltungen statt (Ausstellungen Berliner Künstler, eine Tanzperformance, Künstlerworkshops, Vorträge, Seminare, Konzerte, Berlin bezogene Filmreihen u.v.m).

Den feierlicher Abschluss bildeten die beiden Konzerte, die das syrische Kammer- und das Nationale Syrische Sinfonieorchester zusammen mit dem Soloklarinettisten der Berliner Sinfoniker am 15. und 16. Dezember im größten Theater der Stadt gaben.

Ein Empfang für die syrischen Partner im Goethe-Institut beendete dieses für ein kleines Institut wie das in Damaskus sehr umfangreiche und entsprechend arbeitsreiche Projekt, in dessen Rahmen dauerhafte Kontakte zwischen Berliner Künstlern und Wissenschaftlern und deren syrischen Partnern hergestellt werden konnten.

Unsere Hoffnung, dass die syrischen Partner nun ihrerseits unsere Anregung aufnehmen und entsprechende Anstrengungen unternehmen würden, um in den nächsten Jahren ein Programm „Damaskus in Berlin" zu organisieren, haben sich bedauerlicherweise nicht erfüllt.

Die Präsentation einiger Projekte von „Berlin in Damaskus" auch in Aleppo war nur dadurch möglich, dass wir dort mit dem Team der GTZ verlässliche Partner „vor Ort" hatten, die diese eigenverantwortlich und selbstständig durchführten

gtz *Rehabilitation of Old Aleppo*
The German Consulate

UNDER THE PATRONAGE
OF
THE GOVERNOR OF ALEPPO

JOHANNES MÖSSINGER

PIANO CONCERT

AT

JDAIDEH

ARMENIAN ORTHODOX CHURCH
"AL ARBE'N SHAHEED"

FRIDAY 07 APRIL 2000
20:30

Beispiel für eine Veranstaltung mit dem Goethe-Institut

und deren Engagement ein Gelingen der Veranstaltungen sicherstellte.

Die Zusammenarbeit mit den Aleppiner Kollegen unterschied sich erfreulicherweise sehr von der leider häufig anzutreffenden passiven Erwartungshaltung potentieller Partner, bei denen immer wieder aufs Neue Überzeugungsarbeit geleistet werden muss, dass Zusammenarbeit keine Einbahnstraße sein sollte und auch vom Partner organisatorische und finanzielle Eigenleistung erfordert.

Dabei, und das sollte nicht unerwähnt bleiben, wurde auch dem berechtigten Anliegen des deutschen Steuerzahlers Rechnung getragen, dass nämlich deutsche Kulturarbeit im Ausland durch synergetische Kooperation verschiedener Mittlerorganisationen ein größeres Publikum erreichen kann.

Die private Wirtschaft

Waiel Sadauoi – Jens Windelberg

Tertiärisierung und junge „Industriealisierung": vorgestern und gestern

Obwohl Syrien immer (noch) ein Land ist, in dem viele Impulse von dem öffentlichen Sektor ausgehen und gesteuert werden, spielt doch der private Sektor eine zunehmend wichtigere Rolle. Und dieses gilt vor allem für die Altstadt von Aleppo. Schon immer waren hier die auf den Handel orientierten Aktivitäten konzentriert: Der „Suq" (Bazar) als Mittelpunkt, die Karawansereien um ihn herum an den Zugangsstraßen und seiner Peripherie, die Großhändler und Börsen in seinem Zentrum. Und seit dem Beginn des 20. Jahrhunderts: viele kleine Produktionsstätten, die in Nischen der Außenmauern der Wohnhäuser Platz fanden und den verarmenden Hausbesitzern ein zusätzliches Pachteinkommen sicherten. Zusammen mit den alten und neuen administrativen Komponenten ergab sich bis etwa 1950 daraus eine durchaus machtvolle Mischung, wenn auch von intensivem „Public Privat Partnership" wohl noch nicht gesprochen werden konnte.

Heute sind etwa 9.300 Unternehmen in der Altstadt vertreten. Sie geben 27.000 Menschen Arbeit. Man kann die Aktivitäten der Unternehmen in die drei folgenden großen Komponenten unterteilen.

Dynamischer Wandel und Veränderung heute

1. Handel

Traditionell spielt der Suq mit seinen vielen Mini-Shops noch heute eine bedeutende Rolle für den Endverbraucher. Jedoch hat sich auch seine Funktion bereits gewandelt und seine Vielfalt droht zu verschwinden. Suq-Kunden stammen heute vornehmlich aus den nahe gelegenen traditionellen und ärmeren Wohnvierteln oder vom Lande. Farbenprächtig und sympathisch anzuschauen, ist er für die zweite Gruppe, die Touristen aus aller Welt. An diese passt sich das Warenangebot zunehmend an – nicht zum Nachteil der kleinen Kaufleute, die dadurch fehlenden Umsatz teilweise kompensieren können. Denn was heute fehlt ist die Mittelschicht und die „upper class". Diese kauft inzwischen in anderen Stadtvierteln ein. Neue „Down Towns" sind für diese Bevölkerungsschicht entstanden. Die Altstadt verliert damit jedoch wichtige Fürsprecher und Akteure mit Einfluss.

Noch vorhanden sind dagegen Großhändler, vornehmlich aus dem Bereich Textil. Hier lässt sich ein Rückgang des Geschäfts noch nicht aus der Lage im Zentrum eines traditionellen und zunehmend einseitigen Suqs herleiten. Aber Anzeichen von Trendänderungen der Gewohnheiten sind auch hier erkennbar. Zu stark ist die Attraktivität der internationalen Anbieter von Mode-Design in der Hauptstadt oder im Christenviertel, zu umständlich der Weg vom Stoffeinkauf über den Schneider zum Anzug für den Einzelnen und zu umständlich der Einkauf für den Fabrikbesitzer in der Peripherie Aleppos, der seine Stoffangebote (bald vollständig) im Internet einholt und auch so ordern wird. Aber es gibt sie eben noch: die Gassen im Suq oder in seiner Nähe mit dem reichen und preiswerten guten Angebot an allem, was mit dem Wort Textil verbunden ist.

Und um noch internationaler zu werden: Auch die Baumwollbörse lebt noch. Hier treffen sich die relevanten Unternehmer, handeln die Preise aus und tauschen Neuigkeiten, aber auch Erfahrungen und Fachinformationen aus – eine lebendige und erfahrbare Handelskultur, die an die herausragende Rolle Aleppos als Handelsstadt erinnert. Doch auch hier meldet sich der kritische Geist der Internet-Generation. Viele Börsianer haben schon zusätzlich moderne Büros außerhalb, holen Angebote aus der Welt ein und orientieren sich am Weltmarkt.

Ebenfalls mit dem Handel verbunden sind die vielen in alten „Chanen" untergebrachten Lagerstätten. Sie sind dem Verkehrsplaner ein Dorn im Auge, weil diese Nutzung nicht nur wenig Profit ab-

Eine Seifenfabrik in Aleppo

wirft, sondern auch jede Menge Verkehr erzeugt. Und diese Warenlager sind häufig gar nicht mit dem Marktgeschehen in der Altstadt direkt verbunden, sondern nur zufälliges Ergebnis von Besitz- und Verwandtschaftsverhältnissen oder anderen Überlegungen.

2. Produktion, Teilfertigung und Handwerk

Produktionsstätten sind vielfältig in der Altstadt vertreten. Ihr Aktionsradius reicht teilweise über die Grenzen Aleppos hinaus. Interessant sind die Seifenproduktion (siehe unten) und die Marzipan- und Süßigkeitenherstellung. Kleinbetriebe der Nahrungsmittelindustrie bieten vor allem auch Familienbetrieben eine Chance: Frauen und Kinder wirken (am Nachmittag) hier mit. Gerade für die Frauen bietet diese Arbeit eine Plattform, um aus der Nur-Rolle als Hausfrau aufzusteigen und an intensiverem sozialen Leben teilzuhaben. Das gilt auch gerade für ledige oder geschiedene Frauen.

Die Teilfertigung in der Altstadt erinnert an das historische Verlagswesen. Familien produzieren Teile von Kleidung, Textilien und Lederwaren im Auftrag von Unternehmen außerhalb der Altstadt. Aber auch Stahlfertigung jeder Art und Metallbearbeitung haben Bedeutung.

Das Handwerk als dritte Gruppe ist ebenfalls in seiner heutigen Erscheinung Ergebnis einer jüngeren Entwicklung. Auch hier sind die Auftragnehmer meist Kunden von außerhalb. Wenn nicht ein hoher Anteil der hier männlichen Beschäf-

Ein Schmuckgeschäft in Aleppo

Eine Fabrik in Aleppo

tigten überwiegend aus der Altstadt käme, würde der Flächennutzungsplaner diese Betriebe gerne ausgesiedelt sehen: Ihre Produktionsstätten sind oft beengt, erzeugen mannigfaltigen Verkehr und sind nicht unproblematisch für die Umwelt. Insbesondere Schlachtereien gehören in eine Kategorie, die oft in ihrer Standortwahl hinterfragt wird.

Bei der Produktion ist die Seifenherstellung in Action Area 1 (Bab Qinnasrin) besonders interessant. In Jahrhunderte alten Chanen (Karawansereien), z.B. in dem Chan Jubaily oder Fansa, wird seit 200 Jahren die berühmte Aleppiner Seife hergestellt. Früher wurde das Natronpulver einer Pflanze aus Palmyra abgewonnen, das kaltgepresste Olivenöl kam aus Idlib und dem Norden Syriens. Als duftende und pflegende Beimengung wurde das aus Lorbeersamen gepresste Öl verwandt.

Heute ist die Situation anders: Der Puderanteil besteht aus chemischem Natron. Das Olivenöl und das Lorbeeröl sind jedoch noch das gleiche wie vor 200 Jahren. Es wird nach wie vor kaltgepresst und ist weitgehend biozidfrei, auch weil den Kleinbauern das nötige Geld für eine aufwendige chemische Pflege der Bäume fehlt.

Im Chan Jubaily stehen zwei Bottiche, die je etwa 5.000 kg fassen. Die Mischung einer Seife B-4 (= 4 Barrel Lorbeeröl) setzt sich etwa folgendermaßen zusammen: 4 Barrel Lorbeeröl, 4.000 kg Olivenöl und 750 kg Natron. Eine Seife B-6 enthält demnach 6 Barrel Lorbeeröl. Je höher der Anteil ist, desto teurer wird die Seife. B-6 ist nicht unter 160 SyrL/kg erhältlich. Der Zusatz des Lorbeeröls hat nicht nur kosmetische Bedeutung, die anregende Wirkung ist bekannt und wirkt positiv auf die Haut, wie ja auch der hohe Rückfettungseffekt der Seife jeden Dermatologen erfreut. Besonders für empfindliche Haut wird diese Seife noch heute von Ärzten empfohlen.

Natürlich werden die Bottiche heute mit Heizöl befeuert und die ganze flüssige Seife nach etwa zwei Tagen Produktionszeit auf den Dachboden gepumpt und auf einer ebenen Fläche zum Abkühlen gebracht, bevor die Seife gestempelt und zerschnitten wird. Schneiden und Stempeln ist traditionell Kinderarbeit, weil der Pressdruck auf der noch nicht völlig durchgehärteten Seife gering sein muss. Dann wird sie auf dem Dachboden in Türmen auf Abstand gestapelt und ist dann im Sommer (nach etwa 7-monatiger Reife) abholbereit bzw. wird in Säckchen von 50 oder 10 kg verpackt. Denn die Produktion fängt nicht vor November an, wenn die Olivenernte beginnt. Außerdem gelingt die Seife am besten in kaltem und feuchtem Klima.

Was bedeutet dies für die Action Area 1? Die Anlieferung von jeweils 5.000 kg Rohstoff bringt einige Unruhe, aber sie geschieht nicht täglich, sondern schubweise. Der Abtransport erfolgt kontinuierlich je nach Nachfrage und bringt keine Probleme mit sich. Der Beschäftigungseffekt besteht in dem Einsatz

Werkstatt eines Maschinenmechanikers in Aleppo

von ca. zehn Personen pro Fabrik, jedoch nicht kontinuierlich. Da in der Action Area 1 zwei Seifenfabriken existieren, in der Altstadt gesamt etwa zehn, lässt sich ein Gesamt-Beschäftigungseffekt von ca. 100 Jobs errechnen. Der Umwelteffekt wird unterschiedlich beurteilt: Die Touristen riechen den Seifenduft und sind begeistert, nicht so sehr jedoch die Anwohner, die geteilter Meinung sind.

Insgesamt gesehen ist die Seifenproduktion in Alt-Aleppo jedoch ein schönes Stück lebendige Geschichte.

3. Servicebetriebe und Gastgewerbe

Die in allen unseren Innenstädten zum Teil sogar überdominanten Büros, Hotels und Restaurants haben in der Altstadt Aleppos noch nicht eine ihnen zustehende Bedeutung erreicht.

Unternehmen wie Architekturbüros, Consultants, Anwälte, Ärzte, Apotheken, Schulungsinstitutionen, Konsulate sind (leider) fast gar nicht (mehr) in der Altstadt vertreten. Traditionelle Einrichtungen sind mit den Jahren in die Peripherie ausgewandert, neue Branchen nicht wieder eingewandert. Neugründungen finden außerhalb statt, und junge Unternehmer bevorzugen Universitätsnähe oder verkehrsgünstige Lagen. Gerade hier liegt ein Ansatz für die Zukunft: „Neues in Altem" (siehe unten).

Demgegenüber blüht ein anderes Gewerbe: Cafés und Restaurants,

Eine Tischlerei in Aleppo

Traditionelles Metall-Handwerk in Aleppo

kleine Hotels werden neu eröffnet. Es besteht ein eindeutiger Nachfrageüberhang. Aus mannigfaltigen Gründen wird dieser Gründungswelle noch zu wenig Beachtung geschenkt. Immerhin sind die Planungsgrundlagen geschaffen und Gründe für eine Verzögerung dieses Trends gibt es kaum noch.

Strategien der lokalen Gewerbeförderung morgen

Eine umfassende Förderung des Kleingewerbes in Alt-Aleppo könnte sich – angelehnt an die Entwicklungsziele des Entwicklungsplanes – auf die Elemente der Bestandsförderung, Neuansiedlung und Umsiedlung konzentrieren (siehe unten).

Im Augenblick läuft eine Pilotphase lokaler Wirtschaftsförderung an. Sie greift vorerst nur den ersten Aspekt auf: Bestandsförderung. Und hier erfolgt eine Konzentrierung auf den Aspekt Umwelt. Unternehmen, die von den Maßnahmen profitieren könnten und durch Umweltmaßnahmen unterstützt werden sollen, wären etwa (in Klammern folgen die Anzahl der Unternehmen und Beispiele für die Maßnahmen):

- Röstereien (5, Filter, Luftreinhaltung),
- Fischverarbeitung und Verkauf (5, Wasserreinigung, Filter),
- Foto-Entwickler (10, Wasserreinigung, Recycling),
- Steinmetze (3, Geräuschdämmung, Staubfilter),
- Hotels (25, Energieeinsparung),
- Seifenherstellung (3, Luftreinhaltung, Energieeinsparung),
- Bäckereien (Brot) (87, Energieeinsparung),
- Schlachtereien, Fleischereien (273, Abwasserreinigung),
- Geflügelschlachtereien und -verkauf (26, Abwasserreinigung),
- Druckereien (54, Abwasserreinigung, Energieeinsparung),
- Schmieden und Schlossereien (14, Lärmminderung, Energieeinsparung),
- Kupferschmieden (46, Lärmminderung, Wasserreinigung),
- Tischlereien (248, Staubfilter, Energieeinsparung),
- Restaurants (35, Abwasserreinigung, Energieeinsparung).

Aleppinian Small Business Support Program (ASPO)

I. Bestandsförderung („Wanted Land Use")

1. Sachgüter-Orientierung (Investitionen)

   1.1. Geräte zur Umweltverbesserung (MAK Werte orientiert)
   1.2. Maschinen zur Erhöhung der Qualitätsstandards (ISO 9000) der Produkte (ISO 14000), um die Zulieferfunktion zu sichern
   1.3. Maschinen zur Rationalisierung des Produktionsprozesses (Wettbewerbsverbesserung)
   1.4. Computerisierung im Buchhaltungsbereich (siehe 2.2.)
   1.5. Sanierungsmittel zur Gebäudemodernisierung

2. Human Capital-Orientierung (immer angepasst an das Niveau)

   2.1. Qualifizierung im technischen Bereich
   2.2. Qualifizierung von Frauen im Bürobereich (Computer)
   2.3. Lohnzuschüsse für Weiterqualifizierende und Qualifizierte (zeitbegrenzt)
   2.4. Information über Produktionsprozessinnovation und Beratung
   2.5. Information und Beratung über Produktinnovationen
   2.6. Pooling für Dienstleistungen, incl. Produktionsprozess
   2.7. Beratung zu Hause durch Senior Engineers oder Manager
   2.8. Kooperationsförderung (Process sharing)

II. Neuansiedlung

1. Incubation Center und Gründungsförderung

   1.1. Förderung von Jungabsolventen der Universitäten (Risikokapital)
   1.2. Informationskampagnen in relevanten Institutionen mit Kammer
   1.3. Anmietung von 5 Büros als Incubation Center
   1.4. Mietsubventionen (zeitbegrenzt)
   1.5. Mietpersonal-Subvention (zeitbegrenzt)
   1.6. Hilfe bei Aquisition (siehe Senior Advisor Program unter 2.7.)

III. Umsiedlung

Sie gelingt über den Weg: Beratung/Kommunikation – Enteignung/Kompensation – Evakuierung – Neuansiedlung ausserhalb – Grundstücksbeschaffung etc.

Programm zur Unterstützung kleiner Unternehmen in Aleppo

Zusammenfassung: Privater Sektor ist wichtig für „Neues im Alten"

Innenstadtentwicklung im Falle Aleppos heißt, den privaten Sektor in die Rehabilitierungsstrategie einzuschließen. Eine „lokale Wirtschaftsförderung" muss selbstverständlicher Bestandteil des „Urban-Management"-Konzepts werden. Ansätze sind dafür vorhanden, Mittel wurden auch aus dem MEDA-Programm der EU bereitgestellt. Nun muss die Stadt selbst handeln: Neues muss in Altes „gefüllt" werden. Investitionen in der Altstadt sind vorrangig zu fördern.

form für einen internationalen Austausch von Fachleuten der Altstadtentwicklung, des „Urban Design", genutzt? Wo bleibt neben den vielen archäologischen Instituten das „Center for urban design and studies within historical heritage context"? Müssen alle diese Ideen (und Finanzierungen) immer von außerhalb angeboten werden? Letztendlich führen diese Überlegungen eines „Planers in fremder Kultur" zurück zu Camal Bitars Fragen: Ist nicht vielleicht die Auffassung von Schumpeter richtiger? Sollte man es nicht doch den Ländern des Vorderen Orient selbst überlassen, wie sie mit Ihren 5000 Jahre alten Innenstädten umgehen? Vielleicht sind unsere Ansätze der behutsamen Stadtsanierung, erst geformt nach der „Modernisierungswelle" der 60er Jahre, nur vor dem Hintergrund einer viel kürzeren Kulturgeschichte erklärbar, wo jedes Monument auch selbst der jüngsten Vergangenheit schon unter Denkmalschutz gestellt wird, während es erst die zweite Generation nutzt. – Viele Fragen auf einmal. Aber sie sind erlaubt und sollten vor dem Hintergrund von Camal Bitars These diskutiert werden: Demnach überleben die Altstädte von Aleppo und Damaskus nur, wenn sie den Wettbewerb mit den neuen Anforderungen an sie selbst bestehen. Demnach wird die Rehabilitierung von Aleppo und Damaskus in diesem Sinne eine (Dauer-) Aufgabe für Generationen nach uns bleiben. Und die „Wettbewerber" oder die neuen Anforderungen an Alt-Aleppo und Alt-Damaskus wären durch die Syrer selbst zu definieren und aufzugreifen. – Oder im Falle eines Weltkulturerbes mit uns zusammen?

Ich selbst bin stolz, von der 5000-jährigen Entwicklung Aleppos vielleicht 0,1% miterlebt zu haben. Vor diesem Hintergrund sind die genannten Schlussbemerkungen zu verstehen.

Zeittafel 1 – die hellenistische, römische und byzantinische Periode

350 v. Chr.	333 323 305	Alexander d.Gr. besiegt die Perser bei Issos Alexander d.Gr. stirbt in Babylon Seleukos I. Nikator (305-281) wird König des Ostens, ihm folgen über 20 Herrscher der seleukidischen Dynastie
300 v.Chr.	ab 300	Gründung von Antiochia, Beroia (der hellenistische Teil von Aleppo), Seleukia (bei Antiochia), Laodikeia (Lattakiya), Apameia, Gerasa (Djarasch), Arethusa (Rastan, südlich von Hama), Cyrrhus (bei Aleppo) sowie zahlreiche Stadterweiterungen, Kämpfe mit den ptolemäischen Herrschern von Ägypten
200 v.Chr.	192-188	Krieg mit den Römern
100 v.Chr.	85 64	Damaskus unter nabatäischer Herrschaft Römische Eroberung von Syrien durch Pompeius, Syrien wird römische Provinz mit der Hauptstadt Antiochia
Um Christi Geburt	27 v.Chr.-14 n.Chr. 14-37	Augustus regiert als römischer Kaiser Tiberius regiert als römischer Kaiser
100 n.Chr.	um 163	Anlage des nordsyrischen Limes zwischen Damaskus und dem Euphrat
200 n.Chr.	193-211 bis 235 244-249 262 267 274 284-305 293	Septimius Severus regiert als römischer Kaiser, Heirat mit Julia Domna aus Emesa Herrschaft der „syrischen" Dynastie der Severer in Rom Philippus Arabs aus Südsyrien wird römischer Kaiser Odaenathus von Palmyra zum *dux Orientis* ernannt Zenobia folgt Odaenathus, versucht ein Großreich zu gründen, Eroberungen bis Ägypten Kaiser Aurelian (270-275) zerstört Palmyra Diokletian regiert als römischer Kaiser Teilung des Römischen Reiches (Tetrarchie)
300 n.Chr.	324-337 326	Konstantin d.Gr. Kaiser, Anerkennung des Christentums Byzantium/Konstantinopel wird Hauptstadt des Römischen Reiches
350 n.Chr.	379-395	Theodosius d.Gr., nach seinem Tod endgültige Trennung in das west- und oströmische (byzantinische) Reich, der römische Tempel von Damaskus wird zerstört und an seiner Stelle eine Kirche errichtet
400 n.Chr.		im 5. Jh. herrschen Frieden und Wohlstand in Syrien
500 n.Chr.	527-565	Kaiser Justinian I.

	529-569	Harith ibn Djabala, arabischer Fürst im Osten Syriens, seine Familie, die Ghassaniden, gewinnen Einfluß
	540	Perser zerstören Aleppo und erobern Antiochia
	nach 540	Justinian entfaltet umfangreiche Bautätigkeiten in Syrien
	543	Jakob Baradäus wird im Zuge der Reformpolitik Justinians zum monophysitischen Bischof geweiht: die syrisch-monophysitische Kirche wird anerkannt
	569-582	al-Mundhir ibn Harith, ghassanidischer Fürst
600 n.Chr.	635	Muslime erobern Damaskus, Ende des byzantinischen Syrien

Zeittafel 2 – die islamischen Dynastien und Herrscher in Damaskus und Aleppo

	gemeinsame Herrscher in Damaskus und Aleppo	getrennte Herrscher Damaskus	Aleppo
635-638	islamische Eroberung und die vier „rechtgeleiteten" Kalifen		
ab 661	Umayyaden		
ab 750	Abbasiden		
868-905	Tuluniden		
905-935	Abbasiden		
		935-969 Ichschiden	929-1003 Hamdaniden
		969-1094 Fatimiden	1003-1023 Fatimiden
			1023-1079 Mirdasiden
1094-1117	Seldjuken		
		1103-1154 Buriden	1126-1183 Zangiden
		1154-1174 Zangiden	
		1174-1260 Ayyubiden	1183-1260 Ayyubiden
1260-1517	Mamluken		
1517-1918	Osmanen		

Glossar

Abbasiden
: islamische →Kalifendynastie mit Hauptstadt Baghdad (750-1258)

Ablaq-Mauerwerk
: in verschiedenfarbigen (in der Regel in Schwarz und Weiß/Beige), horizontalen Steinschichten aufgeführtes Mauerwerk

Achämeniden
: die persischen A. beherrschten 558-331 v.Chr. weite Teile des Vorderen Orients zwischen Indus und Nil

Agalma
: Götterbild

Agha
: arabisch: „Herr", auch als Titel benutzt

Agora
: Marktplatz einer antiken griechischen Stadt

Akkadisch
: die semitische Sprache der →Keilschrift

Akkulturation
: die Übernahme fremder geistiger und materieller Kulturgüter

Akropolis
: auf einem Felsplateau errichtete Stadtburg griechischer Städte, meist von besonderer Bedeutung als Heiligtum, Fluchtburg oder Residenz

Alawiten
: Zweig der islamischen →Schiiten, besonders in Nordsyrien und in der Türkei ansässig

Ante
: vorgezogene Seitenwand der →Cella eines Kultbaus

Antentempel
: Kultbau mit einer Vorhalle, die von den →Anten des Baus gebildet wird

Antilibanon
: parallel und östlich zum Libanongebirge verlaufender Gebirgszug

Apameia
: von →Seleukos I. Nikator Ende des 4. Jh. v.Chr. gegründete Stadt in Syrien nordwestlich von Hama

Apotropäisch
: Unheil abwehrend

Apsis
: halbkreisförmiger, mit einer Halbkuppel überwölbter Raum, besonders in antiken Tempeln zur Aufnahme der Kultstatue, später in den Kirchenbau übernommen

Aquädukt
: Wasserleitung, meist oberirdisch verlaufend

Arabeske
: für die islamische Kunst kennzeichnende, aus der antiken Halbpalmette entwickelte Dekorationsform

Aram
: das Land der Aramäer: Syrien und seine Nachbargebiete, im 10. Jh. v.Chr. eine der führenden Mächte

Aramäisch
: Sprache der Aramäer, die sich im 1. Jahrtausend v.Chr. als allgemeine Verkehrssprache im Vorderen Orient durchsetzte

Architrav
: bei antiken Bauten der auf den Säulen aufliegende Hauptbalken, der den Oberbau trägt

Aride Wüstenzone
: niederschlagsarme Zone, in der keine Landwirtschaft möglich ist

Aschraf
: arabisch, Plural von „Scharif" („Edler"), Bezeichnung von Personen, die ihre Herkunft auf den Propheten Muhammad zurückführen

Aschuli-Zeit
: älteste Altsteinzeit in Syrien vor ca. 1 Mill. Jahren

Asfaris
: eine der islamischen Bezeichnungen persischen Ursprungs für →Hippodrom

Assyrer
: Volk in Nordmesopotamien, benannt nach der Hauptstadt Assur, bildete im frühen und späten 2. Jahrtausend v.Chr. einen militärisch mächtigen Staat, vom 9. bis zum 7. Jh. v.Chr. schuf es ein Großreich, das auch Syrien umfasste

Astarte
: semitische Göttin der Fruchtbarkeit und Liebe, von den Griechen mit Aphrodite gleichgesetzt

Atabat al-Qaa
: dem Eingang zugewandter, auf Hofniveau liegender Teil der →Qaa

Atabek
: Bezeichnung für Teilherrscher/Lokalfürsten gegen Ende der →Seldjukenzeit (12./13. Jh.)

Atriumhaus
: traditionelles römisches Wohnhaus mit einer zentralen Halle (Atrium) mit einer Öffnung in der Mitte des Daches und einem Becken zum Auffangen des Regenwassers darunter

Augusteische Zeit
: die Zeit des ersten römischen Kaisers Augustus, der 30 v.Chr. bis 14 n.Chr. regierte

Auqaf
: Plural von arabisch „Waqf", fromme, islamische Stiftung zum Unterhalt und zum Betrieb von Moscheen, Schulen, Krankenhäusern und anderen wohltätigen Einrichtungen

Azm
: syrische Familie, die im 18. Jh. unter den →Osmanen über Damaskus und Mittelsyrien herrschte

Baalbek
: Stadt mit bedeutenden römischen Tempelruinen im Libanon, im Hochtal der →Bekaa gelegen

Baath-Partei
: die Partei der arabischen „Wiedergeburt" mit den Zielen: arabische Einheit und Laizismus, 1943 von syrischen Muslimen und Christen gegründet, Regierungspartei in Syrien und Iraq

Bab
: arabisch: „Tor"

Baptisterium
: Taufkapelle/-kirche

Barada
: Fluss durch Damaskus

Baraka
: arabisch: „Segen"

Barbacane
: Torvorwerk

Baris
: persischer Palast

Bascha
: türkischer Titel für hohe Beamte

Bazar
persische Bezeichnung des Marktbereiches, der Handel und Produktion umfasst, arabisch: →„Suq"

Bedestan
türkische Bezeichnung für den Hauptteil des →Suq/→Bazar

Bekaa
Hochtal zwischen dem Libanon- und dem Antilibanon-Gebirge zwischen Libanon und Syrien

Bel
Hauptgott von Palmyra, nordsyrische Form des babylonischen Hauptgottes Marduk

Bilad-asch-Schami
arabisch: „die syrischen Länder", das historische Syrien, das Gebiet zwischen Sinai und Euphrat

Bimaristan (auch Maristan)
mittelalterliche persisch-arabische Bezeichnung für Krankenhaus und medizinische Schule

Boscotrecase
Fundort antiker römischer Landsitze am Golf von Neapel in der Nähe von Pompeji

Bostra
das heutige Bosra in Südsyrien, Hauptstadt der römischen Provinz Arabia

Bullae
hier Gefäßverschlüsse aus Ton mit Siegelabdrücken

Burghul
Gericht aus Weizenkörnern

Buriden
→Atabek-Dynastie von Damaskus (1103-1154)

Byzantinisches Reich
Bezeichnung des oströmischen Reiches (330-1453) nach der Hauptstadt Byzanz/→Konstantinopel (heute Istanbul)

Calculi
Steinchen, Rechen- und Spielsteine

Castellum
kleines römisches Militärlager

Castrum
römisches Kastell

Cavea
kreisförmiger, in Stufen ansteigender Zuschauerraum im antiken römischen Theater

Cella
Hauptraum des antiken Tempels

Chalab
einer der altorientalischen Namen Aleppos

Chalkolithikum
die „Kupferzeit", Epoche, in der die Menschen begannen, Metall (Kupfer) zur Herstellung von Waffen und Gerätschaften zu verwenden, beginnt in Syrien etwa im 5. Jahrtausend v.Chr.

Chan
1. arabische Bezeichnung für →Karawanserei, 2. persisch-türkische Bezeichnung für Herrscher

Chanqah
Versammlungsplatz und Herberge für muslimische Mystiker (→Sufis), →Derwisch-Kloster

Charta von Athen
1941 erstmals anonym veröffentlichte Grundsätze des Architekten Le Corbusier zu Architektur und Städtebau

Chatib
der Freitagsprediger im Islam; ursprünglich hielten die weltlichen Herrscher die Freitagspredigt (→Chutba), später übernahmen das Theologen

Choresmier
nordiranischer Stamm mit einem kulturell hochstehenden Reich vom 2.-8. Jh. n.Chr., im 12.-13. Jh. noch einmal für kurze Zeit eine führende Macht im islamischen Osten

Churriter
seit ca. 2000 v.Chr. gründeten sie im Grenzland zwischen Anatolien und Syrien den Mitanni-Staat, der 1270 v.Chr. durch die →Assyrer vernichtet wurde

Chutba
die Freitagspredigt im Islam

Chutba-Moschee
→Freitagsmoschee

Coele-Syrien
Provinz des Römischen Reiches, die →Bekaa mit angrenzenden Gebieten umfassend

Cubit
englische Bezeichnung für ein altes Längenmaß (=Elle, in Damaskus ca. 63 cm, in Aleppo ca. 68 cm)

Daftardar
Oberhaupt der Finanzverwaltung im →mamlukischen und →osmanischen Staat

Dar
arabisch: „Haus, Gebäude", in der Regel ein großes Haus oder Amt

Dar al-hadith
Schule, in der die Überlieferung von Handlungen und Aussprüchen des Propheten Muhammad (→Hadith) gelehrt wird

Decumanus maximus
Hauptstraßenachse einer römischen Stadt, die in der Regel in Ost-West-Richtung verläuft

Decapolis
Bund von zehn (Zahl variiert) →hellenistischen Städten westlich und vor allem östlich des Jordan zwischen Damaskus im Norden und Amman (Philadelphia) im Süden

Derwisch
von arabisch „arm", Bettel-„Mönch", Mystiker (→Sufi)

Dhimmis
christliche und jüdische Untertanen, die den Muslimen gegen eine besondere Steuer als Schutzbefohlene galten

Diadochen
die hohen Offiziere Alexanders d.Gr., die sein Reich nach seinem Tode 323 v.Chr. unter sich aufteilten; zu ihnen gehörte →Seleukos Nikator

Dinar
islamische Goldmünze, ursprüngliches Gewicht ca. 4,25 g

Diwan
Bezeichnung für die Kanzlei islamischer Herrscher, Empfangsraum, auch eine Art Sofa

Djabal
arabisch: „Berg"

Djami
→Freitagsmoschee

Djihad
: der „Heilige" Krieg im Islam gegen Nichtmuslime und Ketzer

Djund
: frühe Bezeichnung für Provinzen des islamischen Reiches

Drusen
: Zweig der →Schiiten, besonders im Libanon und Südsyrien ansässig

Dura Europos
: 312 v.Chr. von →Seleukos I. Nikator gegründete antike Stadt in Syrien, am Euphrat südlich von Deir ez-Zor bei Salihiye gelegen

Ebla
: altorientalische Stadt südlich von Aleppo, die im 3. Jahrtausend v.Chr. ihre größte Bedeutung hatte

Economus
: Wirtschaftsverwalter für die Besitzungen einer Kirche

Emesa
: der antike Name von Homs in Mittelsyrien

Emir
: arabisch: „Befehlshaber"

Epipaläolithikum
: die Zeit nach der Altsteinzeit (→Paläolithikum)

Episkopat
: Amt/Sitz eines Bischofs

Estraden
: erhöhter Teil des Fußbodens

Exedra
: halbrunder oder viereckiger Raum, der sich mit einer Seite auf einen Hof oder eine Säulenhalle öffnet

Extra muros
: lateinisch: „außerhalb der (Stadt-)mauern"

Faddan
: Flächenmaß, je nach Region zwischen ca. 4.200 und 6.300 qm

Fatimiden
: islamische Herrscherdynastie in Ägypten und Syrien (909-1169)

Freitagsmoschee
: arabisch: „Djami", Moschee, in der das Freitagsgebet, der wöchentliche Hauptgottesdienst mit der →Chutba der Muslime, abgehalten wird

Genien
: Schutzgeister, oft als geflügelte Wesen dargestellt

Gerasa
: hellenistisch-römische Stadt der →Decapolis, das heutige Djarasch in Jordanien nördlich von Amman

Gesprengter Giebel
: Giebel, der in der Mitte aus künstlerischen Gründen nicht geschlossen ist, in der Antike als Fassadenschmuck an späthellenistischen und römischen Bauten zu finden

Ghassaniden
: arabisches Fürstengeschlecht, das besonders im 6. Jh. n.Chr. in Syrien unter →byzantinischer Oberhoheit eine wichtige politische Rolle spielte; die Gh. waren Christen

Ghuta
: die Bewässerungsoase von Damaskus

Glacis
: schräge Felsabarbeitung oder Erdaufschüttung innerhalb des Grabens einer Burg oder Festung vor deren Mauer

Gymnasium
: öffentliche Anlage der alten Griechen für sportliche Übungen und musischen Unterricht

H./Hidjra
: arabisch: „Auszug, Flucht", Bezeichnung der islamischen Zeitrechnung in Mondjahren, beginnend am 16.07.622 n.Chr.; an diesem Tag soll der Prophet Muhammad mit seinen Anhängern aus seiner Heimatstadt Mekka nach Medina geflohen sein

Habuba Kabira
: Reste einer altorientalischen Stadt am mittleren Euphrat aus der 2. Hälfte des 4. Jahrtausends v.Chr.

Hadith
: Sammlung von Handlungen und Aussprüchen des Propheten Muhammad

Halaf-Zeit
: →neolithische Periode der altorientalischen Geschichte im 6. Jahrtausend v.Chr., benannt nach der erstmals in Tell Halaf in Nordostsyrien gefundenen Keramik

Hamdaniden
: islamisches Fürstengeschlecht mit Hauptstadt Aleppo (944-1003)

Hammam (Pl. Hammamat)
: das „türkische" Bad; es geht in seinem Ursprung auf die römischen Bäder zurück

Hanafiten
: Anhänger einer der vier orthodoxen islamischen Rechtsschulen, die sich auf den Theologen Abu Hanifa (700-767) zurückführt und im →Osmanischen Reich dominant war

Hanbaliten
: Anhänger einer der vier orthodoxen islamischen Rechtsschulen, die sich auf Ahmad ibn Hanbal (780-855) zurückführt und in Syrien unter den →Osmanen durch die →Hanafiten verdrängt wurde

Hara
: Einzelquartier/Viertel einer islamischen Stadt

Harem
: privater Wohnteil innerhalb des islamischen Hauses, der den Frauen und Kindern der Familie vorbehalten war

Hasmonäer
: jüdische Herrscherfamilie in Palästina (142-37 v.Chr.), der es unter den →Seleukiden gelang, eine gewisse Unabhängigkeit zu gewinnen, der die Römer aber ein Ende setzten

Hattusa
: Hauptstadt des →hethitischen Reiches im 2. Jahrtausend v.Chr., heute Bogazkale (früher Bogazköy) östlich von Ankara in Zentralanatolien

Hauran
: Basaltlandschaft in Süd-Syrien

Hellenismus
: das Zeitalter und die Kultur der griechischen Herrschaft über weite Teile des Orients und Südosteu-

ropas zwischen Alexander d.Gr. und den Römern (330-30 v.Chr.)

Herodes/herodianische Zeit
in dieser Zeit waren mehrere Herrscher dieses Namens Könige/Regenten Palästinas unter den Römern; der bedeutendste von ihnen war Herodes d.Gr. (41 v.Chr. - 4 n.Chr.)

Hethiter
Gründer eines altorientalischen Großreiches mit Zentrum in Anatolien (ca. 1650-1200 v.Chr.), das zeitweilig auch Teile Syriens beherrschte; einzelne späthethitische Fürstentümer bestanden in Nordsyrien noch bis ins 1. Jahrtausend v.Chr. weiter

Hidjas
Landschaft im Westen der Arabischen Halbinsel, in der die Städte Mekka und Medina liegen

Hippodrom
Pferderennbahn

Hohe Pforte
der →osmanische Hof in Istanbul

Hypogäum
griechisch: „unter der Erde", unterirdischer Kult- oder Grabbau

Ichschiden
islamische Herrscher von Ägypten (935-969)

Ihtisab
arabisch: „Bewertung", hier: Beachtung der guten Sitten

Ikatgewebe
durch stellenweises Abbündeln des Garnes vor dem Färben und Weben werden beim I. die Muster erzeugt

Imam
arabisch: „Führer", benutzt im weltlichen und religiösen Kontext

In situ
lateinisch: „in Lage", benutzt für die Standortangabe von Altertümern, die sich noch an ihrem ursprünglichen Aufstellungsort befinden

Inkrustationen
→Marmorinkrustationen

Insula (Pl. Insulae)
durch Straßen oder Gassen an vier Seiten begrenzter Wohnblock in regelmäßig geplanten antiken Städten

Intra muros
lateinisch: „innerhalb der (Stadt-)mauern"

Iqta
Militärlehen im islamischen Mittelalter

Ituräer
antike Bewohner des Gebietes zwischen Libanon- und Antilibanon-Gebirge

Iwan
zum Hof hin ganzseitig offene, von einem Stirnbogen abgeschlossene und von einem Tonnengewölbe oder flach gedeckte Halle in der islamischen Architektur

Jakobiten
die nach ihrem ersten Bischof Jakob Baradäus (543-578) benannten, →monophysitischen syrischen Christen

Janitscharen
Eliteinfanterietruppe der →Osmanen, die ursprünglich aus Kindern gehobener christlicher Familien rekrutiert wurde

Joch
Gewölbeabschnitt eines Gebäudes in Längsrichtung

Jupiter
J. ist der oberste römische Staatsgott; als J. Damaszenus/Heliopolitanus ist er die römische Entsprechung des syrischen Hochgottes Hadad

Kaaba
das auf Abraham als Gründer zurückgeführte Haupheiligtum von Mekka

Kalesche
von Pferden gezogene, leichte vierrädrige Kutsche

Kalif
von arabisch „chalafa" („nachfolgen") abgeleiteter Titel des Oberhauptes der Muslime, der als Nachfolger des Propheten Muhammad in der Führung der Muslime angesehen wird

Kalligraphie
Schönschreib-Kunst

Kapitell, korinthisches
um ca. 400 v.Chr. entstandene, mit Akanthusblättern verzierte Kapitellform

Kapuziner
christlicher Missionsorden, der besonders seit dem 17. Jh. im Orient aktiv war, Zweig der Franziskaner, 1527 gegründet

Karawanserei
Gebäude mit einem großen Innenhof, das zur Warenlagerung, zum Verkauf und zur Übernachtung von Kaufleuten diente; K. finden sich sowohl in Städten als auch entlang der großen Handelswege (dort nur als Herbergen und Etappenziele)

Karmeliter
nach dem Berg Karmel bei Haifa benannter Mönchsorden, der 1154 durch die Kreuzritter gegründet wurde

Keilschrift
im 4. Jahrtausend v.Chr. von den →Sumerern entwickelte Schrift mit keilförmigen Schriftzeichen

Kelb-Araber
alter arabischer Nomadenstamm in Syrien, der in der frühen islamischen Zeit sein Zentrum in Palmyra hatte

Kenotaph
griechisch: „leeres Grab", Schein- oder Erinnerungsgrab, das nicht die Gebeine des Verstorbenen birgt

Kibbe
aus Weizenschrot mit Zutaten gefertigtes Gericht

Kilabiten
arabischer Nomadenstamm in Nordsyrien, dessen Führer Salih ibn Mirdas und seine Nachkommen als die →Mirdasiden in Aleppo herrschten

Kischk
Kiosk: in der Regel ein kleiner, offener Pavillon in einem Park oder Garten

Kolonie, römische
in der römischen Kaiserzeit ein Titel, der als Ehrung oder Belohnung an Städte vergeben wurde,

Kolonnadenstraße
von Säulenreihen mit geradem Gebälk flankierte Hauptstraßen antiker Städte

Konstantinopel
von Konstantin d.Gr. 330 n.Chr. an der Stelle des älteren Byzantium gegründete Hauptstadt des oströmischen (→Byzantinischen) Reiches, das spätere Istanbul

Kopten
die ägyptischen Christen

Kufi-Schrift
die frühe, eckig wirkende, nach der Stadt Kufa im Iraq benannte Form der arabischen Schrift

Kurtine
der Teil einer Befestigungsmauer, der die Flanken zweier Bastionen (Türme) miteinander verbindet

Kurusch
von „Groschen", kleine Kupfermünze

Lahmiden
vorislamisches arabisches Fürstengeschlecht, das als Gegner der →Ghassaniden unter →sasanidisch-persischer Oberhoheit im südlichen Iraq und im Osten der Arabischen Halbinsel zeitweilig eine wichtige politische Rolle spielte

Laodikeia
von →Seleukos I. Nikator (reg. 312-281 v.Chr.) gegründete Hafenstadt in Syrien, das heutige Lattakiya

Lebensbaum
ein in der Mythologie und Kunst vieler altorientalischer Völker vorkommendes Symbol des Lebens

Leguminosen
Hülsenfrüchte

Limes
lateinisch: „Grenze, Grenzwall", in Syrien ein unter den Römern eingerichtetes und von den →Byzantinern ausgebautes System von isoliert stehenden Grenzbefestigungen zur Steppe (gegen die die dadurch eine bevorzugte rechtliche Stellung innerhalb der Reichsverwaltung erhielten Nomaden) und nach Osten hin (gegen die →Sasaniden)

Loci amoeni
lateinisch: „liebliche Orte", verwendet für paradiesisch anmutende Landschaften oder Gärten

Luwisch
altorientalische, indogermanische Sprache im Anatolien des 2. und 1. Jahrtausends v.Chr.

Madina
arabisch: „Stadt", genauer die ummauerte Innenstadt islamischer Städte oder ihr innerster Bereich mit dem →Suq/→Bazar

Madrasa
von arabisch „darasa" („lernen"), mittelalterliche islamische Schule oder Kolleg, wo Theologie, Recht, Philosophie, Medizin und gelegentlich auch Naturwissenschaften gelehrt wurden

Maghreb
von arabisch „Gharb" („Westen"), die arabischen Länder Nordafrikas westlich von Ägypten

Mahalla
Quartier oder Viertel einer islamischen Stadt

Mamluken
arabisch: „besessen, geeignet", also „Sklaven"; die meisten Mamlukensultane waren ursprünglich türkische oder tscherkessische Sklaven, die nach ihrem Kauf eine strenge militärische Ausbildung absolvierten; sie beherrschten Ägypten und Syrien zwischen 1250 und 1517

Maqam
arabisch: „Ort, Stelle", Wallfahrtsort oder -heiligtum, an dem ein Heiliger verehrt wird

Maqsura
arabisch: „Nebengelass, Abteil", abgeteilter Platz des Herrschers in der Moschee

Mari
altorientalische Stadt am mittleren Euphrat, die ihre Blütezeit im 3. Jahrtausend v.Chr. und in der 1. Hälfte des 2. Jahrtausends v.Chr. erlebte

Maristan
→Bimaristan

Marmorinkrustationen
farbige Verzierungen von Flächen (Wände, Fußböden) durch verschiedenfarbige Marmoreinlagen

Maroniten
christliche Gruppe, besonders im Libanon, nach dem Mönch Maron (gest. ca. 410) benannt; die M. trennten sich im 6. Jh. von den →Jakobiten Syriens

Martyrion
Raum zur Aufbewahrung und Verehrung von Reliquien

Masdjid
von arabisch „sadjada" („sich niederwerfen") abgeleitet, also der Ort, wo man sich vor Gott niederwirft: die Moschee

Mastaba
Podest, Bank

Maydan
Platz

Mesopotamien
das Zweistromland zwischen Euphrat und Tigris, zum großen Teil der heutige Iraq

Metropolis
in griechisch-römischer Zeit staatsrechtliche Bezeichnung für die Hauptstädte ägyptischer Gaue, in →byzantinischer Zeit Hauptstadt einer Kirchenprovinz

Metropolit
der erste Bischof oder Erzbischof einer Kirchenprovinz

Metropolitanprovinz
Provinz eines →Metropoliten

Mihrab
die in Richtung Mekka weisende Gebetsnische in der Moschee

Minarett
arabisch: „Manara", ursprünglich „Leuchtturm", der Turm (oder die Türme) der Moschee, von dem aus der Gebetsrufer (→Muezzin) zum Gebet ruft

Minbar
Kanzel in der Moschee, von der aus die Freitagspredigt (→Chutba) gehalten wird

Mirdasiden
Araber vom Stamm Kilab (→Kilabiten), die zwischen 1023 und 1079 in Aleppo herrschten

Mitanni
→Churriter

Mongolen
zentralasiatisches Volk, das unter Tschingschan (1206-1227) und seinen Nachfolgern weite Teile des Vorderen Orients eroberte, 1258 Baghdad zerstörte und als Dynastie der Il-Chane 1256-1349 über Iran herrschte

Monophysiten
christliche Gruppe im Orient, welche die Lehre von der einen Natur Christi vertritt und sich von der Orthodoxie 451 nach dem Konzil von Chalkedon trennte; die syrischen →Jakobiten sind M.

Musalla
Betplatz unter freiem Himmel, in der Regel an hohen Festtagen benutzt

Mussasa
staatlicher Laden für Lebensmittel und Gebrauchsgüter in Syrien

Muezzin
der Gebetsrufer, der vom →Minarett der Moschee die Gläubigen zu den fünf täglichen Gebeten der Muslime ruft

Muharram
der erste Monat des islamischen Mondjahrs

Muhtasib
im Vorderen Orient der vormodernen Zeit: Marktaufseher, Chef der Polizei

Muqarnas
von arabisch „qarana" („verknüpfen"), typisches, zellenartiges Schmuckelement der islamischen Baukunst („Stalaktite"); es verbindet abgestuft verschiedene Ebenen an der Außenfläche eines Mauerwerks oder in Gewölbezwickeln

Muschaasystem
Form des Großgrundbesitzes im Vorderen Orient

Mykenische Kultur
antike Kultur des griechischen Festlandes in der 2. Hälfte des 2. Jahrtausends v.Chr., die viele Kontakte zu den Völkern des Vorderen Orients hatte

Nabatäer
arabischer Stamm im Süden des heutigen Jordanien und in angrenzenden Gebieten mit Hauptstadt Petra, dehnte 169 v.Chr. seinen Herrschaftsbereich nach Norden aus, regierte 85-62 v.Chr. Damaskus, das er danach an die Römer abtrat; in der 1. Hälfte des 1. Jh. n.Chr. erreichte Petra seine kulturelle Blüte

Naib
arabisch: „Stellvertreter" (des Sultans), Titel →mamlukischer Statthalter

Nazir
arabisch: „Aufseher, Verwalter" von religiösen Stiftungen (→Auqaf)

Neolithikum
die „Jungsteinzeit", die Periode, in der die Menschen sesshaft wurden und statt des Jagens und Sammelns Ackerbau und Viehzucht zu ihrer Lebensgrundlage machten; in dieser Zeit entstanden in Syrien die ersten Siedlungen um ca. 8000 v.Chr.; um 4000 v.Chr. folgte das →Chalkolithikum

Neolithische Revolution
Bezeichnung für die einschneidenden Veränderungen im →Neolithikum, mit denen der Beginn der Domestikation von Pflanzen und Tieren, die Herstellung erster Töpferwaren etc. einhergingen

Nielloverzierung
Metalltechnik: in eingravierte Vertiefungen an hellen Metallobjekten (besonders aus Silber) werden pulverisiertes Schwefelsilber oder andere Metallsulfide eingeschmolzen, die schwarze Ornamente ergeben

Niyaba
Provinz des →Mamlukenstaates, die einem →Naib unterstellt war

Nizam
arabisch: „Ordnung, Regel", Bezeichnung für die Hauptkanäle der traditionellen Wasserleitung von Aleppo

Nobilität
die politische Führungsschicht bei den Römern

Notitia Dignitatum
Verzeichnis der hohen Beamten und Militärs des Römischen Reiches sowie ihrer Amtssitze; es beschreibt die Zustände am Ende des 4. und zu Beginn des 5. Jh. n.Chr.

Nymphäum (Pl. Nymphäen)
öffentliche, meist reich verzierte und aufwendig gestaltete Brunnenanlage antiker Städte der römischen Kaiserzeit, ursprünglich ein Nymphen-/Quellheiligtum

Oligarchie
Herrschaft einer kleinen Gruppe

Orontes
arabisch: „Nahr al-Asi", der größte Fluss Innersyriens; er entspringt in der →Bekaa, fließt nach Norden und mündet in das Mittelmeer

Orthostaten
die unterste Schicht des aufgehenden Mauerwerks eines Gebäudes, bei altorientalischen Bauwerken teils plastisch verziert

Osmanen
die türkischen O. eroberten 1453 →Konstantinopel, nachdem sie sich Kleinasien und Teile des Balkans untertan gemacht hatten; 1517 folgten Syrien und Ägypten, und 1529 standen sie vor Wien und schufen damit das letzte orientalische Großreich, das mit ihrer Niederlage im 1. Weltkrieg sein Ende fand

pagan
heidnisch

Pala d'Oro
→byzantinische Altartafel des 10. Jh. im Schatz von San Marco in Venedig

Paläolithikum
„Altsteinzeit", in der die Menschen als Jäger und Sammler lebten

Pantokrator
Darstellung Christi als allmächtiger Weltenherrscher

Paschalik
: Provinz, die einem Pascha (→Bascha) unterstellt war

Patriarch
: seit dem 3./4. Jh. n.Chr. Oberbischof eines Verbandes von Kirchenprovinzen, bei den östlichen und orientalischen Kirchen der Titel des Oberbischofs

Pax romana
: lateinisch: „römischer Frieden", der durch die römische „Weltherrschaft" geschaffene Frieden um das Mittelmeer und in den angrenzenden Gebieten

Pendentif
: Übergangslösung zwischen einem quadratischen Unterbau und dem kreisförmigen Kuppelfuß

Peribolos
: Umfassungsmauer eines Bezirks, vorzugsweise eines Heiligtums

Philippopolis
: das heutige Schahba in Südsyrien

Phönikien
: ein schmaler Landstreifen an der syrisch-libanesischen Mittelmeerküste, der von den Phönikern bewohnt wurde, die zwischen 1200 und 900 v.Chr. weite Teile des Mittelmeeres als Händler und Seefahrer kontrollierten; die wichtigsten Städte in Ph. waren Tyros, Saida (Sidon) und Byblos

Piaster
: kleine Kupfermünze

Polykandelon
: ein vielarmiger Leuchter in →byzantinischen Kirchen

Pompejanischer Stil
: ausgehend von den Funden aus dem 79 n.Chr. verschütteten Pompeji wird die römische Wandmalerei in vier Stilphasen (1. bis 4. Stil) unterteilt, in die sich auch andere Funde römischer Wandmalerei einordnen lassen

Propylon
: Torbau, der den Eingang von Gebäuden hervorhebt, in der Regel mit einem von Säulen getragenen Dach

Protoneolithikum
: Periode der menschlichen Entwicklung, die dem →Neolithikum vorangeht und es einleitet

Qaa
: meist überkuppelter, saalartiger Repräsentationsraum in einem orientalischen Haus

Qadi
: arabisch: „Richter", dem auch notarielle Aufgaben oblagen

Qanat
: Kanal, Wasserleitung

Qarmaten
: radikale islamische Gruppierung, die zwischen 886 und 1078 Teile der syrischen Steppe, des südlichen Iraq und der westlichen Arabischen Halbinsel beherrschte

Qasaba
: Verwaltungshauptstadt

Qiblawand
: die Wand einer Moschee, an der sich der →Mihrab befindet; sie gibt die Richtung nach Mekka an

Qirat
: Gewichtseinheit für Gold und Silber (ca. 0,2 g), wird auch als abstrakte Einheit benutzt: so hat ein Haus oder ein Grundstück 24 Q., nach denen bei Teilungen und Verkäufen gerechnet wird; das Wort „Karat" hat seinen Ursprung im Q.

Qisariya
: kleine Innenhofanlage im →Suq syrischer Städte mit Handwerksbetrieben und einfachen Unterkünften

Qubba
: arabisch: „Kuppel", islamischer Grabbau, in der Regel ein überkuppelter Zentralbau

Rabd
: →akkadische Bezeichnung für den Markt in der altorientalischen Stadt

Rabi
: der dritte und vierte Monat im islamischen Mondjahr

Ragab
: der siebte Monat im islamischen Mondjahr

Reichsaramäisch
: die →aramäische Verwaltungssprache im persischen Reich der →Achämeniden (558-330 v.Chr.)

Ribat
: →Sufi-Konvent, →Chanqah

Riwaq
: von Säulen oder Pfeilern getragene Arkade vor Gebäuden oder als Rahmung des Innenhofes

Rollsiegel
: altorientalisches, zylinderförmiges Steinsiegel, mit dem die Siegelung durch Abrollen vorgenommen wurde

Rumelien
: der europäische Teil des →Osmanischen Reiches

Rumseldjuken
: ein Zweig der →Seldjuken, der zwischen 1077 und 1300 von seiner Hauptstadt Konya aus Teile Kleinasiens beherrschte

Sabil
: öffentlicher Brunnen

Samarkand
: Stadt im heutigen Uzbekistan, Hauptstadt →Tamarlans

Satrapie
: Provinz des persischen Reiches der →Achämeniden

Sasaniden
: persische Dynastie, die zwischen 227 und 651 n.Chr. Iran, Teile Zentralasiens und den Iraq beherrschte

Schafiten
: Anhänger einer der vier orthodoxen Rechtsschulen, die sich auf Muhammad ibn Idris asch-Schafi (767-820) zurückführt

Scharia-Gerichte
: die nach dem islamischen Recht (Scharia) entscheidenden Gerichte

schariarechtlich
: entsprechend dem islamischen Recht (Scharia)

Scharif
: Singular von →Aschraf

Schawwal
: der zehnte Monat des islamischen Mondjahres

Schaych
: arabisch: „Alter, Oberhaupt", Titel von Personen, die im religiösen oder öffentlichen Leben Bedeutung haben

Schiiten
: von arabisch „Schia" („Partei"), die

Gruppe unter den Muslimen, welche die alleinige Führung der Muslime nur einem Abkömmling der Familie des Propheten Muhammad zubilligt, genauer den Nachkommen der Tochter des Propheten Fatima und ihres Mannes Ali, einem Vetter des Propheten

Seldjuken
: türkische Dynastie, die zwischen 1037 und 1157 weite Teile des Vorderen Orients von ihrer Hauptstadt Isfahan aus beherrschte; Zweige der Dynastie herrschten noch bis Ende des 12. Jh. in Teilen Irans und des Iraq; in Kleinasien regierten die →Rumseldjuken bis 1300

Seleukia am Tigris
: von →Seleukos I. Nikator 311 v.Chr. gegründete Stadt, liegt heute im Stadtgebiet von Baghdad

Seleukia Pieria
: antike Hafenstadt von →Antiochia in Nordsyrien, an der Mündung des →Orontes gelegen, um 310 v. von →Seleukos I. Nikator gegründet

Seleukiden
: Dynastie, die in →hellenistischer Zeit in Syrien, Iraq und Iran mit der Hauptstadt →Antiochia herrschte

Seleukos I. Nikator
: einer der →Diadochen, der sich die Herrschaft über den Ostteil des Reiches von Alexander d.Gr. sicherte und 312-281 v.Chr. dort herrschte; Begründer der →Seleukiden

Serail
: von persisch „Saray" („Palast"), in der →Osmanenzeit Bezeichnung für den Sitz des Herrschers oder Gouverneurs

Severische Zeit
: Zeit der Herrschaft der Familie des Septimius Severus als römische Kaiser (193-235 n.Chr.); durch die syrische Abstammung der Frauen des Kaiserhauses war der syrische Einfluss in Rom in dieser Zeit sehr groß

Spolien
: aus älteren Gebäuden stammende, wiederverwendete Bauteile

Stein-Kupfer-Zeit
: Epoche, in der die Menschen ihre Werkzeuge teils noch aus Stein, teils bereits aus Kupfer fertigten (→Chalkolithikum)

Stoa
: griechisch: „Säulenhalle", wurde zur Bezeichnung für die von Zenon um 300 v.Chr. gegründete Philosophenschule, da deren Unterricht zunächst in einer bekannten S. in Athen stattfand

Strata Diocletiana
: eine von Damaskus zum Euphrat führende, durch Kastelle gesicherte Straße durch die syrische Steppe

Styliten
: Säulenheilige, eine besondere Asketen-Form in Syrien; der berühmteste S. war Simon der S., der 412-459 n.Chr. auf einer Säule ausharrte

Suffa
: überdachter, kleiner Innenhof in einer Wohnung/einem Wohnhaus

Sufi
: von arabisch „Suf" („Wolle"), islamische Asketen/Mystiker, die nach dem ursprünglich von ihnen getragenen wollenen Gewand benannt wurden

Sultan
: arabisch: „Kraft, Herrschaft", der weltliche Herrscher im Islam

Sumerer
: Bewohner →Mesopotamiens im 4. und 3. Jahrtausend v.Chr., gelten als Begründer der ersten Hochkultur

Sunna
: arabisch: „Herkommen, Brauch", Sammlung von Handlungen und Aussprüchen des Propheten Muhammad, die gesetzliche Präzedenzfälle darstellen

Sunniten
: der überwiegende Teil der Muslime; sie folgten der →Sunna und akzeptierten im Gegensatz zu den →Schiiten das →Kalifat der →Umayyaden und der →Abbasiden

Suq
: arabische Bezeichnung des Marktbereiches, der Handel und Produktion umfasst

Survey
: Überblick, archäologische Feldbegehung

Suwayqa
: kleiner →Suq in Wohngebieten oder in der Nähe eines Tores der islamischen Stadt

Symposiarch
: Vorsitzender eines Symposiums, eines antiken griechischen Gelages, das ein Umtrunk allein von Männern war

Syrischer Giebel
: dreieckiges Giebelfeld, in das ein Bogen über dem Mittelportal eingebunden ist

Tabula ansata
: bei den Römern: eine Inschriftentafel mit seitlichen dreieckigen „Griffen"; im orientalischen Bereich: eine aus einem größeren Stein herausgearbeitete, glatte Fläche, auf der im islamischen Mittelalter Inschriften angebracht wurden

Takiyya
: Versammlungsort religiöser Bruderschaften

Tamarlan/Timur
: ein ferner Verwandter des →Mongolenführers Tschingschan; er begann 1380 eine lange Serie von Eroberungsfeldzügen, die ihn von seiner zentralasiatischen Heimat bis nach Damaskus brachten; als einer der mächtigsten Männer seiner Zeit starb er 1404 in →Samarkand

Tambour
: oder Trommel, das sich unter einer Kuppel befindende, zylindrische Bauglied, oft von Fenstern durchbrochen

Tell (auch Tall)
: arabisch: „Hügel, Anhöhe", im archäologischen Sprachgebrauch: künstlicher Siedlungshügel, unter dem alte Siedlungen liegen

Temenos
: (heiliger) Bezirk

Tetrapolis
: hier: die vier Stadtgründungen des →Seleukos I. Nikator in Nordsyrien

(Ende des 4. Jh. v.Chr.): →Antiochia, →Laodikeia, →Apameia, →Seleukia Pieria

Tholos (Pl. Tholoi)
Rundbau

Transept
Querschiff einer Basilika, im erweiterten Sinn für das auf den →Mihrab führende Querschiff der Umayyadenmoschee von Damaskus verwendet

Triboc
Steinschleuder, Belagerungsmaschine

Trompen
Trichtergewölbe oder -nischen in der Form halber Hohlkegel mit nach unten gekehrten Öffnungen, die Übergangsglieder zwischen einem quadratischen Unterbau und einem →Tambour oder einer Kuppel

Tuluniden
islamische Dynastie, die zwischen 868 und 905 über Ägypten herrschte

Turba
islamischer Grabbau, in der Regel ein überkuppelter Zentralbau

Tympanon (Pl. Tympana)
dreieckiges Giebelfeld eines antiken Tempels oder Fläche über einem Portal innerhalb eines Bogenfeldes, das oft verziert wurde

Ubaid-Zeit
Periode der altorientalischen Geschichte, nach der südiraqischen Ruinenstätte Ubaid (4900-3000 v.Chr.) benannt

Ugarit
altorientalische Hafenstadt am Mittelmeer nördlich von Lattakiya in Syrien, erlebte ihre Blütezeit ca. 1500-1200 v.Chr. unter →hethitischer Herrschaft; von hier stammen die ersten Zeugnisse einer Alphabetschrift

Ulama
von arabisch „alima" („wissen"), die Religionsgelehrten im Islam

Umayyaden
erste islamische →Kalifendynastie (661-750), die von ihrer Hauptstadt Damaskus aus ein Reich regierte, das vom Indus bis zum Atlantik reichte

Uqayliden
arabische Dynastie, die zwischen 996 und 1096 den Norden →Mesopotamiens und die angrenzenden Gebiete beherrschte

Via recta
die „Gerade Straße", bezeichnet in Damaskus den römischen →Decumanus maximus, der vom Djabiya-Tor im Westen bis zum Ost-Tor die Stadt durchlief

Vierung
Raumteil einer Kirche, der durch die Durchdringung von Lang- und Querhaus entsteht

Vorkeramisches Neolithikum
die früheste Phase des →Neolithikums, in der die Menschen allmählich sesshaft wurden, aber noch keine Keramik produzierten, in Syrien beginnt diese Phase etwa im 10. Jahrtausend v.Chr.

Wali
Gouverneur

Waqf
Singular von →Auqaf

Warka-Zeit
Periode der altorientalischen Geschichte (3500-2450 v.Chr.), nach der Ausgrabungsstätte Uruk-Warka im südlichen Iraq benannt

Wesir
Chef der Verwaltung im islamischen Staat, zweitmächtigster Mann neben dem Herrscher

Yabrudische Zivilisation
nicht sesshafte Bevölkerung des Paläolithikums im Gebiet der heutigen Stadt Yabrud nordöstlich von Damaskus

Zangiden
islamische Dynastie, die zwischen 1127 und 1262 den Norden →Mesopotamiens beherrschte und zwischen 1146 und 1181 auch Syrien kontrollierte; unter ihr erlebten Damaskus und Aleppo eine Blütezeit

Zawiya
Versammlungsstätte für →Sufis

Zoroastrisch
bezieht sich auf die vorislamische Religion Irans, die sich auf den Propheten Zarathustra zurückführte, der vermutlich im 7. oder 6. Jh. v.Chr. lebte

Literaturverzeichnis

ABD ALHAQ, S. 1950: Die griechische Kunst und ihre herausragenden Spuren im Orient (arabischer Text). Damaskus 1950.

ABD ALHAQ, S. 1959: Rom und der römische Osten (arabischer Text). Damaskus 1959.

ABDULAC, S. 1982: Damas: les années Ecochard 1932-1982. Les Cahiers de la Recherche Architecturale 10/11, 1982, 32-43.

ABDUL-HAK, S. 1950: Aspects of ancient Damaskus. 1950.

AD-DIN, S. 1996: Das neue Damaskus (arabischer Text). Damaskus 1996.

AHMAD HILMI AL-ALLAF 1983: Dimaschq fi matla al-qarn al-ascharin (arabischer Text). Damaskus 1983.

AIGEN, W. 1980: Sieben Jahre in Aleppo 1656-1663. Ein Abschnitt aus den „Reiß-Beschreibungen" des Wolfgang Aigen, hrsg. von A. Tietze. Beihefte zur Wiener Zeitschrift für die Kunde des Morgenlandes 10. Wien 1980.

AKILI, T., SACK, D. 1986: Das Damaskus der Denkmalpflege. Bauwelt 40, 1986, 1516-1538.

AL-ARDI, IBN F. 1992: Al-Maadin (arabischer Text). Amman 1992.

AL-AZM, S. 1997: Dialog ohne Ufer (arabischer Text). Mit Sadik J. al-Azm (Interviewer: Saqr Abu Fachr). an-Nahdj (= Der Weg), 12, Damaskus, Herbst 1997, 174-218.

AL-AZMEH, B. 1991: Djil al-hazima bain al-wahda wa-l-infisal (= Generation of Defeat. Memoires.) (arabischer Text). London 1991.

AL-GHAZZI, K. 1991-93: K. Nahr adh-dhahab fi tarich Halab (arabischer Text), hrsg. von S. Schath - M. Fachuri. 3 Bde. Aleppo 1412-13/1991-93.

ALLEN, T. 1996: Ayyubid Architecture. Elektronische Publikation, 2Occidental, Cal. 1996 ff. [http://www.wco.com/~books/readme.aa.html].

AL-MAQRIZI: Chital (arabischer Text). Beirut o.J.

AL-RIHAWI, A., OUÈCHEK, E.E. 1975: Les deux takiyya de Damas. Bulletin d'Études Orientales 28, 1975, 219-225.

AL-UMARI 1986: Masalik (arabischer Text). Beirut 1986.

AL-UMRAN 1967: Spezial-Ausgabe Damaskus (arabischer Text). Bd. 43. 1967.

AL-WAFAY, M.A. 1940/41: Manzumat al-auliya al-Halab (arabischer Text). In: F. Toutel (Hrsg.), Maschriq 1940, 1-21; Maschriq 1941, 1-100.

ANONYMUS 1970: Description de la ville d'Alep 1556. In: Ch. Schefer (Hrsg.), Le voyage de M. d'Aramon. Genf 1970, 249-55.

AS-SAFADI 1997: al-Wafi (arabischer Text). Damaskus 1997.

ATIL, E. 1980: Turkish Art. New York 1980.

AT-TABBACH, M. 1988/89: Ilam an-nubala bi tarich Halab asch-Schahba (arabischer Text). 7 Bde. 2. Auflage. Aleppo 1988/89.

BAEDEKER, K. 1893: Palestine et Syrie. Manuel du voyageur. 2. Aufl. Leipzig 1893.

BAER, N.S., SNETHLAGE, R. (Hrsg.) 1996: Saving our Architectural Heritage. Freie Universität Berlin. Berlin 1996.

BAKHIT, M.A. 1982: The Ottoman Province of Damascus in the Sixteenth century. Beirut 1982.

BIANCA, S. 1980: Städtebau in islamischen Ländern. Analysen und Konzepte unter Berücksichtigung gegenwärtiger Entwicklungstendenzen und künftiger Planungsaufgaben. Studienunterlagen zur Orts-, Regional- und Landesplanung 44. Zürich 1980.

BIANCA, S. 1991: Hofhaus und Paradiesgarten. München 1991.

BIANQUIS, A.-M. 1980: Damas et la Ghouta. In: A. Raymond (Hrsg.), La Syrie d'Aujourd'hui. Paris 1980, 359-384.

BIANQUIS, A.-M. 1984: Du rural à l'urbain: les lois aménagement dans les villages de la ghouta de Damas. In: F. Métral (Hrsg.), Politiques Urbaines dans le Monde Arabe. Collection Études sur le Monde Arabe 1. Lyon 1984.

BIANQUIS, A.-M. 1989: La Réforme agraire dans la Ghouta de Damas. Damas 1989.

BIANQUIS, A.-M. 1995: Transports en commun et aménagement dans l'agglomération de Damas au XXe siècle. Bulletin d'Études Orientales 47, 1995, 37-68.

BIANQUIS, TH. 1993: La Syrie, de la conquête arabe à la conquête ottomane. In: Syrie. Mémoire et civilisation. Paris 1993, 369-71.

BOTHMER, H.-C. GRAF 1987: Architekturbilder im Koran. Eine Prachthandschrift der Umayyadenzeit aus dem Yemen. Pantheon 45, 1987, 4-20.

BOTTCHER, A. 1997: Le Ministere des Waqfs. Monde arabe Maghreb - Machreck, 8-30, Vol. 158, 1997.

BRAUNE, M. 1985: Die mittelalterlichen Befestigungen der Stadt Tortosa/Tartus. Vorbericht der Untersuchungen 1981-1982. Damaszener Mitteilungen 2, 1985.

BRAUNE, M. 1993: Untersuchungen zur mittelalterlichen Befestigung in Nordwest-Syrien: Assassinenburg Masyâf. Damaszener Mitteilungen 7, 1993.

BRAUNE, M. 1999: Die Stadtmauer von Damaskus. Damaszener Mitteilungen 11, 1999.

BRISCH, K. 1988: Observations on the Iconography of the Mosaics in the Great Mosque at Damascus. In: P. Soucek (Hrsg.), Content and Context of Visual Arts in the Islamic World (Festschrift R. Ettinghausen). Pennsylvania State University 1988, 13-23.

CA'FER EFENDI 1987: Riasle-i Mi'mariyye (arabischer Text), hrsg. von Howard Crane. Leiden 1987.

CHEVEDDEN, P.E. 1986: The Citadel of Damaskus. Ungedruckte Dissertation University of California. Los Angeles 1986.

CHOST, N. 1989: al-Hidjra min al-djanna (= Die Auswanderung aus dem Paradies) (arabischer Text). Damaskus 1989.

COHEN, R. 1939: La Grece et l'Hellenisme du monde antique. Paris 1939.

CRESWELL, K.A.C. 1969: Early Muslim Architecture I. Umayyads. Oxford 1969.

DAHMAN, F. 1999: Informelle Siedlungsstrukturen und Wohnungstypologien. Dissertation Stuttgart 1999.

DANGER, R. 1937: L'Urbanisme en Syrie. Urbanisme 6, 1937, 121-164.

D'ARVIEUX 1735: Mémoires du chevalier d'Arvieux, hrsg. von J.B. Labat. 6 Bde. Paris 1735.

DAVID, J.C. 1977: Alep, dégradation et tentatives actuelles de réadaptation des structures urbaines traditionelles. Extrait de Bulletin d'Études Orientales 28, 1975, 19-49. Damaskus 1977.

DAVID, J.-C. 1982: Le waqf d'Ibsir Pasa à Alep (1063/1653). Étude d'urbanisme historique. Damaskus 1982.

DAVID, J.C., BAKER, F. 1995: Elaboration de la nouveauté en architecture en Syrie. Environmental Design, XVth-XVIth year, Como 1995, 50-74.

DE CONTENSON, H. 1969: Contribution à l'étude du Néolithique de Syrie: description des diverses trouvailles de surface. MUSJ 45, 1969, 77-80.

DE CONTENSON, H. 1978: Recherches sur le Néolithique de Syrie (1967-1976). Comptes-rendus de l'Académie des Inscriptiones et Belles lettres 1978, 820-825.

DE JONG, F. 1984: Die mystischen Bruderschaften und der Volksislam. In: W. Ende (Hrsg.), Der Islam in der Gegenwart. München 1984, 487-504.

DEGEORGE, G. 1994: Damas des Ottomans à nos jours. Paris 1994.

DEGUILHEM, R. (Hrsg.) 1995: Le Waqf dans L'espace Islamic: outil de pouvoir socio-politique. Damaskus 1995.

DENTZER, J.-M. 1986: Hauran I. Recherches archéologiques sur la Syrie du sud à l'époque hellénistique et romaine. Paris 1986.

DENTZER, J.-M., ORTHMANN, W. (Hrsg.) 1989: Archéologie et histoire de la Syrie II. La Syrie de l'époque achéménide à l'avenement de l'Islam. Saarbrücken 1989.

DESCHAMPS, P. 1932: Les entrées des châteaux des croisés en Syrie et leurs défenses. Syria 13, 1932.

DESCHAMPS, P. 1934: Le châteaux des croisés en Terre Sainte I. Le Crac des Chevaliers. 1934.

DETTMANN, K. 1969: Damaskus. Eine orientalische Stadt zwischen Tradition und Moderne. Erlanger Geographische Arbeiten 26. Erlangen 1969.

DIK, M., DIK, A. 1963: Geschichte der Ostkirche. 2. Auflage. Beirut 1963.

DI TARAZI, PH. 1910: As-Salasil at-tarichiyya fi asaqifat al-abraschiyyat assuryaniyya (arabischer Text). Beirut 1910.

ECOCHARD, M., BANSHOYA, G. 1968: Plan directeur de Damas. Rapport justificatif. Damaskus 1968.

ECOCHARD, M. 1985: Travaux de restauration de quelque monuments syriens. Revue des Études Islamiques 53, 1985, 58-61.

EDDÉ, A.-M. 1999: La Principauté ayyoubide d'Alep (579/1183-658/1260). Freiburger Islamstudien 21. Stuttgart 1999.

EL-BADWAN, G. 1968: Veränderung des Damaszener Stadthauses unter besonderer Berücksichtigung ihrer Konsequenzen für das Stadtbild und die Lebensweise der Bewohner. Dissertation Kassel 1968.

ELISSÉEFF, N. 1970: Damas à la lumiére des thèories de Jean Sauvaget. In: A.H. Hourani - S.M. Stern (Hrsg.), The Islamic City. Oxford 1970, 157-177.

FERRERO, G. 1936: Nouvelle Histoire Romaine. Paris 1936.

FINSTER, B. 1970/71: Die Mosaiken der Omayyadenmoschee von Damaskus. Kunst des Orients 7, 1970/71, 83-141.

FLOOD, F.B. 1997: Umayyad Survivals and Mamluk Revivals: Qalawunid architecture and the Great Mosque of Damascus. Muqarnas 14, 1997, 57-79.

FÖRTSCH, R. 1993: Die Architekturdarstellungen der Umaiyadenmoschee. Damaszener Mitteilungen 7, 1993, 177-212.

FREYBERGER, K.S. 1989: Untersuchungen zur Baugeschichte des Jupiter-Heiligtums in Damaskus. Damaszener Mitteilungen 4, 1989, 61-86.

FREYBERGER, K.S. (im Druck): Das kaiserzeitliche Damaskus: Schauplatz lokaler Tradition und auswärtiger Einflüsse. Im Druck, erscheint in Gedenkschrift M. Meinecke.

GANGLER, A. 1993: Ein traditionelles Wohnviertel im Nordosten der Altstadt von Aleppo. Tübingen 1993.

GANGLER, A., RIBBECK, E. 1994: Ist die Medina noch zu retten? Trialog Nr.40, 1994, 4-7.

GAUBE, H. 1978: Arabische Inschriften aus Syrien. Beiruter Texte und Studien 17. Wiesbaden-Beirut 1978.

GAUBE, H., WIRTH, E. 1984: Aleppo. Historische und geographische Beiträge zur baulichen Gestaltung, zur sozialen Organisation und zur wirtschaftlichen Dynamik einer vorderasiatischen Fernhandelsmetropole. Beihefte zum Tübinger Atlas des Vorderen Orients Reihe B, Nr. 58. Wiesbaden 1984.

GAUTIER-VAN BERCHEM, M. 1969: The Mosaics of the Great Mosque of the Umayyads in Damascus. In: Creswell, Early Muslim Architecture I. Umayyads. Oxford 1969, 323-372.

GHUSUB, Y. 1967: Hiwar (= Dialog), 26/27, 1967, 196-208 (arabischer Text).

GONNELLA, J. 1995: Islamische Heiligenverehrung im urbanen Kontext am Beispiel von Aleppo (Syrien). Islamkundliche Untersuchungen 190. Berlin 1995.

GONNELLA, J. 1996: Ein christlich-orientalisches Wohnhaus des 17. Jahrhunderts aus Aleppo (Syrien): das „Aleppo-Zimmer" im Museum für Islamische Kunst Berlin. Mainz 1996.

GOODWIN, G. 1987: A history of Ottoman Architecture. London 1987.

GUIDONI, E. 1976: Architektur der primitiven Kulturen. Stuttgart-Mailand 1976. Auch in: P.L. Nervi (Hrsg.), Weltgeschichte der Architektur.

HADDAD, M. 1993: as-Sultan al-Mansur Qalaun (arabischer Text). Kairo 1993.

HALLAJ, O.A. 1997: Action Area One Plan, the Project for the Rehabilitation of the Old City of Aleppo. Aleppo 1997.

HAMDI, N., GOETHERT, R. 1997: Action Planning for Cities. West Sussex 1997.

HANISCH, H. 1996: Die Maschikulis der Zitadelle von Damaskus. Damaszener Mitteilungen 9, 1996.

HERZFELD, E. 1946: Damascus - Studies in Architecture III. Ars Islamica 11/12, 1946, 20ff.

HERZFELD, E. 1954/55: Matériaux pour un corpus inscriptionum arabicarum II. Syrie du Nord. Inscriptions et monuments d'Alep. Mémoires publiés par les membres de l'Institut Français d'Archéologie Orientale du Caire 76-78. Kairo 1954/5.

HERZOG, Z. 1986: Das Stadttor in Israel und in den Nachbarländern. 1986.

HILLENBRAND, R. 1994: Islamic Architecture. Form, Function and Meaning. Edinburgh 1994.

HITTI, PH.K. 1951: History of Syria. London 1951.

HONIGMANN, E. 1932: Syria. In: Pauly-Wissowa, RE 1549-1727. Stuttgart 1932.

HOPFINGER, H., KHADOUR, R. (Hrsg.) 1998: Wirtschaftsentwicklung und Investitionspolitik in Syrien. Eichstätter Geographische Arbeiten 10. München 1998

IBISH, Y. 1967: Elias Qudsi's sketch of the guilds of Damascus in the nineteenth century. Middle East Economic Papers 1967, 41-62.

IBN AL-ADIM 1951: Zubdat al-halab min tarich Halab (arabischer Text), hrsg. von S. Dahhan. Damaskus 1951.

IBN AL-ADJAMI, A. 1950: Kunuz adh-dhahab fi tarich Halab (arabischer Text). Teilweise übers. von J. Sauvaget: Les trésors d'or. Matériaux pour servir a l'histoire de la ville d'Alep II. Beirut 1950.

IBN AL-ADJAMI 1997: Kunuz adh-dhahab fi tarich Halab (arabischer Text), hrsg. von S. Schath - F. Bakkur. Aleppo 1997.

IBN ASCH-SCHIHNA 1909: ad-Durr al-muntahab fi tarich mamlakat Halab (arabischer Text), hrsg. von Y. Sarkis. Beirut 1909.

IBN ASCH-SCHIHNA 1933: Les perles choisies. Matériaux pour servir a l'histoire de la ville d'Alep I. Übers. von J. Sauvaget. Mémoires de l'Institut Français de Damas. Beirut 1933.

IBN ASCH-SCHIHNA 1984: ad-Durr (arabischer Text). Damaskus 1984.

IBN DJUBAYR 1964: ar-Rihla (arabischer Text). Beirut 1964.

IBN SCHADDAD 1953: al-Alaq al-chatira (arabischer Text), hrsg. von D. Sourdel. Damaskus 1953.

IBN SCHADDAD 1991: al-Aalaq (arabischer Text). Damaskus 1991.

IBN TAGHRIBIRDI 1909-36: an-Nudjum (arabischer Text). Berkley 1909-1936.

ICOMOS 1994: Tourism at World Heritage Cultural Sites. ICOMOS. Washington DC 1994.

ISMAIL, M.N. 1981: Grundzüge des islamischen Städtebaus. Reorientalisierung städtebaulicher Prinzipien. Dissertation Stuttgart 1981.

ISSA, G. 1968: Mohafazat Damaskus. Ein Beitrag zur Regionalplanung der Syrischen Arabischen Republik. Dissertation Berlin 1968.

ISSA BAY, A. 1939: Tarich al-Bimaristan (arabischer Text). Damaskus 1939.

JALABI-HOLDIJK, R. 1988: Al-Madrasa al-Firdaus in Aleppo: a chef-d'œuvre of Ayyubid architecture. Dissertation American University of Cairo 1988.

JETTER, D. 1961: Zur Architektur islamischer Krankenhäuser. Sudhoffs Archiv für Geschichte der Medizin und der Naturwissenschaften. Wiesbaden 1961.

KALTER, J., PAVALOI, M., ZERNICKEL, M. 1991: Syrien, Mosaik eines Kulturraumes. Stuttgart 1991.

KHAYATA, W., KOHLMEYER, K. 1996: Die Zitadelle von Aleppo. Vorläufiger Bericht über die Untersuchungen 1996 und 1997. Damaszener Mitteilungen 10, 1998, 69-96.

KHOURY, S.P. 1984: Syrian Urban Politics in Transition: the Quarters of Damascus during the French Mandate. International Journal of Middle East Studies 16, 1984, 507-540.

KHUSRAU, N. 1993: Safarname: Ein Reisebericht aus dem Orient des 11. Jahrhunderts. München 1993.

KORN, L. 1998: Ayyubidische Architektur in Ägypten und Syrien. Bautätigkeit im Kontext von Politik und Gesellschaft 564-658/1169-1258. Dissertation Tübingen 1998.

KREKELER, A. u.a. (Hrsg.) 1998: Guidelines for the Restoration and Renovation of Aleppo. Aleppo 1998.

KREMER, A. V. 1854: Topographie von Damaskus. Wien 1854.

KURAN, A.: Early works of the architect Sinan (übers. von D.A. Garwood), Belleten, C. XXXVII, 35.

LABEYRIE, I., ROUMI, M. 1982: La grand traversée de Damas. Les Cahiers de la Recherche Architecturale 10/11, 1982, 44-51.

LABEYRIE, I., ROUMI, M. 1982: Dummar, cité satellite de Damas: les conditions d'une réalisation contemporaine. Les Cahiers de la Recherche Architecturale 10/11, 1982, 140-149.

LAPIDUS, I.M. 1967: Muslim Cities in the Later Middle Ages. Cambridge Massachussets 1967.

LARKHAM, P. J. 1996: Conservation and the City. London 1996.

LEBLANC, J., VILLENEUVE, F., DODINET LEBLANC, J., VALLAT, J.-P. 1990: Le paysage antique en Syrie. L'exemple de Damas. Syria 67, 1990, 339-367.

LEISTEN, TH. 1998: Architektur für Tote. Bestattungen in architektonischem Kontext in den Kernländern der islamischen Welt zwischen 3./9. und 6./12. Jahrhundert. Berlin 1998.

LORTET, L. 1884: La Syrie d'aujourd'hui: Voyage dans la Phénicie, le Liban et la Judée 1875-1880. 1884.

MANTRAN, R., SAUVAGET, J. 1948: Règlements fiscaux ottomans de Syrie. Damaskus 1948.

MARCUS, A. 1989: The Middle East on the Eve of Modernity. Aleppo in the Eighteenth Century. New York 1989.

MASTERS, B. 1988: The origins of Western economic dominance in the Middle East: mercantilism and the Islamic economy in Aleppo 1600-1750. New York University Studies in Near Eastern Civilization 12. New York-London 1988.

MATHÉY, K., PETEREK, M. (Hrsg.) 1995: Stadt und Land in Syrien. Ein Exkursionsbericht. Karlsruher Städtebauliche Schriften 3. Karlsruhe 1995.

MATTHERS, J. 1981: The River Qoueiq, Northern Syria, and its Catchment, BAR.I.S. 98. Oxford 1981.

MAZLOUM, S. 1934: L'ancienne canalisation d'eau d'Alep. Beirut 1934.

MEINECKE, M. 1985: Der Survey des Damaszener Altstadtviertels as-Salihiya. Damaszener Mitteilungen 2, 1985, 213.

MEINECKE, M. 1992: Die mamlukische Architektur in Ägypten und Syrien (648/1250 bis 923/1517). Abhandlungen des Deutschen Archäologischen Instituts Kairo, Islamische Reihe 5. Glückstadt 1992.

MERIWETHER, M.L. 1981: The Notable Families of Aleppo, 1770-1830: Networks and Social Structure. Unveröfentl. Dissertation University of Pennsylvania 1981.

MOAZ, K. 1979/80: Notes sur le mausolée de Saladin à Damas. Bulletin d'Études Orientales 39/40, 1979/80, 183-189.

MOUHANNA, Z. 1987: Beitrag zur Großstadtentwicklung und zur sozialen Lösung des Wohnungsbaus, dargestellt am Beispiel der Entwicklung von Klein- und Mittelstädten in der Stadtregion Damaskus. Dissertation Dresden 1987.

MUFADDAL 1973: Ägypten und Syrien zwischen 1317 und 1341 in der Chronik des Mufaddal Abi l'Fadail, hrsg. von S. Kortanamer. 1973.

MUNAGGID, S. 1945: Dimasq al-qadima (arabischer Text). 1945.

MURTADA, M.R. 1996: Die Baugeschichte des Grabmals von Sayyida Zaynab. Al-Mausim 25, 1996, 136-152.

NAITO, M. 1988: From the Walled Inner City to the Urban Periphery: Changing Phases of Residential Separation in Damascus. 29,1, 1988, 61-63.

NAITO, M. 1990: Urbanisation and its implication on the socio-economic Structure in the Syrian cities: A comparative Study on Damascus and Aleppo. In: A. Terasaka - M. Naito (Hrsg.), Geographical Views in the Middle Eastern Cities II. Syria. Tokio 1990.

NAQQASCHA, D.A. 1910: Inayat ar-rahman fi hidayat as-suryan (arabischer Text). Beirut 1910.

NAUFITUS IDLIBI 1988: Rundgang durch die alten Kirchen von Aleppo. Aleppo 1988.

NECIPOGLU-KAFADAR, G. 1986: Plans and Models in the15th and 16th Century Ottoman Architectural Practice. The Journal of the Society of Architectural Historians 45, 3, 1986, 224-243.

NISSEN, H.J. 1999: Geschichte Alt-Vorderasiens. Oldenbourg Grundriss der Geschichte 25. München 1999.

PROKOP: Perserkriege, hrsg. von O. Veh. München 1970.

PROKOP: Bauten, hrsg. von O. Veh. München 1977.

AS-SIHABI, Q. 1990: Dimasq, Tarich wa Suwa (arabischer Text). Damaskus 1990.

QUSCHAQDJI, Y.: Achbar Halab kama katabaha Naum al-Bachchasch fi dafatir al-djamiyya 1-4 (arabischer Text).

RAFEQ, A. 1966: The Province of Damascus 1723–1783. Beirut 1966.

RAYMOND, A. 1979: Les grands waqfs et l'organisation de l'espace urbain à Alep et au Caire à l'époque Ottomane (XVIe-XVIIe siècles). Bulletin d'Études Orientales 30, 1979, 113-132.

RAYMOND, A. 1984: The Great Arab Cities in the 16th-18th Centuries. New York 1984.

RAYMOND, A. 1985: Les grandes villes arabes à l'époque ottomane. Paris 1985.

RAYMOND, A. 1998: La Ville Arabe, Alep, à l'époche Ottomane. Damaskus 1998.

REPP, R.C. 1986: The Mufti of Istanbul. London 1986.

RODED, R. 1984: Tradition and Change in Syria during the last Decades of Ottoman Rule: The Urban Elite of Damascus, Aleppo, Homs and Hama, 1876-1918. Unveröffentl. Dissertation University of Denver 1984.

RODED, R. 1990: Mosques, Zauiyas and Neighbourhood Mosques: Popular Beneficiaries of Waqf Endowments in Eighteenth- and Nineteenth Century Aleppo. Journal of the American Oriental Society 110/1, 1990, 32-38.

Rupprechtsberger, E.M. (Hrsg.) 1993: Syrien – Von den Aposteln zu den Kalifen. Ausstellungskatalog Linz. Mainz 1993.

Russel, A. 1794: The Natural History of Aleppo. London 1794.

Sack, D. 1985: Damaskus, die Stadt intra muros. Ein Beitrag zu den Arbeiten der „Internationalen Kommission zum Schutz der Altstadt von Damaskus". Damaszener Mitteilungen 2, 1985, 207-290.

Sack, D. 1989: Damaskus. Entwicklung und Struktur einer orientalisch-islamischen Stadt. Damaszener Forschungen 1. Mainz 1989.

Saffouh, Ch. 1969: Dimaschq (arabischer Text). Damaskus 1969.

Sanagustin, F. 1984: Tendances actuelles de la médicine arabe traditionelle à Alep. Journal for the History of Arabic Sciences 8, 1/2, 1984, 59-89.

Sanagustin, F. 1985: Contribution à l'étude de la matière médicale traditionelle chez les herboristes d'Alep. Bulletin d'Études Orientales 35, 1985, 65-112.

Sartre, M. 1989: In: J.-M. Dentzer, W. Orthmann (Hrsg.) 1989: Archéologie et histoire de la Syrie II. La Syrie de l'époque achéménide à l'avenement de l'Islam. Saarbrücken 1989.

Sauvaget, J. 1926: Le plan antique de Damas. Syria 26, 1949, 314-358.

Sauvaget, J. 1929/30: Cénotaphe de Saladin. In: Revue des Arts Asiatiques 6, 1929-30, 168-176.

Sauvaget, J. 1932: Les monuments historiques de Damas. Beirut 1932.

Sauvaget, J. 1934: Esquisse d'une histoire de la ville de Damas. Revue des Etudes Islamiques 8, 1934, 422-480.

Sauvaget, J. 1934: Le Plan de Laodicée-sur-Mer. Bulletin d'Études Orientales 4, 1934, 81-114.

Sauvaget, J. 1941: Alep. Essai sur le développement d'une grande ville syrienne des origines au milieu du XIXème siècle. 2 Bde. Bibliothèque Archéologique et Historique 34. Paris 1941.

Sauvaget, J. 1949: Le plan antique de Damas. Syria 26, 1949, 314-358.

Schaath, S. 1996: Qal'at Halab (arabischer Text). Aleppo 1996.

Schalhat, D. 1956: Der Patriarch Djirdjis Schalhat. Aleppo 1956.

Shahid, I. 1995: Byzantium and the Arabs in the 6th Century I. Washington 1995.

Shalem, A. 1997: Jewels and Journeys: The Case of the Medieval Gemstone Called al-Yatima. Muqarnas 14, 1997, 48f.

Shoura, G. 1989: Die Bedeutung der Vegetation innerstädtischer Freiräume für die Verbesserung der stadtklimatisch-ökologischen Bedingungen in der trocken-warmen Klimazone (Beispiel Damaskus). Dissertation Dresden 1989.

Stierlin, H. 1985: Soliman et l'architecture Ottomane. Fribourg 1985.

Stürzbecher, K. u.a. (Hrsg.) 1996: Revitalizing Historic Urban Quarters. Oxford 1996.

Stürzbecher, K. 1999: Development-Plan, hrsg. von Rehabilitation of the Old City of Aleppo/City of Aleppo/GTZ. Aleppo 1999.

Syrian Legislative Decrees: Decree No. 128 issued 11 June 1949, and amendment Decree No. 204 issued 11 December 1961.

Taabaa, Y. 1997: Constructions of Power and Piety in Medieval Aleppo. University Park, Pa. 1997.

Talas 1956: al-Athar al-islamiyya wa-t-tarichiyya fi Halab (arabischer Text). Damaskus 1956.

Tchalenko, G. 1953: Villages antiques de la Syrie du nord II. Paris 1953.

Texeira, P. 1967: The Travels of Pedro Texeira, übers. von W. F. Sinclair. Nachdruck Nendeln/Lichtenstein 1967.

Thoumin, R. 1934: Notes sur l'aménagement et la distribution des eaux à Damas et dans sa Ghouta. Bulletin d'Études Orientales 4, 1934, 1-26.

Tiesdell, S. u.a. 1996: Revitalizing Historic Urban Quarters. Oxford 1996.

Tresse, R. 1929: L'irrigation dans la Ghouta de Damas. Revue des Études Islamiques 3, 1929, 461-574.

Trimingham, S. 1971: The Sufi Orders of Islam. Oxford 1971.

Ulbert, T. 1986: Die Basilika des Heiligen Kreuzes in Resafa-Sergiupolis. RESAFA II. Mainz 1986.

Ulbert, T. 1990: Der kreuzfahrerzeitliche Silberschatz aus Resafa-Sergiupolis. RESAFA III. Mainz 1990.

van Berchem, M. 1909: Arabische Inschriften. In: M. Frhr. v. Oppenheim (Hrsg.), Inschriften aus Syrien, Mesomoptamien und Kleinasien gesammelt im Jahre 1899. Beiträge zur Assyriologie und semitischen Sprachwissenschaft 7,1. Leipzig 1909.

van Liere, W.J. 1960/61: Observations on the Quaternary of Syria. Berichten von de Rijksdienst voor het oudeidkundig bodemonderzoek 10-11, 1960/61, 1-69.

Watzinger, C., Wulzinger, K. 1921: Damaskus I. Die antike Stadt. Berlin-Leipzig 1921.

Weber, Th. 1993: Damaskòs Pólis Epísêmos. Damaszener Mitteilungen 7, 1993, 135–176.

Will, E. 1994: Damas antique. Syria 71, 1994, 1-43.

Wils, O. 1997: Ökonomische Liberalisierung in Syrien. Die syrische Debatte über die Reform des öffentlichen Sektors. Nahost-Studien 1. Berlin 1997.

Wirth, E. 1966: Damaskus-Aleppo-Beirut. Ein geographischer Vergleich dreier nahöstlicher Städte im Spiegel ihrer sozial und wirtschaftlich tonangebenden Schichten. Die Erde 97, 1966, 96-137; 98, 166-202.

WIRTH, E. 1971: Eine geographische Landeskunde. 1971.

WIRTH, E. 1973: Die Beziehung der orientalisch-islamischen Stadt zum umgebenden Lande. In: E. Meynen (Hrsg.), Geographie heute. Wiesbaden 1973, 323-333.

WULZINGER, K., WATZINGER, C. 1924: Damaskus II. Die islamische Stadt. Berlin-Leipzig 1924.

YEDIYILDIZ, B. 1990: Institution du Vaqf au XVIII siecle en Turquie. Ankara 1990.

YERASIMOS, S. 1997: Istanbul: la mosquée de Soliman. Paris 1997.

ZAKARIYYA, W. 1957: Das Syrische Rif – Stadt Damaskus II. 1957.

ZUHDY, M.B. 1972: Die syrische Kunst in hellenistischer und römischer Zeit (arabischer Text). Damaskus 1972.

ZUHDY, M.B. 1996: Das Grabmal in der Sayyida-Zaynab-Stadt. Al-Mausim 25, 1996, 176-200.

Verzeichnis der Autoren

Dr. Ali Abu Assaf, ehemaliger Generaldirektor für Altertümer und Museen, Damaskus

Salam Al-Abdulla, Architektin, Hamburg

Dr. Djamal al-Ahmar, Architekt, Damaskus

Dad Al-Hakim, Direktorin des Zentrums für historische Dokumente, Damaskus

Ing. Lubna Al-Jabi, Kommission zur Erhaltung der Altstadt, Damaskus

Himam al-Zaym, Archäologe, Generaldirektion für Altertümer und Museen, Damaskus

Marlin Asad, Architektin, Altertümerverwaltung, Aleppo

Sarab Atasi, Historikerin, Institut Français des Études Arabes, Damaskus

Camal Bitar, Architekt, c/o Institut für Städtebau der Universität Stuttgart

Dr. Michael Braune, Niedersächsisches Landesamt für Denkmalpflege, Referat Bau- und Kunstdenkmalpflege, Arbeitsbereich Historische Bauforschung, Scharnhorststr. 1, 30175 Hannover

Dr. Maan Chibli, Project for the Rehabilitation of the Old City of Aleppo, Aleppo

Dr. Jean-Marie Dentzer, Direktor des Institut Français d'Archéologie du Proche-Orient Damaskus, B.P. 3694, Damas (Syrie)

Dr. Anne-Marie Eddé, Historikerin, 16 Rue des Marroniers, F-75016 Paris

Ursula Eigel, GTZ, Bereich „Kommunal- und Stadtentwicklung", Eschborn

Prof. Dr. Anton Escher, Geographisches Institut der Universität Mainz, Becherweg 21, 55099 Mainz

Chaldun Fansa, Architekt, Project for the Rehabilitation of the Old City of Aleppo, Aleppo

Prof. Dr. Klaus Stefan Freyberger, Leiter der Station Damaskus des Deutschen Archäologischen Instituts

Dr. Anette Gangler, Architektin/Stadtplanerin, Obere Paulusstr. 43, 70197 Stuttgart

Prof. Dr. Heinz Gaube, Orientalisches Seminar der Universität, Münzgasse 30, 72070 Tübingen

Dr. Julia Gonnella-Kohlmeyer, Breisgauer Str. 2, 14129 Berlin

Prof. Dr. Claus-Peter Haase, The Carsten Niebuhr Institute of Near Eastern Studies der Universität Kopenhagen, Snorresgade 17-19, DK-2300 Kopenhagen

Abdallah Hadjdjar, Ingenieur, Aleppo

Omar Abdulaziz Hallaj, Architekt, Project for the Rehabilitation of the Old City of Aleppo, Aleppo

Prof. Dr. Mahmoud Hretani, Professor, Universität Aleppo

Georg-Dietrich Jansen, Planco Consulting GmbH, Lilienstr. 44, 45133 Essen

Prof. Dr. Johannes Kalter, Linden-Museum, Hegelplatz 1, 70174 Stuttgart

Munir Kayyal, Architekt, Damaskus

Tawifik Kelzieh, Direktor, Project for the Rehabilitation of the Old City of Aleppo, Aleppo

Dr. Nadja Khammash, Professorin, Universität Damaskus

Wahid Khayata, Direktor der Altertümerverwaltung, Aleppo

Dr. Rüdiger Klein, Orientalischen Seminars der Universität, Münzgasse 30, 72070 Tübingen

Prof. Dr. Kay Kohlmeyer, Breisgauer Str. 2, 14129 Berlin

Dr. Lorenz Korn, Orientalisches Seminar der Universität, Münzgasse 30, 72070 Tübingen

Dr.-Ing. Achim Krekeler, Architekt, Packhofstr. 8, 14776 Brandenburg

Prof. Dr. Hartmut Kühne, Seminar für Vorderasiatische Altertumskunde, Bitterstr. 8-12, 14195 Berlin

Björn Luley, Leiter des Goethe-Instituts Damaskus

Jamil Massouh, Archäologe, Generaldirektion für Altertümer und Museen, Damaskus

Prof. Dr. Sultan Muhaysin, Generaldirektor für Altertümer und Museen, Damaskus

Ali Rida Fauzi al-Nahawi, Archäologe, Technisches Büro der Kommission zur Erhaltung der Altstadt, Damaskus

Dr. Sonja Nebel, Architektin, TU Berlin, Fachgebiet Architektur und Stadtentwicklung in globalem Zusammenhang, Straße des 17. Juni, 10623 Berlin

Prof. Dr. Hans J. Nissen, Seminar für Vorderasiatische Altertumskunde der Freien Universität Berlin, Hüttenweg 7, 14195 Berlin

Dr. Jean-Paul Pascual, Directeur de recherche, IREMAM, 5 Avenue Pasteur, F-13100 Aix-en-Provence

Adli Qudsi, Architekt, Berater der Stadt Aleppo, Aleppo

M. Lina Qutaifan, Architektin, Damaskus

Ing. Mahmoud Ramadan, Project for the Rehabilitation of the Old City of Aleppo, Aleppo

Dr. Faisal Rifai, Universität Aleppo

Bassam Sabour, Architekt, Hamburg

Zuhour Sachini, Architekt, Damaskus

Prof. Dr.-Ing. Dorothée Sack, Institut für Baugeschichte, Architekturtheorie und Denkmalpflege der Technischen Universität Berlin

Waiel Sadauoi, Arabisch-deutsche Handelskammer, Aleppo

Dr. Schauqi Schath, ehemaliger Professor, Universität Aleppo

Dipl.-Ing. Ulf Schulte, c/o Planco Consulting GmbH, Lilienstr. 44, 45133 Essen

Dr. Eckhardt Spreen, Project for the Rehabilitation of the Old City of Aleppo, Aleppo

Dr. Kurt Stürzbecher, Stadtplaner, Schröderstr. 1, 69120 Heidelberg

Prof. Dr. Tilo Ulbert, Erster Direktor des Deutschen Archäologischen Institutes Madrid, Deutsches Archäologisches Institut Madrid, Serrano 159, E-28002 Madrid

Razan Abdel Wahab, Architektin, Project for the Rehabilitation of the Old City of Aleppo, Aleppo

Prof. Dr. Jens Windelberg, GTZ, Project for the Rehabilitation of the Old City of Aleppo, Aleppo

Prof. Bashir Zuhdy, Direktor des Nationalmuseums Damaskus, Professor an der Universität Damaskus

Abbildungsnachweis

S. 22: nach Tübinger Atlas des Vorderen Orients (TAVO) A I 1
S. 24: J. Lessard, Musée de la civilisation, nach: M. Fortin, Syrien. Wiege der Kultur. Mainz 1999, 44
S. 26: nach K. Kohlmeyer – E. Strommenger (Hrsg.), Land des Baal. Syrien – Forum der Völker und Kulturen. Ausstellung Berlin. Mainz 1982
S. 29: nach K. Kohlmeyer – E. Strommenger (Hrsg.), Land des Baal. Syrien – Forum der Völker und Kulturen. Ausstellung Berlin. Mainz 1982
S. 30: nach B. Hrouda, Der Alte Orient. Geschichte und Kultur des alten Vorderasien. 1991, 74
S. 31: nach B. Hrouda, Der Alte Orient. Geschichte und Kultur des alten Vorderasien. 1991, 339
S. 32: nach B. Hrouda, Der Alte Orient. Geschichte und Kultur des alten Vorderasien. 1991, 83
S. 34: nach B. Hrouda, Der Alte Orient. Geschichte und Kultur des alten Vorderasien. 1991, 126
S. 35: nach B. Hrouda, Der Alte Orient. Geschichte und Kultur des alten Vorderasien. 1991, 427
S. 37: oben: Foto B. Zuhdy; unten: Foto B. Zuhdy
S. 38: Foto M. Fansa
S. 39: nach K. Kohlmeyer – E. Strommenger (Hrsg.), Land des Baal. Syrien – Forum der Völker und Kulturen. Ausstellung Berlin. Mainz 1982
S. 41: Foto M. Fansa
S. 42: Foto H. Gaube
S. 43: Foto M. Fansa
S. 46: Foto T. Ulbert
S. 47: nach K. Kohlmeyer – E. Strommenger (Hrsg.), Land des Baal. Syrien – Forum der Völker und Kulturen. Ausstellung Berlin. Mainz 1982
S. 48: Museo Diocesano Tredentino, Trient
S. 49: Resafa-Archiv, Foto I. Hader
S. 50: oben: Resafa-Archiv, Foto St. Gabriel; unten: Resafa-Archiv, Foto H.N. Loose
S. 52: Foto H. Gaube
S. 53: Foto H. Gaube
S. 56: Zeichnung E. Wirth
S. 59: Foto H. Gaube
S. 60: Foto H. Gaube
S. 63: Foto H. Gaube
S. 64: Foto M. Fansa
S. 67: Foto Stephanie Brückle, Stuttgart
S. 70: Foto Stephanie Brückle, Stuttgart
S. 77: nach E. Strommenger, Habuba Kabira. Eine Stadt vor 5000 Jahren. 1980
S. 78: nach K. Kohlmeyer – E. Strommenger (Hrsg.), Land des Baal. Syrien – Forum der Völker und Kulturen. Ausstellung Berlin. Mainz 1982
S. 79: Foto M. Fansa
S. 80: Foto M. Fansa
S. 81: nach K. Kohlmeyer – E. Strommenger (Hrsg.), Land des Baal. Syrien – Forum der Völker und Kulturen. Ausstellung Berlin. Mainz 1982
S. 84: nach K. Baedeker, Palestine et Syrie. Manuel du voyageur. Leipzig 1912, 314 f.
S. 85: nach Sack 1989, Beil. 1
S. 88: nach Gangler 1993, 17, Abb. 1
S. 89: nach Gangler 1993, 19, Abb. 3
S. 90: nach Gangler 1993, 20, Abb. 4
S. 91: nach Gangler 1993, 40, Abb. 11
S. 95: nach Sack 1989, 12, Abb. 3
S. 96: Foto M. Fansa
S. 97: Foto Stephanie Brückle, Stuttgart
S. 100: Zeichnung J.-M. Dentzer
S. 102: nach Gaube – Wirth 1984, 102, Abb. 20
S. 105: Foto M. Fansa
S. 109: nach Sack 1989, Beil. 5
S. 111: Foto H. Gaube
S. 114: Foto H. Gaube
S. 116: nach Sack 1989, Beil. 6
S. 119: Foto H. Gaube
S. 121: Foto H. Gaube
S. 125: H. Gaube
S. 126: nach Gaube – Wirth 1984, Karte 2
S. 127: Foto H. Gaube
S. 128: nach A. Gangler 1993, 24, Abb. 5
S. 129: nach A. Gangler 1993, 27, Abb. 6
S. 131: Foto H. Gaube
S. 133: oben: Foto H. Gaube; unten: Foto H. Gaube
S. 137: nach Sack 1989, Beil. 1
S. 138: Foto M. Fansa
S. 140: nach Sack 1989, Beil. 7
S. 141: nach Sack 1989, Beil. 8
S. 143: links: Foto H. Gaube; rechts: Foto H. Gaube
S. 147: Foto H. Gaube
S. 149: nach Gaube – Wirth 1984, Karte 2
S. 150: Foto H. Gaube
S. 151: Foto H. Gaube
S. 152: Foto H. Gaube
S. 154: Foto M. Fansa
S. 155: Foto H. Gaube
S. 158: Zeichnung A. Escher
S. 159: Zeichnung A. Escher
S. 161: oben: Zeichnung A. Escher; unten: Zeichnung A. Escher
S. 162: Zeichnung A. Escher
S. 170: nach Gangler 1993, Plan 13
S. 171: Russel 1794, 13. Nach Gangler 1993, 31, Abb. 7
S. 173: nach Gangler 1993, Plan 29
S. 174: nach Dahman 1999
S. 175: Stadt Aleppo
S. 177: nach Dahman 1999
S. 181: Foto M. Braune
S. 182: oben: Foto M. Braune; unten: Foto M. Braune
S. 183: nach Lortet 1884
S. 185: Foto M. Braune
S. 186: Foto M. Braune
S. 189: oben: Zeichnung M. Asad; unten: Zeichnung: M. Asad
S. 190: oben: Foto M. Asad; unten: Foto M. Asad
S. 191: oben und unten: nach Gaube – Wirth 1984, 141, Abb. 25
S. 192: oben, Mitte und unten: nach Gaube – Wirth 1984, 140, Abb. 24
S. 193: Foto H. Gaube
S. 194: oben: Foto H. Gaube; unten: Foto H. Gaube
S. 196: Zeichnung M.L. Qutaifan
S. 197: Zeichnung M.L. Qutaifan
S. 200: Foto J. Gonnella
S. 201: Foto J. Gonnella
S. 202: Foto J. Gonnella
S. 204: Foto J. Gonnella
S. 205: Foto J. Gonnella
S. 208: Foto J. Gonnella

S. 210: Foto J. Gonnella
S. 213: Zeichnung N. Jamali
S. 214: Foto P. Grunwald, Inst. Neg. Damaskus 86.560
S. 215: oben links: Foto P. Grunwald, Inst. Neg. Damaskus; oben rechts: Foto P. Grunwald, Inst. Neg. Damaskus 88.2243; unten: Foto K.S. Freyberger
S. 216: oben: Foto K.S. Freyberger; unten: Foto P. Grunwald, Inst. Neg. Damaskus 86.569
S. 217: Foto K.S. Freyberger
S. 219: Zeichnung C.-P. Haase
S. 220: Foto M. Fansa
S. 221: Foto M. Fansa
S. 222: Foto H. Gaube
S. 223: Foto H. Gaube
S. 225: Foto M. Fansa
S. 229: Antikenverwaltung Aleppo
S. 230: Antikenverwaltung Aleppo
S. 231: Foto M. Fansa
S. 232: Antikenverwaltung Aleppo
S. 233: Foto M. Fansa
S. 234: Foto M. Fansa
S. 237: nach Herzfeld 1942
S. 238: nach Herzfeld 1942
S. 239: Foto H. Gaube
S. 241: nach Herzfeld 1942
S. 242: oben: Foto L. Korn; unten: Foto L. Korn
S. 243: oben: Foto L. Korn; unten: Foto L. Korn
S. 244: oben: Foto L. Korn; unten: Foto L. Korn
S. 248: links: Foto H. Gaube; rechts: M. Fansa
S. 251: oben: Foto J. Gonnella; unten: Foto J. Gonnella
S. 252: Foto J. Gonnella
S. 253: Foto J. Gonnella
S. 254: Foto J. Gonnella
S. 256: oben: Foto J. Gonnella; unten: Foto J. Gonnella
S. 260: Zeichnung O.A. Hallaj
S. 261: Zeichnung O.A. Hallaj
S. 262: Foto O.A. Hallaj
S. 264: Foto O.A. Hallaj
S. 267: Zeichnung O.A. Hallaj
S. 269: Zeichnung O.A. Hallaj
S. 272: Zeichnung J.-P. Pascual
S. 274: Foto H. Gaube
S. 275: Foto H. Gaube
S. 276: Foto H. Gaube
S. 279: Foto H. Gaube
S. 280: Foto M. Fansa
S. 283: Foto A. Hadjdjar
S. 284: Foto A. Hadjdjar
S. 285: Foto A. Hadjdjar
S. 286: Foto A. Hadjdjar
S. 291: nach Sack 1989, Beil. 10
S. 292: Foto H. Gaube
S. 293: Foto H. Gaube
S. 296: Foto H. Gaube
S. 299: Zeichnung S. Al-Abdulla
S. 300: M. Fansa
S. 301: Foto S. Al-Abdulla
S. 302: Foto S. Al-Abdulla
S. 303: Foto S. Al-Abdulla
S. 305: nach Gaube – Wirth 1984, Karte 1
S. 306: nach Gaube – Wirth 1984, 147, Abb. 28
S. 307: oben: Foto H. Gaube; unten: Foto H. Gaube
S. 308: Foto M. Fansa
S. 313: D. Al-Hakim
S. 317: nach Gaube – Wirth 1984, 130, Abb. 23
S. 321: Zeichnung Z. Sachini
S. 322: Foto Z. Sachini
S. 323: Foto Z. Sachini
S. 324: Zeichnung Z. Sachini
S. 326: Zeichnung O.A. Hallaj
S. 327: Zeichnung O.A. Hallaj
S. 328: O.A. Hallaj
S. 329: Foto O.A. Hallaj
S. 332: oben: M. Ecochard – C. LeCoeur, Les bains de Damas I. Monographies architecturales. Beirut 1942, 20, Abb. 7; unten: M. Ecochard – C. LeCoeur, Les bains de Damas II. Monographies architecturales. Beirut 1943, 18, Abb. 5, 6
S. 333: Foto M. Kayyal
S. 334: oben: Foto M. Kayyal; unten: Foto M. Kayyal
S. 337: Wulzinger – Watzinger 1924, 28-30. Nach Sack 1989, 50, Abb. 8
S. 343: nach Gaube – Wirth 1984, 181, Abb. 42
S. 345: nach Gaube – Wirth 1984, 184, Abb. 43
S. 349: Foto A. al-Nahawi
S. 350: links: Foto A. al-Nahawi; rechts: Foto A. al-Nahawi
S. 351: links: Foto A. al-Nahawi; oben rechts: Foto A. al-Nahawi; unten rechts: Foto A. al-Nahawi
S. 352: Foto A. al-Nahawi
S. 354: Zeichnung Ch. Fansa
S. 355: Foto Ch. Fansa
S. 356: Foto Ch. Fansa
S. 359: Foto Linden-Museum
S. 360: links: Foto Linden-Museum; oben rechts: Foto Linden-Museum; unten rechts: Foto Linden-Museum
S. 361: links: Foto Linden-Museum; rechts: Foto Linden-Museum
S. 363: Foto B. Sabour
S. 364: Foto B. Sabour
S. 365: Foto B. Sabour
S. 366: Foto B. Sabour
S. 367: Foto B. Sabour
S. 371: A. Qudsi
S. 372: Foto J. Windelberg/GTZ Aleppo
S. 373: Foto J. Windelberg/GTZ Aleppo
S. 374: Foto J. Windelberg/GTZ Aleppo
S. 379: Foto J. Windelberg/GTZ Aleppo
S. 380: Foto J. Windelberg/GTZ Aleppo
S. 381: Foto J. Windelberg/GTZ Aleppo
S. 382: Foto J. Windelberg/GTZ Aleppo
S. 386: Zeichnung J. Windelberg/GTZ Aleppo
S. 387: Zeichnung J. Windelberg/GTZ Aleppo
S. 388: Foto J. Windelberg/GTZ Aleppo
S. 389: Foto J. Windelberg/GTZ Aleppo
S. 391: Foto J. Windelberg/GTZ Aleppo
S. 392: Foto J. Windelberg/GTZ Aleppo
S. 397: S. Nebel
S. 398: Foto S. Nebel
S. 399: Zeichnung S. Nebel
S. 400: Zeichnung S. Nebel
S. 401: Zeichnung S. Nebel
S. 402: Zeichnung S. Nebel
S. 403: Foto S. Nebel
S. 404: Foto S. Nebel
S. 407: oben: Foto L. Al-Jabi; unten: Foto L. Al-Jabi
S. 408: Foto L. Al-Jabi
S. 409: Zeichnung L. Al-Jabi
S. 410: Zeichnung L. Al-Jabi

S. 412: Zeichnung A.R.F. al-Nahawi
S. 413: Foto A.R.F. al-Nahawi
S. 414: oben: Foto A.R.F. al-Nahawi; unten: Foto A.R.F. al-Nahawi
S. 415: Foto A.R.F. al-Nahawi
S. 419: oben: Foto A. Gangler; unten: Foto A. Gangler
S. 420: oben: Foto A. Gangler; unten: Foto A. Gangler
S. 421: oben: Foto A. Gangler; unten: Foto A. Gangler
S. 422: oben: Foto A. Gangler; unten: Foto A. Gangler
S. 423: oben: Foto A. Gangler; unten rechts: : Foto A. Gangler; unten links: Foto A. Gangler
S. 424: oben: Foto A. Gangler; unten: Foto A. Gangler
S. 425: Zeichnung A. Gangler
S. 426: oben: Foto A. Gangler; unten: Foto A. Gangler
S. 428: Zeichnung K. Stürzbecher/GTZ Aleppo
S. 429: Zeichnung K. Stürzbecher/GTZ Aleppo
S. 432: Zeichnung U. Schulte/GTZ Aleppo
S. 433: Zeichnung U. Schulte /GTZ Aleppo
S. 434: Zeichnung U. Schulte /GTZ Aleppo
S. 437: Foto O.A. Hallaj
S. 443: Stadt Aleppo
S. 444: Stadt Aleppo
S. 445: oben: Foto A. Gangler; unten: Foto A. Gangler
S. 446: links: Foto A. Gangler; rechts: Foto A. Gangler
S. 447: Foto A. Gangler
S. 448: Zeichnung A. Gangler
S. 449: oben: Zeichnung A. Gangler; unten: Zeichnung A. Gangler
S. 450: Zeichnung A. Gangler
S. 451: oben: Foto A. Gangler; unten: Foto A. Gangler
S. 452: Foto A. Gangler
S. 455: Zeichnung F. Rifai
S. 456: Foto J. Windelberg/GTZ Aleppo
S. 457: Foto J. Windelberg/GTZ Aleppo
S. 459: Zeichnung Planco Consulting GmbH, Essen
S. 461: Zeichnung Planco Consulting GmbH, Essen
S. 462: Foto J. Windelberg/GTZ Aleppo
S. 463 oben: Foto J. Windelberg/GTZ Aleppo; unten: Foto J. Windelberg/GTZ Aleppo
S. 464: Foto J. Windelberg/GTZ Aleppo
S. 465: GTZ Aleppo
S. 466: GTZ Aleppo
S. 468: Foto J. Windelberg/GTZ Aleppo
S. 469: Foto J. Windelberg/GTZ Aleppo
S. 470: Foto J. Windelberg/GTZ Aleppo
S. 471: Foto J. Windelberg/GTZ Aleppo
S. 472: Foto J. Windelberg/GTZ Aleppo
S. 476: GTZ Aleppo
S. 477: Foto J. Windelberg/GTZ Aleppo
S. 478: Foto J. Windelberg/GTZ Aleppo
S. 479: Foto J. Windelberg/GTZ Aleppo
S. 483: links: Foto J. Windelberg/GTZ Aleppo; rechts: Foto J. Windelberg/GTZ Aleppo
S. 484: Foto J. Windelberg/GTZ Aleppo
S. 485: links oben: Foto J. Windelberg/GTZ Aleppo; links unten: Foto J. Windelberg/GTZ Aleppo; rechts: Foto J. Windelberg/GTZ Aleppo
S. 486: Foto J. Windelberg/GTZ Aleppo
S. 488: Foto J. Windelberg/GTZ Aleppo
S. 489: Foto J. Windelberg/GTZ Aleppo
S. 490: Foto J. Windelberg/GTZ Aleppo
S. 493: Foto O.A. Hallaj
S. 494: Foto O.A. Hallaj
S. 495: Foto O.A. Hallaj
S. 497: oben: Foto Ch. Fansa; unten: Foto Ch. Fansa
S. 498: Foto Ch. Fansa
S. 499: Foto Ch. Fansa
S. 503: GTZ Aleppo
S. 505: Foto J. Windelberg/GTZ Aleppo
S. 506: oben: Foto J. Windelberg/GTZ Aleppo; unten: Foto J. Windelberg/GTZ Aleppo
S. 507: Foto J. Windelberg/GTZ Aleppo
S. 508: oben: Foto J. Windelberg/GTZ Aleppo; unten: Foto J. Windelberg/GTZ Aleppo
S. 511: M. Fansa